제 4 판

무역법규

Law & Practice of Trade

박광서

탑 북 스

제4판 머리말

2017년 제3판을 출간한 이래 2023년을 맞이하여 제4판으로 인사를 드리게 되었다. 무엇보다도 졸저(拙著)임에도 불구하고 그동안 많은 사랑을 보내주신 교수, 학생, 무역인 여러분께 특히 감사의 말씀을 드린다.

법은 사회규범의 최소한으로서 행위자들에게 기준점 역할을 한다. 무역법규는 국민경제의 건전한 발전을 위해서 진흥과 규제제도를 혼용하여 운용하기 때문에 변화하는 국내외 환경에 대응하기 위해 하부 법령의 잦은 개정은 불가피하다.

이 책은 무역법규의 잦은 개정에 영향을 덜 받도록 관세법(50%), 대외무역법(25%), 외국환거래법(15%), 법학 일반(10%)으로 구분하여 기본개념과 체계를 중심으로 설명하고 있다. 따라서 이 책은 대학 강의는 물론 관세사, 국제무역사 등 자격시험을 준비하는 분들이 활용할 수 있을 것이다. 그런 이유로 자격시험 소개와 최근 10년간 관세사 2차 기출문제를 정리하여 수록하였다.

이번 개정에서는 그동안 개정된 법규를 반영하였으며, 전체적으로 내용이 부족한 부분과 무역서식을 보완하여 강의와 학습효과를 높였다. 특히 대외무역법은 전략물자, 구매확인서를, 외국환거래법은 외국환평형기금을, 관세법은 관세율을 별도로 구분하였다.

이 책이 학생과 무역인에게 법규적 측면에서 무역을 이해하고 학습하는데 길라잡이가 될 수 있다면 큰 영광으로 알겠다.

2023년 1월

저 자 씀

제3판 머리말

그 동안 무역법규를 사랑해 주신 교수님 그리고 학생과 무역실무자 여러분의 성원으로 2010년 초판, 2014년 2판에 이어, 이제 제3판으로 인사드리게 되었다.

무역은 사적자치의 원칙을 바탕으로 이루어지는 국가 간 대상(물품 등)과 대금의 교환이기 때문에 무역은 당사자의 의사(계약), 상관습, 국내외 법률이 중요한 구성요소라고 할 수 있다. 따라서 이 책은 대외무역법(총괄), 외국환거래법(대금), 관세법(물품), 기초 법률개념, 국제무역규칙을 다루고 있다.

4차 산업혁명, New Normal의 세계적 흐름 속에서 무역 관련 법규도 새로운 제도의 도입 및 기존 제도의 개정이 지속되고 있다. 따라서 제3판에서는 무역 관련 법령의 제정 및 개정 내용을 반영하는 한편, 그 동안 독자 여러분의 의견을 반영하여 이해하기 쉽도록 내용을 보완하였다.

특히, 대외무역법 파트에서는 정부간(GtoG) 수출계약, 법정의 전문무역상사제도, 서비스무역의 개념 등을 추가하고, 무역금융제도, 전략물자 수출관리제도 등을 알기 쉽게 수정하였다.

아울러, 외국환거래법과 관세법 파트에서는 개정된 외환 및 관세제도를 수정하는 한편, 외국환거래 위반 사례집 등을 참조하여 실무에서 필요한 부분을 보완하고, 독자들이 읽기 편하도록 표현 및 내용을 개선하였다.

모쪼록 이 책이 법학의 기본개념과 무역실무에 대한 기본이해를 바탕으로 무역 관련 3대 법규의 체계를 공고히 하는데 일조할 수 있다면 무한한 영광으로 알겠다.

2017년 8월

저 자 씀

제2판 머리말

2010년 초판을 발간한 이래 4년만에 제2판으로 인사를 드리게 되었다. 그 동안 우리나라는 3년 연속 무역 1조불을 달성하였고, 무역순위도 세계 8위로 자리매김하였으며, 무역 관련 제도도 약간의 변경이 있었다.

제2판에서는 그 동안의 무역환경 변화에 따른 무역 관련 법규의 개정 내용을 반영하는 한편, 무역법규가 무역실무와 무역법규의 결합이라는 과목의 특성을 감안하여 다음과 같이 내용을 보강하였다.

우선, 전체적으로 목차를 논리적 흐름에 따라 재조정을 하였다. 또한 독자들이 읽기 편하도록 본문을 세부 목차로 구분하고, 단락구분 및 키워드를 강조하였으며 주요 실무사례를 추가하였다.

관세법 파트에서는 실무에서 질의가 많은 납부세액절감 및 납부기한조정제도, AEO제도, 관세행정구제제도 등을 새로 추가하였다.

대외무역법 파트에서는 전문무역상사제도, 전자구매확인서 및 전자내국신용장 제도를 반영하였고 각종 사례를 추가하였다.

외국환거래법 파트에서는 외국환거래규정을 기준으로 목차를 재조정하는 한편 세부 내용을 보완하였다.

모쪼록 이 책이 법률과 무역실무에 대한 기본이해를 바탕으로 무역 관련 3대 법규를 이해하는데 일조할 수 있다면 더 없는 영광으로 알겠다.

2014년 1월

저 자 씀

머리말

국제거래인 무역도 개인의 자유와 평등을 바탕으로 한다. 하지만 자유롭고도 평등한 거래는 이론상으로는 가능하지만 현실적으로는 부자유와 불평등 속에 놓일 수 있다. 따라서 무역거래에는 다음과 같은 위험(危險, risk)이 있다.

먼저, 국가 관리의 위험이다. 정도의 차이는 있지만 어느 나라를 막론하고 무역에 대하여 국가가 관리한다. 개인의 자유를 방임하다보면 전체의 자유를 침해할 수 있고, 글로벌화된 무역환경에서 모든 국가들은 자국의 이익을 우선시하기 위하여 법의 이름으로 필요 최소한의 제한을 가할 수 있다. 이 부분이 '국내무역법규'에 해당된다.

다음으로, 거래 상대방에 의한 위험이다. 무역은 격지자의 거래이므로 당사자 간에는 사고방식, 언어, 도덕, 관습, 문화, 법률 등에 많은 차이가 있다. 이러한 차이에서 오는 위험을 방지하기 위하여 공동으로 활용할 기준으로서 규범이 필요한데 이 부분이 '국제무역법규'에 해당된다.

이 책은 저자의 무역 관련서인 『무역상무』와 『무역결제』에 이은 3번째 저서이다. 국내무역법규와 국제무역법규를 포괄하여 『무역법규(貿易法規)』라고 명명하였다. "법은 알면 쉽고, 모르면 어렵다"는 말이 있듯이 법에 대한 필요·최소한의 이해를 바탕으로 무역을 다루는 지혜가 필요하다.

저자는 현업 및 강의 경험을 바탕으로 가급적 필요 최소한으로 무역관련 법규를 다루기 위하여 실무중심·Topic중심으로 기술하였다. 아울러 이 책의 저술에는 지식경제부, 관세청, 기획재정부의 법률자료 및 한국무역협회의 실무자료가 많은 도움이 되었음을 밝히며, 이 자리를 빌려 관계자 여러분께 감사의 말씀을 전한다.

이 책의 특징은 다음과 같다.

첫째, 법에 대한 기초적인 이해이다. 무역관계법을 학습하기 위한 기초지식으로써 법의 개념, 목적, 존재형식, 분류 등을 다루었다. 기초 법학에 대한 이해를 바탕으로 무역법규를 국내무역법규와 국제무역법규로 구분하여 설명하였다.

둘째, 3대 국내무역법규 중심이다. 헌법 및 다른 관련 국내 법령도 있지만, 특히, 대외무역법, 외국환거래법, 관세법을 중심으로 기술하였다.

셋째, 개념중심의 기술이다. 무역법규는 한해에도 여러 차례 개정되는 실무법이자 관리법이다. 따라서 저서가 법령의 개정을 실시간으로 반영하기에는 한계가 있기 때문에 본 저서는 무역법규의 개념 및 기본정신을 중심으로 기술하였다.

넷째, 실무중심의 기술이다. 무역법규의 조문배열 형식에서 탈피하여 실무적으로 중요하고 실무현장에서 꼭 필요한 'Topic' 형식으로 기술하였다.

다섯째, 국제무역법규의 소개이다. 무역관련 국제법률 및 규칙을 무역거래 진행과정에 따라 무역계약법규, 무역결제법규, 운송법규, 해상보험법규, 상사중재법규 등으로 구분하여 정리 · 소개하였다.

모쪼록 이 책이 강의하시는 분들께는 충실한 교재로서, 실무현장에서는 실무지침서로서 역할을 할 수 있다면 더 없는 영광으로 알겠다. 끝으로 새롭게 출발하는 도서출판 탑북스의 무궁한 발전을 기원한다.

2010년 2월

저 자 씀

차 례

제1장 무역법규의 이해

제2장 대외무역법

제3장 외국환거래법

제4장 관 세 법

부 록

표 차례

그림 차례

사례 차례

제1장 무역법규의 이해

1. 법의 개념 및 목적

무역법규는 무역과 관련된 법규를 총괄하는 표현이다. 무역법규에 대한 학습은 법에 대한 기초적인 이해로부터 출발하면 훨씬 수월하다. 무역학도가 법학의 학습에서 요구되는 법학적인 소양(legal mind)을 모두 갖출 수는 없겠지만, 상무적인 관점에서 무역법규를 다루기 위한 법에 관한 기본적인 이해는 필요하다.

본 장에서는 법의 의의(意義), 목적(目的), 존재형식(法源), 분류 등과 같이 법에 관한 기초개념을 소개한다. 이를 바탕으로 이 책에서 다루게 될 무역법규의 범위에 대하여 개괄하고자 한다.

1) 사회규범과 법

사람은 서로 결합하여 집단을 이루는데 이 집단을 사회(社會)라 한다. 일찍이 아리스토텔레스(Aristotle)가 "사람은 사회적인 동물"이라고 말했듯이 사람은 다른 사람과 함께 살아가는 것을 그 본성으로 한다. 사람들의 집단적인 생활의 방식을 사회 공동생활이라고 하는데 사람이 서로 결합하여 공동생활을 하는 집단의 형태는 아주 다양하다.

사람들이 결합하는 집단의 유형은 그 목적에 따라 가정, 학교, 회사, 정당, 종교단체, 동창회, 동우회 등 각양각색이다. 이처럼 인간이 각양각색의 사회 공동생활을 하고 있지만, 그중에서도 가장 강력한 조직과 통일성을 가진 집단은 국가(國家)이다.

인간이 서로 결합하여 공동생활을 하려면 그 구성원이 지켜야 할 행동의 규범이 있어야 하는데 이를 사회규범(社會規範)이라고 한다. 사회 공동생활과 사회규범은 표리(表裏)의 관계에 있으므로 "사회 있는 곳에 규범이 있다"라는 말이 존재하게 된다.

사회를 지배하는 규범법칙(規範法則)은 인간과 인간 사이를 지배하는 법칙이라는 점에서 자연계에 존재하는 법칙인 자연법칙(自然法則)과 구별되어야 한다.

규범법칙은 "마땅히 하여야 한다."는 당위(當爲)를 내용으로 하지만, 자연법칙은 존재(存在) 또는 필연(必然)을 내용으로 한다. 사회규범에는 법(法)뿐만 아니라 도덕, 관습, 종교, 예의, 풍속 등이 있다.

법이 무엇인가의 문제는 대단히 어려운 문제이지만, 일반적으로 "**법(法, law)이란** 인간의 사회 공동생활에서 행위의 준칙으로서 국가권력에 의하여 강행되는 사회규범"이라고 정의할 수 있다. 법의 개념을 세분하여 설명하면 다음과 같다.

① 법은 행위준칙이다. 행위(行爲)란 인간이 자기의 의사결정에 의하여 행하는 외부적 동정(動靜)이다. 그 결정적 의사가 외부에 나타난 이상 그 행위가 적극적 행위(작위, 作爲)이든 소극적 행위(부작위, 不作爲)이든 구별하지 않는다.

② 법은 사회 공동생활 규범이다. 법은 사회 공동생활의 준칙으로서 인간이 지켜야 할 사회규범이다.

③ 법은 국가권력에 의하여 강제된다. 여기에서 국내법은 해당 국가에 의하여 강제되지만, 국제법은 한 국가의 권력을 배경으로 하여서 성립된 것은 아니지만 국제사회에서는 국제법을 위반하는 국가에 대하여 규제조치 등을 취하고 있으므로 국제법 역시 강제력을 가진 법이라고 볼 수 있다.

2) 법의 목적

법이 달성하고자 하는 목표가 있는데, 이를 법의 목적(目的) 또는 이념(理念)이라고 한다.

법의 목적은 사회 공동생활을 원활하게 하기 위한 질서의 유지에 있다. 사회의 질서유지(秩序維持)는 개별주체의 입장에서 보면 공동생활의 법적인 안정이며, 이 법적안정은 인간 대 인간의 관계가 정당하여야 하므로 정의(正義)의 토대 위에 형성되어야 한다. 따라서 법의 목적은 법적안정(法的安定)과 정의실현(正義實現)이라고 할 수 있다.

법적안정이란 모든 인간이 법에 따라 행동하면 안심하고 생활할 수 있게 되어야 한다는 뜻이다. 하지만 법적안정을 이루기 위해서는 법 자체가 그 내용이 명확해야 하고, 법의 변경이 만인이 인정하고 주지하는 가운데 이루어져야 한다.

정의실현(正義實現)에서 정의란 인간이 사회 공동생활을 하면서 마땅히 지켜야 할 생활규범상의 이념이라고 할 수 있으며, 사회 공동생활을 원활하게 하려고 취해지는 원리라고 할 수 있다. 따라서 법에서 정의는 한편으로 인간의 평등성을 인정해야 하는 동시에 다른 한편으로 불평등한 현실관계를 그대로 인정하여 조화를 도모하는 것이다.

3) 기타 사회규범

사회규범에는 법 이외에도 도덕, 관습, 종교, 예의, 풍속 등이 있다. 이곳에서는 사회규범 중에서 도덕과 관습에 대하여만 설명하기로 한다.

도덕(道德, morality)은 인간이 지켜야 할 도리 또는 바람직한 행동기준이다. "법은 도덕의 최소한"이라는 말이 있듯이 법과 도덕은 가장 가깝고 유사한 측면이 있다. 법과 도덕을 구분하는 것은 아주 중요하여 법철학의 오랜 논쟁거리였다.

법과 도덕의 차이점은 ① 법은 타율적인 규범이지만 도덕은 자율적인 규범이다. ② 법은 외면적인 행위에 관한 규범이지만 도덕은 내면적인 의사(양심)에 관한 규범이다. ③ 법은 양면적이지만 도덕은 단면적이다. ④ 법은 국가권력에 의하여 강제되는 규범이지만 도덕은 각자의 양심의 가르침에 따라 이행되는 규범이다.

관습(慣習, custom)은 많은 사람이 동일한 행위를 장기간 반복함으로써 형성되는 하나의 전통적인 생활양식이다. 관습이 일반 사람들에 의하여 법이라는 확신을 하게 되고, 그것이 국가기관에 의하여 인정되면 그때부터는 법에서의 강제력을 가지게 되며, 이를 "관습법(慣習法)"이라 한다.

관습법과 비교하여 단순한 관습을 "사실인 관습"이라고 한다. 사실인 관습은 당사자 의사표시의 해석에 관한 재료로 제공된다.

우리나라 민법 제1조에서는 "민사에 관하여 법률에 규정이 없으면 관습법에 의하고 관습법이 없으면 조리에 의한다."라고 하여 관습법의 법원성을 인정하고 있다.

2. 법의 존재 형식

1) 성문법

법의 존재형식은 법의 연원(淵源) 또는 법원(法源, source of law)이라고 한다. 법원은 그 표현형식에 따라서 성문법과 불문법이 있다.

근대 이전에는 성문법이 미비하였으나 근대국가는 국민의 권리보장을 위하여 법치주의(法治主義)를 채용하고 이를 위하여 성문법을 갖추게 되었다. 일반적으로 프랑스, 독일 등 유럽 국가들은 성문법을 위주로 하므로 성문법주의 국가 또는 대륙법주의 국가라고 한다. 우리나라는 성문법주의를 취하고 있다.

성문법주의는 법의 내용을 명확히 해주고, 국가의 법체계를 통일적으로 정하기 쉽고, 법질서의 안정성을 확보할 수 있는 장점이 있지만, 법의 내용을 법조문에 고정시켜 사회 현실과 거리가 멀어져 사회의 변화에 대한 신속한 대응이 부족하다는 단점이 있다.

성문법(成文法, written law)은 문자로 표현되고 문서의 형식을 갖춘 법으로 제정법이다. 성문법에는 헌법, 법률, 명령, 규칙, 자치법규, 조약 등이 있다.

헌법(憲法, constitution)은 국가의 기본조직, 통치 작용, 국민의 기본권 등을 규정한 근본법이다. 헌법은 국가의 모든 법 중에서 최상위 법이며, 법률, 명령, 규칙 등 하위법의 타당성에 대한 근거가 된다.

대한민국 헌법은 1948년 7월 17일에 제정되었고, 9차례 개정하였으며[1], 전문과 총강(總綱), 국민의 권리와 의무, 국회, 정부, 법원, 헌법

---

1) 현행헌법: 시행 1988. 2. 25., 헌법 제10호, 1987. 10. 29., 전부개정

재판소, 선거관리, 지방자치, 경제, 헌법 개정 등 총 10장 130조와 부칙으로 되어 있다.

법률(法律)이란 넓은 의미로는 법(law)을 말하며, 좁은 의미로는 국회의 의결을 거쳐 제정・공포된 법률(act)만을 말한다.[2)] 법률은 헌법 다음의 효력을 갖는 규정으로 헌법상 정부와 국회의원이 법률안을 제출할 수 있다. 정부에서는 각 중앙행정기관에서 해당 업무에 관한 정책집행을 위해 법률안을 마련한다.

명령(命令)이란 국회의 의결을 거치지 아니하고 행정기관이 단독으로 정하는 성문 법규이다. 명령은 법률의 하위에 있으므로 법률에 특별한 규정이 없는 한 헌법상 입법사항을 규정할 수 없으며 명령에 따라 법률을 개폐하지 못한다. 명령에는 대통령의 비상조치, 위임명령, 집행명령 등이 있다.

위임명령(委任命令)은 법률에서 위임받은 사항에 대하여 발동하는 명령으로 대통령령, 국무총리령 또는 부령(장관령)이 있다. 집행명령(執行命令)은 법률을 집행하기 위하여 발동하는 명령으로 '○○법 시행령', '○○법 시행규칙' 등이 이에 속한다.[3)]

규칙(規則)은 국회 또는 특수한 국가기관이 제정하는 성문법규이며, 대개 법률의 하위에 있으며 명령과는 동일한 효력이 있다.

자치법규(自治法規)는 지방자치단체가 상위법규인 법률 및 명령이 위임하는 범위 내에서 제정하는 자치에 관한 법규를 말한다. 자치법규에는 조례와 규칙이 있다.

---

2) 법령(法令): 국회의 심의를 받아 만들어지는 법률과 시행령인 대통령령, 시행규칙인 총리령과 부령을 말함

3) ・대통령령(시행령): 법률의 시행을 위해 만들어지는 것으로 시행령이라고도 하며 중앙행정기관에서 대통령령안을 마련함
・총리령・부령(시행규칙): 법률과 대통령령의 시행을 위해 만들어지는 것으로 시행규칙이라고도 하며 총리소속 기관이 마련하는 것을 총리령, 각 중앙행정기관에서 마련하는 것을 부령이라 함

조례(條例)는 지방의회가 법령의 범위 내에서 제정하는 것이며, 규칙(規則)은 지방자치단체의 장이 법령 또는 조례에서 위임받은 범위 내에서 그 권한에 속하는 사무에 관하여 제정하는 법규이다.

조약(條約, treaty)은 국제법상 주체인 국가 간의 문서에 의한 합의를 말하며, 조약, 협약, 규약, 헌장, 규정, 협정, 의정서, 결정서, 약정, 교환공문, 잠정협정 등의 용어를 사용한다.

우리나라 헌법은 "이 헌법에 의하여 체결·공포된 조약과 일반법으로 승인된 국제법규는 국내법과 동일한 효력을 가진다(헌법 제6조 제1항)."라고 하고 있다.

2) 불문법

불문법(不文法, unwritten law)은 문장으로 표현되지 않으며, 일정한 제정기관이 정한 절차를 거치지 않고 생기는 법이다. 미국, 영국 등은 불문법을 위주로 하므로 불문법주의 국가 또는 영미법주의 국가라고 불린다.

불문법주의는 법이 문자로 고정화되지 아니하여 변화하는 사회 현실에 적응하기 쉽다는 장점이 있지만, 국가의 법을 통일적으로 정비하기 어렵고 법질서의 안정성을 확보하기 곤란하며 법의 존재가 명확하지 못하다는 단점이 있다. 불문법에는 관습법, 판례법, 조리 등이 포함된다.

관습법(慣習法, customary law)이란 입법기관의 의식적인 입법행위에 의하여 제정된 것이 아니고 사회생활의 반복으로 이루어진 관행이 일반인 또는 일정 집단에 속하는 사람을 구속할 만큼 법적 확신을 가지게 된 것을 말한다.

이러한 관습법은 법령의 규정에서 명문으로 인정하는 경우이거나 법령의 규정이 없는 사항에 관해서만 성립하는 것이므로 성문법을 개폐하는 효력은 없다.

특히 국제 상거래에 사용되는 무역관습을 **상관습**(商慣習, commercial custom and practice)이라 부른다.

판례법(判例法, judge made law)은 법원의 판례 형태로 존재하는 법이다. 판례란 재판의 선례를 말하는 것으로 이 선례가 그 후의 판결을 구속하여 법원이 동일 취지의 판례를 반복함으로써 성립되는 법이다.

조리(條理, nature of thing)는 사물의 본질적 법칙, 사물 필연의 도리이다. 인간 이성에 의하여 승인된 공동의 사회생활에서의 원리, 즉 경험법칙, 사회통념, 사회적 타당성, 공서양속(公序良俗), 신의성실(信義誠實), 정의형평(正義衡平) 등으로 표현되기도 한다.

3. 법의 분류

법은 그 분류기준에 따라서 여러 가지로 구분된다.

① 지지하는 주체에 따라 국제법과 국내법, ② 발생에 따라서 고유법과 계수(繼受)법, ③ 적용 범위에 따라서 일반법과 특별법 및 원칙법과 예외법, ④ 내용에 따라서 실체법과 절차법, ⑤ 효력에 따라서 강행법과 임의법, ⑥ 규율대상인 생활의 실체에 따라서 공법, 사법, 사회법 등으로 나누어진다.

1) 국제법과 국내법

법을 인정하는 주체 및 법의 효력이 미치는 지역적 범위를 표준으로 국내법과 국제법으로 구분할 수 있다.

국내법(國內法, municipal law)은 하나의 국가에 의하여 인정되고 그 국가 안에서 시행되는 법이다. 국제법(國際法, international law)은 다수의 국가에 의하여 인정되고 다수의 국가 사이에 효력을 가지는 법이다.

국제법과 국제사법은 구별되어야 한다. 국제법은 국제 공법을 가리키는 것으로 여러 국가를 제정 주체로 하는 국가 간의 법을 의미하는데, 국제사법(國際私法)은 국내법의 일종으로서 섭외적(涉外的)[4] 생활 관계에 관한 준거법, 즉 어느 나라의 법을 적용할 것이냐를 정하는 법이다.

4) 섭외(涉外)란 어떤 법률 사항이 내외국(內外國)에 관계되고 연락이 되는 일을 말함

2) 일반법과 특별법

법의 효력이 미치는 범위를 기준으로 일반법과 특별법으로 구분할 수 있다.

일반법(一般法, general law)은 법의 효력이 미치는 범위에 특별한 제한이 없는 것이며, 특별법(特別法, special law)은 일정한 범위 내에서 효력을 가지는 법이다.

특별법은 기준에 따라, 인적 범위, 지역적 범위, 사항을 표준으로 구분할 수 있다. 법의 적용에 있어서 동일한 사항에 대하여 특별법이 일반법에 우선 적용된다는 '특별법 우선의 원칙'이 있다는 점에서 양자 구별의 실익이 있다.

3) 실체법과 절차법

법률의 규정 내용을 기준으로 실체법과 절차법으로 구분할 수 있다.

실체법(實體法, substantive law)은 법률관계의 실체, 즉 권리·의무의 내용, 성질, 발생, 변경, 소멸 등을 규정한 법이다. 절차법(節次法, adjective law)은 실체법을 운용하는 절차, 즉 권리의 보전, 실현, 의무의 이행 또는 강제 등에 관하여 국가기관이 관여하는 절차를 정한 법이다.

민법과 상법은 사인 간의 권리·의무의 실체를 정한 민사실체법이며, 민사소송법은 권리·의무의 실현 절차를 규정한 민사절차법이다.

절차법으로 민사소송법, 형사소송법, 비송사건절차법, 부동산등기법 등이 있다.

4) 강행법과 임의법

법의 적용을 당사자의 의사에 의하여 배제 가능성을 기준으로 임의법과 강행법으로 구분할 수 있다.

임의법(任意法, dispositive law)은 당사자가 그 법의 규정과 다른 의사표시를 한때에는 그 법의 규정이 적용되지 않는 법이다. 강행법(强行法, imperative law)은 당사자의 의사에 관계없이 적용되는 법이다.

일반적으로 사인 간의 법률관계를 규정하는 사법 분야에서는 당사자의 의사를 존중하여 사적자치(私的自治)에 맡기는 '사적자치의 원칙'이 존재한다. 아울러 임의법도 일단 당사자의 의사에 의하여 적용하기로 합의하면 강행된다는 점에서 강행법과 같다.

5) 공법과 사법

법의 내용을 표준으로 공법과 사법으로 구분할 수 있다.

공법과 사법을 구분하는 학설에는 이익설, 주체설, 법률관계설, 귀속설, 통치관계설, 생활관계설 등 여러 가지가 있으나, 통설은 생활관계설이다.

공법은 인간의 생활관계나 정치적 생활관계를 규율하는 법이고, 사법은 민사적 생활관계를 규율하는 법이다.

아울러 정치권력 입장에서 국가 또는 공적인 법인 상호간 및 이들과 사인과의 관계를 규율하는 법은 공법(公法, public law)이고, 정치권력의 입장을 떠난 국가 또는 공적인 법인 상호간 및 이들과 사인과의 관계, 그리고 사인 상호 간의 관계를 규율하는 법이 사법(私法, private law)이다.

사회법(social law)은 사법의 원칙적 존재와 그 고유의 영역을 인정하면서도 경제적 약자를 보호하기 위한 입장에서 공법적인 통제를 가함으로써 사인의 실질적인 평등을 실현하려는 법으로, 공법도 사법도 아닌 중간에 위치하는 제3의 법이다.

사회법에 속하는 법으로 노동법, 경제법, 사회보장법, 사회복지법 등이 있다.

4. 무역 관련 국내외 법규

무역은 나라와 나라를 달리하는 국제간 상거래를 의미한다. 무역은 기본적으로 '사적자치의 원칙'에 따라 당사자 간 자유로운 거래를 근간으로 하지만 필요한 범위 내에서 여러 법규와 관계될 수밖에 없다.

관련 법규는 크게 국내법규, 상대방 국가법규, 국제법규 등으로 구분할 수 있다. 국내법규는 헌법, 법률, 명령, 조례, 규칙, 공고 또는 고시 등이 있다.

1) 무역 관련 국내 공법(公法)

무역 관련 국내 공법은 헌법을 근거로 하고 있다. 우리나라 헌법은 제125조 대외무역의 육성·규제·조정에서 "국가는 대외무역을 육성하며, 이를 규제·조정할 수 있다."라고 규정하여 무역거래에 관한 법률제정의 근거를 제시하고 있다.

무역이란 물품과 대금의 국가 간 이동을 말하며, 우리나라 법규도 물품, 대금에 관한 법령으로 되어 있다.

우선 무역에 관한 총괄법인 대외무역법, 물품의 이동에 관한 법률인 관세법, 대금의 이동에 관한 외국환거래법 등 무역 관련 3대 법규가 있다. 3대 무역법규는 각각 제2장, 제3장, 제4장에서 자세히 설명하고자 한다. 아울러 무역 관련 공법은 약 60여 개가 있는데 이들 법령은 대외무역법의 부속 고시인 통합공고에 게시되어 있다. 이러한 법률들은 행정법에 해당한다.

행정법(行政法, administrative law)은 행정권의 조직과 작용 및 구제에 관한 국내 공법이다. 행정법은 민법 또는 형법과는 다르게 행정법이라는 별도의 법령은 없다. 행정(行政)이란 입법과 사법 작용을 제외한 국가가 하는 것을 말하며, 형식적인 의미에서 행정부가 실시하는 작용 전체를 말한다. 입법권・사법권과 대등한 통치권의 하나로서 행정을 하는 권능은 행정권이라 한다.

따라서 행정법은 헌법, 사법(私法), 형사소송법, 행형법[5], 국제법 등을 제외하고, 정부조직법을 비롯한 행정권의 조직과 작용 및 구제에 관한 일련의 법을 의미하며, 편의상 행정소송법, 행정형벌 등을 포함하고 있다.

2) 무역 관련 국내 사법(私法)

무역거래는 사인 간의 국제거래이므로, 개인의 권리와 의무에 관한 실체적 관계를 규율하는 사법은 무역과 관련될 수 있다.

즉, 국제거래의 일방이 우리 국민이거나 또는 우리 국민이 아니더라도 우리나라 법률을 준거법으로 택하였을 때는 관할범위에 속하게 된다. 여기에는 민법, 상법, 어음법, 수표법, 국제사법 등이 있다.

민법(民法, civil law)은 실질적 의미의 민법과 형식적 의미의 민법이 있다. 전자는 인류로서 사적인 생활 관계인 사법관계를 규율하는 사법(私法, private law)의 일반법으로 개인의 재산과 신분관계에 관한 일반법이다.

5) 형의 집행 및 수용자의 처우에 관한 법률: 행형에 관한 기본적 사항을 규정한 법률로서, 징역형, 금고형 및 노역장 유치와 구류형을 받은 자를 격리・교정・교화하여 건전한 국민사상과 근로정신을 함양하게 하고 기술 교육을 시행하여 사회에 복귀시키는 것을 목적으로 하며, 형사 피의자 또는 형사 피고인으로서 구속 영장의 집행을 받은 자의 수용에 관한 사항을 규정함

후자는 성문의 민법전[6]만을 의미하며, 우리나라 민법전은 민법총칙, 물권법, 채권법, 친족법, 상속법 등으로 구성된다.

민법전은 주체, 객체, 행위를 규정하고 있다. 주체에 관해서는 권리능력, 자연인, 법인, 행위능력 등을 규정한다. 객체에 관해서는 물건[7] 및 물건 종류를 규정하며, 행위에 관해서는 법률행위[8] 등을 규정한다. 이러한 민법 규정 등은 우리나라 법을 준거법으로 선택하면 국제거래에서도 동일하게 적용된다.

상법(商法, commercial law)은 기업 생활 관계에 특유한 법규의 총체를 말하는 것으로 실질적 의미의 상법과 형식적 의미의 상법이 있다. 형식적 의미의 상법은 상법전[9]을 의미한다.

상법전의 제1편 총칙(總則)은 통칙, 상인, 상업사용인, 상호, 상업장부, 상업등기, 영업양도, 제2편 상행위(商行爲)는 통칙, 매매, 상호계산, 익명조합, 대리상, 중개업, 위탁매매업, 운송주선업, 운송업, 공중접객업, 창고업, 제3편 회사(會社)는 통칙, 합명회사, 합자회사, 주식회사, 유한회사, 유한책임회사, 외국회사, 벌칙, 제4편 보험(保險)은 통칙, 손해보험, 인보험, 제5편 해상(海商)은 해상기업, 운송과 용선, 해상위험 등 총 5편 895조와 부칙으로 되어 있다.

특히, 제2편 상행위, 제4편 보험, 제5편 해상은 국제무역과 밀접한 관련이 있다.

어음법은 어음에 관한 사항을 규정하기 위해 제정한 법률이다. 좁은 뜻의 어음법은 어음법전[10]이 규정하는 것이며, 이것을 형식적 의의의

6) 제정: 1958년 2월 22일 법률 471호, 1960년 1월 1일 시행
7) 물건이란 유체물 및 전기 기타 관리할 수 있는 자연력을 말함(민법 제98조)
8) 법률행위는 의사표시를 구성요소로 하는 사법상의 법률요건이다. 법률행위는 의사표시의 형태에 따라 단독행위, 계약, 합동행위로 나뉨
9) 제정: 1962년 1월 20일 법률 제1000호, 1963년 1월 1일 시행
10) 제정: 1962년 1월 20일 법률 제1001호로 제정, 1963년 1월 1일 시행

어음법이라 한다. 실질적 의의의 어음법에는 거절증서령(拒絕證書令)[11]을 포함한다.

어음법은 제1편 환어음과 제2편 약속어음으로 나누고, 제1편을 다시 환어음의 발행과 방식, 배서, 인수, 보증, 만기, 지급, 인수거절 또는 지급거절로 인한 소구, 참가, 복본과 등본, 변조, 시효, 통칙 등 12장으로 나누어 규정하였으며, 그 대부분의 규정을 제2편 약속어음에 준용하고 있다.

어음법은 기술적 성질(지급의 확실성과 유통증진 등)과 강행법적 성질(불특정 다수인 간의 원활하고 신속한 유통), 국제적 통일성(세계 각국의 광범한 유통) 등의 특질을 가지고 있다.

수표법은 수표에 관한 사항을 규율하기 위해 제정한 법률로서 1962년 1월 20일 법률 제1002호로 제정되었다.[12] 이러한 어음과 수표 또한 국제거래에서 지급수단 및 신용수단으로 사용된다.

국제사법(國際私法, private international law)은 외국적 요소가 있는 법률관계에 관하여 국제재판 관할권에 대한 원칙과 준거법을 정

---

11) · 거절증서령: 어음법 부칙 제84조 및 수표법 부칙 제70조의 규정에 따라 거절증서의 작성에 관한 사항을 규정함을 목적으로 하는 대통령령

· 거절증서(protest, 拒絕證書): 의무이행 거절의 사실에 대한 입증 방법을 법을 정하여 소구권자는 간이·신속하게 소구권을 행사할 수 있도록 하고, 소구의무자는 그 입증을 믿고 상환할 수 있게 하여 어음 거래의 원활과 확실을 도모하는 제도

12) · 환어음(換어음, draft, Bill of Exchange): 어음의 발행인이 제3자(지급인)에 대하여 증권상 금액을 일정 증권상의 권리자(수취인, 그 지시인)에게 지급할 것을 무조건으로 위탁하는 금전지급 위탁증권임

· 약속어음(約束어음, promissory note): 발행인 자신이 일정일에 일정금액을 수취인 기타 증권의 정당한 소지인에게 일정한 금액을 지급할 것을 무조건으로 약속하는 금전지급 약속증권임

· 수표(手票, check): 발행인이 지급인(은행)에 대하여 수취인 그 밖의 정당한 소지인에게 일정한 금액을 지급할 것을 위탁하는 금전지급 위탁증권

한 법이다. 즉, 국내외 사법의 적용 범위를 정하는 법률로서 각국의 사법이 실질적으로 상이한 결과로써 생기는 법률의 저촉을 해결하기 위하여 여러 가지 섭외적 사법관계에 대하여 각각 준거법을 지정하는 법률이 국제사법이다.

준거법(準據法, governing law)이란 국제사법의 원칙에 의하여 국제적 법률관계를 규율할 법으로서 지정되는 국내외 국가의 실질법을 말한다.

3) 무역 관련 국제법규

국제법(國際法, international law)은 국가 간에 명시(明示)되거나 묵시(默示)된 합의를 기초로 하여 형성된 법규를 말하며, 국제조약, 국제관습, 법의 일반원칙 등이 있다.

국가 상호간의 관계를 규정하는 것으로서 최근에는 개인이나 국제조직(UN 등)도 국제법상의 법률관계의 당사자의 지위를 인정하는 사례가 많아졌다.

무역 관련 국제법규는 법원(法源) 또는 거래단계별로 구분할 수 있다. 법원을 기준으로 국제협약, 국제관습 및 법률의 일반원칙 등이 있다.

거래단계별로는 무역거래 진행 과정에 따라 무역계약법규, 무역결제법규, 국제운송법규, 해상보험법규, 상사중재법규 등으로 구분할 수 있다. 자세하게는 제5장 국제무역법규에서 설명하기로 한다.

제 2 장 대외무역법

1. 대외무역법 개요

우리나라의 무역발전은 관련 법규의 완비를 통한 제도적 지원도 한몫했다고 볼 수 있으며, 그 중심에 기본법인 대외무역법이 있다. 대외무역법은 1986년 아시안게임과 1988년 서울올림픽 시기에 4년 동안 무역흑자를 기록한 시점인 1986년 12월 31일에 무역거래법을 대외무역법으로 개편하여 법률 제3895호로 제정하여 1987년 1월 1일부터 시행하였다.[1)]

한국무역의 발전과정에서 이정표를 살펴보면 다음과 같다. 처음으로 수출 1억불을 달성한 1964년, 수출 100억불을 달성한 1977년, 무역흑자를 처음 달성한 1986년, IMF 구제금융을 받은 1997년, 글로벌 금융위기가 초래된 2008년, 무역 1조불을 달성한 2011년, 그리고 COVID-19가 발생한 2020년이 그것이다.[2)]

---

1) · 우리나라의 무역에 관한 관리는 **대외무역규칙**(군정법령 제39호, 1946년 1월 3일)이 효시였다.
   · 이후 ① 무역법(법률 제460호, 1957년 12월 13일), ② 수출진흥법, ③ 수출장려보조금 교부에 관한 임시조치 등이 있었다.
   · 이들 3가지 법이 1967년 1월 16일에 **무역거래법**으로 통폐합되어 운영되었으며, 1987년부터 **대외무역법**으로 대체되었다.

2) 1964.11.30. 수출 1억불 달성을 기리기 위해서 11월 30일에 「수출의 날」을 제정하여 대통령 참여 행사로 기념식을 개최해 오다가 1990년에 「무역의 날」로 명칭을 변경하고, 2011.12.5. 무역 1조불 달성을 기념하기 위해 2012년부터는 12월 5일에 기념식을 열고 있다.

〈표 2-1〉 무역통계로 본 한국무역의 이정표

(단위 : 천불)

년도	수출	수입	수지	특징
1956	24,595	386,063	△361.468	
1964	119,058	404,351	△285,293	수출 1억불 달성
1977	10,046,457	10,810,538	△764,081	수출 100억불
1986	**34,714,470**	**31,583,900**	**3,130,570**	**무역흑자 첫 달성**
1987	47,280,927	41,019,812	6,261,115	
1988	60,696,388	51,810,632	8,885,756	
1989	62,377,174	61,464,772	912,402	
1997	136,164,204	144,616,374	△8,452,170	IMF 구제금융
1998	132,313,143	93,281,754	39,031,389	
2008	422,007,328	435,274,737	△13,267,409	글로벌 금융위기
2011	**555,213,656**	**524,413,090**	**30,800,566**	**무역 1조불 달성**
2020	512,498,038	467,632,763	44,865,275	COVID19 발발

* 자료: 한국무역통계(https://stat.kita.net/)

우리나라는 무역통계를 집계한 1956년 이래 계속 수입이 수출보다 많은 만성 적자 상태에 있다가 1986년 처음으로 31억불 흑자를 기록한 이래 4년 동안 총 192억불의 무역흑자를 기록하였다. 그러나 1990년부터는 다시 무역적자를 지속하다가 1997년 12월 IMF 구제금융을 받는 처지가 되었다. 다행인 것은 1998년부터 현재까지 2008년 글로벌 금융위기에 따른 133억불 무역적자를 제외하고는 무역흑자 기조를 유지하고 있다는 사실이다.

대외무역법의 개정 연혁을 살펴보면 다음과 같다.

〈표 2-2〉 대외무역법의 개정 연혁

구분	횟수	시행일	주요 개정내용 및 특징
전부 개정	2	2007. 4.11. 1997. 3. 1.	· 법률용어 순화 차원에서 전면개정 · OECD가입 후 무역제도의 근본적인 개편
일부 개정	15	2020. 6.19. 2016. 7.28. 2014. 7.22. 2014. 1.31. 2010.10. 6. 2009.10.23. 2009. 6.20. 2008.12.26. 2007. 4. 4. 2003.12.30. 2001. 3.30. 1999. 2. 5. 1995. 7. 1. 1993. 7. 1. 1989.12.21.	· 전략물자제도 보완 · 수출입금지 사유, 전략물자 환적 기준 등 · 전문무역상사제도 도입, 정부간수출계약 정의 · 판매업자 원산지제도, 자율준수 무역거래자 등 · 전략물자, 플랜트수출, 원산지표시위반 벌칙 강화 · 종합무역상사 폐지, 해외진출지원센터 설치 등 · 불공정무역행위 조사, 산업피해구제 관련 간소화 · 영업주의 양벌규정에 대한 책임주의 원칙 · 전략물자 범위, 유통관리 등 국제규칙에 맞춤 · 무역범위 용역으로 확대, 구매확인서, 원산지판정 · 무역업 자유화, 무역범위 전자적 무체물로 확대 · 수출입승인제도 폐지, 조합설립 인가제 폐지 · 무역업대리업신고제, 산업설비수출업신고제 폐지 · 무역업 등록제, 효력확인제도 폐지, 제도 선진화 · 무역위원회 기능 확대
타법 개정	17	수시	· 대외무역법과 관련된 법령 및 정부 부처 조직개편에 따른 조문 변경
합계	34		

자료: 법제처 국가법령정보센터

대외무역법(Foreign Trade Act)의 근거는 대한민국 헌법에서 찾을 수 있다. 헌법 제125조에서 "국가는 대외무역을 육성하며 이를 규제·조정할 수 있다"라고 규정함으로써 대외무역의 진흥과 관리를 위한 법률 제정의 근거를 마련하고 있다.

헌법에 따라서 무역에 관한 기본법인 대외무역법을 마련하고 있으며, 관세법, 외국환거래법 등 3대 무역법규를 포함한 통합공고 기준으로 60여개의 무역 관련 법령 등을 제정하여 무역의 진흥과 관리를 실행하고 있다.

대외무역법의 **법령체계**도 일반 법령과 같이 "헌법 → 법률 → 명령 → 규칙 → 고시"의 체계를 갖추고 있다.

헌법을 근거로 제정된 대외무역법(Foreign Trade Act)을 기본법으로 대외무역법시행령(Enforcement Decree of the Foreign Trade Act), 대외무역관리규정(Foreign Trade Management Regulation), 각종 고시로 이루어져 있다. 주의할 점은 대외무역법은 시행규칙이 없으며, 고시로서 대외무역관리규정을 사용하고 있다는 점이다.

대외무역법은 제1장 총칙, 제2장 통상의 진흥, 제3장 수출입 거래, 제4장 수입수량 제한조치, 제5장 수출입의 질서유지, 제6장 보칙, 제7장 벌칙 등과 같이 총 8장 65조와 부칙으로 이루어져 있다.[3)]

대외무역법 관련 고시에는 다음과 같은 것이 있다.

① 대외무역관리규정, ② 수출입공고, ③ 통합공고, ④ 전략물자수출입고시, ⑤ 국제평화 및 안전유지 등의 의무이행을 위한 무역에 관한 특별조치, ⑥ 원산지제도 운영에 관한 고시[4)], ⑦ 수출물품 원산지증명서 발급규정[5)], ⑧ 원산지표시 검사 및 과태료 부과업무처리 요령, ⑨ 대외무역법 소관 과징금 부과 지침

3) 대외무역법시행령은 총 6장 94개조와 부칙, 대외무역관리규정은 총 7장 110개조로 구성된다.

4) 관세청고시 제2017-41호, 2017. 7. 25.

5) 산업통상자원부고시 제2020-70호, 2020. 5. 15.

그림 2-1 대외무역법 법령체계

헌법 (제125조)

대외무역법

대외무역법시행령

대외무역 관리규정	수출입공고	통합공고	전략물자 수출입고시	무역에 관한 특별조치
대외무역법 시행을 위한 기본 고시	· 수출승인 – 섬유협정품목 – 정부협정품목 – 자원보호품목 · 수입승인: 항공기 및 부분품 · 수출입절차 간소화 · 통상정책상 필요물품 수출입	약사법 등 58개 법률 및 국제협약관련 수출입요건 및 절차 고시	· 전략물자수출입제한 – 바세나르체제관련품목 – 원자력관련 비확산품목 – 미사일관련 비확산품목 – 생화학무기관련비확산품목 – 화학무기금지협약품목	· UN 안보리 결의 이행을 위한 무역제재 대상 국가별 수출입통제 · 킴벌리 프로세스 이행을 위한 다이아몬드 원석 수출입통제

대외무역법의 목적은 ㉠ 대외무역의 진흥, ㉡ 공정한 거래질서의 확립, ㉢ 국제수지의 균형, ㉣ 통상의 확대, ㉤ 국민경제의 발전에 이바지함에 있다.

대외무역법의 운용원칙[6]은 ㉠ 자유롭고 공정한 무역의 조장, ㉡ 필요 최소한의 제한을 함으로써 최소의 통제와 대외거래의 자유를 보장하는 데 있다.

6) 대외무역법 제3조 ① 우리나라의 무역은 헌법에 의하여 체결·공포된 무역에 관한 조약과 일반적으로 승인된 국제법규가 정하는 바에 따라 자유롭고 공정한 무역을 조장함을 원칙으로 한다. ② 정부는 이 법이나 다른 법률 또는 헌법에 의하여 체결·공포된 무역에 관한 조약과 일반적으로 승인된 국제법규에서 무역에 대한 제한을 정한 규정이 있는 경우에는 그 제한을 정한 목적을 달성하기 위하여 필요한 최소한의 범위 안에서 이를 운영하여야 한다.

대외무역법의 특징은 무역에 관한 기본법이며, 무역 및 통상에 관한 관리법 및 진흥법이라는 점이다.

① 무역에 관한 기본법이기 때문에 무역에 관하여 다른 법이 대외무역법의 적용배제를 명시하지 않는 한 모든 무역거래에 대하여 대외무역법이 일반적으로 적용된다.[7)]

② 무역 및 통상에 관한 관리법 및 진흥법이기 때문에 대외무역법의 근본 목적에 따라 산업통상자원부 장관은 무역의 진흥을 위하여 필요한 조치 및 지원을 할 수 있으며, 무역 및 통상진흥을 위하여 통상진흥시책을 수립하고 민간협력 활동을 지원할 수 있도록 규정하고 있다.

무역관리(trade control)란 무역에 관하여 행해지는 국가 공권력의 간섭과 지원 작용을 총칭한다.
대외무역법상 진흥시책으로 수출실적인정제도, 외화획득 규정, 구매확인서 제도 등이 있다.

③ 무역에 관한 통합법이다. 대외무역법 제6조 제2항에 의해 관계행정기관의 장은 물품의 수출·수입 요령을 제정·개정하고자 할 때는 산업통상자원부 장관과 미리 협의하여야 하며, 이 경우 산업통상자원부 장관은 관계 행정기관의 장에게 수출·수입 요령의 조정을 요청할 수 있다.

아울러 대외무역법 제15조에 의해 관계 행정기관의 장이 수출·수입 요령을 제정·개정하는 경우에는 그 시행일 전에 공고될 수 있도록 산업통상자원부 장관에게 제출하여야 하며, 산업통상자원부 장관은 이를 통합하여 공고토록 하고 있다.

---

7) 대외무역법 제6조 ① 무역에 관하여는 이 法이 정하는 바에 의한다.

대외무역법의 소관 부처인 산업통상자원부는 1948년 대한민국 정부 수립할 때 상공부에서 출발하여 무역, 통상, 에너지를 총괄하는 역할을 하고 있다.

〈표 2-3〉 산업통상자원부 연혁

<table>
<tr><th>년도</th><th>부처명</th><th>내용</th></tr>
<tr><td>1948</td><td>상공부</td><td>· 상공부 신설: 상무국, 무역국, 광무국, 수산국, 전기국, 공업국</td></tr>
<tr><td>1977</td><td>상공부
동력자원부</td><td>· 상공부 광무국 폐지
· 동력자원부 신설</td></tr>
<tr><td>1993</td><td>상공자원부</td><td>· 상공부와 동력자원부 통합</td></tr>
<tr><td>1994</td><td>통상산업부</td><td>· 대외통상 능력 강화</td></tr>
<tr><td>1998</td><td>산업자원부</td><td>· 대외통상 업무를 외교통상부로 이관</td></tr>
<tr><td>2008</td><td>지식경제부</td><td>· 정보통신부 정보기술 산업정책, 우정사업, 과학기술부 R&D정책
재정경제부 경제자유구역, 지역특화 통합</td></tr>
<tr><td>2013</td><td rowspan="5">산업통상자원부</td><td>· 통상교섭, FTA업무 추가</td></tr>
<tr><td>2017</td><td>· 통상교섭본부장 신설</td></tr>
<tr><td>2019</td><td>· 소재부품장비협력관 신설</td></tr>
<tr><td>2020</td><td>· 무역안보정책관 신설</td></tr>
<tr><td>2021</td><td>· 에너지 전담 제2차관 신설</td></tr>
</table>

* 자료: 산업통상자원부 홈페이지(motie.go.kr)

2. 무역의 개념

1) 무역의 개념

무역(貿易, trade)이란 물품 등의 국가 간 이동을 의미한다. 대외무역법상 무역이란 주체인 무역거래자가 객체인 물품, 용역, 전자적 무체물 등의 수출입행위를 하는 것으로 정의될 수 있다.

관세법상 보세구역 역시 대외무역법상으로는 국내이다. 따라서 대외무역법상으로는 수출신고 후 보세구역 장치하고 선적하여 출항해야 수출이 되며, 입항 전 수입신고한 물품도 실제로 국내 영토로 반입되어야 수입이 된다.

참고로 남북한 간의 상거래는 교역, 반입, 반출이라는 명칭을 사용하여 국내 거래로 보고 있다. 따라서 반입의 경우 관세는 없지만, 남북 간 특수성 때문에 수출입 절차에 준하는 반출·입 절차를 거치게 된다.

(1) 무역의 주체

과거에는 무역의 주체를 무역업자, 무역대리업자로 구분하여 본인과 대리인으로 구분하였지만, 현재는 무역거래자로 통칭한다. 무역거래자는 다음의 경우를 포함한다.

① 수출 또는 수입을 하는 자,

② 외국의 수입자 또는 수출자로부터 위임을 받은 자

③ 수출과 수입을 위임하는 자 등 물품 등의 수출행위와 수입행위의 전부 또는 일부를 위임하거나 행하는 자

(2) 무역의 객체

객체(物)에는 물품, 대통령령으로 정하는 용역 및 전자적 형태의 무체물(無體物) 등이 포함된다.

물품(物品, goods)이란 동산(動産)[8]을 말하는 것으로 다음의 것을 제외한다.

① 외국환거래법에서 정하는 지급수단,
② 외국환거래법에서 정하는 증권
③ 외국환거래법에서 정하는 채권을 화체(化體)한 서류

무역실무에서는 물품이란 HS code[9]가 있는 것을 말한다. 따라서 HS번호가 있는 물품이라야 국가 간 거래인 수출입이 가능하며, HS번호가 없으면 관세청에 HS상품분류와 수출입 가능 여부를 신청하여야 한다.

(3) 무역의 행위

행위(行)는 수출과 수입이다.

수출(輸出, export)이란 물품 등을 국내에서 외국으로 내보는 것을 말하며, 수입(輸入, import)이란 외국에서 국내로 들여오는 것을 말한다.

대외무역법상 수출입 여부 판단 시 주의할 점은 무역거래란 원칙적으로 국경(國境, Border)을 기준으로 국내외 사이에 물품의 이동이 일어나는 경우를 의미하며, 계약당사자, 대금수령 형태 등은 무역거래 판단에 있어 고려사항일 뿐 필수요소는 아니라는 점이다.

---

8) 동산이란 부동산 이외의 물건이 동산이며(민법 제99조), 물건이란 유체물 및 전기 기타 관리할 수 있는 자연력을 말한다(민법 제98조).
9) 세계통일상품분류(HS; Harmonized Commodity Description and Coding System) 관세・통계통합품목분류(HSK)

예를 들어 국내 A업체가 일본의 B업체와 물품공급계약을 체결하고, 물품은 B업체의 한국 내 자회사인 C업체에 공급하고 외화를 받았다면, 계약 관점에서는 수출로 볼 수 있지만, 물품의 이동이 국내에서 이루어졌으므로 대외무역법상의 수출로 인정받지 못한다. 다만 이 경우에 국내의 A업체가 물품공급 대가를 일본 B업체로부터 받는 것은 외국환거래법에 따라 가능하다.

2) 대외무역법상 수출입의 구분

(1) 국내(외국)에서 외국(내국)으로 물품의 이동

수출(입)이란 매매, 교환, 임대차, 사용대차[10], 증여[11] 등을 원인으로 국내(외국)에서 외국(국내)으로 물품이 이동하는 것을 말하며, 물품이 외국으로 나가면 수출, 내국으로 들어오면 수입이다. 이 경우에 유상 또는 무상을 가리지 않는다.

여기서 국내란 대한민국의 주권이 미치는 지역을 의미하므로, 관세법상의 보세창고, 보세판매장, 보세공장 등도 국내이다.[12] 즉, 수출신고를 하여 보세구역에 장치하였다 하더라도 대외무역법상으로는 수출로 간주하지 않으며, 물품을 선적하여 외국으로 이동한 경우에만 대외무역법상의 수출로 인정하며, 입항 전 수입신고가 수리된 물품은 관세법(제2조 제4항)상 '내국물품'으로 인정되지만, 대외무역법상으로는 수입으로 간주하지 않는다.

10) 사용대차(使用貸借)는 당사자 일방(貸主)이 상대방(借主)에게 무상으로 사용·수익하게 하도록 목적물을 인도할 것을 약정하고, 상대방은 이를 사용·수익한 후 그 물건을 반환할 것을 약정함으로써 성립하는 계약이다(민법 제609조).

11) 증여(贈與)는 당사자의 일방(贈與者)이 재산권을 무상으로 상대방(受贈者)에게 주는 의사표시를 하고, 상대방이 이를 수락함으로써 성립하는 낙성·편무·무상·불요식의 계약이다(민법 제554조).

12) 외국이란 국내 이외의 지역을 말한다.

공해상의 선박은 국제법상 해당 국가의 영토로 간주하므로, "우리나라 선박에 의하여 외국에서 채취 또는 포획한 광물 또는 수산물을 외국에 매도"하는 것도 국내에서 외국으로 수출한 행위로 간주한다.

그러나 선(기)용품을 공급하는 행위는 대외무역법상의 외화획득행위로 간주하여 수출 개념에 들어가지 않는다.

(2) 외국에서 외국으로 물품의 이동 (유상거래만 해당)

국내에서 외국으로 물품이 이동하는 경우는 유・무상 여부와 관계없이 수출입으로 인정되나, 외국에서 외국으로 물품을 이동할 때는 유상거래만 대외무역법상의 수출로 인정된다는 점을 유의해야 한다.

외국에서 외국으로 이동하는 경우는 다음과 같다.

① 위탁가공업체에서 생산한 물품을 현지 위탁가공업체에서 외국으로 인도하는 위탁가공무역(현지 국가 포함)
② 중계무역(한 국가 내에서 이동 포함)
③ 수출대금은 국내에서 받지만, 국내에서 통관되지 아니한 수출물품 등을 외국으로 인도하는 외국인도수출
④ 수입대금은 국내에서 지급되지만 수입물품 등은 외국에서 인수하는 외국인수수입 등

(3) 거주자(비거주자)와 비거주자(거주자)의 용역거래

거주자란 외국환거래법 규정에 따른 거주자를 의미하며, 대한민국 안에 주소 또는 거소를 둔 개인과 대한민국 안에 주된 사무소를 둔 법인을 말한다.

비거주자란 거주자 외의 개인 또는 법인을 말한다. 다만, 비거주자의 대한민국 내의 지점・출장소 기타의 사무소는 법률상 대리권의 유무

에도 불구하고 거주자로 본다.

용역의 범위는 경영상담업, 법무 관련 서비스업, 회계 및 세무 관련 서비스업, 엔지니어링 서비스업, 디자인, 컴퓨터시스템 설계 및 자문업, 문화산업진흥기본법에 따른 문화산업(영화·음반·게임 등), 운수업, 관광진흥법에 따른 관광사업, 기타 지식기반용역 등 수출유망산업으로서 산업통상자원부 장관이 정하여 고시하는 업종13)을 말한다.

지식서비스의 수출활성화를 위해 모든 용역이 아니라 지식기반서비스로 한정하고 있다.

용역의 수출실적 확인은 한국무역협회 및 관련 협회에서 발급한 수출입확인서와 외국환은행의 장의 입금 확인을 통해 이루어진다.

산업통상자원부 장관이 정하는 용역의 공급 방법은 다음과 같으며, GATS의 서비스모드 구분과 일치한다.

〈표 2-4〉 용역의 공급 형태14)

구 분	용역의 수출입 방법
제1형태	· 용역의 국경 간 이동에 의한 공급 · 사례: 한국 SI 업체가 온라인을 통해 해외업체에 컨설팅 제공
제2형태	· 비거주자(거주자)의 국내(외국) 소비에 의한 공급 · 사례: 해외업체가 우리나라에 들어와서 우리나라 SI 업체에 컨설팅을 받음
제3형태	· 거주자(비거주자)의 상업적 외국(국내) 주재에 의한 공급 · 사례: 한국 SI 업체가 해외지점을 통해 해외업체에 컨설팅 제공
제4형태	· 거주자(비거주자)의 개인적 외국(국내) 주재에 의한 공급 · 사례: 한국 SI 업체 직원이 해외로 파견되어 해외업체에 컨설팅 제공

13) 고시하는 업종은 전기통신업, 금융 및 보험업, 임대업, 광고업, 사업시설 유지관리 서비스업, 교육 서비스업, 보건업 등이다(대외무역관리규정 제3조).

〈표 2-5〉 서비스의 공급모드(GATS)

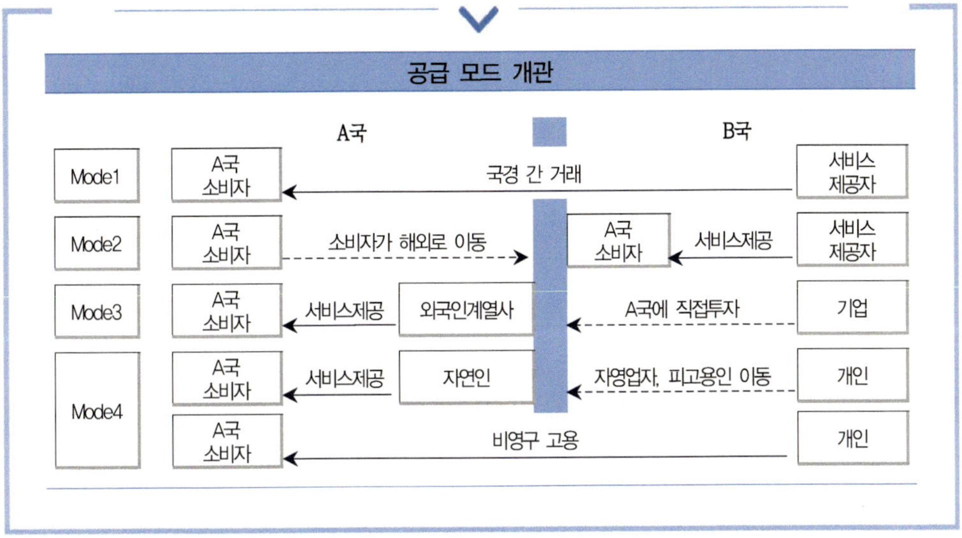

GATS[15)]의 서비스 형태는 다음과 같이 4가지로 구분된다.

첫째, 국경 간 공급(Mode1, cross border supply)은 서비스 자체가 국경을 넘어 이동하는 경우로 서비스 소비자는 자신들이 거주하는 국가에 그리고 서비스 공급자는 소비자가 거주하는 국가 밖에 존재한다. 운송 서비스, 인터넷을 통한 교역 등이 예이다.

둘째, 해외소비(Mode 2, consumption abroad)는 소비자가 생산자를 찾아 이동하는 경우로 서비스 소비자가 그들이 거주하는 국가를 떠나 외국에서 서비스를 소비하는 경우이다. 여행과 유학 등이 예이다.

셋째, 상업적 주재(Mode 3, commercial presence)는 외국기업의 자회사 또는 지사가 제공하는 서비스와 동일한 개념으로 서비스의 공급자가 해외직접투자(FDI)를 통해 소비자가 거주하는 국가에 서비스를 제공하는 경우이다. 외국 소유의 은행, 해외 현지법인 등이 예이다.

---

14) 대외무역관리규정 제3조(용역의 공급) 제1항 및 제2항
15) WTO 서비스교역에 관한 일반협정(GATS; General Agreement on Trade in Services) 제1조

넷째, 자연인의 일시적인 이동(Mode 4, temporary movement of natural persons)은 개인이 일시적으로 피고용인이나 자영업자로서 소비자가 거주하는 지역이나 국가로 이동하여 서비스를 제공하는 경우이다. 건설업 현장 엔지니어 또는 회계사 등이 예이다.

(4) 거주자(비거주자)와 비거주자(거주자)의 디지털재화의 거래

전자적 형태의 무체물이란 소프트웨어, 영상물, 음반물, 전자서적, DB 등을 지칭하는 용어로서, 디지털 형태로 제공되는 디지털재화를 의미한다.

전송이란 인터넷상에서 내려받는 행위를 의미하며, 기타 산업통상자원부 장관이 정하는 방법이란, 노트북 등 정보처리능력을 가진 장치에 내장한 상태로 반출・반입한 후, 인도・인수하는 행위를 말한다.

전자적 형태의 무체물의 수출실적 확인은 한국무역협회 또는 한국소프트웨어산업협회에서 발급한 확인서와 외국환은행장의 입금 확인을 통해 이루어진다.

3) 무역과 통상의 구분

대외무역법에서는 '무역'과 '통상'을 혼용하여 사용하고 있다. 무역과 통상의 사전적 개념은 '교환, 거래, 매매'라는 행위를 나타낸다는 점에서 근본적인 차이가 없지만, 양자의 개념을 어떻게 보느냐에 대한 의견이 나뉘어 있다.

'무역'과 '통상'을 구분하는 것은 변화하는 국제통상환경의 상황과 확대되는 국제경제거래의 내용과 성격을 이해하는데 의의를 지님으로, 양자의 개념 구분에 대한 의견을 정리한다.

(1) 무역과 통상을 구분이 필요하다는 견해

① 거래대상의 차이에 따른 구분

'무역'은 재화의 국제적 교역, 즉 유형무역만을 지칭하는 개념임에 반해, '통상'은 유형무역뿐만 아니라 지적재산권·서비스교역 등의 무형무역과 생산요소의 이동이나 국제투자까지 포함하는 광의의 개념이라고 본다.

그러나 대외무역법의 적용 범위가 유형재인 물품 외에도 용역과 전자적 형태의 무체물에 이르고 있으므로 물품에 한정하여 무역이라 하고, 그 외 용역 및 전자적 무체물을 통상의 개념으로 새로 정립하기에는 한계가 있다.

② 행위 주체의 차이에 따른 구분

'무역'의 행위 주체는 개인·기업 등과 같은 개별주체이며 개인·사기업의 경제·경영활동과 관련되지만, '통상'의 행위 주체는 국가나 국제기구 등으로 공적·국가적 측면의 경제활동과 관련된다.

'통상'의 행위 주체를 국가나 국제기구 등으로 하고 그 행위 내용을 공적·국가적 측면의 경제활동과 관련된 것으로 파악한다면 무역정책이라는 개념은 존재하지 않고, 개별 경제주체의 무역전략만이 존재하기 때문에 통상정책만이 개념적으로 가능할 것이다.

이러한 구분은 현행 정부조직에서 수용 가능한 구분일 수 있지만, 대외무역법의 통상 개념이 극히 제한적으로 사용되어야 한다는 한계점이 있다.

〈표 2-6〉 무역과 통상의 구분(운영주체를 기준)

	국제무역	국제통상
공통 영역	국가 간의 경제교류 활동	
행위 주체	개별경제주체	국가·다국·국제기구
행위 목적	개별경제주체의 이익	국가의 공공이익
중요 활동	국가 간 상거래	국가 간 상거래의 제약요인 완화
주된 관련 영역	개인·기업의 경제경영활동	국가적 측면의 경제활동 관련 공적부문

(2) 무역과 통상을 구분이 불필요하다는 견해

① 국제무역과 국제통상은 구별할 수 없다는 견해

국제통상이란 국제무역을 광의의 개념으로 구분한 것에 불과하며, 두 개념을 거래대상의 관점에서 구별한 것은 과거 유형재 중심의 좁은 의미의 무역과 무형의 지식재산권, 서비스, 국제투자와 여기에 수반되는 국제간의 노동 및 자본의 이동 등을 포괄하는 넓은 의미의 무역 구분에 존재했던 견해일 뿐이다.

② 국제무역과 국제통상의 구별은 무의미하다는 견해

무역정책과 통상정책을 구분 짓는 나라는 일본뿐이며, 국제무역은 단순한 상품 교역의 자유화를 의미하지 않는 현재 상황에서 양자를 구별짓는 것은 실익이 없다.

대외무역법이 '무역'을 유형재인 물품 외에도 용역과 전자적 형태의 무체물을 포함하고 있으며, 앞으로 대외무역법의 적용대상을 넓혀 복합상품으로까지 확대하고자 하는 정책적 기조가 유지되는 한 광의의

무역으로 개념 정립되고 있다. 이것은 원칙적으로 무역과 통상 개념의 구분이 불가하거나 그 구별이 무의미한 결론에 이를 수 있다.

대외무역법의 적용 범위가 우리 기업의 해외투자 및 외국인 투자유치 등을 포함하지 않으므로 두 개념을 구분하는 실익이 있을 것이다. 다만 무역과 통상은 일반적인 언어사용에 있어서 어감(semantic nuance)의 차이를 가지고 있어 이를 존중할 필요성이 있다.

3. 기타 무역 용어

대외무역법, 대외무역법시행령, 대외무역관리규정 정의 조항에 규정되어 있는 무역용어를 정리하였다. 다만 특정거래형태 등의 개념은 다른 부분에서 다루기로 한다.

1) 대외무역법상 정의

정부 간 수출계약은 외국 정부의 요청이 있으면 정부 간 수출계약 전담기관인 KOTRA가 국내 기업을 대신하여 또는 국내 기업과 함께 계약의 당사자가 되어 외국 정부에 물품 등을 유상으로 수출하기 위하여 외국 정부와 체결하는 수출계약이다.

2) 대외무역법시행령상 정의

외화획득용 원료·기재는 외화획득용 원료, 외화획득용 시설기재, 외화획득용 제품, 외화획득용 용역 및 외화획득용 전자적 형태의 무체물이다.

외화획득용 원료는 외화획득에 제공되는 물품과 용역 및 전자적 형태의 무체물을 생산하는 데에 필요한 원자재·부자재·부품 및 구성품이다.

외화획득용 시설기재는 외화획득에 제공되는 물품 등을 생산하는 데에 사용되는 시설·기계·장치·부품 및 구성품이다. 물품 등의 하자를 보수하거나 물품 등을 유지·보수하는 데에 필요한 부품 및 구성품을 포함한다.

외화획득용 제품은 수입한 후 생산과정을 거치지 아니한 상태로 외화획득에 제공되는 물품 등을 말한다.

외화획득용 용역은 외화획득에 제공되는 물품 등을 생산하는 데에 필요한 용역을 말한다.

외화획득용 전자적 형태의 무체물은 외화획득에 제공되는 물품 등을 생산하는 데에 필요한 전자적 형태의 무체물을 말한다.

수출실적은 산업통상자원부 장관이 정하여 고시하는 기준에 해당하는 수출통관액·입금액, 가득액(稼得額)과 수출에 제공되는 외화획득용 원료·기재의 국내 공급액을 말한다.

수입실적은 산업통상자원부 장관이 정하여 고시하는 기준에 해당하는 수입 통관액 및 지급액을 말한다.

3) 대외무역관리규정상 정의

여기에서는 특정거래형태와 일부 용어를 제외하고 설명한다.

외화는 외국환거래법령에 따른 대외지급수단을 말한다.

기자재란 기계, 장치 또는 자재를 말한다.

시설기재란 시설, 기계, 장치, 부품 및 구성품을 말한다.

구매확인서란 외화획득용 원료·기재를 구매하려 하거나, 구매한 경우에 외국환은행의 장 또는 전자무역기반사업자(KTNET)가 내국신용장에 준하여 발급하는 증서를 말한다.

내국신용장이란 한국은행 총재가 정하는 바에 따라 외국환은행의 장이 발급하여 국내에서 통용되는 신용장을 말한다.

평균손모량이란 외화획득용 물품 등을 생산하는 과정에서 생기는 원자재의 손모량(손실량 및 불량품 생산에 소요된 원자재의 양을 포함한다)의 평균량을 말한다.

손모율이란 평균손모량을 백분율로 표시한 값을 말한다.

단위실량이란 외화획득용 물품 등 1단위를 형성하고 있는 원자재의 양을 말한다.

기준소요량이란 외화획득용 물품 등의 1단위를 생산하는 데 소요되는 원자재의 양을 고시하기 위한 것으로써 단위실량과 평균 손모량을 합한 양을 말한다.

단위자율소요량이란 기준 소요량이 고시되지 아니한 품목에 대하여 외화획득용 물품 등 1단위를 생산하는 데 소요된 원자재의 양을 해당 기업이 자율적으로 산출한 것으로써 단위실량과 평균 손모량을 합한 양을 말한다.

소요량이란 외화획득용 물품 등의 전량을 생산하는 데 소요된 원자재의 실량과 손모량을 합한 양을 말한다.

자율소요량계산서란 외화획득을 이행하는 데 소요된 원자재의 양을 해당 기업이 자체 계산한 서류를 말한다.

유통업자란 「부가가치세법」에 따른 사업자등록증상의 도매업자(한국표준 산업분류상의 도매업 영위자), 조달청 및 「중소기업협동조합법」에서 정하는 중소기업 협동조합을 말한다.

4. 수출입관리제도 개요

수출입행위는 대외무역법, 외국환거래법, 관세법 등 무역 관련법규에서 별도로 정하고 있지 않은 사항에 대하여는 자유무역질서를 해치지 않는 범위 내에서 수출입 당사자 간의 계약에 따라 자기의 책임 아래 자유롭게 이루어지는 것을 기본원칙으로 한다.[16] 다만 국제법규의 이행 등을 위하여 필요한 경우 제한적으로 무역업에 대하여 주체, 객체, 행위 및 지역에 대한 제한 등의 관리를 할 수 있다.

대외무역법은 크게 관리제도와 진흥제도로 구분할 수 있다. 수출입을 제한하는 사유는 수출입공고, 통합공고, 특별조치 및 전략물자수출입고시 등에서 규정하고 있다.

〈표 2-7〉 수출입관리제도

구 분	내 용
주체 관리	· 무역거래 자유화(2000.1월) · 개별법(63개): 필요 시 별도의 구비요건 충족
객체 관리	· 품목에 대한 관리 · 금지품목(수출), 제한품목(수출 · 수입), 자유품목(수출 · 수입)
행위 관리	· 수출입승인제도: 제한품목(수출입공고, 전략물자수출입고시) · 요건 확인제도 : 자유품목(통합공고) · 특정거래형태
지역 제한	· 무역에 관한 제한 등 특별조치 · 전쟁, 천재지변, 상호주의, 생명 · 건강 · 안전, 국제평화, 안전유지 등

16) 대외무역법 제13조(수출입의 원칙) ① 물품 등의 수출입 및 이에 따른 대금의 수령 또는 지급은 이 법의 목적의 범위 내에서 자유롭게 이루어져야 한다. ② 무역거래자는 대외신용도 확보 등 자유무역 질서의 유지를 위하여 자기 책임하에 당해 거래를 성실히 이행하여야 한다.

1) 수출입공고에 의한 제한

수출입공고에 의한 제한 사유는 헌법에 따라 체결·공포된 조약과 일반적으로 승인된 국제법규에 따른 의무의 이행, 생물자원 보호 목적, 교역상대국과의 경제협력 증진, 방위산업용 원료·기재, 항공기(부분품 포함) 기타 원활한 물자 수급, 과학기술의 발전 및 통상산업정책상 필요한 경우이다.

2) 통합공고에 의한 제한

통합공고에 의한 제한 사유는 관계행정기관의 장이 소관 품목에 대한 수출입요령을 제·개정할 경우 산업통상자원부 장관에게 제출하여 통합하여 공고하는 것으로 무역거래자의 편의를 위해 63개 다른 법률 및 국제협약에서 정한 수출입 요건확인에 관한 사항을 통합하여 공고하고 있다.

3) 특별조치에 의한 제한

특별조치에 의한 제한 사유에는 다음과 같은 것이 있다.

① 교역상대국의 전쟁, 사변, 천재지변의 경우
② 교역상대국이 조약, 국제법규에서 정한 우리나라의 권익을 부정하는 경우
③ 교역상대국이 우리나라의 무역에 대하여 부당하거나 차별적인 부담, 제한을 가하는 경우
④ 무역에 관한 조약, 국제법규에 따른 국제평화와 안전유지 등 의무이행을 위하여 필요한 경우
⑤ 인간의 생명·건강 및 안전, 동·식물의 생명 및 건강, 환경보전 또는 국내자원 보호를 위하여 필요한 경우 등

산업통상자원부에서는 상기 제4호에 의거 "국제평화 및 안전유지 등 의무이행을 위한 무역에 관한 특별조치"를 고시하여 제한하고 있으며 다음과 같이 2가지가 운용된다.

① UN 안보리 결의사항 이행을 위한 수출입 제한으로 제한국가를 도착항으로 하는 수출 및 제한국가를 원산지 또는 선적항으로 하는 수입은 금지된다.
제한국가는 이라크, 라이베리아, 시에라리온, 아프가니스탄, 소말리아, 르완다, 코트디브와르, 콩고민주공화국, 수단공화국 등 9개국이다.

② 킴벌리프로세스 이행을 위한 수출입 제한으로 킴벌리 프로세스 회원국[17]간에만 거래할 수 있으며, 수출입 시 정부에서 발행한 킴벌리프로세스 증명서가 있어야 한다.
Kimberley Process는 아프리카 내 합법적인 정부를 전복하려는 반군들의 군자금으로 활용되고 있는 다이아몬드 원석의 국제적 유통을 통제하기 위해 결성된 국제체제이다.
수출통관의 경우 세관장은 증명서[18](우리나라 발행)의 유무, 수출물품과 증명서 기재 내용의 일치 여부를 확인하고, 확인증을 포장 이음새에 붙여 봉인하며, 수입통관의 경우 세관장은 증명서

---

17) 킴벌리프로세스 회원국: 앙골라, 아르메니아, 호주, 벨로루시, 보츠나와, 브라질, 불가리아, 캐나다, 중앙아프리카공화국, 중국, 콩고민주공화국, 코트디부와르, 크로아티아, 유럽공동체(벨기에, 체코, 프랑스, 독일, 이탈리아, 헝가리, 룩셈부르크, 네덜란드, 덴마크, 아일랜드, 영국, 그리스, 폴란드, 포르투갈, 슬로베니아, 스페인, 오스트리아, 핀란드, 스웨덴), 가나, 기니, 가이아나, 인도, 인도네시아, 이스라엘, 일본, 대한민국, 라오스, 레소토, 말레이시아, 모리셔스, 나미비아, 노르웨이, 루마니아, 러시아, 레바논, 시에라리온, 싱가포르, 남아프리카공화국, 스리랑카, 스위스, 탄자니아, 태국, 토고, 우크라이나, 아랍에미리트(UAE), 미국, 베네수엘라, 베트남, 짐바브웨, 방글라데시, 리투아니아, 라트비아, 에스토니아, 사이프러스, 카메룬(77개 국가)

18) 증명서 내용: This parcel has been inspected by the Korea Customs Service for export in accordance with the Kimberley Process Certificate Scheme for rough diamonds. This can be opened by the authorized agency of importing nation

(상대 회원국 발행)의 유무, 수입물품과 증명서 기재 내용의 일치 여부를 확인하고, 증명서 원본을 관세청장을 경유하여 산업통상자원부 장관에게 송부해야 한다.[19)]

4) 전략물자수출입고시에 의한 제한

전략물자수출입고시에 의한 제한 사유는 국제평화 및 안전유지를 위하여 수출통제가 필요하다고 인정되는 것이다.

핵무기, 생화학무기, 미사일, 재래식 무기와 관련된 전략물자에 해당하는 품목 및 기술, 전략물자를 수출하려는 경우 관계행정기관의 장에게 수출허가를 받아야 하며, 전략물자를 수입하고자 하는 자가 수입증명서를 신청하는 경우에 발급할 수 있다.

19) 특별조치 제2-12조(세관장의 권한과 책임) ① 세관장은 다이아몬드 원석의 수출통관 시에 증명서의 유무 및 수출 물품과 증명서의 기재 내용이 일치하는지를 확인하여야 한다. ② 세관장은 증명서가 없거나 수출 물품과 증명서의 기재 내용이 일치하지 않을 때는 수출 물품을 통관시켜서는 아니 된다. ③ 세관장은 수출 물품과 증명서의 기재 내용이 일치하는 경우 증명서가 동봉된 용기에 별지 제2-3호의 서식에 의한 확인증을 포장이음새에 붙여서 봉인하여야 한다. ④ 세관장은 수입 물품에 상대 회원국이 발급한 증명서가 동봉되지 않았거나 수입 물품과 상대회원국이 발급한 증명서의 기재내용이 일치하지 않는 경우에는 수입물품을 통관시켜서는 안 된다. ⑤ 세관장은 제2-2조의 규정에 의해 다이아몬드 원석을 통관시킨 경우 통관일로부터 7일 이내에 상대 회원국에서 발행한 증명서 원본을 관세청장을 경유하여 산업통상자원부 장관에게 송부하여야 한다.

5. 주체관리

1) 무역업 자유화와 무역거래자

무역업은 2000년 1월부터 자유화되었기 때문에 현재는 특별한 허가나 신고 없이 누구나 자유롭게 무역업을 할 수 있다.[20] 다만 대외무역법에서 무역업이 자유화되었더라도 의약품, 주류 등과 같은 특정한 품목은 개별법에서 허가·면허·승인이 필요한 경우에는 그 조건을 충족해야 한다.

〈표 2-8〉 무역업 관리제도 변천

일자	무역업	무역대리업
1986.12.31.	허가제(무역업허가번호)	등록제
1993. 3. 6.	등록제(무역업등록번호)	등록제
1994.12.31.	등록제(무역업등록번호)	신고제
1996.12.30.	신고제(무역업신고번호)	신고제
2000. 1. 1.	자유화 (무역업고유번호)	자유화

대외무역법은 무역업자 명칭을 무역거래자로 통합하였다. 무역거래자란 ① 수출 또는 수입을 하는 자, ② 외국의 수입자 또는 수출자에게서 위임을 받은 자 및 ③ 수출과 수입을 위임하는 자 등 물품 등의 수출행위와 수입행위의 전부 또는 일부를 위임하거나 행하는 자를 말한다.

20) 주체관리 변천: 무역업 허가제('87.1) → 등록제('93.7) → 신고제('97.3) → 자유화('00.1)

실무적인 관점에서는 무역거래를 자기명의와 책임으로 하는 본인(Principal)과 타인의 명의와 책임으로 수출입행위를 대신하는 대리인(Agent)의 개념을 구분할 수 있다.

① 본인은 수출(업)자, 수입(업)자 등 무역업자를 말하는 것으로 과거에는 갑류무역업자, 을류무역업자 등으로 불렸다.

② 대리인은 수입대리업자 또는 수출대리업자 등 무역대리업자를 말하는 것으로 과거에는 오퍼상(offer agent, 수입대리업자), 구매대리업자(buying office, 수출대리업자)로 불렸다.

무역거래자는 필요한 경우 무역업고유번호를 부여받을 수 있다.[21)] 무역업고유번호(trade business code)는 국가의 전산관리체제의 개발·운영을 목적으로 무역거래자별로 부여할 수 있기 때문에 무역업자에게 강제된 제도는 아니지만, 무역업고유번호를 부여받으면 자사의 실적관리 등에서 편리하다.

무역업고유번호의 신청은 무역업고유번호 신청서, 사업자등록증 사본을 우편, 전자메일, 방문 등의 방법으로 한국무역협회에 접수하면 즉시 고유번호를 부여한다. 변동사항(상호, 대표자, 주소, 전화번호 등)의 발생 시 발생 20일 이내에 통보해야 한다. 지위 변동(합병, 상속, 영업의 양수도 등) 시 기존 고유번호를 유지하고 수출입실적을 승계받으려면 한국무역협회에 신청하면 된다.

2) 전문무역상사제도

대외무역법은 주체관리의 한 부분으로 일반무역상사와 다르게 종합무역상사 또는 전문무역상사제도 등을 두어 왔다.

---

21) 무역업고유번호필증은 신청하는 경우에만 발급하며, 무역업고유번호는 6자리 또는 8자리로 구성되어 있다.

(1) 종합무역상사제도

종합무역상사제도가 대외무역법에 1975년 5월부터 2009년 10월까지 유지되었다. 우리나라 전체 수출실적의 2% 이상이라는 지정요건을 충족하면 종합상사로 지정되어 정부의 각종 세제 혜택 및 수출지원을 받을 수 있었지만, 외환위기 이후 종합상사들이 수출물량을 몰아주던 '창구' 노릇이 줄어들면서 급격히 쇠퇴하여 종합상사가 차지하는 수출 비중도 2000년 47.2%에서 2007년 5.72%로 떨어졌었다.

〈표 2-9〉 종합상사의 연혁

구분	현재 명칭	변천 과정
현재 (7개)	포스코인터내셔널	㈜대우실업 → ㈜대우인터내셔널 → ㈜포스코대우 → ㈜포스코인터내셔널
	삼성물산	(영문) Samsung C&T Corporation
	현대코퍼레이션	㈜현대종합상사 → ㈜현대코퍼레이션
	GS글로벌	㈜쌍용 → GS글로벌
	LX인터내셔널	㈜락희산업 → ㈜반도상사 → ㈜럭키금성상사 → ㈜LG상사 → LX인터내셔널
	효성티앤씨	효성물산 (동양나일론) → ㈜효성TNC
	SK네트웍스	㈜선경 → SK네트웍스
1978년 (13개)	삼성물산, ㈜쌍용, 대우실업, 효성물산, 반도상사, ㈜선경, 현대종합상사	
	(사기업) 국제상사, 한일합섬, ㈜삼화, 금호실업, 율산실업 (공공) 고려무역	

2009년에 법정제도의 자리에서는 물러났지만, 종합상사별로 자원 개발 등 독자활동을 하고 있다.

(2) 전문무역상사제도(법정)

전문무역상사제도(법정)가 대외무역법에 2003년 9월부터 2009년 10월까지 있었다. 전문무역상사는 2000년대 시대상황을 반영하여 첨단산업제품의 수출을 지원하기 위하여 자본금(70억) 및 수출비중(50%) 등 요건을 갖춘 자를 지정하려 하였지만, 실제로 운영된 실적은 없다.

(3) 전문무역상사제도(민간)

전문무역상사제도(민간)가 한국무역협회 자율로 종합무역상사제도 폐지와 함께 2009년 10월부터 2013년까지 운영되었다.

전문무역상사는 수출실적 100만달러 이상, 수출대행 10% 이상인 경험이 있는 기업을 전문무역상사로 선정하여, 수출 능력이 부족한 중소 제조기업을 지원하려는 제도로 2009년에 250개를 지정하여 2013년에는 164개를 운영해 오다 대외무역법의 법정제도로 변경되었다. 민간제도로서 전문무역상사는 민간주도의 사업으로 정책적인 지원이 미흡하고 전문무역상사나 중소기업에 대한 실익이 기대에 미치지 못하여 법정제도로 확대한 것이다.

(4) 전문무역상사제도(법정)

전문무역상사제도(법정)가 2013년 12월 대외무역법을 개정하여 2014년 7월부터 새롭게 출발하게 되었다. 전문무역상사는 신시장 개척, 신제품 발굴 및 중소·중견기업의 수출 확대를 위해 기여할 수 있는 전문무역상사를 지정하여 지원하는 것을 목적으로 대외무역법에 근거를 마련한 법정 제도이다.[22]

---

22) 대외무역법 제8조의2(전문무역상사의 지정 및 지원)

전문무역상사 지정을 무역회사 중심에서 다양한 무역거래자로 범위를 확대할 계획으로 일반 무역회사는 물론, 생산자가 공동설립한 수출조합 및 정책무역상사 등을 지정할 수도 있고, 복합무역 등 신무역의 키 플레이어로 활동하고 있다. 또한 제도의 신뢰성 제고를 위해 지정요건을 강화하고 정교하게 하는 한편 제도가 성공할 수 있도록 민관의 지원도 강화하고 있다.

2023년 1월 현재 332개의 전문무역상사가 있다. 대기업 상사[23)]로부터 중견, 중소무역상사까지 규모가 다양하고 주력수출품목도 기계, 화학, 농림수산물, 철강, 금속, 섬유, 고무 및 가죽제품, 전기・전자 제품 등 고른 분포를 보인다.

그림 2-2 전문무역상사제도 모델

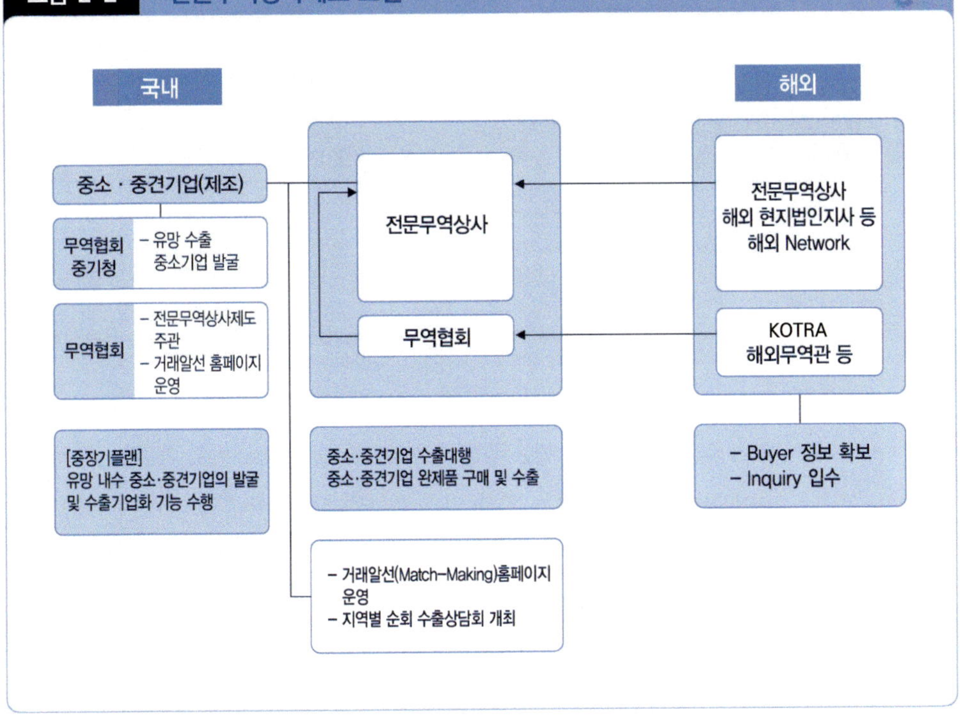

* 출처: 전문무역상사 홈페이지(https://ctc.kita.net/)

23) 대기업 전문무역상사로는 한화, 대림, 이마트, NH무역, 이랜드 등이 있다.

6. 객체관리

대외무역법 관리의 핵심은 품목에 관한 객체관리이다. 수출입 품목은 금지품목, 제한품목, 자유품목으로 구분하여 ① 금지품목은 말 그대로 수출입을 할 수 없으며, ② 제한품목은 수출입공고와 전략물자수출입고시에서 정하는 대로 승인을 받으면 수출입이 가능하다. ③자유품목은 자유롭게 수출입 가능하지만, 개별법에서 수출입 조건을 정한 경우에는 통합공고에 따라서 요건확인을 받아야 한다.

〈표 2-10〉 수출입 품목관리체계

구분	관련 고시	수출입 가능
금지품목	수출입공고	금지
제한품목	수출입공고	先승인 후 가능
	전략물자수출입고시	先승인 후 가능
자유품목	통합공고	통관 시까지 요건확인

대외무역법은 대부분 품목을 자유롭게 수출입 할 수 있으며, 예외적으로 국제법규의 이행・생물자원 보호 등을 위하여 수출입 물품의 제한이 필요한 경우에는 수출입공고, 전략물자수출입고시, 통합공고 등에서 지정・고시한 품목만 관리하는 **네거티브관리방식**(negative system)을 택하여 있다.

이하에서 수출입공고와 통합공고를 설명하고, 전략물자수출입고시는 별도로 설명하기로 한다.

1) 수출입공고

수출입공고는 대외무역법 및 동법 시행령의 수출입 제한 사유에 대한 고시로서, 수출입 품목관리를 위한 기본공고이다.[24)]

대외무역법시행령 및 대외무역관리규정에 승인신청 및 변경신청 절차에 대하여 규정하고 있으며, 수출입공고에는 수출입승인대상품목과 승인기관이 명시되어 있다.

수출입승인 대상 품목은[25)] 대외무역법 및 동법 시행령에 따른 사유 중 수출입공고에서 정한 물품 등을 의미한다. 다만, 중계무역물품, 외국인수수입물품, 외국인도수출물품, 선용품은 승인대상 품목에서 제외한다.

수출입 승인에 관한 사항은 산업통상자원부 장관의 고유권한이지만, 대외무역법 권한의 위임·위탁 규정 및 동법 시행령에 따라 당해 품목의 관계 행정기관 또는 단체의 장에게 위임·위탁하고 있다. 따라서 수출입승인기관은 수출입공고에서 지정한 당해 품목의 관계 행정기관 또는 단체의 장(한국농림수산식품수출입조합, 한국골재협회, 한국자동차공업협회, 한국항공우주산업협회 등)이다.

승인신청은 서류를[26)] 갖추어 수출입 신청기관에 신청하고, 수출입승인기관의 장은 수출입 승인신청이 승인요건[27)]에 합당한 경우 수출입

24) 2002년 1월부터 수출입공고와 수출입별도공고를 통합하여 수출입공고라는 명칭으로 운영

25) · 수출금지품목: 고래 고기, 자연석, 개의 생모피 (수출입공고 별표1)
· 수출제한품목: 규산분, 자갈 등 (별표2)
· 수입제한품목: 항공기 및 그 부분품 등 (별표3)

26) 신청서류: 수출입승인 신청서, 수출신용장·수출계약서 또는 주문서(수출의 경우), 수입계약서 또는 물품매도확약서(수입의 경우), 수출·수입대행계약서(공급자와 수출자가 다른 경우 및 실수요자와 수입자가 다른 경우), 수출입공고 등에서 규정한 요건을 충족하는 서류(단, 당해 승인기관에서 승인요건의 충족 여부를 확인할 수 있는 경우 제외)

승인서를 발급하여야 한다.

수출 또는 수입 승인의 유효기간은 1년으로 한다. 다만, 산업통상자원부 장관은 국내의 물가안정·수급 조정·물품의 인도조건 기타 거래상 특성에 따라 2년에서 유효기간을 단축 또는 초과하여 설정할 수 있다.

수출·수입대금(가공임, 임대료 및 임차료를 포함)은 외국환거래규정에 의한 외국환은행을 통하여 회수 또는 지급하여야 한다. 다만, 외국환거래규정에서 인정하는 경우에는 그러하지 아니한다.

물품의 수량·가격, 승인의 유효기간 및 수출 또는 수입당사자(당사자의 변경은 파산 등 불가피한 경우)의 변경 시는 당초 승인한 기관의 장으로부터 변경승인을 받아야 한다. 그 밖에 경미한 사항을 변경하고자 하는 자는 당초 승인기관의 장에게 신고하여야 한다.

변경승인 신청절차는 당초 승인을 얻은 수출입승인서 또는 수출입승인사항변경승인·신고(신청)서에 변경 사실을 증명하는 서류를 첨부하여 변경승인기관의 장에게 신청하여야 한다.

변경은 수출·수입승인 유효기간 내에 신청하여야 한다. 다만, 수입의 경우로서 수입대금을 지급하고 선적서류를 인수한 후에 수입승인사항을 변경하고자 하는 때에는 수입승인 유효기간 경과 후에도 변경승인·신고를 신청할 수 있다. 이 경우 승인기관의 장은 변경승인 또는 신고를 받은 때에는 그 변경승인 또는 신고사실을 해당 세관장에게 통보하여야 한다.

---

27) 승인요건: ① 수출·수입하고자 하는 자가 승인을 얻을 수 있는 자격이 있는 자일 것, ② 수출·수입하고자 하는 물품이 수출입공고 및 대외무역관리규정에 의한 승인요건을 충족한 물품일 것, ③ 수출·수입하는 물품의 품목분류번호(HS)의 적용이 적정할 것

수출입공고에서 수출입승인 대상 물품으로 지정하였다고 하더라도 다음의 경우에 수출승인을 면제할 수 있다(시행령 §19).

① 외교관이나 그 밖에 산업통상자원부 장관이 정하는 자가 출국/입국할 때 휴대하거나 세관에 신고하고 송부하는 물품 등

② 산업통상자원부 장관이 관계 행정기관의 장과 협의를 거쳐 고시하는 다음의 물품 등

㉠ 긴급히 처리하여야 하는 물품 등으로 정상적인 수출·수입 절차를 밟아 수출입하기 적합하지 아니한 물품 등

㉡ 무역거래를 원활하게 하려고 주된 수출 또는 수입에 부수된 거래로서 수출입 하는 물품 등

㉢ 주된 사업목적을 달성하기 위하여 부수적으로 수출·수입하는 물품 등

㉣ 무상(無償)으로 수출·수입하여 무상으로 수입·수출하거나, 무상으로 수입·수출할 목적으로 수출·수입하는 것으로서 사업목적을 달성하기 위하여 부득이하다고 인정되는 물품 등

㉤ 산업통상자원부 장관이 정하여 고시하는 지역에 수출하거나, 지역으로부터 수입하는 물품 등

㉥ 공공성을 가지는 물품 등이거나 이에 준하는 용도로 사용하기 위한 물품 등으로서 따로 수출·수입을 관리할 필요가 없는 물품 등

㉦ 그 밖에 상행위 이외의 목적으로 수출·수입하는 물품 등

③ 외국환 거래 없이 수입하는 물품 등으로서 산업통상자원부 장관이 정하여 고시하는 기준에 해당하는 물품 등

④ 「해외이주법」에 따른 해외이주자가 해외 이주를 위하여 반출하는 원자재, 시설재 또는 장비로서 외교부 장관이나 외교부 장관이 지정하는 기관의 장이 인정하는 물품 등

기타 수입수량제한 조치, 특정국(중국) 물품에 대한 특별수입수량제한조치, 섬유수입수량제한 조치를 시행하는 경우 수입제한의 기본공고인 수출입공고에 고시하여야 한다.

다음 사유가 있으면 수출입지역 제한을 할 수 있다(법 §5).

① 교역상대국과의 전쟁, 사변, 천재지변
② 교역상대국이 조약, 국제법규에서 정한 우리나라의 권익을 부정할 경우
③ 교역상대국이 우리나라의 무역에 대하여 부당하거나 차별적인 부담, 제한을 가하는 경우
④ 무역에 관한 조약, 국제법규에 따른 국제평화와 안전유지 등 의무이행을 위하여 필요한 경우[28]
⑤ 인간의 생명・건강・안전, 동식물의 생명・건강, 환경보전 또는 국내자원 보호를 위하여 필요한 경우

사례 1. 원석 및 부순 골재의 수출

Q

토사석 채취 허가로 인한 원석 및 부순 골재 등을 수출할 수 있나?
수출할 수 없다면 수출할 수 있는 원석 및 골재에는 어떠한 것이 있나?

A

화강암, 사암의 자연석은 수출금지 품목에 해당하며, 천연모래, 자갈・왕자갈・쇄석 등은 수출제한품목으로 한국골재협회의 승인을 받으면 수출할 수 있다.

우리나라는 자유롭고 공정한 무역을 조장하고 있으나, 환경보전 또는 국내 자원 보호를 위하여 필요할 경우 대외무역법 제11조에 의거 일부 수출입을 제한하거나 금지한다. 이러한 제한사항을 수출입공고나 통합공고로 고시하고 있다. [별표1. 수출금지품목(자연석), 별표2. 수출제한품목(한국골재협회의 승인)]

참고로 수출입공고에 따라, 화강암, 사암의 자연석은 수출금지 품목에 해당하며, 천연모래, 자갈・왕자갈・쇄석 등은 수출제한품목으로 한국골재협회의 승인을 받아 수출할 수 있다.

<출처: 산업통상자원부 유권해석집>

---

28) 관련 고시: 국제평화 및 안전유지 등 의무이행을 위한 무역에 관한 특별조치

2) 통합공고

통합공고는 수출입의 요건·절차에 관한 사항이 여러 법률에 산재하여 무역업자가 이를 파악하기가 어려우므로, 이를 하나의 공고에 통합함으로써 무역업무를 간소화하고자 고시하는 공고이다.

관계행정기관의 장이 소관 품목에 대한 수출·수입 요령을 제정 또는 개정할 때는 산업통상자원부 장관에게 제출하여야 하며, 산업통상자원부 장관은 제출받은 수출·수입 요령을 통합하여 공고하여야 한다.

수출입공고에서 수출입 제한은 물량에 대한 제한의 성격이 강하지만, 통합공고상 품목은 절차상의 요건확인을 갖추면 물량을 제한하지 않는다는 점에서 차이가 있다.

통합공고의 대상 물품은 63개 개별법 및 국제협약에서 관장하는 품목(통합공고 별표 품목)이다. 요건확인기관은 통합공고 별표에 게기한 기관이며, 유효기간은 수출입 승인기간을 준용하기 때문에 1년 이내 또는 20년의 범위에서 유효기간을 단축 또는 초과하여 설정할 수 있다.

통합공고에 의한 요건확인서는 통합공고에 고시된 요건확인기관에서 발급한다. 요건확인 신청 시 확인기관에 제출해야 하는 서류는 다음과 같다.

① 공통 구비서류로서 수출입요건확인신청서 또는 표준통관예정보고서, 수입계약서 또는 물품매도확약서 사본(수입의 경우), 수출신용장 또는 수출입계약서 사본(수출의 경우), 수출입대행계약서(수출입 대행의 경우) 등이 필요하다.

② 해당 품목에 적용되는 관련 법령 및 통합공고의 품목별 수출입 요령에 게시된 요건 및 절차에 관련된 서류가 필요하다.

2장 대외무역법

요건확인 면제사유는 다음과 같다.

① 외화획득용 원료 · 기재의 수입 물품, ② 중계무역 · 외국인수수입 · 외국인도수출물품, 선(기)용품, ③ 대외무역법 시행령 관련 수출입승인 면제사유에 해당하는 경우, ④ 해당 법령의 요건확인 면제사유에 해당하는 경우 등이다.

실제 수출입을 진행하는데 주의할 점은 다음과 같다.

① 한 개의 수출입요건확인 품목에 대해 2개 이상의 법령이 관련되어 2개 이상의 요건확인을 받도록 규정하고 있는 경우에는 당해 물품에 부과된 2개 이상의 요건을 각각의 확인기관에서 받아야 한다.

② 하나의 수출입물품에 대해 통합공고의 수출입요건확인 내용과 수출입공고(또는 전략물자수출입고 시)의 제한내용이 동시에 적용될 때 통합공고상 요건확인 내용과 수출입공고 등의 제한내용 모두를 충족해야만 수출 또는 수입할 수 있다.

〈표 2-11〉 수출입요건 및 절차를 규정할 법령

1. 약사법
1의2. 첨단재생의료 및 첨단바이오의약품 안전 및 지원에 관한 법률
2. 마약류관리에 관한 법률
3. 화장품법
4. 식품위생법
5. <삭 제> <2019. 3. 20>
6. 화학물질 관리법
6의2. 화학물질의 등록 및 평가 등에 관한 법률
7. 양곡관리법
8. 비료관리법
9. 농약관리법
10. 가축전염병예방법
11. 식물방역법
12. 종자산업법
13. 축산법
14. 품질경영 및 공산품안전 관리법
15. <삭 제> <2019. 6. 27>
16. 계량에관한법률
17. 석유 및 석유대체연료 사업법
18. 원자력안전법
19. 전파법
20. <삭 제> <2016. 12. 30>
21. 야생생물 보호 및 관리에 관한 법률
22. 폐기물의 국가 간 이동 및 그 처리에 관한 법률
23. 대기환경보전법
24. 소음・진동관리법
25. 자동차관리법
26. 산업안전보건법
27. 오존층보호를 위한 특정물질의 제조규정 등에 관한 법률
28. 건설기계관리법
29. 먹는물관리법
30. 자원의 절약과 재활용촉진에 관한 법률
31. 화학무기・생물무기의 금지와 특정화학물질・생물 작용제 등의 제조・수출입 규제 등에 관한 법률
32. 축산물 위생관리법
33. 건강기능식품에 관한 법률
34. 농수산물품질관리법
35. 방위사업법
36. <삭 제> <2013. 7. 3>
37. 수산업법
38. 고압가스안전관리법
39. 영화 및 비디오물의 진흥에 관한 법률
40. 게임산업진흥에 관한 법률
41. 음악산업진흥에 관한 법률
42. 하수도법
43. 주세법
44. 지방세법
45. 총포・도검・화약류 등의 안전관리에 관한 법률
46. <삭 제> <2019. 3. 20>
47. 의료기기법
48. 인체조직안전 및 관리 등에 관한 법률
49. <삭 제> <2019. 3. 20>[29]
50. 수산생물질병 관리법
51. 사료관리법
52. 생물다양성 보전 및 이용에 관한 법률
53. 폐기물 관리법
54. 전기・전자제품 및 자동차의 자원순환에 관한 법률
55. 액화석유의 안전관리 및 사업법
56. 목재의 지속가능한 이용에 관한 법률
57. 농수산생명자원의 보존・관리 및 이용에 관한 법률
58. 기타 특정물품의 수출입절차 또는 요령을 정한 법률 및 국제협약
59. 수입식품안전관리 특별법
60. 어린이제품안전특별법
61. 위생용품 관리법
62. 에너지이용 합리화법
63. 잔류성오염물질 관리법
64. 생활화학제품 및 살생물제의 안전관리에 관한 법률
65. 친환경농어업 육성 및 유기식품 등의 관리・지원에 관한 법률
66. 생활주변방사선 안전관리법
67. 해양수산생명자원의 확보 관리 및 이용 등에 관한 법률

<2023.1월 현재: 63개>

* 출처: 통합공고 제2조(적용법령 등)

29) 삭제된 법령: 5.검역법, 15.전기용품안전관리법, 20.전기통신기본법, 36.수산물품질관리법, 46.출판 및 인쇄진흥법, 49.지상파 텔레비전 방송의 디지털전환과 디지털방송의 활성화에 관한 특별법 〈이상 6개〉

7. 전략물자 수출입관리

1) 전략물자의 의의 및 국제수출통제

전략물자(strategic materials/goods)란 국제평화 및 안전유지를 위하여 수출통제가 필요하다고 인정되는 것으로 다자간 전략물자 수출통제체제에서 수출통제대상으로 지정한 물품 등과 대량파괴무기 및 그 운반수단인 미사일의 제조·개발·사용 및 보관 등의 용도로 사용될 가능성이 큰 물품, 기술[30], 소프트웨어 등이 포함된다.

구체적으로 전략물자는 대외무역법에 따라 산업통상자원부 장관이 지정 고시한 「전략물자수출입고시」 별표 2(이중용도품목)[31]~별표 3(군용물자 품목)에 해당하는 물품 등(전략물자를 분리 가능한 부분품으로 포함하고 있는 물품 등을 포함)을 말한다. '전략물자 등'이란 전략물자 또는 대외무역법에 따른 상황허가 대상인 물품 등을 말한다.

전략물자의 구성은 무기뿐만 아니라 우리 일상생활이나 산업현장에서 흔히 볼 수 있는 품목을 포함하고 있으며, 소재, 생화학, 기계, 전기·전자, 항공우주, 해양, 원자력 등 그 범위가 매우 넓다. 또한 이들 품목의 개발, 제조, 사용, 저장 등에 이용될 수 있는 기술 또한 수출관리 대상에 포함된다.

---

30) 기술도 전략물자에 해당하기 때문에 기술이전도 전략물자 관리대상에 포함된다. 기술이전이란 USB, CD, 매뉴얼 등 기술자료의 전자적 매체(이메일, 팩스, 전화 등) 또는 그 밖의 수단(우편, 직접전달 등)을 통한 이전과 기술지도, 기능훈련, 업무 지식 제공, 컨설팅 등과 같이 문서나 구두 등을 통한 기술의 지원을 의미한다.

31) 이중용도 품목이란 일반산업용과 군사용으로 모두 사용될 수 있는 품목을 말한다.

전략물자를 수출하려는 경우 관계 행정기관의 장에게 수출 허가를 받아야 하며, 전략물자를 수입하려는 자가 전략물자의 수입 증명을 요청할 때 '수입목적확인서'를 발급할 수 있다.

〈표 2-12〉 전략물자 수출허가(수입목적확인서) 발급기관

소관 부처	근거 법령	통제품목
산업통상자원부	대외무역법 방위사업법	산업용 이중용도 물품 일반 방산물자
방위사업청	대외무역법 방위사업법	군사용 이중용도 물품 주요 방산물자
원자력안전위원회	대외무역법 원자력안전법	원자력 전용 품목
통일부	남북교류협력에관한법률	북한 반출물자

10대 전략물자 품목은 밸브, 펌프, 암호화 장비 또는 부품, 열교환기, 밀링가공 공작기계, 열화상 카메라, 플라즈마 건조식각 장비, 플루오르화수소, 수치제어 소프트웨어, 니켈분말 등이다.

전략물자관리는 반드시 지켜야 하는 국제규범으로 위반 시 수출입이 제한될 수 있다. 아울러 유엔안전보장이사회 결의 1540호를 준수해야 한다. 즉, 유엔은 2004년 유엔안보리 결의 1540호를 통하여 모든 유엔 회원국들이 전략물자관리의 이행 및 집행을 의무화하였다. 이에 따라 각국은 전략물자의 안전한 무역을 보장하기 위한 법적 근거와 시스템을 마련하고 정보와 기업이 협력하여 준수해야 한다.

전략물자수출통제제도는 전략물자 등이 불량국가 또는 테러 조직에 이전되어 국제평화와 안전을 위협하는 용도로 전용되는 것을 방지하기 위해 관리하는 제도이다.

전략물자는 다자간 국제수출통제체제에 의해 관리되며, 국제수출통제체제는 다음을 말한다.

① 바세나르체제(WA): 재래식무기, 상황(이중용도) 품목
② 핵공급국그룹(NSG): 원자력 전용, 상황(이중용도) 품목
③ 미사일기술통제체제(MTCR): 미사일, 무인항공기, 상황 품목
④ 호주그룹(AG): 생화학 물질, 상황(이중용도) 품목
⑤ 세균무기(생물무기) 및 독소 무기의 개발·생산·비축 금지 및 폐기에 관한 협약(BWC): 생물작용제, 독소
⑥ 화학무기의 개발·생산·비축·사용 금지 및 폐기에 관한 협약(CWC): 독성화학물질, 원료
⑦ 무기거래조약(ATT): 재래식무기

〈표 2-13〉 다자간 국제수출통제체제 현황

구분	WA	NSG	MTCR	AG	BWC	CWC	ATT
설립	1996	1978	1987	1985	1993	1972	2014
한국가입	1996	1995	2001	1996	1993	1972	2014
회원국	40	46	34	41	184	176	154

* 상황 품목은 군수용 또는 민수용으로 모두 사용 가능한 품목

2) 전략물자의 판정 및 허가

무역거래자는 전략물자 해당 여부를 판정하여 수출에 대하여는 수출허가, 중개에 대하여는 중개허가, 운송에 대하여는 경유·환적 허가를 받아야 한다.

(1) 전략물자의 판정

수출하려는 품목이 전략물자이면 사전에 정부의 허가를 받아야 하므로 전략물자 판정은 전략물자 수출관리의 핵심이다. 전략물자에 해당하지 않는 것으로 판정되면 수출 시에 상황허가 대상이 되는지 확인하여야 한다. 아울러 전략물자관리시스템(YesTrade)상의 거래상대방에 대한 우려대상자(Denial list) 여부도 확인해 볼 필요가 있다.

판정 방법은 자가판정과 사전판정이 있다. 자가판정은 무역거래자 스스로 취급 품목의 전략물자 해당 여부를 확인하는 것이며, 사전판정은 무역거래자가 전략물자관리원에 판정을 의뢰하는 방법으로, 처리기간은 접수일로부터 15일이다.

전략물자관리원(https://www.kosti.or.kr)은 정부와 기업의 전략물자 관리업무를 효율적으로 지원하기 위해 설립된 기관이며, 전략물자관리를 위하여 전략물자관리시스템(yestrade.go.kr)을 운영하고 있다.

전략물자를 수출입하는 무역업체의 부담을 최소화하기 위해 전략물자 해당 여부를 수출입 전에 신청하여 판정받을 수 있도록 하고 있다.

(2) 전략물자 허가

(가) 수출허가

전략물자에 해당한 품목을 수출하고자 할 때는 소관 정부부처로부터 사전에 수출허가를 받아야 한다. 수출허가 심사는 5~15일 정도 소요된다.

수출허가는 개별수출허가와 포괄수출허가가 있다. 포괄수출허가는 사용자포괄수출허가와 품목포괄수출허가로 구분될 수 있으며, 포괄수출허가를 받아 산업통상자원부로부터 '자율준수무역거래자'로 지정받은 기업은 사전 1회 허가로 일정 기간[32] 수출이 가능하다.

자율준수체제(CP; Compliance Program)를 도입하면 가장 효율적으로 전략물자를 관리할 수 있다.

(나) 상황허가(Catch-All)

수출품목이 전략물자가 아니더라도 수입자 또는 최종사용자가 대량파괴무기 등의 제조·개발·사용 또는 보관 등의 용도로 전용할 의도가 있음을 인지하거나 의심될 때도 이루어지는 절차로서 'Catch-All 제도'라 부른다.

상황허가 신청이 필요한 경우는 다음과 같다.

① 수입자가 해당 물품 등의 최종 용도에 관하여 필요한 정보제공을 꺼리는 경우
② 수출하고자 하는 물품 등이 최종사용자의 사업 분야에 해당하지 아니하는 경우
③ 거래상대방이 우려 거래대상자 목록(Denial List)에 등재된 경우
④ 수출품목이 상황허가 대상 품목(전략물자수출입고시 별표 2호의2 해당 품목)
⑤ 기타 상황허가 신청이 필요한 경우(대외무역법 제19조 ③)

(다) 중개허가

전략물자 등을 제3국에서 다른 제3국으로 이전하거나 매매를 위해서 중개하고자 할 때 신청하여야 한다.

---

32) 일반포괄수출허가 : 3년, 특정포괄수출허가 : 2년

(라) 경유 · 환적허가

전략물자 또는 상황허가 대상 품목을 경유 · 환적할 때, 다음 중 하나에 해당할 때 경유 · 환적허가를 받아야 한다.

① 대량파괴무기 등의 제조 · 개발 · 사용 또는 보관 등의 용도로 전용되거나 전용될 가능성이 있다고 인정되는 전략물자 등을 경유하거나 환적하는 경우
② 정부로부터 경유 · 환적허가를 받도록 통보받은 경우

(3) 전략물자 수출입관리

산업통상자원부 장관과 관계 행정기관장은 전략물자나 상황허가 대상인 물품 등이 허가를 받지 않고 수출되거나, 무허가수출을 막는 데 필요한 경우 적법한 수출이라는 것이 확인될 때까지 전략물자 등에 대한 이동중지명령 권한을 가진다.

외국의 전략물자 수출자의 요청이 있는 경우 전략물자를 수입하려는 자는 산업통상자원부 장관이나 관계 행정기관장에게 수입 목적 등의 확인을 내용으로 하는 수입목적확인서의 발급을 신청할 수 있다.

전략물자 수출허가와 관련된 서류는 5년간 보관해야 한다. 관련 서류라 함은 판정 관련서류, 수출허가, 상황허가, 중개허가, 경유 · 환적허가서류, 수입목적확인서 등 수입 관련서류 등이다.

자율적인 전략물자 관리능력을 높이기 위하여 산업통상자원부 장관이 전략물자 여부에 대한 판정 능력, 수입자 및 최종사용자에 대한 분석 능력을 갖춘 기업, 대학, 연구기관 등 무역거래자를 자율준수무역거래자로 지정할 수 있다. 자율준수무역거래자로 지정되면 전략물자의 수출허가에 관하여 수출통제업무를 자율적으로 관리할 수 있다.

8. 행위관리

대외무역법상 행위관리는 다음과 같이 구성된다.

① 품목관리에서 제한되는 품목에 대한 수출입행위를 제한하는 수출입제한품목에 대한 수출입승인제도

② 수출자유품목 중에서 개별법령에서 제한하는 품목에 대한 요건확인제도

③ 수출입 거래형태를 제한하는 특정거래형태가 있는데, 현재는 인정을 받아야 할 거래형태를 지정하지 않았다.

수출입승인이란 수출입공고의 별표에 규정된 품목에 대하여 승인을 받는 것을 말한다.

승인(license)이란 국가 또는 위임받은 승인기관이 무역거래자의 특정한 행위에 대하여 부여하는 동의·허락 등을 뜻하는 것으로 수출입행위를 행하기 이전에 이루어져야 하며, 승인을 얻지 못하는 경우 수출입 절차의 진행을 할 수 없다. 수출승인(E/L; export license)과 수입승인(I/L; import license)이 있다.

종전에는 모든 수출·수입이 매 건마다 은행에서 승인을 받아야 했지만, 현재는 수출입 제한품목에 대하여 지정된 승인기관에서 승인을 받으면 충분하다. 전체 무역거래 품목(약 12,000개) 중에서 제한품목은 100개 미만으로 우리나라 무역자유화율은 99.99%이다.

요건확인제도는 수출입 자유품목 중에서 국민의 건강 및 안전 등을 이유로 수출입 통관 전까지 요건을 충족하는 제도를 운용하고 있다.

개별법령에서 제한하는 해당 품목은 통합공고에서 고시하고 있으며, 그 숫자도 수천 개 품목에 달한다.

승인 또는 요건확인 대상 품목 및 기관을 확인하는 방법은 수출입공고 또는 통합공고 등을 확인하거나, H.S code로 분류된 품목별 수출입요령을 확인하면 된다.[33)]

33) 사이트: 한국무역협회(www.kita.net), 관세청(www.customs.go.kr)

9. 특정거래형태

산업통상자원부 장관은 물품 등의 수출 또는 수입이 원활히 이루어질 수 있도록 대통령령으로 정하는 물품 등의 거래형태를 '인정'할 수 있다. 아울러 기획재정부장관이 외국환거래 관계법령에 따라 무역대금 결제 방법을 정하려면 미리 산업통상자원부 장관과 협의하여야 한다(법 제13조).

특정거래형태의 수출입이란 일반적인 수출입거래 형태가 아닌 거래를 말하는 것으로 여러 국가를 거쳐 생산 및 유통이 되는 등 무역거래 환경의 변화를 반영하거나 수출입의 제한을 우회하는 것을 방지하기 위하여 운영하는 제도이다. 특정거래형태의 수출입은 다음과 같은 경우에 이루어진다.

① 수출입 제한을 면탈할 우려가 있거나 산업보호에 지장을 초래할 우려가 있는 거래
② 외국에서 외국으로 물품 등의 이동이 있고 대금의 지급 또는 수령이 국내에서 이루어지는 거래로서 대금결제 상황의 확인이 곤란한 거래
③ 대금결제가 수반되지 않고 물품 등의 이동만 있는 거래 등

일반적인 수출입거래란 유상거래로서 국내외로 물품이 이동하여 세관 등 관련기관에서 물품의 이동을 파악할 수 있는 거래를 말한다.

현재 특정거래형태 인정제도는 2013년 이후 잠정 폐지된 상태이지만, 이해를 돕기 위해 종전에 운영되었던 인정거래 2가지를 소개하면 다음과 같다.

① 신고가격 기준 미화 5만불 상당액 초과 물품을 대외무역관리규정 [별표]에서 정한 사유에 해당하지 않는 사유로 국내에서 외국으로 수출하는 무환수출거래

② 중계무역거래 중에서 다음의 경우이다.

㉠ 대금의 수령 및 지급을 하나의 외국환은행을 통하여 행하는 송금방식 거래와 선적서류를 하나의 외국환은행을 통하여 인수 및 송부하는 거래가 아닌 경우
㉡ 하나의 외국환은행을 통해 결제가 이루어질 수 없는 경우에 수입대금 지급은행이 수출대금 수령은행을 지정하고, 수출대금 수령은행의 수출환어음 매입 사실을 확인할 수 없는 경우

대외무역법에서 정의하는 특정거래형태는 다음과 같이 11가지이다(대외무역관리규정 제2조).

① 위탁판매수출이란 환(換)거래 없이 물품을 수출하여 당해 물품이 판매된 범위 안에서 대금을 결제하는 계약에 의한 수출이다.

② 수탁판매수입이란 물품 등을 무환으로 수입하여 당해 물품이 판매된 범위 안에서 대금을 결제하는 계약에 의한 수입이다.

③ 위탁가공무역이란 가공임을 지급하는 조건으로 외국에서 가공할 원료의 전부 또는 일부를 거래상대방에게 수출하거나 외국에서 조달하여 이를 가공한 후, 가공 물품 등을 수입하거나 외국으로 인도하는 수출입이다.

④ 수탁가공무역이란 가득액을 받기 위하여 원자재의 전부 또는 일부를 거래상대방의 위탁에 따라 수입하여 이를 가공한 후 위탁자 또는 그가 지정하는 자에게 가공 물품 등을 수출하는 수출입이다.

⑤ 임대수출이란 임대계약에 따라 물품 등을 수출하여 일정기간 후 다시 수입하거나 당해 물품의 소유권을 이전하는 수출이다. 임대수출의 경우 외국환거래규정에 따라 외국환은행의 장에게 물품 임대차계약에 대해 신고를 하여야 한다.

⑥ 임차수입이란 임차계약에 따라 물품 등을 수입하여 일정기간 후 다시 수출하거나 당해 물품의 소유권을 이전받는 수입이다.

⑦ 연계무역이란 수출과 수입이 연계되어 이루어지는 수출입을 말하며, 물물교환, 구상무역, 대응구매, 제품환매 등의 형태가 있다.

㉠ 물물교환(Barter Trade): 화폐(신용장, 어음 등)를 개입시키지 않고 직접 물물을 교환하는 거래이다.

㉡ 구상무역(Compensation Trade): 환거래가 발생하고 대응수입 의무를 제3국에 전가할 수 있다. 하나의 계약서로 거래가 성립된다.

㉢ 대응구매(Counter purchase): 별도거래 방식으로 서로 거래가 이루어지는 형태로 수출과 수입은 각각 별도 계약서에 의하여 이루어지며 두 개의 일반신용장이 개설된다. 즉, 형식상으로는 완전히 분리된 두 개의 일반무역거래 형태이다.

㉣ 제품환매(Buy Back): 플랜트(산업설비)를 수출하고 그것에 의하여 생산된 제품을 수입하는 무역거래 형태이다.

⑧ 중계무역은 수출할 것을 목적으로 물품 등을 수입하여, 보세구역 및 자유무역지역 이외의 국내에 반입하지 않고 수출하는 수출입이다. 물품을 수입한 현지국가의 다른 업체에 판매하여도 대외무역법상의 중계무역으로 인정되며, 외국에서 외국으로 이동하는 물품을 포함한다.

중계무역(中繼貿易)은 intermediary trade를 말하며, 중개무역(仲介貿易)은 merchandising trade를 말한다. 중개무역에서 중개자는 중개수수료를 대가로 최종수입자와 수출자 간에 직접 거래할 수 있도록 중개·알선하는 자이다.

⑨ 외국인수수입은 수입대금은 국내에서 지급되지만, 수입 물품 등은 외국에서 인수하거나 제공받는 수입이다. 외국에서 건설공사를 하는 우리나라 업체가 현지에서 사용할 목적으로 건설장비를 인수하는 경우 등을 포함한다.

⑩ 외국인도수출은 수출대금은 국내에서 받지만 국내에서 통관되지 아니한 수출 물품 등을 외국으로 인도하거나 제공하는 수출이다.

⑪ 무환수출입은 외국환 거래가 수반되지 않는 물품 등의 수출입이다.

무환수출은 외국환 거래가 수반되지 아니하는 물품의 수출을 말하며, 증여, 상속 등에 의한 무상무환(無償無換)과 위·수탁판매 무역, 위·수탁가공무역을 위한 원자재수출입, 임대차 수출입, 물물교환 등에 의한 유상무환(有償無換)이 있다.

위·수탁판매 무역, 위·수탁가공무역을 위한 원자재수출입, 임대차 수출입, 물물교환 등을 원인으로 하는 유상무환수출은 해당 무역거래 과정에서 당연히 수반되는 거래이므로 무환수출이 아닌 본래의 무역거래 형태로 분류한다. 즉, 위탁판매를 목적으로 하는 무환수출은 위탁판매수출로 분류한다.

사례 2. 중계무역 or 중개무역 or 외국인도수출

Q

태양광 관련 품목에 대하여 중국과 대만 간의 직접거래가 불가능하여 한국을 통하여 중국에서 대만으로 물품이 이동한다. 중국과 대만 수출입 업자 간에 거래량, 가격, 운송조건 등 무역과 관련된 모든 조건의 협의가 이루어진다.

물품의 흐름은 중국에서 한국의 보세창고를 거쳐 대만으로 이동한다. 물품 대금의 지급은 직접 대만에서 중국으로 지급하며, 한국은 일정액의 수수료만 받는다.

이 무역이 대외무역관리규정 상에 중계무역, 중개무역 또는 외국인도수출인가?

A

결론적으로 중개무역에 해당한다. 그 이유는 다음과 같다.

중계무역은 대외무역관리규정 제2조 제11호에 따라 수출할 것을 목적으로 물품 등을 수입하여 「관세법」 제154조에 따른 보세구역 및 같은 법 제156조에 따라 보세구역 외 장치의 허가를 받은 장소 또는 「자유무역지역의 지정 등에 관한 법률」 제4조에 따른 자유무역지역 이외의 국내에 반입하지 아니하고 수출하는 수출입을 말한다.

중개무역은 대외무역법상 별도로 정의되어 있지는 않지만 통상 중개업자가 수출자와 수입자를 알선해 주고 그 대가로 중개수수료만 취하는 거래를 말한다.

<출처: 산업통상자원부 유권해석집>

10. 수출입진흥제도 개요

수출입진흥제도는 무역을 진흥하기 위하여 소극적으로 무역거래자에게 관리를 면제해 주거나, 적극적으로 어떠한 혜택을 부여하는 제도이다. 어떤 제도가 관리제도에 속하고 어떤 제도는 진흥제도에 속하는 것이 아니라, 2가지 측면 모두를 가질 수도 있다.

진흥제도에는 수출입실적제도, 외화획득제도, 원산지제도, 플랜트수출, 정부간(GtoG)거래 등이 있다.

수출입실적은 무역금융을 사용하는데 기초자료로 사용될 수 있다. 따라서 직수출 또는 직수입뿐만 아니라 특정 거래형태의 수출입 또는 외화획득용 원료 등의 수출입의 실적을 인정할 수 있는 길이 있다.

외화획득제도는 외화획득용 수입의 경우 외화획득의 범위를 수출보다 훨씬 넓게 해석함으로써 수출입이 제한되는 품목이라도 일정 범위 내에서 수량 등에 제한 없이 수입을 할 수 있도록 하고 있다.

원산지제도는 기본적으로 소비자를 보호하는 제도이지만 제한내용의 완화 등을 통하여 무역거래자에게 혜택을 줄 수도 있다.

이하에서 수출입실적, 외화획득용 원료 등의 수출입, 원산지제도, 플랜트수출, 정부간(GtoG)거래를 차례로 설명한다.

11. 수출입 실적

1) 수출실적[34)]

(1) 수출실적의 의의

수출실적은 산업통상자원부 장관이 정하여 고시하는 기준에 해당하는 수출통관액·입금액, 가득액과 수출에 제공되는 외화획득용 원료·기재의 국내 공급액을 말한다. 대외무역법에서 정한 용역이나 전자적 형태의 무체물을 수출한 때도 수출실적으로 인정된다.

대외무역법규상 물품의 수출입은 국내외 사이에 물품의 이동을 의미하나 수출입실적은 국내외 간의 물품 이동은 물론 내국신용장, 구매확인서 등에 의해 국내에서 일어나는 물품 이동도 수출실적으로 인정한다.

그러나 국내에서 외국으로의 무상 수출입거래는 수출입의 범위에는 포함되지만, 수출입실적으로는 인정되지 않는다.

수출실적은 다음과 같은 점에서 중요한 의미가 있다.

① 수출실적은 국가무역통계로 잡는 한편, 무역정책 목표 달성 및 원활한 무역거래 촉진 등을 위한 기초자료로 사용
② 무역금융 한도의 결정과 자금지원, 무역기금 지원,
③ 수출입 통관 및 환급과 관련한 각종 지원대상 여부의 결정
④ 무역의 날 포상 등의 기초자료로 활용

주의할 것은 수출통계가 수출실적의 합계는 아니라는 점이다. 수출통계는 수출신고일을 기준으로 정상적인 통관을 거친 경우에만 계상

34) 대외무역관리규정 제6절 수출·수입실적 (§25~30)

되는 통계이나, 수출실적은 무역정책상 인정하는 개별기업이 집계하는 실적이다.

수출실적은 인정대상, 인정금액, 인정 시점, 발급기관을 연결해서 파악해야 한다.

(2) 수출실적의 인정대상

① 유상으로 거래되는 수출

인정대상은 국내외 간 또는 외국에서 외국으로의 물품 이동이 이루어지는 수출 중 유상거래이다.

상술하면 ㉠ 수출은 매매, 교환, 임대차, 사용대차, 증여 등을 원인으로 국내에서 외국으로 물품이 이동하는 유상 수출, ㉡ 우리나라 선박이 외국에서 채취한 광물 또는 포획한 수산물을 외국에 매도하는 것, ㉢ 북한으로 유상반출, ㉣ 위탁판매방식, 위탁가공무역, 연계무역방식, 중장기 연불 방식, 임대차 방식에 의한 수출 중 유상거래가 모두 포함된다.

② 수출입승인이 면제되는 수출 중 다음에 해당하는 실적

㉠ 외국에서 개최되는 박람회, 전람회, 영화제 등에 출품하기 위하여 무상으로 반출하는 물품 중 외국 현지에서 매각된 것으로 외국환은행 입금액을 수출실적으로 인정한다. 판매되지 않은 것은 무상으로 다시 반입(수입)된다.

㉡ 해외건설공사에 직접 제공해지는 원료・기재, 공사용 장비 또는 기계류의 무상수출(수출신고필증에 재반입하지 않는다는 조건이 명시된 분에 한함)

㉢ 해외건설공사에 종사하고 있는 우리나라 업자(현지합작법인 포함)에게 무상으로 보내기 위하여 반출하는 원료・기재, 공사용

장비 또는 기계류로서 주무부장관 등이 확인한 물품에 해당하는 무상수출 등

원칙적으로 무상수출은 인정하지 않지만, 효율적인 건설공사를 지원하기 위하여 정책적 관점에서 인정한다.

③ 수출용 원재료의 국내거래

외화획득용 원료, 물품 등의 수출에 기여하는 국내거래 중에서 다음의 경우에 수출실적으로 인정한다.

㉠ 내국신용장(Local L/C)에 의한 공급
㉡ 구매확인서에 의한 공급
㉢ 산업통상자원부 장관이 지정하는 생산자의 수출 물품 포장용 골판지상자의 공급 등

인정금액은 외국환은행 결제액 또는 확인액이며, 외국환은행장 또는 전자무역기반사업자(KTNET)가 실적 확인 및 실적증명서를 발급한다.

원칙적으로 국내거래는 수출의 범위에 포함되지는 않지만, 수출물품 등의 제조공정에서 국내 원료 또는 물품 등의 사용을 촉진토록 함으로써 외화가득률을 높이기 위해 인정한다.

④ 외화획득의 경우 등

외국인으로부터 대금을 영수하는 다음의 경우에 수출실적으로 인정한다. 이때 대금은 외화 또는 원화도 가능하다.

㉠ 외화획득용 시설기재를 외국인과 임대차계약을 맺은 국내업체에 인도하는 경우
㉡ 「자유무역지역의 지정 및 운영에 관한 법률」 제2조의 자유무역지역으로 반입신고한 물품 등을 공급하는 경우

㉢ 외국인이 지정하는 자가 국내에 있음으로써 물품 등을 외국으로 수출할 수 없는 경우 「관세법」 제154조에 따른 보세구역으로 물품 등을 공급하는 경우 등

물품의 이동이 국내에서 이루어지므로 수출에는 해당하지 않으나 외국인으로부터 대금을 수령하고 수출이행을 위한 물품의 생산에 사용될 시설기재를 조달하는 점 등을 고려하여 수출실적으로 인정된다.

⑤ 외화를 받고 외항선박에 선박용품 등 관리에 관한 고시에 따른 내국선박용품을 공급하는 때도 인정한다.

(3) 수출실적의 인정금액

원칙적으로 수출실적 인정금액은 수출통관액(FOB가격 기준)으로 하며 다음과 같은 예외가 있다.

① 중계무역에 의한 수출은 수출금액(FOB가격)에서 수입금액(CIF가격)을 공제한 가득액을 인정한다. 중계무역에 의한 수출・수입금액을 각각 수출・수입실적으로 인정하면 실제외화가득금액보다 수출입실적이 과다하게 계상되는 등 불합리한 점이 있어 가득액만을 수출금액으로 인정한다.

② 외국인도수출은 외국환은행 입금액을 인정한다. 단, 위탁가공된 물품을 외국에 판매할 때는 판매액에서 원자재 수출금액 및 가공임을 공제한 가득액이다.

③ 외국에서 개최되는 박람회, 전람회, 영화제 등에 출품하기 위하여 무상으로 반출하는 물품으로서 외국 현지에서 매각된 것은 외국환은행의 입금액을 인정한다.

④ 원양어로에 의한 수출금액의 범위 내에서 원양어로작업을 하기 위해 현지에서 사용한 유류비, 원양어선 유지수선비, 소모품비 등의

경비는 관련 증빙서류 등에 의해 외국환은행이 확인한 금액을 수출금액으로 인정된다.

⑤ 용역수출의 경우 한국무역협회장 또는 관련 협회장이 발급한 수출입확인서 및 외국환은행의 입금확인액을 수출실적으로 인정한다.

관련 협회장은 한국선주협회장(해운업의 경우), 한국관광협회 중앙회장, 문화체육관광부 장관이 지정하는 업종별 관광 협회장(관광사업의 경우)이다.

⑥ 전자적 형태의 무체물은 한국무역협회장 또는 한국소프트웨어산업협회장이 발급한 수출입확인서 및 외국환은행의 입금확인액을 수출실적으로 인정한다.

⑦ 내국신용장(Local L/C), 구매확인서 등에 의해 국내 공급하는 경우는 외국환은행의 결제액 또는 확인액이다.

⑧ 외국인으로부터 대금을 수령하고 외화획득용 시설기재를 공급하는 경우는 외국환은행의 입금액이다.

⑨ 외화를 받고 외항 선박에 내국 선박용품 등을 공급하는 경우의 인정금액은 선박용품 등 관리에 관한 고시에 따라 보고된 적재허가서에 기재된 금액으로 한다.

(4) 수출실적의 인정시점

원칙적으로 **수출실적 인정시점**은 유상으로 거래되는 수출 및 해외건설공사 관련 수출의 수출실적 인정시점은 수출신고수리일이다.

다만 다음과 같은 예외가 있다.

① 용역 또는 전자적 형태의 무체물 수출, 현지 매각 관련 수출, 중계무역, 외국인도수출 및 외화획득용 시설기재를 국내 인도한 경우

수출실적의 인정시점은 입금일이다.

② 내국신용장/구매확인서에 의한 공급의 경우에는 ⓐ 외국환은행을 통하여 대금을 결제하였으면 결제일, ⓑ 외국환은행을 통하여 대금을 결제하지 아니한 경우에는 당사자 간의 대금결제일이다.

③ 외항 선박에 내국 선박용품 등을 공급하는 경우의 인정시점은 적재허가서에 기재된 허가일자로 한다.

(5) 수출실적증명 발급기관

수출입실적확인 및 증명 발급기관은 한국무역협회장, 외국환은행의 장, 산업통상자원부 장관이 지정한 기관의 장이다.

직수출실적, 즉, 수출통관을 거친 물품 등의 **수출실적확인**은 한국무역협회장으로부터 받을 수 있다.

간접수출 등 다음의 경우는 외국환은행장의 입금 확인을 통한 실적확인을 받는다.

① 중계무역, ② 외국인도수출, ③ 외국에서 개최되는 박람회・전람회・영화제 등에 출품하기 위해 무상반출하는 물품으로서 외국 현지에서 매각된 것, ④ 원양어로에 의한 수출 중 현지 경비 사용분, ⑤ 용역 또는 전자적 형태의 무체물 수출, ⑥ 내국신용장・구매확인서 등에 의해 국내 공급하는 경우, ⑦ 외국인으로부터 대금을 수령하고 외화획득용 시설기재를 외국인과 임대차계약을 맺은 국내업체에 인도하는 경우, ⑧ 외국인수수입

다만, 다음의 경우는 입금 확인과 함께 거래형태 확인을 받아야 한다.

① **용역의 수출입 확인**은 한국무역협회장 또는 관련 협회장(해운업은 한국선주협회장, 관광업은 한국관광협회중앙회장이나 업종별 관광협회장)이 한다.

② 전자적 형태의 무체물의 수출입 확인은 한국무역협회장 또는 한국소프트웨어산업협회장이 한다.

2) 수입실적

수입실적은 산업통상자원부 장관이 정하여 고시하는 기준에 해당하는 수입 통관액 및 지급액을 말한다. 인정범위는 국내의 간 또는 외국에서 외국으로의 물품 이동이 이루어지는 대외무역법에 따른 수입 중 유상거래이다.

인정금액은 원칙적으로 수입통관액(CIF가격 기준)으로 한다. 다만, 외국인수수입과 용역 또는 전자적 형태 무체물의 수입은 외국환은행의 지급액으로 한다.

인정시점은 수입신고수리일이다. 다만, 외국인수수입과 용역 또는 전자적 형태의 무체물의 수입이면 지급일로 한다.

사례 3. 경영컨설팅사업의 수출실적

Q

중국에 투자하여 중국법인을 설립 후 중국에 진출한 한국기업과 중국기업을 대상으로 교육과 컨설팅 서비스를 하고 있다. 한국 전문가를 초청하여 교육과 컨설팅도 많이 진행하고, 그 비용을 한국에 송금하고 있다. 이 경우 교육 및 컨설팅의 해외제공도 수출실적으로 인정 가능한가?

A

교육 및 경영컨설팅 해외제공은 대외무역법상 용역수출에 해당한다.

현행 대외무역법 시행령 제2조3호 규정에 따라 거주자가 비거주자에게 산업통상자원부 장관이 정하여 고시하는 방법(대외무역관리규정 제3조)으로 시행령 제3조의 용역을 제공하는 것은 수출로 인정되며, 용역수출 실적에 관한 확인은 대외무역관리규정 제30조에 따라 위탁기관인 한국무역협회를 통해 확인받으실 수 있다.

<출처: 산업통상자원부 유권해석집>

〈표 2-14〉 수출입실적인정

구분	인정범위	인정금액	인정시점
수출	▸**유상거래 수출** (대북한 유상반출 포함) ▸**수출승인 면제품 중** 1. 외국에서 개최되는 박람회 등에 출품위해 무상반출 중 현지 매각분 2. 해외건설, 투자목적으로 우리 업자(현지법인 포함)에게 무상반출 중 해외건설공사에 직접 공하여지는 원료·기재·공사용 장비 또는 기계류의 수출(단, 수출신고필증에 재반입 않는다는 조건 명시분)	▸**원칙: 수출통관액(FOB) 기준** ▸예외 1. 중계무역: 수출금액-수입금액 2. 외국인도수출: 외국환은행의 입금액 3. 위탁가공물품을 외국에 판매시 : 판매액-원자재수출금액-가공임 4. 원양어로에 의한 수출 중 현지경비 사용분은 외국환은행의 확인분 5. 용역 및 전자적 형태의 무체물 : 무역협회 등이 발급한 수출입확인서에 의해 외국환은행이 입금확인한 금액	▸원칙: 수출신고 수리일 ▸예외 1. 외국박람회 현지 매각: 입금일 2. 용역 및 전자적 무체물, 중계무역, 외국인도수출: 입금일
	▸**국내 공급 중** 1. 내국신용장에 의한 공급 2. 구매확인서에 의한 공급 3. 산업통상자원부 장관이 지정하는 생산자의 수출 물품 포장용 골판지 상자 공급	○ 외국환은행의 결제액/확인액	1. 외국환은행을 통한 결제: 결제일 2. 외국환은행을 통하지 않은 결제: 당사자 간의 대금결제일
	외국인에게 대금을 영수하고 외화획득용 시설기재를 외국인과 임대차계약을 맺은 국내업체에게 인도하거나, 자유무역지역 및 관세자유지역으로 반입 신고한 물품 등을 공급하는 경우	○ 외국환은행의 입금액	○ 입금일
	외항선박에 외화를 영수하고 내국선박물품을 공급하는 경우	○ 적재허가서에 기재된 금액	○ 허가일자
수입	▸유상으로 거래되는 수입	▸**원칙 : 수입통관액 (CIF)기준** ▸예외 : 무체물·외국인수수입은 지급액	▸수입신고수리일 ▸외국인수수입: 지급일

12. 외화획득용 원료 · 기재

1) 외화획득용 원료 · 기재의 의의

수출입 승인제도는 물품의 수출입을 제한하는 제도이지만, 외화획득용 원료 · 기재의 수입 승인제도는 수출 등 외화획득에 사용될 원료 등의 조달을 원활하게 하여 외화획득의 이행을 촉진하는 지원제도이다.

외화획득행위는 수출보다 넓은 개념으로서 수출지원제도만으로 외화획득행위를 지원하는 데에 한계가 있으며, 외화획득용 원료 · 기재의 수입승인제도는 외화획득의 이행을 전제로 하는 것이다.

일반수입과는 다르게 외화획득용 원료 · 기재의 수입에 대하여는 다음과 같은 지원제도가 있다.

① 수출입공고 수량제한 적용 배제: 외화획득용 원료 · 기재의 수입은 외화획득 이행을 위하여 수입하는 것이므로 수출입공고에 의한 수입제한 품목이라도 수량 등의 제한을 받지 않고 수입을 할 수 있다.

② 관세환급 적용: 외화획득용으로 수입한 원자재 등을 사용하여 생산한 물품을 수출하면 당초 수입통관 시 납부한 관세 등을 환급받게 된다.

③ 무역금융지원: 원자재 수입대금 등을 무역금융으로 지원을 받을 수 있다.

④ 원산지표시가 면제: 외화획득용 원료 · 기재의 수입 시 원산지표시가 면제된다.

⑤ 부가가치세 영세율 적용: 거래단계별로 부가되는 부가가치세(VAT; value added tax) 10%가 면제되는 영세율(0%)을 적용받는다.

외화획득용 원료 · 기재라 함은 외화획득용 원료 · 외화획득용 시설 기재, 외화획득용 제품, 외화획득용 용역 및 외화획득용 전자적 형태의 무체물을 말한다. 세부적으로 살펴보면 다음과 같다.

① 외화획득용 원료라 함은 외화획득에 제공되는 물품 등을 생산(물품의 제조 · 가공 · 조립 · 수리 · 재생 · 개조)하는데 필요한 원자재 · 부자재 · 부품 및 구성품을 말한다.

② 외화획득용 시설기재라 함은 외화획득에 제공되는 물품 등을 생산하는 데 사용되는 시설 · 기계 · 장치 · 부품 및 구성품(하자 및 유지보수에 필요한 부품 및 구성품을 포함)을 말한다.

③ 외화획득용 제품이라 함은 수입한 후 생산과정을 거치지 아니하는 상태로 외화획득에 제공되는 물품 등을 말한다.

④ 외화획득용 용역이라 함은 외화획득에 제공되는 물품 등을 생산하는 데 필요한 용역을 말한다.

⑤ 외화획득용 전자적 형태의 무체물이라 함은 외화획득에 제공되는 물품 등을 생산하는 데 필요한 전자적 형태의 무체물을 말한다.

수입 승인 대상으로 지정된 물품 등을 외화획득용 원료 · 기재로 수입하고자 하는 자는 산업통상자원부 장관이 정하여 고시하는 기준에 따라 산업통상자원부 장관의 승인을 얻어야 한다.

'산업통상자원부 장관이 정하여 고시하는 기준'은 대외무역관리규정의 외화획득용 원료 · 기재의 수입을 의미하며, 승인기관은 수출입공고 등에서 지정 · 고시한 관계행정기관이나 단체장을 말한다.

현재 국산 원료 · 기재의 사용을 촉진하기 위하여 별도로 고시되는 품목은 없다.

2) 외화획득행위 및 사후관리

(1) 외화획득행위의 의의

외화획득의 범위는 다음 방법에 따라 외화를 획득하는 행위를 말하며, 무역거래자가 외국의 수입업자로부터 수수료를 받고 행한 수출알선도 외화획득행위로 본다.

① 수출
② 주한 국제연합군 기타 외국군 기관에 대한 물품의 매도
③ 관광
④ 용역 및 건설의 해외진출
⑤ 국내에서 물품 등을 매도하는 것으로서 다음과 같은 경우이다.

㉠ 외국인으로부터 '외화'를 받고 국내의 보세지역에 물품을 공급하는 경우
㉡ 외국인으로부터 '외화'를 받고 공장건설에 필요한 물품을 국내에서 공급하는 경우
㉢ 외국인으로부터 '외화'를 받고 외화획득용 시설・기재를 외국인과 임대차계약을 맺은 국내업체에 인도하는 경우
㉣ 정부・지방자치단체 또는 정부투자기관이 외국으로부터 받은 차관자금에 의한 국제경쟁입찰로 국내에서 유상으로 물품을 공급하는 경우(결제통화 종류를 불문)
㉤ '외화'를 받고 외항선박(항공기)에 선(기)용품을 공급하거나 급유하는 경우
㉥ 절충교역거래(off set)[35]의 보완거래로서 외국으로부터 '외화'를 받고 국내에서 제조된 물품을 국가기관에 공급하는 경우 등

35) off set 거래는 방위산업, 항공기산업 등 고도의 기술제품을 구매할 때 수출국이 수입국으로부터 고도의 기술제품에 소요될 부품 일부를 대응 구매토록 하는 거래형태이다.

(2) 외화획득행위의 의무이행과 사후관리

외화획득행위에 대한 이행의무자는 다음과 같다.

① 수입제한품목을 외화획득용 원료 · 기재 목적으로 수입한 자

② 수입제한품목을 외화획득용 원료 · 기재 목적으로 수입을 위탁한 자

③ 수입제한품목을 외화획득용 원료 · 기재 또는 그 원료 · 기재로 제조된 물품을 양수한 자 등

외화획득의 이행기간은 다음과 같다.

① 외화획득용 원료 · 기재를 수입한 자가 직접 외화획득의 이행을 할 때는 수입통관일 또는 공급일로부터 2년

② 다른 사람으로부터 외화획득용 원료 · 기재 또는 그 원료 · 기재로 제조된 물품을 양수한 자가 외화획득의 이행을 할 때는 양수일로부터 1년

③ 외화획득을 위한 물품을 생산 또는 비축하는데 2년 이상의 기간이 소요될 때는 생산 또는 비축에 드는 기간에 상당하는 기간

외화획득용 원료 · 기재의 수입 시 우대조치를 취하는 것은 일정기간 내에 외화획득행위를 이행할 것을 전제로 한 것이므로 수입한 자가 의무이행을 제대로 하였는지 사후관리할 필요성이 존재한다. 따라서 원료 등의 사후관리는 외화획득 이행의무자별 및 품목별로 분기마다 수입한 총량을 대상으로 하되, 사후관리의 방법 등은 산업통상자원부장관이 정하여 고시한다.

다만 다음에 해당할 때는 사후관리가 면제된다.

① 품목별 외화획득 이행 의무의 미이행률이 10% 이하인 경우

② 외화획득 이행의무자의 분기별 미이행률이 10% 이하이고 그 미이행금액이 미화 2만 달러 상당액 이하인 경우

③ 외화획득 이행의무자에게 책임이 없는 사유로 외화획득의 이행을 하지 못한 경우로서 산업통상자원부 장관이 인정하는 경우

④ 당해 품목이 수입승인 대상에서 제외됨으로써 그 수입에 대응하는 외화획득의 이행을 할 필요가 없는 경우 등 산업통상자원부 장관이 사후관리를 할 필요성이 소멸한 것으로 인정하는 ㉠ 수입승인을 얻어 수입한 품목이 수입승인 대상에서 제외되는 원료 등, ㉡ 외화획득의 이행을 위해 보세공장 및 보세창고 또는 자유무역지역에 반입되는 원료 등의 경우

3) 외화획득용 원료의 수입

외화획득용 원료라 함은 외화획득에 제공되는 물품 등을 생산(물품의 제조·가공·조립·수리·재생·개조)하는데 필요한 원자재·부자재·부품 및 구성품을 말한다.

외화획득용 원료의 범위는 다음과 같다.

① 수출입실적의 인정 범위의 규정에 따라 수출실적으로 인정되는 수출 물품 등을 생산하는 데 소요되는 원료(포장재를 포함)

② 외화가득률(외화획득액에서 외화획득용 원료 수입금액을 공제한 금액이 외화획득액에서 차지하는 비율)이 30% 이상인 군납용 물품 등을 생산하는 데 소요되는 원료

③ 해외에서의 건설 및 용역사업용 원료

④ 외화획득의 범위 각 호의 규정에 따른 외화획득용 물품 등을 생산하는 데 소요되는 원료

⑤ 위 각 호에 의한 원료로 생산되어 외화획득이 완료된 물품 등의 하자 및 유지보수용 원료 등

외화획득용 원료의 수입승인기관의 장은 외화획득용 원료의 수입에 대하여는 수량제한을 받지 아니하고 승인할 수 있으며, 유통업자가 구매확인서 또는 내국신용장을 근거로 수출품 생산자에게 직접 공급하기 위하여 외화획득용 원료를 수입하고자 할 경우에도 그 수입을 승인할 수 있다.

외화획득용 원료의 승인기관의 장이 외화획득용 원료의 수입승인을 할 때는 외화획득용 원료 수입승인신청서에 ㉠ 외화획득 이행의무자의 사후관리기관(수입대행의 경우는 실수요자의 사후관리기관), ㉡ 농림수산물 수입승인의 규정에 따른 수입승인 여부의 기재사항이 적정한지를 확인하여야 한다.

4) 외화획득용 제품의 수입

외화획득용 제품의 수입범위는 ㉠ 한국관광용품센타가 수입하는 식자재 및 부대용품, ㉡ 「항만운송사업법」에 의하여 수입물품공급업의 등록을 하고 세관장에 등록한 자(수입물품 공급업자)가 수입하는 선용품(船用品), ㉢ 군납업자가 수입하는 군납용 물품이다.

외화획득용 제품의 수입승인기관은 ㉠ 관광용품센타가 관광호텔 등에 공급하기 위하여 수입하는 물품 중 승인대상 물품으로서 주방용품, 소모성 기계, 기자재류 또는 객실 또는 부대업장용 소모성 물품은 문화체육관광부 장관이고, ㉡ 군납업자가 주한 국제연합군 기타 외국군기관에 공급하는 군납용 물품은 수출입공고 등에서 정한 당해 물품의 수출입승인기관의 장이다.

관광용품센타는 관광호텔용 물품을 ㉠ 관광숙박업 중 「관광진흥법」에 의하여 등록된 호텔업 또는 명의 이용허가를 취득한 식음료업장, ㉡ 문화체육관광부 장관의 허가를 받아 설립된 외신기자클럽, 서울클럽 및 한국언론회관 내 멤버스클럽과 기자클럽, ㉢ 외화획득 및 관광진흥에 기여도가 높은 관광시설 중 문화체육관광부 장관의 추천에 따라 산업통상자원부 장관이 지정한 시설, ㉣ 「청소년기본법」에 의하여 문화체육관광부 장관에 신고된 서울올림픽파크텔, ㉤ 올림픽, 아시안게임 등 대규모 국제대회의 선수촌, 기자촌, 프레스센터 등 관련 시설로서 산업통상자원부 장관의 협의를 거쳐 문화체육관광부 장관이 기간을 정하여 지정하는 급식장, ㉥ 「관세법」에 의하여 설영특허를 받은 외교관 면세매점의 어느 하나에 해당하는 자에만 공급할 수 있다.

관광용품센타로부터 관광호텔용 물품을 구매한 자는 당해 사업 이외의 용도에 사용하거나 유출하여서는 아니 되며, 관광용품센타는 관광호텔용 물품을 용도 외에 사용하거나 유출한 자에 대하여는 문화체육관광부 장관에게 이를 보고하여야 한다. 관광용품센타가 수입한 식자재 및 부대용품(관광호텔용 물품)에 대하여는 승인권자의 사후관리를 받아야 한다. 승인권자가 사후관리에 필요한 세부지침을 정하고자 할 때는 산업통상자원부 장관과 협의하여야 한다. 관광호텔용 물품의 승인권자는 승인 없이 물품을 용도 외 사용(외화획득 불이행, 승인 없이 양도한 경우 포함)한 자에 대하여 대외무역법에 따른 제재를 요청하거나 「관광진흥법」 규정에 따른 행정처분(또는 문화체육관광부 장관에게 행정처분 요청)을 하여야 한다.

선용품의 공급업자는 선용품의 수입, 재고, 공급현황에 대한 대장을 비치하고 기록·보관하여야 하며, 선용품의 수입, 공급(외화 및 국내 통화 구분), 재고 현황을 작성하여 매분기 종료 후 10일 이내에 관세청장에게 제출하여야 한다. 수입물품 공급업자가 수입하는 선용품의 사후관리는 관세청장이 행하며, 수입물품 공급업자는 수입 선용품을 ㉠ 국내 항에 정박 중인 외항 선박(원양어선을 포함), ㉡ 신조 선박 및 수리 선박 이외의 자에게 공급하거나 유출해서는 아니 된다. 관세청장은 위의 공급대상자 이외의 자에게 공급(외화획득 불이행, 승인 없이 양도한 경우 포함)한 자에 대하여 대외무역법에 따른 제재를 요청하여야 한다.

군납용 물품을 수입하는 군납업자는 수입되는 물품을 군납 외의 용도에 사용하거나 유출하여서는 아니 되며, 수입되는 물품을 양도 또는 폐기하고자 할 때 미리 승인기관장의 승인을 얻어야 한다. 승인기관장은 군납 외 용도에 사용하거나 유출(외화획득 불이행, 승인 없이 양도한 경우 포함)한 자에 대하여 대외무역법에 따른 제재를 요청한다. 수입된 군납용 물품에 대하여 군납계약 이행 후 15일 이내에 외화획득 상황을 군납대금회수증명서를 첨부하여 승인기관의 장에게 보고하여야 한다.

5) 외화획득용 물품 등의 국내 구매

외화획득용 물품 등의 국내 구매를 장려하기 위해서 정책금융으로서 무역금융이 지원되며, 무역금융에 활용되는 제도가 구매확인서와 내국신용장이다.

무역금융(trade finance)은 무역거래에서 필요로 하는 자금을 조달하는 것을 의미하며, 물품의 수출 및 용역의 제공을 통한 외화획득 및 국내 산업기반의 발전을 위하여 수출업체 등에 대해 수출품의 생산, 원자재 및 완제품 구매에 필요한 자금을 지원하는 단기원화자금 대출 및 관련 지급보증이다.

넓은 의미로는 수출 또는 수입을 목적으로 은행이 무역업체에게 제공하는 모든 대출 및 지급보증을 의미하며, 좁은 의미로는 한국은행 「금융중개지원 대출 관련 무역금융지원프로그램 운용세칙 및 절차」[36]에

36) 2014년 2월 1일, 「총액한도대출」 및 「무역금융 지원한도」의 명칭이 각각 「금

의하여 금융기관이 취급하는 원화 대출을 의미한다.

무역금융은 물품의 수출 및 용역의 제공을 통한 외화획득을 촉진하기 위해 수출업체에 수출 물품의 생산, 원자재 및 완제품 구매에 필요한 자금을 지원하는 무역 관련 원화 대출제도 및 무역금융 관련 지급보증을 포함한다.

그림 2-3 무역금융 취급절차

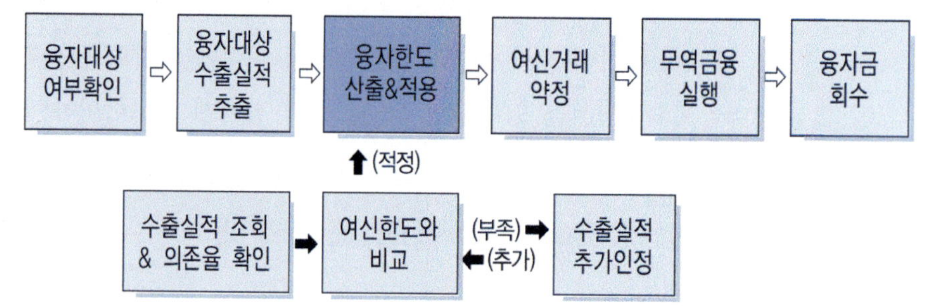

6) 소요량제도

소요량이란 외화획득용 물품 등의 전량을 생산하는 데 소요된 원자재의 실량과 손모량[37]을 합한 양을 말한다. 외화획득용 원료 기재는 수입이 제한되는 품목에 대하여 예외적으로 수입을 허용하는 것이므

융중개지원대출」 및 「무역금융지원프로그램」으로 변경됨에 따라 규정 명칭 등을 변경

- 「한국은행 총액한도 대출 관련 무역금융 취급세칙」 ⇨ 「한국은행 금융중개지원대출 관련 무역금융지원프로그램 운용세칙」
- 「한국은행 총액한도 대출 관련 무역금융 취급 절차」 ⇨ 「한국은행 금융중개지원대출 관련 무역금융지원프로그램 운용 절차」

37) 실량은 수출품을 형성하고 있는 원자재의 양을 말하고, 손모량이란 수출품을 생산하는 과정에서 생기는 원자재의 손실량 및 불량품 생산에 든 원자재의 양을 말한다.

로 일정한 수출품을 생산하는데 소요되는 원재료의 양을 적정하게 산출해야 수입의 승인과 사후관리가 가능하다.

관세환급에는 환급특례법의 규정에 따라 계산한 소요량증명서가 사용되기 때문에 대외무역법의 소요량증명서 발급제도가 폐지되고,[38] 기준 소요량이 고시되는 경우를 제외하고 사후관리 대상 품목을 외화획득용 원료 등으로 사용하거나 공급한 업체는 원자재의 양을 스스로 계산하는 방식의 자율소요량제도로 전환되었다.

기준소요량의 고시는 외화획득용 물품 등의 생산을 관장하는 행정기관장[39]이 소관 품목 중 사후관리 대상 원료 등에 대하여 고시한다. 기준소요량이란 외화획득용 물품 등의 1단위를 생산하는 데 소요되는 원자재의 양을 고시하기 위한 것으로서 단위실량과 평균손모량을 합한 양을 말한다.

38) 소요량의 산정 및 관리와 심사에 관한 고시 (관세청고시 제2021-37호, 2021. 3. 30., 일부개정)

39) 예를 들어 산업통상자원부 장관이 관장하는 품목 중에 목재가구는 임업연구원장, 기타 품목은 기술표준원장이다.

13. 구매확인서 · 내국신용장

국내에서 외화획득용 원료 또는 물품 등을 구매하고자 하는 자는 ① 외국환은행장에게 내국신용장의 개설을 의뢰하거나, ② 외국환은행장 또는 전자무역기반사업자(한국무역정보통신)에게 구매확인서의 발급을 신청할 수 있다.

1) 구매확인서

구매확인서(Purchase Confirmation 또는 Approval of Purchase)란 외화획득용 원료·기재를 구매하는 것을 확인하는 서류이다. 즉, 물품 등을 외화획득용 원료, 외화획득용 용역, 외화획득용 전자적 형태의 무체물 또는 물품으로 사용하기 위하여 국내에서 구매하고자 하는 경우 외국환은행의 장이 내국신용장에 준하여 발급하는 증서이다. 구매확인서는 내국신용장의 발행이 어려울 때 주로 사용된다.

구매확인서와 내국신용장과의 차이점은 다음과 같다.

① 내국신용장은 외국환은행이 물품 대금에 대한 지급 확약을 하지만, 구매확인서는 외국환은행의 지급 확약이 없이 당사자 간에 대금결제가 된다.

② 내국신용장은 수출용 물품의 구매에 한정하나, 구매확인서는 수출보다 광의의 개념인 외화획득용 물품을 구매할 때도 발급된다.

③ 내국신용장은 사전발급만 가능하나, 구매확인서는 사후발급도 가능하다. 내국신용장의 발급 규정에 맞추어 물품공급이 이미

이루어졌으면 구매확인서의 발급이 금지되었으나, 2003년 2월부터는 부가가치세 신고기한 내에는 구매확인서의 사후발급이 가능하다.

구매확인서는 외화획득(수출, 군납, 관광, 용역 및 건설의 해외진출, 특정한 국내물품공급) 이행에 필요한 물품을 원활히 조달토록 하여 외화획득에 이바지함을 목적으로 한다. 따라서 구매확인서의 혜택은 구매확인서 발급분에 대하여는 수출실적 인정, 관세환급, 부가가치세 영세율 적용 등의 지원제도가 존재한다.

구매확인서 신청자는 국내에서 외화획득용 원료 또는 물품 등을 구매하는 자이다. 구매확인서의 발급 방법은 신청자가 「한국은행 금융중개지원대출 관련 무역금융지원프로그램 운용세칙」 및 「한국은행 금융중개지원대출 관련 무역금융지원프로그램 운용 절차」에 따라 내국신용장에 준하여 외국환은행의 장에게 발급을 신청한다.

대외무역관리규정에서 구매확인서의 발급과 관련하여 별도로 정한 규정이 없는 경우에는 내국신용장에 관한 규정이 준용한다.

임가공위탁의 경우 「한국은행 금융중개지원대출 관련 무역금융지원프로그램 운용세칙」 제12조 제1항에서는 임가공위탁을 내국신용장의 개설대상으로 명시하고 있으므로 내국신용장 발급에 준하여 구매확인서도 발급할 수 있다.

내국신용장으로 수출용 원자재 또는 완제품을 구매하는 수출업체는 무역금융을 실행하여 당해 내국신용장 어음의 결제에 충당할 수 있다.

구매확인서 발급 절차는 사전발급을 기준으로 다음과 같다.

① 구매자와 공급자 사이에 물품공급계약 체결
② 구매자가 외국환은행장에게 구매확인서 발급신청

③ 외국환은행장은 구매확인서를 구매자와 공급자에게 발급

④ 구매확인서를 발급한 외국환은행은 구매확인서 발급 사실을 공급자에게 통지하고, 공급자가 달리 요청한 경우를 제외하고는 당해 구매확인서를 공급자에게 직접 교부

그림 2-4 구매확인서 거래절차

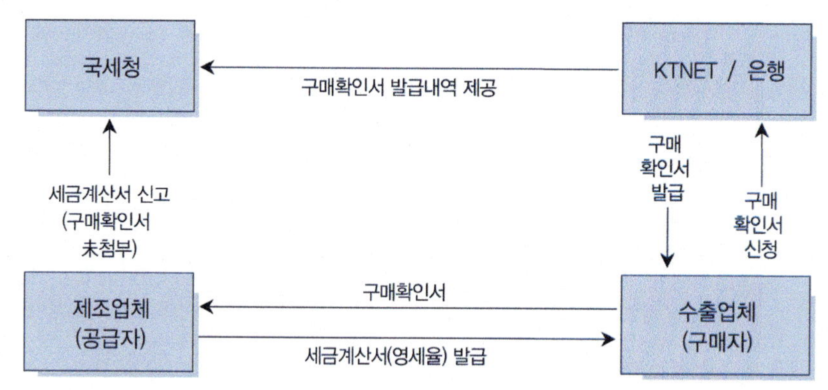

* 출처: KTNET

구매확인서의 발급 근거는 ㉠ 수출신용장, ㉡ 수출계약서(품목, 수량, 가격 등에 합의하여 서명한 수출계약입증서류), ㉢ 외화매입(예치)증명서(외화획득 이행 관련 대금임이 관련 서류에 의해 확인되는 경우에 한함), ㉣ 내국신용장, ㉤ 구매확인서, ㉥ 수출신고필증(사후발급의 경우), ㉦ 외화획득에 제공되는 물품 등을 생산하기 위한 경우임을 입증할 수 있는 서류 등이다.

구매확인서를 발급받고자 하는 자는 ㉠ 외화획득용 원료(물품 등) 구매(공급)확인 신청서 3부, ㉡ 구매확인서 발급 근거서류 1부, ㉢ 외화획득용 원료(물품 등)공급계약서 또는 물품매도확약서 1부, ㉣ 세금계산서 사본(사후발급 시에 한함) 등을 첨부하여 외국환은행장에게 신청하고, 외국환은행장은 구매확인서를 발급할 수 있다.

외국환은행장은 발급신청자가 제시하는 발급 근거서류(수출신용장 등)의 범위 내에서 발급할 수 있으며, 외화획득용 원료 또는 물품 등의 제조 · 가공 · 유통(완제품 유통 포함)과정이 여러 단계인 경우 단계별로 순차적으로 차수 제한 없이 발급할 수 있다.

그림 2-5 내국신용장 거래절차

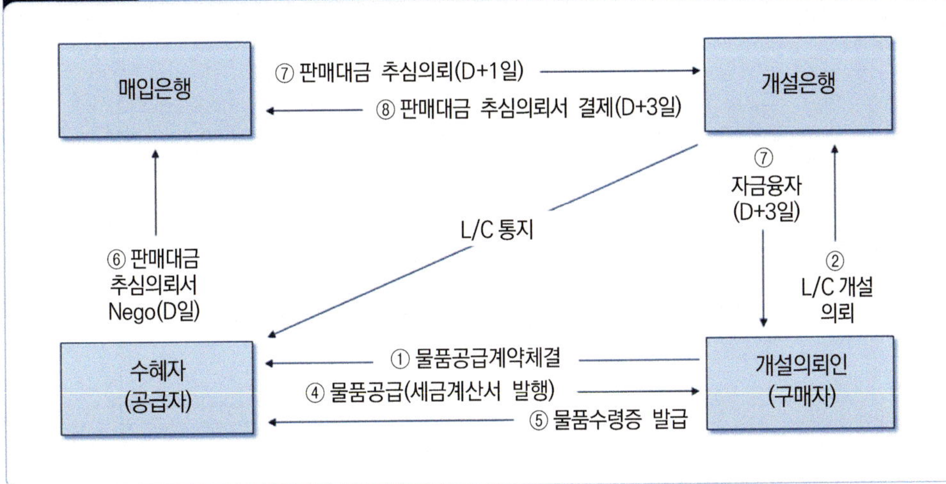

2) 내국신용장

내국신용장(Local L/C)은 수출자가 국내에서 생산되는 수출용 완제품을 구매하여 해외에 수출하거나, 수출용 원자재를 구매하여 제조 가공한 후 수출할 때 이용되는 신용장이다. 수출자, 즉, 구매자가 외국환은행에 의뢰하여 국내의 완제품 또는 원재료 공급자를 수혜자로 하여 개설하는 신용장이다.

내국신용장을 발급하고자 하는 자는 수출신용장, 수출계약서, 외화표시 물품공급계약서, 외화표시 건설용역공급계약서, 내국신용장, 당해 업체의 과거 수출실적 등이 필요하다.

내국신용장을 개설하는 기관은 외국환은행이며, 개설조건은 원자재 금융 한도 내에서 개설이다.

〈표 2-15〉 내국신용장과 구매확인서의 비교

	내국신용장	구매확인서
대금결제	신용장 (지급 확약 있음)	현금·어음 (지급 확약 없음)
대 상	수출용 물품	외화획득용 물품
시 기	사전 발급	사후 발급 가능 (VAT 신고기한)
신 청 자	구매자	구매자
개설조건	원자재금융융자 한도 내 개설	제한 없이 개설
발급제한	차수 제한 없이 발급	차수 제한 없이 순차적 발급
발급기관	외국환은행	외국환은행 or 전자무역기반사업자
혜 택	부가가치세 영세율, 수출실적 인정, 관세환급	

3) 구매확인서와 내국신용장의 전자화

2014년까지 전면 시행하는 무역금융제도의 전자화로 인하여 구매확인서 및 내국신용장 관련 업무가 온라인으로 진행하게 되었다.[40)]

구매확인서 전자화는 '11년 7월 온라인 발급이 처음 시행되고 '12년 6월 발급 이력 관리, 과세 신고자료 조회, 통계정보 제공 등의 기능이 추가된 구매 확인 통합정보서비스를 시행하고 있다. 무역업체는 은행 방문 없이도 인터넷으로 uTradeHub에 접속하여 구매확인서 신청이 가능하며 공급업체는 구매업체의 통지 없이 구매확인서를 실시간으로 조회할 수 있다.

40) www.utradehub.or.kr

내국신용장 전자화는 한국은행의 총액한도대출 관련 무역금융 취급세칙[41] 개정을 통해 2012년과 2013년 2단계에 걸쳐 추진되었다. 1단계는 내국신용장의 개설과 통지, 물품매도확약서 송수신, 내국신용장의 조건변경 및 취소 등을 온라인으로 처리하였다. 2단계는 물품수령증명서(인수증) 발급, 매입과 추심업무가 온라인으로 처리되었다. 구매자는 공급자가 세금계산서를 발행한 후 10영업일 이내에 인수증을 발행해야 하고, 공급자는 인수증 발행 후 5영업일 이내에 매입을 의뢰해야 한다. 추심절차가 끝나면 3일 후에 대금이 입금된다.

그림 2-6 전자식 내국신용장 업무절차

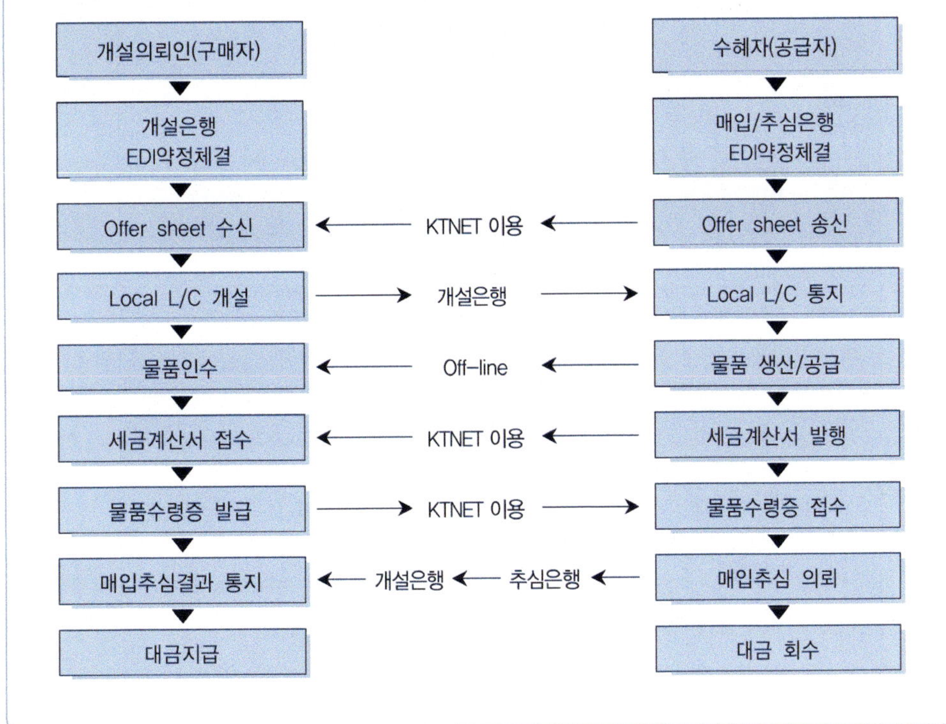

* 출처: KTNET

41) 2014년 2월 1일, 「한국은행 금융중개지원대출 관련 무역금융지원프로그램 운용세칙」으로 변경됨

무역금융의 전자화는 업무처리의 개선과 비용절감 차원에서 괄목할 만한 성과를 낼 수 있다. 또한 서류방식의 구매확인서 및 내국신용장은 활용 통계에 대한 자료획득이 어려웠지만, 전자화가 되면 자료의 데이터베이스화가 가능해져 관련 통계수집이 쉬워져 산업정책과 무역금융제도 개선에 더 적극적으로 활용할 수 있다.

사례 4. 구매확인서 이중발급 가능여부

Q

국내의 A사는 외국으로부터 원자재를 수입하여 국내의 B사에 공급하고 대금을 받았으며, B사는 원자재를 가공한 완제품을 국내의 A사와 동일한 회사인 국내의 C사에 공급하고 대금을 받았으며, C사는 이 완제품을 외국에 수출하였다. 이때 국내의 B사가 원자재를 수입하여 제공한 원자재수입업체와 수출업체가 같음에도 불구하고 국내의 B사가 A사로부터 구매확인서를 받을 수 있는지?

A

결론적으로 A사는 C사와 동일 회사이므로 A사를 위해 B사가 2차 구매확인서를 발급하는 것은 부가세 영세율 등 중복 혜택이므로 발급 불가능하다.

C사는 수출자로서 외화획득용 원료(완제품)를 공급받은 B사를 위해 구매확인서를 발급받을 수 있다.

또한, A사와 C사가 별개의 회사라면, 대외무역관리규정 제37조 제3항에 따라 B사는 C사로부터 받은 1차 구매확인서를 근거로 A사를 위해 2차 구매확인서를 발급받을 수 있다.

그러나 A사는 1차 구매확인서를 발급한 C사와 동일한 회사이고, C사가 이미 1차 구매확인서를 발급받음으로써 수출실적 및 부가가치세 영세율의 적용을 받은 것이기 때문에 A사가 2차 구매확인서를 받는다면 중복 수혜 되는 문제가 발생한다.

따라서 A사와 동일한 회사인 C사가 이미 구매확인서를 발급받았기 때문에 A사를 위한 2차 구매확인서의 발급은 불가능하다.

<출처: 산업통상자원부 유권해석집>

14. 원산지제도

1) 원산지 · 원산지규정	원산지 및 원산지규정 원산지제도의 운용목적 원산제도 법적 체계
2) 원산지판정	원산지판정의 의의와 기준 원산지의 사전판정과 이의제기 국내생산 물품 등의 원산지판정제도
3) 원산지표시	원산지표시 대상 및 방법 원산지 표시방법 원산지표시 위반과 제재
4) 원산지확인 및 증명	수입물품의 원산지확인 수출물품에 대한 원산지증명서 발급 직접운송원칙

1) 원산지 · 원산지규정

원산지(C/O; country of origin)란 어떤 물품이 성장(growth)했거나 생산(production), 제조(manufacture) 또는 가공(processing)된 지역으로서 원칙적으로 정치적 실체를 지닌 한 국가를 의미한다. 원산지는 어떤 물품의 생산지를 의미하기 때문에 물품을 단순조립한 조립국이나 가공과정을 거치지 않고 단순히 경유한 경유국 또는 적출국과는 구별되는 개념이다.

특정 국가는 아니지만, 홍콩, 마카오 등과 같은 독립 관세영역이거나 자치권을 보유한 지역도 원산지가 될 수 있다. 다만 EU, ASEAN 등의 경제통합체는 원산지로 인정되지 않는다.[42)]

42) 한-EU FTA에서는 협정에 따라 EU를 원산지로 인정한다.

교토협약의 원산지규정에 관한 부속서(D.1)에서는 원산지 국가로 국가군(a group of countries), 국가의 특정 지역 또는 일부를 포함할 수 있다고 규정하고 있으나, EU 등과 같이 국가군을 원산지로 하면 원산지 본래의 의미를 상실할 우려가 있으므로 정치적으로 한 국가군이라 하더라도 경제 · 문화 · 지역의 특성 등을 고려하여 원산지를 표시함이 타당하다.

원산지제도의 운용목적은 소비자의 알권리를 보호하거나 무역정책 수단으로 활용하기 위함이다.

① 원산지제도는 소비자에게 물품의 생산지에 관한 정확한 정보를 알려줌으로써 소비자가 원하는 상품을 선택할 수 있도록 하는 소비자 보호를 위한 제도이다. 소비자들은 동일한 브랜드와 상품이라도 생산국이 어디냐에 따라 선호도를 달리하는 '원산지효과'가 있다. 대외무역법은 소비자의 알권리 보호를 위한 원산지 표시에 관한 내용을 중심으로 규정하고 있다.

② 원산지제도는 국내 산업을 보호하고, 관세 편익을 제공하는 무역정책의 중요한 수단으로 활용된다. 선진국이 개발도상국에 부여하는 일반특혜관세(GSP), 개발도상국 간의 WTO 양허관세(TNDC), 아시아 태평양 무역협정 양허관세(APTA), 특혜무역제도에 관한 UNCTAD 양허관세(GSTP), FTA 협정관세 등에 따른 물품에는 원산지 국가에 따라서 특혜 적용 여부가 결정된다.

원산지규정(rules of origin)은 관세 상의 특혜를 부여하기 위하여 운영되는 특혜(preferential)원산지규정과 원산지표시, 수입제한 · 반덤핑관세 · 상계관세 등의 무역 조치를 하거나, 통계 목적에 이용하기 위한 非특혜(non-preferential)원산지규정으로 나눌 수 있다.

非특혜원산지는 대외무역법에서 원산지판정, 원산지표시 등을 규정하고 있으며, 특혜원산지는 대외무역법, 관세법, FTA 관세 특례법, 남북교류협력에 관한 법률, 농수산물의 원산지표시에 관한 법률 등에서 규정하고 있다.

〈표 2-16〉 원산지관리를 위한 법적 체계

구분	법률 · 협정	하위규정
국내법	대외무역법	· 동법시행령, 대외무역관리규정 · 수출물품원산지증명서발급규정[43]
	관세법	· 동법시행령, 동법시행규칙 · 원산지제도 운영에 관한 고시
	FTA관세특례법	· 동법시행령, 동법시행규칙 · 자유무역협정 이행을 위한 관세법의 특례에 관한 법률 사무처리에 관한 고시
	남북교류협력에 관한 법률	· 동법시행령, 동법시행규칙 · 남북교역물품 통관 관리에 관한 고시
	농수산물의 원산지 표시에 관한 법률	· 동법시행령, 동법시행규칙
국제법	WTO원산지협정	
	Kyoto협약	
협 정	FTA, PTA	

원산지 관리에 관한 법적 체계는 국내외 규범으로 구분할 수 있다. 원산지표시와 FTA에 의한 특혜관세의 적용에는 국제법인 WTO원산지협정이나 Kyoto협약 등이 직접 적용되지 않기 때문에 국내법 체계에 따라 적용된다.

43) GSP, APTA, GSTP, TNDC 등과 같은 수입국에서 관세 혜택을 받기 위한 수출물품 원산지증명서가 발급될 때도 대외무역법 동 규정이 적용된다.

대외무역법이 원산지제도에 관한 기본법이다. 산업통상자원부 장관은 법령에 따라 원산지와 관련한 업무를 관세청장, 세관장, 상공회의소 등에 위탁하고 있다.

〈표 2-17〉 대외무역법령의 원산지제도 관련 업무의 위탁

위탁기관	업무 내용	근거 규정
관세청장	원산지 표시방법에 관한 세부사항 정함	영 §56
	원산지 표시방법의 확인, 이의제기 처리	영 §57
	원산지 사전판정, 이의제기의 처리	영 §62, §63
	세관장 위탁 사무의 지휘감독, 자료요청	영 §91
세관장	원산지표시의 확인	영 §57
	수입물품 등의 서류검사	법 §33
	시정조치명령	법 §33조의2
	과징금 부과, 납부기한 연장, 분할납부 및 그 결정의 취소에 관한 사항	법 §33조의2 영 §59조의2
	원산지증명서 제출명령	영 §65
	관세양허를 위한 원산지증명서 발급업무	영 §66
	과태료의 부과 징수에 관한 사항	법 §59
상공회의소	원산지증명서 발급업무 (관세양허 포함)	법 §52, 영 §66

대외무역법은 '제3장의2 원산지의 표시 등'에서 수출입 물품 등의 원산지표시(§33조), 원산지의 표시 위반에 대한 시정명령 등(§33조의2), 원산지판정 등(§34조), 수입원료를 사용한 국내생산 물품 등의 원산지 판정 기준 등(§35조), 수입물품 등의 원산지증명서의 제출(§36조), 원산지증명서의 발급 등(§37조), 외국산물품 등을 국산물품 등으로 가장하는 행위의 금지(§38조) 등을 규정하고 있다.

관세법은 '제9장 통관 제1절 통칙 제2관 원산지의 확인 등'에서 원산지 확인 기준(§229조), 원산지 허위표시 물품 등의 통관 제한(§230조), 품질 등 허위·오인 표시 물품의 통관 제한(§230조의2), 환적 물품 등에 대한 유치 등(§231조), 원산지증명서 등(§232조), 원산지증명서의 발급 등(§232조의2), 원산지증명서 등의 확인 요청 및 조사(§233조), 수출입 물품의 원산지정보 수집·분석(§233조의2), 원산지표시위반단속기관협의회(§233조의3) 등을 규정하고 있다.

WTO협정 GATT(관세 무역에 관한 일반협정) 제9조에는 원산지표시에 관한 규정[44]이 있다. 체약국은 원산지의 허위표시 또는 오해의 우려가 있는 표시로부터 소비자를 보호해야 하고, 수출국의 산업에 미칠 불편을 최소화해야 한다.

교토협약 '부속서K'는 원산지에 관한 규정에서 원산지표시에 관한 직접적인 규정은 두지 않고, 원산지의 결정과 증명 방법에 관해서만 규정하고 있다. 교토협약(Kyoto Convention)은 1973년 관세협력이사회(CCC; Customs Cooperation Council)[45]이 제정한 '세관 절차의 간소화 및 국제적 조화에 관한 국제협약'이며, 1998년에 개정 의정서[46]가 채택되고, 우리나라에서는 2006년부터 발효되었다.

2) 원산지판정

(1) 원산지판정제도의 의의

원산지판정이란 물품을 생산, 제조한 국가가 어디인가를 판단하여 결정하는 것을 말한다. 산업통상자원부 장관은 필요하다고 인정할 때

44) WTO, Agreement on Rules of Origin, Part Ⅳ Article 9.2.

45) 1995년 WTO출범으로 세계관세기구(WCO; World Customs Organization)으로 변경됨

46) Protocol of Amendment to the International Convention on the Simplification and Harmonization of Customs Procedures

는 수출 또는 수입물품의 원산지판정을 할 수 있으며, 원산지판정 기준은 대통령령이 정하는 바에 따라 산업통상자원부 장관이 정하여 공고하도록 하고 있다.

다국적기업의 발달로 생산공정의 국제분업이 보편화됨에 따라 하나의 제품이 여러 나라에서 생산되는 현상이 보편화되었다. 이에 따라 과거와 달리 어떤 제품의 원산지를 판정하기가 쉽지 않게 되어 원산지 판정에 대한 국제적 통일규범 제정의 필요성이 증대하고 있다.

이에 따라 세계 각국은 1973년 교토협약의 원산지규정, 1995년부터 WTO 원산지규정에 관한 협정(Agreement on Rules of Origin)이 시행되고 있으며, 현재는 명확한 국제적인 원산지규정을 만들기 위하여 통일원산지규정(Harmonized Rules of Origin)의 제정이 추진 중이다.

대외무역법 원산지규정은 원산지판정, 원산지확인, 원산지표시 등 3대 요소로 구성되어 있다.

① 원산지판정: 원산지판정기준에 의해 물품의 원산지가 어디 인지를 판정하는 것

② 원산지확인: 통관단계에서 신고한 원산지가 맞는지를 확인하는 것

③ 원산지표시: 소비자에게 상품정보를 제공하기 위하여 당해 물품에 표시하는 것

원산지규정 중에서 가장 중요한 원산지판정기준은 품목별로 따로 정하는 때도 있으나, 대부분 국가에서는 전체 물품을 몇 가지 기준(완전생산기준, 세번변경기준, 부가가치기준 또는 공정기준)에 의하여 원산지를 판정하고 있다.

우리나라도 완전생산기준, 세번(細番)변경기준을 원칙으로 하고 있으며, 예외적으로 부가가치기준 또는 주요공정기준에 의하여 원산지를 판정하고 있다.

(2) 원산지판정기준

① 완전생산기준(1개국 생산): 수입물품의 전부가 하나의 국가에서 채취 또는 생산되는 물품(완전생산물품)에 대해서는 그 국가를 당해 물품의 원산지로 한다.[47]

② 실질적 변형기준(2개국 이상 생산): 수입물품의 생산·제조·가공과정에 둘 이상의 국가가 관련되면 최종적으로 실질적 변형을 하여 그 물품의 본질적 특성을 부여하는 활동을 수행한 국가를 당해 물품의 원산지로 한다.

실질적 변형기준은 두 개국 이상에 걸쳐 생산된 물품의 원산지판정기준으로서 세번변경기준, 부가가치기준, 주요공정기준 등으로 나누어 볼 수 있다.

ⓐ 세번변경기준이 원칙이다. 실질적인 변형이란 당해국에서의 제조·가공과정을 통하여 원재료의 세번과 상이한 세번(HS 6단위 기준)의 제품을 생산하는 것을 말한다. 단, 세번변경 여부의 적용에 있어서 관세율표의 해석에 관한 통칙 제2호 가목은 적용하지 아니한다.

---

47) 1. 해당국 영역에서 생산한 광산물, 농산물 및 식물성 생산물
2. 해당국 영역에서 번식, 사육한 산동물과 이들로부터 채취한 물품
3. 해당국 영역에서 수렵, 어로로 채포한 물품
4. 해당국 선박에 의하여 해당국 이외 국가의 영해나 배타적 경제수역이 아닌 곳에서 채포(採捕)한 어획물, 그 밖의 물품
5. 해당국에서 제조, 가공공정 중에 발생한 잔여물
6. 해당국 또는 해당국의 선박에서 제1호부터 제5호까지의 물품을 원재료로 하여 제조·가공한 물품

세번이 변경되더라도 단순가공 활동을 수행하는 국가는 실질적인 변형을 발생케 한다고 볼 수 없어 원산지 국가로 보지 아니한다. 단순가공 활동이란 운송을 위한 가공, 포장, 통풍, 냉동・냉장 등을 말한다.

ⓑ 부가가치기준이다. 세번변경기준 원칙에도 불구하고 관리규정 별표에서 별도로 정하는 품목에 대하여는 부가가치기준과 주요공정기준을 적용한다.
부가가치기준은 당해 물품에 제조・사용된 원료 및 부품의 부가가치가 일정 비율 이상이면 당해 원료 및 부품을 생산 또는 최초로 공급한 국가를 원산지로 보는 기준이며, 현재 카메라에 대해 규정하고 있다.

ⓒ 주요공정기준이다. 관리규정 별표에서 별도로 정한 품목으로서 부가가치기준에 해당하지 않으며, 주요 부품을 생산한 국가 또는 주요공정이 이루어진 국가를 원산지로 본다.
소, 돼지, 기타 가축[48], 편직 의류나 그 부속품, 편직을 제외한 의류나 그 부속품, 제품으로 된 방직용 섬유제품에 대한 기준을 규정하고 있다.

48) [대외무역관리규정 별표9] 특정 물품의 예외적 원산지판정기준 (일부)

품목명	원산지판정기준
HS 0102 **소**	출생국을 원산지로 한다. 다만, 해당 국가에서 6개월 이상 사육되었으면 당해 사육국을 원산지로 하고, 6개월 미만 사육되었으면 출생국을 원산지로 한다.
HS 0103 **돼지**	출생국을 원산지로 한다. 다만, 해당 국가에서 2개월 이상 사육되었으면 해당 사육국을 원산지로 하고, 2개월 미만 사육되었으면 출생국을 원산지로 한다.
HS 01류 **기타가축**	출생국을 원산지로 한다. 다만, 해당 국가에서 1개월 이상 사육되었으면 해당 사육국을 원산지로 하고, 1개월 미만 사육되었으면 출생국을 원산지로 한다.

③ 수입물품의 생산 · 제조 · 가공과정에 둘 이상의 국가가 관련되었으면 단순한 가공 활동[49]을 하는 국가를 원산지로 하지 않는다.

(3) 원산지판정기준의 특례

원산지판정기준의 특례가 있다.

① 기계 · 기구 · 장치 또는 차량에 사용되는 부속품 · 예비 부분품 및 공구로서 기계 등과 함께 수입되어 동시에 판매되고 그 종류 및 수량으로 보아 정상적인 부속품, 예비 부분품 및 공구라고 인정되는 물품의 원산지는 당해 기계 · 기구 · 장치 또는 차량의 원산지와 동일한 것으로 본다.

---

49) 단순한 가공 활동 (대외무역관리규정 제85조 제8항)

1. 운송 또는 보관 목적으로 물품을 양호한 상태로 보존하기 위해 행하는 가공 활동
2. 선적 또는 운송을 용이하게 하기 위한 가공 활동
3. 판매 목적으로 물품의 포장 등과 관련된 활동
5. 제조 · 가공 결과 HS 6단위가 변경되는 경우라도 다음 각 목의 어느 하나에 해당하는 가공과 이들이 결합하는 가공은 단순한 가공 활동의 범위에 포함된다.
   가. 통풍
   나. 건조 또는 단순가열(볶거나 굽는 것을 포함한다)
   다. 냉동, 냉장
   라. 손상 부위의 제거, 이물질 제거, 세척
   마. 기름칠, 녹방지 또는 보호를 위한 도색, 도장
   바. 거르기 또는 선별(sifting or screening)
   사. 정리(sorting), 분류 또는 등급선정(classifying, or grading)
   아. 시험 또는 측정
   자. 표시나 라벨의 수정 또는 선명화
   차. 가수, 희석, 흡습, 가염, 가당, 전리(ionizing)
   카. 각피(husking), 탈각(shelling or unshelling), 씨 제거 및 신선 또는 냉장 육류의 냉동, 단순 절단 및 단순 혼합
   타. 별표 9에서 정한 HS 01류의 가축을 수입하여 해당국에서 도축하는 경우 같은 별표에서 정한 품목별 사육기간 미만의 동안 해당국에서 사육한 가축의 도축(slaughtering)
   파. 펴기(spreading out), 압착(crushing)
   하. 가목부터 파목까지의 규정에 준하는 가공으로서 산업통상자원부 장관이 별도로 판정하는 단순한 가공 활동

② 포장용품의 원산지는 당해 포장된 내용품의 원산지와 동일한 것으로 본다.
다만, 법령에 따라 포장용품과 내용품을 각각 별개로 구분하여 수입신고하도록 규정되었으면 포장용품의 원산지는 내용품의 원산지와 구분하여 결정한다.

③ 촬영된 영화용 필름에 대하여는 그 영화제작자가 속하는 나라를 원산지로 한다. 영화제작자는 대본을 검토하여 작품을 선정하고, 작품에 적합한 감독과 제작진은 물론 배우와 일정 등을 결정하는 자이다.

(4) 원산지사전판정제도

수입물품의 원산지사전판정제도는 원산지 표시 물품의 생산과정이 복잡하여 원산지를 확정하기에 곤란한 경우 수출입자 및 이해관계인의 요청에 따라 사전에 원산지를 결정함으로써 수출입 물품의 통관 및 관세율 적용 등에 있어서 알맞고 바르게 하고자 하는 것이다.

원산지사전판정제도는 대외무역법과 관세법에 규정되어 있으며, 일반적으로 非특혜 원산지판정은 산업통상자원부, 특혜원산지판정은 관세청(관세부과)에서 하고 있다. 非특혜원산지는 소비자의 알권리 충족을 위한 원산지표시·수출입지역 및 수량제한·무역통계 등에 대한 것이며, 특혜원산지는 편익관세 적용 등에 관한 사항들이다.

원산지사전판정 절차는 다음과 같다.

① 원산지사전판정 요청이다. 물품을 수입하기 전에 수입물품의 원산지에 관하여 판정을 받고자 하는 자는 대상 물품의 관세·통계통합품목분류표상의 품목번호, 품목명(모델명을 포함), 요청 사유, 요청자가 주장하는 원산지 등을 기재한 요청서에 견본 1개, 기타

원산지판정에 필요한 자료를 첨부하여 산업통상자원부 장관에게 제출하여야 한다.

다만, 물품의 성질상 견본을 제출하기 곤란하거나 견본이 없어도 그 물품의 원산지판정에 지장이 없다고 인정될 때는 견본의 제출을 생략할 수 있다.

② 원산지사전판정 자료요청이다. 산업통상자원부 장관은 제출된 요청서 등이 미비하여 수입물품의 원산지를 판정하기 곤란한 경우에는 일정한 기간을 정하여 자료의 보정을 요구할 수 있으며, 동 기간 내에 보완하지 아니할 때는 이를 반려할 수 있다.

산업통상자원부 장관은 원산지 사전판정을 위하여 필요한 경우 당해 사안과 관련된 행정기관의 장, 무역업자 및 기타 이해관계인에게 자료의 제출을 요청할 수 있다.

③ 원산지사전판정 결과 통보이다. 산업통상자원부 장관은 원산지 사전판정 요청을 받았으면 60일 이내에 원산지 사전판정을 하고 그 결과를 문서로 요청인에게 통보하여야 하며, 원산지사전판정 결과가 요청인의 주장과 다른 경우에는 판정의 근거 등을 기재하여야 한다.

다만, 당해 판정과 관련된 자료수집 등을 위하여 필요한 기간은 이에 산입하지 아니한다.

원산지사전판정 결과에 대한 이의제기를 제기할 수 있다. 원산지 사전판정의 통보를 받은 자가 원산지판정에 대하여 불복이 있는 경우에는 통보를 받은 날부터 30일 이내에 산업통상자원부 장관에게 이의를 제기할 수 있으며, 산업통상자원부 장관은 이의를 제기 받았으면 이의제기를 받은 날부터 150일 이내에 이의제기에 관한 결정을 통보하여야 한다.

또한 대외무역법령 등의 규정에 따라 세관장 또는 시・도지사의 원산지에 관한 결정 또는 확인에 대하여 이의를 제기하고자 하는 자는 당해 처분청을 거쳐 산업통상자원부 장관에게 이의를 신청할 수 있으며, 이의제기를 접수한 처분청은 이를 접수한 날부터 7일 이내에 의견서를 첨부하여 산업통상자원부 장관에게 보내야 한다. 이 경우 이의제기 절차 등은 원산지사전판정에 관한 규정에 따른다.

원산지판정에 이의를 제기하고자 하는 자는 대상 물품의 관세・통계통합품목분류표상의 품목번호, 품목명(모델명을 포함), 이의제기의 사유, 신청자가 주장하는 원산지 등을 기재한 이의신청서에 원산지판정에 필요한 자료를 첨부하여 산업통상자원부 장관에게 제출하여야 한다.

산업통상자원부 장관은 제출된 이의제기 신청서 등이 미비하여 이의제기에 관해 결정을 하기 곤란한 경우에는 기간을 정하여 자료의 보정을 요구할 수 있으며, 동 기간 내에 보정을 하지 아니할 때는 이를 반려할 수 있다. 이때 보정기간은 대외무역법 제24조 제6항의 규정에 따른 이의제기 결정 기간에 산입하지 아니한다.

산업통상자원부 장관은 이의제기에 관해 결정을 하고자 할 때는 원산지판정위원회의 심의를 거쳐야 한다. **원산지판정위원회**는 위원장 1인을 포함한 10인 이내의 위원으로 구성한다. 위원장은 산업통상자원부 무역업무를 담당하는 국장급 공무원이 되고, 위원은 관계 행정기관・단체 또는 관련 기업의 임원・직원 기타 원산지판정에 관한 전문지식을 가진 자 중에서 산업통상자원부 장관이 임명 또는 위촉하는 자가 되며, 위촉위원의 임기는 2년으로 하되 연임할 수 있다.

원산지판정위원회의 운영에 관하여 필요한 사항은 원산지판정위원회의 의결을 거쳐 위원장이 정한다. 산업통상자원부 장관은 이의를 제기받았으면 원산지판정심의위원회의 심의를 거쳐 이의제기를 받은 날부터 150일 이내에 이의제기에 관한 결정을 통보하여야 한다.

사례 5. 커피의 원산지판정

Q

자메이카산, 콜롬비아산, 브라질산 커피 원두를 영국으로 수입하여 로스팅(볶음)한 커피를 영국에서 수입하는 경우 원산지 국가는?

A

현행 대외무역법상 로스팅 커피의 원산지 국가는 원두 생산국이 아닌 원두를 로스팅한 국가가 된다.

자메이카산, 콜롬비아산, 브라질산 커피 원두를 영국으로 수입하여 동 원두를 브랜딩하고, 로스팅하여 동 물품(HS 0901.21, 0901.22)을 수입하는 경우 커피의 원산지는 기존에는 로스팅 수행 국가의 커피 볶음 공정은 대외무역법상 단순한 가공 활동으로 보아 커피 원두 생산국인 자메이카, 콜롬비아, 브라질을 동 로스팅 커피의 원산지로 인정했으나 현재는 로스팅 공정 수행을 대외무역관리규정 상 단순한 가공 활동에 해당하지 않는 것으로 보아 커피 볶음 공정 수행국에 원산지를 부여하고 있어 영국이 원산지가 된다.

<출처: 산업통상자원부 유권해석집>

3) 원산지표시

(1) 원산지표시제도의 의의

원산지표시는 어떤 물품의 원산지에 관한 정보를 소비자에게 정확하게 알려주기 위하여 당해 물품 또는 포장·용기에 원산지를 표시하도록 하는 제도이다.

산업통상자원부 장관이 공정한 무역 질서의 확립을 도모하기 위하여 관계 행정기관의 장과 협의를 거쳐 원산지표시 대상으로 공고한 물품을 수출 또는 수입하고자 하는 자는 그 물품에 대하여 원산지를 표시하여야 한다.

〈표 2-18〉 원산지표시규정 체계도

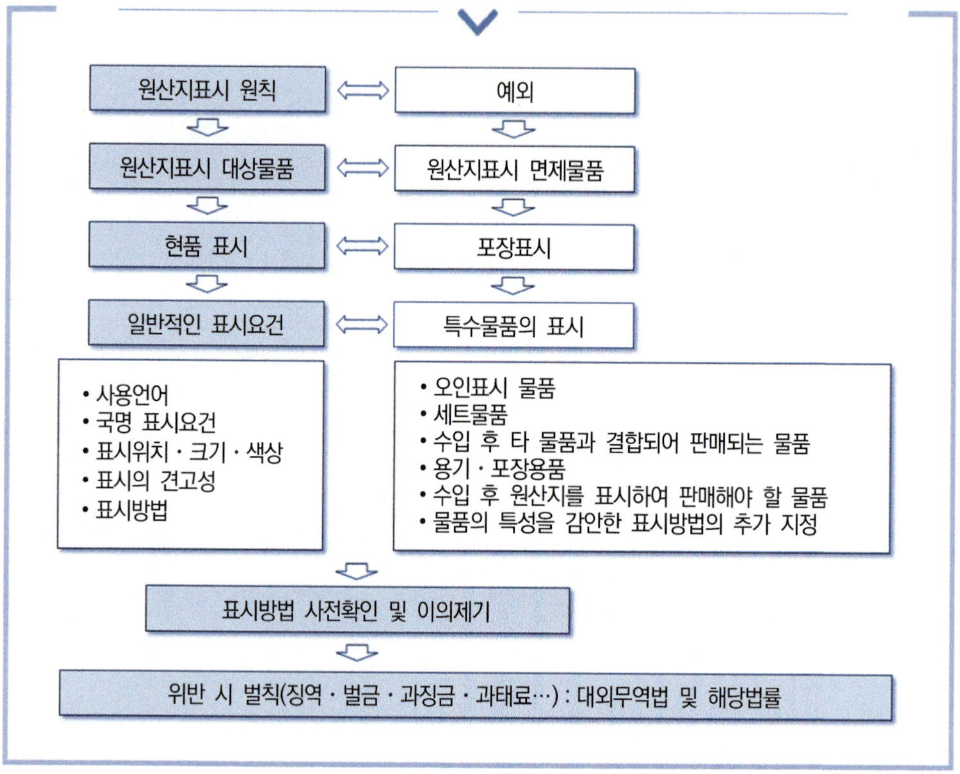

수입물품의 원산지표시 대상 물품은 대외무역관리규정 별표8에 게시된 수입물품이다. 우리나라는 소비재를 중심으로 HS 4단위 1,228개 중 674개 품목(54.8%)에 대하여 원산지를 표시하도록 하고 있다. 나머지 554개 품목은 원산지표시 대상에서 제외된다.

원산지표시 방법 등 구체적인 사항에 대하여는 대외무역관리규정에 규정되어 있다.

원산지표시를 해야 하는 위치는 당해 물품이다. 다만, 원산지표시 대상 물품이 당해 물품에 원산지를 표시하는 것이 불가능하거나 실질적인 가치를 저하하는 등의 경우에는 당해 물품에 원산지표시를 하지 않고 당해 물품의 포장, 용기 등에 원산지표시를 할 수 있다.

〈표 2-19〉 수입물품 유통과정상 원산지표시의무

수입물품 (○)

- ⇨ ① 국내 유통·판매과정 ⇨ **수입물품 (○)**
- ⇨ ② 단순가공 활동 (단순제조·가공, 재포장, 다른 물품의 결합) ⇨ **수입물품 (○)**
- ⇨ ③ 국내생산 물품 (×) 부품으로써 국내 제조·가공에 투입 ⇨ 국내생산 물품 (표시의무 X)
  - · HS 6단위-51% 이상 · 부가가치 85%이상 ⇨ 한국산 표시 가능
  - 위 요건 불충족 ⇨ 한국산 표시 불가

* 주) 원산지표시 의무여부: ○, ×

〈표 2-20〉 원산지 적용형태에 따른 분류

구 분		표시 의무	판 정 기 준	위 반 형 태
수입물품		산업부장관 고시품목	① 1개국에서 100%생산한 경우 – 완전생산기준 ② 2개국 이상 걸쳐 가공된 경우 – HS6단위 변경원칙	無표시 허위오인표시 및 손상변경 위의 물품을 수입·수출한 자
국내 생산품 (내수 판매)	순수 국내생산	임의사항	–	허위 또는 오인표시: 표시·광고 공정화에 관한 법률로 처벌
		국내 농수산물	※생산지역과 원산지표시의 일치 여부 ex) "의성산": 의성에서 생산 여부	無표시 허위오인표시 및 손상변경
	수입원료 사용한 국내생산	임의사항	※한국산 표시가 가능한 경우 ① HS 6단위가 바뀌고, 부가가치의 51% 이상을 국내에서 유발한 경우 ② 부가가치의 85% 이상을 국내에서 유발한 경우	허위 또는 오인표시: 표시·광고 공정화에 관한 법률로 처벌
수출품		임의사항	수입물품과 동일한 기준으로 판정 (수입국 규정에 따라 판정 가능)	외국산을 국산으로 가장

* 주) [음영] 는 대외무역법 관할 영역임

(2) 원산지표시의 면제

수입물품의 원산지표시 대상 물품이라고 하더라도 다음의 경우에 표시의 면제를 받을 수 있다. 세관장은 이에 따라 원산지표시가 면제되는 물품에 대하여 외화획득 이행여부, 목적 외 사용 등을 사후 확인할 수 있다.

면제대상은 대외무역관리규정과 원산지제도 운영에 관한 고시에 지정되어 있다. 그리고 원산지표시 대상 여부의 판정과 원산지증명서를 제출하고 특혜관세를 적용하는 것과는 무관하다는 것을 주의해야 한다.

① 외화획득용 원료 및 시설기재로 수입되는 물품
② 개인에게 무상 송부된 탁송품 · 별송품 또는 여행자 휴대품
③ 수입 후 제조공정에 투입되는 부품 및 원재료로서 실수요자가 직접 수입하는 경우(실수요자를 위한 수입대행을 포함)
④ 판매 또는 임대목적이 아닌 물품 제조에 사용할 목적으로 수입되는 제조용 시설 및 기자재(부분품 및 예비 부품을 포함)로서 실수요자가 직접 수입하는 경우(실수요자를 위한 수입대행 포함)
⑤ 연구개발용품으로서 실수요자가 수입하는 경우(실수요자를 위한 수입대행 포함)
⑥ 견본품(진열 · 판매용이 아닌 것에 한함) 및 수입된 물품의 하자보수용 물품
⑦ 보세운송 · 환적 등에 의하여 우리나라를 단순히 경유하는 통과화물
⑧ 재수출 조건부 면세대상 물품 등 일시 수입물품
⑨ 우리나라에서 수출된 후 재수입되는 물품
⑩ 외교관 면세대상 물품
⑪ 개인이 자가 소비용으로 수입하는 물품으로서 세관장이 타당하다고 인정하는 물품
⑫ 기타 관세청장이 산업통상자원부 장관과 협의하여 타당하다고 인정하는 물품 등

〈표 2-21〉 수입물품 원산지표시 면제대상

구분	면제대상	근거규정
생산 직접투입 물품	외화획득용 원료 및 시설기재로 수입되는 물품	규정 §82
	수입 후 실질적 변형을 일으키는 제조공정에 투입되는 부품, 원재료로서 실수요자가 직접 수입하는 경우(실수요자 위한 수입대행도 포함)	
	판매, 임대목적이 아닌 물품제조에 사용할 목적으로 수입되는 제조용 시설, 기자재로서 실수요자 직접수입하는 경우와 실수요자를 위한 대행수입의 경우(부분품 및 예비용 부품 포함)	
연구개발 용품	연구개발용품으로서 실수요자가 수입 (실수요자를 위한 대행수입 포함)	
개인용 물품	개인에게 무상 송부된 탁송품, 별송품 또는 여행자 휴대품	
	개인이 자가 소비용으로 수입하는 물품으로서 세관장이 타당하다고 인정하는 물품	고시 §9
상거래 부수물품	견본품(진열·판매용이 아닌 것에 한함), 수입물품의 하자보수용 물품	규정 §82
	우리나라에서 수출된 후 재수입되는 물품	
	수입자 상호, 상표 등이 인쇄된 전시용 물품	고시 §9
	기계류 등의 본 제품과 같이 세트로 포장되어 수입되는 부분품·부속품 및 공구류	
수입이 아닌물품	보세운송, 환적 등에 의하여 우리나라를 단순히 경유하는 통과화물	규정 §82
	재수출조건부 면세대상 물품 등 일시수입 물품	
	보세구역에서 외국으로 반송되는 물품(중계무역 및 환적 포함)	고시 §9
기타 특정물품	외교관 면세 대상 물품	규정 §82
	판매 목적이 아닌 자선 목적의 기부 물품	고시 §9
	우리나라로 수입되기 20년 이전에 생산된 물품	

(3) 원산지의 표시방법

수입물품의 원산지표시의 일반원칙은 다음과 같다.

① 수입물품의 원산지는 ㉠ "원산지: 국명" 또는 "국명 산(産)", ㉡ "Made in 국명" 또는 "Product of 국명", ㉢ "Made by 물품 제조자의 회사명, 주소, 국명", ㉣ 수입물품의 크기가 작아 ㉠ 내지 ㉢의 방식으로 당해 물품의 원산지를 표시할 수 없을 때는 국명만을 표시할 수 있음, ㉤ "Brewed in 국명" 또는 "Distilled in 국명" 등 기타 최종구매자가 원산지를 오인할 우려가 없는 방식으로 한글, 한자 또는 영문으로 표시할 수 있다.

② 수입물품의 원산지는 최종구매자가 당해 물품의 원산지를 용이하게 판독할 수 있는 크기의 활자체로 표시하여야 한다.

③ 수입물품의 원산지는 최종구매자가 식별하기 용이한 곳에 표시하여야 한다. 식별하기 용이한 곳이라 함은 최종구매자가 정상적인 물품구매과정에서 표시된 원산지를 용이하게 발견할 수 있는 곳을 의미한다.

④ 표시된 원산지는 쉽게 지워지지 않으며 물품(또는 포장 · 용기)에서 쉽게 떨어지지 않아야 한다. 고의적인 행위로 원산지표시를 제거하지 않는 한 물품의 정상적인 유통 · 보관과정에서 표시된 원산지가 손상되지 아니하고 최종구매자에게 전달될 수 있으면 쉽게 떨어지지 않는 상태로 본다.

⑤ 수입물품의 원산지는 제조단계에서 인쇄(printing), 등사(stenciling), 낙인(branding), 주조(molding), 식각(etching), 박음질(stitching) 또는 이와 유사한 방식으로 원산지를 표시하는 것을 원칙으로 한다. 다만, 물품의 특성상 위와 같은 방식으로 표시하는 것이 부적합하거나 물품을 훼손할 우려가 있는 경우에는 날인(stamping),

라벨(label), 스티커(sticker), 꼬리표(tag)를 사용하여 표시할 수 있다.

⑥ 최종구매자가 수입물품의 원산지를 오인할 우려가 없는 경우에는 통상적으로 널리 사용되고 있는 국가명의 약어를 사용하여 원산지를 표시(예: United States of America를 "USA"로 표기)할 수 있다.

⑦ 품질경영 및 공산품안전관리법, 식품위생법 등 다른 법령에 따른 표시사항이 라벨, 스티커, 꼬리표의 방법으로 부착될 때는 그 표시사항에 원산지 항목을 추가하여 기재하여야 한다.

(4) 원산지 표시방법의 예외

수입물품의 예외적인 원산지표시 방법은 다음과 같다.

① 원산지 오인 우려 수입물품은 원산지표시 대상 물품이 다음 각 호의 1에 해당하는 물품을 말한다.

㉠ 주문자상표부착(OEM) 방식에 의해 생산된 수입물품의 원산지와 주문자가 위치한 국명이 상이하여 최종구매자가 당해 물품의 원산지를 오인할 우려가 있는 물품

㉡ 물품 또는 포장・용기에 현저하게 표시된 상호・상표・지역・국가 또는 언어명이 수입물품의 원산지와 상이하여 최종구매자가 당해 물품의 원산지를 오인할 우려가 있는 물품이다. 원산지 오인 우려 수입물품은 당해 물품 또는 포장・용기의 전면에 원산지표시의 일반원칙에 따라 원산지를 표시하여야 하며, 물품의 특성상 전・후면의 구별이 어렵거나 전면에 표시하기 어려운 경우 등에는 원산지 오인을 초래하는 표시와 가까운 곳에 표시하여야 한다. 원산지 오인 우려 수입물품을

판매하는 자는 판매 또는 진열 시 소비자가 알아볼 수 있도록 상품에 표시된 원산지와는 별도로 스티커, 푯말 등을 이용하여 원산지를 표시하여야 한다.

② 단순가공 물품은 수입물품의 원산지를 당해 가공 물품에 표시하여야 한다. 단순가공 물품이란 외국산 원재료를 수입하여 국내에서 제조·가공된 물품이 실질적 변형을 겪지 않은 경우를 말한다.

㉠ 원산지표시 대상물품이 대형 포장 형태로 수입된 후에 최종구매자가 구매하기 이전에 국내에서 소매 단위로 재포장되어 판매되는 물품이면 재포장 판매업자(수입자가 판매업자인 경우를 포함)는 재포장 용기에 수입물품의 원산지가 분명하게 나타나도록 원산지를 표시하여야 한다.
재포장되지 않고 낱개 또는 산물로 거래되는 수입물품이 판매될 때도 물품 또는 판매용기·판매장소에 스티커 부착, 푯말 부착 등의 방법으로 수입품의 원산지를 표시하여야 한다.

㉡ 원산지표시 대상물품이 수입된 후에 최종구매자가 구매하기 이전에 다른 물품과 결합하여 판매되는 물품이면 제조·가공업자(수입자가 제조업자인 경우를 포함)는 수입된 당해 물품의 원산지가 분명하게 나타나도록 "(당해 물품명)의 원산지: 국명"의 형태로 원산지를 표시하여야 한다.

㉢ 수입원료를 사용한 국내생산물품 등 중 수입 후 단순한 가공활동을 수행한 물품은 우리나라를 "가공국" 또는 "조립국" 등으로 표시하되 원료 또는 부품의 원산지를 동일한 크기와 방법으로 병행하여 표시하여야 한다.
이때 원료나 부품이 1개국의 생산품이면 "원료(부품)의 원산지: 국명"을 표시하고 2개국 이상이면 완성품 제조원가의

재료비에서 차지하는 구성 비율이 높은 순으로 2개 이상의 원산지를 각각의 구성 비율과 함께 표시하여야 한다.

㉣ 단순가공 물품의 원산지표시에 해당할 때에는 세관장이 수입자에게 수입통관 후 법령에 따른 원산지표시를 준수하도록 명할 수 있으며, 수입하는 자가 동 물품을 제3자(중간 구매업자 또는 판매자 등)에게 양도(제3자가 재양도하는 경우 포함)하는 경우에는 양수인에게 서면으로 법령에 따른 원산지표시 의무를 준수하여야 할 것을 통보하여야 한다.

③ 공구세트・구급상자 등 수입 세트물품(규정 별표)은 당해 세트물품을 구성하는 개별 물품들의 원산지가 동일한 경우에는 개별 물품 및 세트물품의 포장・용기에 원산지를 표시하여야 한다. 세트물품을 구성하는 개별 물품들의 원산지가 2개국 이상이면 개별 물품에 각각의 원산지를 표시하고, 세트물품의 포장・용기에는 개별 물품의 원산지를 모두 나열・표시(예: Made in China, Taiwan)하여야 한다.

④ 수입용기의 원산지표시이다. 관세율표에 따라 용기로 별도 분류되어 수입되는 물품의 경우에는 용기에 "(용기)의 원산지: (국명)"에 상응하는 표시(예: "Bottle made in 국명")를 하여야 한다.

⑤ 관세청장은 산업통상자원부 장관과의 사전협의를 거쳐 원산지표시 방법에 따라 물품의 특성을 고려한 세부적인 표시방법을 정할 수 있으며, 관세청장은 세부적인 표시방법을 정한 경우 고시하여야 한다.

(5) 원산지표시 방법의 사전확인 및 이의제기

원산지표시 방법의 사전확인 및 이의제기를 할 수 있다. 수입물품의 원산지표시 방법에 따라 원산지표시를 하여야 하는 자는 그 물품이 수입되기 전에 문서로 당해 물품의 적정한 원산지표시 방법에 관한 확인을 관세청장에게 요청할 수 있다.

관세청장은 원산지표시 방법에 관한 확인을 요청받으면 신청을 받은 날로부터 30일 이내에 당해 물품의 적정한 표시방법을 확인하여 요청인에게 통보하여야 한다.

원산지표시방법의 확인에 관하여 이의가 있는 자는 확인결과를 통보받은 날부터 30일 이내에 서면으로 관세청장에게 이의를 제기할 수 있다. 이의제기를 접수한 관세청장은 접수한 날부터 30일 이내에 이의제기에 관하여 결정을 하고 이를 요청인에게 통보하여야 한다. 원산지표시 방법에 관한 확인의 요청 및 확인결과에 대한 이의제기에 관하여 필요한 사항은 관세청장이 산업통상자원부 장관과 협의하여 별도로 정할 수 있다.

(6) 원산지표시의 확인 및 검사

원산지표시의 확인 및 검사를 할 수 있다. 세관장은 원산지표시 위반 여부를 확인하는 데 필요하다고 인정하는 때에는 수입물품을 검사할 수 있다.

이에 따라 원산지표시 대상 물품을 수입하고자 하는 자는 당해 물품의 통관 시 원산지표시 여부에 대하여 세관장의 확인을 받아야 한다. 세관장은 수출입 물품이 원산지표시 규정에 위반되는 것으로 인정될 때는 원산지의 표시·정정·말소 등 적절한 조치를 지시할 수 있다. 또한, 관계 행정기관의 장, 서울특별시장, 광역시장 또는 도지사는 수입신고 후 통관된 물품이 원산지표시 규정에 위반되는 것으로 인정될 때는 원산지의 표시·정정·말소 등 적절한 조치를 지시할 수 있다.

사례 6. 수입 초콜릿 원산지판정

Q

벨기에산 초콜릿 원료를 사용하여 네덜란드에서 완제품을 만들어 헝가리에서 포장하여 수입하는 경우 동 물품의 원산지표시 방법은? 또는 EU로 원산지표시 가능한가?

A

현행 대외무역법상 물품의 생산, 제조 과정에 여러 국가가 관련된 경우의 원산지판정은 최종적으로 HS 6단위 변경을 시킨 국가가 되며, 단순한 가공공정을 수행한 국가에는 원산지를 부여하지 않는다.

따라서 포장을 한 헝가리는 원산지가 될 수 없으며, 네덜란드에서의 가공공정으로 HS 6단위가 변경되고 그 공정이 단순한 공정이 아닌 경우 네덜란드가 원산지가 될 것이다.

현행 대외무역법상 원산지는 특정 국가명을 사용하며, EU, ASEAN 등 지역・경제적 연합체 등은 원산지표시 방법으로 인정하고 있지 않다.

<출처: 산업통상자원부 유권해석집>

사례 7. 원단을 수입한 수출 담요의 원산지표시

Q

중국에서 담요 원단을 수입하여 국내에서 가공, 봉제한 완제품(담요)을 해외(사우디 등)로 수출할 때 적정한 원산지표시 방법은?

A

현행 대외무역법령상 수출하는 물품에 대한 원산지표시는 임의사항이나, 원산지를 표시하고자 할 때는 해당 물품을 수입하는 수입국의 원산지표시 규정에 따라 표시할 수 있다(대외무역법 시행령 제56조 제5항).

수출하는 물품의 원산지판정은 수입물품에 대한 원산지판정기준을 준용하여 판정하되, 그 물품(수출물품)에 대한 원산지판정기준이 그 물품의 수입국 판정기준과 다른 경우에는 수입국의 원산지판정기준에 따라 원산지를 판정할 수 있다.

따라서 담요를 수출하는 해당 수입국(사우디 등)의 원산지규정을 먼저 확인하고 이에 따라 원산지표시를 하면 적정한 표시가 된다.

<출처: 산업통상자원부 유권해석집>

4) 원산지확인 및 증명

(1) 원산지확인을 위한 증빙서류의 제출

원산지확인은 통합공고 등에서 요건확인 및 수출입을 제한하고 있는 특정 지역의 물품에 대하여 우회 수입의 방지, 호혜통상협정이 체결된 국가 간 수입물품에 대한 협정세율 적용, 원산지 허위표시 방지 등을 위하여 필요한 제도이다.

산업통상자원부 장관이 정하여 고시하는 지역으로부터 고시하는 물품을 수입하고자 하는 자에 대하여 당해 물품의 원산지국 또는 선적국의 정부 또는 정부가 인정하는 기관에서 발행하는 원산지증명서를 그 물품을 수입하는 때에 제출하도록 할 수 있으며, 기타 원산지증명서에 관하여 필요한 사항은 산업통상자원부 장관이 정하여 고시토록 하고 있다.

대외무역법령 등의 규정에 따라 원산지확인이 필요한 경우는 다음과 같다. 해당 물품을 수입하는 자는 수입신고 전까지 원산지증명서 등 관계 자료를 제출하고 확인을 받아야 하며, 원산지증명 등 관련 자료를 제출받은 세관장은 당해 자료의 발행기관에 이의 확인을 요청할 수 있다.

① 통합공고에 의해 특정 지역으로부터 수입이 제한되는 물품

② 원산지 허위표시, 오인・혼동표시 등을 확인하기 위하여 세관장이 필요하다고 인정하는 물품

③ 기타 법령에 따라 원산지확인이 필요한 물품

(2) 원산지증명서 등의 제출 면제

원산지증명서 제출대상임에도 불구하고 다음의 상황에 해당하는 물품에 대하여는 원산지증명서 제출을 면제한다.

① 과세가격(종량세의 경우에는 이를 관세법 제9조의 규정에 따라 산출한 가격)이 15만원 이하인 물품
② 우편물(관세법 제152조 제2항에 해당하는 것을 제외)
③ 개인에게 무상 송부된 탁송품, 별송품 또는 여행자의 휴대품
④ 재수출조건부 면세대상 물품 등 일시 수입물품
⑤ 보세운송, 환적 등에 의하여 우리나라를 단순히 경유하는 통과화물
⑥ 물품의 종류, 성질, 형상 또는 그 상표, 생산국명, 제조자 등에 의하여 원산지가 인정되는 물품
⑦ 기타 관세청장이 산업통상자원부 장관과 협의하여 타당하다고 인정하는 물품

원산지증명서의 제출면제는 대외무역법에 따라서 원산지증명이 요구되는 경우이며, 관세법, FTA관세특례법 등에 따라서 원산지증명서 제출의 면제될 때는 해당 법률에 따라야 한다.

(3) 원산지인정을 위한 직접운송원칙

원산지확인에 있어서 직접운송원칙이 적용된다. 수입물품의 원산지는 그 물품이 원산지 이외의 국가(비원산국)를 경유하지 아니하고 원산지 국가로부터 직접 우리나라로 운송 반입된 물품에만 당해 물품의 원산지를 인정한다. 다만, 당해 물품이 비원산국의 보세구역 등에서 세관 감시하에 환적 또는 일시 장치 등이 이루어지고, 이들 이외의 다른 행위가 없었음이 인정되는 때에만 이를 우리나라로 직접 운송된 물품으로 본다.

(4) 원산지증명서

원산지증명서(C/O; Certificate of Origin)는 수출품이 우리나라에서 재배, 사육, 제조 또는 가공된 것임을 증명하는 문서(수출물품 원산지증명서발급규정)이고, 우리나라와 체약 상대국 간 수출입 물품의 원산지를

증명하는 서류이다(FTA특례법).

원산지증명서는 수출물품의 원산지를 증명하는 국적확인증서의 성격을 지닌 통관서류이고, 상대국의 생산물인가를 판별할 목적으로 이용되며, 수입상품에 관세를 부과하는 경우 양허세율이나 특정세율을 적용하는 기준으로 이용된다.

원산지증명서는 크게 비특혜원산증명서와 특혜원산지증명서로 구분할 수 있다.

〈표 2-22〉 원산지의 목적과 원산지증명서

구분	목 적	원산지증명서
非특혜	· 덤핑방지관세 등 부과 대상 선정 · 소비자 보호, OEM생산품 등의 국산 둔갑 방지 · 국민 보건 및 자연보호 (병충해 발생지로부터 유입 차단)	일반 원산지증명서
특혜	· 특혜관세 적용 · FTA, 양허관세 등	특혜 원산지증명서

일반원산지증명서는 일반非특혜 원산지증명서와 일반특혜 원산지증명서로 구분된다. ① 일반非특혜 원산지증명서는 관세상 특혜 없이 원산지만을 증명하는 서류로서 상공회의소에서 발급한다. ② 일반특혜 원산지증명서는 관세양허 원산지증명서를 말하는 것으로, 다자간 협의로 상호 관세 혜택을 부여하는데 증빙하는 것으로서 GSP(Form A), GSTP, TNDC, APTA 4가지가 있다.

원산지증명서는 일반원산지증명서, FTA원산지증명서, 자율발급 원산지증명서, 특정국 원산지증명서, 제3국 원산지증명서, 남북교역물품 원산지증명서 등으로도 분류할 수 있다.

〈표 2-23〉 원산지증명서 종류와 내용

종류	내 용	발급자
일반非특혜	· 상공회의소 양식으로 발행하는 증명서 · 웹인증시스템을 이용하여 전자문서로 발급	상의
일반특혜 (관세양허)	· 관세 혜택을 받기 위한 원산지증명서로 상공회의소와 세관에서 발급 · GSP, GSTP, TNDC, APTA원산지증명서로 웹인증시스템으로 발급[50)]	상의 세관
FTA	· 자유무역협정에 따라 협정국간 저율관세/무관세 혜택을 적용받는 특혜관세 원산지증명서로 협정국별 양식이 상이 · 기관발급인 FTA원산지증명서는 웹인증시스템을 이용해 상의가 발급	기관 자율
자율발급	· 수입자 요청에 따라 수출자(제조업자)가 자체 양식으로 발급 · 웹인증을 이용할 수 없는 서류로서 필요시 상의를 방문하여 발급	수출자 제조자
특정국	· 특정국의 양식에 따라 작성 · 상의 웹인증시스템에서 지원하는 특정국 서식을 선택하여 작성 가능	상의
제3국	· 교토협약 부속서(D2)에 따라 제3국으로 수출하거나 중개무역을 하는 경우 원산지국의 증명서를 기초로 재발행 · 웹인증시스템 이용	상의
남북교역물품	· 남북 간 원산지합의서(2003)에 따라 북한으로 반출되는 물품에 대해 발행	상의 세관

* 원산지증명서는 2006년 인터넷 발급시스템을 도입하여 인터넷시스템(WEB C/O System)으로 100% 발급하고 있음

자율발급 원산지증명서는 수출자 또는 권한을 가진 자가 자체적으로 원산지증명서를 발급하는 방식이고, 기관발급 원산지증명서는 수출자 또는 권한을 가진 자가 세관과 상공회의소(발급기관)에 신청하여 심사·발급받는 방식이다.

50) 관세양허(일반특혜) 원산지증명서의 종류
① GSP (Form A; Generalized System of Preference; 일반특혜관세)
② GSTP (Global System of Preferences Among Development Country; 개발도상국 간 UNCTAD 양허관세)
③ TNDC (Protocol Relating to Trade Negotiations among Developing Countries; 개발도상국 간 WTO 양허관세
④ APTA (Asia-Pacific Trade Agreement; 아시아-태평양 무역협정 양허관세)

〈표 2-24〉 원산지증명서 자율발급 v. 기관발급

	자율발급	기관발급
장점	· 발급절차 신속하고 편리 · 증명서 발급비용 절감 · 계약당사자 자율책임	· 공신력으로 원산지정보 · 신뢰성 확보
단점	· 허위증명 가능성	· 수출신고와 원산지증명서 절차 중복 · 복잡, 시간 · 비용 발생
협정	· 칠레, EFTA, EU, 페루, 미국, 튀르키예, 호주, 캐나다, 뉴질랜드 등 · EU는 6,000유로 초과 시 인증수출자 필요	· 싱가포르, 아세안, 인도, 호주(호주측), 베트남, 중국 등

5) 국내생산물품 원산지판정제도

한국산이 외국산보다 양질의 고가품으로 인식되면서 외국산 수입품이 한국산으로 둔갑하여 국내 기업과 소비자가 피해를 보는 사례가 증가하여 고급제품을 만드는 국내 기업이 제값을 받고 팔 수 있도록 하여 제조업 공동화에 대처하고 국내 소비자 보호를 위해 외국산과 국내산을 구분할 수 있는 기준 마련의 필요성이 대두되었다.

국내생산물품 원산지판정기준이란 원료나 부품을 수입하여 국내에서 완제품을 생산할 때 어떤 조건을 충족해야 한국산으로 표시할 수 있는가에 대한 품목별 기준을 말한다.

〈표 2-25〉 수입 원산지와 국내생산물품 원산지

	수입물품의 원산지	국내생산물품의 원산지
개념	- 수입하는 물품 등에 대한 원산지판정 기준	- 수입 원료나 부품을 사용하여 국내에서 생산하여 판매하는 물품 등에 대한 원산지판정기준
예시	- 외국산 재료를 사용하여 ○○국에서 만든 가구를 수입하면 '○○국산'임	- 수입산 재료를 사용하여 국내에서 만든 가구가 외국산인지 한국산인지 판정하는 기준

국내생산물품 원산지판정기준 대상 품목은 모든 품목을 대상으로 하는 것이 아니라, 수입물품 원산지표시대상 해당 품목 중 ① 소비자의 생활에 영향을 직접 주는 소비재 품목과 ② 전기·전자제품 등 한국산 표시로 인한 피해 발생한 399개 품목(HS 4단위 기준)에 대하여 시행하고 있다.[51)]

국내생산물품 원산지판정기준은 다음과 같다.

① 당해 물품의 HS세번 6단위가 국내에서 변경되어야 하고 당해 물품의 총 제조원가 중 수입 원료의 가격을 공제한 금액이 총 제조원가의 51% 이상이거나

② 국내에서 HS세번 변경이 없는 경우에는 당해 물품의 총 제조원가 중 수입 원료의 가격을 공제한 금액이 총 제조원가의 85% 이상이면 우리나라를 원산지로 하는 물품으로 본다.

③ 다만, 천일염은 외국산 원재료가 사용되지 않고 제조되어야 한다.

51) 국내생산물품 원산지판정기준 대상품목: 관리규정 별표 6-1에 의한 수입물품의 원산지표시 대상물품 중 1~24류(농수산물·식품), 30류(의료용품), 33류(향료·화장품), 48류(紙와 판지), 49류(서적·신문·인쇄물), 50~58류(섬유), 70류(유리), 72류(철강), 87류(8701~8708의 일반차량), 89류(선박)에 해당하지 않는 물품(399개 품목: HS 4단위)

국내생산물품 원산지 표시방법은 한글·한자·영문중 택일하여 표시하는 것을 원칙으로 한다. 예를 들어 "한국산", "韓國産", "Made in KOREA", 또는 제조원을 "한국 내 주소와 회사명 또는 상호 등"을 명시한다.

국내생산물품 원산지 표시금지 의무가 있다. 즉, 국내생산물품의 원산지판정기준을 충족한 제조업자에게 '한국산'으로의 표시권을 부여하고, 미충족자에게는 '한국산' 표시를 할 수 없도록 하고 있다. 표시금지 의무위반 시 「표시·광고의 공정화에 관한 법률」에 의한 처벌 대상이 된다.

단순 가공품의 수입 원료 또는 부품의 원산지표시는 수입 원료를 사용하여 국내에서 생산한 물품이 한국산 판정기준에 미달할 경우라도 부품이나 원료의 원산지를 분명히 밝히고 최종 제조행위가 한국에서 이루어졌음을 표시할 수 있다. 따라서 '가공국 또는 조립국'으로 한국을 표시하고, 부품이나 원료의 원산지를 동일한 방법으로 병행하여 표시한다. 예를 들어 "조립국: 한국(부품의 원산지: ○○국)"이라고 표시할 수 있다.

15. 플랜트수출

플랜트(plant)는 좁은 의미로는 중기계류의 하드웨어로서 생산시스템과 이에 따르는 기술, 노하우, 컨설팅 등 소프트웨어가 혼합된 설비를 말한다. 하드웨어에는 석유, 가스, 전기, 철강, 화학, 담수 등 중화학공업과 섬유, 식료품 등 경공업의 산업설비가 포함된다. 넓은 의미의 플랜트는 좁은 의미의 개념에 댐, 교량, 항만, 도로 등의 국토개발설비와 도시개발, 산업단지, 공장 및 병원 건설 등 사회개발 설비가 포함된다.

플랜트수출은 각종 상품을 제조하기 위한 기계·장치 등의 기자재와 그 설치에 필요한 엔지니어링, know-how, 건설시공 등의 소프트웨어가 결합한 생산 단위체의 종합수출을 의미한다. 종전에 산업설비수출촉진법[52]에서는 '산업설비'라는 용어를 사용했었다.

플랜트수출은 발전소, 담수공장 건설 등과 같은 대규모의 기술집약적인 수출이기 때문에 수출을 이행하고 대금을 회수하는데 장기간이 소요된다. 수출대금 회수 기간의 장기화에 따른 자금부담의 완화와 유리한 조건으로 해외수주를 지원하기 위해서 연불(延拂)수출금융 지원이 결정적인 역할을 한다.

플랜트수출의 특징은 다음과 같다. ① 거래 규모가 크고 거액이다. ② 부가가치율이 높고 지식 집약적이다. ③ 생산기간, 수출이행기간, 대금 회수기간이 장기간 연불이다. ④ 정부 차원의 지원과 협력이 수반되는 경우가 많다. ⑤ 생산 및 고용 유발 등 경제적 파급효과가 크다.

52) 1978년 제정된 산업설비수출촉진법은 1986년 대외무역법 제정으로 대외무역법에 흡수되어 운영되었다.

⑥ 지속적으로 원료, 부품 등의 중간재 수출이 수반된다. ⑦ 통상마찰 해결, 경제협력의 수단으로 활용된다.

플랜트의 범위는 직접 생산활동을 영위하기 위하여 설치하는 석유화학시설, 철강생산시설, 자동차생산시설 등 협의의 산업설비, 댐, 항만, 도로 등의 사회간접시설개발 플랜트와 학교, 병원, 주택 등의 사회개발 플랜트인 광의의 산업설비로 분류할 수 있다. 대외무역법에서 말하는 플랜트는 협의의 산업설비를 말하며 광의의 산업설비는 건설공사로 분류한다.

산업통상자원부 장관이 대통령령이 정하는 바에 의하여 승인할 수 있는 플랜트수출은 다음과 같다.

① 농업 · 임업 · 어업 · 광업 · 제조업, 전기 · 가스 · 수도사업, 운송 · 창고업 및 방송 · 통신업을 영위하기 위하여 설치하는 기계, 장치 및 대통령령이 정하는 설비[53] 중 본선인도가격(FOB)으로 미화 50만달러 상당액 이상인 플랜트의 수출

② 플랜트, 기술용역 및 시공[54]을 포괄적으로 행하는 일괄수주방식에 의한 수출

산업통상자원부 장관은 일괄수주방식에 의한 수출로서 건설용역 및 시공 부문의 수출에 관하여는 해외건설촉진법에 의한 해외건설업자에만 승인 또는 변경 승인할 수 있다.

플랜트수출 승인(변경승인)기관은 ㉠ 일괄수주방식에 의한 수출은 산업통상자원부 장관, ㉡ 연불금융지원 거래일 때 한국수출입은행장, ㉢ 기타는 한국기계산업진흥회장이다.

---

53) 설비: ㉠철강재구조설비, ㉡수상구조설비, ㉢공해방지설비, ㉣용수처리설비 및 해수담수화설비, ㉤냉동 및 냉장설비, ㉥공기조화설비, ㉦저장탱크 및 저장기지 설비, ㉧송유설비, ㉨정치식 운반하역 설비, ㉩정치식 건설용 설비, ㉪시험연구 설비 등이다. 단, 해외건설공사와 함께 일괄 수주방식에 의하여 수출되는 설비는 제외한다.

54) 시공: ㉠토목공사, ㉡건축공사, ㉢플랜트설치공사의 수행을 말한다.

플랜트수출 승인기관의 장은 플랜트수출 승인 또는 변경승인 신청이 있는 경우 접수일로부터 5일 이내에 이를 처리하여야 한다. 다만, 다른 기관과 협의가 필요한 경우의 협의기간은 처리기간에 산입하지 아니한다. 플랜트수출 승인기관의 장은 승인 즉시 그 승인내용을 한국기계산업진흥회장에게 통보하여야 한다.

산업통상자원부 장관은 플랜트수출 관련 기관 또는 단체를 플랜트수출 촉진 기관으로 지정하여 플랜트수출 시장조사 등의 사업 촉진과 관련하여 ㉠ 플랜트수출 동향, ㉡ 플랜트수출에 관한 시장조사·정보교환, 수주, 협동화사업의 촉진 실적 등 촉진 활동에 관한 사항, ㉢ 기타 플랜트수출에 관하여 산업통상자원부 장관이 요청하는 사항을 보고하게 할 수 있다.

현재 플랜트수출 촉진 기관으로 한국기계산업진흥회와 한국플랜트산업협회를 지정하고 있다.

16. 정부 간 수출계약(GtoG)거래

일반물자 정부간(GtoG) 거래란 외국 정부의 요청이 있는 경우 정부 간 수출계약 전담기관인 KOTRA가 국내 기업을 대신하여 또는 국내 기업과 함께 계약의 당사자가 되어 외국 정부에 일반물자를 유상으로 수출하기 위하여 외국 정부와 체결하는 수출계약을 말한다.

주로 거래가 이루어지는 품목은 특수목적 차량 및 운반 장비, ICT, 인프라 및 관련 운용시스템, 자원개발 등이다.

정부간(GtoG) 거래의 이점은 투명성, 신뢰성, 신속성, 정부지원 등이다.

① 구매국 정부와 판매국 정부가 직접 계약하므로 로비, 뇌물, 금품 수수 등의 부패 관행을 사전에 차단할 수 있다.

② 구매국과 판매국 간의 정부 간 계약을 통해 계약이행의 신뢰도를 높일 수 있다.

③ 공개입찰이 아닌 지명수의계약이 가능해 행정이 간편하고 신속한 거래 진행이 가능하다.

④ 산업·자원 협력 및 투자 협력을 연계한 패키지, 파이낸싱 지원 등 판매국 정부의 간접적, 포괄적 지원이 가능해진다.

정부는 2014.1.21.에 대외무역법에 4개 규정(제5절 정부 간 수출계약, 제32조의2~제32조의5)을 신설하여 국내 기업의 원활한 정부 간 수출계약을 지원하기 위하여 보증·보험기관(K-Sure)으로 하여금 국내 기업의 외국 정부에 대한 정부 간 수출계약 이행 등을 위한 보증사업을 할 수 있게 하였다.

정부 간 수출계약심의위원회를 구성하여 정부 간 수출계약의 체결, 변경, 해지 등 대통령령으로 정하는 사항을 심의·의결하기 위하여 전담기관에 KOTRA 사장을 위원장으로 하는 7~15명의 '정부 간 수출계약심의위원회'를 구성하여 운영하고 있다.

정부는 정부 간 수출계약과 관련하여 어떠한 경우라도 경제적 이익을 갖지 아니하며 보증채무 등 경제적 책임 및 손실을 부담하지 않는다. G2G 거래지원 사업은 진입장벽이 높은 해외조달 시장에 우리 기업이 활발히 참여할 수 있도록 정부 차원에서 적극적으로 지원하는 새로운 수출 먹거리 창출 사업으로, 특히 중남미, 동남아 등 개발도상국 진출에 효용성이 높은 제도인 만큼, 우리 기업들이 해외시장 진출에 이 제도를 널리 활용할 수 있다.

〈표 2-26〉 GtoG 계약당사자의 책임 및 역할

계약 당사자	책임과 역할
KOTRA	· 계약수행 국내 기업의 추천 · 계약이행 진행 상황 모니터링 · 구매국 정부의 요구사항 해결 · 국내 기업의 성실한 납품에 대한 협조 · 기타 계약에서 정한 의무의 이행
국내 기업	· 계약의 성실한 이행 · 이행보증조치 · 수출에 필요한 정부 허가 및 승인 취득 · 기타 계약에서 정한 의무이행
구매국 정부	· 계약에 따라 국내 기업에 계약금액의 지급 · 수입에 필요한 정부 허가 및 승인 취득 · 수출물품의 인도 모니터링 · 기타 계약에서 정한 의무이행

정부 간 수출계약 전담기관은 대한무역투자진흥공사(KOTRA)이다. KOTRA는 2014년 대외무역법 개정을 통해 G2G계약 당사자 지위를 인정받아 우리 기업이 참여 가능한 프로젝트를 적극적으로 발굴해오고 있다. 2012년에는 최초로 페루 내무부에 스마트 경찰차 800대의 G2G공급계약 지원을 비롯하여 다양한 국가에서 활동을 계속하고 있다.

17. 수입제한조치

무역위원회는 「불공정무역행위 조사 및 산업피해구제에 관한 법률」 제17조에 근거하여 직권 또는 신청에 따라 국내산업 피해 정도를 조사한 후 관련 기관에 세이프가드 조치를 권고할 수 있다.

세이프가드[55)]조치 방법은 다음과 같이 3가지가 있다.

① 관세율 조정이다. 특정 물품에 대한 관세율 조정을 기획재정부 장관에게 건의할 수 있다.

② 수입수량 제한이다. 일정 기간에 특정 물품의 수입수량 제한을 해당 부처에 건의할 수 있다. 무역위원회의 세이프가드 조치 건의에 따른 수입수량 제한조치 시행을 위해 법적 근거를 마련하였다.

③ 구조조정이다. 당해 국내 산업의 구조조정을 해당 부처에 건의할 수 있다.

수입수량 제한조치는 특정 물품의 수입 증가로 인하여 동종 물품 혹은 직접적인 경쟁 관계에 있는 물품을 생산하는 국내 산업이 심각한 피해를 보고 있거나 입을 우려가 있음이 무역위원회 조사를 통해 확인되고 보호조치가 건의되면 산업통상자원부 장관은 물품의 수입수량을 제한하는 조치를 시행할 수 있다.

수입수량 제한조치 시행 시 검토사항은 무역위원회의 건의, 당해 국내 산업 보호의 필요성, 국제통상 관계, 수입수량 제한조치의 시행에

55) 세이프가드(Safeguard): 특정 품목의 수입급증으로 국내 업체에 심각한 피해가 발생할 것이 우려되는 경우, 수입국이 관세를 인상하거나 수입량 제한 등을 통해 수입품목에 대해 규제를 가할 수 있는 조치임

따른 보상수준 및 국민경제에 미치는 영향 등이다. 동 조치의 대상물품·수량·적용 기간 등을 수출입공고에 고시해야 한다.

한편, 특정국 물품에 대한 '특별수입수량제한조치'가 있다. 헌법에 따라 체결·공포된 조약 또는 일반적으로 승인된 국제법규에 따라 허용되는 한도 안에서 '중국'을 원산지로 하는 물품의 수입으로 인한 피해를 구제 또는 방지하기 위하여 산업통상자원부 장관은 특별 수입수량 제한조치를 시행할 수 있다.

시행조치가 가능한 경우는 다음과 같다.

① 당해 물품의 수입 증가로 인하여 동종 물품 또는 직접적인 경쟁관계에 있는 물품의 국내시장이 교란되거나 교란될 우려가 있는 경우

② WTO 회원국이 당해 물품의 수입 증가에 대하여 자국의 시장 교란을 구제하거나 방지하기 위하여 취한 조치로 인하여 중대한 무역전환이 발생하여 당해 물품이 우리나라로 수입되거나 수입될 우려가 있는 경우

③ 당해 물품이 '섬유 및 의류에 관한 협정'의 대상이 되는 품목일 때 당해 물품의 수입이 국내시장을 교란하여 동 품목의 교역 발전을 저해하거나 저해할 우려가 있는 경우 등

18. 수출입 질서유지

수출입 질서유지를 위한 정책은 좁게는 위조상품의 수출입, 수출입 물품 가격의 조작 및 원산지 허위표시 등의 수출입을 방지하기 위한 것이며, 넓게는 무역분쟁 해결제도, 수출 과당경쟁 방지대책이 포함된다. 대외무역법은 제5장 수출입의 질서유지에서 다음과 같이 4가지를 규정하고 있다.

1) 수출물품의 가격조작 금지의무

무역거래자는 외화 도피의 목적으로 물품 등의 수출 또는 수입 가격을 조작해서는 안 되며(법§43), 이를 위반하면 5년 이하의 징역 또는 가격의 3배 해당하는 금액 이하의 벌금에 처한다(법§53). 무역 현장에서는 외화를 도피하거나 수입 관세를 낮추려는 의도로 수출입 가격을 조작하는 경우가 있을 수 있다. 이 경우에 관세법에서는 허위신고죄(법§ 270)가 성립하며, 외국환거래법상 범죄(법§ 27)에 해당할 수 있다.

참고로 불공정 수출입행위에 대한 금지, 수출입 물품 등 가격의 조작금지는 「불공정무역행위 조사 및 산업피해구제에 관한 법률」(이하 '산피법')이 제정되면서 관련 내용이 '산피법'으로 이동하였다.

2) 무역분쟁의 신속한 해결

무역거래자는 그 상호 간이나 교역상대국의 무역거래자와 물품등의 수출・수입과 관련하여 분쟁이 발생하였으면 정당한 사유 없이 그 분쟁의 해결을 지연시켜서는 아니 된다(법§44).

산업통상자원부 장관은 분쟁이 발생하였으면 무역거래자에게 분쟁의 해결에 관한 의견을 진술하게 하거나 그 분쟁과 관련되는 서류의 제출을 요구할 수 있고, 서류를 제출받거나 의견을 들은 후에 필요하다고 인정하면 그 분쟁에 관하여 사실 조사를 할 수 있다.

아울러 분쟁을 신속하고 공정하게 처리하는 것이 필요하다고 인정하거나 무역분쟁 당사자의 신청을 받으면 대통령령으로 정하는 바에 따라 분쟁을 조정하거나 분쟁의 해결을 위한 중재(仲裁)계약의 체결을 권고할 수 있다.

3) 선적 전 검사와 관련한 분쟁조정

수입국 정부와의 계약 체결 또는 수입국 정부의 위임을 받아 기업이 수출하는 물품 등에 대하여 국내에서 선적 전에 검사하는 선적 전 검사기관은 「세계무역기구 선적 전 검사에 관한 협정(Agreement on Preshipment Inspection)」을 지켜야 한다. 이 경우 선적전검사 기관은 선적 전 검사가 기업의 수출에 대한 무역장벽으로 작용하도록 하여서는 아니 된다(법 §45).

대외무역법에서 말하는 '선적 전 검사'란 무역거래 당사자 사이에 품질 또는 수량조건의 충족 여부를 확인하기 위한 것이 아니라, 수입국 정부가 요구하는 수출국에서 제3의 민간검정업자에 의해 행해지는 선적 전 검사이다. 이러한 선적 전 검사는 비관세장벽으로 악용될 소지가 있다.[56)]

산업통상자원부 장관은 선적 전 검사와 관련하여 수출자와 선적전검사 기관 간에 분쟁이 발생하였을 때는 그 해결을 위하여 필요한 조

56) 수입국 정부가 요구하는 선적 전 검사는 선적의 지연과 행정비용의 증가, 영업비밀 정보의 유출, 불명료한 가격검증 및 가격 비교, 이의 또는 분쟁해결 절차의 흠결 등을 초래할 수 있다.

정(調整)을 할 수 있다. 분쟁에 관한 중재(仲裁)를 담당할 수 있도록 대통령령으로 정하는 바에 따라 독립적인 중재기관을 설치할 수 있다.

무역거래자 간 또는 수출자와 선적 전 검사기관 사이에 발생하는 분쟁을 해결하기 위하여 분쟁조정위원회를 구성하여 분쟁을 조정할 수 있다. 선적 전 검사 중재기관으로 대한상사중재원을 지정하고, 중재는 중재법의 규정을 적용한다.

4) 조정명령

플랜트수출 등과 같은 국제입찰의 경우 과당경쟁으로 인해 저가 수주가 되어 우리나라 업체 간 피해를 주고, 수주업체도 정상이윤을 얻지 못해 부실공사 등으로 클레임을 당하는 등 부작용이 많아 부당한 거래에 대해 산업통상자원부가 '조정명령'을 발동할 수 있다.

산업통상자원부 장관은 다음의 경우에 무역거래자에게 수출하는 물품 등의 가격·수량·품질 기타 거래조건 또는 그 대상 지역에 관하여 필요한 조정을 명할 수 있다.

① 헌법에 따라 체결·공포된 조약과 일반적으로 승인된 국제법규에 따른 의무이행을 위하여 필요한 경우

② 우리나라 또는 교역상대국의 관련 법령에 위반되는 경우

③ 물품 등의 수출의 공정한 경쟁을 교란할 우려가 있거나 대외신용을 손상하는 행위를 방지하기 위한 것 중 하나[57]에 해당하는 경우

---

57) ① 물품 등 수출과 관련하여 부당하게 다른 무역거래자를 배제하는 경우
② 물품 등의 수출과 관련하여 부당하게 다른 무역거래자의 상대방에 대하여 다른 무역거래자와 거래하지 아니하도록 유인·강제하는 경우
③ 물품 등의 수출과 관련하여 부당하게 다른 무역거래자의 해외에서의 사업활동을 방해하는 경우

법에서 정한 조정명령의 발동요건을 구체화하여 행정쟁송 및 통상 마찰 가능성을 경감하고, 기업이 사전에 예측할 수 있도록 세부 기준을 마련하고 있다.

산업통상자원부 장관은 조정명령에 관한 자문을 위해 조정명령 자문위원회를 구성하여 전문적 조언을 구할 수 있다. 조정명령의 경우 기업의 영업비밀보호 침해 우려 등 특별한 사유가 없는 한 조정을 명하는 이유·대상, 내용 등을 공고하여야 한다.

〈표 2-27〉 조정명령의 세부기준

법 내용	세부 기준
다른 무역거래자 배제	정당한 이유 없이 수출 소요비용보다 낮은 가격으로 수출하는 경우 (사례: A사가 타사보다 현저히 낮게 입찰하여 공정한 경쟁을 교란)
다른 무역거래자와 거래하지 않도록 유인·강제	정상적인 거래 관행에 비추어 부당한 이익을 제공 또는 제공할 제의를 하여 다른 무역거래자의 상대방을 자기와 거래하도록 유인하는 경우
다른 무역거래자의 해외사업 활동 방해	다른 무역거래자의 기술·영업 정보의 부당한 사용 또는 다른 무역거래자의 인력을 부당유인·채용하는 경우

19. 보칙 및 벌칙

산업통상자원부 장관은 수출허가 또는 상황허가의 취소, 조정명령을 하고자 할 때는 청문을 시행하여야 한다.

산업통상자원부 장관은 「국제평화 및 안전유지 등 의무이행을 위한 무역에 관한 특별조치」와 「전략물자수출입고시」에 의해 수출이 제한되거나 금지된 물품 등을 수출하고자 하는 자에게 자료 제출을 명할 수 있다. 필요한 경우 산업통상자원부 소속 공무원이 사무소·영업소·공장 또는 창고 등에서 장부·서류 기타의 물건을 검사할 수 있다.

산업통상자원부 장관은 그 권한의 일부를 소속기관의 장, 시·도지사에게 위임하거나 관계행정기관의 장, 세관장, 한국은행총재, 한국수출입은행장, 외국환은행의 장 등에게 위탁할 수 있다.

전략물자의 국제적 확산을 꾀할 목적으로 대외무역법에 규정된 위반행위를 한 자는 7년 이하의 징역 또는 수출·중개하는 물품 등의 가격의 5배에 해당하는 금액 이하의 벌금에 처한다.

기타 대외무역법의 정하는 바를 위반하는 경우 5년 이하의 징역 또는 수출·수입하는 물품 등의 가격의 3배에 해당하는 금액 이하의 벌금에 처한다(법 53조).

비교적 경미한 위반의 경우에는 3년 이하의 징역 또는 3천만원 이하의 벌금에 처한다(법 54조). 아울러 비교적 경미한 사안의 경우 2천만원 이하의 과태료를 부과한다(법 59조).[58]

58) · **벌금(罰金)**이란 범인으로부터 일정액의 금전을 징수하는 형법상의 형벌이며 원칙적으로 5만원 이상이다(형법 제45조).

〈표 2-28〉 권한의 위임 · 위탁 규정

기 관	위임 · 위탁업무
중앙행정기관	1. 외화획득용 원료 · 기재의 수입제한 2. 외화획득용 원료 · 기재의 기준소요량의 결정 3. 외화획득이행기간의 결정 및 연장 4. 외화획득이행여부에 관한 사후관리 5. 외화획득용 원료 · 기재 사용목적 변경승인 6. 외화획득용 원료 · 기재 양도 · 양수 승인 7. 전략물자수입증명서의 발급 8. 조정명령 9. 시 · 도지사에게 위임된 사무에 대한 지휘 · 감독 · 자료의 제출 요청
기술표준원장	1. 외화획득용 원료 · 기재의 기준 소요량 결정 2. 외화획득이행여부에 관한 사후관리 3. 산업통상자원부 장관이 지정 · 고시한 관계행정기관 · 단체에 위탁된 사무의 지휘 · 감독 · 자료 제출 요청 4. 시 · 도지사에게 위임된 사무의 지휘 · 감독 · 자료 제출 요청
시 · 도지사 (자유무역지역 관리원장)	1. 외화획득용 원료 · 기재의 사용목적 변경승인 2. 원산지표시 검사권한 중 국내유통 중인 물품에 관한 권한 3. 시정조치명령, 과징금 관련 중 국내유통 중 물품에 관한 권한 4. 과태료 부과징수, 이의제기 접수 및 통보 5. 외화획득이행기간의 연장
관 세 청 장	1. 원산지표시의 사전판정 및 이의제기 처리 2. 세관장에게 위탁된 사무에 대한 지휘 · 감독 및 자료의 제출 3. 원산지표시 방법에 대한 세부적 사항을 정하는 권한

우리나라 형법은 형의 종류로써 사형, 징역, 금고, 자격상실, 자격정지, 벌금, 구류, 과료, 몰수 등 9가지를 규정하고 있다(제41조).

· **과징금(過徵金)**이란 행정기관이 행정상 의무위반에 대하여 부과하는 금전적 부담으로서 행정상 의무를 위반함으로써 얻는 부당한 경제적 이득을 흡수하고, 오히려 경제적 불이익을 주는 방법을 통하여 행정상의 의무이행을 확보하기 위한 것이며, 형법상 형벌이 아니다.

· **과태료[過怠料 or 과료(過料)]**란 행정상의 의무이행을 목적으로 부과하는 금전적 집행벌이며, 형법상 형벌이 아니다.
구분해야 할 개념으로서 **과료(科料)**는 형법상 형벌의 일종이며 벌금과 마찬가지로 재산형이며, 2천원 이상 5만원 미만으로 한다(제47조).

기 관	위임 · 위탁업무
세 관 장	1. 수출입 승인면제의 확인 2. 수입물품의 원산지표시 및 원산지의 확인에 관한 검사 3. (원산지 · 지재권)시정조치명령 또는 과징금부과에 관한 권한 4. 관세양허를 받기 위한 원산지증명서 발급업무에 관한 권한(관할 자유무역지역관리원장) 5. (원산지)과태료 부과, 징수, 이의제기 접수 및 통보 6. 원산지표시의 확인 7. 원산지증명서의 제출명령
관계 행정기관장/ 단체장	1. 수출입의 승인, 변경승인 및 변경사항 신고의 수리 2. 외화획득용 원료 · 기재의 수입승인 3. 외화획득용 원료 · 기재의 사후관리
한국무역협회	1. 무역업고유번호의 부여 및 관리 등 2. 수출입거래에 관한 정보의 수집 · 분석 3. 용역 및 전자적 형태의 무체물의 수출입확인 4. 전략물자의 사전판정 5. 전문무역상사의 지정 및 지정철회
기 타	1. 한국선주협회, 한국관광협회중앙회 및 업종별 관광협회: 용역 (해운업, 관광사업)의 수출입확인 2. 한국소프트웨어산업협회: 전자적 형태의 무체물의 수출입확인 3. 한국기계산업진흥회: 플랜트 수출의 승인 및 변경승인 4. 한국수출입은행: 연불금융지원 5. 대한상사중재원: 무역분쟁 조정 · 알선, 조정위원회 구성 · 운영 6. 대한상공회의소/ 지정 법인: 원산지증명서 발급업무 7. 외국환은행장: 구매확인서의 발급 및 사후관리

제 3 장 외국환거래법

1. 외국환거래법 개요

1) 외국환거래법의 의의

외국환거래법(Foreign Exchange Transactions Act)은 외국환거래 및 기타 대외거래의 자유를 보장하고 시장기능을 활성화하여 대외거래 원활화, 국제수지 균형, 통화가치 안정을 도모함으로써 국민경제의 건전한 발전에 이바지하기 위한 법이다.

대외거래의 자유가 과도할 경우 외환시장 및 국민경제의 안정성을 저해하거나 외국환 수급의 불균형이 심화할 수 있으므로 외국환거래에 대한 직·간접적인 규제를 통한 대외 불균형을 해소하기 위해 외국환거래 법령의 규율을 받는 제도적 장치의 마련이 필요하다.[1)]

종전의 외국환관리법[2)]을 대체하여 1998년 9월 16일, 법률 제5550호로 제정되어 1999년 4월 1일부터 시행되었다.

외국환거래법의 특징은 다음과 같이 요약될 수 있다.

첫째, 외국환관리법의 원칙적 규제-예외적 자유(Positive system) 방식에서 원칙적 자유-예외적 규제(Negative System) 방식으로 전환

---

1) 금감원·은행연합회, 외국환거래 위반사례집, 2019.11

2) · 외국환 관리규정(1949년 제정 대통령령 132호)
 · 외국환관리법(법률 제933호, 1961년 12월 31일)이 1998년 외국환거래법으로 대체되었다. 명칭에서 알 수 있듯이, 외국환거래법은 종전의 '관리'중심에서 국민의 자유로운 '거래'를 통한 국민경제의 발전을 목적으로 한다.

했다. 따라서 외국환거래법은 시장기능을 왜곡시키거나 국민경제에 악영향을 끼치는 경우가 아니라면 각종 규제를 지속적으로 완화・폐지하여 외환시장의 자율화 및 안정화를 도모한다.

둘째, 위임입법주의를 택하고 있다. 외국환거래법은 헌법[3)]을 근거로 외국환의 지급 및 수령에 관한 근거 규정으로 대외무역법, 관세법과 함께 우리나라 3대 무역법규에 해당한다. 외국환거래법의 법령체계는 외국환거래법 → 외국환거래법시행령 → 외국환거래규정[4)] → 고시 → 제 통첩 등 여러 법령이 관련된다.

〈표 3-1〉 외국환거래법령 체계

구분	법	시행령	규정/고시	기 타
기본 법규	외국환거래법	동법시행령 (대통령령)	외국환거래규정 (기재부장관)	제통첩(기획재정부)[5)]
				외국환거래업무취급세칙및절차 제통첩(한국은행)
				외국환업무감독규정, 제통첩(금융감독원)
				외국환거래업무취급지침(은행연합회)
관련 법규	대외무역법	동법시행령	대외무역관리규정	수출입공고, 통합공고 등
	외국인투자 촉진법	동법시행령	동법시행규칙	외국인투자 및 기술도입에 관한 규정
	관세법, 자본시장통합법[6)], 한미행정협정, 한국은행법, 남북교류협력에관한법률 등			

3) 헌법 제125조: 국가는 대외무역을 육성하며 이를 규제・조정할 수 있다.
4) 법률 체계는 '○○법→○○법시행령→○○법시행규칙'이다. 그러나 외국환거래법은 시행규칙이 없고 '외국환거래규정'이라는 명칭을 사용하고 있다.
5) ・통첩(通牒): 행정기관이 그 소관 업무에 관하여 하부기관에 어떤 사항을 통지하는 것
・훈령(訓令): 상급 관청에서 하급 관청을 지휘・감독하기 위해 명령을 내리는 것
6) 자본시장과 금융투자업에 관한 법률: 종전의 증권거래법, 선물거래법, 간접투자자산운용업법, 신탁업법, 종합금융회사에 관한 법률, 한국증권선물거래소법 등 자본시장과 관련된 6개 법률을 통합하여 제정된 법률(법률 제8635호)로서 2007년 8월 3일 공포되어 2009년 2월 4일부터 시행

외국환거래법은 강행법규로서 단속규정이기 때문에 법률위반 시 그 법률행위 자체가 무효가 되는 것은 아니다. 국가가 법률행위의 단속을 목적으로 외국환거래를 금지하거나 제한하는 것이므로 단속되면 법에 정해진 벌칙을 적용하고, 법률행위 자체의 효력에는 영향이 없는 특별법이다.

셋째, 속인주의, 속지주의, 국제주의를 택하고 있다. 따라서 거주자와 비거주자 개념을 바탕으로 우리나라에서 이루어지는 외국환거래를 대상으로 하고 있다. 아울러 우리나라 외환 제도는 국제적 협조와 균형을 따르고 있다.

외국환거래법의 적용 범위는 다음과 같다(제2조).

① 대한민국에서의 외국환과 대한민국에서 하는 외국환거래 및 그 밖에 이와 관련되는 행위

② 대한민국과 외국 간의 거래 또는 지급・수령, 그 밖에 이와 관련되는 행위 (외국에서 하는 행위로서 대한민국에서 그 효과가 발생하는 것을 포함)

③ 외국에 주소 또는 거소를 둔 개인과 외국에 주된 사무소를 둔 법인이 하는 거래로서 대한민국 통화(通貨)로 표시되거나 지급받을 수 있는 거래와 그 밖에 이와 관련되는 행위

④ 대한민국에 주소 또는 거소를 둔 개인 또는 그 대리인, 사용인, 그 밖의 종업원이 외국에서 그 개인의 재산 또는 업무에 관하여 한 행위

⑤ 대한민국에 주된 사무소를 둔 법인의 대표자, 대리인, 사용인, 그 밖의 종업원이 외국에서 그 법인의 재산 또는 업무에 관하여 한 행위

외국환거래법의 체계는 제1장 총칙, 제2장 외국환업무 취급기관, 제3장 외국환평형기금, 제4장 지급과 거래, 제5장 보칙, 제6장 벌칙 등과 같이 총 6장 32조와 부칙으로 이루어져 있다.[7)]

그림 3-1 외국환거래법 체계

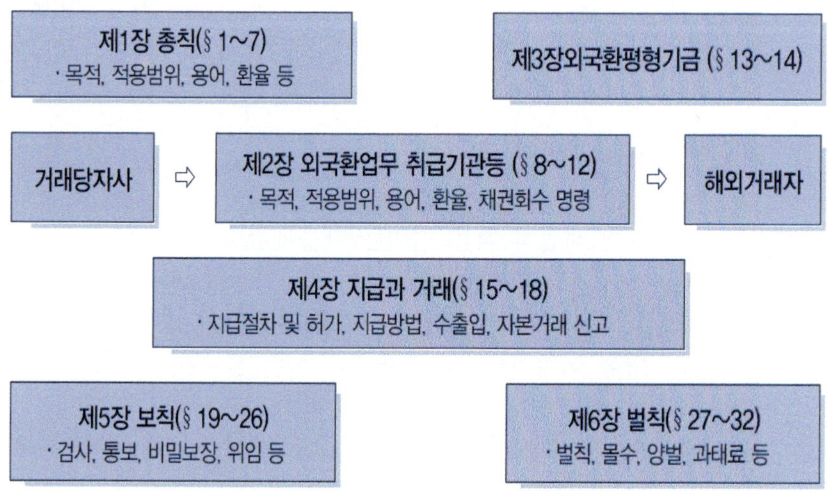

* 출처 : 한국은행 교육자료

7) 외국환거래법시행령은 총 5장 38개 조와 부칙, 외국환관리규정은 총10장 161개 조와 부칙으로 구성된다.

2) 외국환거래 관리제도

외국환거래법 관리제도도 대외무역법과 마찬가지로 인적(人)·물적(物)·행위(行)로 구분할 수 있다.

(1) 인적대상(거주성)

인적대상은 거주성을 기준으로 거주자와 비거주자로 구분된다. 외국환거래의 유형과 절차가 거주성을 기준으로 규정되어 있고, 거주성에 따라 업무처리 방법이 상이하기 때문에 거주성의 구분은 매우 중요하다.

거주성은 국적과는 관계없이 일정 기간을 거주하고 있거나, 거주할 의사가 있는지, 경제적으로 밀착되어 있는지에 따라 결정된다. 참고로 세법은 거주 여부를 거주자, 비거주자의 판정기준으로 한다는 점에서 외국환거래법과 다르다.[8)]

거주성을 파악하기 위해서는 거래당사자의 해당 국적, 소재지, 개인은 여권, 등록증 등을 확인하고, 국내의 체류 목적이나 기간 등을 기준으로 판단하게 되는데, 국내 체류 기간은 여권에 기재된 입국일과 출국일을 기준으로 한다.

8) 세법상 거주자: 국내에 주소를 두거나 1년 이상 거소를 둔 개인. 단, 국내에 주소가 없더라도 다음은 주소를 가진 것으로 보아 거주자로 판정함
   ① 계속하여 1년 이상 국내에 거주할 것을 통상 필요로 하는 직업을 가진 때
   ② 국내에 생계를 같이 하는 가족이 있고, 그 직업 및 자산 상태에 비추어 계속하여 1년 이상 국내에 거주할 것으로 인정되는 때
   ③ 외국에서 근무하는 공무원 및 내국 기업의 해외지점이나 해외영업소에 파견된 임원, 직원
   ④ 거소(居所): 주소지 외 장소 중 상당 기간에 걸쳐 거주하는 장소로서 주소와 같이 밀접한 일반적 생활관계가 형성되지 않은 장소

(가) 외국환거래법상 거주자와 비거주자

거주자는 대한민국 내 주소 또는 거소를 둔 개인과 대한민국 내 주된 사무소를 둔 법인을 말한다. 비거주자는 거주자 이외의 개인 또는 법인을 말한다. 다만 비거주자의 대한민국 내의 지점, 출장소는 법률상 대리권 유무에도 불구하고 거주자로 본다. 거주자 또는 비거주자에 의하여 주로 생계를 유지하는 동거가족은 당해 거주자 또는 비거주자와의 거주성과 동일하게 구분된다.

〈표 3-2〉 거주자와 非거주자

구분	거주자	非거주자
법인 등	대한민국 재외공관	국내에 있는 외국 정부의 공관 국제기구
	국내에 주된 사무소가 있는 단체・기관・그밖에 이에 준하는 단체	미국군대나 이에 준하는 국제연합군 등
		외국에 있는 국내법인 등의 영업소, 사무소
국민	대한민국 재외공관에 근무할 목적으로 외국에 파견되어 체재하고 있는 자	외국에서 영업활동에 종사하고 있는 자
		외국에 있는 국제기구에서 근무하고 있는 자
	비거주자이었던 자로서 입국하여 국내에 3개월 이상 체재하고 있는 자	2년 이상 외국에서 체재하고 있는 자 (일시 귀국하여 3월 이내 체재하였으면 그 기간은 2년에 포함)
외국인	국내 영업활동 종사자	국내에 있는 외국정부 공관, 국제기구에서 근무하는 외교관, 영사, 그 수행원이나 사용인
	6개월이상 국내 체재자	외국정부 또는 국제기구의 공무로 입국하는자
		거주자였던 외국인으로서 출국하여 외국에서 3개월 이상 체재 중인자
동거가족	거주자 또는 비거주나에 의하여 주로 생계를 유지하는 자는 해당 거주자・비거주자의 구분에 따름	

(나) 외국환거래법시행령 상 거주자

① 국민인 거주자

ⓐ 비거주자이었던 자로서 입국하여 국내에 3개월 이상 체재하고 있는 자
ⓑ 대한민국 재외공관에서 근무할 목적으로 외국에 파견되어 체재하고 있는 자
ⓒ 그 밖에 영업형태, 주요 체재지 등을 고려하여 거주자로 판단할 필요성이 인정되는 자로서 기획재정부장관이 정하는 자

② 외국인인 거주자

ⓐ 국내에서 영업활동에 종사하고 있는 자
ⓑ 6개월 이상 국내에서 체재하고 있는 자

③ 법인 · 단체 · 기관인 거주자

ⓐ 대한민국 재외공관,
ⓑ 국내에 주된 사무소가 있는 단체 · 기관 또는 그 밖에 이에 준하는 조직체

(다) 외국환거래법시행령 상 비거주자

① 국민인 비거주자

ⓐ 외국에서 영업활동에 종사하고 있는 자
ⓑ 외국에 있는 국제기구에서 근무하고 있는 자
ⓒ 2년 이상 외국에 체재하고 있는 자. 일시 귀국의 목적으로 귀국하여 3개월 이내 동안 체재하는 경우 그 기간은 2년에 포함함

ⓓ 그 밖에 영업형태, 주요 체재지 등을 고려하여 거주자로 판단할 필요성이 인정되는 자로서 기획재정부장관이 정하는 자

② 외국인인 비거주자

ⓐ 국내에 있는 외국 정부의 공관 또는 국제기구에서 근무하는 외교관 · 영사 또는 수행원 · 사용인
ⓑ 외국정부 또는 국제기구의 공무로 입국하는 자
ⓒ 거주자였던 외국인으로서 출국하여 외국에서 3개월 이상 체재 중인 자

③ 법인 · 단체 · 기관인 비거주자

ⓐ 국내에 있는 외국 정부의 공관 및 국제기구
ⓑ 외국에 있는 국내 법인 등의 영업소나 그 밖의 사무소
ⓒ 국내 주둔 외국군대, 군사 우체국, 군용 은행 시설, 해외 현지 법인, 해외지사

〈표 3-3〉 거주자 · 非거주자 예시

거주자 사례	비거주자 사례
· 미군 부대 부근 식당에서 종업원으로 일하는 입국한 지 2개월 된 미국인 · 해외유학생으로서 1학기 휴학하고 4개월째 국내에 거주하고 있는 국민 · HSBC Bank Seoul Branch · 1년짜리 어학연수를 받기 위해 출국한 국민 · 주일 한국대사관에서 5년째 있는 한국 공무원의 동거가족인 아들 · 국내 재산을 정리하고자 일시 귀국하여 5개월째 머무는 외국 영주권자	· 국민은행 뉴욕지점 · 주한미군 · 삼성물산의 현지법인에 3개월 파견근무 목적으로 출국한 국민 · 국내에서 해외이주 신고하고 외국에 체재한 지 1개월 된 영주권자 · 국내 재산을 정리하고자 일시 귀국하여 5개월째 머무는 외국 시민권자

(2) 물적대상

물적대상은 ㉠ 외국환, ㉡ 내국지급수단, ㉢ 귀금속이다.

① 외국환은 ㉠ 대외지급수단, ㉡ 외화증권[9], ㉢ 외화파생상품, ㉣ 외화채권을 말한다. 대외지급수단은 외국통화, 외국통화로 표시된 지급수단, 그 밖에 표시통화에 관계없이 외국에서 사용할 수 있는 지급수단이다.

여기에서 지급수단이란 정부지폐, 은행권, 주화, 수표, 우편환, 신용장, 환어음, 약속어음, 지급지시, 증표·플라스틱 카드 등 통화에 갈음할 수 있는 것이다.

② 내국지급수단은 대외 지급수단을 제외한 내국 통화 및 기타이다.

③ 귀금속은 금, 합금, 지금(地金), 금화, 그 밖에 금을 주재료로 하는 가공품이다.

환(換, exchange)이란 서로 멀리 떨어져 있는 사람, 기타 경제주체 사이에 채권·채무 관계(증여, 자본이동 포함)가 있을 때 자금의 수수(授受)를 현금의 이동에 의하지 않고, 은행이나 우체국을 통하여, 계정 간 이체방식으로 대차(貸借) 관계를 청산하는 것을 말한다. 환거래가 한 나라 안에서 발생하는 경우를 내국환이라 하고, 외국과의 거래에서 발생하는 경우를 외국환이라 한다.

외국환(外國換, foreign exchange)이란 국제간에 대차 관계를 결제하는 대금결제 시스템을 말하고, 단순히 서로 다른 통화의 교환(매매)을 지칭하기도 한다. 외국환거래법에서는 외국환을 대외지급수단, 외화증

9) · 외화증권: 외국통화로 표시된 증권 또는 외국에서 지급받을 수 있는 증권
· 증권(證券): 지급수단에 해당하지 않는 것으로 자본시장법에 따른 증권과 무기명양도성예금증서, 그 밖의 재산적 가치가 있는 권리가 표시된 증권 또는 증서로서 투자의 대상으로 유통될 수 있는 것

권, 외화채권으로 정의하고 있다.

외환의 발생 원인은 수출입, 이전거래, 국가 간 투자 등이다. 수출입의 경우는 재화나 용역의 수출입으로 수출에 따른 수령, 수입에 따른 지급이다. 이전거래의 경우는 거주자와 비거주자 간의 증여, 정부 간 배상금 지급, 군사원조 등이다. 국가 간 투자의 경우에는 직접투자, 간접투자, 대부나 차관의 원리금 지급 등 국제자본거래의 결과로 외환이 발생한다.

외국환의 형태에는 당발환/타발환, 송금환/추심환, 매도완/매입환 등이 있다.

① 당발환(outward exchange)과 타발환(inward exchange): 외국환거래의 시발점이 자신 은행인 경우가 당발환이고, 상대 은행인 경우는 타발환이다.

② 송금환(remittance exchange)과 추심환(collection exchange): 자금을 보내주는 순환이 송금환이고, 자금을 청구하는 역환이 추심환이다.

③ 매도환(selling exchange)과 매입환(buying exchange): 은행이 원화의 수납을 대가로 외국환을 매각하는 것이 매도환이고, 은행이 원화의 지급을 대가로 외국환을 수납하는 것이 매입환이다.

그림 3-2 외환의 결제방법

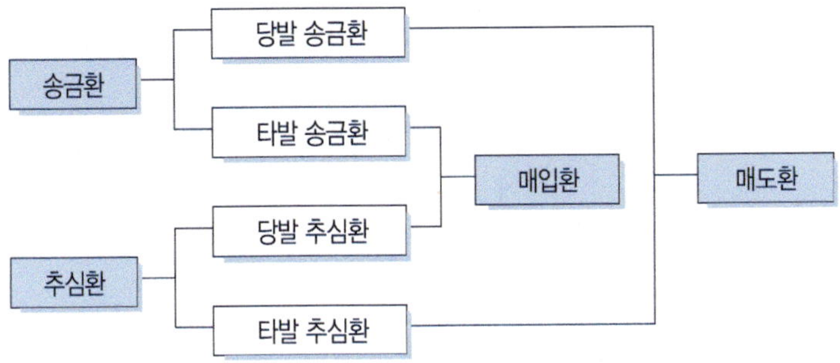

(3) 행위대상

행위대상은 외국환의 거래행위이다.

〈표 3-4〉 외국환거래법 적용대상거래

거래 당사자	표시(결제)통화	외국환거래법 적용
거주자 vs 거주자	원화	적용 안 됨
거주자 vs 거주자	외화	적용
거주자 vs 非거주자	원화 / 외화	적용
非거주자 vs 非거주자	원화	적용
非거주자 vs 非거주자	외화	적용 안 됨

① 대한민국 내에서 일어나는 외국환거래 및 기타 이와 관련되는 행위
(예 국내에서 거주자 간 외국통화의 매매)

② 대한민국과 외국 간의 거래, 지급, 수령, 기타 이와 관련되는 행위(외국에서 발생하여 국내에 효과가 미치는 것 포함)
(예 거주자의 수입대금 해외송금, 거주자와 비거주 간 금전대차)

③ 외국에 있는 개인과 외국에 본사가 있는 법인이 내국 통화로 거래하는 행위

(예 비거주자 간 원화 거래 및 원화 표시 계약)

④ 국내에 있는 개인 및 대리인(사용인, 종업원)이 외국에서 개인의 재산 또는 업무에 관하여 행한 행위

(예 일반 해외여행자의 해외부동산 취득)

⑤ 국내에 본사가 있는 법인, 대표자, 대리인(사용인, 종업원)이 외국에서 법인의 재산 또는 업무에 관하여 행한 행위

(예 국내기업 대표가 해외에서 기술이전 계약 체결) 등

외국환거래는 크게 원인행위와 결제행위로 구성되고, 원인행위는 그 성질에 따라 경상거래와 자본거래로 구분되며, 경상거래는 무역거래와 무역외 거래로 구분된다.

외국환거래 절차는 거래당사자의 거주성과 당해 외국환업무의 원인거래 사유에 따라 구체화한다.

〈표 3-5〉 대외거래형태[10)]

구 분			원인행위
경상거래	무역	물품 등	물품의 수출입, 전자적 무체물, 컨설팅 용역
	무역외	서비스/용역	여행, 운수, 보험, 통신, 특허, 기술, 각종 용역, 서비스, 증여성, 지사 경비 등
		소득/이자	급료, 임금, 투자수익(직간접/차입/파생상품 등 자본거래에서 발생한 이자 등 수익)
자본거래	협의의 자본거래		예금(신탁), 금전대차, 보증, 증권, 파생상품, 기타자본거래
	직접투자 등		해외직접투자, 지사 설치, 부동산취득, 현지금융

10) · 경상(經常): 일정한 상태로 계속하여 변동이 없는 통상(通常)의 상태
· 경상거래: 국제거래에서 자본거래 이외의 부분, 일상적으로 하는 거래

3) 외국환거래 관리방법

(1) 사전관리방식

사전관리제도는 외국환거래에서 거래당사자 간이나 관리 주체들이 거래실행 이전에 사전적으로 이행하고 수행해야 할 법규상의 절차를 말한다.

해당 거래가 시장에 미치는 영향과 자본시장 자유화의 단계별로 우선 자유화할 경미한 거래부터 확인사항, 신고사항, 신고수리사항, 허가사항, 인정사항으로 분류하여 관리하고 있다.

① 확인사항은 거래 시 신고 절차를 거치지 않고 실명 확인 및 증빙서류 확인만으로 업무처리가 가능한 사항이다. 거래 자유화가 된 무역거래나 무역외 거래인 경상거래의 대부분이 여기에 해당한다. 확인기관은 외국환은행장이므로 확인사항은 모두 외국환은행의 업무로 볼 수 있다. 증빙서류 원본에 일자, 금액, 은행명을 표시한 후 원본을 반환한다.

② 신고사항은 외국환거래 당사자가 소정의 신고서에 거래사유와 금액을 입증하는 서류를 첨부하여 신고기관에 제출하면 해당 기관은 인정된 거래 여부를 확인한 후 처리하는 것으로 해당 신고서에 '신고필'이라 기록하고 직인을 날인한 신고필증을 교부한다. 외국환은행장의 신고대상은 상계, 상호계산, 해외예금, 해외차입, 보증, 교포여신, 증권발행, 증권취득, 부동산취득, 국내 지사, 임대차, 현지금융, 해외직접투자, 해외지사 관련 업무 중 해당 거래 등이다.

③ 신고수리사항은 거래의 특성과 사후관리의 중요성을 고려해 신고기관에 사전거래신고를 하고 신고기관은 동 거래의 정당성을

검토하여 신고수리서를 교부하는 절차이다.

④ 허가사항은 거래의 중요도로 보아 규제의 필요성이 있어 원칙적으로 해당 거래를 제한 또는 금지할 목적으로 한국은행 또는 기획재정부가 허가기관이다. 외국환은행장의 허가사항은 현재로서는 없다.

⑤ 인정사항은 대외채권 회수 의무를 면제하거나 회수기한을 연장하는 것은 한국은행 허가사항으로 원칙적으로는 제한하고 있지만, 거래의 원활화를 위해 단서를 두어 특정한 사유에만 외국환은행장이 대외채권 회수가 불가피함을 인정하도록 하여 회수 의무를 면제하는 제도이다.

(2) 사후관리방식

사후관리제도는 외국환 거래당사자 및 외국환업무 취급기관은 일정한 기준에 따라 거래내역을 사후에 각 기관에 보고하고 있다. 정부는 거래 규모나 거래 동향 등을 파악하고 분석하는 기본정보로 사용하고 동 모니터링 결과를 토대로 외환시장의 조기경보시스템 가동이나 시장안정 등에 효과적으로 대응하기 위해 마련한 제도이다.

외국환은행은 거주자의 해외직접투자, 해외지사 설치, 해외부동산 취득 등의 신고내용의 이행여부를 사후관리하여야 한다.

외환거래자가 신고 등의 조건을 이행하지 않으면 기한 만료 30일 이내에 독촉, 독촉 후 60일 이내에 의무 미이행 사실을 금융감독원장에게 보고해야 한다.

〈표 3-6〉 주요 거래별 확인, 신고, 신고수리, 허가사항 구분

구분	외국환은행장	한국은행총재	기획재정부장관
확인(신고예외)	· 무역거래, 무역외거래 · 소지 목적 환전 · 증빙서류 미제출지급(연간 5만$ 이내), 여행경비(체재 경비, 유학경비), 해외 이주비, 재외동포 재산반출 등 · 연간 5만$ 초과 증빙서류 미제출 지급 확인	해당 없음	해당 없음
신고	· 상계, 상호계산 · 해외예금, 해외차입, 보증, 교포 등 여신, 증권발행, 증권취득, 회원권취득, 임대차 · 연간 5만불 초과 증여성 송금 · 현지금융, 해외직접투자, 해외지사, 국내 지사, 국내 부동산 취득	· 외국환은행 인정대상 외 대외채권 회수의무 제외 및 기한연장 · 외국환은행 신고대상외 상계, 상호계산 · 5만$ 초과 본 지사 수출선수금 · 3년 초과 D/A 수출 · 개인(사업자)의 해외차입 · 해외대출, 5만$ 초과 해외예금 · 기타 외국환은행 신고대상이 아닌 신고거래(증권, 부동산, 파생, 역외펀드, 기타자본 등) · 역외금융회사 해외직접투자 · 해외부동산취득	· 3천만$ 초과 해외차입 · 해외 원화 차입 · 비거주자 원화 증권 발행 · 3천만$ 초과 증권발행 방식 현지금융 ※금융감독원신고 · 금융기관 해외사무소 설치 · 금융기관 금융/보험 이외 해외직접투자
신고수리	· 해외부동산 취득(소유권)	· 해외지사의 인정된 것 외의 부동산 및 증권거래 등	· 자본잠식회사의 1천만불 이상 해외투자 · 금융기관 해외지사
허가	해당 없음	· 국제조약, 법규이행 관련 지급 등	· 역외계정이체 ※금융위원회 허가 · 국제테러자금 관련 지급 등
인정	· 대외채권회수의무 제외 및 기한연장	해당 없음	해당 없음

* 외국환은행장의 처리기간: 신고수리 업무는 7영업일, 신고업무는 2영업일 이내

(3) 거래당사자와 은행의 의무

외환거래 시에는 신고의무, 지급 등 절차준수의무, 보고의무의 순서로 해당 여부를 판단한다.

㉠ 신고의무는 자본거래 및 비정상적인 결제방법, ㉡ 지급 등 절차준수의무는 일정 금액 이상의 모든 지급 또는 수령, ㉢ 보고의무는 해외직접투자, 해외지사, 해외부동산 취득 등이 해당한다.

〈표 3-7〉 외국환 거래당사자와 외국환은행의 의무

거래당사자		외국환은행
신고의무	· 원인행위: 자본거래의 신고 · 결제행위: (다자간)상계, 제3자지급, 외국환은행을 통하지 않는 지급 등 비정상적 결제방법	확인의무
보고의무	· 해외직접투자, 해외지사 설치 및 해외부동산 취득, 현지금융 등	사후관리의무
지급 등 절차 준수의무	· 건당 미화 5천불 초과의 지급 등 · 지정거래 외국환은행의 준수	확인의무
회수의무	· 해외직접투자금 등 회수의무	확인의무

* 자료: 금융감독원 · 은행연합회, 외국환거래 위반사례집, 2019
* 자료: 외국환거래

(4) 지정거래외국환은행제도

지정거래외국환은행제도는 외국환거래 중 지속적인 한도 관리나 사후관리가 필요한 거래는 하나의 외국환은행에서 거래당사자별로 해당 거래를 집중시켜 처리하도록 하는 제도이다.

지정거래대상은 거주자의 증여성 지급, 해외 체재비, 비거주자의 국내 보수/소득 지급, 현지금융, 해외지사 설치, 해외직접투자, 거주자의 해외예금, 재외동포 국내재산 반출, 해외 이주비 지급, 거주자의 외국 부동산 취득 및 매각 등이다.

(5) 불법외환거래 신고

불법외환거래행위는 국내 산업기반을 취약하게 만들고 국제경쟁력을 약화시키는 등 우리 경제운용에 나쁜 영향을 끼치기 때문에 외환거래 관련기관은 국가 경제의 건전한 운용과 기업들의 경쟁력 강화를 위해 불법 외환거래를 관리하고 있다.

신고대상인 불법외환거래 유형은 다음과 같다.

① 외화, 수표 등을 신고하지 않고 해외로 반출하거나, 국내로 반입하는 행위

② 물품수입 없이 대금을 지급하는 것으로 위장하여 외화를 해외로 유출하는 행위

③ 수출가격을 저가로 신고하고 차액은 외국에서 회수하여 도피하는 행위

④ 수출대금을 국내로 회수하지 않고 해외에 은닉하거나 해외에서 사용하는 행위

⑤ 밀수판매대금 등 범죄행위로 얻은 자금을 해외로 반출하는 행위

⑥ 밀수 등 범죄행위를 하기 위해 자금을 해외로 반출하는 행위 등

2. 외국환거래 관련기관

외국환거래 관련 기관에는 기획재정부, 한국은행, 금융위원회, 금융감독원, 관세청과 세관, 국세청, 외국환업무 취급기관, 외국환 중개회사, 환전영업자 등이 있다.

1) 기획재정부

기획재정부는 거시경제의 안정적 운용과 경제정책의 합리적 조정, 국가 재원의 효율적 배분과 재정 건전성 확보, 공공기관의 혁신, 합리적 조세정책, 국제금융 · 대외협력 업무를 담당한다.

금융 · 외환과 관련해서는 금융 관계 법령의 제 · 개정 업무를 담당하고, 외국환거래제도의 수립 및 운영의 실질적인 최고 집행기관으로 다음과 같은 업무를 담당한다.[11)]

① 외환 및 국제금융에 관한 정책의 총괄
② 외국환거래에 관한 법령 및 제도의 입안 · 기획
③ 원화의 국제화에 관한 정책의 입안
④ 국제수지 및 외환 수급에 관한 정책의 수립
⑤ 환율 및 외환시장에 관한 정책의 수립
⑥ 국제신용평가 및 국제금융 관련 외국 투자자 관리에 관한 업무
⑦ 국제금융시장의 동향 분석 및 적기 정책 대응에 관한 업무
⑧ 외환시장 및 외화자금 시장의 동향 분석
⑨ 금융 · 자본시장 또는 파생금융상품시장이 외환시장에 미치는 영향 분석

11) 기획재정부와 그 소속 직제 제21조

⑩ 외채 및 대외채권 관리정책의 총괄
⑪ 기업이나 금융기관 등의 외화자금 조달정책의 수립
⑫ 해외부동산 투자, 역외금융 및 현지 금융제도에 관한 사항
⑬ 외국환평형기금, 국부펀드 및 외환보유액의 관리·운용
⑭ 정부의 대외지급보증 및 외화국채의 발행·관리에 관한 협의
⑮ 외화결제시스템에 관한 업무, 기타 외환 및 국제금융에 관한 사항 등

〈표 3-8〉 기획재정부 연혁

년도	부처명	내용
1948	재무부	· 재무부 신설
1961	재무부 경제기획원	· 1961년 경제기획원 신설 · 1963년 경제기획원장관 부총리 승격
1994	재정경제원	· 재무부와 경제기획원 통합, 부총리 겸직
1998	재정경제부	· 개편, 부총리제 폐지
1995	재정경제부 기획예산처	· 1999년 기획예산처 신설 · 2001년 재정경제부 장관이 부총리 겸직
2008	기획재정부	· 재정경제제부와 기획예산처 통합 · 금융정책은 금융위원회 이관 경제자유구역기획과 지역특화은 지식경제부로 이관 · 부총리제 폐지
2013	기획재정부	· 부총리로 승격 (경제정책 컨트롤타워)

* 자료: 기획재정부 홈페이지(moef.go.kr)

2) 금융위원회 · 금융감독원 · 한국은행

기획재정부장관은 금융정책에 관한 권한은 금융위원회에 위탁한다. 금융위원회는 기획재정부장관의 승인을 받아 위탁받은 권한 일부를

금융감독원장에게 재위탁할 수 있다.[12)]

금융위원회는 금융감독원의 업무·운영·관리에 대해 지시 및 감독, 외국환업무 취급기관에 대한 감독, 외국환거래에 대한 사후관리 등의 임무를 수행한다.

금융감독원은 금융감독위원회의 지시를 받아 금융기관 등에 대한 조사, 검사, 감독 등의 업무를 수행한다.

① 외국환업무 취급기관에 대한 감독 및 감독상 필요한 명령
② 외국환업무 취급기관의 업무 제한·업무정지 또는 경고
③ 자본거래의 신고(기획재정부장관이 고시한 사항)
④ 경고 및 거래정지 등 행정처분
⑤ 자료 또는 정보 제출의 요구
⑥ 과징금의 부과 및 과태료의 부과·징수

한국은행은 기획재정부장관으로부터 권한 일부를 위탁받아 다음과 같은 업무를 수행한다.[13)]

① 외환시장의 운영
② 외화자금 및 외국환의 보유와 운용
③ 외화 여·수신 업무에 관한 정책
④ 환전영업자 및 외국환 중개회사에 대한 업무감독
⑤ 대외지급 및 자본거래 관련 허가 등 업무
⑥ 외국환거래에 대한 사후관리
⑦ 외환거래 정보의 집중 및 관리 등 업무 역할

12) 외국환거래법시행령 제37조 제2항
13) 외국환거래법시행령 제37조 제3항

3) 관세청 · 세관

관세청 및 세관은 기획재정부의 위임에 따라 개항장 내의 환전영업자에 대한 감독과 업무 제한, 지급수단 등의 휴대 수출입의 경우 수출입허가, 개항장 환전영업자와 이해관계인에 대한 행정처분 등의 업무를 한다.[14)]

① 개항장 안의 환전영업자에 대한 감독 및 감독상 필요한 명령
② 개항장 안의 환전영업자의 업무 제한 · 업무정지 또는 경고
③ 지급수단 등의 수출 또는 수입 신고
④ 경고 및 거래정지 등의 행정처분
⑤ 과태료의 부과 · 징수

4) 외국환업무 취급기관 · 외국환중개회사 · 환전영업자

외국환업무 취급기관은 외국환업무를 업으로 영위하고자 기획재정부장관에게 등록하거나, 기획재정부장관이 업무의 내용을 고려하여 등록이 필요하지 않다고 인정하여 대통령령이 정한 금융기관을 말한다.

외국환업무는 금융기관에 한해서 할 수 있다. 외국환업무 취급기관은 외국환거래의 신고접수, 확인, 사후관리 등의 외국환업무를 수행한다.

금융기관이란 금융감독기구의 설치 등에 관한 법률에 규정된 시중은행, 보험회사, 증권회사, 종합금융회사, 상호신용금고, 신용협동조합, 선물업자, 농 · 수협중앙회 신용사업부문 등과 한국산업은행, 한국수출입은행, 중소기업은행, 체신관서 등을 말한다.

14) 외국환거래법 제23조 제1항 및 외국환거래법시행령 제37조 제1항

외국환업무는 ① 외국환의 발행 또는 매매, ② 국내외 간 지급, 추심, 수령, ③ 외화로 표시되거나 지급되는 거주자와의 예금, 금전의 대차 또는 보증, ④ 비거주자와의 예금, 금전의 대차 또는 보증, ⑤ 기타 외국환의 발행 또는 매매나 비거주자와의 예금, 금전의 대차 또는 보증과 유사한 업무로서 대통령령이 정하는 업무이다.

외국환중개회사는 기획재정부장관의 인가를 받아 외국환 중개업무를 행하는 회사를 말한다. 외국환 중개업무는 외화증권을 제외한 외국환의 매매, 교환, 대여의 중개, 파생금융거래의 중개나 이와 관련된 업무를 말한다.

우리나라 외국환 중개회사로는 금융결제원 자회사로 설립된 서울외국환중개와 금융기관이 공동 출자한 한국자금중개가 있다.

환전영업자(money exchanger)는 외국인 여행자가 소지하고 있는 외국통화 또는 여행자수표를 내국 지급수단으로 교환해주기 위해 숙박업소, 관광업소, 공・항만에 설치하여 업무를 수행하는 자이다.

환전영업자는 한국은행에 환전업무를 등록한 후 환전 영업을 영위하기 위하여 거래외국환은행을 지정해야 한다. 환전영업자는 매입한 외국통화 및 여행자수표의 잔액을 지정거래외국환은행에 매각하거나 외화예금할 수 있다. 지정거래외국환은행은 환전영업자로부터 분기별로 환전업무 현황을 제출받아 한국은행 본・지점에 보고한다.

그림 3-3 외국환거래 관련기관

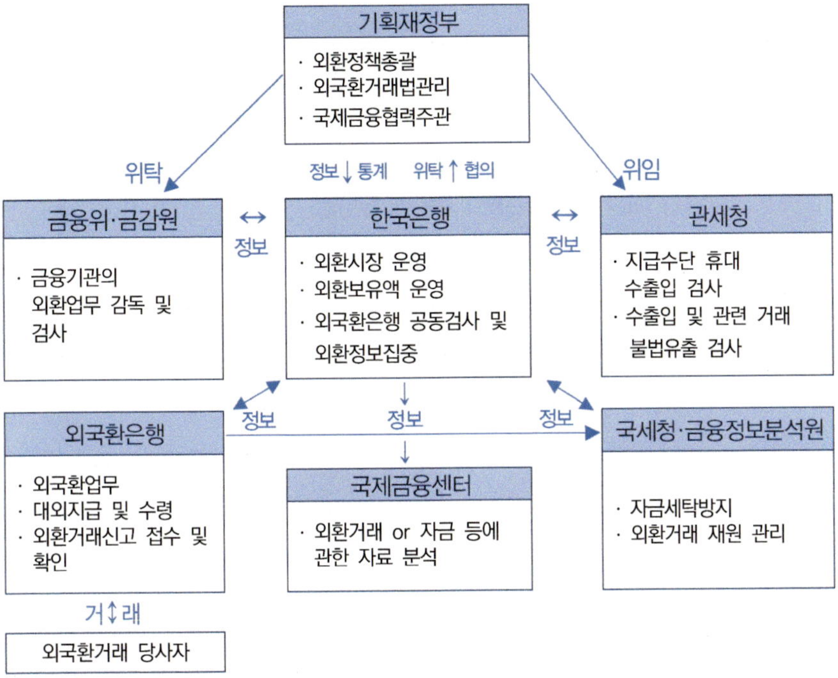

* 출처: 한국은행 교육자료

3. 금융기관의 외국환업무

외국환업무란 다음과 같은 업무를 말한다.[15)]

① 외국환의 발행 또는 매매

② 국내외 간 지급, 추심, 수령

③ 외화로 표시되거나 지급되는 거주자와의 예금, 금전의 대차 또는 보증

④ 비거주자와의 예금, 금전의 대차 또는 보증

⑤ 비거주자와의 내국 통화로 표시되거나 지급되는 증권 또는 채권의 매매

⑥ 거주자 간의 신탁·보험 및 파생상품거래(외국환과 관련된 경우에 한정) 또는 거주자와 비거주자 사이의 신탁·보험 및 파생상품거래[16)]

⑦ 외국통화로 표시된 시설대여 등

외국환업무는 외국환은행 등 금융기관만 할 수 있으며, 외국환업무를 할 수 있는 금융기관에는 다음과 같은 것이 있다.

① 은행, 농협, 수협(신용사업부문), 한국산업은행, 한국수출입은행, 중소기업은행

② 종합금융회사

③ 체신관서

④ 기타 투자매매업자, 투자중개업자, 외국환 중개회사, 집합투자업자, 투자일임업자, 신탁업자, 보험사업자, 신용협동조합, 여신전문금융회사

---

15) 외국환거래법 제3조 및 외국환거래법시행령 제6조

16) 파생상품(派生商品, Derivatives): 기초자산(underlying asset)의 가치 변동을 바탕으로 파생된 금융상품으로 선물, 옵션, 스왑 등이 있음

1) 외국환 매입(買入)

외국환 매입이란 외국환은행이 고객으로부터 외국환을 구매하고 원화로 그 대가를 지급하는 거래를 말한다.

외국환 매입거래 시 외국환의 취득 경위 및 사용 목적을 입증하는 서류를 제출받고 신고 등의 대상인지를 확인하게 된다. 다만, 외국환 매입의 확인 예외 대상은 다음과 같다.[17]

① 미화 2만불 이하인 대외지급수단을 매입하는 경우.
다만, 동일자에 동일인으로부터 2회 이상 매입할 때는 이를 합산한 금액이 미화 2만불 이하인 경우에 한한다.
② 정부, 지방자치단체, 외국환업무 취급기관 및 환전영업자로부터 대외지급수단을 매입하는 경우
③ 거주자로부터 당해 거주자의 거주자계정 및 거주자 외화 신탁계정에 예치된 외국환을 매입하는 경우
④ 외국환거래법시행령 제10조에 따라 비거주자에 해당하는 자로부터 대외지급수단을 매입하는 경우

외국환은행은 외국환 매입 사실을 다음 달 10일까지 월별로 국세청장과 관세청장에게 통보해야 하지만 다음은 예외로서 통보하지 않아도 된다.

① 동일자, 동일인 기준 미화 1만불 이하 대외지급수단을 매입하는 경우
② 상기 ②~④의 확인 예외의 경우
③ 외국에 있는 금융기관으로부터 매입하는 경우
④ 외화표시 내국신용장 어음을 매입하는 경우

17) 외국환거래규정 제2-2호(외국환의 매입)

2) 외국환 매각(賣却)

외국환의 매각이란 외국환은행이 고객에게 원화를 대가로 외국환을 판매하는 것을 말한다. 외국환 매각 시 매각 원인, 원화 취득 경위 등을 확인하고 적정 금액 범위 내에서 매각한다.

거주자에 대한 외국환 매각은 다음의 경우에 내국지급수단을 대가로 매각할 수 있다.

① 외국환을 매입하고자 하는 자가 당해 외국환을 인정된 거래 또는 지급에 사용하기 위한 경우
② 외국인 거주자에게 매각하는 경우는 외국환의 매각금액이 최근 입국일 이후 미화 1만불 이내 또는 규정 제4-4조(비거주자 또는 외국인거주자의 지급)의 금액 범위 내의 경우
③ 외국인거주자를 제외한 거주자가 외국통화, 여행자수표, 여행자카드를 소지할 목적으로 매입하는 경우
④ 내국지급수단을 대가로 하여 외국환은행 등으로부터 매입한 대외지급수단(규정 제7-8조 제1항 제2호)으로 거주자계정 및 거주자외화 신탁계정에 예치를 위해 매각하는 경우
⑤ 다른 외국환은행으로 이체하기 위하여 외국환을 매각하는 경우. 다만 대외계정 및 비거주자 외화 신탁계정으로 이체하고자 할 때는 인정된 거래에 따른 지급에 한함

비거주자에 대한 외국환 매각은 다음의 경우에 가능하다.

① 비거주자가 최근 입국일 이후 당해 체류 기간 중 외국환업무 취급기관(환전영업자)에서 내국 통화 및 원화표시 여행자수표를 대가로 외국환을 매각한 실적 범위 내
② 비거주자가 외국환은행 해외지점, 현지법인 금융기관 및 외국 금융기관에 내국 통화 및 원화 표시 여행자수표를 대가로 외국환을

매각한 실적 범위 내

③ 외국에서 발행한 신용카드 또는 직불카드를 소지한 비거주자가 국내에서 원화 현금서비스를 받거나 직불카드로 원화를 인출한 경우에는 그 금액 범위 내

④ 상기①~③ 매각실적이 없는 비거주자는 미화 1만불 이내

⑤ 인정된 거래에 따른 대외지급을 위한 경우

⑥ 규정 제4-4(비거주자 또는 외국인거주자의 경상거래 지급)의 규정에 따른 금액 범위 내

외국환은행은 거주자가 동일자, 동일인 기준 미화 1만불을 초과하는 외국통화 등을 매각하였으면 외국환 매각 사실을 다음 달 10일까지 월별로 국세청장과 관세청장에게 통보해야 하지만, 일정한 예외도 있다.

3) 외국환 대출(貸出)

외화 대출은 거주자 또는 비거주자에게 제한이 없으므로 신고가 필요하지 않다. 그러나 거주자로부터 보증 또는 담보를 받아 비거주자에게 외화 대출을 할 때는 비거주자가 한국은행 총재에게 신고해야 하며, 한국은행 총재는 필요시 국세청장이 내용을 열람할 수 있도록 해야 한다.

원화 대출도 거주자 또는 비거주자에게 제한이 없으므로 신고가 필요하지 않다. 하지만 신고 예외의 경우를 제외하고 국내에서 동일인 기준 300억원 이하의 원화 자금을 비거주자에게 대출하고자 할 때는 비거주자가 외국환은행의 장에게 신고해야 한다. 다만 거주자의 보증 또는 담보제공을 받아 대출할 때는 한국은행 총재에게 신고해야 한다.

4) 외국환 보증(保證)

외국환 보증은 외국환은행이 대내 외화표시보증 또는 대외 외화표시보증을 하는 경우로서 거래형태가 자본유출의 우발성이 있는 경우에는 한국은행 총재에게 신고하여야 한다.[18)]

다음과 같은 신고 예외 거래는 보증이 허용된다.

① 거주자 간의 거래에 관하여 보증하는 경우
(예 내국신용장 개설)

② 거주자(채무자)와 비거주자(채권자)의 인정된 거래에 대하여 채권자인 비거주자에 대하여 보증을 하는 경우로서 비거주자가 외국환은행에 보증 또는 담보를 제공하는 경우(부당한 자본유출 방지)

③ 거주자(채권자)와 비거주자(채무자)의 인정된 거래에 관하여 채권자인 거주자에 대하여 보증을 하는 경우
(예 수입신용장 개설, 지급보증서 발급)

④ 교포 등에 대한 여신과 관련하여 동일인 당 미화 20만불 이내에서 보증하는 경우

⑤ 비거주자 간의 거래에서 현지금융 관련 보증과 해외건설 사업에서 거주자가 비거주자와 합작하여 수주, 시공 등을 하는 공사계약과 관련된 입찰보증 등의 경우 등

18) 외국환거래규정 제2-8조

5) 예금 및 신탁 (預金/信託)

외국환은행이 거주자 또는 비거주자를 위하여 개설할 수 있는 예금 및 신탁계정의 종류는 다음과 같다.[19)]

〈표 3-9〉 예금 및 신탁계정의 종류

구 분	가입대상	개설목적
거주자계정	· 개인인 외국인거주자, 대한민국 정부의 재외공관 근무자 또는 그 동거가족을 제외한 거주자	· 외화자금 예치
대외계정	· 비거주자 · 개인인 외국인거주자(개인사업자인 외국인거주자 제외) · 대한민국정부의 재외공관 근무자 및 그 동거가족	· 외화자금 예치
해외 이주자 계정	· 해외이주자, · 해외이주예정자 · 재외동포	· 국내재산 반출용 외화자금 예치
비거주자 원화 계정	· 비거주자	· 국내사용 목적의 원화자금 예치
비거주자 자유 원계정	· 비거주자(외국인 거주자 포함)	· 대외지급이 자유로운 원화자금 예치
외화증권투자 전용 외화계정	· 거주자	· 외화증권 투자용 외화자금 예치
투자전용 비거주자 원화계정	· 비거주자(외국인 거주자 포함)	· 국내원화증권 · 장내파생상품 투자용 원화자금 예치
투자 전용 대외계정	· 비거주자(외국인 거주자 포함)	· 국내원화증권 · 장내파생상품 투자용 외화자금 예치
투자 전용 외화계정	· 투자매매업자 · 투자중개업자 · 한국거래소 및 증권금융회사	· 비거주자 또는 외국인거주자의 증권 · 장내파생상품의 투자자금 관리
원화증권 전용 외화계정	· 한국예탁결제원	· 비거주자의 주식예탁증서 발행 관련 자금을 관리

19) 외국환거래규정 제2-6조의2(예금 및 신탁)

예금 및 신탁과 관련된 용어를 설명하면 다음과 같다.

① 계정(計定, account): 체계적으로 인식된 거래에 대한 금전적인 크기를 장부상의 항목별로 기록하는 것

② 예금(預金, deposit)은 목돈을 한 번에 넣은 후 만기에 원금과 이자를 찾는 것

③ 적금(積金, installment saving)이란 만기까지 매달 일정액을 납입하고 만기에 납입한 총액과 이자를 찾는 것

④ 신탁(信託, trust)은 위탁자가 수탁자에게 일정한 목적에 따라 재산의 관리와 처분을 맡기는 것

6) 대외채권 회수

대외채권은 회수의무가 있다. 즉, 건당 미회수 잔액이 50만불을 초과하는 채권(경상, 자본채권)을 보유하고 있는 거주자는 당해 채권의 만기일 또는 조건 성취일로부터 1년 6개월 이내에 국내로 회수하여야 한다.[20]

다만 채권 회수가 불가능하다고 외국환은행의 장이 인정하는 다음의 경우에는 회수의무를 면제한다.

① 거래상대방의 파산, 행방불명 등 불가항력으로 또는 분쟁, 인수거절, 지급거절로 회수가 불가능한 경우로서 현지 은행, 공공기관, 상공회의소 등이 확인한 경우
② 거래당사자 간에 분쟁이 발생하여 중재기관・법원 또는 보험기관 등이 결정한 채권 금액을 감면하기로 하거나 그 소요경비로 하기로 확정된 경우

20) 외국환거래규정 제1-3조(채권의 회수)

③ 거래상대방의 인수거절 · 지급거절로 채권 금액의 회수가 불가능하거나 불가피하게 거래당사자 간의 합의에 따라 채권 금액을 감면하기로 한 경우로서 현지의 거래은행 · 검사기관 · 공증기관 또는 공공기관이 확인하는 경우

④ 해외직접투자 자금으로 사용하고자 하는 경우

거주자가 채권 회수대상에서 제외하거나 회수기간을 연장하고자 할 때는 원칙적으로 한국은행 총재에게 신고하여야 한다. 다만, 거래당사자 간 합의, 거래상대방의 지급거절 또는 지급불능으로 채권의 최초만기일로부터 3년 이내에 기한 연장을 원하는 경우로서 외국환은행의 장이 인정할 때는 기한연장이 가능하다.

4. 외국환평형기금

외국환평형기금은 자국 통화의 안정을 유지하고 투기적인 외화의 유출입에 따른 악영향을 방지하기 위하여 정부가 직간접으로 외환시장에 개입하여 외환의 매매 조작을 위해 보유하고 운영되는 자금이다.[21)]

외국환평형기금은 외국환거래를 원활하게 하려고 국가재정법 제5조에 따른 기금으로 기획재정부가 정책적 사항을 결정하고, 한국은행에 외국환평형기금 계정을 설치하여 원화기금과 외화기금 계정으로 구분하여 운용관리된다.[22)]

재원의 조성은 ㉠ 정부 출연금과 예수금, ㉡ 외국환평형기금 채권 발행, ㉢ 외국정부, 외국중앙은행, 거주자 또는 비거주자로부터 예수금 또는 일시 차입금, ㉣ 외국환거래 정지 등에 따른 예수금(법 §6), ㉤ 법 제11조의 2에 따른 외환 건전성 부담금(법 §11의2, §11의3), ㉥ 이자 수입 등으로 한다.

외국환평형기금채권(약칭 '외평채')은 환율변동에 대비한 기금 마련을 위해 기획재정부가 발행하고 보증하는 채권(국채)이다. 정부는 기금채권을 ㉠ 한국은행, ㉡ 외국환업무 취급기관, ㉢ 자본시장과 금융투자업에 관한 법률에 따른 투자매매업자, 투자중개업자, 집합투자업자, 신탁업자, 증권금융회사, ㉣ 보험업법에 따른 보험회사 등에 인수하게 할 수 있다.

21) 1967년 3월 한일청산 계정과 외환은행 동경지점 재무부 외화 별단예금을 승계하여 외국환평형기금을 조정한 것이 시초이다.

22) 외국환거래법 제3장 제13조

5. 지급과 수령

지급(支給)이란 채무자가 채권자에게 당해 채무를 상환하기 위하여 외국환을 지급하는 것이고, 수령(受領)이란 채권자가 채무자로부터 채권상환을 위한 외국환을 받는 것을 의미한다.[23] 외국환거래법은 외환거래를 원인행위, 지급 및 수령행위, 지급 및 수령 방법 등 3가지 측면에서 정하고 있다.

1) 지급 등의 범위

지급거래는 국내에서 해외로 송금할 때는 외국으로 자금 유출이 일어나는 거래이므로 거래 주체의 거주성에 따른 절차에 적용하고, 국경이나 지역 간 이동과 관계없이 국내에서 거주자가 비거주자에게 보내는 자금도 지급행위에 포함한다. 다만 비거주자가 외국에서 외국으로 행하는 지급은 적용대상에서 제외한다.

수령거래는 거주자 또는 비거주자가 해외로부터 자금을 받는 거래로서 받는 자를 거래의 주체로 보고 절차를 적용한다. 따라서 비거주자의 국내 투자가 원인인 경우에도 수령자가 거주자면 거주자를 기준으로 적용을 받는다.

2) 지급 등의 절차

지급 등을 하려는 자는 그 원인이 되는 거래 또는 행위가 법령에 따라 신고 등이 필요한 경우에는 사전에 신고 등을 하여야 한다.

23) 2009.2월 외국환거래법이 개정되어 "영수" → "수령"이라는 용어를 사용

예컨대, 해외송금을 하려면 원인에 따라 확인, 신고, 신고수리, 허가 등의 절차를 사전에 거친 후 송금을 할 수 있다.

건당 미화 5천불을 초과하는 지급 등을 하려는 자는 외국환은행장에게 지급 등의 사유와 금액을 입증하는 증빙서류를 제출하여야 한다(규정 제4-2).

단, 증빙서류를 제출하지 않아도 되는 거래는 거주자의 증여성 송금, 정부 또는 자치단체의 지급, 사전 개산 지급, 일정 규모 이상인 수출입업체의 지급 등이 있다.

모든 외국환거래는 외국환은행을 통하여 일어나도록 일원화되어 있으므로 거래외국환은행 지정 대상 거래의 모든 대외지급과 수령은 반드시 지정 거래은행을 통하여 이루어지도록 제한하고 있다. 대체로 외국환은행을 통한 거래 중 수령에는 제한이 없고 지급에만 적용된다.

3) 거주성별 지급 등

(1) 거주자(외국인거주자 제외)의 지급

거주자가 미화 3천불을 초과하여 지급 등을 하고자 할 때는 외국환은행장에게 지급 또는 수령의 사유와 금액을 입증하는 지급 등의 증빙서류를 제출하여 절차를 거쳐야 한다.

다만, 지급증빙서류 제출 면제대상에는 다음과 같다.

① 증여성 지급: 대상은 거주자인 개인, 법인, 단체 등(5년 이상 거주한 외국인 포함)이며, 한도는 연간 누계 5만불까지이고, 지정거래외국환은행을 통하여 송금할 수 있다.

연간 송금 누계가 1만불 초과 시 국세청 및 금융감독원에 통보, 건당 1천불 초과 시 관세청에 통보되며, 건당 1천불 이하 송금 시에는 지정거래 은행을 통하지 않아도 되고 연간 누계에도 포함되지 않으므로 자유롭게 송금할 수 있다.

② 정부 또는 지방자치단체의 지급

③ 사전 지급: 사전에 지급금액을 정할 수 없고 사후에 정확한 지급금액이나 소요경비가 확정되는 경우 먼저 금액을 지급하고 60일 이내에 증빙서류를 받아 정산할 수 있다.

④ 전년도 수출입실적 1억불 이상 기업이 송금방식으로 무역대금을 받거나 지급하는 경우 증빙서류의 제출을 면제하고 해당 기업이 3년간 자체적으로 보관하면 된다.

(2) 비거주자(외국인거주자 포함)의 지급

① 원화 자금으로 외국환을 매각하여 송금하는 경우 매각실적 범위 내에서 매각 기간과 금액에 제한 없이 대외송금이 가능하다.

② 소지한 외국환으로 대체 지급 신청하는 경우 동일인 동일자 2만불을 초과할 때 외국환신고(확인)필증 또는 대외지급수단매매신고필증 등으로 정당한 취득자금 여부를 확인하고 지급할 수 있다.

4) 해외여행경비

해외여행경비라 함은 해외여행자가 지급할 수 있는 해외여행에 필요한 경비를 말한다.

해외여행자는 일반 해외여행자, 해외체재자, 해외유학생으로 구분하며, 국내 거주기간이 5년 이상인 외국인거주자를 포함한다.

(1) 일반해외경비

일반해외여행자는 해외체재자 및 해외유학생에 해당하지 않는 거주자인 여행자이다. 대상은 여권 등 실명 증표를 소지한 해외여행자이고, 환전금액은 제한이 없으며 1만불 초과할 때는 출국하는 세관에 신고가 필요하며, 원칙상 송금할 수 없으며 소지하여 출국해야 한다. 연간 미화 1만불을 초과하여 해외에서 신용카드를 쓸 때도 카드사용 실적이 국세청 등에 통보된다.

법인 명의로 여행경비를 환전할 때는 법인 사업자등록증 명의로 환전하여 소속 임직원의 해외여행 경비로 충당할 수 있다. 동일인이 1만불 초과 환전 시 국세청에 통보된다.

(2) 해외 체재비

해외체재자는 해외 체재 기간이 30일을 초과하는(국내 거주기간 5년 미만인 외국인거주자는 제외) ㉠ 상용, 문화, 공무 및 기술훈련 목적 해외체재자(기관, 법인, 단체 등에 소속된 자), ㉡ 6개월 미만 국외연수 목적 해외체재자, ㉢ 국내 거주기간 5년 미만인 외국인거주자나 재외국민 중 국내회사 등에 근무하면서 업무 목적으로 해외 체재하는 경우이다.

해외체재비의 대상은 유학생, 해외파견근무자 등 해외체재자이다. 제출서류로 여권, 거래외국환은행 지정신청서, 지급신청서 등이 요구된다.

해외유학생은 6개월 이상 수학, 학문, 기술 연구 또는 연수 목적의 해외체재자이다.

㉠ 해외유학생은 당해 수학기관의 입학허가서 등, ㉡ 국외 연수생은 소속 단체장 또는 국외 연수기관장이 발급한 국외연수 입증서류, ㉢ 일반

해외체재자는 소속 단체의 장이 발급한 출장·파견 증명서, 기술훈련 체재자는 훈련출장명령서 등, ㉣ 문화 관련 체재자는 문화체육관광부 장관이나 대한체육회장, 학교장 등의 여행확인서가 필요하다.

지급금액의 제한은 없으며 송금 및 휴대 반출이 가능하다. 휴대 반출 금액 1만불 초과 시 지정 은행이 발급한 외국환신고(확인)필증이 필요하며, 연간 지급액 누계가 10만불 초과 시 국세청 및 금융감독원에 통보된다.

(3) 단체해외여행경비

단체 해외여행(연수) 경비 대상은 여행업자 또는 교육기관 등이며, 제출서류는 거래외국환은행 지정신청서, 사업자등록증, 지급신청서, 소요경비명세, 여행자 명단(연수자 명단) 등이 필요하다.

지급 절차는 지정거래은행에서 여행사(교육기관) 이름으로만 환전할 수 있고 개별 환전은 금지된다. 지급 한도는 금액 제한이 없고, 송금 또는 휴대 반출 가능하다. 1만불 초과 휴대 반출 시 외국환신고(확인)필증이 필요하다.

5) 해외이주비

해외이주는 생업을 위하여 외국에 이주하는 무연고이주와 그 가족 또는 외국인과의 혼인 및 연고 관계로 이주하는 연고이주, 해외이주 외의 목적으로 출국하여 영주권 또는 장기체류 자격을 획득하고 거주 여권을 발급받은 사람의 현지이주로 구분한다.[24)]

24) 해외이주법 제4조

해외이주자는 해외이주법 등에 의하여 해외이주가 인정된 자이며, 해외이주 예정자는 영주권 등[25]을 취득하려고 하는 자이다. 해외이주비는 해외이주자 및 해외이주 예정자가 지급할 수 있는 경비를 말한다.

① 국내에서 해외로 이주하는 국내이주는 외교부의 해외이주 신고확인서 발급일부터 3년 이내이나, 해외이주신고확인서의 유효기간이 1년 이내이므로 1년 이후에 이주비 지급요청 시 실제 이주 여부를 확인한 후에 지급이 가능하다(여권상 출입국사실 유무로 확인).

② 현지이주는 재외공관의 거주 여권 발급일부터 3년 이내까지 이주비 지급이 가능하다. 현지이주확인서는 거주 여권 발급일부터 3년 이내 국내 외교부 재외국민 이주과에 발급을 신청할 수 있다.

해외이주 증빙서류는 다음과 같다.

① VISA 사본 또는 영주권 사본

② 외교부 발행 해외이주 신고확인서(국내 이주) 또는 현지이주확인서

③ 세대별 지급총액이 10만불 초과 시 관할 세무서 발행 자금출처 확인서

증빙서류 확인은 다음과 같이 한다.

① 여권 인적사항 종류란에 이주자임이 확인되어야 한다.

② 증빙서류를 제출받아 거래외국환은행을 지정해야 한다.

③ 이주비 지급 유효기간은 해외이주자로 인정받은 날부터 3년 이내에 지급하며 국내이주와 현지이주의 그 기산일이 각각 다르다.

25) 영주권 등: 외국 영주권, 시민권, 비이민 투자 비자, 은퇴 비자를 말함

④ VISA 또는 영주권 사본은 현지국 사정에 따라 비자 사본의 사후 보완도 가능하다.

⑤ 해외이주신고확인서나 현지이주확인서는 지정 은행이 회수하여 보관한다.

지급 한도는 제한이 없으며 지급 방법은 송금, 여행자수표, 송금수표 또는 외화현찰의 휴대 출국도 가능하다. 1만불 초과 휴대 출국 시에는 지정 은행이 내준 외국환신고(확인)필증이 필요하며, 이주비 지급 누계 10만불 초과 시 관할 세무서 발행 자금출처확인서를 받는다.

외국환은행은 해외여행 경비(해외이주비) 관리카드를 기록 비치하여 관리해야 하며, 건당 1만불 초과 지급 시 국세청, 관세청과 금융감독원에 전산으로 통보해야 한다.

6) 재외동포의 국내재산 반출

재외동포란 해외이주법에 따른 해외이주자로서 외국 국적을 취득한 자 및 대한민국 국민으로서 외국의 영주권 또는 이에 준하는 자격을 취득한 자이다.

재외동포의 국내재산 반출은 재외동포가 본인 명의 국내재산 및 재외동포 자격취득 후 형성된 재산을 반출하는 것이다. 반출 한도의 제한은 없으나 제출서류는 금액별로 상이하다.

반출 대상 재산은 다음과 같다.

① 본인 소유 부동산매각자금(부동산매각자금을 금융자산으로 보유한 것 포함),

② 본인명의 원화·외화 예금·신탁계정의 원리금 등이다.

반출절차는 다음과 같다.

① 거래외국환은행의 지정 및 재외동포재산반출신청서 제출

② 여권, 국적취득확인서(외국관공서) 또는 영주권 등(한국대사관, 영사관)

③ 재원의 증빙서류로서 부동산은 소재지 관할 세무서장 발행 부동산매각자금확인서, 토지수용의 경우 수용사실확인서, 예금 등의 경우에는 개인별 연간 누계 10만불 초과 시 지정 거래은행 관할 세무서의 예금 등 자금출처확인서 등

④ 건당 1만불 초과 지급 시 국세청, 관세청과 금융감독원에 통보된다.

〈표 3-10〉 환전 · 송금 한도 및 국세청 통보

	대상	금액 제한	국세청 통보	기타
해외여행 환전	· 관광, 출장 등 체재 기간 30일 이내	없음	· 건당 1만불 초과	· 1만불 초과 휴대출국 시 세관신고
해외유학경비 환전 · 송금	· 6개월이상 수학, 연구 목적으로 해외체재	없음	· 연간 10만불 초과	· 유학생 입증서류 제출하여 외국환은행 지정등록
해외체재경비 환전 · 송금	· 상용, 공무 등으로 30일 초과 체재 또는 6개월 미만 국외연수	없음	· 연간 10만불 초과	
소지목적 환전	· 소지목적 외화 환전, 외화통장입금	없음	동일자 1만불 초과	
증빙미제출 송금 (증여성송금)	· 비자본거래: 수출입, 경조사비 등 · 자본거래: 금전재여, 해외예금 등	· 건당 5천불이하 지정등록 불필요 · 초과시 지정등록 및 연간 5만불까지 송금	· 건당 5천불 초과 금액의 연간 1만불 초과시 · 건당 5천불 초과시 관세청, 금융감독원 통보	· 외국환은행 지정 등록후 연간 5만불 송금 · 해외직접투자, 해외부동산 등 제외 · 해외이주자, 영주권자, 외국인거주자, 비거주자 제외

6. 지급 등의 방법

지급 등의 방법이란 외국환거래법에서 지급이나 수령의 방법이 일반적인 거래가 아닌 경우, 자금이동 방법이 명확하지 않은 경우, 상거래상 정상적인 방법으로 볼 수 없는 거래 등에 대하여 별도의 처리 절차를 부과한 것이다.

지급 등의 방법은 외국환은행장에게 신고하도록 규정된 거래를 제외하고 원칙적으로 한국은행 총재에게 신고하도록 하고 있다.

해당 거래에는 ① 상계거래, ② 무역거래에 있어서 일정기간을 초과한 거래, ③ 제3자와의 거래, ④ 외국환은행을 통하지 아니하는 거래 등이 있다.[26)]

1) 상계 및 상호계산

상계(相計, set off)는 서로 다른 거래나 행위에 따라 발생한 각각의 채권과 채무를 소멸시키거나 상쇄시키는 방법으로 결제하는 것이다. 상계거래는 신고예외, 외국환은행 신고대상, 한국은행 신고대상으로 구분하며, 대부분 한국은행총재의 신고대상이 된다.

소멸하거나 상쇄되는 금액이 건당 미화 5천불을 초과하는 경우 외국환은행장에게 사전 신고하거나 상계 후 1개월 내 사후 보고를 해야 한다.

수출대금을 받지 아니하고 수입대금이나 클레임대금, 수수료 등 다

---

26) 외국환거래법 제16~17조, 동 시행령 제30~31조, 동 거래규정 제5-4~11조, 제6-2조

른 채무와 상계처리할 때는 외국환은행장(다국적 기업의 상계센터를 통해 상계하거나 다수의 당사자의 채권 또는 채무를 상계하려는 경우는 한국은행총재에게 신고)에게 사전에 신고하여야 하며, 관련 증빙서류를 5년간 보관하여야 한다.

상계가 주로 발생하는 거래유형은 다음과 같다.[27]

① 수출입 물품 불량에 따른 보상비용 처리가 빈번한 거래

② 특정 해외거래처와 원자재까지 직접 거래하는 위 · 수탁 가공거래

③ 수출입계약과 별도로 수입국에서 판촉 · 수리 등 수입자의 현지 영업이 수반되는 거래

④ 거래실적에 따라 가격이 할인되는 등 가격 조정 조건이 있는 거래

⑤ 전용 용기 사용 등 수출입거래에 특정한 조건이 수반되는 거래

⑥ 기타 특정 해외거래처와의 거래가 일방의 수출 또는 수입 거래가 아니라 상호간 채권 · 채무가 빈번하게 발생하는 거래 등

신고 예외 거래는 다음과 같다.

① 상호계산 계정을 통하여 거주자와 비거주자 간의 채권 · 채무를 상계하는 경우

② 연계무역, 위탁가공무역에 의하여 수출대금과 수입대금을 상계하는 경우

③ 물품의 수출입대금과 해당 수출입거래에 직접 수반되는 중개, 대리점 수수료 등을 상계하는 경우 등

---

27) 관세청 외환조사과, 외국환거래 자율점검 Check List, 2019

상호계산(相互計算, offset arrangement)은 상계가 빈번하게 발생하는 경우 일정 기간의 거래 내역을 차변-대변계정에 기록 후 주기적으로 정산하는 방식으로 채권과 채무를 상계하는 제도로서 외국환은행의 신고를 통하여 처리하고 사후관리를 받아야 한다.

상호계산 신고 절차는 거래외국환은행을 지정한 후에 다음에 따라서 한다.

① 수출입, 용역제공 완료 후 또는 채권, 채무 확정 후 30일 이내에 기장

② 사업연도 기준 1년 이내에 월 단위로 결산하고, 상호계산계정의 대차기 잔액을 3월 이내에 지정 거래은행에 신고 후 지급 또는 수령 처리

〈표 3-11〉 상계와 상호계산 비교

구분	상계	상호계산
공통점	· 거래당사자 사이의 채권과 채무를 상쇄	
차이점	· 거래당사자 사이에 이미 발생한 채권 채무의 일회성으로 상쇄 후 차액을 지급 또는 수령하여 완료 · 신고기관: 한국은행 또는 외국환은행	· 양 당사자 사이에서 장래에 계속하여 발생하는 채권 채무의 상쇄로서 정기적인 결산과 이에 따른 지급과 수령이 필요함 · 신고기관: 외국환은행

사례 8. 외국환의 상계처리

Q

당사는 브라질에 있는 해외법인에 의료장비를 수출하는 회사이다. 주로 해외법인을 통해 판매를 하지만, 간혹 현지에 직접 수출하는 경우가 있다.
이 경우 해외법인에 커미션을 주게 되는데 이 커미션 금액을 추후 해외법인으로 판매된 외상매출금과 상계하여도 되나?

A

외국환거래에 따른 결제(지급 및 수령)는 원칙적으로 ① 당해 거래당사자 간에 ② 거래전후 일정한 기간 내에 ③ 외국환은행을 통한 송금의 방법으로 ④ 실제로 결제가 이루어져야 한다. 이러한 원칙에 벗어나는 거주자와 비거주가 간의 채권·채무를 소멸시키거나 불법적인 외화 유출입 수단으로 이용될 가능성이 있는 거래는 한국은행에 신고해야 한다.

외국환의 지급·수령 없이 상호간에 발생한 채권과 채무를 상쇄시키는 상호계산(상계)은 기업으로서는 수수료 등 비용 절감과 업무경감을 가져올 수 있으나 외환 당국으로서는 외환거래의 정보를 파악하는 것이 불가능하게 되므로 한국은행에 신고하는 것을 원칙으로 하고 있다.

외국의 거래상대방과 지급과 수령이 자주 일어나는 거래를 할 때 거래외국환은행에 상호계산계정을 개설하여 일정 기간(1월~1년)의 채권과 채무를 상계할 수 있다. 이 경우 서로 상계하고 남은 금액은 결산이 끝난 뒤 3개월 이내에 외국환은행에 신고하고 지급 또는 수령하여야 한다.

귀사의 경우 대리점 수수료와 관련된 사안으로 수출대금과 당해 수출거래에 직접 수반되는 중개 또는 대리점 수수료는 서로 상계하거나 미리 수수료 등을 공제한 뒤 수령 또는 지급할 수 있다.

결론적으로 수출입거래에 수반되는 중개 또는 대리점 수수료, 연계무역 및 위수탁가공무역, 상호계산계정의 개설 등의 경우에는 한국은행 신고 예외 사항이다(외국환거래규정 5-2, 신고의 예외).

<출처: International Trade>

2) 기간을 초과하는 지급 등의 방법

거주자가 수출입 대금의 지급 등을 할 때 신고가 필요 없지만, 기간을 초과하는 지급 등과 같이 일정 사유에 해당할 때는 한국은행 총재에게 신고하여야 한다.[28)]

(1) 수출대금 수령

계약 건당 미화 5만불을 초과하는 수출대금의 수령 중 다음의 경우는 한국은행 총재에게 사전에 신고하여야 한다.

① 본 지사 간의 수출거래로서 무신용장 인수인도조건 방식에 의하여 결제 기간이 물품의 선적 후 또는 수출환어음의 일람 후 3년을 초과하여 받는 경우

② 본·지사 간의 수출거래로서 수출대금을 물품의 선적 전에 받고자 하는 경우

③ 본·지사 간이 아닌 수출거래로서 수출대금을 물품의 선적 전 1년을 초과하여 받고자 하는 경우.
다만, 선박, 철도차량, 항공기, 대외무역법에 따른 산업설비 불가피하다고 인정될 때는 1년을 초과한 날로부터 3월 이내에 사후 신고가 가능한 경우는 제외한다.

(2) 수입대금 지급

수입대금의 지급 중에서 다음의 경우는 한국은행 총재에게 사전에 신고하여야 한다.

---

28) 외국환거래규정 제5-8조, 제5-9조

① 미가공 재수출할 목적으로 계약건당 미화 5만불 상당액을 초과하는 금을 수입하는 경우로서 수입대금을 선적서류 또는 물품의 수령일로부터 30일을 초과하여 지급하거나 내수용으로 30일을 초과하여 연지급 수입한 금을 미가공 재수출하고자 하는 경우

② 계약 건당 미화 2만불을 초과하는 수입대금을 선적서류 또는 물품의 수령 전 1년을 초과하여 송금방식에 의하여 지급하고자 하는 경우.
다만, 불가피한 사유로 인정될 때는 1년을 초과한 날로부터 3월 이내 사후신고를 할 수 있다.

(3) 대응 수출입 의무이행

① 건당 미화 5만불 상당액을 초과하는 수출대금을 물품의 선적 전에 받은 자는 동 대금을 반환하거나 대응 수출을 이행하여야 한다.

② 선적서류 또는 물품의 수령 전에 송금방식에 의하여 건당 미화 2만불 상당액을 초과하는 수입대금을 지급한 자는 동 대금을 반환받거나 대응 수입을 이행하여야 한다.

3) 제3자지급 등에 의한 지급 등의 방법

제3자지급이란 ① 거래당사자인 거주자가 거래당사자가 아닌 제3자에게 지급하거나, ② 거래당사자가 아닌 거주자가 거래당사자인 비거주자에게 지급하는 것을 말한다. 이 경우에 사전에 한국은행 총재(1만불 이하인 경우는 외국환은행장)에게 신고해야 한다.

제3자지급이 주로 발생하는 거래유형은 다음과 같다.[29)]

29) 관세청 외환조사과, 외국환거래 자율점검 Check List, 2019

① 투자법인과 합작회사를 설립하고 합작회사로부터 수입하는 거래
② 원자재를 구매하여 국내에 수입하지 않고 해외 위탁가공업체에 바로 공급하는 거래
③ 다국적 기업의 지역총판이나 한국지사 등을 통해 수입하는 거래
④ 별도의 자금관리 회사가 존재하는 다국적 기업과 거래
⑤ 거래상대국법상 별도 등록(허가)된 업자만 수출할 수 있어 해외 제조업자와 수출업자가 각각 존재하는 거래
⑥ 국내외 중개인을 통해 해외거래처와 계약하여 수입하는 거래 등

지급거래로서 수입대금을 계약서의 수출자가 아닌 제3자 명의로 송금할 때는 제3자 지급에 해당한다. 제3자 지급액이 5천불 초과 1만불 이하인 거래는 외국환은행, 1만불을 초과할 때는 한국은행 총재에게 사전에 신고해야 한다.

수령거래는 신고 예외 사항이지만, 일부 거래는 외국환은행이 해당 거래관계를 명확히 확인할 수 있도록 특정 서류를 제출해야 한다.[30)]

(1) 주요 신고 예외 대상

① 거주자 간 또는 거주자와 비거주자 간 거래의 결제를 위하여 당해 거래의 당사자인 거주자가 당해 거래의 당사자가 아닌 비거주자로부터 받는 경우

② 비거주자 간 또는 거주자와 비거주자 간 거래의 결제를 위하여 당해 거래의 당사자가 아닌 거주자가 당해 거래의 당사자인 비거주자로부터 받는 경우

③ 거주자 간 거래의 결제를 위하여 당해 거래의 당사자인 거주자가 당해 거래의 당사자가 아닌 거주자와 지급 등을 하는 경우

30) 외국환거래규정 제5-10조, 외국환거래법 제16조

④ 인정된 거래에 따라 외국에 있는 부동산 또는 이에 관한 권리를 취득하고자 하는 거주자가 동 취득대금을 당해 부동산 소재지 국가에서 부동산계약 중개・대리업무를 영위하는 자(2년 이상 해외에서 체재할 목적에 해당할 때는 거주자의 배우자를 포함한다)에게 지급하는 경우

⑤ 해외 현지법인을 설립하거나 해외지사를 설치하고자 하는 거주자가 동 자금을 해외직접투자와 관련된 대리관계가 확인된 거주자 또는 비거주자에게 지급하는 경우

⑥ 수입대행업체(거주자)에게 단순수입 대행을 위탁한 거주자(납세의무자)가 수입대행계약 시 미리 정한 바에 따라 수입대금을 수출자인 비거주자에게 지급하는 경우

⑦ 거주자가 인터넷으로 물품 수입을 하고 수입대금은 국내 구매대행업체를 통하여 지급하는 경우 및 수입대금을 받은 구매대행업체가 수출자에게 지급하는 경우

⑧ 비거주자가 인터넷으로 판매자인 다른 비거주자로부터 물품을 구매하고 구매대금을 거주자인 구매대행업체를 통하여 지급하는 경우 및 구매대금을 받은 거주자인 구매대행업체가 판매자인 다른 비거주자에게 지급하는 경우

(2) 특정 서류 제출대상 신고 예외 거래

(가) 단순수입 대행을 위탁한 거주자의 지급

수입대행업체(거주자)에게 단순수입 대행을 위탁한 거주자(납세의무자)가 수입대행 계약 시 미리 정한 바에 따라 수입대금을 수출자인 비거주자에게 지급하는 경우이다.

수입대행업체와 수출자 간 수입계약서, 수입대행업체와 수입 위탁업체 간 수입대행계약서가 필요하다.

(나) 구매대행업체를 통한 지급

거주자가 인터넷으로 물품 수입을 하고 수입대금은 국내 구매대행업체를 통하여 지급하는 경우 및 수입대금을 받은 구매대행업체가 수출자에게 지급하는 경우이다. 단, 구매대행업체가 단순결제대행업체이거나 수출자와 동일인인 경우에는 신고예외 항목으로 적용할 수 없다.

구매대행업체와 수출자 간 대행 계약서, 인터넷으로 물품 수입을 한 거주자의 수입대금 입금내역, 구매대행업체의 사업자등록증 사본 등이 필요하다.

(다) 비거주자 간 거래에 대한 국내 구매대행업체의 지급

비거주자가 인터넷으로 판매자인 다른 비거주자로부터 물품을 구매하고 구매대금을 거주자인 구매대행업체를 통하여 지급하는 경우 및 구매대금을 받은 거주자인 구매대행업체가 판매자인 다른 비거주자에게 지급하는 경우이다.

구매대행업체와 판매자 간 대행계약서, 판매대금 거래 및 입금내역, 구매대행업체 사업자등록증 사본 등이 필요하다.

사례 9. 제3자지급

Q

당사는 중국 A사(한국에 본사가 있음)에게 기계 부품을 수출한 후 수출대금을 거래당사자가 아닌 A사의 한국의 본사(B사)로부터 동 대금을 받을 예정이다. 문제가 될 소지는 없나?

A

우리나라의 외국환거래법은 외국환의 지급과 수령에 있어서 제한할 필요가 있는 경상적 지급 수령만을 열거하여 허가 등을 받도록 하고 열거된 것 이외에는 허용하는 Negative System을 채택하고 있다.

거주자와 비거주자 간 또는 비거주자 간의 거래 또는 행위에 따른 채권 · 채무의 결제에 있어서 거주자가 당해 거래의 당사자가 아닌 자와 지급 등(수령 포함)을 하거나, 당해 거래의 당사자가 아닌 거주자가 당해 거래의 당사자인 비거주자와 지급 등(수령 포함)을 하는 것을 제3자지급 등이라고 하며 귀사의 경우 거래당사자가 아닌 거주자인 제3자로부터 외환을 받는 경우로 제3자지급 등에 해당하므로 한국은행에 사전신고를 하여야 한다.

외국환의 제3자지급 등에 관한 신고 절차는 사전신고로 규정되어 있으며, 사전신고를 하지 못한 경우 사후에 소급하여 신고하는 절차는 없으므로 외국환거래법상의 사전절차를 이행하지 못함으로써 발생하는 불이익을 당하지 않도록 주의하여야 한다.

<출처: International Trade>

4) 외국환은행을 통하지 않는 지급 등

외국환은행을 통하지 않는 지급 등이란 외국환은행을 통하여 지급, 추심, 수령을 하거나 외국환은행에 개설된 계정 간의 이체에 의한 방법으로 지급 등을 하여야 하는 원칙의 예외 규정이다.

외국환은행을 통하지 아니하는 수령은 신고예외 사항으로 허용하지만, 지급은 신고예외 사항으로 규정한 경우를 제외하고는 한국은행 총재에게 신고하여야 한다.[31]

31) 외국환거래규정 제5-11조, 외국환거래법 제16조

1만불을 초과하는 경상거래 대금을 휴대반출하여 지급하는 등 외국환은행을 통하지 아니하고 지급할 때는 사전에 한국은행 총재에게 신고하여야 한다. 한국은행총재는 신고받은 내용을 월별로 다음 달 10일 이내에 국세청장과 관세청장에게 통보한다.

수입대금지급을 은행을 통하지 않는 유형은 다음과 같다.[32)]

① 국내 당국에 신고하지 않고 보유한 해외계좌에서 수입물품 대금을 지급

② 우리나라에 입국한 해외거래처 임직원에게 수입물품 대금을 현금으로 직접 지급

③ 수입물품 대금을 지급하는 대신 다른 물품을 무상으로 제공(물물교환)

④ 수입물품 대금을 지급하는 대신 해외거래처에 현지의 창고나 사무실을 무상으로 임대 등

수출대금 수령을 은행을 통하지 않는 유형은 다음과 같다.

① 수출대금을 결제받는 대신 해외거래처가 보유한 다른 물품을 무상으로 제공받거나(물물교환)

② 수출대금을 결제받는 대신 해외거래처가 보유한 국내 창고나 사무실을 무상으로 받은 경우 등

32) 관세청 외환조사과, 외국환거래 자율점검 Check List, 2019

5) 지급수단 등의 수출입신고

거주자 또는 비거주자가 지급수단 등을 직접 휴대하거나 우편 등의 방법으로 수출입하는 경우 허가나 신고 절차를 거쳐야 한다.[33)]

지급수단 등이란 지급수단, 귀금속 또는 증권을 말한다. 즉, 지급수단 등에는 대외지급수단, 내국지급수단, 금, 외화증권이 해당하며, 채권은 해당하지 않는다.

신고 예외의 경우를 제외한 지급수단 등의 수출입은 관할 세관장 신고대상이거나 외국환은행장 확인 필요사항이다. 신고 등을 하지 않고 외화 등을 수출입하면 위반한 금액이 미화 3만불 이하면 과태료 처분, 미화 3만불 초과하는 경우 1년 이하의 징역 또는 1억원 이하의 벌금에 처한다. 다만, 위반행위의 목적물 가액의 3배가 벌금 상한액인 1억원을 초과하면 목적물 가액의 3배 이하의 벌금에 처한다.

신고 예외의 수출입의 경우는 다음과 같다.

① 1만불 이하 지급수단의 수출과 수입

② 외국환은행의 환전용 내국 통화 수출

③ 외국환은행을 통하지 않는 지급 등의 신고를 한 경우

④ 자본거래 신고를 한 자의 신고된 바에 따른 기명식 증권의 수출입 등이다.

---

33) 외국환거래규정 제6-2조

관할 세관장 신고대상인 경우는 다음과 같다.

① 거주자 또는 비거주자의 1만불 초과 지급수단의 휴대 수입

② 국민인 거주자의 1만불 초과 지급수단의 휴대 수출

③ 기타 지급수단 등의 수출입 등이다.

외국환은행장의 확인이 필요한 경우는 일부 비거주자 및 외국인거주자가 1만불을 초과하는 대외지급 수단을 국내에서 취득하는 경우이다. (예 외국인거주자가 해외여행 경비 지급을 위하여 미화 1만불을 초과하는 대외지급 수단을 국내에서 취득)

〈표 3-12〉 지급수단 등의 수출입신고

구분	수 출	수 입
신고 예외	· 1만불 이하 지급수단 및 외국환신고(확인)필증을 소지한 휴대 수출 · 은행을 통하지 않는 거래의 휴대 수출 · 비거주자의 최근 입국 시 휴대 수입 범위 내, 인정된 거래로 취득한 금액 범위 내 · 외국정부, 공관, 외교관, 외국군대 · 5만불 이내의 내국 통화를 전시용, 수집 · 기념용, 시험용으로 수출 · 허가 신고 등 인정된 거래로 취득한 기명 · 무기명증권의 수출 · 외국환은행의 업무 관련 외화 및 원화 수출 · 신변장식품인 개인용 귀금속 · 본사 주식, 국제수익증권	· 1만불 상당 이하의 지급수단 수입 (원화 현찰, 원화T/C, 원화자기앞수표 이외 내국지급수단 및 귀금속 제외) · 외국정부, 공관, 외교관, 외국군대 · 5만불 이내의 외국통화를 전시용, 수집 · 기념용, 시험용으로 수입 · 허가 신고 등 인정된 거래로 취득한 기명 · 무기명증권의 수입 · 외국환은행의 해외점포로부터 원화 수입 · 외국환은행의 업무 관련 외화 수입 · 신변장식품인 개인용 귀금속 · 본사 주식, 국제수익증권
관할 세관 신고	· 국민인 거주자의 1만불 초과 여행경비 등 지급수단(대외지급수단, 내국 통화, 원화 자기앞수표) 휴대 수출	· 1만불 상당액 초과 대외지급수단(대외지급수단, 내국 통화, 원화T/C, 원화 자기앞수표 포함) 휴대 수입

* 원화 자기앞수표는 해외에서 국내로 추심이 불가

6) 외국환신고(확인)필증의 발급

외국환신고(확인)필증은 세관이나 은행에서 발행한다. 세관은 신고이고 은행은 확인인데, 세관과 은행의 필증 발급 대상은 외국환거래규정에서 정한 경우에 한한다.

외화현찰, 외화수표, 여행자수표 등을 휴대한 자에게 그 외국환의 적법한 취득과 출처를 밝히는 증빙자료로 활용되기 때문이며 신고(확인)필증이 없는 외국환과 별도로 관리하기 위함이다.

외국환신고(확인)필증과 외화현찰 등을 휴대하고 매입 또는 예치를 요청했을 때 신고필증 하단에 반드시 매입 또는 예치 내용을 기재하여 중복사용을 방지한다.

은행의 외국환신고(확인)필증 교부대상은 다음과 같다.

① 비거주자 또는 외국인거주자가 대외계정에서 1만불 초과 외화인출 시(비거주자 자유원계정에서 대외계정 예치 후 외화인출 시 포함)

② 비거주자 또는 외국인거주자의 매각실적 범위 내에서 1만불 초과 재환전 시

③ 외국환은행을 통하지 않는 거래 중 해외체재자(유학생)경비, 단체여행경비, 해외이주비 등을 1만불 초과 휴대출국 시

7) 한국은행 · 국세청 · 관세청 · 금융감독원 통보

(1) 한국은행 · 금융감독원 통보

한국은행총재 신고 대상 지급 등은 수출거래와 수입할 거래로 구분된다.

① 계약 건당 5만불 초과 수출거래로서

㉠ 본・지사 간 D/A거래로 결제기간이 3년 초과인 경우
㉡ 본・지사 간 송금방식거래로 수출선수금을 받는 경우
㉢ 본・지사 아닌 거래로 수출선수금을 받은 후 1년 초과하여 선적하는 거래(선박, 철도, 항공기, 플랜트, 기계류 등 예외)

② 수입거래로서

㉠ 계약 건당 5만불 초과금을 미가공 재수출 목적으로 수입한 후 대금을 30일 초과 지급하거나, 내수용 연지급기간 30일을 초과하여 수입 후 국내에서 사용하지 않고 미가공 상태로 재수출하는 경우
㉡ 계약건당 2만불 초과 사전송금방식 수입으로서 대금 지급일로부터 1년 초과 후에 물품이 수입되는 경우 등

③ 대응 수출입 이행의무 대상거래는 건당 5만불 초과 수출선수금을 받은 수출거래와 건당 2만불 초과 사전송금방식 지급한 수입 거래이다.
대응 수출입의무 이행은 대금이 먼저 결제되고 물품이 나중에 이동되는 무역형태인 수출선수금 거래 및 사전송금방식 수입 거래는 선수금에 대응하는 물품통관의 의무가 있으며 이를 이행하지 못하면 반송 또는 회수하여야 한다.

금융감독원 통보대상은 다음과 같다.

① 건당 1천불 초과 증여성 송금 및 해외예금 송금액이 연간 누계로 1만불 초과 시
② 해외 체재비(해외유학생) 지급금액이 연간 10만불 초과 시
③ 건당 1만불 초과 이주비, 재산반출, 현지금융 상환, 지사 경비, 용역 대가 등의 대외지급 및 수령 시 등

(2) 국세청 · 관세청 통보

국세청 통보대상은 다음과 같다.

① 건당 1천불 초과 증여성 송금, 연간 1만불 초과 시 및 해외예금 송금액이 연간 누계로 5만불 초과 시
② 해외 체재비(해외유학생) 지급금액이 연간 10만불 초과 시
③ 동일자 1만불 초과하여 소지 목적 · 여행경비 환전, 외화 예금에서 외화 인출 시
④ 건당 1만불 초과 이주비, 재산 반출, 현지금융 상환, 지사 경비, 용역 대가 등 대외지급
⑤ 신용카드나 직불카드 사용금액이 연간 2만불 초과 시 등

관세청 통보대상은 다음과 같다.

① 모든 수출입대금의 지급 또는 수령
② 각종 용역대가 지급
③ 건당 1천불 초과 증여성 송금
④ 건당 1만불 초과 해외이주비 지급
⑤ 기타 건당 1만불 초과 대외지급 및 수령
⑥ 신용카드나 직불카드 사용금액이 연간 2만불 초과 시 등

7. 자본거래

자본거래는 대외거래 중에서 자본의 투하[34], 대차, 유가증권의 매매 등을 중심으로 하는 거래를 말한다.[35] 자본거래는 경상거래와 다르게 거래가 장기간에 발생하고 원인거래의 파악이 어려운 경우가 많다.

자본거래는 거주자와 예금거래, 신탁거래, 금전대차 거래, 채무보증 거래, 대외지급수단이나 채권의 매매, 증권발행 및 취득, 파생상품거래, 부동산거래, 외국기업 국내지사, 기타 자본거래, 현지금융, 해외직접투자 등 원인계약에 따라 거래유형을 정하고 있다.[36]

현지금융과 해외직접투자 업무는 자본거래에 해당하지만, 내용이 복잡하여 별도의 장으로 규정하고 있다.

자본거래는 거래유형별로 신고예외, 신고, 신고수리 사항으로 구분되어 있다. 신고예외 대상이 아닌 거래는 신고대상이며, 신고대상 중 거주자의 해외직접투자 및 해외부동산 거래는 신고수리 사항이다.

거주자와 비거주자 간의 금전대차 및 채무보증계약, 증권발행 및 모집, 거주자가 비거주자로부터 증권 취득의 경우에는 원칙적으로 신고사항이다.

34) 투하자본(Invested Capital): 기업이 영업을 위해서 투하한 자본을 말함
① 영업적 관점에서 '영업자산(OA) − 영업부채(OL)'으로 계산하거나,
② 재무적 관점에서 '차입금(D) + 자기자본(E)'으로 계산함

35) 자본거래는 유가증권의 매매, 자본의 대차, 기타 채권 채무와 관계가 있는 거래를 말하는 것으로 자본수지를 나타내는 거래를 말함

36) 외국환거래법 제3조 제1항 제18호

1) 국내예금 및 신탁에 따른 자본거래

(1) 외화 예금

외화 예금에는 거주자계정, 대외계정, 해외이주자 계정이 있다.

① 거주자계정은 거주자의 외화자금을 예치하기 위한 용도로 거주자나 개인사업자인 외국인거주자가 개설할 수 있는 외화표시 계정이다. 단, 개인인 외국인거주자, 대한민국 정부의 재외공관 근무자와 그 동거가족이 제외된다.

② 대외계정은 외화자금 예치를 위한 용도로 비거주자, 개인인 외국인거주자, 대한민국 정부의 재외공관 근무자와 그 동거가족이 개설할 수 있는 외화표시 계정이다.

③ 해외이주자 계정은 국내 재산 반출용 외화자금 예치를 위한 용도로 해외이주자, 해외이주 예정자, 재외동포가 개설할 수 있는 외화표시 계정이다.

대외계정의 자금은 외국 자산으로 분류하여 우리나라에서 관여하지 않는 금융자산으로 규정하고 있으므로 전쟁, 내란 등에 따른 비상대권 발동으로 대외채무를 동결하지 않는 이상 자유롭게 처분할 수 있다. 즉, 대외송금이나 국내 타인 명의의 대외계정 및 거주자계정으로 이체 등 제한이 전혀 없다.

대외계정은 처분에 제한이 없는 대신 예치 시 제한을 둘 수밖에 없다. 대외계정에 예치하려면 은행을 통해 송금되어 온 타발 대금이나, 인정된 국내 이체 자금, 외국환신고(확인)필증과 함께 소지한 휴대 자금, 대외송금이 인정된 자금 등에 한하고 있다.

(2) 원화 예금

원화 예금에는 비거주자 자유원계정, 비거주자 원화계정, 비거주자 원화신탁계정 등이 있다.

① 비거주자 자유원계정은 대외지급이 자유로운 원화 자금 예치를 위한 용도로 비거주자나 외국인 비거주자가 개설할 수 있는 원화 표시 계정이다. 외국인거주자는 개설할 수 없다. 자유원계정은 원화 표시라는 것 외에는 대외계정과 성격이 매우 유사하다. 따라서 비거주자가 개설하는 원화계정은 대외계정처럼 처분에 제약이 없는 대신 예치 시 제한이 있어서 취득 경위가 입증된 자금만 예치할 수 있다.

② 비거주자 원화계정은 국내에서 사용하기 위한 용도로 비거주자가 개설할 수 있는 원화 표시 계정이다. 예치 시 자금출처와 관계없이 예금할 수 있지만, 처분할 때 이자 송금은 자유롭게 하되 원금은 반드시 인정된 거래 또는 한은총재 신고 후 송금할 수 있도록 제한을 하고 있다. 따라서 비거주자가 예치 재원이 확실한 해외에서 송금한 자금 등으로 원화 예금을 요청하면 비거주자 자유원계정의 정기예금에 가입하는 것이 해지 후 대외송금이 쉽다.

③ 비거주자 원화신탁계정은 모든 금전신탁이 허용되어 있고 신탁기간에 제한 없이 계약할 수 있다. 예치 및 처분 기준은 비거주자 자유원계정과 같다.

(3) 계정의 예치 · 처분 · 정리

거주자계정의 예치는 취득, 보유가 인정된 자금, 내국지급수단 대가, 외화 재원으로 동일자 2만불 초과 예치 시 국세청에 통보된다. 처분은 입금 재원에 불문하고 처분에 제한이 없다. 단 대외지급은 인정된 거래에만 처분할 수 있다. 동일자 1만불 초과 외화현찰이나 T/C(여행자수표)로 인출 시에는 국세청 통보된다.

대외계정의 예치는 외국에서 송금된 외화자금이나 취득보유가 인정된 자금만이 예치대상이고, 외화현찰 등 휴대 자금이면 동일자 2만불 초과 시 외국환신고(확인)필증이나 한국은행 신고필증이 제출된다. 처분은 대외송금에 제한을 받지 않는다. 외화현찰 등으로 1만불을 초과하여 인출 시 외국환신고(확인)필증을 교부하며, 원화로 인출 시 계산서 등 매입증명 자료를 교부하고 동일자 2만불 초과 시 처분사유를 확인하고 국세청 통보대상이 된다.

비거주자 자유원계정의 예치는 해외에서 송금된 자금, 휴대 수입 자금, 본인명의 대외계정 자금, 국내에서 받은 내국 통화 표시 경상거래 대금(수출입거래와 관련된 운임, 보험료 포함), 본인 명의 다른 비거주자 자유원계정으로부터 이체된다. 처분은 대외지급수단으로 매각(해외송금 또는 외화매각), 내국통화표시 경상거래 대금을 국내 거주자에게 지급, 본인명의 다른 비거주자 자유원계정, 투자전용 비거주자원화계정으로 이체된다.

비거주자 원화계정의 예치는 비거주자가 국내에서 취득한 원화 자금이다. 처분은 내국지급수단으로 인출, 다른 원화계정(거주자, 비거주자)으로 이체, 발생 이자에 대해서는 해외송금에 제한이 없고, 원금을 해외송금 요청 시 비거주자에 대한 매각 한도 규정에 해당하는 경우에만 가능(최근 입국일 이후 매각실적 범위 내 등)하다. 그러나 한국은행 사전신고로 신고필증을 받은 경우라면 원금 송금도 가능하다.

2) 해외예금 및 신탁에 따른 자본거래

해외예금은 지정거래은행에 예금거래 신고를 거쳐, 국내에서 송금 시 반드시 지정거래은행을 통하여야 하며, 대외채권을 국내로 회수하지 않고 해외에서 직접 예치가 가능하다.

예치 한도는 일반거주자의 경우 동일자 동일인 기준 건당 5만불까지 송금할 수 있고, 건당 5만불 초과 시에는 한국은행 사전신고 후 지정거래은행을 이용해야 한다.

지정거래은행을 통해 한도 없이 예치 가능한 대상자는 기관투자자, 수출입실적 5백만불 이상인 자, 해외건설업자, 항공 또는 선박회사, 원양어업자 등이다. 해외예금 한도는 지정거래은행이 해외예금한도관리대장에 기록 보관하여 관리된다.

해외신탁은 한국은행 신고사항이다. 대상 외국에 체재하고 있는 거주자를 제외하고 해외에서 비거주자와 신탁거래를 하고자 하는 경우는 거래외국환은행 지정대상이 아니므로 한국은행에서 보고업무 등을 직접 관리한다.

3) 금전대차에 따른 자본거래

금전대차(金錢貸借)란 당사자의 일방이 금전의 소유권을 상대방에게 이전할 것을 약정하고 상대방은 일정한 기일에 금전을 반환할 것을 약정하는 계약이다.

거주자 사이의 금전의 대차거래는 외국환은행을 통해서 지급과 수령이 이루어지는 한 원칙적으로 제한이 없다.

국내 거주자가 해외 비거주자로부터 ㉠ 대출을 하는 경우에는 한국은행 신고사항이고, ㉡ 외화를 차입할 때는 차입 규모나 차주에 따라 외국환은행, 한국은행, 기획재정부 신고사항이고, ㉢ 원화를 차입하는 경우는 기획재정부 신고사항이다.[37)]

영리법인, 지방자치단체, 정부투자기관 및 정부출자기관, 공공법인, 영리법인, 정유회사, 원유・액화가스 수입업자, 비영리법인, 개인, 개인사업자 등이 해외 차입할 수 있다.

차입금액이 3천만불 초과 시에는 지정거래은행을 거쳐 기획재정부에 신고하여야 한다. 지정거래은행에 신고 시에는 금전대차계약신고서, 해외차입사유서, 차입계약서 등을 제출하여 신고필증을 받고, 거주자계정에 예치 후 인출 사용할 수 있다.

차입조건은 규정상 차입금액 및 차입기간 등의 제한은 없으며 기획재정부 신고 전에 지정거래 외국환은행 경유 확인을 받아야 한다. 차입한도는 일반제조업체는 투자금액의 50%, 고도기술업체는 투자금액의 100%까지 가능하다.

4) 보증계약에 따른 자본거래

비거주자와 비거주자 사이의 거래에서 거주자가 보증계약을 체결(보증채무부담)하는 것은 불필요한 자본유출이 될 수 있다. 따라서 교포 등에 대한 여신이나 현지금융 관련 보증과 같이 인정된 거래가 아닌 경우 일정한 조건을 갖춘 때에만 외국환은행, 한국은행 신고 등으로 제한적으로 허용하고 있다.[38)]

---

37) 외국환거래규정 제7-14조(거주자의 외화자금 차입), 제7-15조(거주자의 원화자금 차입), 제7-16조(거주자의 비거주자에 대한 대출)

38) 외국환거래규정 제7-17조~제7-19조

① 신고예외 거래는 거주자 간의 거래, 법인의 해외차입, 외화획득 관련 거래, 수출입 등 일반 경상거래, 실수요 인정된 거래 등이다.

② 외국환은행 신고사항은 외국환업무 취급기관인 증권회사나 시설대여회사의 현지법인에 대한 보증의 경우이다.

③ 한국은행 신고 대상은 거주자와 비거주자의 거래에서 다른 거주자가 보증 또는 담보를 제공하거나 외국환은행이 보증하는 경우이다.

교포 등에 대한 여신의 보증(담보)제공의 수혜대상자는 국민인 비거주자(영주권자, 해외파견·출장자, 유학생 등 해외체재자), 일반여행자를 제외한 국민인 거주자, 국민인 비거주자가 전액 출자하여 설립한 현지법인이다. 여신금융기관은 외국환은행의 해외지점이나 현지법인이다. 보증제공자는 국내 거주자(차주의 친인척) 또는 차주의 국내 담보제공으로 발행한 지급보증서(지정거래은행)이다.

보증제공 한도(차주 동일인 한도)는 20만불까지는 외국환은행 신고사항이고, 20만불 초과 취급 시는 한은총재 신고사항이다.

5) 대외지급수단, 채권 매매, 용역 등의 자본거래

거주자 간 거래이든 거주자와 비거주자와의 거래이든 신고예외 사항이 아니면 대부분 한국은행총재의 신고대상이다. 실무적으로 자산담보부채권이나 골프 회원권 등의 매매에 적용된다.[39]

주요 적용 범위는 다음과 같다.

① 대외지급수단과 예금, 보험증권, 대차 및 입찰 등으로 인하여 생기는 금전채권을 대외지급수단이나 내국지급수단을 대가로 매매하는 계약

39) 외국환거래규정 제7-20조~제7-21조

② 동산, 부동산을 불문하고 재산권을 매매하는 기타 매매계약

③ 운송, 건설 등 타인을 위한 노무 또는 편의의 제공을 목적으로 하는 용역계약에 따른 자본거래 등

6) 증권의 발행 및 취득

거주자가 해외에서 또는 비거주자가 국내에서 자금을 조달하기 위해 전환사채(CB), 신주인수권부사채(BW), 주식예탁증서(DR), 교환사채(EB) 등의 증권발행을 할 때 적용된다.[40)]

거주자가 국내에서 외화증권발행은 신고예외 사항이다. 그러나 거주자가 외국에서 CB, BW, DR, EB 등 외화증권을 발행하여 자금을 조달하는 것은 해외차입과 동일한 성격이므로 지정거래은행에 신고해야 하며 해외차입 규정을 준용한다.

(1) 거주자의 외국에서 원화증권 발행

거주자가 국내에서 외화증권을 발행 또는 모집하는 경우는 허가 및 신고를 필요로 하지 않는다.

거주자의 외국에서 원화증권 발행은 기획재정부 신고사항이고, 비거주자가 국내에서 외화·원화증권 발행 또한 기획재정부 신고사항이다. 지정거래은행을 통해 증권발행전용 대외계정 및 비거주자원화계정을 사용한다.

---

40) CB(convertible bond, 전환사채), BW(bond with warrant, 신주인수권부사채), DR (depositary receipt, 예탁증서), EB(exchangeable bond, 교환사채)

(2) 거주자의 해외에서 외화증권 취득

기관투자자의 경우에는 제한이 없지만, 일반투자자는 증권회사 또는 투자신탁회사에 매매위탁(간접투자)을 해야 한다.

일반투자자 명의(증권회사 부기) 또는 증권회사 명의 통합계정을 통해 투자자금 송금 및 회수를 위한 투자전용 외화계정을 개설해야 한다. 다만 비거주자로부터 상속, 유증, 증여로 외화증권을 취득하는 경우 제한이 없다.

(3) 비거주자의 국내에서 증권취득

투자대상 증권은 모든 주식(비상장주식, 주가지수 선물 옵션 포함), 채권, 기업어음, 상업어음, 무역어음, CD,[41] 표지어음 등 제한이 없다. 투자절차는 본인 명의의 투자전용 대외계정, 투자전용 비거주자원화계정이나 증권회사 명의 투자전용 외화계정을 이용해야 한다.

은행상품 투자로는 단기시장상품인 CD, 표지어음 등과 투자전용 대외계정, 투자전용 원화계정을 통해야 한다.

비상장·비등록 주식취득의 경우는 외국인투자촉진법에서 정한 외국인투자에 해당하지 않는 경우로서 투자지분 10% 이하 또는 투자자금 5천만원 이하를 취득할 때는 외국환은행에 증권취득을 신고하고, 처분 시에는 외국환은행의 확인을 받아야 한다. 국민인 비거주자의 경우 자유롭게 국내 증권 취득이 가능하다.

41) CD(Certificate of Deposit, 양도성예금증서)

그림 3-4 증권투자 절차

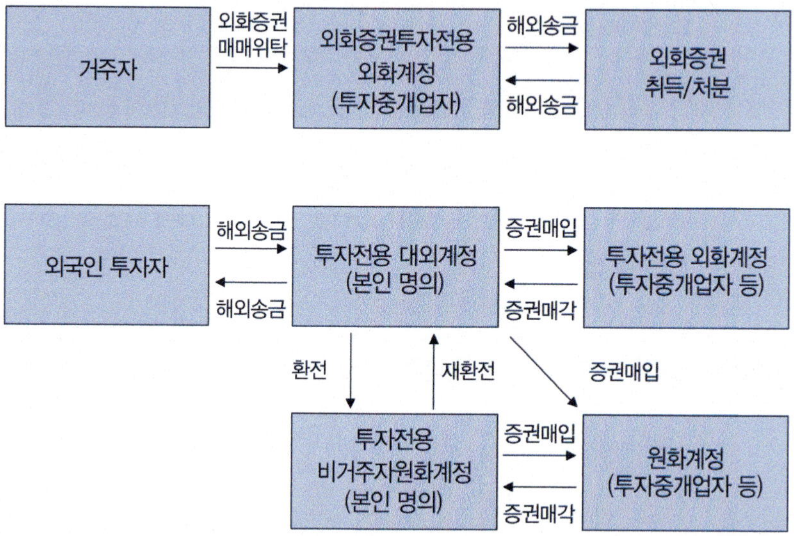

* 출처: KB외국환거래법령해설, p. 136.

8. 현지금융

현지금융이란 개인이 아닌 거주자, 거주자의 해외지점 및 현지법인이 해외에서 사용하기 위해 외국에서 외화자금을 차입하거나 지급보증을 받는 것을 말한다.

주로 해외직접투자나 해외지사 설치 절차를 마친 현지법인이나 해외지점이 현지 차입이나 지급보증 시 신용이나 담보력이 부족하므로 국내 본사나 외국환은행의 보증 또는 담보를 받아 현지에서 여신(지급보증)을 수혜하고 있다.

수혜대상자는 ① 거주자, ② 거주자의 해외지점(독립채산제 예외적용지점 제외), ③ 거주자의 현지법인(현지법인이 50% 이상 출자한 자회사 포함)이다.

수혜 제외자는 ① 개인이나 개인이 설립한 해외지점 및 현지법인, ② 非독립채산제 지점, 외항운송업자 및 원양 어업자, 해외건설 및 용역사업자, ③ 해외사무소이다.

현지금융 수혜 형태는 직접 자금차입, 지급보증의 수혜, 거주자의 증권발행에 의한 현지금융 수혜, 해외지점이나 현지법인이 역외금융 대출을 받는 경우가 있다.

보증·담보제공 형태는 Stand-by L/C 개설 등 외국환은행의 보증, 본사 또는 계열사가 직접 보증하거나 담보제공, 다른 거주자(협력업체 등)가 직접 보증하거나 담보제공이 있다.

현지금융으로 조달한 자금은 국내 본사와 해외 현지법인 간의 경상거래에 따른 결제자금의 국내 유입의 경우를 제외하고는 국내로 유입할 수 없다.

현지금융 신고절차는 다음과 같다.

① 거주자의 현지금융 또는 현지법인 등의 현지금융 여부 등 수혜 자격 확인이 필요하다.
② 해외직접투자 신고 또는 해외지점 설치 신고 유무 및 동 지정거래은행을 파악하고, 지정거래은행 유무를 확인한다.
③ 30대 계열기업은 지정거래은행의 현지금융 잔액 및 한도 유무를 확인한다.
④ 거주자의 외화증권발행방식에 의한 미화 3천만불 초과 현지금융과 30대 계열기업체의 현지금융은 기획재정부장관의 신고대상이다. 현지법인 등이 해외에서 독자적으로 현지금융 수혜 시 현지금융 신고대상이 아니다.
⑤ 신고 전에 신고서 여백에 지정거래외국환은행의 경유 후 제출하여야 한다.
⑥ 현지금융 신고 지정거래은행에서 처리하여야 한다. 다만 지정거래은행이 아닌 은행의 지급보증으로 대지급 시 보증은행이 직접 지급이 가능하다.
⑦ 원리금 상환 및 대지급 내역은 국세청과 관세청에 전산으로 통보된다.

제출서류는 금전대차계약신고서, 보증계약신고서, 담보제공 신고서 중 하나, 현지 여신 공여 은행의 금융계약서 또는 융자의향서(L/I), 해당 사업에 대한 자금조달 및 운용계획서, 해외직접투자 신고수리서 및 영업활동 입증서류(현지법인의 경우), 해외지점설치신고필증 및 영업활동 입증서류(해외지점의 경우), 30대 계열기업의 현지금융 보증 등 한도보고서(30대 계열기업의 경우) 등이다.

9. 직접투자 및 부동산 취득

1) 해외직접투자

해외직접투자(FDI : Foreign Direct Investment)는 거주자가 장래의 수익을 목적으로 외국에 자본을 투자하는 장기 자본이동의 한 형태로 해외 현지법인을 설립하거나 기존의 외국 법인에 대한 일정 비율 이상의 출자지분을 취득함으로써 동 법인의 경영 참여를 주된 목적으로 국내 자본이나 기술 등의 생산요소를 해외에 이전시키는 거래이다.

해외직접투자는 대외 자본유출의 대표적인 거래유형이므로 해외 부동산취득과 함께 신고수리 절차를 거쳐야 한다.[42]

해외직접투자의 적용 범위는 다음과 같다.

① 외국 법령에 따라 설립된 법인의 경영에 참여하기 위해 주식 또는 출자지분의 10% 이상을 투자하는 경우
② 투자 지분이 10% 미만인 경우로서 ㉠ 임원파견, ㉡ 계약기간이 1년 이상인 원자재 또는 제품의 매매계약 체결, ㉢ 기술의 제공, 도입 또는 공동연구개발 계약의 체결, ㉣ 해외건설 및 플랜트 공사를 수주하는 계약의 체결
③ 투자한 외국 법인의 주식(출자지분)을 추가로 취득
④ 투자한 외국법인에 대한 상환기간 1년 이상의 금전 대여

해외직접투자 신고수리 전 확인사항은 다음과 같다.

① 지정거래은행은 주채권은행, 여신 최다은행, 주거래은행 순으로

42) 해외간접투자(FII : Foreign Indirect Investment): 경영에는 참여하지 않고 단기차익이나 배당금 등 단순한 투자 과실의 획득만을 목적으로 하는 투자

지정

② 지정거래은행은 투자사업별이 아닌 투자자별로 지정 등록

③ 개인이 해외직접투자를 하는 경우로서 투자업종이 부동산 관련업일 경우 현지법인 형태의 투자에 한하며 중점 사후관리대상

④ 여러 투자자가 공동으로 출자하여 지분을 취득하는 경우 전체 합계가 10% 이상이면 해외직접투자로 간주

⑤ 투자목적물은 지급수단, 자본재, 산업재산권과 이에 준하는 기술, 회수의무가 면제된 대외채권, 해외법인과 해외지점의 청산 잔여재산 등

한국은행총재 신고대상은 다음과 같다.

① 해외직접투자의 범위에 해당하지 않는 지분 10% 미만 또는 경제 관계 수립이 없는 경우

② 대부 투자의 조건인 상환기간 1년 미만인 경우

③ 역외금융회사를 설립하여 증권 또는 파생상품 등에 투자하는 경우

해외직접투자 사후관리는 다음과 같다.

① 신고수리 유효기간은 1년이므로 투자는 1년 이내에 완료

② 투자 후 6개월 이내 외화증권취득보고서나 설립보고서 혹은 외화채권취득보고서를 제출

③ 연간 사업실적 및 결산보고서는 회계 종료 후 5개월 이내 제출

④ 해외투자사업 청산 시 청산보고서를 즉시 제출

2) 국내기업의 해외지사

해외지사에는 ① 독립채산제를 원칙으로 외국에서 영업활동을 영위하기 위해 설치하는 해외지점과 ② 영업활동을 하지 않고 업무 연락, 시장조사, 연구개발 등 비영리적 기능을 수행하기 위해 설치하는 해외

사무소가 있다.

해외지점 설치 자격은 다음과 같다.

① 과거 1년간 외화획득 실적이 1백만불 이상인 자
② 주무부장관, 한국무역협회장이 필요하다고 인정하는 경우 등

해외사무소 설치 자격은 다음과 같다.

① 과거 1년간 외화획득 실적이 30만불 이상인 자
② 무역업을 영위하는 법인으로 설립 후 1년이 경과한 자
③ 과거 1년간 유치관광객이 8천명 이상인 국제여행 알선업자
④ 공공기관, 금융감독원, 중소기업협동조합, 신문사, 통신사, 방송국
⑤ 주무부장관, 한국무역협회장이 필요하다고 인정한 경우 등

해외지사 설치신고는 지정거래은행에 설치신고서를 제출하는데, 설치신고서에는 해외지점은 설치비, 유지운영비 등을 포함하고, 해외사무소는 설치비 소요명세 제출, 유지활동비 포함된다.

해외지사의 경비 지급은 해외지점의 경우 해외지사경비지급신고에 의하여 영업기금을 지급할 수 있으며, 해외사무소는 송금신청서에 의해 유지활동비를 송금할 수 있다. 송금 한도에는 제한이 없지만, 1만불 초과 송금 시 국세청, 관세청과 금융감독원에 통보된다.

해외지사의 사후관리는 해외지사 종합관리카드를 기록 비치하여 부동산 취득, 처분, 결산, 자금차입 대여 등 관리를 받는다. 설치 완료는 신고 후 6개월 이내 등록증으로 보고하고, 영업활동은 연도별 영업활동 상황(차입, 대여 포함)을 보고한다.

〈표 3-13〉 외국기업 국내지사 vs 외국인 직접투자 비교

구 분	외국기업 국내지사	외국기업 국내 법인
업무	비거주자가 국내에서 영업활동을 위한 지점 또는 비영업적 기능만을 수행하는 사무소를 설치하는 업무	외국인, 외국법인, 영주권을 취득한 국민인 비거주자가 국내에 출자하여 국내 법령에 따른 신규법인 또는 합작법인 설립
관계법령	외국환거래법, 동시행령, 규정 등	외국인투자촉진법, 동시행령, 규칙 등
취급부서	외국환은행 각 영업점	수탁은행 본점, 산업통상자원부지원센터
신고서	외국기업 국내지사 설치신고서	주식의 취득 등에 의한 외국인 투자신고서, 외국인투자기업등록신청서
자금도입	해외본사로부터 지정거래은행으로 송금된 영업자금(금액제한 없음)	투자금액 건당 5천만원 이상, 송금, 휴대자금도 가능. 주금 납입자금 등으로 사용
과실송금	지정거래은행을 통해 송금 각종 증빙서류 제출 및 확인	증빙서류만 있으면 모든 은행에서 송금가능(배당금처분명세서 등)

3) 외국기업 등의 국내지사

비거주자의 국내지사는 국내에서 수익을 발생시키는 영업활동을 수행하는 국내지점과 업무연락, 시장조사, 연구개발 활동 등 비영업적 기능만 수행하는 국내사무소가 있다.

국내지사 설치신고는 지정거래 외국환은행에 신고한다. 신고 시 국내 지사장의 실명으로 지정 등록한 후 사업자등록증을 받는다.

영업자금의 도입은 외국기업 국내지사가 외국 본사로부터 지정거래은행 앞으로 직접 송금한 외화자금에 한하며, 자금의 용도도 영업자금에 해당하는 경우에만 영업자금으로 인정하고 있다.

따라서 영업자금으로 인정할 수 없는 경우는 ① 지정거래은행 이외의 은행을 통하여 자금을 수령, ② 휴대 수입한 자금인 경우, ③ 원화 자금인 경우, ④ 송금처가 본사가 아닌 경우, ⑤ 자금 용도가 영업자금에 해당하지 않는 경우 등이다.

4) 해외부동산 취득

(1) 거주자의 해외부동산 취득

거주자의 해외부동산 취득은 외국환은행이나 한국은행에 신고하여야 한다. 단, 은행, 증권회사, 보험회사, 종합금융사, 종합무역상사[43)]가 해외자산운용의 목적으로 정하는 범위 내의 부동산 취득의 경우에는 신고 없이 취득할 수 있다.

다음과 같은 신고예외 경우는 신고를 제외한다.

① 거주자가 비거주자로부터 상속 · 유증 · 증여로 인한 취득하는 경우
② 외국환은행이 업무상 해외 소재 부동산을 담보 취득하는 경우
③ 부동산투자회사, 금융투자회사, 연기금이 법령에 의거 취득하는 경우

외국환은행의 신고수리가 필요한 경우는 다음과 같다.

① 단순보유 또는 투자목적 부동산으로 미화 100만불(국내 송금액 기준) 이내의 해외부동산의 소유권(분양권포함)
② 거주자 본인 또는 거주자의 배우자가 해외에서 2년 이상 체재할 목적의 주거용 주택의 소유권
③ 송금 한도는 주거용의 경우는 제한이 없으나 투자목적의 경우는 모든 비용을 포함하여 100만불을 초과할 수 없음

43) 종합무역상사는 전년도 수출입실적의 10% 이내에서 최고 미화 3억불 이내의 경우에 해당된다.

한국은행 총재의 신고수리가 필요한 경우는 신고예외 및 외국환은행 신고수리 대상을 제외한 일정 규모 이상의 국내기업의 해외 업무용 부동산과 특별한 목적을 위한 해외부동산 및 당해 부동산에 대한 물권·임차권 기타 유사한 권리취득의 경우이다.

(2) 비거주자의 국내 부동산 취득

비거주자가 국내 부동산 또는 이에 관한 권리(물권, 임차권 등)를 취득하고자 하는 경우 외국환은행장 또는 한국은행장에게 신고하여야 한다.[44)]

비거주자의 국내 부동산 취득에 대한 신고예외 대상은 다음과 같다.

① 비거주자가 본인, 친족의 거주용으로 국내 부동산을 임차하는 경우
② 국민인 비거주자가 국내에 있는 부동산을 취득하는 경우
③ 비거주자가 국내에 있는 비거주자로부터 토지 이외의 부동산을 취득하는 경우
④ 외국인 비거주자가 상속 또는 유증으로 국내 부동산을 취득하는 경우(증여에 의한 취득은 한국은행 총재 신고사항)

비거주자 국내 부동산 취득에 대한 외국환은행 신고대상은 다음과 같다.

① 휴대 수입 또는 송금된 자금으로 취득하는 경우
② 거주자와의 인정된 거래에 따른 담보권 실행에 따라 국내 부동산을 취득하는 경우
③ 비거주자가 다른 비거주자로부터 부동산을 취득하는 경우

---

44) 외환거래규정 제9-42조

상기 신고 예외 및 외국환은행 신고대상의 경우를 제외하고 비거주자가 국내에 있는 부동산 또는 이에 관한 권리를 취득할 때는 한국은행총재에게 신고해야 한다. 즉, 비거주자인 외국인이 이미 국내에서 운용하고 있던 원화 자금으로 국내 부동산을 취득하고자 하는 경우 한국은행 신고를 통하여 그 자금의 출처와 취득 사유를 밝히도록 한 것이다.

10. 외국인투자촉진법

외국인 직접투자란 외국인이 외국인투자촉진법에 따라 한국법인 또는 국민이 영위하는 기업의 경영활동에 참여하는 등 해당 기업과 지속적인 경제 관계를 수립할 목적으로 주식 또는 지분을 투자하는 것으로 투자금액이 5천만원 이상으로 다음의 한 가지에 해당하는 것이다.[45)]

① 외국인이 대한민국법인 또는 국민이 영위하는 기업이 발행한 주식 총수 또는 출자총액의 10% 이상을 소유

② 주식 또는 출자총액의 10% 미만이면 임원 파견 또는 임원을 선임할 수 있는 계약, 1년 이상 동안 원자재 또는 제품을 납품하거나 구매하는 계약, 기술의 제공, 도입 또는 공동 연구개발 계약이 체결되는 경우 등

장기차관방식의 외국인 직접투자는 이미 설립된 외국인 투자기업의 해외 모기업이나 모기업과 자본출자 관계에 있는 기업이 당해 외국인 투자기업에 빌려주는 5년 이상의 장기 차관하는 것이다.

① 해당 모기업의 지분을 50% 이상 소유하고 있는 기업

② 해당 모기업이 외국인 투자기업의 지분을 50% 이상 소유하고 있는 경우로서 해당 모기업의 지분을 10% 이상 소유하고 있는 다른 기업

③ 해당 모기업이 지분을 50% 이상 소유하고 있는 다른 기업에 해당하는 기업

외국인투자자는 외국 국적의 개인, 외국 법인, 외국 영주권자이다.

---

45) 외국인투자촉진법: 제정(제5559호, 1998.9.16.) 최종개정(2012.12.11.)

단, 국적이 캄보디아, 라오스, 쿠바인 경우에는 수탁은행에서 취급할 수 없다. 투자목적물은 대외지급수단 및 이의 교환으로 생기는 내국지급수단, 자본재, 산업재산권, 국내지사·법인의 청산자금, 해외차입금 상환액, 국내 부동산 등이다.

투자비율은 대한민국 법인의 의결권 있는 주식 총수 또는 출자총액의 10% 이상 소유이고, 10% 미만이면 임원의 파견 또는 임원을 선임할 수 있는 계약을 체결한 경우, 1년 이상 동안 납품 또는 구매계약, 기술제공 또는 공동연구개발 계약의 체결에 대한 증빙이 있어야 한다. 투자금액은 건당 5천만원 이상, 투자가가 복수일 때는 1인당 5천만원 이상이다.

외국인투자 지원을 위하여 다음과 같은 조치 등을 취하고 있다.

① 외국인투자자가 취득한 주식 등으로 생기는 과실, 매각대금, 장기차관계약에 따라 지급되는 원리금 및 수수료와 기술도입의 대가 등은 대외송금을 보장하고 있다.
② 외국인투자 보호를 위하여 천재지변, 전시 등 국내외의 중대한 사태의 발생으로 인한 외국환거래 정지 또는 기타 제한조치는 외국인투자자의 경우는 적용되지 않는다.
③ 외국인투자자와 외국인투자기업은 법률에 정한 경우를 제외하고는 영업에 있어서 내국민 또는 내국법인과 동일한 대우를 받는다.
④ 고도기술수반사업 및 산업지원서비스업종의 경우 법인세 및 소득세 감면, 자본재 등에 대한 관세감면 및 수입통관 특례적용, 외국인투자를 유치하기 위한 희망 지역을 외국인투자지역으로 지정 등 조세감면 및 입지지원이 된다.

제4장 관 세 법

1. 관세법 개요

1) 관세법의 의의 및 법령체계

관세법(Customs Act)은 관세의 부과·징수 및 수출입 물품의 통관을 적정하게 하고 관세수입을 확보함으로써 국민경제의 발전에 이바지함을 목적으로 1949년 11월 23일 법률 제67호로 제정된 법이다. 즉, 관세법은 통관 및 과세에 관한 법이다.

관세법은 헌법[1]을 근거로 물품의 통관과 수입 관세의 근거 규정으로서 대외무역법, 외국환거래법과 함께 우리나라 3대 무역법규에 해당한다.

관세법의 법령체계는 관세법 → 관세법시행령 → 관세법시행규칙 → 통칙 및 고시 등으로 구성되고, 다음과 같은 다수의 관련 법령이 있다.

1) 헌법 제125조: 국가는 대외무역을 육성하며 이를 규제·조정할 수 있다.

〈표 4-1〉 관세법과 관련된 법률

관련 법률	내용
환급특례법 (수출용원재료에 대한 관세등 환급에 관한 특례법)	수출물품에 대한 관세 등의 환급
FTA관세특례법 (자유무역협정의 이행을 위한 관세법의 특례에 관한 법률	FTA의 이행관리(협정관세 적용, 검증 등)
자유무역지역의 지정 및 운영에 관한 법률	자유무역의 설치와 운영
주한미군관세법 (대한민국과 아메리카합중국 간의 상호방위조약 제4조에 의한 시설과 구역 및 대한민국에서의 합중국군대의 지위에 관한 협정의 실시에 따른 관세법 등의 임시 특례에 관한 법률	주한미군 및 그 가족 등이 반출입하는 물품의 통관과 과세
조세특례제한법	일부 품목에 대한 관세감면
남북교류협력에 관한 법률	북한산물품에 대한 비과세
특정범죄가중처벌법	관세법에 대한 가중처벌
임시수입부가세법	
세계무역기구협정 이행에 관한 특별법	
한칠레자유무역협정 이행을 위한 관세법 특례에 관한 법률	
국세기본법, 국세징수법, 국제조세조정에 관한 법률	
중소기업기본법, 중견기업 성장촉진 및 경쟁력 강화에 관한 특별법	
독점규제 및 공정거래에 관한 법률	
대외무역법	
외국환거래법	
민법	기간계산, 소멸시효, 공매 잔금의 배분
행정심판법, 형사소송법, 사법경찰관리의 직무를 수행할 자와 그 직무범위에 관한 법률	

관세법은 통관 및 과세를 중심으로 다음과 같이 13개 장 329개 조와 부칙으로 이루어져 있다.[2)]

〈표 4-2〉 관세법의 구성

장	주요 내용
제1장	· **(총칙)** 목적, 정의, 관세징수의 우선, 내국세 등의 부과·징수, 법 적용의 원칙, 기간과 기한, 서류의 송달 등
제2장	· **(과세가격과 관세의 부과·징수)** 과세물건, 과세표준, 적용법령, 과세환율, 납세의무자, 납세의무의 소멸, 납세담보, 과세가격의 결정, 세액의 확정, 가산세, 결손처분, 과오납 환급 등
제3장	· **(세율 및 품목분류)** 세율의 종류와 우선순위, 탄력관세, 세율의 적용, 품목분류 등
제4장	· **(감면·환급 및 분할납부 등)** 감면, 위약물품의 환급, 분할납부 및 사후관리 등
제5장	· **(납세자의 권리 및 불복절차)** 납세자의 권리와 심사, 심판
제6장	· **(운송수단)** 개항, 선박과 항공기 입출항절차, 차량규제 등
제7장	· **(보세구역)** 통칙, 지정보세구역, 특허보세구역, 종합보세구역, 유치 및 처분 등
제8장	· **(운송)** 보세운송, 내국운송, 보세운송업자 등
제9장	· **(통관)** 통관요건, 원산지 확인, 통관의 제한, 수출·수입·반송절차, 우편물통관 등
제10장	· 세관공무원의 자료 제출 요청 등
제11장	· 벌칙
제12장	· 조사와 처분
제13장	· 보칙

관세(關稅, customs, customs duties, tariffs)는 국가가 재정수입을 목적으로 관세선(Custom line)을 통과하는 물품에 대하여 법률 또는 조약에 따라 부과하는 조세를 말한다.

조세(租稅, tax)는 국가 또는 지방자치단체가 그 경비에 충당을 위하여 반대급부 없이 일반 국민으로부터 강제적으로 징수하는 금전 또는

2) 관세법시행령: 총 13장 288개 조와 부칙으로 구성
관세법시행규칙: 총 87개 조와 부칙으로 구성

재물을 말한다. 강제적으로 징수하기 때문에 국가는 법률에 근거 없이 조세를 부과·징수할 수 없고, 국민은 조세의 납부를 요구받지 않는다. 조세법률주의라고 한다.[3]

관세는 관세영역으로 들어올 때 수입관세(import duty) 또는 나갈 때 수출관세(export duty)가 부과되며, 국내에서 유통될 때는 과세하지 않기 때문에 내국세(tax)와 구분하여 관세(duty)라는 용어를 사용한다.

우리나라는 수출 물품에는 관세가 없고, 수입 물품에 대해서만 징수되는 수입관세만 있으며, 수입관세 및 관련 내국세를 포함한 수입 제세[4]의 총액은 우리나라 세수의 약 25%를 차지한다.

관세는 국제적으로 국세로 지방정부의 조세로 규정되어 있지 않은 것이 관례이며, 우리나라도 마찬가지이다.

2) 관세법의 목적

관세법의 목적은 관세의 부과·징수 및 수출입 물품의 통관을 적정하게 하고 관세수입을 확보함으로써 국민경제의 발전에 이바지함이다. 이를 상술하면 다음과 같다.

① 재정수입을 효과적으로 확보하기 위함이다. 대부분 국가는 수출이 국민경제의 발전과 후생 증대에 이바지한다는 사실을 인정하고 수출에 대하여는 관세를 징수하지 않고, 수입의 경우에도 관세율의 수준을 크게 낮추어 적용하고 있다.

② 국내산업을 보호한다. 자유로운 무역이 국민경제의 발전과 후생 증대에 이바지한다지만 덤핑물품이 제약 없이 수입되거나, 지적

---

3) 헌법 제59조: 조세의 종목과 세율은 법률로 정한다.
4) 관세, 개별소비세, 주세, 교육세, 교통·에너지·환경세, 농어촌특별세, 부가가치세 등을 포괄적으로 말한다.

재산권을 침해하는 불공정무역 물품이 수입되거나, 일시적으로 수입이 급증하거나 저가상품이 대량 수입될 때도 관련 국내 산업이 크게 타격을 입을 수 있다. 따라서 고율의 관세부과, 수량제한 등 비관세 수단에 의해 규제를 함으로써 국내 산업이 보호될 수 있다.

③ 소비자를 **보호한다**. 원산지표시 위반, 품질의 과장·허위표시 등을 수입통관 과정에서 적정 여부를 확인함으로써 거래 질서를 확립하여 소비자를 보호할 수 있다. 수출통관 과정에서도 국가 이미지를 훼손할 수 있는 물품에 대해 그 적정 여부를 확인하기도 한다.

④ 국민건강과 동식물 및 환경을 **보호한다**. 인간이나 동식물에 해로운 물질이나 병균, 해충 등이 반입되거나 폐기물 기타 환경을 파괴하는 물품이 반입되는 경우 그 피해는 심각할 수가 있다. 또 멸종위기에 있는 야생 동식물에 대해서는 이를 보호하기 위해 이를 거래할 수 없도록 국제협정(CITES)[5]으로 제한하고 있는데 이러한 사항도 수출입 통관 과정에서 확인되어야 한다.

⑤ 국가 안전보장과 선량한 풍속을 **보호한다**. 국가의 안전 또는 사회의 안녕질서를 해칠 수 있는 무기 또는 폭발물의 밀반입이나 마약 등의 밀반입, 그리고 사회의 선량한 풍속을 저해하는 물품의 반입은 이를 통관단계에서 저지할 필요가 있다.

⑥ 통상정책 집행의 효율성을 **확보한다**. 외국과의 교역을 진흥하기 위한 통상정책의 필요성에 따라 특정 물품의 수출 또는 수입을 제한하거나 촉진하여야 하는 경우가 있다.

---

5) CITES(멸종위기에 처한 야생 동·식물의 국제거래에 관한 협약; Convention on International Trade in Endangered Species of Fauna and Flora)는 멸종위기에 처한 종(種) 중에서 국제거래로 그 영향을 받거나 받을 수 있는 종 등에 대해 거래를 제한하고 있다. 파생물, 가공품도 거래를 제한하고 있다.

3) 관세법의 특성

관세법의 성격은 다음과 같다.

① 행정법적 성격이다. 관세법은 관세행정을 통해 집행되기 때문에 행정법의 하나이다. 관세행정의 관세정책에 관한 사항은 기획재정부가, 관세행정의 집행은 관세청과 세관이 담당하는 이원적 체제로 운영되고 있다.

② 조세법적 성격이다. 관세법의 가장 기본적인 성격으로서, 조세의 일종인 관세의 부과와 징수, 감면이나 환급 등 관세의 경감에 관한 내용이 규정되어 있다.

③ 국제법적 성격이다. 관세법에 규정된 관세의 과세가격 평가, 품목분류, 원산지규정, 국제협력관세 등은 WTO 협정 등 각종 조약의 내용을 충실히 수용하고 있다.

④ 절차법적 성격이다. 관세법에는 수입, 수출, 반송, 기타 통관과 관련한 각종 절차를 자세하게 규정하고 있다.

⑤ 형사법적 성격이다. 관세법 위반자에 대한 조사와 처분, 벌칙 규정을 두어 준사법적 성격이 내포되어 있다.

관세청은 세관의 업무를 지도·감독하는 기능을 수행하며, 세관은 업무량 또는 업무의 성격에 따라 세관, 출장소, 감시소로 구분되며, 전국에 5개 본부세관 아래 34개 세관과 16개 지원센터로 구성되어 있다. 세관의 주요 업무는 다음과 같다.

〈표 4-3〉 세관의 주요 업무

영 역	업 무 내 용
통관관리	수출입 물품의 적정한 통관
과 세	관세의 부과·징수, 감면세, 환급, 수입물품에 대한 내국소비세의 부과 징수
외항선(기)관리	입출항절차 관리, 선용품적재 관리, 여행자 휴대품 검사 등
보세구역관리	보세구역의 관리
밀수출입 단속	관세포탈물품, 사회안정·국민의 건강보호·환경보호 저해 물품 단속
공정무역 조장	원산지허위표시·지적재산권 침해 물품 등의 단속
외환사범단속	불법적인 외국환의 거래(환치기 등) 또는 자금세탁의 단속

출장소는 세관장 소속하에, 감시소는 세관장 또는 출장소장의 소속하에 설치된다. 수출입통관 업무는 통상 세관과 출장소에서 모두 수행하지만, 감시소는 통관업무 가운데 수출 및 수입물품에 대한 검사와 감정업무, 관세감면 및 분할납부 물품의 사후관리 업무만을 담당하고 있다.

그림 4-1 전국 세관 조직

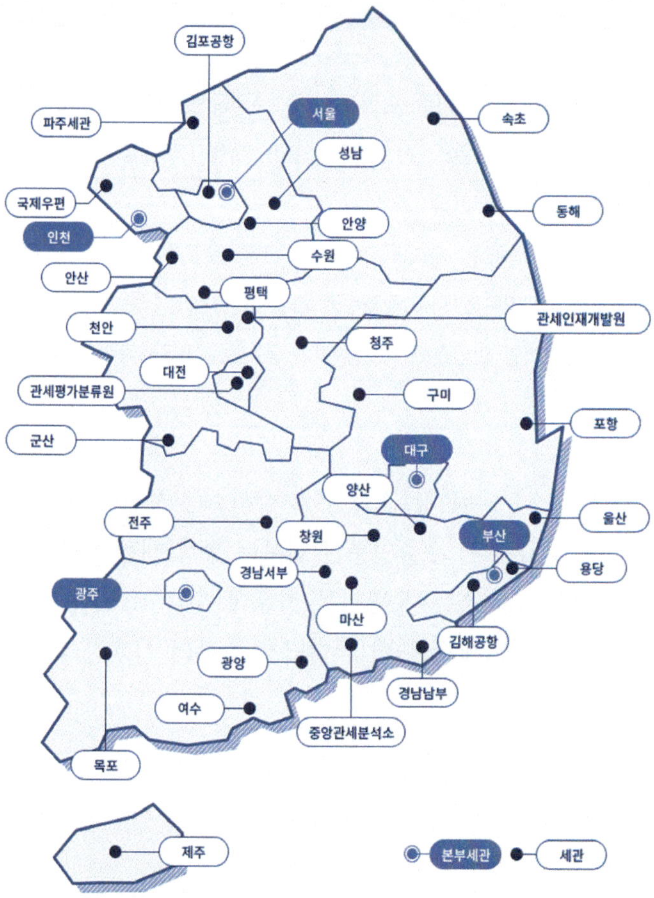

* 출처: 관세청(www.customs.go.kr)

2. 수출입통관

관세법은 통관과 과세를 중심으로 규정되어 있다. 우선 통관(customs clearance)이란 관세법의 규정에 따른 절차를 이행하여 물품을 수출·수입 또는 반송하는 것을 말한다. 따라서 통관은 관념적으로 물품이 관세선을 기준으로 수출·수입·반송하는 것이며, 현실적으로 세관을 통과하는 것을 말한다. 통관에는 수출통관, 수입통관, 반송통관이 있다.

관세선(custom line, customs frontier)은 관세가 부과되는 영역과 부과되지 않는 영역의 경계선을 말하는 것으로 국경선과 반드시 일치하지는 않는다. 관세선을 통과함으로써 법률적으로 내국물품은 외국물품이 되고, 외국물품은 내국물품으로 전환하게 된다.

특정한 경제활동의 촉진을 목적으로 운영하는 보세구역은 영토적 개념으로는 국내지만, 관세선 차원에서는 외국 경제의 국내 연장이다. 그리고 관세선은 지역경제통합(RTA)이나 관세동맹에서는 협정선으로 연장된다.

1) 수입통관

관세법에서 수입, 외국물품은 일상적으로 사용되는 개념 또는 대외무역법 등 다른 법률의 규정과 차이가 있다.

일반적으로 수입(輸入, import)이란 외국으로부터 국내로 물품을 이동하는 일련의 사실행위를 말하며, 대외무역법은 국경을 기준으로 개념을 정의하고 있다.

관세법에서는 수입을 "외국물품을 우리나라에 반입(보세구역을 경유하는 것은 보세구역으로부터 반입하는 것)하거나, 우리나라에서 소비 또는 사용하는 것(우리나라의 운송수단 안에서의 소비 또는 사용을 포함한다.)"으로 정의하고 있다.

구체적으로 수입이라는 일련의 사실행위 가운데 최종 단계에서 국내로 물품을 반입하는 것, 또는 우리나라에서 소비·사용하는 것을 수입으로 보는 것이다.

물품이 외국으로부터 우리나라에 도착하였으나 입항지의 외국무역선(기)에 적재된 상태나, 혹은 하역작업을 하여 보세구역에 장치된 상태에서는 관세법상 아직 수입이 이루어진 것이 아니다.

세관장에게 수입신고를 하고 그것이 수리되었을 때 법적으로 구체적인 수입이 이루어지는 것이다.

수입신고를 하고 그 신고의 수리가 완료되기 전에는 수입이 이루어진 것이라 보지 아니하고 외국물품 상태에 있는 것으로 본다. 그러나 밀수입의 경우는 당해 물품이 우리나라 역내로 반입되었을 때 수입이 이루어진 것으로 간주한다.

'외국물품'이란 외국으로부터 우리나라에 도착한 물품으로서 제241조 제1항의 규정에 따른 수입의 신고가 수리되기 전의 것과 수출의 신고가 수리된 물품을 말한다(관세법 제2조).

관세법상 수입을 외국물품 용어를 고려하여 정리하면 다음과 같다.

① 수입의 대상이 되는 화물은 외국으로부터 우리나라에 도착한 화물과 수출신고가 수리된 화물이다.

외국으로부터 우리나라에 도착한 화물에는 외국선박에 의해 공해에서 채집 또는 포획된 수산물을 포함한다. 외국의 선박(우리나라 국적선일지라도 외국인 또는 외국법인이 운항하는 선박 포함)에 의해 공해에서 채집 또는 포획한 수산물(그 수산물을 원료로 가공 또는 제조한 제품을 포함)을 우리나라로 반입하는 것은 일반적으로 외국에서 도착한 물품을 국내에 반입하는 것과 차이가 없으므로 수입 대상으로 하고 있다.

② 수출신고가 수리된 화물을 우리나라에 재반입하는 것을 수입으로 보는 것은 일반적·경제적인 수입의 개념과 차이가 있다.

수출신고가 수리된 화물에는 외국에 도착한 후 반송되는 화물뿐 아니라 수출신고가 수리된 후 아직 선적하지 아니한 화물이나, 외국에 도착하기 전에 반송되는 화물이 포함된다. 이러한 화물을 수입대상으로 하는 것은 수출신고가 수리된 화물은 관세법상 외국물품으로 간주하기 때문이다.
수출신고가 수리된 화물이 최종적으로 외국으로 운송되면 관세법, 내국소비세법, 대외무역법, 외국환거래법 등에서 의도하는 수출의 효과가 완전히 발생하는 것이므로 일반 내국화물과 구분하여 관세행정상 특별한 관리하에 둘 필요가 있게 된다.

③ 보세구역을 경유하는 화물은 보세구역에 반입되었을 때 수입되는 것이 아니라 보세구역을 거쳐 국내에 반입될 때 비로소 수입이 이루어지는 것으로 본다.

반입의 시기는 정상적인 통관절차를 거치는 물품의 경우는 수입신고가 수리되는 때이다. 즉, 관세법상 내국물품화가 이루어짐으로써 그 물품의 사용·소비에 아무런 제한이 없게 되는 때인 수입신고수리 시점을 반입의 시기로 보는 것이다.
만일 물리적으로 물품이 보세구역에서 국내로 반입되는 때를 반입의 시기라 본다면 수입신고가 수리된 물품을 계속하여 보세구역에 장치해 둘 때 그동안은 수입이 이루어지지 아니한 것으로 보아야 하므로 관세법 체계와 일치하지 아니하는 문제가 발생하게 될 것이다.
보세구역에서 밀수입되는 물품이나 도난당한 물품의 경우는 당해 보세구역에서 국내 지역으로 반입되는 시점이 곧 수입시점이 된다.

④ 수입으로 보지 않는 소비 또는 사용이 있다. 만일 외국물품이 수입되기 전에 다음과 같이 사용되거나 소비되면 수입으로 보지 아니한다(관세법 제239조).

ⓐ 선박용품, 항공기용품, 차량용품을 운송수단 내에서 그 용도에 따라 소비 또는 사용하는 경우
ⓑ 여행자가 휴대품을 운송수단 또는 관세통로에서 소비 또는 사용하는 경우
ⓒ 관세법에서 인정하는 바에 따라 소비 또는 사용하는 경우. 이에 해당하는 경우로는 보세구역 장치물품이 없어지거나 폐기한 경우, 세관 공무원이 물품검사와 관련하여 견본 또는 검사용으로 사용·소비한 경우 등이다.
ⓓ 선(기)용품을 관세청장이 정하는 보세구역에서 출입국관리법에 따라 출국심사를 마치거나 우리나라에 입국하지 않고 단순경유하여 제3국으로 출발하려는 자에게 제공하여 그 용도에 따라 소비·사용한 경우

2) 수출통관

수출(輸出, export)이란 일반적으로 물품을 우리나라에서 외국으로 반출하는 사실행위를 말한다. 관세법에서는 수출을 “내국물품을 외국으로 반출하는 것”으로 정의하고 있다.

'내국물품'이란 우리나라에 있는 물품으로서 외국물품이 아닌 것, 우리나라의 선박 등에 의해서 공해에서 채집 또는 포획한 수산물 등, 입항 전 수입신고가 수리된 물품을 말한다.

관세법상 수출개념을 내국물품 용어를 고려하여 정리하면 다음과 같다.

① 수출의 대상인 물품에는 내국물품으로 가격이나 수량 또는 수출방법과 관계없이 이동 가능한 모든 물품이 포함된다. 따라서 우편시스템을 이용하거나, 여행자가 직접 휴대하여 반출하는 경우도 관세법상 수출에 해당한다.

② 물품을 외국으로 반출하는 것이다. 반출(搬出)이란 우리나라의 영역 밖으로 물품이 이동된다는 것을 의미한다. 따라서 공해상에서 내국물품인 통신케이블을 해저에 매설하거나, 연구 목적으로 정부가 설치한 남극기지 등에 물품을 송부하는 경우에도 관세법상 수출에 해당한다.
반출은 물품이 국내에서 국외로 이동되는 일련의 과정을 의미하나, 통상 선적(또는 항공기 적재)이 완료되었을 때 반출이 이루어진 것으로 본다.

그러나 다음과 같은 특수 형태의 수출은 따로 정해진 시점에 반출이 이루어진 것으로 본다.

ⓐ 선박·항공기 등의 수출은 외국을 향하여 운항을 개시한 때
ⓑ 선상(船上) 신고에 의한 수출은 수출신고가 수리된 때
ⓒ 어로 현지에서 수출하는 어패류 등 원양 수산물의 수출은 수출신고가 수리된 때
ⓓ 우편물은 우편물이 발송된 때

3) 반송통관

반송(返送, ship back)이란 국내에 반입된 외국물품을 수입하지 아니하고 그대로 외국으로 다시 반출하는 것을 말한다. 즉, 국내에 반입된 외국물품을 원상태 그대로, 또는 보세구역이나 이에 준하는 구역에서 포장을 바꾸거나, 구분·분할·합병 등의 보수작업을 하거나, 제조·가공을 거쳐 변형된 상태로 외국으로 다시 반출하는 경우에 적용되는 개념이다.

보세구역에 반입된 물품을 확인한 결과 무역계약 내용과 서로 달라 클레임을 제기하고 그 결과 반송하는 경우가 대표적이다. 그 밖에 보세창고에 장치 중인 외국물품을 선(기)용품으로써 외국무역선(기)에 적재하는 경우나 자유무역지역 또는 보세공장에서 제조·가공한 물품을 외국으로 반출하는 경우 등 여러 가지가 있다.

4) 통관제한

관세법상 수출입통관이 제한되는 금지물품에는 다음과 같은 것이 있다(관세법 제234~235조).[6]

① 헌법 질서를 어지럽히거나 공공의 안녕질서 또는 풍속을 해치는 서적, 간행물, 도화(圖畵), 영화, 비디오물, 조각물, 기타 이에 준하는 물품

② 정부의 기밀을 누설하거나 첩보활동에 사용되는 물품

③ 화폐, 채권 기타 유가증권[7]의 위조품, 변조품 또는 모조품

6) 수출입공고 상 수출금지품목에는 고래고기, 자연석, 개의 모피 등이 있으며, 수입금지 품목은 없다.

7) 유가증권이란 재산권을 표시하는 서류로 그 서류에 표시된 권리의 양도 또는 행사에는 법률상 원칙적으로 그 증권의 소지를 필요로 하는 것을 말한다. 어음, 수표, 선화증권, 상품권, 주권, 사채권, 국채증권 등이 있다.

④ 지적재산권의 보호를 위하여 상표법에 따라 등록된 상표권을 침해하는 물품 등

이와 같은 물품을 비밀리에 수출 또는 수입할 때 금지품 수출입죄에 해당하여 당해 물품이 몰수됨은 물론 10년 이하의 징역 또는 2천만원 이하의 벌금 처벌(또는 징역과 벌금을 병과)의 대상이 된다.

3. 수입통관

그림 4-2 수입통관절차

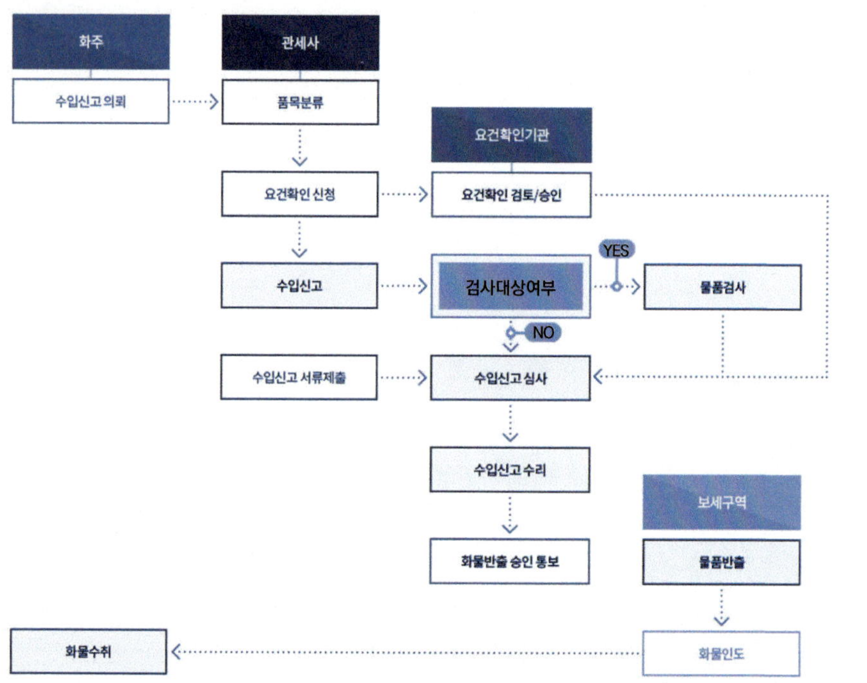

* 출처: 관세청(www.customs.go.kr)

수입통관이란 수입신고를 받은 세관장이 신고사항을 확인하여 일정한 요건을 갖추었을 때 신고인에게 수입을 허용하는 것으로 수입신고사항과 현품이 부합하는지와 수입과 관련하여 제반 법률 규정을 충족하였는지를 확인한 후 외국물품을 내국 물품화하는 행정행위이다.

수입통관은 수출통관보다 절차가 까다로우며, 관세 납부가 있다는 점에서 차이가 있다.

1) 수입신고

수입신고란 물품을 수입하려는 의사를 표시하는 것이다. 수입신고는 신고 시점에 과세물건이 확정되고, 신고일에 시행되는 법령(세율, 과세환율, 감면규정 포함)이 당해 수입 물품에 적용된다는 점에서 중요한 의미가 있다.

관세법은 '수입신고 수리 후 관세 납부제'를 도입하여 통관절차와 과세절차를 분리하고 있다.

수입신고 시기는 원칙적으로 당해 물품을 적재한 선박이나 항공기가 입항 후에만 할 수 있다. 그리고 수입신고는 보세구역 반입일 또는 보세구역 외 장치장의 장치 일로부터 30일 이내에 하여야 한다.

수입신고는 신고 시기별로 보세구역 도착 후 신고, 보세구역 도착 전 신고, 입항 전 신고, 출항 전 신고 등으로 구분된다.[8)]

① 보세구역 도착 후 신고는 수입 물품을 보세구역에 장치한 후 수입신고를 하는 것이다.

다음의 물품은 당해 선박 등이 우리나라에 입항한 후에 신고하여야 한다.

ⓐ 법령의 개정에 따라 새로운 수입 요건의 구비가 요구되거나, 당해 물품이 우리나라에 도착하는 날부터 높은 세율이 적용되도록 입법 예고된 물품. 다만 동 물품이 당해 선박 등이 우리나라에 입항하는 날이 해당 법령의 시행일보다 빠른 경우에는 그러하지 아니하다.

ⓑ 농수축산물 또는 그 가공품으로서 수입 신고하는 때와 입항하는 때의 물품의 관세율표 번호 10단위가 변경되는 물품

8) 원칙은 입항 후 수입신고(§243 ②), 예외는 입항 전 수입신고(§244)

ⓒ 농수축산물 또는 그 가공품으로서 수입신고하는 때와 입항하는 때의 과세단위(수량 또는 중량)가 변경되는 물품

② 보세구역 도착 전 신고는 수입물품이 입항하여 당해 물품을 통관하기 위하여 반입하고자 하는 보세구역(부두 밖 컨테이너 보세창고 및 컨테이너 내륙통관기지, 선상 포함)에 도착하기 전에 수입신고를 하는 것이다.

③ 입항 전 신고는 수입물품을 적재한 선박 등이 상대국을 출항한 다음 우리나라에 입항하기 전에 수입신고를 하는 것이다. 다만 출항 전 신고와 입항 전 신고는 당해 물품을 적재한 선박 또는 항공기가 그 물품을 적재한 항구 또는 공항에서 출항하여 우리나라에 입항하기 5일 전(항공기는 1일 전)부터 수입신고를 할 수 있다.

④ 출항 전 신고는 수입물품을 적재한 선박 또는 항공기가 당해 물품을 적재한 항구 또는 공항에서 출항하기 전에 수입신고를 하는 것이다. 항공기로 수입되는 물품 또는 선박으로 수입되는 물품 중 일본, 중국, 대만, 홍콩으로부터 수입되는 물품이 대상이 된다.

수입신고 세관은 당해 물품을 통관하려는 세관이다. 다만, 출항 전 신고 또는 입항 전 신고는 수입 물품을 적재한 선박 또는 항공기의 입항 예정지를 관할하는 세관장에게 하고, 보세구역 도착 전 신고는 당해 물품이 도착할 보세구역을 관할하는 세관장에게 하여야 한다.

〈표 4-4〉 수입신고시기에 따른 통관절차 구분

구분	원칙(입항 후)	예외 (입항 전; 신속통관을 위함)		
	보세구역도착 후	보세구역 도착 전	입항전	출항전
신고 시기	당해물품이 보세구역 장치된 후 신고 (장치 후 30일 이내)	당해물품이 우리나라 입항 후, 보세구역 도착 전	선 박: 입항 5일전 항공기: 입항 1일전	선박(항공기) 출항 전
신고 대상	제한 없음	제한 없음	컨테이너화물은 FCL인 경우에 한함	-항공 수입 또는 일본, 대만, 홍콩, 중국에서 선박 수입 -컨테이너화물은 FCL인 경우에 한함
신고 세관	보세구역 관할 세관	입항지 또는 보세 구역 관할 세관	입항 예정지 세관	입항 예정지 세관
검사 대상 통보 시기	수입신고일	수입신고일	수입신고일	출항 후
검사생략물품 신고수리시기	수입신고일	보세구역 도착일	적하목록 제출 후	적하목록 제출 후
검사대상물품 신고수리시기	검사 후	검사 후	검사 후	검사 후

수입신고인은 관세사[9], 관세사법인, 통관취급법인 또는 수입화주의 명의로 하여야 한다. 그리고 납세의무자는 수입신고를 한 물품에 대하여는 그 물품을 수입한 화주이다.

수입신고자는 전자문서로 작성된 신고자료를 관세청 통관시스템에 전송하여야 하며 서류제출 대상으로 지정된 수입신고 건에 대하여는

9) 관세사(customs broker)는 개인 관세사, 관세사법인, 통관취급법인을 통칭하며, 관세사법에 따른 국가고시인 관세사 시험에 합격해야 자격을 취득한다(관세사법 제4조).
통관 취급 법인은 운송·보관·하역을 업으로 하거나 이들 법인이 출자하여 설립한 법인으로서 타인으로부터 운송·보관·하역의 위탁을 받은 화물에 대해서만 통관업무를 수행한다. 관세사와 관세사법인은 타인으로부터 위탁을 받으면 제한 없이 통관업무를 수행할 수 있다.

서류를 제출하여야 한다.

① EDI(전자자료교환)방식으로 신고하려는 자는 EDI방식에 의한 수출입신고업무처리승인(신청)서를 사업장 관할지 세관장에게 제출하여 사용자 ID를 부여받아야 한다.

② 인터넷 방식으로 신고하려는 자는 「인터넷통관포탈서비스이용에 관한고시」의 규정에 따라 인터넷통관포탈서비스 이용신청을 하고 세관장의 승인을 받아야 한다.[10]

세관장은 이상 없이 전송된 신고자료에 대하여는 신고일에 ① 접수 여부 및 서류제출 대상 여부, ② 통관시스템에 의한 검사 대상 여부(C/S결과), ③ 신고납부 대상 물품의 경우 납부서 번호, ④ 자동배부의 경우는 신고서 처리 담당 직원의 부호 등을 신고인에게 통보한다.

수입신고 시 서류제출 대상으로 지정된 수입신고 건에 대하여는 수입신고서에 송품장(상업송장), 가격신고서, 선화증권 또는 항공화물운송장 부본, 포장명세서, 원산지증명서 등 서류를 첨부하여 세관장에게 제출하여야 한다. 제출서류는 수입화주가 원본 대조필한 사본을 제출할 수 있으며 세관장이 필요로 하는 경우 신고수리 전 또는 신고수리 후 원본의 제출을 요구할 수 있다. 수입신고 효력 발생 시점은 전송된 신고자료가 통관시스템에 접수된 시점으로 한다.

통관하려는 물품을 보세구역(지정장치장 또는 보세창고 등)에 반입하거나 보세구역이 아닌 장소에 장치한 자는 그 반입일 또는 장치일로부터 30일 이내에 수입신고를 하여야 한다. 이는 보세구역의 체화(congestion)를 방지하고 수입 물품의 국내 유통을 신속히 하고 관세를 적기에 징수하기 위해서이다.

---

10) · 관세청 인터넷 통관 포털: UNIPASS(http://portal.customs.go.kr)
· KTNET EDI: uTrade(www.utradehub.or.kr)

세관장은 수입 물품 중 물품의 신속한 유통이 긴요하다고 인정하여 관세청장이 정하는 보세구역 등에 장치되어 물품을 수입하는 자가 전술한 보세구역 반입일 또는 장치일로부터 30일을 경과하여 수입신고를 하는 때에는 당해 물품의 과세가격의 100분의 2에 상당한 금액의 범위 안에서 과세가격 및 장치 가격을 참작하여 일정 금액 가산세로 징수하게 된다.

가산세는 보세구역의 체화를 방지하려는 등의 목적으로 수입신고를 촉구하려는 취지에서 반입일로부터 30일 이내에 신고하지 않을 때 부과하는 일종의 과태료의 성격이다. 징수금액은 당해 수입물품 자체의 가격에 대한 2% 범위 내 금액으로 하고 있다. 따라서 가산세는 수입물품 중 무세품이나 면세대상 물품도 부과하는 것이 원칙이다.

2) 수입신고 내용 및 신고서 작성[11)]

제출서류는 ① 수입신고서, ② 관세감면 · 분할납부 · 용도세율 · 합의에 의한 세율적용신청서(해당 물품일 경우), ③ 가격신고서, ④ 요건확인서(법령에 따라 허가 · 승인 · 추천 · 검사 등을 받아야 하는 물품으로서 세관장의 확인 대상 품목일 때), ⑤ 송품장, ⑥ 선화증권(B/L) 또는 항공화물운송장(AWB), ⑦ 포장명세서(검사대상일 경우), ⑧ 원산지증명서(특혜관세를 적용하고자 하는 경우), ⑨ 지방세법의 규정에 따른 납세담보확인서(담배 수입의 경우) 등이다.

수입신고서는 용도에 따라 보관용(세관 보관용과 신고인 보관용), 신고필증 발급용 두 가지가 있다.

수입신고서 작성 시 유의사항은 다음과 같다.[12)]

11) 수입신고서 양식: 부록
12) 세부적인 수입신고서 작성 방법은 수입통관사무처리에 관한 고시 [별표 1-2]를 참조.

① 외국으로부터 보세공장 또는 자유무역지역으로 반입(수입)되어 사용하는 경우의 사용신고에도 수입신고서를 사용한다. 만일 신고가 수리되기 전에 반출신청(신고수리 전 반출)을 하여 승인될 때 확정되지 아니한 사항이라도 선화증권(B/L), 송품장 등을 확인하여 수입신고서에 보완 기재한 후 신고수리 전 반출승인 시점에서 전산에 입력하여야 한다.

② 보세건설장 반입 물품 중 신고가 수리되기 전에 사용 승인되었으면 확정되지 않은 사항이라도 선화증권(B/L), 송품장 등을 확인하여 수입신고서에 보완 기재한 후 신고수리 전 반출승인 시점에서 전산 입력한다.

③ 통계부호의 추가, 삭제, 변경사항이 있을 때는 이를 유의하여 오류가 발생하지 않도록 하여야 한다.

④ 자동차, 전자제품, 기계류, 섬유류 등 주요 품목에 부수하여 수입되는 품목으로 금액이 적고 종류가 다양하며, 관세징수와 무역통계 작성에 지장이 없는 것으로 품목별로 각각 별도의 란을 구분하여 작성하는 것이 비능률적이라고 판단될 때는 여러 가지 부수되는 품목 중에서 한 품목의 세번 및 수량, 중량, 포장 등으로 일괄하여 하나의 란에 기재할 수 있다.

⑤ 결제금액에 운임, 보험료가 포함되었으면 수입자(화주)가 운임, 보험료를 구분하여 신고하되 관세사 등 신고인은 그 적정성을 심사하여야 한다.

⑥ 간이 수입신고 대상 물품은 수입신고서에서 ⓐ 수입자, ⓑ 납세의무자 통관고유부호, ⓒ 무역대리점, ⓓ 통관계획, ⓔ 원산지증명서 유무, ⓕ 가격신고서 유무, ⓖ 환급물량, ⓗ C/S검사, ⓘ 검사방법 변경, ⓙ 사후 확인기관, ⓚ 수입 요건확인 서류수, ⓛ 관세사기재란 항목은 기재하지 아니할 수 있다.

⑦ 수입신고서는 선화증권 단위별로 작성한다. 만일 동일 선화증권에 신고납부 물품과 부과고지 물품이 혼합되어 있으면 선화증권을 나누어 신고납부와 부과고지를 분리해 작성한다.

⑧ 신고번호는 어떤 상황에서도 중복되지 않게 작성한다.

⑨ 수입신고서 출력 시 출력내용이 첫 쪽을 초과하는 경우 다음 쪽에 이어서 계속하여 출력하되, 신고서의 ①~⑧항목은 쪽별로 동일한 위치에 반복하여 출력한다.

수입신고서 품명·규격에 관한 사항의 기재요령은 다음과 같다.

① "품명·규격"이란 품명, 거래품명, 상표명, 모델·규격, 성분 등 수입신고서 상의 5개 항목을 총칭하는 것이다.

② "품명"이란 당해 물품을 나타내는 관세율표상의 품명을 말한다. 다만, 관세율표상에 당해 물품을 나타내는 품명이 없는 경우에는 이를 나타낼 수 있는 일반적인 상품명을 말한다.

③ "거래품명"이란 실제 상거래 시 송품장에 기재되는 품명을 말한다.

④ "상표명"이란 상품을 생산, 가공 또는 판매하는 것을 업으로 영위하는 자가 자기의 업무에 관련된 상품을 타인의 상품과 식별되게 하려면 사용하는 기호·문자·도형 또는 이들을 결합한 것과 기호·문자·도형에 색채를 결합한 것을 지칭하는 이름을 말한다.

⑤ "모델"이란 생산방식·방법·타입·양식 등으로서 관세법 별표 관세율표상의 품목분류·관세법 제226조의 규정에 따른 세관장 확인물품·관세환급·관세감면·과세가격 등의 심사에 영향을 미치는 사항을 말한다.

⑥ "규격"이란 재질 · 가공 상태 · 용도 · 조립 여부 · 크기 · 정격전압 · 처리능력 · 생산연도 등으로서 관세율표상의 품목분류 · 관세법 제226조의 규정에 따른 세관장 확인물품 · 관세환급 · 관세감면 · 과세가격 등의 심사에 영향을 미치는 사항을 말한다.

⑦ "성분"이란 당해 물품 구성성분의 종류 및 그 함량을 나타내는 것으로 관세율표상의 품목분류 · 관세법 제226조의 규정에 따른 세관장 확인물품 · 관세환급 · 관세감면 · 과세가격 등의 심사에 영향을 미치는 사항을 말한다.

수입신고서 품명 · 규격의 표기원칙은 다음과 같다.

① 품명 · 규격의 표기는 ⓐ 품목분류(HSK 10단위)에 필요한 사항, ⓑ 세율(관세, 내국세) 확인을 위하여 필요한 사항, ⓒ 관세법 제226조의 규정에 따른 세관장 확인에 필요한 사항, ⓓ 관세감면, 분할납부 대상 확인에 필요한 사항 등을 구체적으로 빠짐없이 기재하여야 한다.

② 품명 · 규격에서 영어는 번역하여 기재하여야 한다.

③ 품명 · 규격의 표기는 수입신고서 상의 양식순서에 따라 표기한다.

④ 관세법 제82조(합의세율) 적용대상으로서 일괄하여 신고하는 경우 세율이 가장 높은 물품을 대표로 기재하고 그 외 물품의 품명 · 규격은 모델 · 규격 및 성분 항목에 모두 기재한다.

⑤ 다수의 품목을 신고하는 경우로서 품목번호 또는 품명이 다르면 각각 란을 달리하여 기재하여야 한다. 다만, 동일한 품목번호로 분류되는 부분품, 부속품, 시약 등은 대표되는 품명을 기재하고 그 외 물품의 품명 · 규격은 모델 · 규격 및 성분 항목에 차례대로 기재한다.

⑥ 신고인은 수입요건확인서류, 송품장 등에 기재한 품명 · 규격이 수입신고서 작성요령에서 정하는 표기 원칙과 다르게 작성된 때에는 수입신고서 작성요령에서 정한 바에 따라 수정하여 표기하여야 한다.

3) 가격신고[13)]

납세의무자는 관세의 신고납부제에 따라 내야 할 관세액을 스스로 결정하여 신고하게 된다. 신고인이 스스로 세액을 결정하는데 과세가격 산출 근거가 명백해야 하므로 구매계약 내용, 가격결정 방법, 기타 관세청장이 정하는 과세가격 결정에 중요한 사항을 기재한 신고서를 작성하여 세관장에게 제출한다. 다만 신고서를 제출하지 아니하여도 과세가격 결정에 곤란이 없다고 관세청장이 인정할 때는 가격신고를 생략할 수 있다.

가격신고 필수대상은 ① 가산요소(수수료, 포장용기 비용, 생산지원 비용, 권리사용료, 사후귀속이익)를 실제 지급금액에 가산하여야 하는 물품, ② 관세 부과 · 징수 물품, ③ 잠정가격신고 대상 물품, ④ 사전세액 심사 대상 물품(체납자신고 물품, 불성실신고인이 신고하는 물품, 물품의 가격변동이 큰 농 · 수산물 등), ⑤ 과세가격이 제2방법 내지 제6방법에 따라 결정되는 경우, ⑥ 수입 물품의 실제 지급금액에 포함될 금액(상계, 간접지급 등)이 있는 경우, ⑦ 관세법 제30조 제3항 1호(처분사용 제한), 2호(조건 · 사정)에 의한 할인이 있는 경우 등이다.

가격신고를 생략하는 경우는 ① 같은 물품을 같은 조건으로 반복적으로 수입하는 경우, ② 수입항까지의 운임 및 보험료 외에 우리나라에 수출하기 위하여 판매되는 물품에 대하여 구매자가 실제로 지급하였거나 지급하여야 할 가격에 가산할 금액이 없는 경우, ③ 과세가격 결정에 곤란하지 아니한 경우 등이다.

13) 가격신고서: 부록 참조

과세가격 결정에 곤란하지 아니한 경우는 ① 정부 또는 지방자치단체가 수입하는 물품, ② 정부조달 물품, ③ 공공기관이 수입하는 물품, ④ 관세 및 내국세 등이 부과되지 아니하는 물품, ⑤ 방위산업용 기계와 그 부분품 및 원재료로 수입하는 물품으로 관련 기관의 수입 확인 또는 추천을 받은 물품, ⑥ 수출용 원재료, ⑦ 「특정연구기관 육성법」에 의한 특정 연구기관이 수입하는 물품, ⑧ 과세가격이 미화 1만불 이하인 물품으로 관세청장이 정하는 물품, ⑨ 그 밖에 과세가격의 결정에 문제가 없다고 관세청장이 인정하는 물품[14] 등이다.

가격신고 시기는 수입신고를 하는 때가 원칙이나, 수입 통관절차의 신속화를 위하여 필요하다고 인정되면 수입신고일 전에 사전 가격신고를 할 수 있도록 하고 있다. 사전 가격신고를 하려면 그 사유와 위의 가격신고 사항을 기재한 신고서를 세관에 제출하여야 한다.

가격신고를 할 때는 대통령령이 정하는 바에 의하여 과세가격 결정에 관련되는 과세자료를 제출하여야 한다. 과세자료란 송품장, 계약서, 각종 비용의 금액 및 산출 근거를 나타내는 증빙자료, 기타 가격신고의 내용을 입증하는 데 필요한 자료를 말하고 다만 당해 물품의 거래내용, 과세가격 결정방법 등을 고려하여 세관장이 인정하는 경우 과세자료의 일부 또는 전부를 제출하지 아니할 수 있다.

가격신고를 함에 있어 신고할 금액이 확정되지 아니한 경우에는 잠정가격 신고를 할 수 있다.

① 원유・곡물・광석 등 1차 산품으로서 수입신고일 현재 가격이 정해지지 않은 경우

---

14) ① 수입 물품 과세가격 결정에 관한 고시 제46조 제1항, ② 과세가격 미화 1만불 이하 물품(개별소비세, 주세, 교통・에너지・환경세가 부과되는 물품, 분할신고한 물품은 제외), ③ 종량세 적용 물품 (단, 가격에 따라 세율이 달라지는 물품은 제외), ④ 특수관계자 간 과세가격 사전심사 결정서에 포함된 물품 등이다.

② 수입 물품 가격 가산 요소(수수료, 포장용기 비용, 생산지원비용, 권리사용료, 사후귀속이익)가 수입 신고일로부터 일정 기간이 지난 후에 정해지는 경우

③ 특수관계가 있는 자들 간에 거래되는 물품의 과세가격 결정방법의 사전심사(ACVA) 신청업체인 경우[15)]

④ 특수관계가 있는 구매자와 판매자 사이의 거래 중 수입 물품의 거래가격이 수입신고 수리 이후에 이전가격 정책에 따라 정상가격으로 조정될 것으로 예상되는 거래로 판매자와 구매자가 수립하는 수입 물품의 거래가격 조정계획에 따라 조정하는 금액이 실제로 지급 또는 영수되고 해당 거래의 수입 물품에 객관적으로 배분·계산될 것으로 판단되는 거래로서 다음 요건[16)]을 모두 갖춘 경우

⑤ 계약의 내용이나 거래의 특성상 잠정가격으로 가격신고를 하는 것이 불가피하다고 세관장이 인정하는 경우[17)]

---

15) · ACVA(Advance Customs Valuation Arrangement, 관세의 과세가격 사전심사): 해외 모회사와 국내 지사 등 특수관계자 간에 거래된 수입물품의 과세가격을 납세의무자의 신청에 따라 과세당국과 납세의무자의 상호합의를 통해 사전에 결정하여 주는 제도
· APA(Advance Pricing Arrangement, 정상가격 산출방법 사전승인): 납세자가 국외 특수관계자와 거래에서 적용할 정상가격 결정방법 및 정상 가격 범위에 대하여 과세당국과 사전에 합의하는 제도

16) ① 납세의무자가 ACVA 또는 APA 승인업체일 것,
② 해당 거래의 수입 물품 수입신고 1개월 전까지 수입 물품 거래가격 조정 계획서에 다음 서류를 첨부하여 세관장에게 제출
㉠ 수입 물품별 가격의 산출방법을 구체적으로 설명하는 자료
㉡ ACVA 또는 APA 승인서
㉢ 국제거래정보통합보고서
㉣ 그 밖에 잠정가격 신고요건을 확인하는 데 필요한 서류

17) ① 국내판매가격을 기초로 과세가격을 결정하여(제4방법) 장시간 소요되는 경우
② 턴키방식으로 계약된 플랜트 등 물품의 최초 발주가 행해진 시기보다 상당 기간이 지나 인도가 완료되는 경우
③ 수입 후에 수입 물품의 가격이 확정되는 경우로서 다음 요건을 모두 충족하는 경우
㉠ 수입 이전에 거래 당사자 간의 계약으로 최종 거래가격 산출공식이 확정

잠정가격신고 방법은 위 ①항의 경우에는 잠정거래계약에 따라서 수입자가 잠정적으로 지급하기로 한 가격, ②항에 해당하는 물품 중 당해 물품 수입 후 판매수익 등의 결과에 따라 권리사용료 또는 사후 귀속 이익 등 가산금액이 확정되는 물품은 사업계획서상 예상 판매량 또는 예상 생산량을 근거로 하여 산출된 예상지급금액을 신고할 수 있다.

일정기간 단위별 수입물품의 운송량 등에 따라 수입 후 일정기간 경과 후에 운임이나 보험료가 확정될 때는 당해 운송사업자 또는 보험사업자가 발행한 잠정계산서 등의 예상 지급금액을 잠정가산금액으로 신고할 수 있다.

납세의무자가 잠정가격신고를 한 후 대통령령이 정한 일정기간 내에 세관장에게 확정가격을 신고하여야 하며 세관장은 대통령령이 정하는 바에 의하여 잠정가격을 기초로 신고 납부한 세액과의 차액을 추징 또는 환급한다.

불가피한 사유로 세관장이 지정한 신고 기간 내에 확정가격 신고를 하지 못할 사유가 있을 때는 수입신고일로부터 2년을 초과하지 않는 범위 내에서 확정가격신고연장신청서를 확정가격 신고기간 종료 3일 전까지 세관장에게 제출할 수 있다.

되어 있을 것
ⓛ 최종거래가격은 수입 이후 발생하는 사실에 따라 확정되어야 함
ⓒ 수입 이후 발생하는 사실은 거래당사자가 통제할 수 없는 변수에 기초하여야 함
④ 그 밖에 잠정가격으로 가격신고를 하는 것이 불가피하다고 세관장이 인정하는 경우

4) 신고서 심사

세관 공무원은 통관시스템에 조회하여 C/S(cargo selectivity) 결과 ① 수입과 심사(물품검사와 심사병행), ② 심사과 심사(검사 생략→심사) 중에서 처리 방법을 정한다.

물품검사로 결정되어 신고서 처리 담당자가 변경되는 경우 통관시스템에 정정 등록해야 하며, 전자서류에 의한 수입신고 물품 중 신고서에 의한 심사 또는 물품검사가 필요하다고 판단될 때는 신고인에게 서류의 제출을 요구하며 서류제출 대상으로 변경된 사실을 통보한다.

수입과 심사는 제출서류의 구비 및 신고서의 기재사항과 일치 여부, 수입신고서 작성요령에 따라 작성되었는지 여부, 분석의뢰 필요성 유무, 사전세액심사 대상물품의 품목분류, 세율, 과세가격, 세액, 감면, 분납 신청의 적정 여부, 수입 요건(제226조) 구비 여부, 원산지표시(제230조) 및 지적재산권 침해(제235조) 여부, 법령의 규정에 따른 감면신청서 및 세율적용추천서의 구비 여부, 전산에서 제공하는 화물정보 및 C/S정보와 수입신고 내용의 비교 확인, 검사대상물품의 품목분류 및 세율의 적정 여부, B/L분할 신고된 물품이 영 제41조의 규정에 따른 징수금액 최저 미만 여부 등을 심사한다.

심사과 심사는 품목분류 및 세율의 적정 여부, 신고서의 세번, 원산지와 관련된 최근 수입신고 실적의 과세가격, 과세가격 결정방법 및 과세가격 계산사항 등 가격정보, 심사신고서의 품목별 해외시장 가격정보, 수입신고 대상의 가산요소 및 공제요소의 누락 여부, 감면 분납 용도세율 대상품목의 사후관리 대상 여부, 수입화주의 체납 사실 여부, 기타 심사와 관련하여 필요한 사항 등을 심사한다.

신고납부 대상물품은 수입화주가 신고한 금액에 대하여 수입신고를 수리한 후에 심사하는 사후 세액심사가 원칙이다. 신고한 세액에 대하여 관세 채권의 확보가 곤란하다고 인정되거나 수입신고를 수리한 후에 세액심사를 하는 것이 부적당하다고 인정될 때는 신고수리 전 세액심사를 한다.

수입신고수리 전 세액심사 대상물품은 다음과 같다.

① 법률 또는 조약에 의하여 관세 및 내국세의 감면을 받고자 하는 물품

② 법 107조의 규정에 따라 관세의 분할납부승인 신청물품

③ 관세 체납 중인 자의 신고물품(체납액 10만원 미만, 체납기간 7일 이내는 제외)

④ 불성실신고인이 신고하는 물품

⑤ 물품의 가격변동이 큰 물품

⑥ 기타 수입신고 수리 후에 세액을 심사하는 것이 적합하지 아니하다고 인정하여 관세청장이 정하는 물품

신고인이 제출한 서류 및 자료에 의하여 심사사항의 확인이 곤란한 경우에는 신고사항을 보완서류 또는 자료를 요구한다. 보완요구를 할 때는 보완하여야 할 사항, 보완요구 이유 및 보완 기간 등을 구체적으로 기재하여 요구하게 된다.

세관장은 통관심사 결과 수입물품이 다음에 해당할 때는 당해 물품의 통관을 보류한다.

① 신고서 기재사항 또는 신고서 제출서류 등 중요한 사항이 미비하여 보완이 필요한 경우

② 법의 규정에 따른 의무사항을 위반하거나, 국민보건 등을 위협할 우려가 있는 경우

③ 세관장의 확인이 필요한 수입물품 등 다른 법령에서 정한 안전성 검사가 필요한 경우

④ 범칙 혐의로 조사를 의뢰한 경우

⑤ 국세징수법 및 지방세징수법에 따라 세관장에게 지방세 강제징수 또는 체납처분이 위탁된 체납자가 수입하는 물품

⑥ 기타 통관심사 결과 신고수리의 요건을 갖추는데 장시일이 소요되는 경우

5) 물품검사

수입신고 물품에 대하여는 신고사항과 현물의 일치 여부 등 확인을 위하여 현품검사를 시행할 수 있다.

수입물품을 전량검사하는 것은 통관 지연으로 물류비용이 증가하고 형식적 검사로 검사의 실효성을 확보할 수 없으므로 수입화주, 물품, 적출국, 원산지, 해외공급자 등을 추적 분석하여 우범성이 높은 물품만 선별하고, 선별된 물품에 대하여는 집중적으로 검사함으로써 통관업무의 효율성을 높이기 위해서 선별검사(C/S; cargo selectivity)기법을 이용한다.

검사대상 물품의 선별은 전국 공통 검사기준(Central C/S)과 세관 선별 검사기준(Local C/S)으로 구분하여, 전자는 무작위 선별(C/S코드 "R")과 최초 수입 및 우범성 기준에 의한 선별(C/S코드 "Y")기준으로 분류하고, 후자는 지역적 특성을 반영한 선별(C/S코드 "T")기준으로 선별된 물품이 주로 검사대상이 된다. C/S코드가 "QS"인 경우에는 대

부분 검사를 생략한다.

다음의 경우는 검사대상에서 선별하지 않는다.

① 포괄적 즉시 수리 적용업체가 수입하는 포괄적 즉시 수리 대상 물품

② 동일 업체가 반복 수입하는 물품으로서 검사 적발 실적이 없는 물품

③ 최근 3년간 관세법 위반 사실 및 체납 사실이 없는 외국인투자 촉진법에 따른 외국인 투자기업이 수입하는 물품

검사대상으로 선별된 물품은 원칙적으로 신고물품 이외의 마약, 총기, 기타 밀수품이 은닉되어 수입되는지를 확인한다.

검사방법에는 단수검사와 복수검사, 전량검사 및 발췌검사, 분석검사, 파출검사 등이 있다.

파출검사는 세관검사장이나 지정장치장이 아닌 곳에 물품이 장치되어 세관 공무원이 출장하여 검사하는 것을 말하며, 이 경우에는 수입신고자가 파출검사수수료를 내야 한다.
검사대상 물품은 신고서 처리와는 별도로 검사전담반에서 사전에 검사계획을 수립하여 검사를 시행하게 된다.

물품검사 시 신고인의 입회가 필요하다고 인정되거나 신고인으로부터 입회 요청을 받은 때에는 신고인이 입회할 수 있도록 검사일시 및 장소, 입회 가능 시간을 통보하여야 한다.

6) 수입신고수리

적법한 신고와 담보제공 또는 관세 납부된 물품에 대하여는 수입신고를 수리한다. 수입신고를 수리하면 외국물품이 내국물품으로 되고, 따라서 관세법의 관리에서 벗어나 보세구역에서 물품의 반출이 허용된다.

납부해야 할 관세 등에 상당하는 담보를 제공하고 세관장의 승인을 받아 물품반출이 허용된 다음의 경우에는 신고수리 전 반출을 할 수도 있다. 신고수리 전 반출 승인된 물품은 내국물품이 된다.

① 완성품의 세번으로 수입신고수리를 받고자 하는 물품이 미조립 상태로 분할선적 수입되는 때

② 조달사업에 관한 법률에 따른 비축물자 중 실수요자가 결정되지 아니한 물품

③ 사전세액심사 대상 물품으로서 세액 결정에 장시간이 소요되는 경우

④ 품목분류 또는 세율 결정에 장시간이 소요되는 경우

⑤ 수입신고 시 필요한 원산지증명서를 세관장에게 제출하지 못한 경우

관세를 내야 할 물품은 신고수리 전에 내야 할 세액에 상당하는 담보를 제공하여야 한다. 다만, 다음의 경우에는 담보제공을 생략할 수 있다.

① 정부기관, 지방자치단체, 정부투자기관이 수입하는 물품

② 관세법 및 기타 법률, 조약에 의하여 관세 등의 감면, 징수기간 연장 또는 분할납부승인 시 담보를 받지 아니하는 경우

③ 납부할 관세를 이미 납부한 경우

④ 담보 면제 및 포괄담보 운영에 관한 고시에서 정하는 바에 의하면 담보제공 면제 업체로 지정받은 경우

세관장은 다른 법령의 규정에 따라 수입 후 특정한 용도에 사용 등의 의무이행을 하게 되어 있는 물품에 대하여는 문서로 당해 의무를 이행할 것을 요구할 수 있다. 대상 물품은 원산지표시 대상물품으로서 수입신고수리 후 분할 재포장 시 원산지 표시의무를 이행하게 되어 있는 물품이다.

다만 다음의 경우에는 의무이행을 면제받을 수 있다.

① 법령이 정하는 허가, 승인, 추천 기타 조건을 갖추어 의무이행이 필요하지 아니하게 된 경우

② 법령의 개정 등으로 의무이행이 해제된 경우

③ 관계행정기관의 장의 요청으로 부가된 의무를 이행할 수 없는 사유가 있다고 인정된 경우 등

7) 수입신고수리 후 확인

수입신고수리 물품이더라도 다음의 경우에는 해당 물품을 보세구역으로 반입을 명령할 수 있는 보세구역 반입명령(recall) 제도가 있다.

① 의무이행의 요구에 의한 의무를 이행하지 아니한 경우

② 원산지표시가 적법하게 표시되지 아니하였거나 수입신고수리 당시와 다르게 표시된 경우

③ 상표권 및 저작권 등 지식재산권을 침해한 경우 등

④ 품질 등을 사실과 다르거나 오인할 수 있게 표시 또는 부착하였거나, 수출입신고 수리 당시와 다르게 표시 또는 표지를 부착한 경우

다만, 당해 물품이 수입신고수리 후 3월이 지났거나 관련 법령에 따라 관계행정기관의 장의 시정조치가 있는 경우에는 반입명령을 할 수 없다.

반입명령인은 관세청장, 수입신고수리 세관장, 반입명령 대상물품 위반사항을 조사한 세관장 및 소재지 관할 세관장 등이다.

반입명령인은 반입대상 물품의 성질, 수량 및 물품 소재지와 반입 보세구역(원칙적으로 지정보세구역) 간의 거리를 고려하여 반입기한을 지정하여야 한다. 반입명령인은 보세구역 반입 물품의 물품검사 결과에 따라 반입명령 수령인에게 보완, 정정 후 반출 또는 반송 또는 폐기의 조치를 명한다.

반입명령 수령인은 반입명령 대상물품 전부를 반입기한 내에 지정된 보세구역에 반입하여야 하며 이를 이행하면서 발생되는 운송료, 보관료 및 기타 비용을 부담해야 한다. 반입명령 수령인은 관련 법령에 따라 이미 관계 행정기관장의 시정조치가 있는 경우에는 그 사실을 증명하는 서류를 제출해야 한다.

수입물품에 대한 심사 및 검사 결과 신고사항이 다음에 해당할 때는 관세법 등 위반혐의 조사를 의뢰한다.

① 수입신고에 있어 품명, 규격, 수량, 가격, 원산지 등 주요 사항을 정당한 사유 없이 허위로 신고하였을 때

② 신고물품 이외의 물품이 수입되었을 때

③ 수입승인서, 송품장, 원산지증명서 등 서류를 위조 또는 변조한 것으로 인정되는 경우

④ 관세법상 수입금지품목이나 타 법령에서 수입을 제한하고 있는 품목이 불법 수입되었을 때

⑤ 출항 전 또는 입항 전 수입신고를 하고 정당한 사유 없이 신고 취하 신청을 한 경우

⑥ 관세사가 전자서류에 의한 수입신고를 하고 당해 규정을 위반하여 수입신고필증을 내준 때

⑦ 관세사가 전자서류에 의한 수입신고를 하고 서류의 보관 및 제출을 이행하지 아니한 때

⑧ 보세구역반입명령을 이행하지 아니한 경우

⑨ 기타 세관장이 범칙 혐의가 있다고 인정할 때 등

〈표 4-5〉 수입통관절차 요약

절 차	내 용
① 적하목록 제출 (manifest)	· 운송인이 수출지 세관과 수입지 세관에 제출 · 수입지 입항 24시간 전에 제출 → 화물관리번호 (화물 추적관리)
② 화물 도착	· 운항 선사는 적하목록별 하선장소가 기록된 하선신고서 제출 · 하선신고서, 보세구역(외) 장치, 보세운송
③ 보세구역 반입 · 장치 확인	· 수입신고 전 보세구역(지정, 특허, 종합)장치 원칙 폐지 · 수입신고 수리일로부터 15일 이내 반출 · 장치기간: 보세창고는 6월, 주요 공항만은 2월 · 하선장소 반입되면 10일이 지나면 다른 장소로 반입 · 컨테이너 내장된 상태로 수입신고할 수 있는 물품은 FCL화물임
④ 요건 확인	· 수출입공고, 통합공고 등 관련 법령 확인
⑤ 수입신고	· 적용법령의 확정: 관세율, 과세물건, 납세의무자 등 · 신고납부제도, 소급과세금지원칙 · 신고시기: ① 보세구역 도착 후 신고, ② 보세구역 도착 전 신고, ③ 입항 전 신고, ④ 출항 전 신고 · 출항 전 및 입항 전 신고 요건: 선박 입항 5일 전(항공기 1일전) · 수입신고인: 관세사, 관세사법인, 통관취급법인, 수입화주 · 신고세관: 입항 예정지, 도착(장치)할 보세구역 관할 세관장 · 구비서류: 수입신고서, 송품장, 가격신고서, 운송서류, 포장명세서, 원산지증명서(해당물품), 기타 필요서류 등 · B/L분할신고: 원칙적으로 B/L 1건별 수입신고
⑥ 심사 및 물품검사 (C/S결과 처리)	· 즉시수리: 신고인의 신고내용대로 수리, 형식적 요건만 확인 · 심사대상: 관련 서류나 분석결과를 검토하는 것 · 물품검사: 은닉 물품, 수입 신고 사항과 현품의 일치 여부 확인 – 검사대상: 우범화물 – 검사장소: 입항지 보세구역, 도착(장치)할 보세구역, 선상 검사 등 – 검사방법: 단수검사 · 복수검사, 전량검사 · 발췌검사 · 분석검사
⑦ 보수 작업	· 필요시
⑧ 관세 납부	· 담보 미제공시, 관세 등 감면 분할납부 승인신청
⑨ 수입신고 수리	· ⓐ 즉시수리, ⓑ 심사 후 수리, ⓒ 검사 후 수리 · 의무이행 요구: 특정용도에만 사용해야 하는 물품 등
⑩ 화물 반출	· 내장화물의 반출: 신고수리일로부터 10일 이내 반출
⑪ 사후세액 심사	
⑫ 관세 납부	· 담보 제공 시, 수리 후 15일 이내 · 가격신고서 생략: 수입신고 생략, 무세, 간이신고 물품 · 신고납부 징수결정: 통관시스템에서 신고수리 등록 시 · 납세의무자: 수입화주 · 납부시기: 수입신고 수리일 15일 이내 수납은행 및 우체국 · 징수형태: 신고납부(원칙), 부과고지, 과세보류

4. 수출통관

그림 4-3 수출통관절차

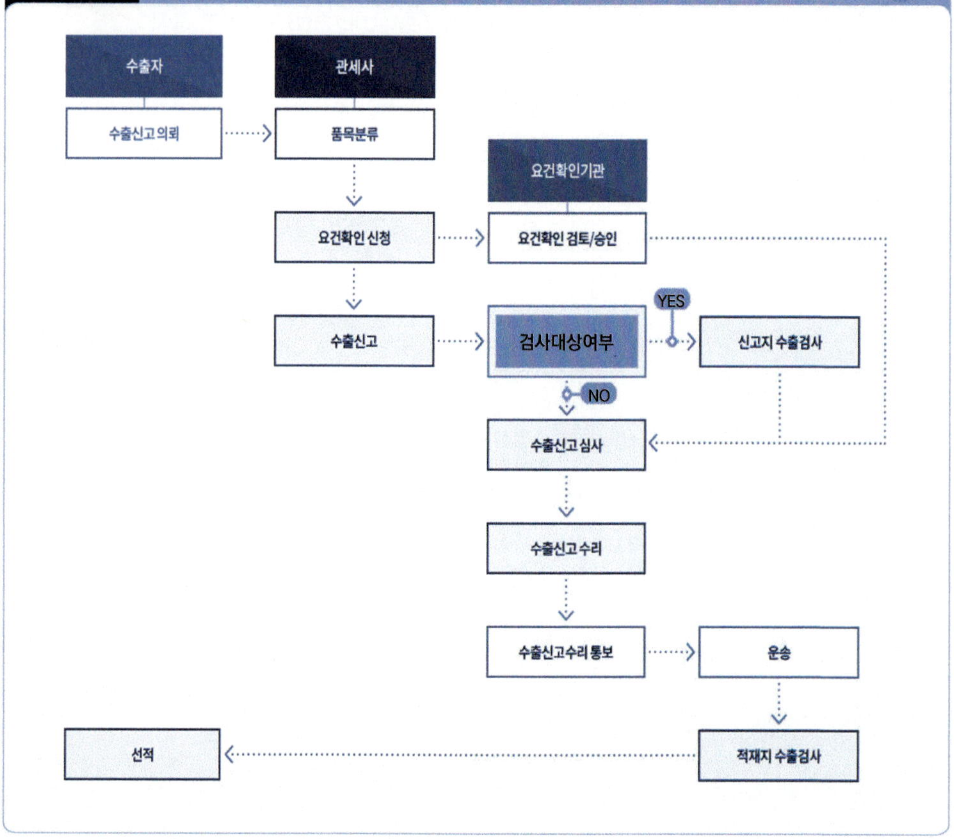

* 출처: 관세청(www.customs.go.kr)

수출통관이란 수출신고를 받은 세관장이 신고사항을 확인하여 일정한 요건을 갖추었을 때 신고인에게 수출을 허용하는 것이다. 수출통관은 수출화주의 수입신고에 대하여 세관 공무원이 수출신고 사항과 현품이 부합 여부와 관련 법·규정을 충족하였는지를 확인한 후 내국물품을 외국물품화하는 행정행위이다.

1) 수출신고

수출신고란 물품을 수출하려는 의사를 표시하는 행위이다. 수출자는 수출 물품을 확보한 후 선적 일정 등을 고려하여 당해 물품을 선적하기 전까지 수출신고를 할 수 있으며, 수출자는 당해 물품이 장치된 소재지를 관할하는 세관장에게 수출신고를 하고 수리를 받아야 한다. 수출신고의 효력은 통관시스템에서 신고번호가 부여된 시점부터 발생한다.

수출신고인은 관세사, 관세사법인, 통관취급법인을 통하여 할 수 있지만, 수출화주(완제품 공급자 포함)가 직접 신고할 수도 있다.

수출신고자는 수출신고서 작성요령 및 관세청장에게 등록된 수출신고서 작성 프로그램에 따른 자료를 통관시스템에 전송하는 P/L (Paperless)신고를 한다.

수출통관 EDI 도입(1994년 12월)과 수출신고제 전환(1996년 7월)에 따라 빠른 수출통관체제가 확립되어 ① 통관 소요시간은 신고 건당 20분에서 2분으로 단축되었으며, ② 검사 및 심사 없는 통관이 허용되고, ③ 서류 없는 수출신고가 전면 허용되어, ④ 신고물품의 95%가 신고 즉시 통관시스템에서 자동수리된다.

다음 물품의 경우에는 서류를 제출하여 수출신고를 한다.

① 관세법 제226조(허가·승인 등의 증명 및 확인)의 규정에 따른 세관장 확인물품 및 확인방법지정고시 중 수출신고 수리 전에 요건구비의 증명이 필요한 물품

② 계약 내용과 상이하여 재수출하는 물품 또는 재수출 조건부로 수입 통관된 물품

③ 수출자가 재수입 시 관세 등의 감면, 환급 또는 사후관리 등을 위하여 서류를 제출하거나 세관검사를 요청하는 물품

④ 수출통관시스템에서 서류제출 대상으로 통보된 물품 등

신고서류는 ① 관세법 제226조의 규정에 따른 세관장 확인물품 및 확인방법 지정고시에 해당할 때는 동 확인에 필요한 구비서류, ② 계약 내용과 상이하여 재수출하는 물품 및 재수출 조건으로 면세받은 물품을 수출 신고할 경우에는 그 이행 사실 입증서류 등이 필요하다.

2) 수출신고서의 작성[18]

수출신고서 작성 시 유의사항은 다음과 같다.

① 수출신고서는 송품장, 포장명세서 등을 근거로 작성한다. 신고자 상호・제출번호, 수출자 상호・부호, 제조자의 주소・상호・성명, 신고번호, 신고일자 등 5개만 기재(나머지는 생략)한다.

② 자동차 등 주요 품목에 부수하여 수출되는 품목으로서 금액이 적고 종류가 다양하며 관세 등 환급에 지장이 없는 것으로서 품목별로 각각 별도의 란을 구분하여 기재하는 것이 비능률적이라고 판단할 때는 일괄하여 하나의 란에 기재할 수 있다.

③ 이사물품의 경우 그 종류와 금액이 다양하여 품목별로 각각 구분하여 기재하는 것이 비능률적일 때에는 품명란에 이사물품(Household goods, 세번은 2424.00.0000), 품목별 수량, 중량, 포장 개수, 금액 등은 일괄하여 해당란에 기재한다.

④ 결제금액에 운임・보험료 등이 포함되었으면 그 운임・보험료 등을 수출자(제조자)가 구분하여야 한다.

18) 수출신고서 양식: 부록 참조

3) 수출신고서 처리 및 심사

수출신고 수리는 신고서 처리방법에 따라 자동수리, 즉시수리, 검사 후 수리로 구분된다. 자동수리 대상은 통관시스템에서 자동으로 신고 수리된다(신고물품의 95%). 즉시수리 대상은 컴퓨터 화면을 통한 심사 후 즉시 수리되고, 검사대상은 검사 후 수리된다. 그러나 적재 전 검사로 선별된 물품은 제외된다.

① 자동수리 대상 물품은 서류제출 대상이 아닌 물품이 해당하며, 원칙적으로 심사를 필요로 하지 않는다. 그러나 정확한 품명, 규격의 확인이 필요하여 관세청장이 정할 때는 화면으로 심사할 수 있다. 이 경우에도 일정 시간이 지나면 자동 수리된다.

② 즉시수리 대상 물품은 자동수리 대상에서 제외되는 물품 중 검사가 생략되는 물품이 해당한다. 컴퓨터 화면 및 신고서류를 통하여 신고내용이 수출신고서 작성요령에 따라 정확하게 작성되었는지 여부, 고시에 의한 서류제출 대상물품인지 여부, 수출 신고한 물품의 세번(HSK) 정확성 여부, 기타 수출물품 통관을 위하여 필요한 사항 등 형식적인 요건을 심사한다.

③ 검사 후 수리 대상 물품은 관세청 통관시스템에서 검사로 지정한 물품 또는 세관장이 현품 확인이 필요하다고 판단되어 검사로 지정한 물품이 해당한다. 실질적인 내용을 심사하여야 하는 물품은 서류제출 대상 및 서류제출 신고 물품인 경우, 위조상품 수출 등 지적재산권 침해 우려가 있는 경우, 관세환급과 관련하여 위장수출의 우려가 있는 경우, 분석을 필요로 하는 물품인 경우, 기타 불법 수출에 대한 우범성 정보가 있는 경우이다.

4) 물품검사

수출물품에 대한 물품검사는 하지 않는 것이 원칙이다. 그러나 통관시스템에 의하여 검사대상으로 선별되었거나 신고의 내용을 심사한 결과 현품확인이 필요한 경우에는 예외적으로 검사를 할 수 있다.

세관장은 물품검사 시 포장명세서의 제출을 요구할 수 있다. 세관장은 효율적인 물품검사를 위하여 필요하다고 판단될 때는 발췌검사 또는 컨테이너 검색기 검사 등으로 검사방법을 지정하거나 변경할 수도 있다. 수출신고에 대한 검사대상 선별(C/S)은 물품, 수출자 또는 제조자, 신고인 등의 우범성 및 신용도 등을 고려하여 관세청장이 별도로 정한 기준에 따라 통관시스템에서 선별한다.

세관장은 수출검사업무의 효율적인 운영을 위하여 검사대상으로 선별된 경우에도 다음 업체에 대하여는 검사생략으로 변경할 수 있다.

① 최근 2년간 관세법 및 환특법 위반사실이 없는 외국인 투자기업

② 월별 납부업체 승인요건에 해당하는 업체

③ 전분기 수출실적 상위 10% 해당업체로서 최근 1년간 수출검사에 따른 적발 실적이 없고 관세법 및 환특법 위반사실이 없는 업체

④ 관세청장이 정하는 기준의 법규준수도가 높다고 인정된 업체 등

세관장은 다음의 경우에 신고수리 후 적재 전에 물품검사를 실시할 수 있다. 검사시기는 원칙적으로 검사 희망일에 한다. 그러나 보세구역반입 검사할 때는 보세구역반입 완료 후 검사를 시행한다.

① 안보 위해(危害)물품, 마약 등 범칙 정보가 있는 경우

② 수출하고자 하는 물품의 소재지 산재 등의 사유로 신고인이 적재 전 검사를 희망하는 경우

③ 기타 세관장이 적재 시점에 검사하는 것이 효율적이라고 판단하는 경우 등

검사장소는 당해 물품이 장치된 당해 장소에서 행한다. 다만, 부정수출 또는 부정 환급 등 우범성 정보가 있거나 물품의 성질, 업체의 성실도 등을 고려하여 물품의 효율적인 검사를 위하여 불가피한 경우에는 세관장의 명령으로 물품을 보세구역에 반입하게 한 후 검사를 할 수 있다.

5) 수출신고수리와 수출신고필증의 정정

P/L신고를 한 경우 수출신고인은 세관장으로부터 신고수리의 사실을 전산으로 통보받아 통보된 내용과 일치하는 수출신고필증을 발행하여 당해 물품의 수출신고를 의뢰한 화주에게 교부할 수 있다.

서류제출 대상물품의 경우에는 수출신고필증에 수출신고 수리인과 신고서 처리 담당자가 도장을 찍어 신고인에게 교부한다. 교부된 신고필증이 통관시스템에 보관된 전자문서의 내용과 상이한 경우에는 통관시스템에 보관된 전자문서의 내용을 원본으로 한다.

신고인은 P/L신고를 하고 세관장으로부터 신고수리의 사실을 전산으로 통보를 받았을 때 수출신고서 및 첨부서류를 3년 동안 보관하여야 하며 마이크로필름, 光디스크 등 전산 매체에 의해서 보관할 수 있다.

수출신고는 정정하거나 취하할 수 있다. 수출신고를 정정하거나 취하하고자 하는 자는 정정 또는 취하하고자 하는 내용을 전자문서로 작성하여 관세청 통관시스템에 전송하여야 한다.

이 경우 서류제출 대상은 수출신고를 수리한 세관 또는 신청인 소재지 관할 세관장에게 신청서 1부와 해당 사유를 증빙하는 서류를 제

출하여야 한다. 다만, 검사대상은 물품검사를 실시한 세관에 제출하여야 한다. 신청은 수출물품의 화주 또는 그 화주의 의뢰를 받은 신고인이 하여야 한다.

수출신고의 정정이 가능한 경우는 다음과 같다.

① 현품 확인으로 정정내용을 확인한 경우

② 계산 착오, 소수점 기재 착오 등 작성(전송) 오류가 수출신고인의 명백한 과실로 인정될 경우

③ 품명·규격 및 세번부호 정정으로 환급액이 증가할 때는 계약서, 송품장, 당해 수출물품에 대한 품명·규격을 입증할 수 있는 객관적 자료(분석결과회보서 등)에 의하여 정정내용을 확인한 경우

④ 단가, 신고가격의 정정으로 환급액이 증가하는 경우는 계약서, L/C, 외화입금증명서, P/O(purchase order) 거래 관련 서류에 의하여 정정내용을 확인한 경우

⑤ 수량(중량) 정정으로 수출금액이 증가하는 경우는 계약서, L/C, 선화증권, 상대국 해당물품 수입신고서 사본 등 거래 관련 서류에 의하여 정정내용을 확인한 경우

⑥ 거래 구분 정정은 임가공계약서 등 거래형태를 증빙하는 서류에 의하여 정정내용을 확인한 경우. 다만, 전산시스템상 선적이 완료된 후에는 원칙적으로 원상태 수출 또는 위약수출로 변경할 수 없다.

⑦ 기타 환급액 증가가 없는 경우로 관련 증빙서류에 의하여 정정사유가 타당하다고 인정될 경우 등

6) 특수형태의 수출신고

(1) 선상 수출신고

선상 수출신고는 내국물품 적재허가를 얻은 후 선상 수출신고를 필하고 출항하게 된다. 신고시기는 출항 전까지 출항지 세관에 신고한다. 다만 검정서에 의하여 수량을 확인하는 물품으로서 규정된 경우[19)]에는 출항 후 최초 세관 근무시간까지 수출신고를 할 수 있다.

선상 수출신고가 가능한 경우는 다음과 같다.

① 선적한 후 공인검정기관의 검정서에 의하여 수량을 확인하는 물품 (예 벌크화물, 광산물 등)

② 물품의 신선도 유지 등의 사유로 선상수출신고가 불가피하다고 인정되는 물품 (예 내항선에 적재된 수산물을 다른 선박에 이적하지 않은 상태로 외국무역선으로 자격을 변경하여 출항하려는 경우)

③ 자동차 운반전용 선박에 적재하여 수출하는 신품 자동차 등

(2) 현지 수출 어패류 신고

어패류를 외국 현지에서 판매한 후 대금을 정산하는 수출의 경우에는 수출 후 대금결제 전까지 출항허가를 받은 세관에 신고하면 된다. 신고 절차는 출항허가를 받고 어패류를 적재하여 수입국에 입항하여 판매한다. 신고는 수출국에 입항하여 신고자료를 전송함으로써 수출신고가 종료된다.

19) 법 제140조 제4항 단서 규정에 따른 적재허가를 받은 물품, 고시 제2-1-3조 제1항 제1호 내지 제2호에 해당하지 않은 물품, 세관 근무시간 외에 적재 또는 출항하는 경우 등

(3) 원양수산물 신고

우리나라 선박이 공해에서 획득한 수산물을 외국 현지에서 판매할 때는 대금결제 전까지 수출사실증명서류가 첨부된 수출실적보고서를 한국원양산업협회를 경유하여 서울세관에 신고하면 된다. 국내 입항 후 수출할 때는 일반수출신고 또는 선상수출신고를 하면 된다.

(4) 잠정수량 신고 대상물품의 수출신고

파이프라인 등 고정 운반설비를 이용하여 적재하는 경우 또는 제조공정 상 이유로 수출신고 시에 수량 확정이 곤란한 물품[20)]을 수출하고자 하는 자는 수출신고 시에 적재 예정 수량 및 금액을 수출신고서 서식을 사용하여 신고하고 적재 완료일로부터 5일이 지나기 전까지 실제 공급한 수량 및 금액을 신고할 수 있다.

7) 수출물품 선적관리

수출신고가 수리된 물품을 그 물품이 장치된 장소에서 선적지까지 운송하면서 보세운송 절차가 생략된다. 다만, 다음의 경우는 보세운송을 해야 한다.

① 반송 절차에 관한 고시에 따라 외국으로 반출하는 물품

② 보세전시장에서 전시 후 반송되는 물품

③ 보세판매장에서 판매 후 반송되는 물품

④ 여행자 휴대품 중 반송되는 물품

⑤ 보세공장 및 자유무역지역에서 제조・가공하여 수출하는 물품

등이다. 운송수단 선택과 운송 시기는 화주가 임의로 할 수 있다.

---

20) 가스, 액체, 전기, HS 제50류 내지 제60류 중 직물이나 편물, 기타 제1호 내지 제4호에 준하는 물품으로서 관세청장이 별도로 정하는 물품

수출신고가 수리된 물품은 관세법 제251조에 의하여 수출신고가 수리된 날로부터 30일 이내에 우리나라와 외국 간을 왕래하는 운송수단에 적재하여야 한다.

적재 스케줄 변경 등 부득이한 사유가 있는 경우에는 통관지 세관장에게 적재 기간 연장승인(신청)서를 제출하여 수리일로부터 1년의 범위에서 적재 기간 연장승인을 받을 수 있다.

수출신고 수리된 물품을 휴대하거나 우편으로 발송할 때 관세환급을 받기 위해서는 다음과 같이 적재확인을 받아야 한다.

① 여행자가 휴대하여 반출할 때는 출국심사 세관공무원에게 수출신고필증 사본을 제출하여 적재 확인

② 우편으로 발송할 때는 통관우체국의 세관공무원 또는 수출우편물을 취급하는 우체국장에게 현품과 수출신고필증을 제시하여 발송 확인

수출신고 수리를 취소하는 경우는 다음의 절차를 거친다.

① 수출신고를 수리한 세관장은 적재 기간을 경과하여 미적재한 물품에 대하여 신고인에게 "수출신고 수리취소 예정 통보"를 한다.

② 수출신고 수리취소 예정 통보를 받은 신고인은 통보일로부터 14일 이내에 원인 규명을 하여 적하목록 정정, 수출신고 정정, 적재등록 등의 방법으로 원인을 해소하는 조치를 하여야 한다.

③ 미적재의 원인을 규명한 결과 적재되지 아니하였거나 원인을 규명할 수 없는 물품에 대하여 세관장은 수출신고의 수리를 취소하고 과태료를 부과한다.

8) 수출물품 관세환급

물품을 수출하게 되면 그 수출물품 생산에 사용·소비된 원재료를 당초 수입할 때 납부한 관세는 세관장, 부가가치세는 세무서장으로부터 환급받을 수 있다. 그러나 물품을 생산하여 수출하는 것이 아닌, 완제품을 구매하여 수출하는 소규모 무역업자의 경우 일정한 요건을 갖추지 못하면 비록 물품을 수출하였다 하더라도 환급이 안 되는 경우도 있다.

물품을 수출하면서 세관장에게 신고하고 그 신고가 수리되어 수출신고필증을 확보하고 있을 때 관세환급(원재료 수입 시 징수된 부가가치세를 제외한 개별소비세, 주세, 교통·에너지·환경세, 교육세, 농어촌특별세를 포함)을 받을 수 있다.

간이정액환급은 중소기업기본법 제2조의 규정에 따른 중소기업자로서 최근 2년간 매년 환급실적(기초원재료납세증명서 발급실적 포함)이 4억원 이하인 자가 생산하는 수출품에만 적용할 수 있다. 이때 환급의 신청은 수출자 또는 수출물품의 생산자가 직접 하여야 한다.

만일 수출자와 수출물품의 생산자가 다른 경우에는 생산자를 기준으로 하여 간이정액환급률표 적용 여부를 결정한다. 결국 완제품을 구매하여 수출하는 소호(SOHO; Small office Home office)무역업자는 직접 간이정액환급을 받을 수 없다.

개별환급은 물품을 구매하여 수출하였으면 특별한 요건을 갖추지 않더라도 수출자가 관세환급을 신청할 수 있다. 그러나 개별환급이 가능하기 위해서는 수출신고필증과 소요량계산서, 소요된 원재료에 대하여 관세 등을 납부한 사실을 입증하는 기초원재료납세증명서가 확보되어야 한다.

기초원재료납세증명서는 제품을 생산하여 판매한 제조자가 세관으로부터 발급받아(자율발급업체는 자유 발급) 구매자에게 인도하는 것이다. 이 같은 경우 기초원재료납세증명서는 수입원재료 또는 중간 원재료를 사용하여 생산한 물품을 수입신고 수리일(중간 원재료의 경우에는 구매일)로부터 1년 이내에 수출하는 자에게 양도하는 것으로서 수출자가 환급받고자 하는 경우(이를 '완제품 공급 수출'이라 한다)에 발급될 수 있다.

완제품을 구매하여 수출하는 자가 직접 환급받고자 하는 경우 당해 물품을 판매한 자가 기초원재료납세증명서를 발급받아 완제품 수출자에게 인도할 수 있고, 이 경우에 완제품 수출자는 개별환급을 받을 수 있다.

간접적으로 환급받는 방법도 있다. 완제품을 공급하는 자가 환급받도록 한 다음 이를 청산하거나 환급 가능액 부분만큼 낮은 가격으로 물품을 구매하는 것이다. 즉, 완제품공급자와 합의하고 수출신고를 할 때 신고서의 환급신청인 란에 제조자가 환급신청할 것임을 명기하고, 추후 환급신청 시 완제품공급자인 제조자가 환급받도록 하는 것이다. 이때 제조자가 개별환급 방법을 택할 것인지, 간이정액환급 방법을 택할 것인지는 문제가 되지 아니한다. 완제품공급자와 구매수출자인 소호무역업자 사이에는 환급금액을 물품 대금에 포함하여 계산하거나, 환급이 이루어진 다음 청산하는 방법이 가능할 것이다.

환급받는 경우 문제점은 수출자인 소호무역업자의 수출거래 내용이 완제품 공급자에게 모두 공개될 수밖에 없다는 점이다. 왜냐하면 완제품공급자가 환급에 사용할 수출신고필증에는 소호무역업자의 외국 거래자, 수출가격 등과 관련한 정보가 모두 수록되어 있기 때문이다.

한편 부가가치세의 경우에는 매출세액에서 매입세액을 공제하는 방법에 따라 환급액이 산출되기 때문에 소호무역업자가 자신의 명의로 수출하고 부가가치세를 담당세무서장으로부터 환급받을 수가 있다.

〈표 4-6〉 수출통관절차 요약

절 차	내 용
① 수출물품 생산	· 수출물품 확보, 수출서류 작성
② 선박 수배	· 운송계약 체결
③ 요건 확인	· 수출입공고 · 통합공고 상 필요시
④ 보세구역 반입	
⑤ 수출신고	· 물품의 적재 전까지 물품소재지 관할 세관장에게 신고 · 신고단위: 선박(or 항공기)의 적재단위(B/L or AWB)별 · P/L신고 : 전자문서를 EDI or 인터넷 통관시스템에 전송 · 효력시점: 통관시스템에서 신고번호가 부여된 시점 · 구비서류: 수출신고서, 수출승인서(필요시), 상업송장, 포장명세서, 기타 수출통관에 필요한 서류
⑥ 심사 및 물품검사	· 화물검사는 생략하는 것이 원칙
⑦ 수출신고 수리	ⓐ 자동수리: 서류제출 대상이 아닌 물품 ⓑ 즉시수리: 자동수리대상이 아닌 물품 중 검사 생략된 물품 ⓒ 검사 후 수리: 현품확인, 우범화물 중 세관장 판단 물품
⑧ 수출신고필증 교부	ⓐ 우편물: 통관우체국에서 현품 및 수출신고 수리 필증을 제출하여 우편발송 확인서 받음 ⓑ 휴대 탁송품: 출국심사 세관원의 수출신고필증 사본, 선적확인 받음 ⓒ 수출신고의 취하, 각하, 취소
⑨ 내륙운송	
⑩ 선적 · 기적	수출신고수리 후 30일 이내
⑪ 관세환급	

5. 반송 및 특수통관

1) 반송 통관절차

반송(返送, ship-back)이란 우리나라에 도착한 외국물품이 수입통관 절차를 거치지 않고 다시 외국으로 반출하는 것이다. 반송하고자 하는 물품은 지정장치장 또는 보세창고에 반입한 다음 그 반입일 또는 장치일로부터 30일 이내에 반송신고를 하여야 한다.[21)]

그러나 여행자 휴대품으로서 유치된 물품을 반송할 때는 관세청장이 따로 정한 날(해당물품의 유치일로부터 1월이 경과한 날)부터 30일 이내에 반송신고를 하여야 한다. 유치된 휴대품에 대해 일정 기간 반송을 제한하는 것은 휴대품으로서 상용품이 과다하게 반입되는 것을 억제하기 위함이다.

반송신고는 신고자료를 EDI를 통해 전송하고, 반송신고서(수출신고서 사용)에 선화증권(항공화물상환증) 사본, 수출송품장 및 포장명세서(필요한 경우), 수입신고취하승인서(통관보류 물품), 승인 · 추천 · 인증 등 필요한 서류 등을 제출하여야 한다.

반송신고 물품에 대해서는 심사와 현품검사를 하고, 신고를 수리한다. 반송신고가 수리된 물품이 내륙지 보세구역에 장치되어 있으면 개항장으로 보세운송하여야 한다. 신고를 수리한 세관장은 전산시스템을 조회하여 당해 물품의 선적 사실 여부를 확인한다.

---

21) 반송 통관절차는 ① 적하목록 제출 → ② 화물 도착 → ③ 보세구역 반입 → ④ 반송 신고 → ⑤ 화물검사 → ⑥ 반송 신고수리 → ⑦ 화물 적재 · 운송 등이다.

2) 특수 통관절차

(1) 수입신고수리 전 반출제도

세관장이 수입신고를 수리하기 전에 물품이 장치된 장소로부터 미리 반출할 수 있도록 허용하는 제도이다.

이 제도는 여러 건의 신고물품을 하나의 세번으로 통합하여 통관함으로써 감면 또는 분할 납부제도를 적용하고자 하거나, 통관에 장시간이 소요되면 물품을 조기에 반출하여 사용·소비하고자 할 때 활용될 수 있다. 수입신고수리 전 반출을 하고자 할 때는 관세 등에 상당하는 담보를 제공하여야 한다.

수입신고 수리 전 반출을 할 수 있는 대상은 수입통관에 곤란한 사유가 없는 물품으로서 다음의 경우에 이용할 수 있다.

① 완성품의 세번으로 수입신고수리 받고자 하는 물품이 미조립 상태로 분할 선적 수입된 경우
② 조달사업에 관한 법률에 따른 비축물자로 신고된 물품으로서 실수요자가 결정되지 아니한 경우
③ 사전세액심사 대상물품(부과고지 물품을 포함)으로서 세액 결정에 장시간이 소요되는 물품
④ 품목 분류 또는 세율 결정에 장시간이 소요되는 경우 등

(2) 수입신고 전 즉시 반출제도

신속한 통관과 원활한 물류를 위한 제도로서 수입신고 전 즉시 반출제도가 있다. 정상적인 수입신고를 하기 전에 수입 물품을 운송수단·관세통로·하역통로 또는 관세법의 규정에 따른 장치장소로부터 반출을 할 수 있게 하는 것이다(관세법 제253조).

이 제도를 이용하기 위해서는 세관장으로부터 대상업체로 지정을 받아야 한다. 즉시 반출 대상업체는 대상물품에 대해 수입신고 전 물품반출신고서를 세관에 전송하고 B/L(AWB) 사본, 송품장 사본을 첨부하여 수입물품에 대한 적하목록이 제출된 후에 세관장에게 제출함으로써 반출신고를 한다.

반출신고한 물품에 대해서는 일반 수입신고 시와 같이 검사대상 여부를 선별하여 검사대상으로 분류된 것에 대해서는 검사를 시행한다.

검사와는 별개로 첨부서류(B/L 또는 AWB 사본과 송품장 사본)의 구비 여부 및 신고내용이 첨부서류의 내용과 일치하는지 여부 등에 대해 심사를 하고, 이상이 없는 경우 반출신고를 수리한다.

즉시 반출업체는 물품 반출신고일로부터 10일 이내에 정식 수입신고서 및 첨부서류에 반출신고서를 더하여 물품반출지 세관장에게 수입신고를 하여야 한다.

만일 즉시반출업체가 반출신고일로부터 10일 이내에 수입신고를 아니할 때 세관장은 납부세액에 가산세를 추가하여 부과 고지한다.

(3) 수입신고를 생략한 통관

휴대품이나 우편물 같은 소량이면서 자주 반입되는 물품과 면세 물품 등의 경우에는 간이통관제도를 인정하여 수입신고가 생략된다. 수입신고가 생략되는 물품은 B/L만 제시하면 세관이 이를 확인한 다음 인수증을 제출받고 물품 보관 장소에서 즉시 인도한다. 수입신고가 생략되는 물품의 검사는 무작위선별방식에 의해 선별된 물품만 검사한다.

① 외교행낭으로 반입되는 면세 대상물품
② 우리나라를 방문하는 외국의 원수와 그 가족 및 수행원에 속하는 면세 대상물품

③ 유해 및 유골
④ 신문, 뉴스를 취재한 필름·녹음테이프로서 언론기관의 보도용품
⑤ 재외공관 등에서 외교통상부로 발송되는 자료
⑥ 기록문서와 서류 등

(4) 간이통관

간이통관은 수입신고 절차의 예외로서 절차 중 일부가 생략되는 통관 방법이다. 무역업자가 아닌 일반인이 개인용으로 사용하기 위하여 구입하여 휴대품 등으로 반입하거나, 외국의 친지로부터 송부받는 물품은 간이한 통관절차와 세율을 적용한다.

간이신고 대상 물품은 첨부서류 없이 수입신고서에 신고사항을 기재하여 신고한다. 개인은 세관 내에 설치된 관우회 단말기를 이용하여 수입신고를 할 수도 있다.

① 당해 물품의 총 가격이 미화 150불 이하이며, 국내 거주자가 자가 사용으로 수취하는 면세대상 물품

② 당해 물품의 총 과세가격이 운임을 포함하여 미화 250불 이하의 면세되는 상용견품

③ 설계도 중 수입승인이 면제되는 것

④ 외국환거래법 규정에 따라 금융기관이 외환업무를 영위하기 위하여 수입되는 지불수단 등

특급탁송 또는 국제우편 등을 통하여 동일 날짜에 여러 개 화물이 도착하였으면 합산과세 된다. 합산금액이 목록통관 기준금액(150불, 미국은 200불)을 초과하면 정식수입신고대상이다.

① 하나의 B/L이나 AWB로 반입된 과세 대상 물품을 면세범위 내로 나눠 수입 통관하는 경우

② 입항일이 같은 두 건 이상의 물품(B/L 또는 AWB기준)을 반입하여 수입 통관하는 경우. 다만, 둘 이상의 국가로부터 반입한 물품은 제외

③ 같은 해외공급자로부터 같은 날짜에 구매한 과세 대상물품을 면세범위 내로 분할 반입하여 수입신고하는 경우

〈표 4-7〉 간이통관절차를 적용받는 물품

구 분	내 용
여행자휴대품 또는 별송품	· 여행자가 개인용품이나 선물을 휴대하여 반입하는 경우 · 여행자 개인용품을 화물로 탁송하여 반입하는 경우
우편물	· 외국의 친지나 친구로부터 우편을 통해 송부된 선물 · 국내 거주자가 대금을 송부하고 자가 사용으로 구입하여 반입한 우편물 (이 경우 일반수입에 제한사항이 있거나 1,000불을 초과하는 경우 정식 수입 신고 절차에 따라야 함)
탁송품 또는 특급탁송품	· 외국의 친지, 친구 또는 관계회사에서 기증된 선물 또는 샘플이나 하자 보수용 물품 등 · 국내 거주자가 개인용으로 사용하기 위하여 인터넷 등 통신을 통하여 대금을 지불하고 구입하여 반입한 화물

(5) 특송물품 통관

특송물품, 우편물, 휴대품의 통관은 일반적인 수출입 물품의 통관과는 다소의 차이가 있다.[22]

22) 여행자 또는 승무원 휴대품 통관에 관한 고시 (관세청고시)

특송물품이란 특급탁송화물운송업체(특송업체)에 의해 수입되는 특급탁송 물품을 말한다.

특송물품은 ① 목록통관특송물품[23], ② 간이신고특송물품[24], ③ 일반신고특송물품[25]과 같이 세 가지로 구분한다. ①번은 통관목록을, ②번은 수입신고서를, ③번은 수입신고서와 신고 시 제출서류 첨부하여 통관절차를 진행한다. 이러한 물품은 세관장이 지정한 특송물품 전용통관장소(통관장)에서 통관한다.[26]

그림 4-4 특송물품 수입통관

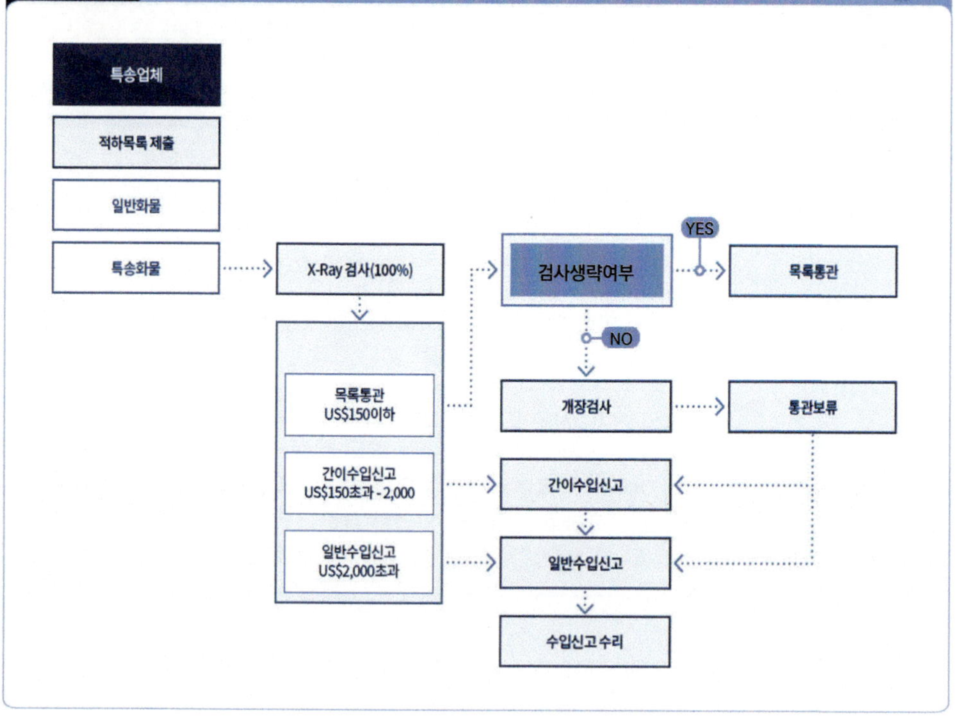

* 출처: 관세청(www.customs.go.kr)

23) 물품가격이 미화 150불 이하의 소액면세 또는 견본면세 대상물품
24) 물품가격이 미화 1,000불 이하로서 수입이 제한되는 것을 제외한 물품
25) 물품가격이 미화 1,000불을 초과하는 물품과 수입이 제한되는 물품
26) 특송물품 수입통관 사무처리에 관한 고시 (관세청고시)

세관장은 특송업체별로 통관장을 지정하고, 통관장에 전담 세관공무원을 파출(派出)하여 근무하게 한다.

특송물품의 규모는 정보통신기술과 물류기법의 발달에 따라 급속한 증가추세에 있다.

특송업체는 통관지 세관장 또는 관할지 세관장에게 미리 등록하여야 한다. 특송업체로 등록한 자는 등록일로부터 1개월 이내에 통관장에 물품을 원색(color)으로 정확히 판독할 수 있는 X-Ray기 및 X-Ray 판독 요원을 배치하여 특송화물을 자체 검사한다.

(6) 우편물 통관

우편물은 일반적인 수출입화물과는 달리 통관우체국에서 통관이 이루어진다.

그림 4-5 국제우편물 수입

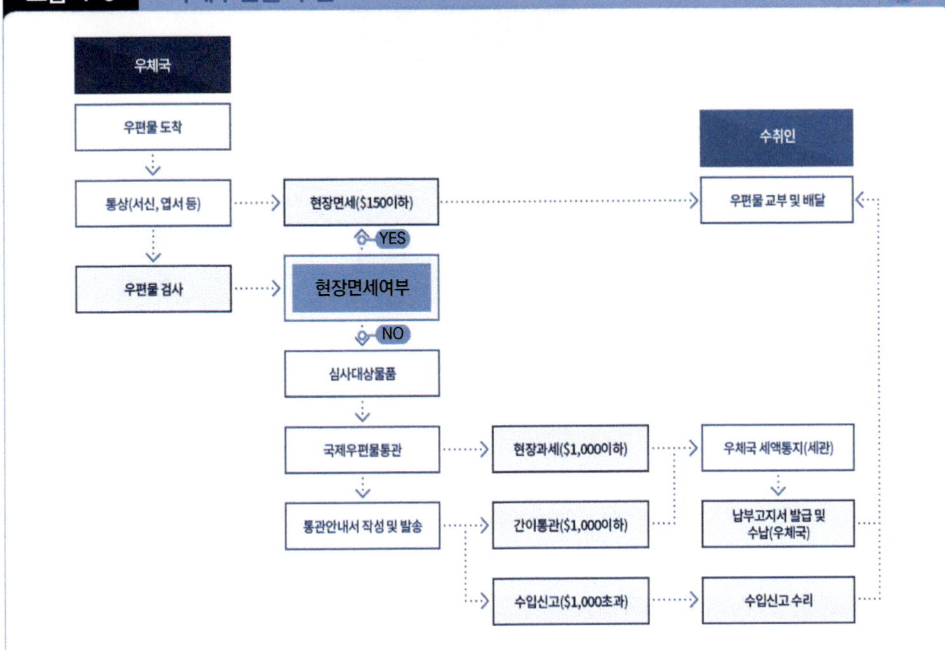

* 출처: 관세청(www.customs.go.kr)

해외 친지 등이 국내 거주자에게 기증하는 물품 등 일정 금액(미화 150불) 이하의 물품은 관세를 면세해 준다. 세관 직원이 현장면세 한 우편물은 수취인 주소지 배달우체국으로 이관되어 수취인이 자택에서 배달받으며, 과세 대상 우편물은 수취인이 세금을 내야 통관이 가능하다.

(7) 휴대품의 통관

휴대품은 여행자 또는 외국무역선(기)의 승무원이 직접 휴대하거나 별도 송부하는 것으로(이를 '별송품'이라 한다) 수출입하는 물품이다.

그림 4-6 여행자휴대품

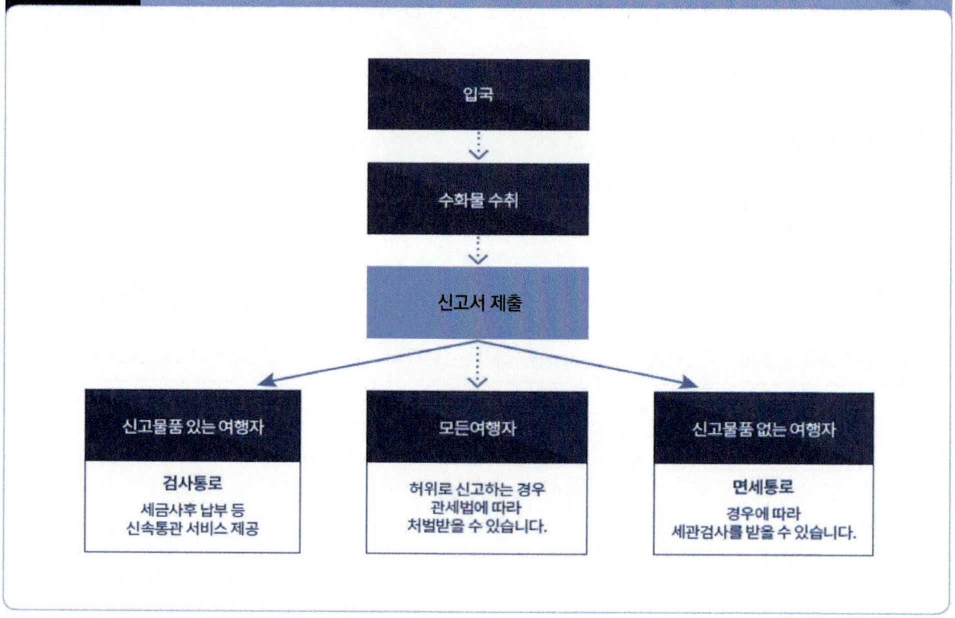

* 출처: 관세청(www.customs.go.kr)

(8) 전자상거래물품 및 SOHO무역업자에 대한 특별통관

전자상거래로 거래되는 물품에 대해서는 관세청장이 수출입신고, 물품검사 등 통관절차에 대하여 따로 정하여 적용할 수 있다. 그 이유는 전자상거래로 거래되는 물품은 무역서류 등이 따로 작성되지 아니하는 특징이 있어서 전통적인 방법에 따른 수출입 통관절차와는 다른 절차에 의해 통관절차를 이행하도록 할 필요가 있다.

전자상거래와 관련하여 스마트통관제도는[27] 일반 수입신고 특송물품 중 물품가격이 미화 2천불 이하면서 개인이 수입하는 전자상거래물품 등과 같이 우범성이 없다고 인정되는 물품이 통관시스템에 접수된 후 일정 시간이 지나면 전자적 방식으로 심사 및 수리하는 것이다. 수입신고 건이라도 신고수리 전 신고내용을 심사할 수 있으며, 검사가 필요한 경우 검사대상이 될 수 있다.

〈표 4-8〉 SOHO 무역업자의 통관 방법

운송경로	운송방법	통관절차
운송업자를 통한 운송	해운회사, 항공사, 포워더 이용	일반통관(간이통관)
특송업자를 통한 운송	특급탁송화물운송업체에 위탁	특송화물 간이통관
우편을 통한 운송	우체국의 우편시스템 이용	우편물 간이통관
직접운송 (휴대 반출입)	휴대하여 항공기 또는 선박으로 운송	휴대품 간이통관

27) 특송물품 수입통관 사무처리에 관한 고시 제12조의1(스마트통관)

6. 과세

과세(課稅)라 함은 세금을 부과하는 것이다. 수입물품에는 관세, 부가가치세, 개별소비세, 주세, 교통·에너지·환경세, 교육세, 농어촌특별세 등의 세금이 부과될 수 있다.

조세법률주의에 따라서 관련 법률에 조세가 부과되기 위한 과세요건이 규정되어 있다.

수입자가 수입신고 시 물품의 가격을 신고하면 이에 대한 적정성 여부에 관한 심사를 거쳐 과세의 4대 요건인 과세물건, 납세의무자, 과세표준, 관세율이 결정되고 이에 따라 관세가 부과된다.

〈표 4-9〉 납세의무의 성립과 확정

과세요건	납세의무의 성립	납세의무의 확정
① 과세물건	· 수입물품	
	· 과세물건 확정시기 · 적용법령 확정시기	
② 과세표준	· 관세평가	· 과세가격 결정방법(제1~제6방법)
③ 세율	· 종류 및 우선순위	
	· 세율의 적용	· 잠정세율의 적용 · 간이세율의 적용 · 합의에 의한 세율 · 용도세율의 적용
	· 품목분류	· 품목분류체계의 수정 · 품목분류의 사전심사
④ 납세의무자	· 본래적인 납세의무자	· 원칙 · 특별
	· 납세의무의 확장	· 연대납세의무자, 보충적 납세의무자 · 납세의무자의 승계

관세를 부과하는 절차를 과세절차라 한다. 관세(duty)는 과세물건인 수입물품에 대하여 과세표준액이 확정되면, 여기에 관세율을 곱하여 관세액이 산출되고, 납세의무자인 수입자가 내는 절차를 거치게 된다.

과세요건을 갖추었을 때 과세권자는 조세를 징수할 권리가 발생하고, 납세의무자는 조세를 납부할 의무가 발생한다. 수입물품에 대한 심사와 검사를 필하고, 부과, 징수 또는 내국세의 징수가 끝나면 수입신고인에게 수입신고필증이 교부되고 물품의 보세구역 반출이 허용된다.

1) 과세물건

과세물건이란 수입물품을 말한다.[28] 과세 대상은 수입되는 물품이므로 관세는 수입세를 의미하며, 수출세나 통과세는 없다. 물품은 유체물을 의미하므로 서비스나 On- line으로 수입되는 디지털재화(전자적 무체물)는 과세 대상에서 제외된다.

디지털 재화는 현재 관세의 과세 대상이 아니지만, 전자적 수단을 통해 주문된 전자상거래 물품이라 할지라도 Off-line에 의해 물품이 수입될 때는 과세 대상이 된다.

무체물이지만 특허권, 상표권 등 지적재산권이 가격으로 구체화되어 수입물품의 거래와 관련하여 대가로서 지급될 때는 그 금액이 과세의 대상이 되는 예도 있다.

수입되는 물품이라 하여 모두 관세가 매겨지는 것은 아니며, 관세법, 조세특례제한법 등의 법률 또는 조약에 따라 관세율이 0%이거나, 감면 규정의 적용으로 인해 면세혜택이 주어지는 예도 있다.

28) 관세법 제14조(과세물건) 수입물품에는 관세를 부과한다.

과세물건의 확정시기는 원칙적으로 수입신고 시점이다. 따라서 관세는 수입신고 시 물품의 성질과 그 수량에 의하여 부과한다. 다만, 특정한 사유가 발생함으로써 납세를 하게 되는 경우로서, 세관장의 부과고지 대상이 되는 다음의 경우는 예외로 한다.

① 선(기)용품을 허가받은 대로 적재하지 않아 관세를 징수하는 경우는 하역 허가를 받은 때

② 보세구역 밖에서 보수작업을 하기로 승인을 얻은 물품이 지정된 기간 내에 보세구역에 다시 반입되지 않아 관세를 징수하는 경우는 보세구역 밖에서의 보수작업 승인을 얻은 때

③ 보세구역 장치물품이 없어지거나 폐기되어 관세를 징수하는 경우는 당해 물품이 없어지거나 폐기된 때

④ 보세공장 외 작업허가, 보세건설장외 작업허가, 종합보세구역 외 작업허가를 받은 물품이 지정된 기간 내에 다시 보세구역에 반입되지 않아 관세를 징수하는 경우는 보세공장 외 작업, 보세건설장외 작업, 또는 종합보세구역 외 작업의 허가를 받거나 신고를 한때

⑤ 보세운송 물품이 지정된 기간 내 목적지에 도착하지 아니하여 관세를 징수하는 물품은 보세운송의 신고를 하거나 승인을 얻은 때

⑥ 수입신고가 수리되기 전에 소비 또는 사용함으로써(관세법 제239조에 의해 수입으로 보지 아니하는 소비 또는 사용은 제외) 관세를 징수하는 경우는 당해 물품을 소비하거나 사용한 때

⑦ 수입신고 전 즉시반출신고를 하고 반출한 물품에 대해 10일 이내에 수입신고를 하지 아니함으로써 관세를 징수하는 경우는 수입신고 전 즉시반출신고를 한때

⑧ 우편에 의하여 수입되는 물품은 통관우체국에 도착한 때

⑨ 도난 또는 분실된 물품은 당해 물품이 도난당하거나 분실된 때

⑩ 관세법의 규정에 따라 매각되는 물품은 당해 물품이 매각된 때

⑪ 상기 이외에 수입신고를 하지 아니하고 수입된 물품(예 밀수입)은 수입된 때

보세공장 반입 물품으로서 원료과세를 할 때는 예외적으로 수입신고 시가 아니라 원료를 보세공장에 반입하는 때의 그 원료의 성질과 수량에 의해 관세가 부과된다.

수입신고로서 적용법령이 확정된다. 관세는 수입신고 당시의 법령에 따라 부과한다. 다만 과세물건 확정시기 예외의 경우에는 각각 규정된 날에 시행되는 법령에 따라서 부과한다.

보세건설장에 반입된 외국물품은 사용 전 수입신고가 수리된 날의 법령을 적용하여 과세한다. 그러나 이때 과세환율은 수입신고를 한 날의 과세환율이 적용된다. 이처럼 보세건설장에 반입된 물품에 관하여 법령 적용일과 과세환율 적용일을 달리 정하고 있는 것은 보세건설장의 성격상 이들 물품의 수입 신고일과 신고수리일이 크게 차이가 날 수 있기 때문이다.

적용법령의 기준일을 어느 때로 하는가 하는 것은 과세환율, 관세율, 감면세나 분할납부 등의 적용과 관련하여 중요한 의미가 있다.

2) 과세표준

(1) 과세표준의 의의

과세표준이란 과세 대상인 소득, 재산, 소비 등에 대한 세액을 결정하기 위한 기초를 말하는 것이다. 관세법에서 말하는 과세표준이란 관

세액 결정의 기준이 되는 과세물건의 가격 및 수량을 말한다.[29] 과세표준에 관세율을 곱하여 산출한 금액이 물품을 수입할 때 내야 하는 관세액이다.

물품의 과세표준을 가격으로 하는 경우가 종가세(從價稅, ad valorem duty)이고, 물품의 수량(개수, 중량, 부피, 면적 등)을 기준으로 하는 경우가 종량세(從量稅, ad specific duty)이다.

종량세는 영화용 필름, 비디오테이프, 일부 농산물 등에만 적용되고 있고, 나머지 대부분은 종가세가 적용되고 있다.

종량세는 과세단위가 되는 수량 당 세액이 확정되어 있으므로 관세 부과가 비교적 쉽다. 그러나 종가세의 부과에 있어서는 과세가격을 파악하기가 쉽지 않고 이러한 과세가격을 어떻게 결정하는가에 따라 세액이 직접 영향을 받으므로 중요한 의미가 있다.

과세가격의 결정과 관련하여 관세의 납세의무자에게는 수입신고를 하는 때에 세관장에게 가격신고를 하도록 하고 있다.

가격신고의 내용은 무역거래의 내용, 특히 수입과 관련하여 구매자가 지급하였거나 지급할 각종 금액의 내용과 이의 과세 여부를 파악하는 데 중점이 두어져 있다.

가격신고는 수입신고를 할 때마다 매번 하는 것을 원칙으로 한다. 다만, 동일한 물품을 반복적으로 수입하는 경우, 수입항까지의 운임 및 보험료 외에 우리나라에 수출하기 위하여 판매되는 물품에 대하여 구매자가 실제로 지급하여야 할 가격에 가산할 금액이 없는 경우, 기타 과세가격 결정에 곤란이 없다고 관세청장이 정할 때는 당해 서류의 전부 또는 일부를 제출하지 아니하도록 하고 있다.

---

29) 관세법 제15조(과세표준) 관세의 과세표준은 수입물품의 가격 또는 수량으로 한다.

가격신고서는 세관 당국이 수입자가 신고한 납세신고가 적정한지를 심사하는 데 있어 중요한 자료로 활용된다. 신고내용이 사실과 다를 경우 허위신고죄 또는 관세포탈죄로 처벌받을 수 있다.

가격신고는 과세물건인 모든 수입물품에 하여야 할 것이나, 과세가격의 결정에 어려움이 없다고 인정하여 기획재정부장관이 정한 다음의 경우에는 가격신고가 생략된다.

① 정부 또는 지방자치단체가 수입하는 물품

② 정부조달물품

③ 정부투자기관이 수입하는 물품

④ 실제로 적용되는 관세율이 무세인 물품

⑤ 방위산업용 기계와 동 부분품 및 원재료로 수입하는 물품

⑥ 수출용 원재료

⑦ 특정 연구기관 육성법의 특정 연구기관이 수입하는 물품 등

납세의무자가 수입신고와 함께 가격신고를 함에 있어 신고하여야 할 가격이 아직 확정되지 아니한 경우가 있을 수 있다. 이런 경우에는 먼저 잠정가격으로 가격신고를 한 다음 세관장이 지정하는 기간 내에 확정가격을 신고하여야 한다.

잠정가격 신고를 할 수 있는 경우는 다음과 같다.

① 거래 관행상 거래가 성립된 때부터 일정한 기간이 지난 후에 가격이 정하여지는 원유·곡물·광석 기타 이와 비슷한 1차 산품으로서 수입신고일 현재 그 가격이 정하여지지 아니한 경우

② 수입자가 실제로 냈거나 내야 할 가격에 가산 또는 공제로 조정하여야 할 금액이 수입신고일로부터 일정기간이 지난 후에 정하

여질 수 있음이 잠정가격신고서, 송품장, 계약서, 기타 서류에 의하여 확인되는 경우

③ 계약서 내용이나 거래의 특성상 잠정가격으로 가격신고를 하는 것이 불가피하다고 세관장이 인정하는 경우 등이다.

잠정가격신고를 한 납세의무자가 확정가격을 신고해야 하는 기간은 세관장이 정한다. 필요한 경우 납세의무자는 그 기간의 연장을 신청할 수 있다. 그러나 확정가격 신고는 잠정가격 신고일로부터 최대 2년 이내에는 이루어져야 한다.

(2) 과세가격의 결정

관세의 과세가격은 수입물품 또는 동종물품의 실제가격(actual value)을 기초로 하여야 한다. 실제가격이란 해당 상품 또는 동종상품이 정상적인 무역 경로에서 완전한 경쟁적 조건에서 판매되거나 판매를 위해 제의되는 가격이다.

수입물품에 대하여 정하여진 원칙에 따라 관세의 과세가격을 결정하는 방법과 절차를 **관세평가**(customs valuation)라 한다.

관세법상 관세평가방법은 'WTO관세평가협정'[30]의 과세가격 결정방법을 수용하여 6가지 방법이 **순차적으로 적용**된다.[31]

30) 1994년도 GATT 제7조의 이행에 관한 협정
Agreement on Implementation of Article Ⅶ of the General Agreement on Tariff and Trade 994, (WTO Valuation Agreement)

31) 근거: GATT 제7조 이행에 관한 협약 1994, 관세법 제30~35조, 관세법시행령, 관세법시행규칙, 수입물품 과세가격 결정에 관한 고시

그림 4-7 관세평가방법 적용순위

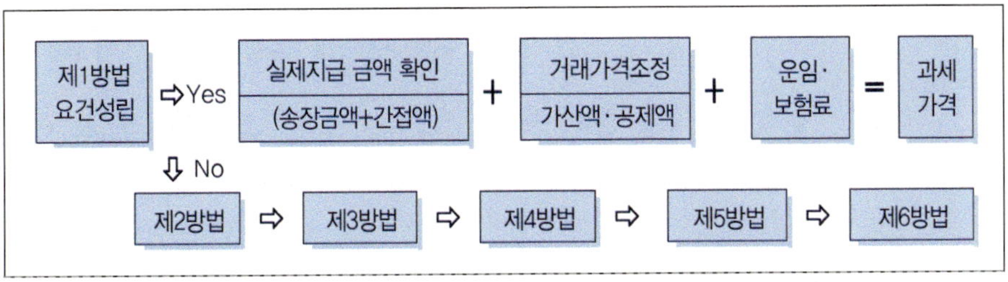

- **제1방법**: 당해 물품의 거래가격을 기초로 한 과세가격의 결정방법
- **제2방법**: 동종 · 동질물품의 거래가격을 기초로 한 과세가격의 결정방법
- **제3방법**: 유사물품의 거래가격을 기초로 한 과세가격의 결정방법
- **제4방법**: 국내 판매가격을 기초로 한 과세가격의 결정방법
- **제5방법**: 산정(算定)가격을 기초로 한 과세가격의 결정방법
- **제6방법**: 합리적인 기준에 의한 과세가격의 결정방법

제1방법 적용이 불가능할 경우 제2방법이, 제2방법이 불가능할 경우 제3방법 순으로 적용되는 것이다. 다만, 제4방법과 제5방법은 납세의무자가 선택적으로 우선 적용할 수 있다.

우리나라는 대부분 제1방법에 따라 과세가격이 결정되고 있으며, CIF가격과 유사한 방법을 과세가격으로 채택하고 있다.

(가) 제1방법 (거래가격의 원칙)

거래가격(transaction value)이란 일정한 거래조건을 갖춘 거래로서, 구매자가 실제 지급하였거나 지급하여야 할 가격에, 가산 또는 공제금액을 조정한 가격을 말한다.

일정한 거래조건을 갖춘 거래란 다음 4가지 조건을 모두 갖춘 거래를 말한다.

① 수입물품의 처분 또는 사용에 제한이 없을 것

② 수입물품에 대한 거래의 성립 또는 가격의 결정이 금액을 계산할 수 없는 조건 또는 사정 때문에 영향을 받지 아니할 것

③ 수입물품의 수입 후의 판매처분 또는 사용에 따른 수익 일부가 직접 또는 간접으로 판매자에게 귀속되지 아니할 것

④ 구매자와 판매자 간에 대통령령으로 정하는 특수관계가 있어 그 관계가 수입물품의 가격에 영향을 미치는 것이 아닐 것 등

구매자가 실제로 지급하였거나 지급하여야 할 가격이란 수입물품의 대가로서 구매자가 직·간접적으로 지급하였거나 앞으로 지급할 총금액을 말한다. 총금액에는 구매자가 수입물품의 대가와 판매자의 채무를 상계하는 금액, 구매자가 판매자의 채무를 갚는 금액, 기타 간접적인 지급액이 포함되어야 한다.

과세가격으로 가산되어야 하는 금액은 다음과 같다.

① 구매자가 부담하는 수수료 및 중개료. 다만 구매 수수료는 제외한다.

② 수입물품과 동일체로 취급되는 용기의 비용과 그 물품의 포장에 드는 노무비 및 재료비로서 구매자가 부담하는 비용

③ 구매자가 수입물품의 생산 및 수출거래를 위하여 무료 또는 인하된 가격으로 판매자에게 물품 및 용역을 공급하는 때에는 그 가격 또는 인하의 차액

④ 특허권, 실용신안권, 의장권 및 이와 유사한 권리를 이용하는 대가. 다만 이러한 대가는 수입물품에 관련되고 그 물품의 거래조건으로 구매자가 직접 또는 간접으로 지급하는 금액에 한함

⑤ 수입물품의 전매, 처분 또는 사용에 따른 수입금액 중 판매자에게 직접 또는 간접으로 귀속되는 금액

⑥ 수입물품의 수입항까지의 운임, 보험료, 기타 운송에 관련되는 비용

과세가격에서 공제될 수 있는 금액은 다음과 같다.

① 수입 후에 행해지는 당해 물품의 건설, 설치, 조립, 정비, 유지 또는 기술지원에 필요한 비용

② 수입항 도착 후 당해 물품을 운송하는데 필요한 운임, 보험료, 기타 운송에 관련된 비용[32)]

③ 우리나라에서 당해 수입물품에 부과된 관세 등의 세금 기타 공과금[33)]

④ 연불조건으로 수입하는 경우의 연불이자

(나) 제2방법 (동종 · 동질물품의 거래가격에 의한 결정)

동종 · 동질물품이란 당해 수입물품의 생산국에서 생산된 것으로서 물리적 특성 · 품질 및 소비자 등의 평판을 포함한 모든 면에서 동일한 물품(외양에 경미한 차이가 있을 뿐 그 밖의 모든 면에서 동일한 물품을 포함)을 말한다.

제2방법에 따른 과세가격의 결정은 다음 중 하나의 요건을 갖춘 가격이어야 한다.

32) 이것은 CPT, CIP, DAP, DPU, DDP 등 조건의 거래와 관련이 있음
33) 이것은 수출상이 수입국에서의 통관과 관세납부를 책임지는 DDP조건의 거래와 관련이 있음

① 과세가격을 결정하고자 하는 당해 물품의 생산국에서 생산된 것으로서 당해 물품의 선적일에 선적되거나 당해 물품의 선적일을 전후하여 가격에 영향을 미치는 시장 조건이나 상관행에 변동이 없는 기간에 선적되어 우리나라에 수입된 것일 것

② 거래단계 · 거래수량 · 운송거리 · 운송형태 등이 당해 물품과 같아야 하며, 양자 간에 차이가 있을 때는 그에 따른 가격 차이를 조정한 가격일 것

제2방법의 적용에서 동종 · 동질물품의 거래가격이 둘 이상 있는 경우에는 생산자 · 거래시기 · 거래단계 · 거래수량 등이 당해 물품과 가장 유사한 것에 해당하는 물품의 가격을 기초로 하고, 거래내용 등이 같은 물품이 둘 이상 있고 그 가격이 둘 이상 있는 때에는 가장 낮은 가격을 기초로 하여 과세가격을 결정한다.

(다) 제3방법 (유사물품의 거래가격을 기초로 한 결정)

유사물품이란 당해 수입물품의 생산국에서 생산된 것으로서 모든 면에서 같지는 아니하더라도 동일한 기능을 수행하고, 대체 사용이 가능할 수 있을 만큼 비슷한 특성과 비슷한 구성요소를 가지고 있는 물품을 말한다.

제3방법의 적용에서도 유사물품의 거래가격이 둘 이상 있는 경우에는 생산자 · 거래시기 · 거래단계 · 거래수량 등이 당해 물품과 가장 유사한 것에 해당하는 물품의 가격을 기초로 하고, 거래내용 등이 같은 물품이 둘 이상 있고 그 가격이 둘 이상 있는 때에는 가장 낮은 가격을 기초로 하여 과세가격을 결정한다.

(라) 제4방법 (국내 판매가격을 기초로 한 결정)

제4방법에 따른 과세가격의 결정은 수입물품을 일단 국내에서 판매한 다음, 그 판매된 가격에서 역산(逆算)하여 거래가격을 파악하여 과세하는 방법이다.

제4방법에 따른 과세가격의 결정은 당해 물품, 동종·동질물품 또는 유사물품이 수입된 것과 동일한 상태로 당해 물품의 수입신고일 또는 수입신고일과 거의 동시에 특수관계가 없는 자에게 가장 많은 수량으로 국내 판매되는 단위가격을 기초로 하여 산출한 금액에서 다음 각 호 금액을 공제한 가격을 과세가격으로 한다.

① 국내 판매와 관련하여 통상적으로 지급하였거나 지급하여야 할 것으로 합의된 수수료 또는 동종·동류의 수입물품이 국내에서 판매되는 때에 통상적으로 부가되는 이윤 및 일반경비에 해당하는 금액

② 수입항에 도착한 후 국내에서 발생한 통상의 운임·보험료 기타 관련 비용

③ 당해 물품의 수입 및 국내 판매와 관련하여 냈거나 내야 하는 조세 기타 공과금

(마) 제5방법 (산정가격을 기초로 한 결정)

제5방법에 따른 과세가격의 결정은 생산원가에 판매자의 이윤과 경비, 수입항까지의 운임·보험료 등을 더하여 이를 과세가격으로 하는 누적적 계산 방법이다.

제5방법에 따른 과세가격은 다음 각호의 금액을 합산한 가격을 기초로 한다.

① 당해 물품의 생산에 사용된 원자재 비용 및 조립 기타 가공에 드는 비용 또는 그 가격

② 우리나라에 수출하기 위하여 수출국 내의 생산자가 제조한 당해 물품과 동종 또는 동류의 물품 판매 시 통상적으로 반영되는 이윤 및 일반경비에 해당하는 금액

③ 당해 물품의 수입항까지의 운임·보험료 기타 운송에 관련된 비용

(바) 제6방법 (합리적 기준에 의한 결정)

제1~5방법을 순차적으로 모두 적용하여도 과세가격을 결정할 수 없는 경우에는 제1방법 내지 제5방법의 과세가격 결정 원칙과 부합되는 합리적 기준에 의해 과세가격을 결정한다.

다음 각 호에 해당하는 가격을 기준으로 할 수 없다.

① 수입국에서 생산된 물품의 국내 판매가격

② 선택 가능한 가격 중 반드시 높은 가격을 과세가격으로 하여야 한다는 기준에 따라 결정하는 가격

③ 수출국의 국내 판매가격

④ 동종·동질물품 또는 유사물품 가격 이외의 생산비용

⑤ 수입국 이외의 국가에 수출하는 물품의 가격

⑥ 특정 수입물품에 대해 미리 설정하여 둔 최저 과세기준가격

⑦ 자의적 또는 가공적인 가격

합리적 기준에 의한 과세가격 결정방법과 관련하여 관세청장은 다음과 같은 경우에 관세청고시로서 규정해 두고 있다.[34)]

㉠ 변질 또는 손상된 물품, ㉡ 임차수입 물품, ㉢ 중고물품, ㉣ 보세공장・자유무역지역・관세자유지역서 반입되는 물품, ㉤ 수리 또는 가공 후 재수입하는 물품, ㉥ 여행자휴대품[35], ㉦ 보세전시장에서 수입하는 물품, ㉧ 범칙물품, ㉨ 매각물품, ㉩ 산물(散物) 통관 시 수량의 과부족, ㉪ 주한미군 불하물품 등

(3) 과세가격 사전심사제도

과세가격의 결정과 관련하여 의문이 있을 때는 관세청장 또는 세관장에게 수입신고 이전에 미리 심사하여 줄 것을 신청하여 그 결과통지에 따라 납세신고를 할 수 있는 과세가격의 사전심사제도가 있다.

사전심사의 대상이 될 수 있는 사항은 다음과 같다.

① 실제 지급하였거나 지급하여야 할 가격에 더하거나 빼야 할 금액

② 제1방법을 적용하여 과세가격을 적용할 수 없는 요건을 갖추었는지 여부

③ 제2방법을 적용할 수 있는 요건을 갖추었는지 여부

④ 제6방법의 합리적 기준에 해당하는지 여부 등

과세가격 사전심사를 신청하고자 하는 자는 거래당사자, 통관 예정 세관, 신청내용 등을 기재한 신청서에 거래에 관한 기본계약서, 수입물품과 관련된 사업계획서, 수입물품 공급계약서, 수입물품 가격결정

34) 수입물품 과세가격 결정에 관한 고시 (www. customs.go.kr)

35) 예컨대, 여행자휴대품 과세가격은 ① 신고인이 제시하는 가격(단, 세관장이 타당하다고 인정하는 경우), ② 관세청장이 조사한 가격표, ③ 외국에서 통상적으로 거래되는 가격으로서 객관적으로 조사된 가격, ④ 당해 물품과 동종・동질 또는 유사물품의 국내 도매가격에 시가 역산율을 적용하여 과세가격으로 환산한 가격, ⑤ 국내 공인감정기관의 감정가격 등을 기초로 결정하도록 규정

의 근거자료, 기타 과세가격 결정에 필요한 참고자료를 첨부하여 관세청장 또는 세관장에게 제출해야 한다.

과세가격 사전심사 신청을 받은 관세청장 또는 세관장은 이를 심사하여 1월 이내에 과세가격 사전심사서를 신청인에게 교부한다. 일단 사전심사서가 교부되었으면 이에 따라 납세신고를 하면 납세의무자와 신청인이 같고, 수입 신고된 물품과 그 가격신고서가 사전심사서상의 내용과 같다고 인정될 때는 특별한 사유가 없는 한 사전심사서의 내용에 따라 과세가격을 결정하여야 한다.

특별한 사유란 법령의 개정으로 사전심사의 내용이 달라진 경우, 사전심사의 기초가 되는 거래관계와 거래내용이 달라진 경우, 신청인의 허위자료 제출·자료 누락 제출 등으로 인하여 사전심사에 착오가 있는 경우 등이다.

7. 관세율

1) 관세율의 종류

세율이란 세액 결정을 위해 과세표준에 적용하는 비율을 말한다. 따라서 관세율은 관세액을 결정하면서 과세표준에 적용되는 비율을 말한다.

(1) 일반적인 관세율의 종류

(가) 종가세 · 종량세

종가세(ad valorem duties, 從價稅)는 백분율(%)로 표시한다. 우리나라는 종가세를 원칙으로 관세율을 정하고 있다. 우리나라 관세율표는 6,457개 관세 품목 중에서 6,414개 품목이 종가세율로 규정한다.

종량세(specific duties, 從量稅)는 단위당 금액으로 표시하는 것으로, 관세율표에 93개 품목이 종량세율로 규정되어 있다.[36]

(예 영화용 필름은 m당 600원)

선택세(alternative duties)는 종가세율과 종량세액을 모두 정해 두고 그 중이 높은 쪽이나 낮은 쪽을 선택하여 부과하는 것이다.

(예 고추류는 273% 또는 kg당 6,279원 중 고액/율을 택함)

복합세(mixed duties)는 종가세율과 종량세액 양쪽을 합하여 부과하는 것이지만 우리나라에서는 택하지 않고 있다.

36) 총93품목(HS 10단위 기준, 관세율표): 농산물 72품목(마늘, 고추 등), 영화필름(녹화된 것) 20품목, 마그네틱 비디오테이프(녹화된 것) 1품목

(나) 국정관세 · 협정관세

국정관세율(national tariff)은 국회가 제정한 법률 또는 법률의 위임에 따라서 행정부가 정하는 세율이다. 국정관세율에는 기본관세율과 잠정관세율 외에도 행정부에 의해 결정되어 부과되는 간이세율, 일반특혜관세율, 탄력관세율 및 환급에 갈음하는 인하세율 등이 있다.

협정관세율(conventional tariff)은 외국 또는 국제기구와 협정으로 정하는 세율이다. 다자간협정세율에는 WTO협정 일반양허관세율, TNDC (WTO개도국간협정) 양허관세율, 방콕협정 양허관세율, GSTP (UNCTAD 개도국간협정) 양허관세율이 있고, 양자 간 협정세율에는 쌍무협정에 따른 양허관세율 등이 있다.

〈표 4-10〉 국정관세와 협정관세

구 분		대상 관세율
국정관세	관세법	기본세율, 잠정세율
	대통령령	편익관세, 조정관세, 할당관세, 일반특혜관세(GSP), 보복관세
	기획재정부령	덤핑방지관세, 긴급관세, 농림축산물에 대한 특별긴급관세, 상계관세, 계절관세
협정관세	다자조약	WTO양허관세, GSTP, TNDC, APTA
	양자조약	FTA협정관세, 특정국과의 협정에 의한 양허관세

(다) 평균관세율 · 실효관세율

평균관세율은 과세표준에 적용되는 세액의 평균 비율을 말한다. 실효관세율은 탄력관세율이 적용되고, 감면 및 환급 등에 의한 관세 경감이 이루어진 다음에 실제로 부과되는 관세 비율을 말한다.

(라) 탄력관세율 · 부가관세율

탄력관세율(flexible tariff rates)은 법률에서 위임받은 일정한 범위에서 행정부가 관세율을 적용하는 관세율을 말한다. 탄력관세율에는 덤핑방지관세, 상계관세, 보복관세, 긴급관세, 조정관세, 할당관세, 계절관세, 편익관세 등이 있다.

부가관세율은 수입물품에 부과되는 부가가치세, 주세, 교육세, 개별소비세 등을 과세할 때 관세를 과세표준에 포함하여 수입물품에 대해 추가적인 관세를 부과한 것과 같은 효과를 주는 비율이다.

환특세율은 환급특례법에 정해질 수 있는 관세율이다.

(2) 관세법상 관세율의 종류

(가) 세율의 종류 (법 §49)

관세법은 수입물품에 부과되는 관세의 세율을 기본세율, 잠정세율, 기타세율로 구분하고 있다.

기본관세(basic tariff)는 국회에서 제정한 관세법 제50조의 별표인 관세율표에 규정된 관세율이다. 기본세율은 농산물과 공산품으로 대별하고, 공산품은 원자재, 중간재, 최종재로 구분하여 가공단계가 높을수록 관세율이 높아지는 경사관세구조(TES: Tariff Escalation System)을 채택하였다.

최대 기본관세율은 50%이며, 평균 관세율은 8%이다. 고관세 품목은 마늘(50%), 담배(40%), 쇠고기(30%), 꽃(25%) 등이다.

잠정관세(provisional tariff)는 기본관세와 같이 국회에서 제정한 관세율이나, 대통령령으로 그 물품의 전부 또는 일부에 대해 잠정세율을 정지하거나 기본세율과의 세율 차를 좁히도록 인상 또는 인하할 수 있는 세율이다.

투명한 관세율 운용, 예측 가능성 제고를 위해 잠정세율 장기적용 품목에 대한 기본세율화로 2007년부터 운용하고 있지 않다.

기타 관세는 관세법 제51조~77조까지의 규정에 따라 대통령령 또는 기획재정부령으로 정하는 세율을 말한다.

(나) 관세율의 조정

1) 덤핑방지관세 (법 §51~56)

덤핑방지관세(anti-dumping duties)는 외국업체의 덤핑행위로 국내 산업의 피해를 막기 위해 부과하는 관세이다. 즉, 물품이 정상가격 이하로 수입되어 국내 산업이 실질적인 피해를 받거나, 받을 우려가 있거나, 국내 산업의 발전이 실질적으로 지연될 때 부과하는 관세이다.

덤핑(dumping)이란 외국 상품이 물품공급국에서 소비되는 동종물품의 통상 거래가격보다 현저하게 낮은 가격으로 수입되는 것을 의미한다. 덤핑방지관세율은 정상가격[37]과 덤핑가격과의 차액에 상당하는 금액 이하의 금액 비율로 결정된다.

덤핑방지관세는 관세법 제50조(세율적용의 우선순위)에 따라 덤핑방지관세가 부과되지 않을 경우의 적용되는 관세율에 추가하여 부과된다. 덤핑방지관세는 **기본세율 등 세율에 추가하여 부과되는** 세율이지, 정상

37) 정상가격이란 당해 물품의 공급국에서 소비되는 동종물품의 통상 거래가격을 말한다. 다만, 동종물품으로 거래되지 아니하거나 특수한 시장 상황 등으로 인하여 통상 거래가격을 적용할 수 없는 때에는 당해 국가에서 제3국으로 수출되는 수출가격 중 대표적인 가격으로서 비교 가능한 가격 또는 원산지국에서의 제조원가에 합리적인 수준의 관리비 및 판매비와 이윤을 합한 가격을 정상가격으로 본다.

가격과 덤핑가격과의 차액에 상당하는 금액에다 기본세율 등을 합산한 세율의 개념이 아닌 것이다.[38)]

덤핑방지관세 부과를 위해서는 ㉠ 덤핑사실이 있고, ㉡ 국내 산업이 실질적 피해 등이 있어야 하며, ㉢ 덤핑과 국내 산업에 대한 실질적 피해 등이 인과관계가 있어야 하고, ㉣ 국내산업을 보호할 필요가 있어야 한다.

덤핑에 대한 조사는 산업통상자원부 소속 무역위원회가 실시한다. 덤핑으로 인해 실질적 피해 등을 받은 국내 산업에 이해관계가 있는 자 또는 당해 산업을 관장하는 주무부 장관은 무역위원회에 덤핑방지관세 부과에 필요한 조사를 신청할 수 있다.

2) 상계관세 (법 §57~62)

상계관세(countervailing duty)는 보조금을 받은 물품의 수입을 억제하기 위한 관세이다. 이는 외국에서 제조·생산 또는 수출에 관하여 직·간접으로 보조금 또는 장려금을 받은 물품의 수입에 대해 부과될 수 있다.

이러한 물품의 수입으로 인하여 국내 산업이 실질적인 피해를 받거나, 받을 우려가 있거나, 국내 산업의 발전이 실질적으로 지연될 때 기획재정부령으로 그 물품과 수출자 또는 수출국을 정하여 당해 보조금 또는 장려금액 이하의 금액을 정상적으로 부과되는 관세에 추가하여 부과하는 것이다.

관세법의 상계관세 규정은 WTO의 '보조금 및 상계조치에 관한 협정'을 반영한 것이다.

38) 이러한 개념의 정확한 이해는 관세의 감면세율을 적용함에도 필요하다. 덤핑방지관세, 상계관세, 보복관세, 긴급관세 및 특별긴급관세는 감면세의 대상에서 제외하도록 규정되어 있기 때문이다.

3) 보복관세 (법 §63~64)

보복관세(retaliatory duties)는 보복을 위한 관세이다. 즉, 교역상대국이 우리나라의 수출물품 등에 대하여 관세 또는 무역에 관한 국제협정이나 양자 간의 협정 등에 규정된 우리나라의 권익을 부인하거나 제한하는 행위, 기타 우리나라에 대하여 부당 또는 차별적인 조치를 함으로써 우리나라의 무역이익이 침해된 때 부과될 수 있다. 부과 방법은 대상 국가로부터 수입되는 물품에 대하여 피해 상당액의 범위 안에서 관세를 부과한다.

관세법의 보복관세 규정은 WTO의 '긴급수입제한조치에 관한 협정'을 반영한 것이다.

4) 긴급관세 (법 §65~67)

긴급관세(emergency duties)는 수입 증가로 인한 피해를 이유로 부과될 수 있는 관세이다. 이는 특정 물품의 수입 증가로 인하여 동종물품 또는 직접적인 경쟁 관계에 있는 물품을 생산하는 국내 산업이 심각한 피해를 받거나 받을 우려가 있고, 당해 국내 산업을 보호할 필요가 있다고 인정될 때 부과될 수 있다.[39)]

긴급관세를 부과하였으면 즉시 WTO의 긴급수입제한조치위원회에 통보하고, 이러한 조치로 인해 부정적 효과를 받게 되는 이해 당사국과 적절한 무역 보상 방법에 대해 협의하여야 한다. 긴급관세의 부과는 4년(연장할 때는 8년)을 초과하여 부과할 수 없다. 긴급관세는 기획재정부령으로 피해의 구제 등을 위해 필요한 범위 안에서 관세를 실행세율에 추가하여 부과한다.

관세법 긴급관세 규정은 WTO의 '긴급수입제한조치에 관한 협정(Agreement on Safeguards)'의 내용을 수용한 것이다.

---

39) 2000.6~2002.12까지 중국산 마늘에 대한 긴급관세를 부과한 적이 있다.

5) 특정국 물품 긴급관세 (법 §67조의2)

특정국 물품 긴급관세는 중국이 WTO 가입조건으로 기존 WTO 회원국에 한시적으로 인정한 바에 따라 중국으로부터 물품 수입이 증가함에 따라 국내시장이 교란될 때 부과되는 관세이다.[40]

특정국 물품 긴급관세도 긴급관세의 일종이나 부과요건에서 다음과 같은 차이가 있다.

㉠ 적용대상: 긴급관세는 부과 대상 국가 또는 물품에 제한이 없으나, 특정국 물품 긴급관세는 중국산 제품에만 적용된다.

㉡ 발동요건: 긴급관세는 국내 산업에 심각한 피해가 발생하였을 때 가능하나, 특정국 물품 긴급관세는 국내시장의 교란 또는 교란 우려, 제3국의 긴급관세 부과 조치로 인한 무역전환을 이유로 부과될 수 있다.

㉢ 부과기간: 긴급관세는 4년 이내 부과 제한이 있으나, 특정국 물품 긴급관세는 이러한 제한이 없다.

6) 농림축산물에 대한 특별긴급관세 (법 §68)

농림축산물에 대한 특별긴급관세(SSG: Special Safeguard)는 UR 결과 국내외의 가격 차에 상당하는 비율로 양허한 농림축산물의 수입량이 급증하거나 수입가격이 하락할 때 대통령령으로 당초 양허한 세율을 초과하여 부과하는 관세이다. 특별긴급관세는 물량을 기준으로 하여 부과하는 경우와 가격을 기준으로 하여 부과하는 두 가지가 있다.

① 기준물량은 해당 품목의 수입량이 최근 3년간에 비해 일정비율 이상으로 증가할 때 부과된다. 이때 특별긴급관세는 당해 양허

40) 중국이 WTO 가입한 날부터 2013.12.10.까지 12년간 적용되었다.

세율에 그 양허세율의 3분의 1까지를 추가한 세율로 부과할 수 있으며, 당해 연도 말까지 수입되는 분에 대해서만 이를 적용한다.

② 기준가격은 기준가격보다 10%를 초과하여 하락할 때 부과된다. 이때 특별긴급관세는 가격 차에 따라 최고 90%까지 추가 관세의 부과가 가능하다.

특별긴급관세가 부과되는 품목에는 시장접근물량이 설정되어 있어서 특별긴급관세가 부과되면 단일품목에 3단계의 서로 다른 관세율이 적용되는 현상이 나타난다.

관세법의 특별긴급관세에 관한 규정은 WTO의 '농업에 관한 협정 제5조(특별 긴급수입제한 규정)'를 구체화한 것이다.

7) 조정관세 (법 §69~70)

조정관세(adjustment duties)는 ㉠ 산업구조의 변동 등으로 물품 간의 세율이 현저히 불균형하여 이를 시정할 필요가 있거나, ㉡ 국민보건·환경보전·소비자 보호 등을 위하여 필요하거나, ㉢ 국내에서 개발된 물품에 대하여 일정기간 보호가 필요하거나, ㉣ 농림축수산물 등 국제경쟁력이 취약한 물품의 수입 증가로 인하여 국내시장이 교란되거나 산업기반을 붕괴시킬 우려가 있어 이를 시정 또는 방지할 필요가 있는 경우에 부과하는 관세를 말한다.

조정관세는 100분의 100에서 당해 물품의 기본세율을 뺀 율을 기본세율에 가산한 비율의 범위 안에서 부과하거나(즉, 100%의 관세율), 농림축산물 또는 이를 원재료로 하여 제조된 물품의 국내외 가격 차가 당해 물품의 과세가격을 초과하는 때에는 국내외가격 차이에 상당하는 비율의 범위 안에서 관세를 부과한다. 그러나 당해 품목이 관세가

양허 된 품목일 경우에는 국제협정으로 그 양허세율의 범위 내에서만 관세율의 인상이 가능하다.[41)]

8) 할당관세 (법 §71)

할당관세(quota duties)는 ㉠ 원활한 물자 수급 또는 산업의 경쟁력 강화를 위하여 특정 물품의 수입을 촉진할 필요가 있거나, ㉡ 수입 가격이 급등한 물품 또는 이를 원재료로 한 제품의 국내 가격 안정을 위해 필요한 경우, ㉢ 유사물품 간의 세율이 현저히 불균형하여 이를 시정할 필요가 있는 경우에 대통령령으로 일정 세율을 기본세율에서 감하거나 추가하여 부과하는 관세이다.

대개 원활한 물자 수급이나 물가안정, 중소기업과 농축산업 지원, 첨단산업 지원, 세율 불균형의 시정 등을 위하여 관세를 인하하는 것으로 할당관세를 적용하고 있다. 일정 수량을 정하여(Quota) 적용하기도 한다.

9) 계절관세 (법 §72)

계절관세(seasonal duties)는 계절별로 차등적인 관세율을 적용하는 것이다. 즉, 계절에 따라 현저하게 차이가 있는 물품으로서 동종물품, 유사물품 또는 대체 물량의 수입으로 국내시장이 교란되거나 생산기반이 붕괴할 우려가 있는 때에 기획재정부령으로 계절 구분에 따라 당해 물품의 국내외 가격 차에 상당한 비율의 범위 안에서 기본세율보다 높게 부과하거나 감하여 부과하는 관세이다.[42)]

41) 매년 말 농수산물을 대상으로 관세법 제69조의 규정에 따른 조정관세의 적용에 관한 규정을 개정하는 것으로 운용된다.

42) 신선포도(0806.10) 수입
- 칠레산은 11.1~4.30 사이에 수입 시에는 기본세율(45%)보다 낮은 협정세율(16.6%)이 적용되며,
- 미국산은 1~4월과 10.16~ 12.31에 수입 시에는 24%, 그 밖의 시기에는 42.3%가 적용됨

10) 편익관세 (법 §74~75)

편익관세(advantage tariff)는 관세에 관한 조약에 의한 편익을 받지 아니하는 나라의 생산물로서 우리나라에 수입되는 물품에 대하여 이미 체결된 외국과의 조약에 의한 편익의 한도 안에서 대통령령으로 편익을 부여하는 관세이다. 즉, WTO회원국이 아님에도 불구하고 대통령령으로써 WTO 양허표의 양허관세를 적용하는 것이다.

이들 국가는 WTO 회원국이 아니므로 회원국의 권리로서 이의 적용을 요구할 수 있는 것은 아니지만 통상협력의 강화 등을 위해 저세율의 편익을 제공하고 있다.[43)]

11) 국제협력관세 (법 §73)

국제협력관세는 대외무역의 증진을 위하여 필요하다고 인정되는 때 특정 국가 또는 국제기구와 협상을 하여 양허한 관세율(양허세율)이다.

국제기구에서 협상에 의한 양허관세에는 WTO양허관세, TNDC, APTA, GSTP가 있으며, 특정 국가와의 관세 협상에 따른 양허관세(FTA 포함)가 있다. 국제기구와 협상에서는 양허 수준에 제한이 없으나, 특정 국가와의 협상에서는 기본세율의 100분의 50 범위 내에서만 양허할 수 있다. 양허된 관세율은 대통령령으로 대상 물품, 세율, 적용기간 등을 공포한다.

43) 편익관세 적용대상 **16개국**: 아시아 2개(아프가니스탄 · 부탄), 중동 5개(이란 · 이라크 · 레바논 · 시리아 · 예멘), 대양주 1개(나우루), 아프리카 4개(코모로 · 에디오피아 · 리베리아 · 소말리아), 유럽 4개(안도라 · 모나코 · 산마리노 · 바티칸) (관세법 시행령 제95조)

〈표 4-11〉 국제협력 양허관세

구분				내용	규정
협상	다자	WTO양허관세		WTO 일반양허관세	A_별표1
		PTA	TNDC	WTO(TNDC) 개발도상국 간 협정 양허관세	A_별표2
			APTA	UN(APTA) 아시아·태평양 무역협정 양허관세	A_별표3
			GSTP	UN(GSTP) 개발도상국 간 양허관세	A_별표4
	양자			특정국과의 협정에 의한 양허관세	B
			FTA	자유무역협정에 의한 협정관세	
일반적 시혜			GSP	최빈개발도상국에 대한 일반특혜관세	C

* A: 세계무역기구협정 등에 의한 양허관세 규정 (관세법 제73조)
B: 특정국가와의 관세협상에 따른 국제협력관세의 적용에 관한 규정 (관세법 제73조)
C: 최빈개발도상국에 대한 특혜관세 공여 규정 (관세법 제76조)

양자 간 협상으로 체결되는 국제협력 관세는 WTO협정의 최혜국대우(MFN) 원칙이 적용되지만, 부문별 특혜관세(PTA)와 FTA에 대한 특혜 적용에는 최혜국대우의 원칙이 적용되지 않는다. 부문별특혜관세(PTA; Preferential Trade Agreement)란 TNDC, APTA, GSTP 등을 말한다.[44)]

44) · **TNDC**(Protocol Relating to Trade Negotiation among Development Countries): 1971년 GATT 개발도상국 간 체결된 협정에 의한 관세율. 1973.2.11.부터 발효
- 적용국가: 방글라데시, 파키스탄, 튀르키예, 멕시코, 브라질, 칠레, 페루, 우루과이, 이집트, 이스라엘, 튀니지 (11개국)

· **APTA**(Agreement on Trade Negotiations Among Developing Member Countries of the Economic and Social Commission for Asia and the Pacific, 아시아·태평양무역협정): UN 아시아태평양 경제사회위원회(ESCAP)에서 아태지역개도국간 무역활성화를 도모하기 위해 1976년 체결된 일부 아시아 개발도상국가 간 양허되는 관세율. 2007년 4차 개정 협상을 개시하여 2018년 7월 1일부터 발효됨
- 적용국가: 한국, 중국, 인도, 스리랑카, 방글라데시, 라오스 6개국이며, 몽골이 가입 절차를 진행 중임

· **GSTP**(Global System of Trade Preferences among Developing Countries): UN UNCTAD에서 개발도상국 간 체결된 협정으로 양허되는 관

12) 일반특혜관세 (법 §76~77)

일반특혜관세(GSP; Generalized System of Preferences)는 특정 개발도상국을 원산지로 하는 물품 중 특정 물품에 대하여 대통령령으로 기본세율보다 낮은 세율의 관세를 부과하는 관세이다. 선진국들이 개발도상국의 수출증대와 공업화를 촉진하기 위해 아무런 보상 없이, 어떤 협정에 의한 의무에 의하지 아니하고 공여국이 일방적으로 무관세 또는 낮은 비율의 관세를 해당국으로부터 수입되는 상품에만 차별적으로 적용하는 제도이다.

협정에 의한 의무로 공여되는 것이 아니기 때문에 특혜의 철회도 제한을 받지 아니한다.

우리나라는 2000년 1월 1일부터 48개 최빈개발도상국[45]의 80개 품목에 대하여 무세를 적용하고 있다.

세율. 1989.6.11.부터 발효
– 적용국가: 아시아(12), 중남미(15), 중동(3), 아프리카(13) (43개국)

45) 적용국가: 최빈개발도상국 **48개국** ⇨ 아시아(13개: 아프가니스탄 · 방글라데시 · 캄보디아 · 미얀마 · 부탄 · 키리바시 · 라오스 · 네팔 · 투발루 · 바누아투 · 솔로몬제도 · 예멘 · 동티모르), 아프리카(34개: 앙골라 · 베냉 · 부르키나파소 · 부룬디 · 중앙아프리카공화국 · 차드 · 코모로 · 지부티 · 적도기니 · 에리트레아 · 에티오피아 · 감비아 · 기니 · 기니비사우 · 레소토 · 라이베리아 · 마다가스카르 · 말라위 · 말리 · 모리타니 · 모잠비크 · 니제르 · 르완다 · 상투메프린시페 · 시에라리온 · 소말리아 · 수단 · 탄자니아 · 토고 · 우간다 · 콩고민주공화국 · 잠비아 · 세네갈 · 남수단), 아메리카(1개: 아이티) (최빈개발도상국에 대한 특혜관세 공여 규정 별표1)

〈표 4-12〉 관세율 종류 및 근거

구 분		근거법령
기본, 잠정관세		관세법 제50조 별표 관세율표
탄력관세	덤핑방지관세	관세법에 따른 ○○산○○○ 덤핑방지관세부과 규칙(기획재정부령)
	상계, 보복관세	보복관세는 대통령령, 상계관세는 기재부령으로 운용
	긴급관세	기획재정부령으로 운용
	특정국물품긴급관세	기획재정부령으로 운용
	특별긴급관세	관세법 제68조의 규정에 따른 특별긴급관세 부과 규칙 (기재부령)
	조정관세	관세법 제70조의 규정에 따른 조정관세의 적용에 관한 규정 (대통령령)
	할당관세	관세법 제71조의 규정에 따른 할당관세의 적용에 관한 규정 (대통령령)
	계절관세	관세법 제72조
	편익관세	관세법 제74~75조, 관세법시행령 제95조 별표
국제협력관세		세계무역기구 등에 의한 양허관세 규정 (대통령령)
		특정국가와 관세협상에 따른 국제협력관세의 적용 규정(대통령령)
일반특혜관세		최빈개발도상국에 대한 특혜관세공여 규정 (대통령령)

* **탄력관세(관세법 제50~74조):** ① 덤핑방지관세, ② 상계관세, ③ 보복관세, ④ 긴급관세, ⑤ 특정국물품긴급관세, ⑥ 특별긴급관세, ⑦ 계절관세, ⑧ 편익관세, ⑨ 조정관세, ⑩ 할당관세

2) 관세율의 적용

(1) 관세율 적용의 기본원칙

관세율은 그 종류가 다양하고, 수입단가에 지대한 영향을 미치기 때문에 적용순서가 중요하다.

〈표 4-13〉 관세율 적용 우선순위

<table>
<tr><th>순위</th><th>적용 관세율</th><th>세율적용 우선순위</th></tr>
<tr><td>1</td><td>덤핑방지관세, 보복관세, 긴급관세, 농림축산물에 대한 특별긴급관세, 상계관세, 특정국물품 긴급관세, 조정관세</td><td>가장 우선 적용</td></tr>
<tr><td>2</td><td>FTA협정관세</td><td>③~⑨관세율보다 낮을 때, 요건을 갖추어 신청 시 우선 적용</td></tr>
<tr><td rowspan="6">3</td><td>WTO일반양허관세
- 공산품, 수산물 및 단순 양허한 농림축산물 양허관세
- 단순 양허한 농림축산물 중 시장접근물량 설정 물품에 대한 양허관세</td><td rowspan="6">④~⑨관세율보다 낮을 때, 요건을 갖추어 신청 시 우선 적용</td></tr>
<tr><td>TNDC(WTO개발도상국 간의 양허관세)</td></tr>
<tr><td>APAT(아시아・태평양무역협정)
- 일반양허관세, 對방글라데시/라오스 양허관세</td></tr>
<tr><td>GSTP(유엔무역개발회의 개발도상국 간 양허관세)</td></tr>
<tr><td>특정국과 관세협상에 따른 국제협력관세</td></tr>
<tr><td>편익관세</td></tr>
<tr><td rowspan="2">4</td><td>GSP(WTO일반특혜관세)</td><td rowspan="2">⑤~⑦관세율보다 낮은 때에만 우선 적용
⑧~⑨보다 우선 적용</td></tr>
<tr><td>APAT(아시아・태평양무역협정) (별표 3-다)</td></tr>
<tr><td>5</td><td>조정관세, 계절관세</td><td></td></tr>
<tr><td>6</td><td>할당관세</td><td>⑦관세율보다 낮을 때 우선적용</td></tr>
<tr><td>7</td><td>최빈개발도상국에 대한 일반특혜관세</td><td>⑧~⑨관세율보다 낮을 때, 요건을 갖추어 신청 시 우선 적용</td></tr>
<tr><td>8</td><td>잠정관세</td><td></td></tr>
<tr><td>9</td><td>기본관세</td><td></td></tr>
</table>

* 1. 조정관세: 관세법 제69조 제2호 공중도덕 보호, 생명 및 환경보존 등을 위해 필요한 경우
  5. 조정관세: 관세법 제69조 제1호・제3호・제4호의 경우

관세법 제50조에 따라서 실제 수입물품에 적용되는 관세율이 결정된다. 이러한 원칙에 따라 실제 수입물품에 적용되는 관세율을 실행세율(Applied rate)이라고 한다.

(2) 특정 관세율의 적용

일반적인 관세율의 종류에는 속하지 아니하나 실제로 운용되는 특수관세율은 과세 기술상 필요 때문에 특정하였을 때 적용하는 것이므로 관세율 적용순서와 관련 없이 해당 요건이 충족되었을 때 적용되며, 대개 납세의무자인 수입화주가 요청하는 경우에만 적용되는 특징이 있다.

(가) 간이세율 (관세법 §81)

간이세율(Simplified tariff rates)은 대통령령으로 관세・내국소비세 등을 합산하여 단일한 세율로 정해 둔 것을 말한다.

물품이 수입될 때 부과될 수 있는 조세는 관세 외에도 부가가치세, 개별소비세, 주세, 교통・에너지・환경세, 교육세, 농어촌특별세 등이 있는데, 이를 일일이 계산하는 것은 복잡하므로 적지 않은 시간이 소요된다. 따라서 입국여행자가 휴대한 물품에 대해 공항 현장에서 즉시 과세하는 경우와 같이 신속한 업무처리를 위해 품목별로 부과될 수 있는 여러 세율을 종합하여 정해 둔 것이 간이세율이다.

간이세율은 ㉠ 여행자 또는 외국에 왕래하는 운송수단 승무원의 휴대품, ㉡ 우편물(단, 수입신고 해야 하는 것은 제외), ㉢ 외국에서 선박 또는 항공기 일부를 수리 또는 바꾸기 위하여 사용된 물품, ㉣ 탁송품 또는 별송품 등의 경우에 적용될 수 있다.

그러나 간이세율 적용 물품이라 하더라도 다음의 경우에는 간이세율을 적용하지 않는다.

① 관세율이 무세인 물품과 관세가 감면되는 물품

② 수출용 원재료: 간이세율을 적용하지 않도록 하는 것은 당해 원재료를 사용하여 생산한 물품을 수출하는 경우 환급 문제가 발생하기 때문이다.

③ 범칙행위에 관련된 물품

④ 종량세가 적용되는 물품

⑤ 화주가 수입신고 시 과세 대상 물품의 전부에 대하여 간이세율을 적용받지 아니할 것을 요청한 경우의 물품

⑥ 부과고지 대상으로서 1개 또는 1조의 과세가격이 500만원을 초과하는 물품

⑦ 상업용으로 인정되는 수량의 물품

⑧ 덤핑방지관세, 상계관세, 보복관세, 긴급관세, 농축산물에 대한 특별긴급관세, 조정관세, 할당관세, 계절관세, 국제협력관세, 편익관세, 일반특혜관세의 적용을 받는 물품 중 기본세율보다 높은 세율을 적용받는 물품

물품 수출에 따른 현행 환급제도는 물품 수입 시 부과 징수되는 제세 중 관세와 부가가치세를 제외한 내국세와 부가가치세를 구분하여 환급방법과 환급기관이 다르게 되어 있으므로 수입원재료에 간이세율을 적용하는 경우 환급이 불가능하게 되는 문제가 발생한다.

수출용 원재료가 내수용 원재료와 특히 구분되는 물품인 것은 아니고, 세관 당국도 수입통관 단계에서 이를 적극적으로 구분하여 파악하지 아니한다. 따라서 휴대품으로 직접 반입하는 수출용 원재료의 경우에는 물품을 수출한 뒤의 환급을 염두에 두고 간이세율을 적용하지 않도록 유의하여야 한다.

휴대품이나 탁송품이라 할지라도 화주가 간이세율의 적용을 원하지 아니한다면 세관장은 당해 물품에 부과할 각종 세금을 하나하나 계산하여 부과 고지한다. 간이세율은 과세의 정확보다는 어디까지나 통관절차를 간소화하기 위한 목적에서 운용되고 있기 때문이다.

세율표의 규정에도 불구하고 간이세율로 여행자가 휴대 수입하는 물품으로 1인당 과세 대상 물품 가격의 합산 총액이 미화 1천불 이하인 물품(골프채, 녹용 및 방향용 화장품은 제외)도 20%의 간이세율을 적용한다.

(나) 합의세율 (관세법 §82)

합의세율(Tariff rates under agreement)은 일괄하여 수입 신고된 물품으로서 물품별 세율이 다른 물품에 대하여 신고인의 신청에 따라 그 세율 중 가장 높은 세율을 적용하는 것을 말한다.

합의세율은 다양한 부품류가 동시에 수입되면서 그 물품 간 세율 차이가 크지 않으면 수입신고서의 작성이나 납세액의 산출 등과 관련한 통관절차의 효율적 이행에 도움이 된다.

합의세율을 적용하였으면 추후 심사청구나 심판청구와 같은 행정상 다툼을 할 수 없다. 신고인의 신청에 따라 세관과의 합의로 당해 세율을 적용하였기 때문이다.

(다) 용도세율 (관세법 §83)

용도세율(Usage tariff rates)은 물품의 용도에 따라 적용될 세율을 다르게 정해 둔 물품으로서 그중 낮은 세율을 의미한다. 예를 들어 같은 금일지라도 화폐용 금에는 무세가 적용되나, 기타 용도의 금은 3%의 관세율을 적용할 때, 화폐용 금의 관세율이 용도세율이다.

용도세율은 그 세율표가 따로 있는 것이 아니라 잠정관세·긴급관세·농림축산물에 대한 특별긴급관세·조정관세·할당관세·계절관세·국제협력관세·일반특혜관세를 정할 때 용도에 따라 세율을 구분하여 정하는 것으로 설정된다. 용도세율을 적용하기 위해서는 수입신고를 하는 때부터 당해 수입신고가 수리되기 전까지 그 품명·규격·수량·가격·용도·사용방법 및 사용장소를 기재한 용도세율적용신청서를 세관장에게 제출하여야 한다.

용도세율을 적용한 물품은 그 수입신고의 수리일부터 3년의 범위에서 관세청장이 정하는 기간 내에는 미리 세관장의 승인을 얻지 않고는 당해 용도 외에 다른 용도에 사용하거나 양도할 수 없다. 다만, 물품의 성질과 형태가 그 용도 외의 다른 용도에 사용할 수 없는 경우에는 제한을 받지 아니한다.

만일 용도세율 적용 물품을 정해진 기간 내에 용도 외의 다른 용도에 사용하거나 다른 용도에 사용하고자 하는 자에게 양도한 때에는 당해 물품을 특정 용도에 사용한 자 또는 그 양도인으로부터 용도세율을 적용하지 아니할 경우의 세액과 용도세율 적용할 때의 세액 차액에 해당하는 관세를 즉시 징수한다. 이때 양도인에게 당해 관세를 징수할 수 없을 때는 양수인으로부터 징수한다.[46)]

3) 납세의무자

관세의 징수는 신고납부제도를 원칙으로 하고, 부과고지제도는 예외적으로 납세의무의 성립 등 특히 법령에 따른 경우에만 적용한다. 즉, 신고납부는 납세의무자가 담당하는 것이고, 부과고지는 세관이 담당하는 것이다.

46) 사후관리에 관한 고시(관세청 고시, www.customs.go.kr)

원칙적으로 납세의무자의 납세신고에 대해서 세관장이 확인・심사를 한 후 납부신고서를 교부하여 납세의무자가 관세를 내도록 한다.

납세의무자(duty payer)는 국가에 대해 관세를 내야 할 법률상 의무를 지는 자를 말하며, 관세를 실제로 부담하는 최종 소비자와는 다르다.

〈표 4-14〉 납세의무자의 분류

구 분		세율적용 우선순위
본래의 납세의무자	원칙적 납세의무자	・수입화주 ・수입화주가 불분명한 경우
	특별납세의무자	・과세물건 확정시기의 예외적인 경우(§16)
확장된 납세의무자	연대납세의무자	・수입신고인(관세사 등) ・분할납부승인 받은 법인의 존속/설립된 법인
	보충적 납세의무자	・납세 보증인 ・2차 납세의무자 ・물적 납세의무자
	납세의무 승계 등	・상속 또는 파산 등

(1) 본래의 납세의무자

(가) 원칙적 납세의무자

원칙적 납세의무자는 물품을 수입하는 화주(貨主)이다. 화주는 자신의 책임하에 수입신고자를 말하며, 물품에 대한 소유권 여부는 묻지 않는다. 만일 수입화주가 불분명한 때에는 다음과 같이 납세의무자를 결정한다.

① 수입을 위탁받아 수입업체가 대행 수입을 한 경우에는 수입을 위탁한 자

② 수입을 위탁받아 수입업체가 대행 수입한 물품이 아닌 때에는 송품장 또는 선화증권이나 항공화물운송장에 기재된 수하인

③ 수입물품을 수입신고 전에 양도한 때에는 그 양수인

④ 조달물품은 실수요부처의 장 또는 실수요자

⑤ 송품장의 수하인이 부도 등으로 직접 통관하기 곤란한 경우에는 적법한 절차를 거쳐 수입 물품의 양수인이 된 은행

⑥ 법원 임의 경매절차에 의해 경락받은 물품은 그 물품의 경락자 등[47)]

(나) 연대납세의무자

수입신고가 수리된 물품 또는 수입신고수리 전 반출승인을 얻어 반출된 물품에 대하여 냈거나 내야 할 관세액이 부족하고 당해 물품을 수입한 화주의 주소 및 거소가 불명하거나, 수입신고인이 화주를 명확히 하지 못할 때는 그 신고인(관세사 등)이 당해 물품을 수입한 화주와 연대하여 당해 관세를 내야 한다. 이때의 관세사를 연대납세의무자라 한다.

(다) 특별납세의무자

과세물건 확정시기가 예외적이면 원칙적 납세의무자나 연대납세의무자와는 달리 특별납세의무자가 결정된다. 특별납세의무자와 원칙적 납세의무자 및 연대납세의무자가 서로 경합할 때는 특별납세의무자가 납세의무를 진다.

① 선(기)용품을 허가받은 대로 적재하지 않아 관세를 징수하는 경우는 하역 허가를 받은 자

② 보세구역 밖에서 보수작업의 승인을 얻은 물품이 지정된 기간

47) 수입통관사무처리에 관한 고시 제1-0-3조

내에 보세구역에 다시 반입되지 않아 관세를 징수하는 경우는 보세구역 밖에서의 보수작업 승인을 얻은 자

③ 보세구역 장치물품이 없어지거나 폐기되어 관세를 징수하는 경우는 당해 보세구역 운영인 또는 보관인

④ 보세공장 외 작업허가, 보세건설장 외 작업허가, 종합보세구역 외 작업허가를 받은 물품이 지정된 기간 내에 다시 보세구역에 반입되지 않아 관세를 징수하는 경우는 동 작업의 허가를 받거나 신고를 한 자

⑤ 보세운송 물품이 지정된 기간 내에 목적지에 도착하지 아니하여 관세를 징수하는 물품은 보세운송의 신고를 하거나 승인을 얻은 자

⑥ 수입신고가 수리되기 전에 소비 또는 사용함으로써(관세법 제239조에 의해 수입으로 보지 아니하는 소비 또는 사용은 제외) 관세를 징수하는 경우는 당해 물품을 소비하거나 사용한 자

⑦ 수입신고 전 즉시 반출신고를 하고 반출한 물품에 대해 10일 이내에 수입신고를 하지 아니함으로써 관세를 징수하는 경우는 당해 물품을 즉시 반출한 자

⑧ 우편에 의하여 수입되는 물품은 그 우편물의 수취인

⑨ 도난 또는 분실된 물품에 대하여는 보세구역 장치물품은 보세구역 운영인 및 화물 관리인, 보세운송 물품은 보세운송의 신고를 하거나 승인을 얻은 자, 기타 물품은 그 보관인 또는 취급인

⑩ 관세법이나 다른 법률 규정에 납세의무자로 규정된 자[48)]

⑪ 상기 제1~10호 이외의 물품은 그 소유자 또는 점유자 등

48) ① 외교관 면세물품을 양도받은 경우의 양수인, ② 분할납부 승인을 얻은 법인이 합병·분할·분할합병 또는 해산하거나 파산선고를 받은 경우는 설립법인이나 합병 후 존속법인·파산관재인·청산인, ③ 시설대여업자에 대한 감면 등의 규정을 적용하는 경우는 대여시설 이용자 등

(2) 확장된 납세의무자

(가) 납세보증인

관세법 또는 다른 법령이나 조약, 협약 등의 규정에 따라 관세 납부를 보증한 납세보증자는 보증액의 범위 안에서 납세의무를 진다. 이에 납세의무를 지는 경우는 납세보증보험증권을 발행한 보증보험회사와 세관장이 인정한 보증인이 있다.

국세기본법의 규정은 관세의 징수에서도 준용된다. 이 규정에 따른 납세의무는 관세의 담보로 제공된 것이 없고, 납세의무자와 관세의 납부를 보증하는 자가 납세의무를 이행하지 아니할 때 적용된다.

(나) 2차납세의무자

국세기본법에 따른 국세의 2차납세의무자는 다음과 같다.

① 법인이 해산한 경우는 청산인이나 잔여재산의 분배 또는 인도를 받은 자

② 법인재산을 충당하여도 납부할 세액에 부족한 경우는 과점주주

③ 사업의 양도・양수가 있고, 양도인의 재산을 충당하여도 납부할 세액에 부족한 경우는 사업의 양수인 등

납세의무자가 관세, 가산세 또는 체납처분비를 체납한 경우로써 그 납세의무자에게 양도담보재산이 있고, 그 납세의무자의 다른 재산에 대하여 체납처분을 집행하여도 징수하여야 하는 금액에 부족한 때에는 그 양도담보재산으로부터 해당 금액을 징수할 수 있다.

8. 관세의 납부(부과와 징수)

관세법에서 관세의 납부(세관 입장에서는 징수)는 납세의무자의 자진 신고에 의해서 납부하는 것을 원칙으로 한다. 자진신고에 의한 납부사항은 수입통관이 이루어진 다음에 납세의 정확성 여부 등을 확인하는 사후 심사가 따른다.

신고납부를 포함한 관세의 확정 방식, 세액의 계산과 납세 절차, 심사, 예외적인 특례 통관과 밀접한 관련이 있는 담보제도 등을 설명한다.

〈표 4-15〉 관세의 부과와 징수

구 분		내 용
확정	확정	· 신고납세방식 및 부과과세방식 · 가산세
	징수	· 임의징수 · 강제징수: 관세 채권의 확보
소멸	소멸	· 납부 / 충당 / 부과 취소 · 부과권 제척기간 만료, 징수권 소멸시효 완성
	환급	· 과오납 환급 · 계약위반 / 멸실 / 폐기

1) 관세 등의 계산

(1) 관세의 확정 방식

물품을 수입할 때 내야 할 관세를 확정하는 방식에는 신고납부방식과 부과고지방식이 있다.

신고납부방식은 납세의무자가 스스로 내야 할 과세가격·관세율·납부세액을 산출하여 신고함으로써 관세를 확정하는 것이다. 현행 관세법상 관세의 확정은 원칙적으로 신고납부방식에 의한다.

부과고지방식은 납세의무자가 내야 할 관세를 세관장이 산출하여 확정하고 이를 내도록 고지하는 방식이다.

부과고지방식은 관세액 확정에 있어 특수한 상황을 고려해야 하는 경우는 다음과 같다.

① 과세물건의 확정시기가 수입신고를 하는 때가 아닌 특수 경우에 해당되어 관세를 징수하는 경우 (법 제16조)

② 보세건설장에서 건설된 시설로서 수입신고가 수리되기 전에 가동된 경우

③ 보세구역(보세구역 외 장치장 포함)에 반입된 물품이 수입신고가 수리되기 전에 반출된 경우

④ 즉시반출제도를 이용하여 즉시 물품을 반출한 다음 10일 이내에 수입신고를 하지 아니하여 관세를 징수하는 경우

⑤ 여행자 또는 승무원의 휴대품 및 별송품

⑥ 우편물(정식 수입신고 대상은 제외)[49]

⑦ 세관장이 과세표준, 세율, 관세의 감면 등에 관한 규정의 적용 착오 및 기타 사유로 이미 징수한 세액에 부족이 있는 것을 알

---

49) 우편물로서 정식으로 수입신고를 하여야 하는 것은 ① 대외무역법의 규정에 따라 수출입의 승인을 얻은 물품, ② 법령에 따라 수출입이 제한되거나 금지되는 물품, ③ 법 제226조(법령이 정하는 바에 의한 허가·승인·표시 기타 조건 구비의 증명 규정)의 규정에 따라 세관장의 확인이 필요한 물품, ④ 판매를 목적으로 반입하는 물품 또는 대가를 지급하였거나 지급하여야 할 물품, ⑤ 미화 600불을 초과하는 물품, ⑥ 가공무역을 위하여 우리나라와 외국 간에 무상으로 수출입하는 물품 또는 그 물품의 원부자재, ⑦ 제4호 및 제5호에 해당하지 않는 물품으로서 과세가격이 5백만원을 초과하는 물품, ⑧ 수취인이 일반수입신고를 신청하는 물품

아 그 부족액을 추징하는 경우

⑧ 이사자의 이사물품

⑨ 개인인 국내 거주자가 수취하는 탁송품

⑩ 수입화주가 직접 수입신고하는 외국환거래가 수반되지 아니하는 탁송품으로 부과고지를 요청하는 경우 등

세관장이 부과고지를 할 때는 세목·세액·납부 장소 등을 기재한 납세고지서를 납세의무자에게 교부한다. 그러나 여행자의 휴대품이나 조난 선박에 적재된 물품으로서 보세구역이 아닌 장소에 장치한 물품을 검사한 공무원이 현장에서 관세를 수납할 때는 그 공무원이 말로써 고지할 수도 있다.

〈표 4-16〉 신고납부 v. 부과고지

구 분	신고납부	부과고지
주체	납세의무자	과세관청
시기	납세신고 시점	납부고지서 도달시점
절차	납세신고서 제출	결정, 고지
납기	신고서 수령일부터 15일 이내	고지서 수령일 15일 이내

(2) 세액의 계산

관세를 확정하기 위해서는 과세가격결정(평가) 방법에 따라 과세가격을 파악하고, 이 가격이 외국통화로 표시되어 있을 때는 과세환율을 적용하여 원화로 환산한 다음, 분류된 세번에 따라 적용하여야 할 관세율을 결정하여 세액을 산출하여야 한다.

수입물품에 부과될 수 있는 조세는 관세, 개별소비세, 주세, 교육세, 교통·에너지·환경세, 농어촌특별세, 부가가치세 등이다.

납세의무자의 세액이 3천원 미만인 때는 세관장이 이를 징수하지 아니한다. 수입 제세 및 그 산출방법은 다음과 같다.[50)]

(가) 관세

관세(duty) 부과대상은 관세법 별표 관세율표상 관세율이 정해진 물품으로서 관세법이나 다른 법률 또는 조약에 따로 면세품으로 규정되지 아니한 모든 수입물품이다.

【산출방법】

㉠ 종가세 = 과세가격(외국통화 표시 가격×과세환율)×관세율
㉡ 종량세 = 수입 물품의 수량×단위당 세액
㉢ 선택세 = 종가세와 종량세 중 고액(율)을 선택
(예 은행, 대추, 참깨 등)

(나) 개별소비세

개별소비세(individual consumption tax) 부과대상은 개별소비세법상 과세 대상으로 규정된 물품으로서 개별소비세법이나 다른 법률 또는 조약에 따로 면세품으로 규정되지 아니한 모든 수입물품이다.

개별소비세(종전의 특별소비세)[51)]는 간접세제의 전면적 개편으로 부가가치세를 도입함에 따라 조세부담의 역진성[52)] 등 부가가치세의 단일 세율에서 오는 불합리성을 제거하고 사치성 물품의 소비를 억제하기 위하여 도입된 세제이다.

---

50) 수입물품에 과세되는 내국세의 과세물건, 세율, 감면, 납세의무자 등은 세법에 규정되어 있다. 세관장은 여러 사정을 고려하여 관세와 함께 내국세를 부과·징수한다. 수입물품에 대한 내국세의 부과·징수·환급·결손처분 등에 관한 개별세법의 규정과 관세법의 규정이 상충될 때는 관세법의 규정이 우선 적용된다.
51) 1976년 12월 특별소비세법으로 특별소비세를 제정하여 운영해 오다가 2007년 12월에 개별소비세법으로 법명을 개정함
52) 부가가치세와 같은 간접세는 소득이 적은 사람이 상대적으로 높은 조세를 부담하는 역진성이 있어서 과세형평원칙(누진세)에 벗어난다.

수입되는 물품에 대한 개별소비세 과세의 특징은 관세 과세가격에 관세를 더한 금액을 과세가격(tax on tax)으로 한다는 점이다.
(예 보석, 고급시계, 승용차, 유류, 슬롯머신 등)

【산출방법】

개별소비세 과세가격×개별소비세율이다. 개별소비세율은 개별소비세 과세가격에 따라 다음과 같다.

㉠ 일반물품 = (관세 과세가격+관세)×개별소비세율(5%~20%)
㉡ 기준가격이 설정된 물품 = [(관세 과세가격+관세)−기준가격] ×개별소비세율(20%)

(다) 주세

주세(liquor tax) 부과대상은 주정(酒精), 또는 주류로서 주세법이나 다른 법률 또는 조약에 따로 면세품으로 규정되지 아니한 수입물품이다.

【산출방법】

㉠ 주정 = 수입 물량(kl) × (5만7천원 + 가산금액) (95%초과 1%마다 600원 가산),
㉡ 주정을 제외한 주류 = (관세의 과세가격+관세)×주세율 (5%~72%)

(라) 교통 · 에너지 · 환경세

교통 · 에너지 · 환경세 부과대상은 휘발유, 휘발유의 대체 유류, 경유로서 교통 · 에너지 · 환경세법, 기타 법률 또는 조약에 따로 면세품으로 규정되지 아니한 모든 수입물품이다. 교통 · 에너지 · 환경세는 도로 및 도시철도 등 교통시설의 확충에 드는 재원을 확보하기 위한 한시적 성격의 조세이다. 경제상황에 따라 기한을 정해서 세율을 조정해 운영하기도 한다.

【산출방법】

㉠ 휘발유, 이와 유사한 대체 유류 = 수입 물량×교통 · 에너지 · 환경세율(ℓ 당 475원)

㉡ 경유 = 수입 물량×교통 · 에너지 · 환경세율(ℓ 당 340원)

(마) 교육세

교육세(educational tax) 부과대상은 개별소비세, 교통 · 에너지 · 환경세 또는 주세가 부과되는 물품으로서 교육세법, 기타 법률 또는 조약에 따로 면세품으로 규정되지 아니한 수입물품이다. 교육세는 교육의 질적 향상을 도모하는 데 필요한 교육재정의 확충에 드는 재원을 확보하기 위해 부과되는 목적세의 일종이다.

【산출방법】

㉠ 개별소비세에 부가되는 교육세 = 개별소비세액×교육세율(30%, 단, 등유 · 중유 · 부탄 등은 15%)

㉡ 교통 · 에너지 · 환경세에 부가되는 교육세 = 교통 · 에너지 · 환경세액×교육세율(15%)

㉢ 주세에 부가되는 교육세 = 주세액×교육세율(10%. 단, 주세율이 70%를 초과하는 주류는 30%)

(바) 농어촌특별세

농어촌특별세 부과대상은 관세법, 조세특례제한법에 따른 관세의 감면 물품, 개별소비세 부과 대상 물품으로서 조세특례제한법에서 따로 그 부과를 면제하지 아니한 수입물품이다.

농어촌특별세(farming and fishing villages special tax)는 농어업의 경쟁력 강화와 농어촌 산업기반시설의 확충 및 농어촌지역 개발사업을 위하여 필요한 재원을 확보하기 위하여 UR 타결 이후 1994년 7월

1일부터 2024년 6월 30일까지 30년간 한시적으로 부과·징수되는 목적세이다.

【산출방법】

㉠ 조세특례제한법 및 관세법에 따라 관세 감면 물품
= 관세감면세액×농어촌특별세율(20%)

㉡ 개별소비세를 내는 물품 = 개별소비세액×농어촌특별세율(10%~30%)

(사) 부가가치세(VAT)

부가가치세(value added tax) 부과대상은 수입물품으로서 부가가치세법 기타 법률 또는 조약에 의해 따로 면세대상으로 규정되지 아니한 모든 수입물품이다. 부가가치세는 과세가격에 수입물품에 부과되는 모든 조세를 합산하여 과세가격으로 하고 있어서 tax on tax의 특성이 가장 뚜렷하게 나타난다.

【산출방법】

= [과세가격+관세+개별소비세 or 주세+교육세+교통·에너지·환경세+농어촌특별세]×부가가치세율(10%)

(3) 과세환율

수입과 관련하여 납세의무자가 내야 할 관세를 산출하기 위해서는 외국통화로 표시된 거래대금과 별도로 지급된 운임·보험료 등을 내국통화인 원화로 환산하여야 한다. 이때 적용되어야 하는 환율이 과세환율이다.

과세환율은 수입대금의 지급시기, 적용환율 등과는 무관하다. 관세납부와 관련한 과세가격의 산출에 있어 적용하는 환율은 오직 수입신고를 하는 날의 과세환율이다.

과세가격을 결정할 때 가산요소에 해당하는 금액이 실제로 냈거나, 내야 할 금액과 별도로 외화에 의해 지급된다고 하더라도 과세환율은 당해 수입물품에 대하여 수입신고를 하는 시점의 과세환율을 적용한다.

과세환율은 관세청 홈페이지(www.customs.go.kr) 과세환율 조회란에서 확인할 수 있다. 수출환율은 과세환율보다 약간 낮은 가격으로 고시된다. 과세환율은 관세청장이 일주일 단위로 매주 토요일 고시하여 이를 일요일부터 다음 주 토요일까지 적용한다.[53)]

관세청장은 당해 주에 3개 주요 외국환은행에서 적용된 전신환(T/T)의 외국환매도율을 평균하여 토요일에 과세환율을 정한다. 만일 수입대금을 원화로 내는 조건으로 무역계약이 체결되었다면 과세환율 적용의 문제는 발생하지 아니한다.

사례 10. 수입제세 산출 사례

Q Case 1

- 수입물품 : 와인(포도주) 5,000병
- 수입가격 : US$45,000 (CIF기준) (US$9 × 5,000개)
- 과세환율 1,000원, 관세율 15%, 주세율 100분의 30, 교육세율 10%

A **세액계산**

① 관세액: ₩45,000,000 × 15% = **₩6,750,000원**
　　* 과세가격 = US$45,000 × @1,000 = **₩45,000,000원**
② 주세액: (₩45,000,000 + ₩6,750,000) × 30% = **₩15,525,000원**
③ 교육세액: ₩15,525,000 × 10% = **₩1,552,500원**
④ 부가가치세액: (₩45,000,000 + ₩6,750,000 + ₩15,525,000 + ₩1,552,500) × 10% = **₩6,882,750**

⇨ 세액총계: **₩30,710,250원** (①+②+③+④)
세율총계: 68.24%
세후단가: 15,142원/병
　(₩45,000,000 + ₩30,710,250)/5,000병 = ₩15,142원
　* CIF가격: 9,000원/병 (US$9/병)

53) 관세청고시: 수입물품 과세가격 결정

Q Case 2

·수입물품: 녹용 US$30,000
·과세환율 1,000원, 관세율 20%, 개별소비세율 7%, 교육세율 30%

A 세액계산

① 관세액: US$30,000 × @1,000 × 20% = ₩6,000,000원
② 개별소비세액: (₩30,000,000 + ₩6,000,000) × 7% = ₩2,520,000원
③ 교육세액: ₩2,520,000 × 30% = ₩756,000원
④ 부가가치세액: (₩30,000,000 + ₩6,000,000 + ₩2,520,000 +₩756,000) × 10% = ₩3,927,600

⇨ 세액총계: ₩13,203,600원 (①+②+③+④)
세율총계: 44.01%
세후 수입금액: ₩43,203,600원 (₩30,000,000원 + ₩13,203,600원)

2) 관세의 납부

(1) 관세의 납부

수입물품에 부과되는 관세 등은 일정한 기한 내에 납부해야 한다. 관세를 납부해야 할 기한을 납부기한 또는 납기라고 한다. 관세의 납부기한은 원칙적으로 다음 중 하나이며(법 §9 ①), 예외적으로 달라질 수 있다.

① 신고납세: 납세신고수리일부터 15일 이내

② 부과고지: 세관장의 납세고지를 받은 날부터 15일 이내

③ 즉시반출: 수입신고 전 즉시반출신고를 한 경우는 수입신고일로부터 15일 이내

④ 월별납부제도: 관세청장이 정하는 요건을 갖춘 성실납세자가 신청을 하는 때에는 납부기한이 동일한 달에 속하는 세액에 대하여 동 기한이 속하는 달의 말일까지 일괄 납부할 수 있다.

⑤ 징수유예제도: 관세법에서 따로 규정된 납기는 천재, 지변, 전쟁, 화재 등의 사유가 있을 때 세관장이 1년 이내 기간을 정하여 그 납기를 연장할 수 있다.

⑥ 분할납부제도: 국내 산업의 보호 육성, 정부 또는 지방자치단체의 예산집중 완화 및 사업지원, 교육 진흥 등의 정책적 사유로 수입신고수리 후에 일정기간 관세를 나누어 내도록 세관장이 승인할 수 있다(법 §107 ②).

⑦ 일괄납부제도: 관세환급특례법에 따라 수출용 원재료의 일괄납부제도를 적용할 때는 최대 7개월까지 납부기한이 부여되기도 한다. 신고납부의 경우는 수입신고(납세신고)가 수리되기 전에도 당해 세액의 납부가 가능하다.

⑧ 납기 전 징수제도: 일정한 법정 사유가 발생하면 납부기한 전이라도 관세 채권을 보전하기 위하여 납세의무가 확정된 관세를 징수하도록 하는 제도이다. 담보제공이 없거나 징수한 금액이 부족한 경우 납기까지 기다리면 채권확보에 차질이 예상될 때 채권을 효과적으로 확보하기 위한 것이다.

〈표 4-17〉 관세의 납부기한

구 분		납부기한	비 고
원칙	신고납부제도	납세신고수리일로부터 15일 이내	일반적인 납세원칙 (관세법 §9)
	부과고지제도	납세고지 받은 날로부터 15일 이내	
	즉시반출제도	수입신고일로부터 15일 이내	
예외	납세정정제도	보정신청: 신청일 다음 날	부족세액 납부(법 §38조2)
		수정신고: 신고일 다음 날	부족세액 납부(법 §38조3)
	월별납부제도	납기가 속한 달의 말일	납세편의, 비용절감 (관세법 §9)
	징수유예제도	1년 범위 내 세관장이 정한 날	(관세법 §10, 국세징수법)
	분할납부제도	천재지변: 1년 범위 내 세관장이 정한 날	(관세법 §107)
		특정물품: 승인일 5년 내 세관장이 정한 날	산업/중소기업 지원
	일괄납부제도	일괄납부기간(6월내) 종료일 다음달 15일	수출지원 (환급특례법 §5, §8)
	납기전징수제도	세관장이 정하는 날	조세채권 확보 (국제징수법 §14)

관세의 납부는 월별납부제도가 적용되는 것은 월별로, 그 외의 것은 수입신고 건별로 작성되는 납부서에 의해 국고수납은행에 내는 것이 원칙이다. 관세를 냄에 있어 납세신고일로부터 15일이라는 납부기한 내에 납세의무자가 자진하여 내는 것을 임의징수라 부른다.

반면에 납세의무자가 정해진 기한 내 자진하여 내지 아니함으로써 체납이 발생하면 세관장이 강제로 징수하는 것을 강제징수라 한다.

강제징수에는 납세의무자가 제공한 담보물이나 확정된 환급금에서 충당하는 경우, 수입물품 자체를 매각하여 그 매각대금으로 충당하는 경우, 납세의무자의 다른 재산을 압류하여 매각한 다음 그 매각대금으로 충당하는 경우 등이 있다.

(2) 가산세와 납부지연가산세

가산세는 관세법에 규정된 의무를 성실히 이행하지 않은 자에게 관세법에 따라 산출된 세액에 가산하여 징수하는 조세이다.

가산세는 본 가산세와 납부지연가산세로 나뉜다.

납부지연가산세는 납부가 지연된 금액에 대한 이자와 가산세가 부과되고도 미납세액과 가산세를 내지 않을 때 부과되는 금액으로 2020년에 가산금이[54] 폐지되고 납부지연 가산세로 통합되었다.

가산세의 종류는 다음과 같다.

① 보정이자 = 부족세액 × 납부기한 다음 날부터 보정신청을 한 날까지 기간 × 이자율[55]

② 수정 및 경정

㉠ 과소신고시 가산세 = 부족세액의 10%(부정신고 40%) + 납부지연가산세(부족세액 × 납부기한 다음 날부터 수정신고일 또는 납세고지일까지 기간 × 가산세율)

㉡ 무신고시 가산세 = 해당세액의 20%(부정신고 40%) + 납부지연가산세(부족세액 × 납부기한 다음 날부터 수정신고일 또는 납세고지일까지 기간 × 가산세율)[56]

③ 재수출 불이행 가산세: 재수출면세 또는 재수출감면세 처분으로 수입한 물품을 규정된 기간 내에 재수출하지 아니한 경우 해당 물품에 부과될 관세의 20%(단, 500만원을 넘지 않는 범위에서 부과)

---

54) 가산금은 납세의무자가 관세를 법정기한까지 내지 않았을 때 납부를 지연한 세액 및 기간에 따라 추가로 발생하는 관세 채무이다.

55) 보정 이자율: 연 1.2% (2022.3.18. 기준)

56) 납부지연가산세율: 일 10만 분의 22 (2022.02.17.기준)

④ 신고지연가산세는 반입일로부터 30일 이내 수입 또는 반송신고를 하지 않으면 부과된다.

가산세율은 ㉠ 신고기한이 경과한 날부터 20일 이내에 신고한 경우는 과세가격의 0.5%, ㉡ 신고기한이 경과한 날부터 50일 이내에 신고한 경우는 과세가격의 1%, ㉢ 신고기한이 경과한 날부터 80일 이내에 신고한 경우는 과세가격의 1.5%, ㉣ 그 밖의 경우는 과세가격의 2%

⑤ 신고 불이행 가산세는

㉠ 여행자나 승무원 휴대품을 신고하지 아니한 경우는 납부할 세액(관세 및 내국세를 포함)의 40%(반복적으로 자진 신고를 하지 아니하는 경우 60%)

㉡ 이사물품을 신고하지 아니한 경우는 납부할 세액의 20%

⑥ 즉시반출 미신고 가산세: 즉시반출제도를 적용하여 물품을 반출하였으나, 즉시반출 신고 후 10일 이내에 수입신고를 하지 아니한 경우는 납부할 관세의 20%

⑦ 체납가산세 = 미납부세액의 3% + 납부지연가산세(납부경과일자 × 가산세율)[57]

관세를 납부기한까지 완납하지 않고 체납된 때에는 그 납부 기한이 경과한 날부터 체납된 관세에 대하여 3%에 상당하는 1차납부지연가산세를 징수한다.

체납된 관세를 내지 아니한 때에는 그 납부 기한이 경과한 날부터 매 1월 지날 때마다 체납된 관세의 1.2%에 상당하는 납부지연 가산세를

57) 납부지연가산세율: 일 10만 분의 22 (2022.02.17.기준)

제1차 가산세에 가산하여 징수한다. 납부지연가산세를 가산하여 징수하는 기간은 최대 60개월까지이다. 따라서 체납으로 인한 납부지연가산세는 최대 75%[=3%+(1.2%×60)]에 상당할 수도 있다.

가산세의 규정은 국가 또는 지방자치단체가 직접 수입하는 물품 등에게 적용하지 아니하며, 체납된 관세액(내국소비세가 있는 경우에는 그 금액을 포함)이 50만원 미만일 때는 납부지연가산세를 가산하지 아니한다.

(3) 납부세액의 절감 및 납부기한의 조정

납세의무자가 납부세액을 절감하는 방법으로 용도세율제도, 관세법상 환급제도, 관세감면제도, 납부기한 조정제도 등이 있다.

아울러 납부기한을 조정하여 납세와 자금 융통의 편의를 구하는 방법으로 분할납부제도, 월별납부제도 등이 있다.

여기에서는 앞에서 설명하지 않은 ㉠ 관세법상 환급제도와 ㉡ 관세감면제도에 대하여만 설명한다.

(가) 관세환급제도

관세환급(customs refund)이란 일정한 사유로 인하여 납부한 관세, 가산세, 체납 처분비 등을 돌려주는 것을 말한다. 이들 환급청구권의 시효는 행사할 수 있는 날로부터 5년이다.

관세법상 환급제도에는 다음과 같은 것이 있다.

① 과오납의 환급: 납세의무자나 세관의 착오 등으로 잘못 징수된 관세를 돌려주는 것(법 §46)

② 계약 내용과 상이한 물품 등에 대한 환급: 관세 납부 또는 징수 후에 과세 대상인 수입 물품이 수입계약 내용과 상이하여 과다하게 징수된 관세를 돌려주는 것(법 §106)

③ 종합보세구역 판매물품 환급(법 §199조의2)

④ 잠정 납부한 관세의 환급: 잠정적으로 징수한 관세를 되돌려주거나 과세가격 등을 확정한 후 과다 징수한 금액을 돌려주는 경우로서 덤핑방지관세나 상계관세의 잠정조치, 잠정긴급관세의 환급, 잠정가격신고제도에서의 환급 등이 있다.

관세법상 환급과 구분해야 하는 것으로 특례법상의 환급이 있다. 관세법상 환급은 과다하게 납부한 관세를 돌려주는 것인데 반하여, 특례법(수출용 원재료에 대한 관세 등 환급에 관한 특례법)에 의하여 물품이 수출되면 원재료에 대해 이미 납부한 수입관세를 수출을 지원할 목적으로 돌려주는 것이다. 특례법상 관세환급에 대하여는 뒤에서 자세히 설명한다.

(나) 관세감면제도

관세감면이란 일정 요건에 해당하는 수입물품에 대하여는 관세의 일부 또는 전부를 감세하거나 면세하는 것을 말한다. 감면은 무세와 탄력관세에 의한 관세경감과는 구별되어야 한다. 관세감면은 법적 근거를 기준으로 다음과 같이 구분할 수 있다.

① 관세법에 따른 감면: 관세법 제88~101조에 의한 감면

〈표 4-18〉 관세법상 관세의 감면

무조건 감면	조건부 감면
· 외교관용 물품 등 면세(§88) · 정부용품 등 면세(§92) · 소액물품 등 면세(§94) · 여행자휴대품 이사물품 등 면세(§96) · 재수입면세(§99) · 손상감세(§100) · 해외임가공물품 등 감세(§101)	· 세율불균형물품 면세(§89) · 학술연구용품 감면세(§90) · 종교 자선 장애인용품 등 면세(§91) · 특정물품 면세(§93) · 환경오염방지물품 등 감면세(§95) · 재수출면세(§97) · 재수출감면세(§98)

여행자휴대품이란 여행자가 휴대하여 반출입하는 물품을 말한다. 여행자 소유의 물품을 여행자와 별도로 다른 운송수단으로 보내 반출입하는 것은 별송품이라 한다. 여행자가 휴대품, 별송품을 자진하여 신고하는 경우 15만원 이내에서 관세의 30% 상당하는 금액이 경감될 수 있다.[58)]

이사물품은 우리나라 국민이 외국에서 1년(가족을 동반한 경우는 6개월) 이상 거주하였거나, 외국인 또는 재외영주권자가 우리나라에 1년(가족을 동반한 경우는 6개월) 이상 거주하기 위해 반입하는 물품을 말한다. 이 경우 입국하기 전에 3개월 이상 사용하였고, 입국 후에도 계속 사용할 것으로 인정되면 면세한다.[59)]

58) 여행자 1명당 휴대품 면세기준(관세법시행규칙 제48조)
① 금액기준: 여행자 1인당 휴대품의 전체 과세가격에서 US$600. 다만, 농림축수산물과 한약재는 총량 40kg이내, 전체 해외취득가격 10만원을 한도로 면세허용
② 수량기준: 주류(1ℓ 이하로서 US$400 이하) 1병, 담배(궐련은 200개비, 엽궐련 50개비), 전자담배(궐련형 200개비, 니코틴 용액 20mℓ, 기타유형 110g), 향수(60mℓ)

59) 이사물품 수입통관사무처리에 관한 고시

② 조세특례제한법에 따른 감면: 특정 정책 목적을 위한 일시적인 감면

③ 조약에 의한 감면: 외교활동 보장, 무역촉진, 문화교류 등을 위하여 조약(예 SOFA)이나 국제규칙(예 항공협정)에 따라 감면

④ 내국세의 감면: 해당 세법 또는 조세특례제한법에 따라 수입물품에 대한 내국세 등의 세액을 감면

9. 보세제도

보세(保稅; bonded)란 국내에 있는 외국물품에 대해 과세를 유보하고 있는 상태를 의미한다. 즉, 수입통관 절차가 완료되지 않은 상태, 수입신고수리 미완료상태, 관세부과가 보류되는 관세유보를 말한다.

외국물품이 우리나라에 있음에도 불구하고 과세를 유보하는 보세제도를 운용하는 이유는 수출입 물품에 대한 세관의 효율적 통제, 관세채권의 확보, 통관업무의 효율화, 무역의 촉진, 산업시설 건설의 지원 등이다.

외국물품은 수입의 경우 수입통관 절차가 완료되고, 수출의 경우 선(기)적이 완료될 때까지 세관의 엄격한 관리를 받는다.

① 외국물품을 싣고 있는 외국무역선(기)은 원칙적으로 32개 개항(開港)[60]으로만 출입하여야 한다. 국제무역선(기)은 국제항에만 자유롭게 출입할 수 있다(법 134조).

② 외국 무역선(기)에 물품을 싣거나 내릴 때는 먼저 세관장에게 신고하여야 한다.

③ 세관장 허가 없이 외국물품을 싣고 있는 선박과 다른 선박 간에 물품을 옮겨 실을 수 없다.

④ 외국물품은 원칙적으로 보세구역이 아닌 장소에 장치할 수 없다.

---

60) · **항구(24개)**: 부산, 인천, 울산, 광양, 평택·당진, 경인, 고현, 군산, 대산, 동해·묵호, 마산, 목포, 삼척, 삼천포, 속초, 여수, 옥포, 완도, 장승포, 장항, 제주, 진해, 통영, 포항
· **공항(8개)**: 인천, 김포, 김해, 대구, 무안, 제주, 청주, 양양

⑤ 외국물품을 국내에서 운송하고자 할 때는 먼저 보세운송으로서 세관장에게 신고하거나 승인을 받아야 한다.

⑥ 보세구역을 설영(設營) 하려는 경우에는 세관장의 특허를 받아야 한다.

⑦ 보세구역에 물품을 반입하거나 반출하고자 할 때는 세관장에게 신고하여야 한다.

⑧ 보세구역에 장치 중인 외국물품에 대해 보수, 해체, 절단 등의 작업을 하거나, 부패・손상 등의 사유로 폐기하고자 할 때는 세관장의 승인을 받아야 한다.

⑨ 보세구역에 장치 중인 외국물품의 전부 또는 일부를 견본품으로 반출하고자 할 때는 세관장의 허가를 받아야 한다.

보세제도는 보세구역제도와 보세운송제도로 구분할 수 있다.

1) 보세구역제도

보세구역(bonded area)은 외국물품이 반입될 수 있는 구역으로, 세관에 의한 수출입 물품 관리의 중심이 되는 장소이다. 보세구역은 무역실무에서 세관 구내창고, CY, CFS, 선박회사(항공사) 화물장치장 등으로 불리기도 한다.

보세구역은 여러 가지 목적으로 설치되므로 종류도 다양하다.

보세구역은 지정보세구역, 특허보세구역, 종합보세구역으로 구분한다. 유사 보세구역으로 자유무역지대와 보세구역외 장치장 등이 있다.

〈표 4-19〉 보세구역의 종류

구 분		설영방법	종 류
보세구역	지정보세구역	세관장 지정	지정장치장
			세관검사장
	특허보세구역	세관장 특허	보세창고
			보세공장
			보세전시장
			보세건설장
			보세판매장
	종합보세구역	관세청장 지정	종합보세구역
유사 보세구역	보세구역외 장치장	세관장 허가	보세구역외 장치장
	자유무역지역	산업통장자원부장관 지정	자유무역구역

지정보세구역(designated bonded area)은 세관장이 지정한 보세구역으로서 주로 국가공공의 토지시설 등의 일정구역을 지정하여 특정 물품의 장치, 수출입 물품의 검사를 하는 곳으로 지정장치장과 세관검사장으로 구분한다.

특허보세구역(licensed bonded area)이란 운영인의 신청을 받아 세관장이 특허한 보세구역으로서 주로 개인의 토지시설 등의 일정 구역을 말하며, 보세창고, 보세공장, 보세전시장, 보세건설장, 보세판매장으로 구분한다.

(1) 지정장치장

지정장치장(customs inspection area)은 대개 부두, 공항 또는 세관청사 내에 특정 지역을 지정하여 통관하고자 하는 물품을 일시적으로 장치할 수 있는 장소이다. 지정장치장에 화물을 장치할 수 있는 기간은 6개월이나, 세관장은 3월의 범위 안에서 그 기간을 연장할 수 있다.

지정장치장 중 세관장이 관리하는 시설 또는 세관장이 시설관리인으로부터 무상사용의 승인을 받은 시설 중 지정장치장으로 지정한 시설을 세관구내장치장이라 하고, 부두지역 또는 이 지역에 인접한 지정장치장을 부두장치장이라고 한다.

(2) 세관검사장

세관검사장은 수입 또는 수출통관하고자 하는 물품의 검사를 할 수 있는 장소이다. 공항 입국장의 세관검사장이 대표적이다.

수출입 물품 중 세관검사가 필요한 물품이 모두 세관검사장에 반입되어야 하는 것은 아니며 대개 여행객의 휴대품이나 이사물품, 기타 탁송물품의 검사에 세관검사장이 이용된다. 그 외 보세창고 등에 반입된 물품이나 수출하고자 하는 물품에 대한 검사는 세관공무원이 당해 물품이 장치된 장소에 출장하여 검사를 한다. 세관검사장에 반입되는 물품의 채취, 운반 등에 드는 검사비용은 화주가 부담한다.

(3) 보세창고

보세창고(bonded warehouse)는 외국물품 또는 수출입통관을 하고자 하는 물품을 장치할 수 있는 장소로 보세구역 대부분을 차지한다.[61] 수출의 경우 신고의 요건으로 보세구역 장치를 원칙으로 하는 수입의 경우와는 달리 수출자의 공장이나 일반 창고에 물품을 장치한 상태에서도 수출신고를 할 수 있도록 허용하고 있어서 통관을 위해 보세창고에 물품을 장치하는 경우는 드물다.

61) 종전에는 외국물품 또는 수출입통관을 하고자 하는 물품을 장치하는 장소를 보세창고와 보세장치장으로 구분하였으나, 2000년의 개정 관세법에서는 교토협약을 참조하여 이를 통합하여 보세창고로 일원화하였다.

보세창고에는 외국물품 또는 수출입통관을 하고자 하는 물품만을 장치할 수 있는 것이 아니다. 운영인이 미리 세관장에게 신고하면 외국물품 또는 통관하고자 하는 물품의 장치에 방해되지 않는 범위 내에서 내국물품을 장치할 수 있다. 또한 동일 창고에 장치된 동안 수입신고가 수리된 물품은 지정장치장의 경우와는 달리 신고 없이 계속하여 장치할 수도 있다.

(4) 보세공장

보세공장(bonded factory)은 외국물품이나 외국물품과 내국물품을 원재료로 제조·가공 기타 이와 비슷한 작업을 하기 위한 장소이다. 보세공장에는 외국물품이 입항 즉시 보세운송되어 반입될 수 있고, 해당 공장에서 물품을 제조·가공하는 동안은 관세 등이 부과되지 아니하며, 제조·가공된 물품을 수출(반송)하였으면 환급절차 등도 불필요하다.

보세공장은 일정한 제조공장 자체를 보세구역을 특허받아 운영하는 제도로 금융비용과 물류비 절감 측면에서 상당히 유용한 제도라 할 수 있다.[62]

보세공장은 수출용 보세공장, 내수용 보세공장, 겸용 보세공장의 3가지로 나눌 수 있다.

수출용 보세공장에서는 외국물품 상태에서 제조·가공되어 그대로 반출되므로 관세법상으로 반송이란 용어를 사용한다. 그러나 일반적으로는 보세공장에서 제조·가공된 물품을 외국으로 반출하는 것도 수출이라 부르고 있다. 보세공장제도를 운영하는 주된 정책목표도 수출용 보세공장에 의한 수출촉진에 있다.

62) 보세공장 운영에 관한 고시(www.customs. go.kr)

보세공장에 반입된 물품을 사용하려면 사용 전에 세관장에게 사용신고를 해야 한다. 사용신고는 수입신고와 유사한 성격이 있으나 과세조치는 따르지 않는다.

보세공장에서 생산한 물품을 수입할 때는 제품과세 또는 원료과세 방법으로 과세한다.[63] (관세법 188~189조)

(5) 보세전시장

보세전시장(bonded exhibit hall)은 박람회, 전시회 등을 위하여 외국물품을 장치하거나 사용할 수 있는 장소이다. 일시적으로 국내에 반입되어 전시 등을 한 다음 다시 외국으로 반출되는 물품에 유용하다.

이 경우 수출입 통관절차가 생략되고, 전시와 간접적으로 관련되는 각종 물품도 보세상태로 반입하여 사용・소비할 수 있으므로 박람회 등의 주최 측 또는 참가자 모두에게 유용하다. 보세전시장은 대개 해당 박람회기간 특허되고, 외국물품의 장치기간도 보세전시기간이다.

보세전시장에 반입될 수 있는 물품은 ㉠ 보세전시장 건설을 위한 용품, ㉡ 보세전시장에서의 업무용품(사무용비품, 소모품 포함), ㉢ 당해 보세전시장 내에서 불특정다수의 관람자에게 오락용으로 관람시키거나 사용하게 할 오락용품, ㉣ 전시용품, 판매용품, ㉤ 불특정다수의 관람자에게 기증할 것을 목적으로 하는 증여용품 등 다양하다. 그러나 알코올, 음료, 담배, 연료 등은 제외된다.

63) · 제품과세 관세액 = 제품가격 × [외국원재료가격 / (외국원재료가격 + 국산원재료가격)] × 제품의 관세율
· 원료과세 관세액 = 원재료의 가격 × 원재료의 관세율

(6) 보세건설장

보세건설장(bonded construction building)은 외국물품인 기계류·설비품 또는 공사용 장비를 장치, 사용하여 산업시설의 건설공사를 할 수 있는 장소이다. 보세건설장제도는 대규모 플랜트 등의 건설에서 자금부담 완화에 큰 도움이 될 수 있다.

보세건설장은 당해 건설공사기간을 고려하여 일정기간 특허되며, 외국물품의 장치·사용기간은 해당 특허기간과 같다.

보세건설장에 외국물품을 반입할 때는 사용하기 전에 당해 물품에 대하여 수입신고를 하고('사용 전 수입신고'), 세관공무원의 검사를 받아야 한다. 또한 건설공사가 완료되더라도 수입신고가 수리된 다음 가동하여야 한다.[64)]

(7) 보세판매장(면세점)

보세판매장(bonded shop, duty free shop)은 외국물품을 보세상태에서 판매할 수 있는 장소이다. 공항 출국장의 면세점이 대표적이고, 입국면세장, 시내 보세판매장과 같이 주요 백화점이나 호텔 등에도 일부 설치되어 있다.[65)]

보세판매장을 이용할 수 있는 자는 외교관 면세권자나 출국예정자에 국한된다. 출국예정자가 보세판매장에서 구매한 물품은 공항의 출국장에서 인도되며, 반드시 국외로 반출하여야 한다. 일단 국외로 반출된 물품을 여행자휴대품이나 이사물품 또는 탁송의 방법으로 국내로 반입할 때는 일반적인 외국물품의 경우와 같이 취급된다.[66)]

---

64) 보세건설장 관리에 관한 고시(www.customs. go.kr)
65) 보세판매장은 판매대상, 판매장의 소재지, 취급 물품 등에 따라 외교관면세매점, 출국장면세매점, 시내 면세매점, 모피류 면세매점 등으로 불림
66) 보세판매장 운영에 관한 고시(www.customs. go.kr)

(8) 종합보세구역

종합보세구역(general bonded area)은 보세창고, 보세공장, 보세전시장, 보세건설장, 보세판매장의 기능 중 둘 이상의 기능을 종합적으로 수행할 수 있는 장소이다.

종합보세구역은 관세청장이 직권으로 또는 관계 중앙행정기관의 장이나 지방자치단체의 장의 요청에 따라 지정한다. 물품의 장치기간에는 제한이 없다.

(9) 유사 보세구역

관세법상의 보세구역은 아니나 외국물품이 반입될 수 있는 구역이라는 점에서 이러한 보세구역과 유사한 성격이 있는 자유무역지역과 보세구역외 장치장도 있다.[67)]

자유무역지역(free trade zone)은 관세법의 규정에 따른 보세구역이 아니라 「자유무역지역의 지정 및 운영에 관한 법률」에 의해 지정된다.[68)] 그러나 외국물품이 보세상태에서 반입될 수 있다는 점에서 보세구역과 유사한 성격이다.

관세법에 따라 세관장이 허가함으로써 설정되는 보세구역외 장치장도 외국물품을 장치할 수 있다는 점에서 보세구역으로서의 성격이 있다.

(10) 자율관리보세구역제도와 보세사

자율관리보세구역은 보세구역 중에서 물품관리와 세관 감시에 지장이 없다고 인정할 때 관세청장이 정하는 바에 따라서 세관장이 지정하는 보세구역이다.

67) 경제자유구역, 외국인기업전용단지, 외국인투자지역, 제주국제도시 등은 관세 등의 감면과 같은 혜택이 부여되지만, 보세구역으로서 성격은 가지고 있지 않다.

68) 종전 '관세자유지역'은 2004.3.22. 법률개정으로 '자유무역지역'으로 흡수되었다.

자율관리보세구역으로 지정받으려면 보세사를 보유하고 있어야 하는데, 보세사는 보세구역 운영인의 결격사유에 해당하지 않고, 한국관세물류협회(www.kcla.kr)에서 주관하는 보세사 시험[69]에 합격해야 한다.

보세사의 직무는 ① 보세화물 및 내국물품의 반입 또는 반출에 대한 입회 및 확인, ② 보세구역 안에 장치된 물품의 관리 및 취급에 대한 입회 및 확인, ③ 보세구역 출입문의 개폐 및 열쇠 관리의 감독, ④ 보세구역의 출입자 관리에 대한 감독, ⑤ 견품의 반출 및 회수, ⑥ 기타 보세화물의 관리를 위하여 필요한 업무로서 관세청장이 정하는 업무 등이다(관세법시행령 제185조).

2) 보세운송제도

보세운송(bonded transportation)이란 외국물품을 보세상태로 국내에서 운송하는 것을 말한다. 외국에서 개항에 도착한 물품을 당해 항구 또는 공항 내의 보세구역에서 수입통관을 한다면 보세운송은 불필요할 것이다. 그러나 그 물품을 내륙지에 있는 보세구역으로 이송하여 통관하고자 한다면 도착항으로부터 내륙 목적지의 보세구역까지는 보세운송으로 이동해야 한다.

외국물품은 다음 장소 간에 한정하여 외국물품 그대로 운송할 수 있다. 다만 수출신고가 수리된 물품은 해당 물품이 장치된 장소에서 다음 장소로 운송할 수 있다. 다음 장소는 ① 국제항, ② 보세구역, ③ 허가된 보세구역외 장치장소, ④ 세관 관서, ⑤ 통관역, 통관장, 통관우체국을 말한다(관세법 제213조).

69) 보세사 시험과목은 수출입통관절차, 보세구역관리, 보세화물관리, 자율관리 및 관세 벌칙, 수출입 안전관리 등 5과목이다. 합격 기준은 과락 40점, 평균 60점 이상이다.

무역실무상 보세운송이 가능한 시기는 수입화주가 운송서류를 운송회사에 제출하고 화물인도지시서(D/O)를 인수한 때이다.

외국물품을 보세운송하고자 할 때는 그 물품이 소재하고 있는 지역을 관할하는 세관장에게 신고하거나 승인을 받아야 한다. 일반적으로 승인대상은 검역을 필요로 하는 물품, 위험 물품, 보세구역외 장치장으로 운송하는 물품 등이다. 승인대상이 아닌 경우에는 신고만 하고 보세운송을 할 수 있다.

보세운송을 신청할 수 있는 자(보세운송인)는 당해 외국물품의 화주, 관세사, 보세운송업자 등이다.

보세운송업자는 관세청장 또는 세관장에게 등록한 보세운송을 업으로 하는 운수업자이다.[70] 화주 등이 보세운송을 신청할 때 일반적으로 담보를 제공하여야 한다.

보세운송 중에는 세관의 감시·단속을 일시 벗어나게 되므로 보세운송에는 운송 통로와 운송 기간을 제한하고 있다. 운송 통로는 예를 들어 부산에서 서울로 운송할 때 '경부고속도로'로 지정하는 것과 같다.

보세운송의 원칙적인 허용기간은 보세운송 신고일로부터 해상화물은 15일, 항공화물은 7일이다. 이 기간은 신청하면 연장될 수 있다. 지정된 기간 내에 물품이 목적지에 도착하지 아니하면 세관장은 보세운송 신고인으로부터 해당 물품에 대한 관세를 징수한다.

70) 보세운송업자 등이란 보세운송업자, 화물운송주선업자, 국제무역선/기 또는 국경출입차량 하역업자, 국제무역선/기 또는 국경출입차량 물품이나 용역 공급업자, 국제항 내 보세구역에서 물품이나 용역 공급업자, 특송업자. 구매대행업자 등이다(관세법 제222조).

수출의 경우 수출신고가 수리된 물품은 외국물품으로 간주한다. 수출신고가 수리된 장소로부터 선(기)적에는 보세운송이 필요하지 않으며, 화주의 책임하에 국제항으로 운송하여 수출신고 수리된 날로부터 30일 이내에 선(기)적하면 된다.

10. HS상품분류

1) 상품분류의 의의 및 HS분류 구조

상품분류(classification of goods)란 하나의 상품군과 다른 상품군을 구별하고, 그룹마다 일정한 명칭을 부여함으로써 모든 상품을 체계적으로 유형화하는 것이다. 상품분류를 하는 것은 공통 특징을 갖는 상품을 같은 범주에 분류함으로써 상품 자체의 연구, 통계·경제분석, 관세와 비관세 무역관리, 운송, 보험 등 실용적 측면에 활용하기 위한 것이다. 국제기구나 정부, 공공단체, 기업, 개인 등 산업·경제 활동 주체들은 각자의 필요에 따라 편리한 품목분류표를 만들어 사용하고 있다.

품목분류표(tariff nomenclature)의 유형에는 관세용 품목표, 통계용 품목표, 운송요율용 품목표, 보험요율용 품목표 등이 있다.

국제적으로 통일된 체계에 따라 무역거래의 대상이 되는 상품을 분류하는 것은 국제상품 이동에 따른 복잡한 절차와 비용을 줄이고, 무역장벽의 제거와 상품의 국제적 비교 및 통계를 간소화하는 데 유용하다.

세계 각국은 20세기 초부터 국제적으로 통일된 상품분류의 기준을 제정하는 데 많은 관심을 기울였다.

① 1913년 브뤼셀에서 개최된 제2차 상업통계에 관한 국제회의에서 최초로 국제공통품목분류표인 Brussels Nomenclature가 채택되었다.

② 1950년 관세용 품목분류표인 BTN(Brussels Tariff Nomenclature)이 관세협력이사회(CCC; Customs Cooperation Council)[71] 에서 제정되었다. 이후 1974년에 CCCN(Customs Cooperation Council Nomenclature)으로 명칭을 변경하였다.

③ 1950년 UN통계위원회는 통계목적으로 SITC(Standard International Trade Classification)를 제정하였다.[72] SITC는 무역통계 자료의 수집을 목적으로 무역량이 많은 것을 중심으로 품목을 통계함을 원칙으로 하며 무역량이 적은 것은 고관세(高關稅) 물품도 세분류하지 아니한다.

④ 1983년 12월 CCC는 국제적인 통일상품분류표인 HS (Harmonized System)를 제정하여 1988년부터 발효하였다. HS는 상품분류에 관한 국제협약으로서 정식명칭은 '통일상품명 및 부호체계에 관한 국제협약'(The International Convention on the Harmonized Commodity Description and Coding System)이다.

HS code는 각국 정부와 관세 무역종사자의 요구, 기술의 발전, 국제무역 패턴의 변화 등을 고려하여 대략 5년을 주기로 개정하고 있다.[73] 우리나라도 2022.1.1. 개정에 맞춰 관세율표, 관세·통계통합품목분류표(기획재정부 고시, "HSK", HS 해설서(관세청 고시)를 개정하였다. 이번 개정으로 HSK상 품목이 12,242개에서 11,293개(신설 1,403개, 삭제 2,352개, 변경 440개)로 변경되었다.

---

71) · CCC는 1947년 창설된 유럽관세동맹연구단(European Customs Union Study Group)에 그 연원을 두고 있다. 1950년 관세협력이사회 설립에 관한 협정에 따라 1952년 CCC(관세협력이사회)가 설립되었다.
· 세계무역기구(WTO)의 출범과 함께 CCC는 1995년부터 그 명칭을 국제관세기구(WCO; World Customs Organization)로 변경하였다.

72) BTN은 당초 그 제정 주체가 유럽관세동맹연구단이었기 때문에 EC의 공통 관세율표를 지칭한다는 오해를 불러일으키는 경우가 많았다.
· 이를 해소하기 위해 1976년 1월부터 동 품목분류표를 주관하는 CCC의 이름으로 관세협력이사회 품목분류표(CCCN ; Customs Cooperation Council Nomenclature)라 변경하였다.

73) 제정(1988) → 7차 개정(1992, 1996, 2002, 2007, 2012, 2017, 2022)

〈표 4-20〉 WCO HS협약 주요 개정(제1차~제7차)

개정	주요 개정	주요 품목(신설 등)	6단위
1차 (1992)	HS제정 작업과정에서 도출된 미비점 반영, 호 용어의 보완	· 소호의 통합 및 신설 · 호의 용어 등	5,018
2차 (1996)	신기술 개발, 국제기구에서 요청한 마약원료물질 및 오존층 파괴물질 등의 국제모니터링 품목신설	· 영상전화기, 팩시밀리, 휴대용컴퓨터 · 마약 원료물질 및 오존층 파괴물질등	5,113
3차 (2002)	환경보호 등을 위해 폐기물 및 CITES 협약 대상품목을 신설, HS체계의 통일적 적용을 위한 용어 정의 등	· 디지털카메라, 스마트카드 등 · 마약류(암페타민, 아편 농축물) · 보증된 참조물질 및 산업폐기물 등 · 멸종위기에 처한 동식물(CITES)	5,224
4차 (2007)	국제기구에서 제시한 통제물질 및 IT 산업의 급속한 발전에 따른 신상품 신설	· 반도체, 평판디스플레이장비(8486) · 유무선 통신기기(8517) · 수은화합물, 농약원료, 청석면 등 유해물질 등	5,052
5차 (2012)	FAO의 요청에 따른 농수산물의 분류체계 강화 및 신기술 상품의 신설, 불필요한 소호를 통합	· 농수산물 분류체계 강화(3류, 16류) · 9008호의 프로젝터 종류 통합 · 유기화합물의 분류체계 개정 · 위생용품, 바이오디젤 등	5,205
6차 (2017)	WSC(세계반도체이사회)요청에 따른 집적회로(8542) 범위확대 및 신상품 중요품목 신설	· LED램프, 전기자동차, MCOs · 삼각대, 항말라리아 제품 · 냉동인삼, 어류 식용설육	5,387
7차 (2022)	IT첨단기술 제품신설, 식량자원 확보, 환경보호, 불법무기 등의 국제 모니터링을 위한 주요 품목 신설	· 평판디스플레이 모듈, 드론, 3D프린터 · 전자담배, 반도체 트랜스듀서 · 식용곤충, 탄소섬유, 산업폐기물 · 국민양용 물품(야간 감시카메라 등)	5,612

* 시행일은 매 개정연도 1월 1일임

HS는 종전 CCCN의 기본골격을 유지하면서 UN이 제정한 SITC 등 약 15종의 각종 품목분류표를 참고하여 작성한 것이다. 현재 우리나라를 비롯하여 주요 무역국이 망라된 세계 88개국이 HS협약에 가입하여 이에 의해 무역거래 상품을 분류하고 있다.[74] 이것은 특정한

상품에 대한 HS 분류는 적어도 HS협약국간에는 동일하게 분류된다는 것을 의미한다.

CCCN은 관세목적이고 SITC는 통계목적이었다면, HS는 관세 부과, 무역통계집계 목적뿐 아니라 운송·보험·창고·기타 상업분에야 공용하기 위한 다목적이다.

품목분류는 물품을 관세·통계통합분류표에 따라 구분하고 해당 HS코드를 부여하는 것이다. 구분하는 방법은 류, 호, 소호, 세분류로 구분한다. 관세 품목에 부여되는 HS코드를 세번(稅番)이라 한다.

HS의 분류구조는 대분류·중분류·소분류·세분류의 체제로 이루어진다. 대분류는 품목분류 편의상 부여하는 것이고, 직접적인 상품의 분류는 중분류와 소분류 그리고 세분류에 의하는 10단위의 아라비아 숫자 코드로 표시된다. (예 HS 0406.30.0000).

〈표 4-21〉 HS분류구조(HSK 2022)

구분	단위	명 칭	분류의 기준	개수
대분류	-	부(部, section)	산업별, 기술제품 순으로 수평 배열	21
중분류	2	류(類, chapter)	상품의 군별 구분 (77,98,99류는 제외)	96
소분류	4	호(號, heading)	동일류 내 품목의 종류별, 가공도별	1,228
세분류	6	소호(小號,sub-heading)	동일호 내 품목의 용도, 기능 등	5,612
세세분류	10	HSK	소호품목을 통계, 관세부과 목적상 필요	11,293
–	-	주(註, note)	일부 부, 류, 소호에 규정	485

HS품목분류의 3大 구성요소는 HS해석에 관한 통칙, 호의 용어, 관련 주(註)이며 법적 구속력을 인정한다. 주의할 점은 부와 류의 표제는 편의적 표시이며 법적 구속력은 없다는 점이다.

74) 관세법 제84조 내지 제87조에 품목분류에 관한 규정이 있다.

부(Section)는 대분류로서 산업별 생산품과 기술제품 순으로 수평적으로 21개의 부로 구성되어 있다. 산업이나 기술의 유형에 따르면서 표제는 생산품과 제품별로 대표하는 것으로 정해두고 있다. 대체로 1~4부는 농·수·임산물, 5~6부는 광물과 화공물품, 7~14부는 경공업 제품, 15~17부는 기계·전기기기와 수송기기, 18~19부는 전자·정밀기기 등, 20~21부는 잡제품과 예술품 등으로 구분하고 있다.

류(Chapter)는 중분류로서 10단위 중 앞쪽 2단위의 숫자이다. 류는 상품의 군별 구분을 나타내는 것으로 01류에서 97류까지 96개가 있다(제77류, 제98류, 제99류는 유보).

호(Heading)는 소분류로서 2단위의 류에 2단위 숫자를 더해 4단위(예: 0102)로 구성된다. 호는 동일류 내에서 상품의 종류별, 가공도별 위치를 나타내는 것으로 총 1,228개가 있다.

소호(Sub-heading)는 세분류로서 4단위의 호에 2단위 숫자를 더해 6단위(예: 0102.10)로 구성된다. 소호는 동일호 내의 품목을 용도, 기능 등에 따라 세분한 것으로 총 5,612개가 있다. HS협약상 법적 효력이 있는 것은 이들 6단위까지의 분류이다.

세세분류는 6단위의 소호 아래의 나머지 7~10단위를 추가한 것으로 각국이 통계 또는 관세부과 목적으로 자체필요에 맞게 추가로 분류(예: 0102.10-2000)하여 사용하는 것이다. 2022년 현재 우리나라 10단위 품목은 2017년(12,232)보다 949개 감소한 11,293개의 품목분류표를 운영하고 있다.[75]

75) 10단위 관세통계·통합품목분류표(HSK: The Harmonized System of Korea, 약칭 '품목분류표')가 기획재정부 고시로 운영되고 있다.

2) HS품목분류의 기본원칙(통칙)

HS품목분류의 원칙은 품목분류통칙, 주(註, Legal Note), 부속 자료를 통해서 알 수 있다.

HS 해석에 관한 기본원칙(GRI; General rules for the Interpretation of the Harmonized System)은 HS에 의한 상품의 품목분류에 있어 기본원칙을 규정하고 있으며, HS협약 일부로서 법적인 효력을 갖는다. 관세율표에 규정된 품목분류통칙은 7개로 구성되어 있으며, 상품을 분류하는 데 일관성을 유지하고 명확성을 부여하게 된다.

〈표 4-22〉 HS품목분류통칙의 주요 내용

구 분		주요 내용
통칙 1		부·류의 표제가 아닌 호와 주의 적용원칙
통칙 2	(a)	불완전, 미완성, 미조립, 분해 물품의 분류원칙
	(b)	혼합, 복합물품의 분류원칙
통칙 3	(a)	협의 품명의 우선 분류원칙
	(b)	주요 특성에 따른 분류원칙
	(c)	최종호 분류원칙
통칙 4		유사물품 호의 분류원칙
통칙 5	(a)	케이스 등의 분류원칙
	(b)	포장재료, 포장용기의 분류원칙
통칙 6		소호의 분류원칙
통칙 7		국내 통칙

(1) 통칙 1 [호와 주의 적용원칙]

HS 품목의 분류는 ①각호의 용어와 ②부·류의 주에 의해 결정한다. 부와 류, 그리고 절의 표제는 단지 참조의 편의를 위해 설정해 둔 것이므로 분류에 참조할 수 있을 뿐 품목분류는 각호의 용어 자체나 부 또는 류에 설정된 주에 의해 결정하도록 하고 있다. 결국 4단위 호(Heading)는 품목분류상 가장 기본적인 분류단위이며, 품목분류 결정에 법적인 출발점이 된다.

(2) 통칙 2 [불완전, 미완성, 미조립, 분해 물품 / 혼합, 복합물품 분류원칙]

통칙 1에 의하여 분류될 수 없는 물품에 대한 분류원칙을 규정하고 있다. 통칙 1이 분류의 대원칙을 제시하고 있는 것이라면, 통칙 2 이하는 세부적인 분류의 원칙을 제시하고 있다. 통칙 2는 2가지로 구성된다.

① 불완전, 미완성, 미조립, 분해 물품의 분류원칙: 분류대상인 물품의 상태가 불완전하거나 미완성일지라도 분류 당시 완성된 물품의 본질적인 특성을 갖추고 있으면 완성된 물품의 호에 분류된다는 원칙이다. 또한 미조립 또는 분해된 상태의 물품은 조립된 완성품으로 간주하여 완성된 물품의 호에 분류한다는 원칙이다.

② 혼합, 복합물품의 분류원칙: 각호에 분류되는 재료 또는 물질에는 다른 재료 또는 물질과의 혼합물 또는 복합물이 포함된다는 원칙이다. 다만, 각호에 분류되는 재료 또는 물질에 다른 재료 또는 물질을 추가 또는 결합하여도 당초 물품의 주요 특성은 변함없이 유지되어야 하며, 호의 용어 또는 주에 다른 재료 또는 물질과의 혼합, 결합을 금지하는 규정이 없어야 한다. 만일 서로 다른 2종 이상의 재료나 물질로 구성된 혼합물, 결합물, 복합물로 둘 이상의 호에 분류될 수 있는 것은 통칙 3에 의해 분류하여야 한다.

(3) 통칙 3 [협의(狹義)품명 우선분류 / 본질적 특성 우선고려원칙]

동일한 물품이 둘 이상 호에 분류되는 것으로 볼 수 있는 경우의 품목분류에 관한 원칙이다. 통칙 3은 3가지로 구성된다.

① 협의(狹義)품명 우선 분류의 원칙: 품목분류가 가능한 2개 이상의 호 중 가장 협의로 표현하고 있는 호를 일반적으로 표현하는 호보다 우선 분류한다는 것이다. 이 원칙은 호(Heading)를 중심으로 하여 판단한다. 따라서 관세부과 또는 무역관리나 통계집계 등 국내적인 필요에 따라 세세 분류한 10단위의 HSK에 좀 더 협의의 표현이 있다고 통칙 3에서 규정하고 있는 협의 표현으로 판단해서는 아니 된다.

② 주요특성 우선분류의 원칙: 통칙 2의(b)와 통칙 3의(a)호에 의해 분류될 수 없는 품목에 적용되는 것으로 주요 특성을 먼저 고려하여 분류한다는 원칙이다. 이 원칙은 혼합물, 서로 다른 재료로 구성된 복합물, 서로 다른 구성요소로 이루어진 복합물, 소매용 세트로 포장된 물품에만 적용된다.

③ 최종호분류원칙: 통칙 3의 (a) 및 (b)의 규정에 따라 호를 결정할 수 없는 물품은 관련 해당 호 가운데 최종호에 분류한다는 원칙이다. 이 원칙은 어떤 호가 협의로 표현되었다고 단정하기 어려운 경우 및 관련 물품의 주요 특성을 부여하는 재료나 요소가 분명치 않을 때 적용한다.

(4) 통칙 4 (유사물품 분류의 원칙)

통칙 1~3의 규정으로 분류할 수 없는 물품은 당해 물품과 가장 유사한 물품에 해당하는 호로 분류한다. 통칙 1~3에 의해 호를 결정할 수 없는 어떤 호에 특별히 게시되지 않는 물품은 제시 물품과 가장 유사한 물품의 호를 찾아 분류한다. 이때 유사 여부 판단은 당해 상품의 제원, 상품의 본래 목적 및 용도, 생산과정 또는 공정, 상품의 품명, 상품의 특성과 형태 등이다.

(5) 통칙 5 (케이스, 포장재료, 포장용기 등의 분류원칙)

① 케이스와 용기는 그 내용물과 함께 분류한다는 원칙이다. 케이스와 용기는 그 자체가 하나의 독립된 상품이 될 수도 있으나 많은 경우 특정 상품을 판매하기 위한 수단으로서 만들어지고 있다. 이럴 때 그 케이스와 용기 자체는 상거래의 대상이라 보기 어려운 것이고, 별도의 품목으로서 분류하여야 할 필요성도 없다. 다만, 소용될 물품과 분리하여 별도 제시되는 용기류는 그 것 자체가 거래의 대상이 될 수 있는 것이기 때문에 용기가 해당하는 호로 분류한다.

② 포장재료, 포장용기의 분류원칙은 포장재료나 포장용기가 정상적으로 포장에 사용되는 것으로 내용물과 함께 제시된 경우는 그 내용물로 분류한다는 원칙이다. 그러나 명확하게 반복하여 사용이 가능한 포장재료나 포장용기는 내용물과 함께 제시되더라도 별도의 재료나 용기로 분류한다.

(6) 통칙 6 (동일호 내 소호의 비교)

동일호 내에서 5단위 또는 6단위의 소호 간 분류에서 앞서 통칙 1 내지 5를 준용하고, 관련 부 및 류의 주도 적용할 수 있다는 원칙이다.

(7) 통칙 7 (국내 통칙)

HS협약에서 정한 것이 아니지만, HS품목분류표에서 정하지 아니한 품목분류에 관한 사항은 HS협약(통일상품명 및 부호체계에 관한 국제협약)에 따른다.

3) HS품목분류의 지침

(1) 주(Legal note)

HS의 주(註, Legal Note)는 부의 주(部註), 류의 주(類註), 소호의 주 등 3가지이며, 품목분류표상 부와 류의 머리 부분에 표기되고 있다. 부의 경우 21개 부 가운데 9개부, 류의 경우 96개류 가운데 93개류에만 있다. 따라서 모든 부·류가 주의 규정이 있는 것은 아니고 모두 합해서 458개이다.

주를 구성하고 있는 규정의 형태는 특정 용어 및 정의 규정, 경합하는 품목의 소속을 명시하는 범위규정, 기타 용어에 대한 장문의 공통 문형(文型)을 규정하여 동일한 내용의 문형을 2개 이상의 호에 반복 기술하는 것을 방지하는 지침 등이다.

(2) HS품목분류에 사용되는 부속자료

HS품목분류에 사용되는 부속 자료는 HS에 의한 품목분류를 용이하게 할 수 있도록 WCO는 몇 개의 부속 자료를 발간하고 있다. HS 해설서, HS품목분류 의견서, HS상품색인서, HS-CCCN-SITC 간의 상관표 등이 있다.

관세법에는 관세청장이 기획재정부장관의 승인을 얻어 품목분류의 적용에 관하여 필요한 기준을 정할 수 있도록 규정하고 있으므로 품목분류의 기준도 중요한 자료로 활용된다.

① HS해설서(explanatory notes)는 HS협약 일부는 아니지만, WCO가 HS에 의한 품목분류에 있어 공식적 해석기준으로 채택하고 있는 지침서이다.

② HS품목분류 의견서(HS classification opinion)는 특정 물품에 대한 품목분류에 있어 주의를 환기시킬 목적으로 WCO가 발행하고 있다. HS해설서와 같이 HS협약 일부를 이루는 것은 아니지만 실무상 이 의견에 따라 상품이 분류된다.

이 의견서는 각국 정부로부터 제출된 특정 상품의 분류에 관한 의견을 WCO의 HS 품목분류위원회에서 검토하여 결정하고, WCO의 승인을 받아 예규형식의 의견서로 요약하여 수록한 것이다.

③ HS상품 색인서(Index)는 HS 및 HS해설서에 언급된 물품을 신속하게 찾아볼 수 있게 하려고 WCO가 발행하고 있다. 이 색인서에는 HS의 주(부, 류 및 소호의 주)와 호, 소호, 그리고 HS해설서에 언급된 모든 물품이 알파벳순으로 수록되어 있다.

④ 관세청장은 품목분류 적용기준을 관세법의 규정에 따라 기획재정부장관의 승인을 얻어 품목분류 적용기준 고시를 운영하고 있다.

4) 품목분류 사전심사제도

품목분류 사전심사제도는 수출입자와 관세사 등이 관세평가분류원장(제82류~제99류)이나 중앙관세분석소장(제1류~제81류)에게 질의하여 특정 상품에 대한 HS 품목분류에 대해 유권해석을 받는 제도이다.[76] 수출입 물품의 품목분류가 불분명할 경우 유권해석을 통해 적용될 HS 코드를 명확히 함으로써 수출입의 규제 여부와 수입 시 부과될 관세율을 미리 정확하게 파악할 수 있도록 하는 제도이다.

관세평가분류원장 또는 중앙관세분석소장은 신청인이 제출한 신청서와 견본 기타 설명자료가 미비하여 품목분류를 정하기 곤란한 경우

76) 품목분류사전심사제도 운영에 관한 고시

에는 일정기간(15일 이내) 내에 보정(보완 및 정정)을 요구한다. 이때 정해진 기간 내에 바로잡지 아니하면 신청서는 반려될 수 있다. 신청 시 품목분류를 위해 당해 물품에 대한 구성 재료의 물리적, 화학적 분석이 필요한 물품의 경우는 품목분류 사전심사신청 품목당 3만원의 분석수수료를 국고수납은행에 내야 한다.

신청서를 접수한 관세평가분류원장 또는 중앙관세분석소장은 신청서를 접수한 날부터 원칙적으로 15일 이내에 당해 물품에 적용될 품목분류를 정하여 품목분류 사전심사통지서를 신청인에게 교부한다. 만일 분석이 필요한 경우에는 분석기간만큼 그 기간이 늦어질 수 있다. 관세청장은 예외적인 사항이 아닌 한 통지내용을 고시로써 공개한다.

사전심사서의 신청인에 대한 효력은 품목분류 고시 여부에 관련 없이 당해 사전심사서의 발급일로부터 1년이다. 관세평가분류원장이 품목분류의 사전심사 신청을 받고 품목분류를 정하여 통지 또는 고시한 물품에 대해서도 다음의 사유가 있는 경우에는 품목분류가 변경될 수 있다.

① 품목분류체계의 수정에 따라 품목분류를 변경한 경우
② 관계법령의 개정에 따라 당해 물품의 품목분류가 변경된 경우
③ 허위자료 제출 등으로 품목분류에 중대한 착오가 있는 경우
④ 과학기술 또는 생산방법의 발달 등으로 인하여 상품의 주기능이 변하여 품목분류를 변경할 필요가 생긴 경우 등

그러나 품목분류가 변경되더라도 그 변경일로부터 30일이 지나기 전에 우리나라에 수출하기 위하여 선적된 물품에 대하여 변경 전의 품목분류를 적용하는 것이 수입신고자에게 유리한 경우에는 변경 전의 품목분류를 적용할 수 있다. 이는 무역거래의 안정성을 보장하려는 조치이다.

11. 관세환급

1) 환급특례법에 따른 관세환급

환급(還給, drawback)이란 국가가 일단 부과징수한 조세를 일정한 요건이 갖춰졌을 때 되돌려주는 것이다.

「수출용 원재료에 대한 관세 등 환급에 관한 특례법」('환급특례법')은 수출용 원재료에 부과된 각종 조세[77]의 환급을 적정하게 하여 수출지원과 산업발전에 이바지하기 위해 물품 수출에 따른 환급과 관련된 사항만 특별히 규정하고 있는 특별법이다.

환급특례법령은 수출용 원재료에 대한 관세의 환급을 위해 필요한 특례만을 정하고 있으므로 본문 24개 조항과 부칙 7개 조항으로 비교적 간단하게 구성된 국회 제정법인 환급특례법, 33개 조항으로 구성된 대통령령인 동법 시행령, 15개 조항으로 구성된 기획재정부령인 동법 시행규칙 및 관세청고시[78], 특례사항 이외의 규정[79] 등이 있다.

관세환급은 관세법상 환급인 과오납 환급, 위약물품 환급 등과 관세환급특례법상 환급이 있다. 환급특례법상의 관세환급은 수출물품 제조에 든 원재료의 수입 시에 납부한 관세 등을 동원 재료로 제조된 물품을 수출 등에 제공한 때에 수출자 등이 되돌려 받는 것을 말한다.

77) 환급되는 조세는 관세, 임시수입부가세, 개별소비세, 주세, 교육세, 교통・에너지・환경세, 농어촌특별세 등이다.

78) 수출용 원재료에 대한 관세 등 환급사무처리에 관한 고시, 관세 등에 대한 담보제공과 정산제도 운영에 관한 고시, 소요량의 산정 및 관리와 환급금의 심사에 관한 고시, 간이정액환급율표 등

79) 관세법, 임시수입부가세법, 개별소비세법, 주세법, 교육세법, 교통・에너지・환경세법, 농어촌특별세법, 국세기본법, 국세징수법 등

환급특례법에 따른 관세환급을 실시하는 근거는 수출지원, 국산 원재료의 사용 및 개발 촉진 및 간접소비세의 성격을 반영한 것이다. 간접소비세에 관한 내용을 설명하면 관세는 소비를 전제로 과세하는 간접소비세이다. 따라서 수입원재료를 활용한 대응수출의 경우에는 국내 소비가 발생하지 않기 때문에 수출국에서 부과한 간접세를 외국 소비자가 부담하는 모순 때문에 환급해 주는 것이 맞는다는 점이다.[80)]

2) 관세환급 방법

(1) 관세의 환급

관세의 환급액을 산출하는 방법에는 개별환급과 정액환급의 두 가지 방법이 있다.

개별환급이란 수출물품 생산에 든 수입원재료의 양을 계산한 다음 이러한 원재료가 수입될 때 납부한 관세를 계산하여 결정된 금액을 환급하는 것을 말한다. 환급특례법에서 환급은 개별환급 방법을 중심으로 하고 있고, 정액환급은 예외적인 경우에만 적용된다.[81)]

정액환급이란 정부가 각종 자료를 활용하여 특정 수출 물품별로 환급액을 미리 정하여 고시한 다음, 해당 물품이 수출되었을 때 신청에 따라 간이정액환급률표에 정해진 금액을 환급하는 것을 말한다.[82)]

정액환급은 상품을 수출하였다는 사실만 확인되면 충분하고, 환급의 원인이 되는 원재료의 수입 등과 관련하여 따로 확인되는 사항은 없으

80) WTO에서는 수출에 따른 직접세의 환급은 금지하고 있지만, 소비세인 간접세의 환급은 원칙적으로 보조금에 해당하지 않기 때문에 허용한다.

81) 법은 정액환급이라는 용어만 사용하고, 개별환급이라는 용어를 따로 사용하고 있지는 않다. 정액환급은 예외적인 환급금 결정방법이기 때문이다. 전체 환급액의 90% 이상이 개별환급이다.

82) 계산식: 환급액(양도세액) = (FOB원화금액 × 간이 정액환급률표의 해당 금액) ÷ 10,000

나, 개별환급은 물품을 수출하였다는 사실뿐 아니라 당해 수출물품을 생산하는 데 수입된 원재료가 사용되었다는 사실, 그 수입원재료에 관세가 부과·징수되었다는 사실, 그리고 그 수입원재료는 수입된 후 일정기간 이내에 수출되었다는 사실 등이 서류로써 입증되어야 한다.

원재료란 수출물품을 생산할 때 물리적·화학적 변화과정에서 당해 수출물품에 물리적으로 결합하거나 화학적 반응 등으로 수출물품을 형성하는데 소요되는 원재료, 수입한 상태 그대로 수출하였으면 수출물품을 말한다.

수출용 원재료의 해당 여부는 수출물품의 품명·규격이 기재되어 있는 수출신고필증(관세법에 따른 수출신고가 수리된 것 이외의 수출에 대하여는 당해 사실이 증명되는 서류)과, 수출물품 생산에 든 원재료의 종류와 그 수량이 기재되어 있는 소요량계산서로 확인한다. 외국으로부터 수입하는 때에 관세 등을 납부한 물품인지는 수입신고필증 등에 의하여 확인한다.

수입신고필증 등으로 표현한 것은 수출물품 생산에 사용된 수입원재료의 획득 방법은 여러 가지가 있고, 그 방법에 따라 확인에 사용되는 증빙서류도 달라지기 때문이다. 이러한 증빙서류에는 기초원재료납세증명서(약칭 '기납증'), 수입신고필증분할증명서(약칭 '수입분증'), 기초원재료납세증명분할증명서(약칭 '기납분증'), 평균세액증명서가 있다.

기초원재료납세증명서는 수출용 원재료를 공급하는 양도자가 세관장에게 발급을 신청한다. 분할증명서는 수출용 원재료가 수입된 상태 또는 매입된 상태로 거래된 물품에 대하여 세관장이 관세 납부액을 증명하는 서류로 발급하는 것이다.

개별환급 방법에 따른 관세환급에서 수입된 원재료는 수입일로부터 일정기간 이내에 수출이 이루어진 경우에만 환급할 수 있다. 이처럼 원재료를 수입한 후 수출을 완료하여야 하는 기간을 수출이행기간이라 한다.

수출이행기간은 대통령령으로 정하는 날부터 소급하여 2년이다. 환급특례법에는 "세관장은 물품이 수출 등에 제공된 때에는 대통령령이 정하는 날부터 소급하여 2년 이내에 수입된 당해 물품의 수출용 원재료에 대한 관세 등을 환급"하도록 규정하고 있다. 수출이행기간은 성격상 개별환급에서만 문제가 되고 정액환급과는 관련이 없다.

수출 등에 제공된 날로 판단하는 대통령령이 정하는 날이란 다음을 말한다.

① 외국으로 물품을 수출할 때는 세관장이 수출신고를 수리한 날
② 국내에서 외화를 대가로 물품을 수출·판매·공사·공급을 한 경우에는 수출·판매·공사 또는 공급을 완료한 날에 해당하는 날이 속하는 달의 말일

수출이행기간 계산에서 수입이란 수출용 원재료의 수입신고가 수리된 것을 말한다. 이때 수출용 원재료가 내국신용장 등에 의하여 거래되면 최후의 거래가 있은 것을 말한다. 따라서 수출신고 또는 수출·판매·공사 또는 공급이 완료된 날이 속하는 달의 말일을 기산일로 하여 2년 이내에 수입신고가 수리되거나 내국신용장 등에 의해 거래가 된 수입신고필증 등이 환급에 사용될 수 있다.

(2) 부가가치세의 환급

부가가치세의 환급은 부가가치세법과 국세기본법 등에 의하여 행해진다. 부가가치세의 환급은 부가가치세의 납부세액을 계산하는 데 매입세액이 매출세액을 초과하는 경우 그 초과금액을 환급세액으로 하여 납세의무자에게 되돌려주는 개념으로 규정되어 있다.

매출세액이란 사업자가 재화 또는 용역을 공급하는 때에 거래상대방에게 당해 재화 또는 용역의 과세표준에 부가가치세율(10%)을 곱하여

산출한 금액을 조세로서 거래징수[83)]한 금액을 말한다. 즉, 사업자가 1월 1일부터 6월 30일까지의 제1기, 7월1일부터 12월 31일까지의 제2기로 구분되는 부가가치세의 과세기간 또는 각 과세기간의 초일부터 3개월씩으로 정하고 있는 예정신고기간에 재화 또는 용역을 공급하고 거래상대방으로부터 거래징수한 부가가치세의 합계액을 말하는 것이다.

매입세액이란 사업자가 재화 또는 용역을 공급받거나 수입할 때 거래 징수된 부가가치세를 말한다. 결국 부가가치세법상의 환급세액은 매출세액보다 매입세액이 큰 경우 그 차액이 곧 환급세액이 되는 것이다.

부가가치세의 환급은 부가가치세법과 국세기본법의 규정에 따라 사업자의 관할 세무서장이 행한다. 부가가치세의 환급은 과세기간 단위로 환급하는 일반적인 환급과 환급세액이 확정되기 전에 추후 확정 세액을 정산할 것을 전제로 미리 환급하여 주는 조기환급의 2종류로 나누어진다.

(가) 일반환급

부가가치세제에서 환급은 주로 매출세액에 대한 영세율의 적용으로 인해 발생한다. 그러나 영세율의 적용과는 관련 없이도 물품의 판매부진, 재고의 증가, 원재료 비축 등의 사유로 매입세액이 매출세액을 초과하게 되면 환급이 발생할 수 있다.

일반환급의 경우 예정신고기간 내에 발생한 환급세액은 확정신고할 때 납부세액에서 차감하도록 하고 그 잔액이 있는 경우 각 과세기간을 단위로 하여 사업자에게 환급한다. 일반환급을 받기 위하여 특별히 환

83) 거래징수란 사업자가 재화 또는 용역을 공급하는 때에는 공급가액에 세율을 적용하여 계산한 부가가치세를 공급받는 자로부터 징수하도록 한 것이다. 거래징수는 세 부담을 소비자에게 전가되도록 납세의무자에게 거래상대방으로부터 부가가치세를 징수할 수 있는 권리와 징수하여야 하는 의무임을 부여하는 법적 장치이다.

급신청을 할 필요는 없으며 확정신고서만 제출하면 관할 세무서장이 국세기본법의 절차에 따라 환급한다.

(나) 조기환급

확정세액을 과세 기간별로 사후 정산할 것을 전제로 하여 과세기간에 미리 환급하는 것을 말한다. 조기환급 대상은 사업 설비를 신설·취득·확장 또는 증축하는 경우나 수출 등으로 인한 영세율이 적용되는 경우이다. 조기환급기간은 매월 또는 매 2월 단위이다. 이러한 조기환급기간 종료일로부터 25일 이내에 조기환급을 신고하면 신고기한 경과 후 15일 이내에 환급을 받을 수 있다. 만일 수출에 따른 영세율 적용 환급을 예정신고기간 또는 과세 기간별로 받고자 한다면 기간별로 예정신고서 또는 확정신고서를 제출하는 것으로 충분하다.

조기환급세액은 영세율이 적용되는 공급분에 관련된 매입세액·시설 투자에 관련된 매입세액 또는 국내 공급분에 대한 매입세액을 구분하지 아니하고 사업장별로 당해 매출세액에서 매입세액을 공제하여 계산한다.

(다) 부가가치세 영세율

세액을 산출하기 위하여 과세표준에 곱하는 비율(종가세의 경우) 또는 과세표준의 단위당 금액(종량세의 경우)을 세율이라 한다. 이러한 세율이 영(zero)인 것이 영세율이다.

영세율제도는 영세율이 적용될 때는 당해 과세표준의 크기와 관계없이 산출한 세액은 항상 0이 된다.

부가가치세법에서는 과세표준에 세율을 적용하여 계산한 금액이 매출세액이 되며, 이는 곧 거래상대방으로부터 거래 징수하여야 할 부가가치세가 된다. 따라서 영의 세율이 적용되는 재화 또는 용역을 공급한 때에는 납부세액의 계산에도 당해 재화 또는 용역의 공급에 대한 매출세액은 영이 되므로 매입세액은 항상 부(負)의 납부세액이 된다. 이 부(負)의 금액이 곧 환급세액이다. 부가가치세법상 수출하는 재화[84)]는 영세율이 적용된다.

84) 부가가치세 영세율 적용대상 수출이란 내국물품(우리나라 선박에 의하여 포획된 수산물을 포함한다)을 외국으로 반출하는 것을 말하며, 수출재화에는 내국신용장과 구매확인서에 의하여 공급하는 재화를 포함한다.

12. 관세행정구제제도

납세자의 권리는 조세법률주의에 따라 보장돼야 한다. 따라서 관세법(법 §110~§117)에서도 관세자 권리 헌장을 제정하여 납세자의 권리가 존중되고 보장됨을 선언하고 있다. 납세자 권리가 침해당했을 때는 행정구제를 받을 수 있다.

행정구제제도는 행정청의 위법 또는 부당한 공권력 행사(未행사)로 인하여 국민의 권리 또는 이익이 침해받았을 때 이를 구제하기 위한 제도이다.

과세에 대한 불복절차는 과세 전 적부심사청구에서 채택되면 과세하지 않는 것으로 결정되어 종료되지만, 채택되지 않는 것에 대해 불복하면 관세심판청구를 할 수 있다.

〈표 4-23〉 관세구제제도

구 분			종 류
사전			입법예고, 행정지도, 청문, 과세전적부심사제도
사후	직권구제		청원, 건의, 진정, 고충민원, 옴부즈맨
	쟁송구제	행정적 구제	임의: 이의신청(세관)
			선택: 심사청구(관세청/감사원), 심판청구(조세심판원)
		사법적 구제	행정소송, 민사소송, 헌법소송

관세구제제도는 크게 사전과 사후 제도가 있으며, 사전구제제도로는 과세전적부심사제도, 사후구제제도로는 행정심판청구가 가장 중요한 제도이다.

1) 과세전적부심사제도

사전구제제도의 목적은 행정행위를 하기 전에 처분내용을 미리 알려주고 이해관계자로부터 의견을 제시할 기회를 제공하여 납세자의 권리를 보호하려는 것이다.

과세전적부심사제도는 세관이 납세고지 전에 과세할 내용을 미리 알려주고 과세에 이의가 있을 때는 적부(適否) 심사를 청구하도록 하는 것이다. 과세전적부심사 절차는 다음과 같다.

① 과세전 통지: 세관장이 사후심사 등을 통해 납부세액이나 납부해야 할 세액에 부족한 금액이 있음을 확인하고 징수하고자 할 때는 납세의무자에게 그 내용을 미리 서면으로 통보해야 한다.

② 과세전 적부심사청구: 납세의무자가 과세전 통지를 받은 날로부터 30일 이내에 통지 내용의 적법성 여부에 관한 심사를 청구할 수 있다.

③ 심리와 결정: 본부세관 또는 관세청 관세심사위원회의 심사를 거쳐 결정한다. 결정은 ㉠ 채택, ㉡ 기각, ㉢ 각하 등으로 판단한다.[85]

2) 행정심판제도

행정심판이란 행정기관의 행정처분에 대해서 이의신청, 심사청구, 심판청구 등과 같이 행정기관이 그 위법 또는 부당 여부를 심판하는 것을 말한다.

세관의 처분으로 침해를 받았을 때 ㉠ 일단 해당 세관장에게 이의신청하고, ㉡ 이의신청 결과에 따라서 관세청장에 대한 심사청구와 조세심판원에 대한 심판청구 중 하나를 선택하여 할 수 있다. ㉢ 세관장에

85) · 기각(棄却)은 심사청구가 이유 없다고 인정하여 채택하지 않는다는 결정이다.
· 각하(却下)은 심사청구의 제기요건에 흠결이 있는 적법하지 않은 제기라 하여 심리를 거절하는 의결이다.

이의신청 없이 바로 감사원장에 대한 심사청구를 할 수 있다. ㉣ 이의신청청구 결과에 대하여 불응하면 최종적으로 법원에 행정소송을 제기할 수 있다.

〈표 4-24〉 관세 관련 행정심판청구와 재결

종류	제기기한	재결청	심리기관	재결[86]기한
이의신청	90일 이내	세관장	세관 관세심사위원회	30일 이내
심사청구(관세청)	90일 이내	관세청장	관세청 관세심사위원회	90일 이내
심판청구	90일 이내	조세심판원장	조세심판관 회의	90일 이내
심사청구(감사원)	90일 이내	감사원장	감사위원회	3월 이내

행정소송을 제기하면 1심인 행정법원 또는 행정법원 합의부의 판결에 불복하여 2심인 고등법원에 항소(抗訴)하거나, 고등법원의 판결에 불복하여 3심인 대법원에 상고(上告)할 수도 있다.

86) 재결(裁決)이란 불복청구에 대한 심리의 결과를 판단하는 행위로서 재결청의 최종 판단의 의사표시이다.

13. 기타 통관 관련제도

1) AEO제도

AEO제도(Authorized Economic Operator, 종합인증우수업체제도)는 관세청에서 법규준수, 내부통제시스템, 재무건전성, 안전관리의 공인기준에 따라 적정성 여부를 심사하여 일정 이상 기준을 충족하면 부여하는 기업인증제도이다. 인증업체에게는 신속통관, 물품검사 면제 등 통관절차 간소화 혜택을 부여하고 있다.

ISO14000(국제환경규격), ISO90001(품질), ISO28001(물류보안) 등과 같은 기업국제규격 중 하나로 AEO는 물류보안인증제도와 유사하다.[87)]

세계관세기구(WCO)에서는 오래전부터 생산자에서 최종소비자까지 국제적 물류 흐름에 대한 안전, 즉 수출입 공급망 안전(Supply Chain Security)에 관한 논의를 지속하여 왔다. 특히 2001년 미국 9.11 테러 이후 미국은 무역 안전을 위한 새로운 물류보안제도와 규정을 시행하였다.

초창기 이 제도는 보안에만 중점을 두었기 때문에 리드타임을 지연시키는 비관세장벽으로 작용하기 시작하였다. WCO에서는 이러한 문제점을 보완하여 2005년 6월 「무역 안전과 원활화에 관한 국제규범」(WCO SAFE Framework)을 수립하였으며, 이 국제규범의 핵심 개념이 바로 AEO이다.

---

87) 관세청(www.customs.go.kr), 한국AEO진흥협회(www.aeo.or.kr) 참조

세관 당국은 공인기준에 따라 AEO업체를 공인하며, AEO업체와 非AEO업체에 대해서는 차별적인 위험관리를 시행한다. AEO 인증대상에는 수출업체, 수입업체, 관세사, 보세구역운영인, 보세운송업자, 화물운송주선업자, 선사, 항공사, 하역업자 총 9개의 당사자가 있다.

WCO 회원국 중 159개 국가가 제도이행 의향서를 제출하였으며, 현재 미국, 일본, EU 등 주요 선진국이 도입·시행하고 있고, 그 수는 날로 증가하고 있고, 우리나라 또한 글로벌 관세 환경 변화에 발맞춰 제도연구, 법령제정[88], 시범사업 등 준비과정을 거쳐 2009년 4월 정식으로 AEO제도를 시행하였다.

2) 병행수입제도

병행수입(Parallel Import, Gray Import)은 상표를 등록한 상표권자나 상표권자로부터 상표사용권을 얻은 전용사용권자가 있더라도 외국에서 적법하게 부착되어 유통되는 진정상품이며 일정한 요건을 갖추면 제3자가 수입할 수 있도록 허용하는 제도이다.

전용사용권은 상표권자와 이 상표권을 사용하고자 하는 자 사이의 사적(私的)인 계약관계에 의해 설정된다. 이러한 계약관계를 국가가 보호해 줄 때 결과적으로 수입업자의 독점적 이윤을 보장해 주는 것이 될 수 있다.

반대로 계약관계를 인정하지 아니하면 상표권자 또는 국내 전용사용권자가 큰 비용을 들여 개척해 놓은 국내시장에 제3자가 무임승차하는 결과를 초래하여 결과적으로 상표권이 적정하게 보호될 수 없게 될 수 있다. 상표권에 대한 로열티를 지불하고 제조·판매권을 가진 자 보다 동일한 상표가 부착된 물품을 외국에서 수입하여 판매하는 제

88) 관세법 제255조의2, 관세법시행령 제259조의2, 제259조의3, 종합인증우수업체 공인 및 관리업무에 관한 고시

3자가 유리할 수 있기 때문이다.

같은 상표의 상품이 인건비가 낮은 개발도상국에서 생산된 것을 싼 가격에 수입하여 판매하거나, 가격이 높더라도 원산지에 대한 선호도가 높은 나라에서 생산된 것을 수입하여 판매할 경우가 이에 해당한다. 그러나 이때 사후관리에서 문제가 발생할 수도 있다. 병행수입의 허용은 상표권자의 이익과 국내 소비자의 이익을 균형 있게 추구하기 위한 것이다.

병행수입의 허용기준은 다음과 같다.

① 국내외 상표권자가 동일인이거나 계열회사 관계(주식의 30% 이상을 소유하면서 최다출자자인 경우), 수입대리점 관계 등 동일인으로 볼 수 있는 관계가 있는 경우

② 외국의 상표권자가 동일인 관계에 있는 국내상표권자로부터 전용사용권을 설정받은 자가 국내외 상표권자와 동일인 관계에 있는 경우

③ 외국상표권자와 동일인 관계에 있는 국내상표권자로부터 전용사용권을 설정받은 국내 전용 사용권자가 국내외 상표권자와 동일인 관계에 있지 않지만 당해 상표가 부착된 물품을 국내에서 제조 또는 판매하고 외국으로부터 수입도 하는 경우

병행수입의 금지기준은 다음과 같다.

① 국내외 상표권자가 동일인 관계가 아닌 경우

② 동일인 관계에 있는 국내외 상표권자로부터 전용사용권을 설정받은 전용사용권자가 국내외 상표권자와 동일인 관계에 있지 아니하고 당해 상표 부착 물품을 국내에서 전량 제조 또는 판매하는 경우(수입도 하는 경우는 제외됨)

3) ATA까르네

까르네협정(Carnet Convention)은 일시적으로 물품이 국경을 넘을 때 필요한 상품 여권에 관한 협정이다. 즉, 협약가입국 간에 일시적으로 물품을 수출입 또는 보세운송할 때 재수출을 조건으로 세관 신고서류 대신에 보증용 국제 세관 신고서류를 사용하면 대폭 간소화된 통관 절차를 이용할 수 있는 제도를 말한다.[89)]

우리나라는 1978년에 ATA협약에 가입하였으며, 협약국가가 78개 국가에 달한다.

ATA협정의 정식명칭은 「물품의 일시수입을 위한 일시수입 통관증서에 관한 관세협정」(Convention on Admission Temporaire-Temporary Admission Carnet)이다. A.T.A는 불어 Admission Temporaire 와 영어 Temporary Admission의 조어이며, 까르네(Carnet)는 불어로 증서(Convention on Temporary Admission)를 의미한다.

ATA협정 제3조에서는 '모든 체약국 세관은 다른 체약국에서 발행되어 제시된 ATA까르네를 국내의 통관서류를 대신하는 유효한 서류로 간주해야 하며, 관세 및 부가세 등 제세금을 담보하는 적법한 담보증서로 인정해야 한다.'라는 강력한 의무규정을 두고 있다.

A.T.A.까르네에 의한 물품의 일시수입 또는 보세운송되는 물품에 대한 관세 등을 보증할 수 있는 자는 관세청장의 인가를 받은 대한상공회의소이다.

이 제도를 이용하여 통관 가능한 물품은 전시회 참가 물품이 절반 이상을 차지하며, 직업용구, 상품견본 및 광고용 물품, 포장용기, 과학 장비 및 교육용구 등이 사용된다.

---

89) ATA까르네에 의한 일시수출입통관에 관한 고시
(시행 2017. 1. 10., 관세청고시 제2016-68호, 2016. 12. 30., 일부개정)

직업용구와 관련하여 해외촬영과 공연에 필요한 일체의 기자재와 소품은 협정의 부속서에 별도로 지정된 대표적인 직업용구이다. 이뿐만 아니라 개발 중인 자동차의 해외 성능시험, 기자재의 해외 생산설비와의 호환성 테스트, 측량 및 검사장비 등이 직업용구로 활용될 수 있는 사례들이다.

까르네 이용을 검토하는 사용자는 다음을 고려할 필요가 있다.

① 방문예정국이 ATA협약국인지 확인해야 한다. 전체 협약국 수가 78개 국가로 대부분이 협약국이지만, 주요 무역국 중에서 베트남, 사우디아라비아는 비협약국이다.

② 일시수출 용도를 방문국 세관이 허용하는지도 살펴야 하는데, 중국, 인도네시아는 전시회 목적의 까르네 사용만 허용하며 직업용구와 상업 견본에는 허용하지 않는다.

③ 까르네 발급수수료와 담보제공에 따른 보험료와 같은 비용이 발생한다. 우리나라 발급기관(대한상공회의소)의 수수료는 기본료 기준으로 13~22만원이고, 보험료는 유효기간 1년 기준으로 물품금액 1,000만원당 4만원 수준이다.[90)]

90) 대한상공회의소 무역인증서비스센터(http://cert.korcham.net)

제5장 국제무역법규

1. 무역법규 법원

국제무역법규(law and practice of international trade)는 무역거래에 관련하여 국제적으로 통용되는 법률 및 규칙을 말한다. 국제무역법규의 법원(法源, source of law)에는 국제협약이나 조약, 국제관습과 거래규칙, 문명국 법률의 일반원칙, 국제판례 및 주요 학자의 주장이나 학설 등이 있다.

국제협약(international convention)은 명칭과 관계없이 국제법 주체인 국가와 국가 간의 일정한 법률효과를 발생시키기 위하여 문서로 교환하는 명시적인 합의를 말하며 대체로 국제연합(UN)에서 제정하고, 각국이 가입하여 비준함으로써 발효한다.

국제협약의 이름은 조약(treaty), 협정(agreement), 규약(statute), 의정서(protocol), 합의각서(memorandum), 헌장(charter) 등 다양하게 사용하고 있다.

주요한 국제무역법을 나열하면 다음과 같다.

① 국제물품매매계약에 관한 유엔협약(CISG; Vienna convention)
② 독립적 보증서와 보증신용장에 관한 유엔협약

③ 국제 환어음과 약속어음에 관한 유엔협약
④ 선화증권에 관한 법규의 통일을 위한 국제협약(Hague Rules)
⑤ 해상화물 운송에 관한 유엔협약(Hamburg Rules)
⑥ 해상으로 일부 또는 전부 국제화물운송계약에 관한 협약 (Rotterdam Rules)
⑦ 국제항공운송에 관한 일부 규칙의 통일을 위한 협약 (Warsaw Convention)
⑧ 국제화물복합운송에 관한 유엔협약 (Multimodal Transport Convention)
⑨ 외국중재판정의 승인과 집행에 관한 유엔협약 (New York Convention) 등

국제관습(international practice)은 국가와 국가 간에 묵시적으로 합의되고 하나의 규칙으로 인정되는 일반적인 관행이다. ICC 등 국제 민간기구에 의하여 통일규칙으로 입법화된 경우가 많다.

① 정형거래조건에 관한 국제규칙(Incoterms)
② 국제상사계약에 관한 UNIDROIT원칙
③ CIF계약에 관한 Warsaw-Oxford규칙
④ 화환신용장통일규칙(UCP) 그 보칙(eUCP)
⑤ 보증신용장 통일규칙(ISP)
⑥ 국제표준은행관습(ISBP)
⑦ 추심에 관한 통일규칙(URC)
⑧ 은행지급의무 통일규칙(URBPO)
⑨ 은행 간 신용장대금보상통일규칙(URR)
⑩ 청구보증통일규칙(URDG)
⑪ 포페이팅통일규칙(URF)
⑫ 복합운송서류에 관한 UNCTAD/ICC규칙
⑬ 해상화물운송장에 관한 CMI 통일규칙

⑭ 전자식 선화증권에 관한 CMI규칙
⑮ 런던보험자협회 적하약관(ICC), 기간약관(선박)(ITC-Hulls)
⑯ 요크-앤트워프규칙(YAR)
⑰ 유엔국제무역위원회의 중재규칙
⑱ 국제상업회의소의 임의적인 조정규칙과 중재규칙 등

문명국 법률의 일반원칙 중에는 물품매매에 관한 영국의 「물품매매법(SGA)」, 미국의 「통일상법전」 제2편 매매(UCC Article 2. Sales), 제5편 신용장(UCC Article 5. Letter of Credit), 환어음에 관한 영국의 「환어음법(BEA)」, 해상보험에 관한 영국의 「해상보험법(MIA)」, 개정미국외국무역정의(Revised American Foreign Trade Definitions, 1990) 등이 있다.

기타 개별국가 법률의 제정 및 해석을 위하여 국제기구에서 마련한 모델법으로 유엔국제무역법위원회의 「표준전자상거래법」, 유엔국제무역법위원회의 「표준국제상사중재법」 등이 있다. 이하에서는 거래단계별로 해당하는 국제법규를 간단히 살펴본다.

2. 무역계약법규

1) 인코텀즈(Incoterms)

Incoterms는 국제거래에서 국가에 따라 상관습과 법률이 다른 데서 오는 해석상 오해와 분쟁의 발생을 줄일 목적으로 국제상업회의소(ICC; International Chamber of Commerce)에서 제정한 정형거래조건에 관한 국제해석규칙이다.

정형거래조건(trade terms)이란 물품이 매도인으로부터 매수인에게 이르는 운송 및 통관을 비롯한 모든 비용과 위험부담의 당사자를 구분해 주는 국제매매계약의 주요소이다.

Incoterms는 **IN**ternational **CO**mmercial **TERMS**의 약칭으로 국제상업조건을 의미하며, 「International Rules for the Interpretation of Trade Terms(정형거래조건 해석에 관한 국제규칙)」이다. Incoterms는 무역환경의 변화를 반영하고자 1936년 제정 이후 대략 10년 주기로 변화된 무역환경을 수용하여 1953년, 1967년, 1976년, 1980년, 1990년, 2000년, 2010년, 2020년에 개정을 지속해 오고 있다.

Incoterms 2020의 공식 명칭은 「ICC Rules for the Use of Domestic and International Trade Terms(국내·국제 거래조건의 사용에 관한 ICC규칙)」이다.

Incoterms는 각 국가에서 공식적으로 채택하거나 법률에 의하여 적용되는 것이 아니라 오직 계약당사자들의 상호 합의에 따라 임의적으로 사용된다. 당사자들이 정형거래조건으로 계약을 체결할 때 계약서에 “Trade terms: Unless otherwise stated, the trade terms under this contract shall be governed and interpreted by the Incoterms 2020”이라는 준거 문언을 두어야 한다.

2) UN통일매매법(Vienna Convention)

Vienna Convention은 유엔국제무역법위원회(UNCITRAL; United Nations Commission on International Trade Law)에서 제정하여 1980년 3월 비엔나에서 개최된 유엔 외교회의에서 만장일치로 통과된 후 1988년 1월 1일부터 발효된 국제물품매매법의 통일을 위한 국제협약으로서 일명 Vienna Convention(비엔나협약) 또는 CISG로 불린다.

공식 명칭은 「United Nations Convention on Contract for the International Sales of Goods」[(UN국제물품매매에관한통일규칙(CISG, 일명 Vienna협약)]으로 우리나라에서도 가입하여 2005년 3월 1일부터 정식 발효하였으며, 2022년 11월 현재 95개국이 비준 또는 가입하여 국제적인 통일매매법으로 정착되어 가고 있다.[91)]

CISG는 통일된 국제민법으로 주로 당사자 간에 수출입 기본계약을 체결할 때 준거법으로 활용된다. 따라서 ① 계약 성립, ② 물품매매 총칙, ③ 매도인 의무(물품인도와 서류교부, 물품의 계약 일치성과 제3자 청구권, 매수인의 계약위반에 대한 구제수단), ④ 매수인 의무(대금지급, 인도수령, 매도인의 계약위반에 대한 구제수단), ⑤ 위험이전, ⑥ 매도인과 매수인 의무에 대한 공통규정(이행기 전의 계약위반과 분할이행계약, 손해배상, 이자, 면책, 계약해제의 효과, 물품의 보전) 등에 관한 규정을 설정하고 있다.

91) http://www.uncitral.org/uncitral/en/uncitral_texts

3) UNIDROIT Principles(PICC)

사법통일국제연구소(UNIDROIT; International Institute for the Unification of Private Law)는 각국의 국내법인 사법의 조화, 조정, 국제적 통일을 목적으로 1926년 로마에서 창설된 독립적인 정부 간 기구이다. UNIDROIT는 1964년 「국제물품매매에 관한 통일법」(Uniform Law for the International Sale of Goods; ULIS)과 「국제물품매매계약의 성립에 관한 통일법」(Uniform Law on the Formation of Contracts for the International Sale of Goods; ULF)을 제정하였다.

「국제상사계약원칙」(UNIDROIT Principles of International Commercial Contracts; 일명 PICC)은 1994년에 제정하였으며, 2004년에 개정되었다. 구속력 있는 협약이 아니라 국제상사계약에 관한 일반원칙을 집대성한 기술로서 성격을 가지며, 각 국내법이나 국제법규의 해석과 보충 또는 기준이 될 수 있다. 따라서 당사자에게는 계약서 지침으로서 각국 법원이나 중재기관에는 국제상사계약에서 발생하는 분쟁의 해결책으로 사용되게 할 수 있다.

4) 중재법규(뉴욕협약)

1958년 6월 10일 뉴욕의 유엔 본부에서 유엔경제사회이사회의 48개국 대표와 ICC 등 15개 국제단체의 대표가 참석하여 전문 16조로 구성된 「외국중재판정의승인및집행에관한협약」(뉴욕협약; United Nations Convention on the Recognition and Enforcement of Foreign Arbitral Award)이 채택되어 1959년 6월 7일 정식으로 발효되었다. 우리나라는 동 협약에 가입하여 1973년 5월 9일 제42번째의 회원국이 되었으며 2022년 11월 현재 총 가입국이 170개국에 달하고 있다.[92]

92) http://www.uncitral.org/uncitral/en/uncitral_texts/arbitration/

뉴욕협약 이전의 국제협약으로 국제연맹의 1923년 「제네바협정서」(Geneva Protocol on Arbitration Clauses), 1927년 「제네바협약」(Geneva Convention on the Execution of Foreign Arbitral Awards)과, 국제상업회의소의 1951년 「중재판정의 집행에 관한 국제조직」(International System of Enforcement of Arbitral Awards) 등이 있다.

5) 국제중재법 · 규칙

유엔국제무역법위원회(UNCITRAL)는 1976년 중재계약과 중재절차 및 중재판정의 집행 등을 위한 「중재규칙」(UNCITRAL Arbitration Rules)을 제정하였으나, 각국 법원의 감독과 통제에 필요한 일반규정을 두지 않았다. 따라서 UNCITRAL은 각국의 중재법에서 표준으로 삼을 수 있는 「유엔국제무역법위원회의 표준국제상사중재법」(UNCITRAL Model Law on International Commercial Arbitration)을 채택하였다. 우리나라도 중재법과 대한상사중재원의 중재규칙에 이 표준 중재법의 주요 내용을 수용하고 있다.

국제무역법위원회(UNCITRAL)가 1976년에 제정한 「유엔국제무역법위원회의 중재규칙」(UNCITRAL Arbitration Rules)이 있다.

국제상업회의소(ICC)는 1923년 중재재판소(Court of Arbitration)를 설치하고, 1975년 국제상사분쟁의 조정과 중재에 적용할 「국제상업회의소의 임의적 조정규칙」(ICC Rules of Optional Conciliation) 및 「국제상업회의소의 중재규칙」(ICC Arbitration Rules)을 제정하였다.

6) 기타 무역계약법규

영국물품매매법, 개정미국외국무역정의, 유엔국제무역법위원회의 표준전자상거래법 등이 있다.

「영국물품매매법」(Sale of Goods Act, 1979)은 1893년 「물품매매에 관한 법률을 규정한 법」으로 제정되어 1894년 1월 1일부터 시행되었다. 이후 1979년 12월 6일 개정되어 1980년 1월 1일부터 발효되었다. 주요 내용은 계약의 성립(매매계약의 형식, 목적물, 대금, 조건 및 담보, 견본매매), 계약의 효력(소유권의 이전, 권리의 이전), 계약의 이행, 지급받지 못한 매도인의 물품에 대한 권리, 계약위반에 대한 소송 등이다.

「개정미국외국무역정의」(Revised American Foreign Trade Definitions, 1990)는 1919년 미국외국무역협회(National Foreign Trade Council)가 정형거래조건의 용어에 관한 통일된 해석을 위하여 「India House Rules for FOB」을 제정하여 사용하였다.

국제무역환경의 변화에 따라 미국상업회의소(Chamber of Commerce of the United States), 미국수입업자협회(National Council of American Importers) 및 미국외국무역협회(National Foreign Trade Council)의 대표로 구성된 공동위원회에 의하여 1941년과 1990년 2차례에 걸쳐 개정·채택하였다. 주요 내용은 일반적인 주의사항, EXW, FOB(6가지), FAS, CFR, DEQ 등이다.

「유엔국제무역법위원회 표준전자상거래법」(UNCITRAL Model Law on Electronic Commerce)은 유엔국제무역법위원회(UNCITRAL)가 전자자료 교환 및 관련 통신수단의 법적 문제에 관한 표준법(Model Law on Legal Aspects of Electronic Data Interchange and Related Means of Communication)을 마련하여 1996년 5월 채택하였다.

이 표준법은 전자상거래에 관한 제도적인 장애를 제거하는 것을 목적으로 하여 전자상거래의 일반규정과 특정 영역에서의 전자상거래, 특히 운송영역에 관한 규정을 두고 있다.

3. 무역결제법규

1) 신용장통일규칙(UCP)

「화환신용장에 관한 통일규칙 및 관례」(UCP; The Uniform Customs and Practice for Documentary Credits)는 국제상업회의소(ICC)에서 신용장거래의 국제적인 규칙이나 관행을 통일적으로 해석한 것으로 1933년에 제정하였으며, 현재까지 6차례(1951년 · 1962년 · 1974년 · 1983년 · 1993년 · 2007년) 개정하였다.

UCP600은 2006년 10월 25일 파리에서 개최된 ICC 은행위원회에서 승인되어, 2007년 7월 1일부터 시행되었다. 신용장통일규칙은 법(law)이 아니라 국제적으로 통일된 신용장 해석기준과 거래의 준칙을 제공하는 규칙(rule)에 불과하다.

따라서 신용장통일규칙의 적용을 위하여 신용장에 "본 신용장은 2007년 개정, ICC간행물 No 600 신용장통일규칙에 따른다."[This Credit is subject to the Uniform Customs and Practice for Documentary Credits (2007 Revision), International Chamber of Commerce, Publication No. 600]라는 문구를 삽입하고 있다. UCP600은 신용장 적용, 용어, 해석, 본질, 서류심사, 신용장양도, 운송서류, 신용장양도 등 총 39개 조항으로 이루어졌다.

신용장(信用狀, Letter of Credit)이란 수입상(applicant, 개설의뢰인)의 요청에 따라 개설은행(issuing bank)이 서류요건 충족 시 대금지급을 수출상(beneficiary, 수익자)에게 약속하는 '조건부지급확약서'(conditional bank undertaking of payment)이다.

2) 추심에 관한 통일규칙(URC)

추심에 관한 통일규칙은 1956년「상업어음 추심에 관한 통일규칙」(URC; Uniform Rules for the Collection of Commercial Paper)이라는 명칭으로 ICC에서 제정되었다.

이 규칙은 1967년, 1978년에 개정하고, 1995년 7월 10일「추심에 관한 통일규칙」(Uniform Rules for the Collection)으로 최종 개정되어 약칭「URC522」으로 1996년 1월 1일부터 시행되고 있다.

추심(推尋, collection)이란 은행이 접수된 지시에 따라 지급 또는 인수의 취득, 서류의 지급인도 또는 인수인도, 기타의 제 조건으로 서류의 인도 등을 목적으로 금융서류 또는 상업서류를 취급하는 것을 말한다.

추심결제방식은 신용장 없이 매매계약만으로 수출상이 발행한 화환어음으로 수출입대금을 결제하는 방식을 말하며, 지급인도(D/P, documents against payment)방식과 인수인도(D/A, documents against acceptance)방식이 있다.

3) 독립적 보증서와 보증신용장에 관한 유엔협약

유엔국제무역법위원회(UNCITRAL)은「독립적 보증서와 보증신용장에 관한 유엔협약」(United Nations Convention on Independent Guarantees and Standby Letters of Credit)을 1995년 12월 11일에 제정・공표하였다. 협약은 총 29개조로 구성되어 보증신용장 이용의 확대와 각 국내법의 모델을 제공해 주고 있다.

4) 미국 통일상법전 제5편 신용장

신용장거래의 준거법으로 미국 통일상법전(UCC; Uniform Commercial Code) 제5조 신용장이 있다. UCC는 1951년 통일주법전국위원회(The National Conference of Commission on Uniform State Law)와 미국법률연구소(The American Law Institute)의 연구로 총 10편으로 만들어졌다. 1995년 전면 개정한 UCC는 루이지애나주를 제외한 49개 주에서 채택하고 있다.

「미국 통일상법전 제5편 신용장」(Uniform Commercial Code－Article 5 Letters of Credit)은 총 17개 조문으로 신용장거래에 필요한 정의나 기본적인 해석원칙을 규정하고 있다. 따라서 신용장에 관한 성문법으로 신용장 법률문제의 해석에 중요한 위치를 차지한다.

5) 영국 환어음법

영국은 오랫동안의 판례를 기초로 1882년에 「영국환어음법」(Bill of Exchange Act 1882)을 제정하였다. 정식명칭은 「환어음, 수표 및 약속어음에 관한 법률을 법전화한 법률」(An Act to codify the law relating to Bills of Exchange, Cheques, and Promissory Notes, 18 August, 1882)이다.

환어음(bill of exchange)이란 1인으로부터 타인 앞으로 이를 제공하는 자가 서명하고 요구 시 또는 장래의 확정된 시기 또는 결정할 수 있는 시기에 특정인 또는 그 지시인, 또는 지참인에 대하여 금전상의 일정한 금액을 지급하도록 요구하는 서면상 무조건부 지시를 말하며 줄여서 "Bill"이라 부른다. 약속어음(promissory note)은 줄여서 "Note"라 부른다.

6) 국제 환어음과 약속어음에 관한 유엔협약

환어음 관련하여 1930년 독일과 프랑스 중심의 대륙법 국가들은 「환어음과 약속어음법의 통일에 관한 협약」(Convention on the Unification of the Law Relating to Bills of Exchange and Promissory Notes)을 제정하였다. 영국은 1882년에 「환어음」(Bills of Exchange Act)을 제정하고, 미국은 1896년에 「통일유통증권법」(Uniform Negotiable Instrument Act)이 있다.

유엔국제무역법위원회(UNCITRAL)는 사법통일국제연구소(UNIDROIT)와 협조로 「국제환어음과 약속어음에 관한 유엔협약」(United Nations Convention on International Bills of Exchange and International Promissory Notes)을 제정하여 1988년 12월 유엔총회에서 채택하였다. 이 협약은 아직 발효되지 않았으나, 각 국내법에 대한 표준을 제공하고 국제거래의 당사자가 사용할 수 있는 모범이 되고 있다.

4. 무역운송법규

1) 해상화물운송에 관한 규칙

해상화물운송에 관한 규칙에는 헤이그규칙, 헤이그-비스비규칙, 함부르크규칙, 로테르담규칙 등이 있다. 그 밖에 1855년 영국의 「선화증권법」(Bill of Lading Act)과 1893년 미국의 「하터법」(Harter Act) 등이 있다. 해상운송이란 선박을 이용하여 화물이나 사람을 수송하고 그 대가로 운임을 받는 상행위를 말한다.

「해상화물운송에 관한 유엔협약」(United Nations Convention on the Carriage of Goods by Sea)는 1978년 함부르크 유엔 해상운송회의에서 합의한 「함부르크규칙」(Hamburg Rules)를 말한다. 동 규칙은 1991년 10월 7일 잠비아가 20번째로 가입함으로써 1년 후인 1992년 11월 1일부터 효력을 발생하고 있다. 함부르크규칙은 1924년 헤이그규칙이라 불리는 「선화증권에 관한 법규의 통일을 위한 국제협약」(International Convention for the Unification of Certain Rules of Law Relating to Bills of Lading)과 1968년 헤이그-비스비규칙이라 불리는 「비스비 의정서」(Visby Protocol)를 보완한 것이다.

헤이그규칙은 운송인과 그 사용인의 상업과실에 대한 면책과 책임제한의 약관을 선화증권에 삽입하는 것을 금지하고, 선장, 해원, 도선사 항해과실의 결과에 대하여는 운송인이 면책된다는 것을 내용으로 한다. 헤이그-비스비규칙은 헤이그규칙의 일부 조항을 개정한 것으로 헤이그규칙의 개정의정서(Protocol to Amend)이다. 함부르크규칙은 화물의 손해에 대한 해상운송인의 강행법적인 책임을 강화하고, 운송인의 책임에 관한 일부 원칙을 폐지하여 과실책임주의 원칙 등을 추가하였다. 그러나 대부분 가입국가가 개도국이고 미국, 영국, 우리나라 등 주요 선사 국가들이 가입하지 않았다.

로테르담규칙(Rotterdam Rules)은 기존의 헤이그(1924), 헤이그-비스비(1968), 함부르크(1978)규칙을 하나로 통합하여 18개장 96개 조문으로 2009년 9월 23일 제정되었다. 정식명칭은 「해상으로 일부 또는 전부 국제화물운송 계약에 관한 유엔협약」(United Nations Convention on Contracts for the International Carriage of Goods Wholly or Partly by Sea)이다.

2) 항공운송협약

바르샤바협약(Warsaw Convention)은 항공운송인과 여객 및 화물의 송하인 간의 사법적인 법률관계에 관한 법체계를 통일시키기 위하여 1929년 10월 바르샤바에서 체결된 국제협약이다. 정식명칭은 「국제항공운송에 관한 일부 규칙의 통일을 위한 협약」(Convention for the Unification of Certain Rules Relating to International Transportation by Air)이다.

바르샤바협약은 국제민간항공기구(ICAO; International Civil Aviation Organization)에 의하여 1955년 9월 28일 바르샤바협약의 일부로서 헤이그 의정서(Hague Protocol)가 채택되었다. 우리나라도 1963년 8월에 가입하였고, 동 의정서는 1967년 10월 11일에 발효되었다.

한편 국제항공운송협회(IATA; International Air Transport Association)는 미국 정부와 협의하여 1966년 5월에 「몬트리얼협정」(Montreal Agreement)를 채택하였다.

ICAO는 바르샤바협약을 개정하여 1971년 과테말라의정서(Guatemala Protocol), 1975년 몬트리올의정서(Montreal Protocol) 등을 마련하여 항공운송 협약에 관한 바르샤바체제(Warsaw system)를 이루었다. 또한 1960년 과달라하라협약으로 바르샤바협약의 보충 협약을 만들었다.

3) 기타 화물운송법규

복합운송협약은 1980년 유엔은 해상운송에 관한 함부르크협약에 기초하여 제정하였다. 정식명칭은 「국제화물 복합운송에 관한 유엔협약」(United Nations Convention on International Multimodal Transport of Goods)이다.

복합운송서류에 관한 UNCTAD/ICC규칙은 유엔무역개발위원회(UNCTAD) 해운위원회가 유엔 복합운송협약의 발효에 앞서 해운 관련 국제기구의 협조 아래 헤이그규칙, 헤이그-비스비규칙, ICC의 복합운송 통일규칙(1975), FIATA 복합운송서류 표준약관 등 현행 규칙을 기초로 제정하여 1992년 1월 1일부터 시행한 규칙이다. 정식명칭은 「복합운송서류에 관한 UNCTAD / ICC규칙」(UNCTAD/ ICC Rules for Multimodal Transport Documents)이다.

CMI규칙은 1990년 6월 국제해사위원회(CMI; Comité Maritime International)가 제정한 것이며, 「해상화물운송장에 관한 통일규칙」(CMI Uniform Rules for Sea Waybills)과 「전자식 선화증권에 관한 규칙」(CMI Rules for Electronic Bills of Lading)이 있다.

5. 무역보험법규

1) 영국 해상보험법

영국의 전통적인 법률 및 관습은 오늘날 대부분 보험계약의 준거법으로 채택하고 있으므로 중요하다. 세계 최초의 해상보험법은 1435년 바르셀로나법으로 알려져 있으며, 영국 최초의 해상보험법은 1601년에 제정되었고, 이후 1745년, 1778년, 1785년, 1845년, 1868년, 1901년 등 여러 법령을 거쳐 1906년 「해상보험법」(MIA : Marine Insurance Act)이 제정되었다.

2) 협회적하약관

「협회적하약관」(ICC; Institute Cargo Clause)은 로이즈 보험시장과 런던 보험시장을 대표하는 보험업자협회(ILU; Institute of London Underwriter)가 1779년에 제정하였다. 1795년부터 런던보험시장에서 채용된 로이즈보험증권(Lloyd's S.G. Policy)의 특약으로서 1912년에 ICC(FPA), 1921년에 ICC(WA), 1951년에 ICC(A/R)을 제정하여 사용하다가 1963년 개정하여 1983년 3월 31일까지 사용해 왔다. 이를 「구약관」이라 한다.

한편 로이즈 보험자 협회(Lloyd's Underwriter Association)와 런던보험업자협회(ILU; Institute of London Underwriter)의 합동위원회는 1981년 7월 1일 새로운 해상보험증권 양식과 협회적하약관(A), (B), (C)조건을 발표하고 1983년 4월 1일부터 전면적으로 채택하였다. 이를 「신약관 ICC (1982)」라 한다.

ICC(2009)약관은 ICC(1982)에 비해 테러리즘 면책의 신설을 제외하고 포장 불충분 면책과 선주 등의 파산면책 등 면책범위가 피보험자에게 유리하도록 축소되고 운송조항과 항해 변경조항 등이 피보험자에게 유리하게 개정되었다.[93)]

화주 입장에서 ICC(2009)약관은 테러리즘 면책의 신설을 제외한 포장 불충분 면책, 선주 등의 파산면책 등과 같이 면책범위가 축소되고, 운송조항, 항해 변경조항 등이 피보험자에게 유리하게 개정되었다. 보험용어도 underwriter, servant, goods and cargo을 각각 insurer, employee, subject matter insured로 수정하였다.

3) 협회기간약관(선박)

「협회기간약관(선박)」(Institute Time Clause－Hulls)은 1779년 로이즈보험증권(Lloyd's S. G. Policy)의 특약으로서 1884년 발족한 런던보험업자협회(ILU)에 의하여 1888년 제정되었다. 이후 1964년, 1969년, 1970년 개정되고, 1983년 10월 1일자로 해상보험증권(Marine Hull Insurance Policy) 양식과 협회기간약관(ITC–Hulls)이 제정되었다. 이후 1995년 개정되어 선급조항(classification clause)이 추가되었다.

4) 공동해손규칙

「요크－앤트워프규칙(YAR)」은 해상무역에 있어서 공동해손을 구성하는 손해 및 비용에 관한 국제통일규칙이다. 구체적으로는 1864년 요크규칙(York Rules)을 1877년 앤트워프 회의에서 개정하여 「요크－앤트워프규칙」(The York－Antwerp Rules 1877)으로 채택되었다.

93) 국제언더라이팅협회(IUA)와 로이즈시장협회(LMA)의 합동위원회(JCC)가 ICC (1982)의 개정작업을 2006년부터 수행하여 2009년 1월 1일 ICC (A), (B), (C) 및 전쟁약관, 스트라이크약관을 공표

국제해사위원회(CMI)는 여러 차례 개정 뒤에 「1994년 요크-앤트워프규칙」을 채택하여 공동해손의 용어 및 성립요건을 명확하게 하고, 공동해손의 정산 절차를 신속히 하도록 하였다.

부 록

I 자격시험 소개

1) 관세사 (Certificate Customs Broker)

○ 주관 · 시행 : 관세청 · 한국산업인력공단

○ 시험공고 : 매년 1회 이상 실시하며 관세청장은 시험의 일시/장소/방법 기타 필요한 사항을 시험 시행일 90일 전까지 공고

○ 관세사 시험은 1차시험(객관식)과 2차시험(주관식)으로 구분하여 행하고, 제1차시험에 합격한 자에 대하여는 다음 회 시험에 한해서 제1차 시험 면제

○ **1차 시험 (객관식, 5지 선택형)**

교시	1차시험(객관식)	문항	시간
1	관세법개론(자유무역협정 이행을 위한 관세법의 특례에 관한 법률 포함)	40	80분
	무역영어	40	
2	내국소비세법(부가가치세법, 개별소비세법, 주세법에 한함)	40	80분
	회계학(회계원리, 회계이론에 한함)	40	

- 합격기준 : 매과목 과락(40점 미만) 없이
  평균 60점 이상 득점시 합격자로 결정

○ 2차 시험 (논술형)

교시	2차시험 (논술형)	문항	시간
1	관세법 (환급특례법 포함, 관세 평가 제외)	6	80분
2	관세율표 및 상품학	6	80분
3	관세평가	6	80분
4	무역실무(대외무역법 및 외국환거래법 포함)	6	80분

- 합격기준 : 매 과목 100점을 만점으로 하여 매 과목 40점 이상, 전 과목 평균 60점 이상 득점한 자

- 매 과목 40점 이상, 전 과목 평균 60점 이상을 득점한 자가 최소 합격인원에 미달하는 경우에는 동 최소합격인원의 범위 안에서 매 과목 40점 이상을 득점한 자 중에서 전 과목 평균득점에 의한 고득점자 순으로 합격자를 결정

- 합격자를 결정함에 동점자로 인하여 최소 합격인원을 초과하는 경우에는 당해 동점자 모두를 합격자로 결정

○ 관세사 시험에 합격후 6개월 이상의 실무 수습을 수료하고, 관세사 등록하면 관세사 업무를 개시할 수 있음

○ 정보 : 한국산업인력공단(https://www.hrdkorea.or.kr/)

2) 국제무역사(Certificate of International Trade Specialist)

○ 시행기관 : 한국무역협회 무역아카데미
- 자격기본법 규정에 따라 등록한 민간자격이며, 국가로부터 인정받은 공인자격은 아님

○ 자격소개 : 무역전문인력에게 요구될 수 있는 무역 업무에 다각도로 활용할 수 있는 심화된 무역 지식을 검증하는 자격시험

○ **시험과목 (객관식 5지 선택형)**

교시	시험과목		문항	시간
1	무역규범	대외무역법, 통관・관세환급, FTA	40	80분
	무역결제	대금결제, 외환실무	40	
2	무역계약	무역계약, 운송・보험	40	80분
	무역영어	무역영어, 무역 관련 국제규범, 무역서식	40	

○ 합격기준 : 매과목 과락(40점 미만) 없이 평균 60점 이상 득점할 경우 합격자로 결정

○ 응시료 : 4만원

○ 정보 : 한국무역협회 무역아카데미
(https://newtradecampus.kita.net)

3) 무역영어

○ 시행기관 : 대한상공회의소

○ 자격소개 : 국가공인자격 (산업통상자원부 제2018-1호)

○ **시험과목 (객관식)**

등급	방식	시험과목	문항	시간
1급	필기시험	영문해석, 영작문, 무역실무	75문항	90분
2급	〃	〃	〃	〃
3급	〃	〃	〃	〃

* 1급 : 4년제 대학 졸업자, 대기업 무역실무 책임자
2급 : 전문대학/경상계열 재학생, 기업 실무자
3급 : 실업계 고교 학생

* 무역실무 시험범위 (1.2급)
- 무역계약, 무역결제, 무역운송, 무역보험, 무역클레임, 서비스무역, 기술무역, 해외투자, 전자무역, 무역규범

○ 합격기준 : 매과목 평균 60점 이상
단, 1급은 과목당 40점 미만은 불합격

○ 응시료 : 29,000원

○ 정보 : 상공회의소 자격평가사업단
(https://license.korcham.net/)

4) 원산지관리사

○ 시행기관 : 국제원산지정보원

○ 자격소개 :

- **원산지관리사(국가공인자격)** : FTA 활용을 위한 원산지 충족여부 확인 관리, 원산지 증빙서류 발급 등 원산지인증수출자 등 원산지관리전담자
- **원산지실무사(민간자격)** : FTA 활용을 위한 원산지판정 정보 수집, 원산지증빙서류 작성 등 제조수출기업의 FTA원산지 관리를 위한 FTA 준전문가

○ **시험과목 (객관식 4지 선택형)**

등급	시험과목	문항	시간
원산지관리사	· FTA협정 및 법령(25문) · 품목분류실무(25문) · 원산지결정기준(25문) · 수출입통관실무(25문)	100	120분
원산지실무사	· FTA원산지 이론(25문) · FTA원산지 실무(25문)	50	60분

* 원산지실무사는 원산지관리시스템 교육이수 필요

○ 합격기준 : 매과목 평균 60점 이상, 과목당 40점 이상

○ 응시료 : 원산지관리사(50,000원)
원산지실무사(30,000원)

○ 정보 : FTA원산지 아카데미(www.ftaedu.or.kr)

5) 보세사

○ 시행기관 : 한국관세물류협회

○ 자격소개 : 특허보세구역 운영인이 보세구역을 운영하기 위해서 반드시 채용하여야 하는 국가공인전문자격

○ **시험과목 (객관식 5지 선택형)**

교시	시험과목	문항	시간
1	· 수출입통관절차 - 관세법 일반, 수출입통관절차	25	135분
	· 보세구역관리	25	
	· 보세화물관리 - 보세화물관리, 수출입 환적화물관리, 보세운송, 관세법상 운수기관, 화물운송주선업자	25	
	· 수출입안전관리 - 국경감시제도, AEO제도	25	
	· 자율관리 및 관세법칙 - 자율관리 전반, 자유무역지역제도, 관세법상 벌칙 및 조사와처분	25	

○ 합격기준 : 매과목 평균 60점 이상, 과목당 40점 이상

○ 응시료 : 60,000원

○ 정보 : 한국관세물류협회(http://www.kcla.kr/)

Ⅱ 관세사 2차 시험 기출문제

1) 대외무역법

대외무역법	
2022년 (39회)	대외무역법령상 전략물자의 수출입과 관련하여 (1)대통령령으로 정하는 국제수출통제체제(시행령 제32조) 7가지와 (2)자율준수무역거래자로 지정받기위해 갖춰야할 대통령령으로 정하는 능력(시행령 제43조 제2항) 3가지를 각각 쓰시오. (10점)
2021년 (38회)	대외무역법령 상 수출입승인의 유효기간을 달리 정할 수 있는 사유 4가지를 쓰시오. (10점)
2020년 (37회)	대외무역법령 상 권한의 위임과 위탁에 관한 다음 물음에 답하시오. (10점) (1) 관세청장에 위탁된 권한 4개를 쓰시오. (4점) (2) 세관장에게 위탁된 권한 6개를 쓰시오. (6점)
2019년 (36회)	대외무역법령 및 관리규정 상의 수출입승인의 요건과 전략물자 수출허가의 기준을 각각 설명하시오. (10점)
2018년 (35회)	대외무역법령 상 수출과 관세법상 수출의 개념과 차이점에 대하여 설명하시오. (10점)
2017년 (34회)	대외무역법 제5조에 따른 물품 등의 수출입의 제한 또는 금지사유를 설명하시오. (10점)
2016년 (33회)	대외무역법령 상 구매확인서의 정의와 발급절차, 구매확인서와 내국신용장의 차이점, 구매확인서의 전자발급 의무화에 대하여 설명하시오. (10점)
2015년 (32회)	대외무역법령 상 특정거래 형태의 수출입의 종류와 내용을 설명하시오. (10점)
2014년 (31회)	대외무역법에 의하면, 수출자와 선적 전 검사기관 간에 분쟁이 발생할 경우에는 그 해결을 위하여 필요한 조정 을 할 수 있도록 규정하고 있다. 이 경우 ① 선적 전 검사가 무역장벽으로 간주되는 경우, ② 조정안의 작성(제시 시기와 기재내용 포함), ③ 조정안의 통지, ④ 조정이 종료되는 경우를 대외무역법령에 의하여 설명하시오. (10점)
2013년 (30회)	대외무역법령 상에 나타난 원산지 판정 절차 및 이의제기에 대하여 설명하시오. (10점)

2) 외국환관리법

외국환거래법	
2022년 (39회)	외국환거래법상 외국환평형기금을 조성(법 제13조 제2항)하기 위한 재원(財源) 5가지만 쓰시오. (10점)
2021년 (38회)	외국환거래법시행령 상 제21조의2 부담금 납부 의무자에 해당하는 5개 기관만 쓰시오. (제21조의2, 제7호 각 목 제외) (10점)
2020년 (37회)	외국환거래법 상 거주자의 정의와 이와 관련된 거주자의 범위 (시행령 제10조 제1항) 7가지를 쓰시오. (10점)
2019년 (36회)	외국환거래법령 상 소액해외송금업자와 관련한 이행보증예탁기관의 이행보증금의 지급사유와 반환사유에 대하여 각각 설명하시오. (10점)
2018년 (35회)	외국환거래법령 상 외국환업무 취급기관 등의 건전성 규제 기준에 대하여 설명하시오. (10점)
2017년 (34회)	외국환거래법(제3조 제19호)에서 규정하고 있는 자본거래의 정의에 관하여 설명하시오. (10점)
2016년 (33회)	외국환거래법령 상 자본거래의 신고 등에 관한 내용 중 경미하거나 정형화된 자본거래로서 ① 사후에 보고하는 거래의 종류와 ② 자본거래신고 등의 예외 거래의 종류를 설명하시오. (10점)
2015년 (32회)	외국환거래법령 상 '외국환거래의 정지 등'을 다루고 있는 규정을 조치의 대상, 관련 사항의 고시, 적용기간, 적용의 제한 등으로 나누어서 설명하시오. (10점)
2014년 (31회)	외국환거래규정 상 비금융기관의 해외지사 설치신고 시 설치신고를 하는 각각의 경우에 따른 신고자 또는 신고기관을 서술하시오. (10점)
2013년 (30회)	외국환거래법령 상에 규정된 지급수단의 개념과 대외지급수단에 대하여 설명하시오. (10점)

3) 관세법

제39회 관세사시험(2022년) (관세법)

1. 관세 환급에 관한 내용이다. 다음 물음에 답하시오. (30점)

(1) 관세법상 계약 내용이 달라 외국으로부터 수입된 물품을 다시 수출한 수입자가 관세를 환급받기 위한 요건을 쓰시오. (10점)

(2) 관세법령상 수입신고가 수리된 물품이 수입신고 수리 후에도 지정보세구역에 계속 장치되어 있는 중에 재해로 물품이 변질되어 그 가치가 떨어졌을 때, 수입자가 납부한 관세의 (1)환급액과 (2)환급기준을 각각 쓰시오. (20점)

2. 관세법상 보세건설장에 관한 내용이다. 다음 물음에 답하시오. (20점)

(1) ① 보세건설장에 반입한 외국물품의 수입신고, ② 보세건설물품의 가동 제한, ③ 앞의 ①, ②를 위반했을 때 부과하는 행정질서벌에 대한 내용을 각각 쓰시오. (10점)

(2) ① 보세건설장에 반입한 물품의 과세물건 확정시기와 적용 법령에 대해 쓰고, ② 보세건설장에서 건설된 시설로서 관세법 제248조에 따라 수입신고가 수리되기 전에 가동된 경우 관세의 부과 · 징수에 대하여 쓰시오. (10점)

3. 관세법령상 조사와 처분에 관한 내용이다. 다음 물음에 답하시오. (30점)

(1) ① 관세범의 정의와 관세범에 관한 조사 · 처분 주체를 쓰고, ② 피의자를 조사하였을 때 작성하는 조서에 서명날인이 되어야 할 사람 모두와, ③ 세관공무원이 수색을 할 때 참여시켜야 하는 사람(단, 참여시켜야 하는 사람이 모두 부재인 경우는 고려하지 않음) 모두를 각각 쓰시오. (10점)

(2) ① 검증 · 수색 또는 압수조서 기재사항 5가지와, ② 통고처분을 할 때 통고서에 적어야 할 사항 5가지만 각각 쓰시오. (10점)

(3) 관세범칙조사심의위원회의 ① 위원으로 세관장이 임명 또는 위촉할 수 있는 사람 모두와 ② 심의사항 3가지를 각각 쓰시오. (10점)

4. 다음 물음에 답하시오. (20점)

(1) (1)관세법상 부당하게 재물이나 재산상 이득을 취득하거나 제3자로 하여금 이를 취득하게 할 목적으로 물품의 가격을 조작하여 신청 또는 신고한 경우 가격조작죄의 대상이 되는 신청 또는 신고 4가지와, (2)관세법상 밀수출입죄에 전용(專用)되는 선박 · 자동차나 그 밖의 운반기구가 범죄에 사용된다는 정황을 소유자가 알고 있을 때, 그 밀수 전용 운반기구를 몰수하는 경우 4가지를 각각 쓰시오. (10점)

(2) 수출용 원재료에 대한 관세 등 환급에 관한 특례법령상 (1)관세법 제47조 제1항에 따라 관세등을 환급받은 자(기초원재료납세증명서 또는 수입세액 분할증명서를 발급받은 자를 포함)로부터 환급금액 또는 과다환급금액(과다환급금등)을 징수해야 하는 경우 4가지와, (2) 과다환급금등 또는 부족정산 금액을 자진신고하려는 자가 제출하여야 할 신고서 기재사항 4가지를 각각 쓰시오. (10점)

제38회 관세사시험(2021년) (관세법)

1. 관세법령상 통관 등에 관한 내용이다. 다음 물음에 답하시오. (50점)

(1) 통관의 정의를 간략히 쓰고, 통관요건 3가지를 설명하시오. (10점)

(2) 원산지 확인 등과 관련하여 (1)원산지 확인기준 2가지와 (2)통관제한 사유 4가지를 쓰고, (3)환적물품 등에 대한 유치 사유와 (4)세관장의 후속 조치 5가지를 쓰시오. (15점)

(3) 관세법에서 규정하고 있는 통관의 제한에 의거하여 (1)수출입의 금지물품 3가지, (2)지식재산권 보호대상 6가지, (3)통관의 보류 사유 6가지를 각각 쓰시오. (15점)

(4) 관세청장이나 세관장의 (1)보세구역 반입명령 사유와 (2)반입명령 대상 물품 2가지를 쓰고, (3)관계 당사자(반입의무자, 관세청장 또는 세관장)의 후속 조치 4가지를 쓰시오. (10점)

2. 수출용 원재료에 대한 관세 등 환급에 관한 특례법 제23조의 벌칙 5가지를 쓰시오. (10점)

3. 관세법상(제98조 제1항) 재수출기간별 감면율 적용기준 5가지를 쓰시오. (10점)

4. 관세법령상(영 제185조 제1항) 보세사의 직무 5가지만 쓰시오. (10점)

5. 관세법상(제111조 제2항) 세관공무원이 해당 사안에 대하여 이미 조사받은 자를 다시 조사할 수 있는 경우 5가지를 쓰시오. (10점)

6. 관세법상(제23조 제1항) 관세징수권의 소멸시효 중단 사유 5가지만 쓰시오. (10점)

제37회 관세사시험(2020년) (관세법)

1. 현행 관세법령은 관세채권 확보를 위하여 가산세제도, 담보제공제도, 기타 채권 확보를 위한 장치를 두고 있다. 이와 관련하여 다음 물음에 답하시오. (50점)

   (1) 가산세 부과사유 10가지, 관세법 제42조 가산세(율) 3가지, 가산세 감면사유 5가지를 각각 쓰시오. (20점)

   (2) 담보제공 사유와 담보의 종류 5가지를 각각 쓰시오. (10점)

   (3) 기타 채권 확보를 위한 제도적 장치 5가지를 설명하시오. (20점)

2. 관세환급특례법령상 관세등의 일괄납부기간(단서 조항 포함)과, 직권정산 사유 4가지를 쓰시오. (10점)

3. 관세법령상 감면에 관한 다음 물음에 답하시오. (10점)

   (1) 여행자 휴대품 및 이사물품 등의 수입물품에 관세를 면제하는 3가지 사유를 쓰시오. (3점)

   (2) 관세법 제96조에 따른 별송품과 이사물품 중 별도로 수입하는 물품에 대한 관세 면제신청 방법(단서 조항 포함)을 쓰시오. (4점)

   (3) 기획재정부령으로 정한 여행자 휴대품 등에 대한 자진신고의 경우 2가지를 쓰시오. (3점)

4. 관세법상 관세범의 조사에 관한 다음 물음에 답하시오. (10점)

   (1) 관세청장이나 세관장이 압수물품을 피의자나 관계인에게 통고한 후 매각 및 폐기할 수 있는 경우를 각각 4가지 쓰시오. (8점)

   (2) 압수물품을 유실물로 공고하는 경우와, 이를 국고에 귀속시키는 경우를 각각 쓰시오. (2점)

5. 관세법령상 보세판매장에 관한 다음 물음에 답하시오. (10점)

   (1) 관세법 제196조 제1항에 의거하여 보세판매장에서 판매할 수 없는 물품 3가지를 쓰시오. (3점)

   (2) 보세판매장의 특허절차에서 보세판매장의 설치 · 운영에 관한 특허를 부여할 필요가 있는 경우에 공고해야 할 6가지 사항과 공고주체를 쓰시오. (7점)

6. 관세법령상 통관절차 등의 국제협력에 관한 다음 물음에 답하시오. (10점)

   (1) 무역원활화 기본계획의 수립 · 시행에 포함되어야 하는 사항 7가지를 쓰시오. (7점)

   (2) 무역원활화위원회의 심의사항 3가지를 쓰시오. (3점)

제36회 관세사시험(2019년) (관세법)

1. 관세법령상 종합보세구역의 판매물품에 대한 관세 등의 환급과 관련하여 다음 사항을 설명하시오. (50점)

   (1) 종합보세구역의 의의, 지정, 설치 · 운영 (20점)

   (2) 종합보세구역의 판매물품에 대한 관세환급의 의의와 외국인 관광객의 범위 (5점)

   (3) 종합보세구역에서의 물품판매 (5점)

   (4) 외국인 관광객에 대한 관세환급 (5점)

   (5) 판매인에 대한 관세 등의 환급 (10점)

   (6) 환급창구운영사업자 (5점)

2. 관세법령상 세율적용의 우선순위와 조정관세의 부과사유에 있어, ①세율적용의 우선순위, ②조정관세의 의의, ③조정관세의 부과대상, ④조정관세의 적용세율에 대하여 각각 설명하시오. (10점)

3. 관세법령상 재수입면세 대상물품의 판단기준을 해외임가공물품 등의 감세 대상물품과 비교하여 설명하시오. (10점)

4. 관세법령상 수입신고수리전 반출제도를 수입신고전 물품 반출제도와 비교하여 설명하시오. (10점)

5. 관세법령상 원산지허위표시물품 등의 통관제한과 관련하여, ①원산지 확인기준, ②원산지허위물품의 통관제한, ③환적물품에 대한 유치를 각각 설명하시오. (10점)

6. 관세환급특례법령상 수출용원재료에 대하여, ①환급대상 원재료의 인정요건, ②환급대상 수출등의 이행요건, ③환급신청의 인정요건에 대하여 각각 기술하시오. (10점)

부록

제35회 관세사시험(2018년) (관세법)

1. 수입상 A는 수입신고를 할 때에 세관장에게 관세의 납부에 관한 신고를 했다. A의 세액 확정과 관련하여 관세법령에서 규정하고 있는 다음 사항을 기술하시오. (50점)

(1) 세액심사와 자율심사 (10점)

(2) 세액의 정정, 보정, 수정신고, 경정(행위주체, 사유, 기한, 관세를 납부하는 경우 납부기한) (20점)

(3) ① 수입신고수리전 세액심사를 하는 대상물품과 ② 수정신고를 한 경우 부족한 관세액을 징수할 때 부과하는 가산세 산정방법 (10점)

(4) 세액 확정 관련 다음 행위를 한 경우 관세법에서 규정하고 있는 벌칙 (10점)

① 관세의 회피 목적으로 타인에게 자신의 명의를 사용하여 납세신고를 할 것을 허락한 경우

② 부당하게 재물이나 재산상 이득을 취득하기 위해 보정신청과 수정신고를 한 경우

③ 보정신청 또는 수정신고를 할 때 관세법 제241조제1항에 따른 사항(물품의 품명 · 규격 · 수량 및 가격과 그 밖에 대통령령으로 정하는 사항)을 허위로 신청하거나 신고한 경우

④ 자율심사 결과를 거짓으로 작성하여 제출한 경우

2. 관세환급특례법령상 수출용원재료에 대한 관세 등을 환급받을 수 있는 수출 등의 요건으로 기획재정부령으로 정하는 '무상으로 수출하는 것'과 '우리나라 안에서 외화를 획득하는 판매 또는 공사'를 각각 기술하시오. (10점)

3. 관세법령상 통관과 관련된 우편물의 검사, 우편물 통관에 대한 결정, 수출입신고대상 우편물, 우편물 납세절차를 각각 설명하시오. (10점)

4. 관세법상 통관 후 유통이력 신고와 유통이력 조사에 대하여 설명하시오. (10점)

5. 관세법령상 외국무역선과 외국무역기의 입 · 출항절차를 설명하고, 외국무역선의 입항보고서의 기재사항, 선용품목록의 기재사항, 적하목록의 기재사항을 각각 기술하시오. (10점)

6. 관세법상 관세청장이나 세관장에게 등록해야 하는 보세운송업자등의 대상과 등록 유효기간, 보세운송업자등의 등록요건을 각각 기술하시오. (10점)

제34회 관세사시험(2017년) (관세법)

1. 관세법에서 규정하고 있는 납세자의 권리 및 불복절차에 의거하여,
① 납세자의 권리, ② 심사와 심판, ③ 과세전적부심사에 관하여 논하시오. (50점)

2. 관세법령상 보세구역 물품의 반입 · 반출 및 보수작업에 관하여 각각 설명하시오. (10점)

3. 관세법령상 보세공장 및 보세공장 원재료(범위, 제한, 소요량계산서 제출)에 관하여 각각 설명하시오. (10점)

4. 관세법상 지식재산권 보호제도(보호대상, 지식재산권 신고, 통관보류 및 유치요청, 세관장 조치)에 관하여 설명하시오. (10점)

5. 관세법령상 규정된 개항의 지정요건 및 관세통로에 관하여 각각 설명하시오. (10점)

6. 관세환급특례법상의 평균세액증명 및 기초원재료납세증명(수입세액분할증명서 포함)에 관하여 각각 설명하시오. (10점)

제33회 관세사시험(2016년) (관세법)

1. 특허보세구역제도 운영에 있어 보세판매장과 보세창고의 차이점을 ①운영인의 결격사유, ②특허절차, ③특허의 취소사유, ④특허수수료의 부과, ⑤특허기간, ⑥과징금의 부과를 중심으로 설명하고, 특허보세구역의 성격과 보세판매장 제도의 운영 목적을 고려하여 현행 보세판매장제도의 문제점을 논하시오. (50점)

2. 수입상 A가 관세율이 0인 물품을 수입함에 있어 부당하게 재산상 이득을 취하기 위해 관세사 B의 권유에 따라 실제 거래한 가격보다 높은 가격으로 수입통관을 하였다. 이 경우 A와 B가 관세법에 따라 처벌받을 수 있는 범죄의 구성요건과 각각 어떤 처벌을 받을 수 있는지 설명하시오. (10점)

3. 수출용 원재료에 대한 관세 등 환급에 관한 특례법에 따라 환급받는 것과 관세법 제106조의 계약내용과 다른 물품에 대해 관세법에 따라 환급받는것과의 차이점을 ①환급대상 조세, ②환급청구권의 행사기간과 환급청구권자, ③환급액의 계산방법 및 그 증빙서류를 중심으로 설명하시오. (10점)

4. 보세창고에 반입한 외국물품을 장치기간 경과(체화)로 매각하게 되었을 때 세관장이 적용할 수 있는 매각방법과, 매각이 진행되는 도중 물품의 화주가 해당 물품의 매각을 피하기 위해 조치할 수 있는 방안에 대하여 설명하시오. (10점)

5. 과세전적부심사청구에 대한 결정내용 및 그 결정과 관련하여 청구인과 과세전 통지세관이 취할 수 있는 조치를 설명하고, 관세행정심판청구에 대한 결정내용 및 그 결정과 관련하여 청구인과 처분청이 취할 수 있는 조치에 대하여 설명하시오. (10점)

6. 덤핑방지관세 부과 시 정상가격과 덤핑가격의 비교원칙 및 비교방법과, 정상가격과 덤핑가격을 비교할 때 가격에 영향을 미치는 요소(물리적 특성, 판매수량, 판매조건, 환율변동)가 존재하는 경우의 가격조정방법에 대하여 설명하시오. (10점)

제32회 관세사시험(2015년) (관세법)

1. 관세법상 과세요건을 간략히 설명한 후, 납세의무자(의의, 원칙적 납세의무자, 특별 납세의무자, 경합, 납세의무 확장 및 취지)에 대하여 논하시오. (50점)

2. 관세법상 원산지증명서와 관련하여, 정의 및 확인, 확인요청 및 조사, 원산지 사전확인에 대하여 설명하시오. (10점)

3. 관세법상 월별납부의 의의, 효과, 신청 및 승인, 담보제공, 승인취소 및 갱신에 대하여 설명하시오. (10점)

4. 관세법상 수출입 안전관리 우수 공인업체의 의의와 안전관리 기준, 공인절차와 혜택부여에 대하여 설명하시오. (10점)

5. 관세법상 여행자휴대품의 감면세와 관련하여, 여행자휴대품 관세면제의 의의, 여행자휴대품의 인정범위, 면제대상물품의 인정범위와 면제한도에 대하여 설명하시오. (10점)

6. 수출용 원재료에 대한 관세 등 환급에 관한 특례법상 일괄납부제도(의의, 관세 환급액의 정산, 직권정산, 일괄납부의 제한)에 대하여 설명하시오. (10점)

제31회 관세사시험(2014년) (관세법)

1. 세관장이 관세법에 의해 부과하는 가산세 가산금 과징금의 ① 부과대상, ② 부과절차, ③ 부과금액의 결정, ④ 미납시 조치사항의 차이점과, 이러한 것의 부과사유와 관세법 제6조의 신의성실원칙과의 관계에 대하여 논하시오. (50점)

2. 중소기업자 A가 자신이 수입한 원재료와 국내에서 구매한 원재료를 혼용하여 중간재를 가공한 다음 수출물품 생산자인 B에게 수출용원재료로 공급하였다. A가 공급한 수출용원재료에 대해 납부세액을 증명하는 서류의 발급절차와 해당 납부세액을 계산하는 방법을 설명하시오. (10점)

3. 간이세율이 적용될 수 있음에도 '납세의무자가 원하여' 간이세율을 적용하지 않는 경우와 관세법에 규정된 '합의에 따른 세율적용'의 경우를 설명하고 양자가 어떤 차이가 있는지 비교하시오. (10점)

4. 관세법상 원산지규정의 입법목적을 설명하고 원산지허위표시 물품 등의 통관제한 규정 및 환적제한 규정의 내용과 이때 해당 물품의 원산지 판단기준은 각각 어떤 법을 적용해야 하는지 설명하시오. (10점)

5. 관세 분할납부제도의 입법취지와 분할납부 대상 분할납부의 요건에 대하여 설명하시오. (10점)

6. 관세법상 비밀유지의무와 고액 · 상습체납자의 명단 공개제도의 내용 및 그 상호관계에 대하여 설명하시오. (10점)

제30회 관세사시험(2013년) (관세법)

1. 관세법령상 관세감면의 사후관리제도를 운영하는 의의와 사후관리시 담보제공을 요구하게 되는 경우를 기술하고, 사후관리의 적용대상이 되는 물품과 사후관리 물품 중 사후관리의 면제 대상이 되는 물품, 사후관리기간의 기준, 관세감면 승인을 받은 자의 의무사항에 대하여 논하시오. (50점)

2. 관세법령상 차량을 통한 국경출입절차로서 관세통로, 도착절차, 출발절차, 물품의 하역, 차량 전환에 대하여 각각 설명하시오. (10점)

3. 관세법령상 원산지 확인에 있어서 직접운송원칙과 예외가 되는 단서 조항을 설명하시오. (10점)

4. 수출용원재료에 대한 관세 등 환급에 관한 특례법령상 개별환급신청의 의의 및 신청기간, 환급신청인, 환급관련 제출서류, 환급 신청방법 및 신청시기에 대하여 각각 설명하시오. (10점)

5. 관세법령상 지식재산권의 보호대상이 되는 권리와 보호방법, 보호대상에 해당하는 물품의 범위를 각각 설명하시오. (10점)

6. 보세구역장치 물품을 세관장이 직권 폐기할 수 있는 경우와 이들 폐기물품에 대한 관세부담 및 과세물건의 확정시기에 대하여 설명하시오. (10점)

Ⅲ. 3대 무역법 조문

1. 대외무역법
2. 외국환거래법
3. 관세법

대외무역법

[시행 2022. 11. 15.] [법률 제19035호, 2022. 11. 15., 일부개정]

제1장 총 칙

제1조(목적) 이 법은 대외 무역을 진흥하고 공정한 거래 질서를 확립하여 국제 수지의 균형과 통상의 확대를 도모함으로써 국민 경제를 발전시키는 데 이바지함을 목적으로 한다.

제2조(정의) 이 법에서 사용하는 용어의 뜻은 다음과 같다. 〈개정 2014. 1. 21., 2020. 2. 4.〉

1. "무역"이란 다음 각 목의 어느 하나에 해당하는 것(이하 "물품등"이라 한다)의 수출과 수입을 말한다.
   가. 물품
   나. 대통령령으로 정하는 용역
   다. 대통령령으로 정하는 전자적 형태의 무체물(無體物)
2. "물품"이란 다음 각 목의 것을 제외한 동산(動産)을 말한다.
   가. 「외국환거래법」에서 정하는 지급수단
   나. 「외국환거래법」에서 정하는 증권
   다. 「외국환거래법」에서 정하는 채권을 화체(化體)한 서류
3. "무역거래자"란 수출 또는 수입을 하는 자, 외국의 수입자 또는 수출자에게서 위임을 받은 자 및 수출과 수입을 위임하는 자 등 물품등의 수출행위와 수입행위의 전부 또는 일부를 위임하거나 행하는 자를 말한다.
4. "정부간 수출계약"이란 외국 정부의 요청이 있을 경우, 제32조의3제1항에 따른 정부간 수출계약 전담기관이 대통령령으로 정하는 절차에 따라 국내 기업을 대신하여 또는 국내 기업과 함께 계약의 당사자가 되어 외국 정부에 물품등(「방위산업 발전 및 지원에 관한 법률」 제2조제1항제1호에 따른 방위산업물자등은 제외한다)을 유상(有償)으로 수출하기 위하여 외국 정부와 체결하는 수출계약을 말한다.

제3조(자유롭고 공정한 무역의 원칙 등) ① 우리나라의 무역은 헌법에 따라 체결·공포된 무역에 관한 조약과 일반적으로 승인된 국제법규에서 정하는 바에 따라 자유롭고 공정한 무역을 조장함을 원칙으로 한다.

② 정부는 이 법이나 다른 법률 또는 헌법에 따라 체결·공포된 무역에 관한 조약과 일반적으로 승인된 국제 법규에 무역을 제한하는 규정이 있는 경우에는 그 제한하는 목적을 달성하기 위하여 필요한 최소한의 범위에서 이를 운영하여야 한다.

제4조(무역의 진흥을 위한 조치) ① 산업통상자원부장관은 무역의 진흥을 위하여 필요하다고 인정되면 대통령령으로 정하는 바에 따라 물품등의 수출과 수입을 지속적으로 증대하기 위한 조치를 할 수 있다. 〈개정 2008. 2. 29., 2013. 3. 23.〉

② 산업통상자원부장관은 제1항에 따른 무역의 진흥을 위하여 필요하다고 인정되면 대통령령으로 정하는 바에 따라 다음 각 호의 어느 하나에 해당하는 자에게 필요한 지원을 할 수 있다. 〈개정 2008. 2. 29., 2013. 3. 23.〉

1. 무역의 진흥을 위한 자문, 지도, 대외 홍보, 전시, 연수, 상담 알선 등을 업(業)으로 하는 자
2. 무역전시장이나 무역연수원 등의 무역 관련 시설을 설치·운영하는 자
3. 과학적인 무역업무 처리기반을 구축·운영하는 자

제5조(무역에 관한 제한 등 특별 조치) 산업통상자원부장관은 다음 각 호의 어느 하나에 해당하는 경우에는 대통령령으로 정하는 바에 따라 물품등의 수출과 수입을 제한하거나 금지할 수 있다. 〈개정 2008. 2. 29., 2013. 3. 23., 2013. 7. 30.〉

1. 우리나라 또는 우리나라의 무역 상대국(이하 "교역상대국"이라 한다)에 전쟁·사변 또는 천재지변이 있을 경우
2. 교역상대국이 조약과 일반적으로 승인된 국제법규에서 정한 우리나라의 권익을 인정하지 아니할 경우
3. 교역상대국이 우리나라의 무역에 대하여 부당하거나 차별적인 부담 또는 제한을 가할 경우

4. 헌법에 따라 체결·공포된 무역에 관한 조약과 일반적으로 승인된 국제법규에서 정한 국제평화와 안전유지 등의 의무를 이행하기 위하여 필요할 경우

4의2. 국제평화와 안전유지를 위한 국제공조에 따른 교역여건의 급변으로 교역상대국과의 무역에 관한 중대한 차질이 생기거나 생길 우려가 있는 경우

5. 인간의 생명·건강 및 안전, 동물과 식물의 생명 및 건강, 환경보전 또는 국내 자원보호를 위하여 필요할 경우

제6조(무역에 관한 법령 등의 협의 등) ① 무역에 관하여는 이 법에서 정하는 바에 따른다.

② 관계 행정기관의 장은 물품등의 수출 또는 수입을 제한하는 법령이나 훈령·고시 등(이하 "수출·수입요령"이라 한다)을 제정하거나 개정하려면 미리 산업통상자원부장관과 협의하여야 한다. 이 경우 산업통상자원부장관은 관계 행정기관의 장에게 그 수출·수입요령의 조정을 요청할 수 있다. 〈개정 2008. 2. 29., 2013. 3. 23.〉

제2장 통상의 진흥

제7조(통상진흥 시책의 수립) ① 산업통상자원부장관은 무역과 통상을 진흥하기 위하여 매년 다음 연도의 통상진흥 시책을 세워야 한다. 〈개정 2008. 2. 29., 2013. 3. 23.〉

② 제1항에 따른 통상진흥 시책에는 다음 각 호의 사항이 포함되어야 한다. 〈개정 2009. 4. 22.〉

1. 통상진흥 시책의 기본 방향
2. 국제통상 여건의 분석과 전망
3. 무역·통상 협상 추진 방안과 기업의 해외 진출 지원 방안
4. 통상진흥을 위한 자문, 지도, 대외 홍보, 전시, 상담 알선, 전문인력 양성 등 해외시장 개척 지원 방안
5. 통상 관련 정보수집·분석 및 활용 방안
6. 원자재의 원활한 수급을 위한 국내외 협력 추진 방안
7. 그 밖에 대통령령으로 정하는 사항

③ 산업통상자원부장관은 제1항에 따른 통상진흥 시책의 수립을 위한 기초 자료를 수집하기 위하여 교역상대국의 통상 관련 제도·관행 등과 기업이 해외에서 겪는 고충 사항을 조사할 수 있다. 〈개정 2008. 2. 29., 2013. 3. 23.〉

④ 산업통상자원부장관은 해외에 진출한 기업에 제1항에 따른 통상진흥 시책의 수립에 필요한 자료를 요청하고, 필요한 경우 지원할 수 있다. 〈개정 2008. 2. 29., 2013. 3. 23.〉

⑤ 산업통상자원부장관은 제1항에 따라 통상진흥 시책을 세우는 경우에는 미리 특별시장, 광역시장, 특별자치시장, 도지사 또는 특별자치도지사(이하 "시·도지사"라 한다)의 의견을 들어야 하고, 통상진흥 시책을 수립한 때에는 이를 시·도지사에게 알려야 한다. 이를 변경한 경우에도 또한 같다. 〈개정 2008. 2. 29., 2013. 3. 23., 2013. 7. 30.〉

⑥ 제5항에 따라 통상진흥 시책을 통보받은 시·도지사는 그 관할 구역의 실정에 맞는 지역별 통상진흥 시책을 수립·시행하여야 한다.

⑦ 시·도지사는 제6항에 따라 지역별 통상진흥 시책을 수립한 때에는 이를 산업통상자원부장관에게 알려야 한다. 이를 변경한 때에도 또한 같다. 〈개정 2008. 2. 29., 2013. 3. 23.〉

제8조(민간 협력 활동의 지원 등) ① 산업통상자원부장관은 무역·통상 관련 기관 또는 단체가 교역상대국의 정부, 지방정부, 기관 또는 단체와 통상, 산업, 기술, 에너지 등에서 협력활동을 추진하는 경우 대통령령으로 정하는 바에 따라 필요한 지원을 할 수 있다. 〈개정 2008. 2. 29., 2013. 3. 23.〉

② 산업통상자원부장관은 기업의 해외 진출을 지원하기 위하여 무역·통상 관련 기관 또는 단체로부터 정보를 체계적으로 수집하고 분석하여 지방자치단체와 기업에 필요한 정보를 제공할 수 있다. 〈개정 2008. 2. 29., 2009. 4. 22., 2013. 3. 23.〉

③ 산업통상자원부장관은 제2항에 따른 정보의 수집·분석 및 제공을 위하여 필요한 경우 관계 중앙행정기관의 장, 시·도지사, 무역·통상 및 기업의 해외 진출과 관련한 기관 또는 단체에 자료 및 통계의 제출을 요청할 수 있다. 〈신설 2009. 4. 22., 2013. 3. 23.〉

④ 산업통상자원부장관은 기업의 해외 진출과 관련된 상담·안내·홍보·조사와 그 밖에 기업의 해외 진출에 대한 지원 업무를 종합적으로 수행하기 위하여 「대한무역투자진흥공사법」에 따른 대한무역투자진흥공사에 해외진출지원센터를 둔다. 〈신설 2009. 4. 22., 2013. 3. 23.〉

⑤ 제4항에 따른 해외진출지원센터의 구성·운영 및 감독 등에 필요한 사항은 대통령령으로 정한다. 〈신설 2009. 4. 22.〉

제8조의2(전문무역상사의 지정 및 지원) ① 산업통상자원부장관은 신시장 개척, 신제품 발굴 및 중소기업·중견기업의 수출확대를 위하여 수출실적 및 중소기업 제품 수출비중 등을 고려하여 무역거래자 중에서 전문무역상사를 지정하고 지원할 수 있다.

② 제1항에 따른 지정의 기준 및 절차, 지원내용 등에 관하여 필요한 사항은 대통령령으로 정한다.

③ 산업통상자원부장관은 제1항에 따라 지정을 받은 전문무역상사가 제2항에 따른 지정기준에 적합하지 아니하게 된 때에는 그 지정을 취소할 수 있다. 다만, 거짓이나 그 밖에 부정한 방법으로 지정을 받은 경우에는 그 지정을 취소하여야 한다.

[본조신설 2014. 1. 21.]

제9조(무역에 관한 조약의 이행을 위한 자료제출) ① 산업통상자원부장관은 우리나라가 체결한 무역에 관한 조약의 이행을 위하여 필요한 때에는 대통령령으로 정하는 바에 따라 관련 공공기관, 기업 및 단체 등으로부터 필요한 자료의 제출을 요구할 수 있다. 〈개정 2013. 3. 23.〉

② 제1항에 따라 무역에 관한 조약의 이행을 위하여 필요한 자료를 직무상 습득한 자는 자료 제공자의 동의 없이 그 습득한 자료 중 기업의 영업비밀 등 비밀유지가 필요하다고 인정되는 기업정보를 타인에게 제공 또는 누설(漏泄)하거나 사용 목적 외의 용도로 사용하여서는 아니 된다.

[전문개정 2009. 4. 22.]

제3장 수출입 거래

제1절 수출입 거래 총칙

제10조(수출입의 원칙) ① 물품등의 수출입과 이에 따른 대금을 받거나 지급하는 것은 이 법의 목적의 범위에서 자유롭게 이루어져야 한다.

② 무역거래자는 대외신용도 확보 등 자유무역질서를 유지하기 위하여 자기 책임으로 그 거래를 성실히 이행하여야 한다.

제11조(수출입의 제한 등) ① 산업통상자원부장관은 다음 각 호의 어느 하나에 해당하는 이행 등을 위하여 필요하다고 인정하여 지정·고시하는 물품등의 수출 또는 수입을 제한하거나 금지할 수 있다. 〈개정 2016. 1. 27.〉

1. 헌법에 따라 체결·공포된 조약과 일반적으로 승인된 국제법규에 따른 의무의 이행
2. 생물자원의 보호
3. 교역상대국과의 경제협력 증진
4. 국방상 원활한 물자 수급
5. 과학기술의 발전
6. 그 밖에 통상·산업정책에 필요한 사항으로서 대통령령으로 정하는 사항

② 제1항에 따라 수출 또는 수입이 제한되는 물품등을 수출하거나 수입하려는 자는 대통령령으로 정하는 바에 따라 산업통상자원부장관의 승인을 받아야 한다. 다만, 긴급히 처리하여야 하는 물품등과 그 밖에 수출 또는 수입 절차를 간소화하기 위한 물품등으로서 대통령령으로 정하는 기준에 해당하는 물품등의 수출 또는 수입은 그러하지 아니하다. 〈개정 2008. 2. 29., 2013. 3. 23., 2016. 1. 27.〉

③ 제2항 본문에 따른 수출 또는 수입 승인(제8항에 따라 수출승인을 받은 것으로 보는 경우를 포함한다)의 유효기간은 1년으로 한다. 다만, 산업통상자원부장관은 국내의 물가 안정, 수급 조정, 물품등의 인도 조건 및 거래의 특성을 고려하여 대통령령으로 정하는 바에 따라 유효기간을 달리 정할 수 있다. 〈신설 2013. 7. 30.〉

④ 제3항에 따른 수출 또는 수입 승인의 유효기간은 대통령령으로 정하는 바에 따라 1년을 초과하지 아니하는 범위에서 산업통상자원부장관의 승인을 받아 연장할 수 있다. 〈신설 2013. 7. 30.〉

⑤ 제2항에 따라 승인을 받은 자가 승인을 받은 사항 중 대통령령으로 정하는 중요한 사항을 변경하려면 산업통상자원부장관의 변경승인을 받아야 하고, 그 밖의 경미한 사항을 변경하려면 산업통상자원부장관에게 신고하여야 한다. 〈개정 2008. 2. 29., 2013. 3. 23., 2013. 7. 30.〉

⑥ 산업통상자원부장관은 필요하다고 인정하면 제1항과 제2항에 따른 승인 대상 물품등의 품목별 수량·금액·규격 및 수출 또는 수입지역 등을 한정할 수 있다. 〈개정 2008. 2. 29., 2013. 3. 23., 2013. 7. 30.〉

⑦ 산업통상자원부장관은 제1항부터 제6항까지의

규정에 따른 제한·금지, 승인, 승인의 유효기간 설정 및 연장, 신고, 한정 및 그 절차 등을 정한 경우에는 이를 공고하여야 한다. 〈개정 2008. 2. 29., 2013. 3. 23., 2013. 7. 30.〉

⑧ 제19조 또는 제32조에 따라 수출허가를 받거나 수출승인을 받은 자는 제2항에 따른 수출승인을 받은 것으로 본다. 〈개정 2013. 7. 30.〉

제12조(통합 공고) ① 관계 행정기관의 장은 수출·수입요령을 제정하거나 개정하는 경우에는 그 수출·수입요령이 그 시행일 전에 제2항에 따라 공고될 수 있도록 이를 산업통상자원부장관에게 제출하여야 한다. 〈개정 2008. 2. 29., 2013. 3. 23.〉

② 산업통상자원부장관은 제1항에 따라 제출받은 수출·수입요령을 통합하여 공고하여야 한다. 〈개정 2008. 2. 29., 2013. 3. 23.〉

제13조(특정 거래 형태의 인정 등) ① 산업통상자원부장관은 물품등의 수출 또는 수입이 원활히 이루어질 수 있도록 대통령령으로 정하는 물품등의 수출입 거래 형태를 인정할 수 있다. 〈개정 2008. 2. 29., 2013. 3. 23.〉

② 기획재정부장관이 외국환 거래 관계 법령에 따라 무역대금 결제 방법을 정하려면 미리 산업통상자원부장관과 협의하여야 한다. 〈개정 2008. 2. 29., 2013. 3. 23.〉

제14조(수출입 승인 면제의 확인) 산업통상자원부장관은 승인을 받지 아니하고 수출되거나 수입되는 물품등(제11조제2항 본문에 해당하는 물품등만을 말한다)이 제11조제2항 단서에 따른 물품등에 해당하는지를 확인하여야 한다. 〈개정 2008. 2. 29., 2013. 3. 23.〉

제15조(과학적 무역업무의 처리기반 구축) ① 산업통상자원부장관은 물품등의 수출입 거래가 질서 있고 효율적으로 이루어질 수 있도록 대외무역통계시스템 및 전자문서 교환체계 등 과학적 무역업무의 처리기반을 구축하기 위하여 노력하여야 한다. 〈개정 2008. 2. 29., 2009. 4. 22., 2013. 3. 23.〉

② 산업통상자원부장관은 제1항에 따른 과학적 무역업무의 처리기반을 구축하기 위하여 필요하다고 인정되면 관계 행정기관의 장에게 대통령령으로 정하는 바에 따라 통관기록 등 물품등의 수출입 거래에 관한 정보를 제공하도록 요청할 수 있다. 이 경우 관계 행정기관의 장은 이에 협조하여야 한다. 〈개정 2008. 2. 29., 2009. 4. 22., 2013. 3. 23.〉

③ 관계 행정기관의 장은 이 법의 목적의 범위에서 필요하다고 인정되면 산업통상자원부장관에게 제1항과 제2항에 따라 구축된 물품등의 수출입 거래에 관한 정보를 제공하도록 요청할 수 있다. 이 경우 산업통상자원부장관은 이에 협조하여야 한다. 〈개정 2008. 2. 29., 2013. 3. 23.〉

제2절 외화획득용 원료·기재의 수입과 구매 등

제16조(외화획득용 원료·기재의 수입 승인 등) ① 산업통상자원부장관은 원료, 시설, 기재(機材) 등 외화획득을 위하여 사용되는 물품등(이하 "원료·기재"라 한다)의 수입에 대하여는 제11조제6항을 적용하지 아니할 수 있다. 다만, 국산 원료·기재의 사용을 촉진하기 위하여 필요한 경우에는 그러하지 아니하다. 〈개정 2008. 2. 29., 2013. 3. 23., 2013. 7. 30.〉

② 산업통상자원부장관은 제1항에 따른 원료·기재의 범위, 품목 및 수량을 정하여 공고할 수 있다. 〈개정 2008. 2. 29., 2013. 3. 23.〉

③ 제1항에 따라 원료·기재를 수입한 자와 수입을 위탁한 자는 그 수입에 대응하는 외화획득을 하여야 한다. 다만, 제17조에 따라 산업통상자원부장관의 승인을 받은 경우에는 그러하지 아니하다. 〈개정 2008. 2. 29., 2013. 3. 23.〉

④ 제3항에 따른 외화획득의 범위, 이행기간, 확인방법, 그 밖에 필요한 사항은 대통령령으로 정한다.

제17조(외화획득용 원료·기재의 목적을 벗어난 사용 등) ① 제16조제1항에 따라 원료·기재를 수입한 자는 그 수입한 원료·기재 또는 그 원료·기재로 제조된 물품등을 부득이한 사유로 인하여 당초의 목적 외의 용도로 사용하려면 대통령령으로 정하는 바에 따라 산업통상자원부장관의 승인을 받아야 한다. 다만, 대통령령으로 정하는 원료·기재 또는 그 원료·기재로 제조된 물품등에 대하여는 그러하지 아니하다. 〈개정 2008. 2. 29., 2013. 3. 23.〉

② 제16조제1항에 따라 수입한 원료·기재 또는 그 원료·기재로 제조된 물품등을 당초의 목적과 같은 용도로 사용하거나 수출하려는 자에게 양도(讓渡)하려는 때에는 양도하려는 자와 양수(讓受)

하려는 자가 함께 산업통상자원부장관의 승인을 받아야 한다. 다만, 대통령령으로 정하는 원료·기재 또는 그 원료·기재로 제조된 물품등에 대하여는 그러하지 아니하다. 〈개정 2008. 2. 29., 2013. 3. 23.〉

③ 제2항에 따라 원료·기재 또는 그 원료·기재로 제조된 물품등을 양수한 자에 관하여는 제16조제3항 및 제4항을 준용한다.

제18조(구매확인서의 발급 등) ① 산업통상자원부장관은 외화획득용 원료·기재를 구매하려는 자가 「부가가치세법」 제24조에 따른 영(零)의 세율을 적용받기 위하여 확인을 신청하면 외화획득용 원료·기재를 구매하는 것임을 확인하는 서류(이하 "구매확인서"라 한다)를 발급할 수 있다. 〈개정 2008. 2. 29., 2013. 3. 23., 2013. 6. 7.〉

② 산업통상자원부장관은 구매확인서를 발급받은 자에 대하여는 외화획득용 원료·기재의 구매 여부를 사후관리하여야 한다. 〈개정 2008. 2. 29., 2013. 3. 23.〉

③ 제1항과 제2항에 따른 구매확인서의 신청·발급절차 및 사후관리 등에 필요한 사항은 대통령령으로 정한다.

제3절 전략물자의 수출입

제19조(전략물자의 고시 및 수출허가 등) ① 산업통상자원부장관은 관계 행정기관의 장과 협의하여 대통령령으로 정하는 국제수출통제체제(이하 "국제수출통제체제"라 한다)의 원칙에 따라 국제평화 및 안전유지와 국가안보를 위하여 수출허가 등 제한이 필요한 물품등(대통령령으로 정하는 기술을 포함한다. 이하 이 절에서 같다)을 지정하여 고시하여야 한다. 〈개정 2008. 2. 29., 2009. 4. 22., 2013. 3. 23., 2013. 7. 30.〉

② 제1항에 따라 지정·고시된 물품등(이하 "전략물자"라 한다)을 수출(제1항에 따른 기술이 다음 각 호의 어느 하나에 해당되는 경우로서 대통령령으로 정하는 경우를 포함한다. 이하 제19조제3항부터 제5항까지, 제20조, 제23조, 제24조, 제24조의2, 제24조의3, 제25조, 제28조, 제29조, 제31조, 제47조부터 제49조까지, 제53조제1항 및 제53조제2항제2호부터 제4호까지에서 같다)하려는 자는 대통령령으로 정하는 바에 따라 산업통상자원부장관이나 관계 행정기관의 장의 허가(이하 "수출허가"라 한다)를 받아야 한다. 다만, 「방위사업법」 제57조제2항에 따라 허가를 받은 방위산업물자 및 국방과학기술이 전략물자에 해당하는 경우에는 그러하지 아니하다. 〈개정 2008. 2. 29., 2013. 3. 23., 2013. 7. 30.〉

1. 국내에서 국외로의 이전
2. 국내 또는 국외에서 대한민국 국민(국내법에 따라 설립된 법인을 포함한다)으로부터 외국인(외국의 법률에 따라 설립된 법인을 포함한다)에게로의 이전

③ 전략물자에는 해당되지 아니하나 대량파괴무기와 그 운반수단인 미사일 및 재래식무기(이하 "대량파괴무기등"이라 한다)의 제조·개발·사용 또는 보관 등의 용도로 전용될 가능성이 높은 물품등을 수출하려는 자는 그 물품등의 수입자나 최종 사용자가 그 물품등을 대량파괴무기등의 제조·개발·사용 또는 보관 등의 용도로 전용할 의도가 있음을 알았거나 그 수출이 다음 각 호의 어느 하나에 해당되어 그러한 의도가 있다고 의심되면 대통령령으로 정하는 바에 따라 산업통상자원부장관이나 관계 행정기관의 장의 허가(이하 "상황허가"라 한다)를 받아야 한다. 〈개정 2008. 2. 29., 2013. 3. 23., 2013. 7. 30., 2020. 3. 18.〉

1. 수입자가 해당 물품등의 최종 용도에 관하여 필요한 정보 제공을 기피하는 경우
2. 수출하려는 물품등이 최종 사용자의 사업 분야에 해당되지 아니하는 경우
3. 수출하려는 물품등이 수입국가의 기술수준과 현저한 격차가 있는 경우
4. 최종 사용자가 해당 물품등이 활용될 분야의 사업경력이 없는 경우
5. 최종 사용자가 해당 물품등에 대한 전문적 지식이 없으면서도 그 물품등의 수출을 요구하는 경우
6. 최종 사용자가 해당 물품등에 대한 설치·보수 또는 교육훈련 서비스를 거부하는 경우
7. 해당 물품등의 최종 수하인(受荷人)이 운송업자인 경우
8. 해당 물품등에 대한 가격 조건이나 지불 조건이 통상적인 범위를 벗어나는 경우
9. 특별한 이유 없이 해당 물품등의 납기일이 통상적인 기간을 벗어난 경우

10. 해당 물품등의 수송경로가 통상적인 경로를 벗어난 경우
11. 해당 물품등의 수입국 내 사용 또는 재수출 여부가 명백하지 아니한 경우
12. 해당 물품등에 대한 정보나 목적지 등에 대하여 통상적인 범위를 벗어나는 보안을 요구하는 경우
13. 그 밖에 국제정세의 변화 또는 국가안전보장을 해치는 사유의 발생 등으로 산업통상자원부장관이나 관계 행정기관의 장이 상황허가를 받도록 정하여 고시하는 경우

④ 산업통상자원부장관이나 관계 행정기관의 장은 수출허가 신청이나 상황허가 신청을 받으면 국제평화 및 안전유지와 국가안보 등 대통령령으로 정하는 기준에 따라 수출허가나 상황허가를 할 수 있다. 〈개정 2008. 2. 29., 2013. 3. 23.〉

⑤ 산업통상자원부장관 또는 관계 행정기관의 장은 재외공관에서 사용될 공용물품을 수출하는 경우 등 대통령령으로 정하는 경우에는 수출허가 또는 상황허가를 면제할 수 있다. 〈신설 2009. 4. 22., 2013. 3. 23.〉

⑥ 삭제 〈2013. 7. 30.〉

제20조(전략물자의 판정 등) ① 삭제 〈2009. 4. 22.〉

② 물품등의 무역거래자(제19조제2항에 따른 기술이전 행위의 전부 또는 일부를 위임하거나 기술이전 행위를 하는 자를 포함한다. 이하 이 조, 제24조의2 및 제25조에서 같다)는 대통령령으로 정하는 바에 따라 산업통상자원부장관이나 관계 행정기관의 장에게 수출하려는 물품등이 전략물자 또는 제19조제3항제13호에 따른 상황허가 대상인 물품등에 해당하는지에 대한 판정을 신청할 수 있다. 이 경우 산업통상자원부장관이나 관계 행정기관의 장은 제29조에 따른 전략물자관리원장 또는 대통령령으로 정하는 관련 전문기관에 판정을 위임하거나 위탁할 수 있다. 〈개정 2008. 2. 29., 2009. 4. 22., 2013. 3. 23., 2013. 7. 30., 2020. 3. 18.〉

③ 제2항에도 불구하고 물품등의 무역거래자는 산업통상자원부장관이 고시하는 교육을 이수한 경우에는 다음 각 호의 어느 하나에 해당하지 않는 물품등이 전략물자 또는 제19조제3항제13호에 따른 상황허가 대상인 물품등에 해당하는지에 대한 판정을 자체적으로 판단하는 자가판정으로 할 수 있다. 이 경우 물품등의 무역거래자는 판정대상 물품의 성능과 용도 등 산업통상자원부장관이 고시하는 정보를 제28조에 따른 전략물자 수출입관리 정보시스템에 등록하여야 한다. 〈신설 2020. 3. 18.〉
1. 기술(제25조에 따른 자율준수무역거래자 중 산업통상자원부장관이 고시하는 무역거래자가 기술을 수출하는 경우는 제외한다)
2. 그 밖에 산업통상자원부장관이 자가판정 대상이 아닌 것으로 고시하는 물품등

[제목개정 2009. 4. 22.]

제21조 삭제 〈2009. 4. 22.〉

제22조(수입목적확인서의 발급) 전략물자를 수입하려는 자는 대통령령으로 정하는 바에 따라 산업통상자원부장관이나 관계 행정기관의 장에게 수입목적 등의 확인을 내용으로 하는 수입목적확인서의 발급을 신청할 수 있다. 이 경우 산업통상자원부장관과 관계 행정기관의 장은 확인 신청 내용이 사실인지 확인한 후 수입목적확인서를 발급할 수 있다. 〈개정 2008. 2. 29., 2013. 3. 23.〉

제23조(전략물자등에 대한 이동중지명령 등) ① 산업통상자원부장관과 관계 행정기관의 장은 전략물자나 상황허가 대상인 물품등(이하 "전략물자등"이라 한다)이 허가를 받지 아니하고 수출되거나 거짓이나 그 밖의 부정한 방법으로 허가를 받아 수출되는 것(이하 "무허가수출등"이라 한다)을 막기 위하여 필요하면 적법한 수출이라는 사실이 확인될 때까지 전략물자등의 이동중지명령을 할 수 있다. 〈개정 2008. 2. 29., 2013. 3. 23., 2013. 7. 30., 2020. 3. 18.〉

② 제1항에도 불구하고 산업통상자원부장관과 관계 행정기관의 장은 전략물자등의 무허가수출등을 막기 위하여 긴급하게 그 이동을 제한할 필요가 있으면 적법한 수출이라는 사실이 확인될 때까지 직접 그 이동을 중지시킬 수 있다. 〈개정 2008. 2. 29., 2013. 3. 23., 2020. 3. 18.〉

③ 전략물자등을 국내 항만이나 공항을 경유하거나 국내에서 환적(換積)하려는 자로서 대통령령으로 정하는 자는 대통령령으로 정하는 바에 따라 산업통상자원부장관이나 관계 행정기관의 장의 허가를 받아야 한다. 〈개정 2009. 4. 22., 2010. 4. 5., 2013. 3. 23.〉

④ 산업통상자원부장관과 관계 행정기관의 장은 제3항에 따른 경유 또는 환적 허가의 신청을 받

은 경우 국제평화, 안전유지 및 국가안보 등 대통령령으로 정하는 기준에 따라 허가할 수 있다. 〈신설 2016. 1. 27.〉

⑤ 산업통상자원부장관 또는 관계 행정기관의 장은 제2항에 따른 이동중지조치나 제3항에 따른 경유 또는 환적의 허가를 하기가 적절하지 아니하면 다른 행정기관에 협조를 요청할 수 있다. 이 경우 협조를 요청받은 행정기관은 국내 또는 외국의 전략물자등의 국가 간 무허가수출등을 막을 수 있도록 협조하여야 한다. 〈개정 2008. 2. 29., 2009. 4. 22., 2013. 3. 23., 2016. 1. 27., 2020. 3. 18.〉

⑥ 제2항 또는 제5항에 따라 이동중지조치를 하는 공무원은 그 권한을 표시하는 증표를 지니고 이를 관계인에게 내보여야 한다. 〈개정 2009. 4. 22., 2016. 1. 27.〉

⑦ 제1항·제2항 및 제5항에 따른 이동중지명령 및 이동중지조치의 기간과 방법은 전략물자등의 국가 간 무허가수출등을 막기 위하여 필요한 최소한도에 그쳐야 한다. 〈개정 2009. 4. 22., 2016. 1. 27., 2020. 3. 18.〉

제24조(전략물자등의 중개) ① 전략물자등을 제3국에서 다른 제3국으로 이전하거나 매매를 위하여 중개하려는 자는 대통령령으로 정하는 바에 따라 산업통상자원부장관이나 관계 행정기관의 장의 허가를 받아야 한다. 다만, 그 전략물자등의 이전·매매가 수출국으로부터 국제수출통제체제의 원칙에 따른 수출허가를 받은 경우 등 대통령령으로 정하는 때에는 그러하지 아니하다. 〈개정 2008. 2. 29., 2009. 4. 22., 2013. 3. 23., 2013. 7. 30.〉

② 산업통상자원부장관과 관계 행정기관의 장은 제1항 본문에 따라 중개허가의 신청을 받으면 국제평화 및 안전유지와 국가안보 등 대통령령으로 정하는 기준에 따라 중개허가를 할 수 있다. 〈개정 2008. 2. 29., 2013. 3. 23.〉

[제목개정 2013. 7. 30.]

제24조의2(서류의 보관) 무역거래자는 다음 각 호의 서류를 5년간 보관하여야 한다.

1. 제20조제2항에 따라 판정을 신청한 경우에는 그 판정에 관한 서류
2. 전략물자등을 수출·경유·환적·중개한 자의 경우 그 수출허가, 상황허가, 제23조제3항에 따른 경유 또는 환적 허가, 제24조에 따른 중개허가에 관한 서류
3. 그 밖에 산업통상자원부장관이나 관계 행정기관의 장이 정하여 고시하는 서류

[본조신설 2013. 7. 30.]

제24조의3(수출허가 등의 취소) 산업통상자원부장관 또는 관계 행정기관의 장은 수출허가 또는 상황허가, 제23조제3항에 따른 경유 또는 환적 허가, 제24조에 따른 중개허가를 한 후 다음 각 호의 어느 하나에 해당하는 경우에는 해당 허가를 취소할 수 있다.

1. 거짓 또는 부정한 방법으로 허가를 받은 사실이 발견된 경우
2. 전쟁, 테러 등 국가 간 안보 또는 대량파괴무기등의 이동·확산 우려 등과 같은 국제정세의 변화가 있는 경우

[본조신설 2013. 7. 30.]

제25조(자율준수무역거래자) ① 산업통상자원부장관은 기업 또는 대통령령으로 정하는 대학 및 연구기관의 자율적인 전략물자 관리능력을 높이기 위하여 전략물자 여부에 대한 판정능력, 수입자 및 최종 사용자에 대한 분석능력 등 대통령령으로 정하는 능력을 갖춘 무역거래자를 자율준수무역거래자로 지정할 수 있다. 〈개정 2008. 2. 29., 2013. 3. 23., 2013. 7. 30.〉

② 산업통상자원부장관은 제1항에 따라 지정을 받은 자율준수무역거래자(이하 이 조에서 "자율준수무역거래자"라 한다)에게 대통령령으로 정하는 바에 따라 전략물자에 대한 수출통제업무의 일부를 자율적으로 관리하게 할 수 있다. 〈개정 2008. 2. 29., 2013. 3. 23.〉

③ 자율준수무역거래자는 제2항에 따라 자율적으로 관리하는 전략물자의 수출실적 등을 대통령령으로 정하는 바에 따라 산업통상자원부장관에게 보고하여야 한다. 〈개정 2008. 2. 29., 2013. 3. 23.〉

④ 산업통상자원부장관은 다음 각 호의 어느 하나에 해당하는 경우에는 자율준수무역거래자의 지정을 취소할 수 있다. 〈개정 2008. 2. 29., 2009. 4. 22., 2013. 3. 23., 2013. 7. 30.〉

1. 제1항에 따른 대통령령으로 정하는 능력을 유지하지 못하는 경우
2. 고의나 중대한 과실로 제19조제2항에 따른 수출허가를 받지 아니하고 전략물자를 수출한 경우
3. 고의나 중대한 과실로 제19조제3항에 따른 상

황허가를 받지 아니하고 상황허가 대상인 물품 등을 수출한 경우

4. 고의나 중대한 과실로 제24조의2에 따른 보관 의무를 이행하지 아니한 경우

5. 고의나 중대한 과실로 제24조에 따른 중개허가를 받지 아니하고 전략물자를 중개한 경우

6. 제3항에 따른 보고의무를 이행하지 아니한 경우

7. 삭제 〈2009. 4. 22.〉

제26조(전략물자 수출입고시 등) ① 산업통상자원부장관은 관계 행정기관의 장과 협의하여 제19조, 제20조, 제22조부터 제24조까지, 제24조의2, 제24조의3 및 제25조에 관한 요령을 고시하여야 한다. 〈개정 2008. 2. 29., 2009. 4. 22., 2013. 3. 23., 2016. 1. 27.〉

② 관세청장은 전략물자등의 수출입 통관절차에 관한 사항을 고시하여야 한다. 〈신설 2016. 1. 27.〉

[제목개정 2016. 1. 27.]

제27조(비밀 준수 의무) 이 법에 따른 전략물자의 수출입통제업무와 관련된 공무원, 제29조에 따른 전략물자관리원의 임직원과 제29조제5항제1호의 판정 업무와 관련된 자는 전략물자 수출입통제업무의 수행과정에서 알게 된 영업상 비밀을 그 업체의 동의 없이 외부에 누설하여서는 아니 된다. 〈개정 2009. 4. 22.〉

제28조(전략물자 수출입관리 정보시스템의 구축·운영) ① 산업통상자원부장관은 다음 각 호의 업무를 수행하기 위하여 관계 행정기관의 장 및 제29조에 따른 전략물자관리원과 공동으로 전략물자 수출입관리 정보시스템을 구축·운영할 수 있다. 〈개정 2008. 2. 29., 2009. 4. 22., 2013. 3. 23.〉

1. 수출허가, 상황허가, 제20조제2항에 따른 판정, 제22조에 따른 수입목적확인서의 발급 등에 관한 업무

2. 전략물자의 수출입통제에 필요한 정보의 수집·분석 및 관리 업무

② 제1항에 따른 전략물자 수출입관리 정보시스템의 구축·운영에 필요한 사항은 대통령령으로 정한다.

제29조(전략물자관리원의 설립 등) ① 전략물자의 수출입 업무와 관리 업무를 효율적으로 지원하기 위하여 전략물자관리원을 설립한다.

② 전략물자관리원은 법인으로 한다.

③ 전략물자관리원은 정관으로 정하는 바에 따라 임원과 직원을 둔다.

④ 전략물자관리원은 그 주된 사무소의 소재지에서 설립등기를 함으로써 성립한다.

⑤ 전략물자관리원은 정부의 전략물자 관리정책에 따라 다음 각 호의 업무를 수행한다. 〈개정 2009. 4. 22., 2013. 7. 30.〉

1. 제20조제2항 후단에 따른 판정 업무

2. 제28조제1항에 따른 전략물자 수출입관리 정보시스템의 운영 업무

3. 전략물자의 수출입자에 대한 교육 업무

3의2. 제5조제4호 및 제4호의2에 따른 조치의 이행을 위한 정보제공 등 지원업무

4. 그 밖에 대통령령으로 정하는 업무

⑥ 전략물자관리원의 장은 산업통상자원부장관의 승인을 받아 제5항 각 호의 업무에 관하여 관리원을 이용하는 자에게 일정한 수수료를 징수할 수 있다. 〈개정 2008. 2. 29., 2013. 3. 23.〉

⑦ 전략물자관리원에 관하여 이 법에서 정한 것 외에는 「민법」 중 재단법인에 관한 규정을 준용한다.

⑧ 정부는 전략물자관리원의 설립·운영에 필요한 경비를 예산의 범위에서 출연하거나 지원할 수 있다.

제30조(전략물자 수출입통제 협의회) ① 산업통상자원부장관과 관계 행정기관의 장은 전략물자등의 수출입통제와 관련된 부처간 협의를 위하여 공동으로 전략물자 수출입통제 협의회(이하 이 조에서 "협의회"라 한다)를 구성할 수 있다. 〈개정 2008. 2. 29., 2013. 3. 23., 2016. 1. 27.〉

② 협의회의 회의는 관계 행정기관의 소관 업무별로 그 소관 관계 행정기관의 장이 주재한다.

③ 협의회의 구성원인 각 행정기관의 장은 전략물자등의 수출입통제에 필요하면 대통령령으로 정하는 정보수사기관의 장 또는 관세청장에게 조사·지원을 요청할 수 있다. 〈개정 2013. 7. 30., 2016. 1. 27.〉

④ 제3항에 따른 정보수사기관의 장 또는 관세청장은 전략물자등의 무허가수출등 행위를 인지한 경우에는 협의회의 각 행정기관의 장에게 통보하는 등 필요한 조치를 취할 수 있다. 〈신설 2016. 1. 27., 2020. 3. 18.〉

⑤ 협의회의 구성과 운영에 필요한 사항은 대통령령으로 정한다. 〈개정 2016. 1. 27.〉

제31조(전략물자등의 수출입 제한 등) ① 산업통상자

원부장관 또는 관계 행정기관의 장은 다음 각 호의 어느 하나에 해당하는 자에게 3년 이내의 범위에서 일정 기간 동안 전략물자등의 전부 또는 일부의 수출이나 수입을 제한할 수 있다. 〈개정 2008. 2. 29., 2009. 4. 22., 2013. 3. 23., 2013. 7. 30., 2020. 3. 18.〉

1. 제19조제2항에 따른 수출허가를 받지 아니하고 전략물자를 수출하거나 수출신고(「관세법」 제241조제1항에 따른 수출신고를 말한다. 이하 같다)한 자
2. 제19조제3항에 따른 상황허가를 받지 아니하고 상황허가 대상인 물품등을 수출하거나 수출신고한 자
3. 전략물자등의 수출이나 수입에 관한 국제수출통제체제의 원칙을 위반한 자로서 대통령령으로 정하는 자

② 관계 행정기관의 장은 제1항 각 호의 어느 하나에 해당하는 자가 있음을 알게 되면 즉시 산업통상자원부장관에게 통보하여야 한다. 〈개정 2008. 2. 29., 2013. 3. 23.〉

③ 산업통상자원부장관 또는 관계 행정기관의 장은 제1항에 따라 전략물자등의 수출입을 제한한 자와 외국 정부가 자국의 법령에 따라 전략물자등의 수출입을 제한한 자의 명단과 제한 내용을 공고할 수 있다. 〈개정 2008. 2. 29., 2009. 4. 22., 2013. 3. 23., 2013. 7. 30.〉

[제목개정 2013. 7. 30.]

제4절 플랜트수출 〈개정 2010. 4. 5.〉

제32조(플랜트수출의 촉진 등) ① 산업통상자원부장관은 다음 각 호의 어느 하나에 해당하는 수출(이하 "플랜트수출"이라 한다)을 하려는 자가 신청하는 경우에는 대통령령으로 정하는 바에 따라 그 플랜트수출을 승인할 수 있다. 승인한 사항을 변경할 때에도 또한 같다. 〈개정 2008. 2. 29., 2010. 4. 5., 2013. 3. 23.〉

1. 농업·임업·어업·광업·제조업, 전기·가스·수도사업, 운송·창고업 및 방송·통신업을 경영하기 위하여 설치하는 기재·장치 및 대통령령으로 정하는 설비 중 산업통상자원부장관이 정하는 일정 규모 이상의 산업설비의 수출
2. 산업설비·기술용역 및 시공을 포괄적으로 행하는 수출(이하 "일괄수주방식에 의한 수출"이라 한다)

② 산업통상자원부장관은 제1항에 따른 승인 또는 변경승인을 하기 위하여 필요하면 플랜트수출의 타당성에 관하여 관계 행정기관의 장의 의견을 들어야 한다. 이 경우 의견을 제시할 것을 요구받은 관계 행정기관의 장은 정당한 사유가 없으면 지체 없이 산업통상자원부장관에게 의견을 제시하여야 한다. 〈개정 2008. 2. 29., 2010. 4. 5., 2013. 3. 23.〉

③ 산업통상자원부장관이 일괄수주방식에 의한 수출에 대하여 승인 또는 변경승인하려는 때에는 미리 국토교통부장관의 동의를 받아야 한다. 〈개정 2008. 2. 29., 2010. 4. 5., 2013. 3. 23.〉

④ 산업통상자원부장관은 일괄수주방식에 의한 수출로서 건설용역 및 시공부문의 수출에 관하여는 「해외건설 촉진법」에 따른 해외건설사업자에 대하여만 승인 또는 변경승인할 수 있다. 〈개정 2008. 2. 29., 2013. 3. 23., 2016. 1. 27., 2019. 4. 30.〉

⑤ 산업통상자원부장관은 제1항에 따른 플랜트수출의 승인 또는 변경승인을 한 경우에는 이를 관계 행정기관의 장에게 지체 없이 알려야 한다. 〈개정 2008. 2. 29., 2010. 4. 5., 2013. 3. 23.〉

⑥ 산업통상자원부장관은 플랜트수출을 촉진하기 위하여 그에 관한 제도개선, 시장조사, 정보교류, 수주 지원, 수주질서 유지, 전문인력의 양성, 금융지원, 우수기업의 육성 및 협동화사업을 추진할 수 있다. 이 경우 산업통상자원부장관은 플랜트수출 관련 기관 또는 단체를 지정하여 이들 사업을 수행하게 할 수 있다. 〈개정 2010. 4. 5., 2013. 3. 23.〉

[제목개정 2010. 4. 5.]

제5절 정부간 수출계약 〈신설 2014. 1. 21.〉

제32조의2(정부간 수출계약의 보증 및 원칙) ① 정부는 국내 기업의 원활한 정부간 수출계약을 지원하기 위하여 대통령령으로 정하는 보증·보험기관으로 하여금 국내 기업의 외국 정부에 대한 정부간 수출계약 이행 등을 위한 보증사업을 하게 할 수 있다.

② 정부는 정부간 수출계약과 관련하여 어떠한

경우에도 경제적 이익을 갖지 아니하고, 보증채무 등 경제적 책임 및 손실을 부담하지 아니한다.
[본조신설 2014. 1. 21.]

제32조의3(정부간 수출계약의 전담기관) ① 제2조제4호의 "정부간 수출계약 전담기관"이란 「대한무역투자진흥공사법」에 따른 대한무역투자진흥공사(이하 "전담기관"이라 한다)를 말한다.
② 전담기관은 정부간 수출계약과 관련하여 다음 각 호의 업무를 수행한다.
1. 정부간 수출계약에서 당사자 지위 수행
2. 외국 정부의 구매요구 사항을 이행할 국내 기업의 추천
3. 그 밖에 정부간 수출계약 업무의 수행을 위하여 산업통상자원부장관이 필요하다고 인정하는 업무

③ 전담기관의 권한과 책임은 다음 각 호와 같다.
1. 전담기관은 정부간 수출계약이 체결된 경우 국내 기업으로 하여금 보증·보험의 제공 등 대통령령으로 정하는 계약 이행 보증 조치를 취하도록 하여야 한다.
2. 전담기관은 국내 기업의 계약 이행 상황을 확인하기 위하여 필요한 경우에는 국내 기업에 대하여 관련 자료의 제출을 요구할 수 있다.
3. 그 밖에 전담기관의 권한과 책임에 관하여는 대통령령으로 정한다.

④ 전담기관의 장은 정부간 수출계약 관련 업무를 수행하기 위하여 필요한 경우에는 관계 행정기관 및 관련 단체에 대하여 공무원 또는 임직원의 파견 근무를 요청할 수 있다. 다만, 공무원의 파견을 요청할 때에는 미리 주무부장관과 협의하여야 한다.
[본조신설 2014. 1. 21.]

제32조의4(정부간 수출계약 심의위원회) ① 정부간 수출계약의 체결, 변경, 해지 등 대통령령으로 정하는 사항을 심의·의결하기 위하여 전담기관에 정부간 수출계약 심의위원회(이하 이 절에서 "위원회"라 한다)를 둔다.
② 위원회는 위원장 1명을 포함한 7명 이상 15명 이내의 위원으로 구성하고, 위원장은 대한무역투자진흥공사 사장이 된다.
③ 위원회의 구성 및 운영에 필요한 사항은 대통령령으로 정한다.
④ 위원회는 제1항에 따른 심의에 필요한 경우 국내 기업 및 관계 기관 등에 자료 등의 제출을 요구할 수 있다.
⑤ 위원회는 다음 각 호의 사항에 해당하는 경우에는 회의록, 계약서 등 관련 서류를 공개하지 아니할 수 있다.
1. 공개될 경우 정부간 수출계약의 체결, 이행, 변경, 해지 등이 크게 곤란하여질 우려가 있거나 위원회 심의의 공정성을 크게 저해할 우려가 있다고 인정되는 사항
2. 그 밖에 제1호에 준하는 사유로서 공개하기에 적당하지 아니하다고 위원회가 결정한 사항

[본조신설 2014. 1. 21.]

제32조의5(국내 기업의 책임 등) ① 국내 기업은 정부간 수출계약이 체결된 경우 그 계약 내용을 성실히 이행하여야 한다.
② 국내 기업은 보증·보험의 제공 등 대통령령으로 정하는 계약 이행 보증 조치를 취하여야 한다.
③ 국내 기업은 제32조의3제3항제2호 또는 제32조의4제4항에 따른 자료제출 요구가 있을 경우 특별한 사정이 없으면 이에 따라야 한다.
④ 국내 기업이 제2항 또는 제3항을 위반할 경우 전담기관은 그 사실을 외국 정부에 통보할 수 있고, 위원회는 해당 기업의 정부간 수출계약에 대한 심의를 거부할 수 있다.
[본조신설 2014. 1. 21.]

제3장의2 원산지의 표시 등
〈신설 2010. 4. 5.〉

제33조(수출입 물품등의 원산지의 표시) ① 산업통상자원부장관이 공정한 거래 질서의 확립과 생산자 및 소비자 보호를 위하여 원산지를 표시하여야 하는 대상으로 공고한 물품등(이하 "원산지표시대상물품"이라 한다)을 수출하거나 수입하려는 자는 그 물품등에 대하여 원산지를 표시하여야 한다. 〈개정 2008. 2. 29., 2010. 4. 5., 2013. 3. 23.〉
② 수입된 원산지표시대상물품에 대하여 대통령령으로 정하는 단순한 가공활동을 거침으로써 해당 물품등의 원산지 표시를 손상하거나 변형한 자(무역거래자 또는 물품등의 판매업자에 대하여 제4항이 적용되는 경우는 제외한다)는 그 단순 가공한 물품등에 당초의 원산지를 표시하여야 한다.

부록

이 경우 다른 법령에서 단순한 가공활동을 거친 수입 물품등에 대하여 다른 기준을 규정하고 있으면 그 기준에 따른다. 〈신설 2010. 4. 5.〉

③ 제1항 및 제2항 전단에 따른 원산지의 표시방법·확인, 그 밖에 표시에 필요한 사항은 대통령령으로 정한다. 〈개정 2010. 4. 5.〉

④ 무역거래자 또는 물품등의 판매업자는 다음 각 호의 어느 하나에 해당하는 행위를 하여서는 아니 된다. 다만, 제3호의 경우에는 무역거래자의 경우만 해당된다. 〈개정 2010. 4. 5., 2013. 7. 30.〉

1. 원산지를 거짓으로 표시하거나 원산지를 오인(誤認)하게 하는 표시를 하는 행위
2. 원산지의 표시를 손상하거나 변경하는 행위
3. 원산지표시대상물품에 대하여 원산지 표시를 하지 아니하는 행위
4. 제1호부터 제3호까지의 규정에 위반되는 원산지표시대상물품을 국내에서 거래하는 행위

⑤ 산업통상자원부장관 또는 시·도지사는 제1항부터 제4항까지의 규정을 위반하였는지 확인하기 위하여 필요하다고 인정하면 수입한 물품등과 대통령령으로 정하는 관련 서류를 검사할 수 있다. 〈개정 2008. 2. 29., 2010. 4. 5., 2013. 3. 23., 2013. 7. 30.〉

⑥ 삭제 〈2013. 7. 30.〉

⑦ 삭제 〈2013. 7. 30.〉

⑧ 삭제 〈2013. 7. 30.〉

제33조(수출입 물품등의 원산지의 표시) ① 산업통상자원부장관이 공정한 거래 질서의 확립과 생산자 및 소비자 보호를 위하여 원산지를 표시하여야 하는 대상으로 공고한 물품등(이하 "원산지표시대상물품"이라 한다)을 수출하거나 수입하려는 자는 그 물품등에 대하여 원산지를 표시하여야 한다. 〈개정 2008. 2. 29., 2010. 4. 5., 2013. 3. 23.〉

② 수입된 원산지표시대상물품에 대하여 대통령령으로 정하는 단순한 가공활동을 거침으로써 해당 물품등의 원산지 표시를 손상하거나 변형한 자(무역거래자 또는 물품등의 판매업자에 대하여 제4항이 적용되는 경우는 제외한다)는 그 단순 가공한 물품등에 당초의 원산지를 표시하여야 한다. 이 경우 다른 법령에서 단순한 가공활동을 거친 수입 물품등에 대하여 다른 기준을 규정하고 있으면 그 기준에 따른다. 〈신설 2010. 4. 5.〉

③ 제1항 및 제2항 전단에 따른 원산지의 표시방법·확인, 그 밖에 표시에 필요한 사항은 대통령령으로 정한다. 〈개정 2010. 4. 5.〉

④ 무역거래자 또는 물품등의 판매업자는 수출 또는 수입 물품등 및 제35조에 따른 국내생산물품등에 대하여 다음 각 호의 어느 하나에 해당하는 행위를 하여서는 아니 된다. 다만, 제2호 및 제3호에 따른 금지행위는 수입 물품등에 한정한다. 〈개정 2010. 4. 5., 2013. 7. 30., 2022. 6. 10.〉

1. 원산지를 거짓으로 표시하거나 원산지를 오인(誤認)하게 하는 표시를 하는 행위
2. 원산지의 표시를 손상하거나 변경하는 행위
3. 원산지표시대상물품에 대하여 원산지 표시를 하지 아니하는 행위
4. 제1호부터 제3호까지의 규정에 위반되는 원산지표시대상물품을 국내에서 거래하는 행위

⑤ 산업통상자원부장관 또는 시·도지사는 제1항부터 제4항(제35조제3항에서 준용하는 경우를 포함한다)까지의 규정을 위반하였는지 확인하기 위하여 필요하다고 인정하면 수입한 물품등(제35조제3항에서 준용하는 경우 "국내생산물품등"으로 본다)과 대통령령으로 정하는 관련 자료에 대하여 관계된 자를 방문이나 서면으로 조사할 수 있다. 〈개정 2008. 2. 29., 2010. 4. 5., 2013. 3. 23., 2013. 7. 30., 2022. 6. 10.〉

⑥ 삭제 〈2013. 7. 30.〉

⑦ 삭제 〈2013. 7. 30.〉

⑧ 삭제 〈2013. 7. 30.〉

[시행일: 2022. 12. 11.] 제33조

제33조의2(원산지의 표시 위반에 대한 시정명령 등) ① 산업통상자원부장관 또는 시·도지사는 제33조제2항부터 제4항까지의 규정을 위반한 자에게 판매중지, 원상복구, 원산지 표시 등 대통령령으로 정하는 시정조치를 명할 수 있다.

② 산업통상자원부장관 또는 시·도 지사는 제33조제2항부터 제4항까지의 규정(제33조제4항제4호는 제외한다)을 위반한 자에게 3억원 이하의 과징금을 부과할 수 있다.

③ 제2항에 따라 과징금을 부과하는 위반행위의 종류와 정도에 따른 과징금의 금액과 그 밖에 필요한 사항은 대통령령으로 정한다.

④ 산업통상자원부장관 또는 시·도지사는 제2항에 따라 과징금을 내야 하는 자가 납부기한까지 내지 아니하면 국세 또는 지방세 체납처분의 예에

따라 징수한다.

⑤ 산업통상자원부장관 또는 시·도지사는 제2항에 따라 과징금 부과처분이 확정된 자에 대해서는 대통령령으로 정하는 바에 따라 그 위반자 및 위반자의 소재지와 물품등의 명칭, 품목, 위반내용 등 처분과 관련된 사항을 공표할 수 있다.

[본조신설 2013. 7. 30.]

제34조(원산지 판정 등) ① 산업통상자원부장관은 필요하다고 인정하면 수출 또는 수입 물품등의 원산지 판정을 할 수 있다. 〈개정 2008. 2. 29., 2013. 3. 23.〉

② 원산지 판정의 기준은 대통령령으로 정하는 바에 따라 산업통상자원부장관이 정하여 공고한다. 〈개정 2008. 2. 29., 2013. 3. 23.〉

③ 무역거래자 또는 물품등의 판매업자 등은 수출 또는 수입 물품등의 원산지 판정을 산업통상자원부장관에게 요청할 수 있다. 〈개정 2008. 2. 29., 2013. 3. 23.〉

④ 산업통상자원부장관은 제3항에 따라 요청을 받은 경우에는 해당 물품등의 원산지 판정을 하여서 요청한 사람에게 알려야 한다. 〈개정 2008. 2. 29., 2013. 3. 23.〉

⑤ 제4항에 따라 통보를 받은 자가 원산지 판정에 불복하는 경우에는 통보를 받은 날부터 30일 이내에 산업통상자원부장관에게 이의를 제기할 수 있다. 〈개정 2008. 2. 29., 2013. 3. 23.〉

⑥ 산업통상자원부장관은 제5항에 따라 이의를 제기받은 경우에는 이의 제기를 받은 날부터 150일 이내에 이의 제기에 대한 결정을 알려야 한다. 〈개정 2008. 2. 29., 2013. 3. 23.〉

⑦ 원산지 판정의 요청, 이의 제기 등 원산지 판정의 절차에 필요한 사항은 대통령령으로 정한다.

제35조(수입원료를 사용한 국내생산 물품등의 원산지 판정 기준) ① 산업통상자원부장관은 공정한 거래질서의 확립과 생산자 및 소비자 보호를 위하여 필요하다고 인정하면 수입원료를 사용하여 국내에서 생산되어 국내에서 유통되거나 판매되는 물품등(이하 이 조에서 "국내생산물품등"이라 한다)에 대한 원산지 판정에 관한 기준을 관계 중앙행정기관의 장과 협의하여 정할 수 있다. 다만, 다른 법령에서 국내생산물품등에 대하여 다른 기준을 규정하고 있는 경우에는 그러하지 아니하다. 〈개정 2008. 2. 29., 2010. 4. 5., 2013. 3. 23.〉

② 산업통상자원부장관은 제1항에 따라 국내생산물품등에 대한 원산지 판정에 관한 기준을 정하면 이를 공고하여야 한다. 〈개정 2008. 2. 29., 2013. 3. 23.〉

제35조(수입원료를 사용한 국내생산 물품등의 원산지 판정 기준 등) ① 산업통상자원부장관은 공정한 거래질서의 확립과 생산자 및 소비자 보호를 위하여 필요하다고 인정하면 수입원료를 사용하여 국내에서 생산되어 국내에서 유통되거나 판매되는 물품등(이하 "국내생산물품등"이라 한다)에 대한 원산지 판정에 관한 기준을 관계 중앙행정기관의 장과 협의하여 정할 수 있다. 다만, 다른 법령에서 국내생산물품등에 대하여 다른 기준을 규정하고 있는 경우에는 그러하지 아니하다. 〈개정 2008. 2. 29., 2010. 4. 5., 2013. 3. 23., 2022. 6. 10.〉

② 산업통상자원부장관은 제1항에 따라 국내생산물품등에 대한 원산지 판정에 관한 기준을 정하면 이를 공고하여야 한다. 〈개정 2008. 2. 29., 2013. 3. 23.〉

③ 국내생산물품등의 판매자에 대해서는 제33조 제4항제1호 및 제4호를 준용한다. 이 경우 "제1호부터 제3호"는 "제1호"로, "원산지표시대상물품"은 "국내생산물품등"으로 본다. 〈신설 2022. 6. 10.〉

[제목개정 2022. 6. 10.]

[시행일: 2022. 12. 11.] 제35조

제36조(수입 물품등의 원산지증명서의 제출) ① 산업통상자원부장관은 원산지를 확인하기 위하여 필요하다고 인정하면 물품등을 수입하려는 자에게 그 물품등의 원산지 국가 또는 물품등을 선적(船積)한 국가의 정부 등이 발행하는 원산지증명서를 제출하도록 할 수 있다. 〈개정 2008. 2. 29., 2013. 3. 23.〉

② 제1항에 따른 원산지증명서의 제출과 그 확인에 필요한 사항은 대통령령으로 정한다.

제37조(수출 물품의 원산지증명서의 발급 등) ① 헌법에 따라 체결·공포된 조약과 일반적으로 승인된 국제법규를 이행하기 위하여 또는 교역상대국 무역거래자의 요청으로 수출 물품의 원산지증명서를 발급받으려는 자는 산업통상자원부장관에게 원산지증명서의 발급을 신청하여야 한다. 이 경우 수수료를 내야 한다. 〈개정 2008. 2. 29., 2013. 3. 23.〉

② 제1항에 따른 원산지증명서의 발급기준·발급절차, 유효기간, 수수료와 그 밖에 발급에 필요한

사항은 대통령령으로 정한다.

제37조(원산지증명서의 발급 등) ① 수출 물품 또는 국내생산물품등의 원산지증명서를 발급받으려는 자는 산업통상자원부장관에게 원산지증명서의 발급을 신청하여야 한다. 이 경우 수수료를 내야 한다. 〈개정 2008. 2. 29., 2013. 3. 23., 2022. 6. 10.〉

② 제1항에 따른 원산지증명서의 발급기준·발급절차, 유효기간, 수수료와 그 밖에 발급에 필요한 사항은 대통령령으로 정한다.

[제목개정 2022. 6. 10.]

[시행일: 2022. 12. 11.] 제37조

제38조(외국산 물품등을 국산 물품등으로 가장하는 행위의 금지) 누구든지 원산지증명서를 위조 또는 변조하거나 거짓된 내용으로 원산지증명서를 발급받거나 물품등에 원산지를 거짓으로 표시하는 등의 방법으로 외국에서 생산된 물품등(외국에서 생산되어 국내에서 대통령령으로 정하는 단순한 가공활동을 거친 물품등을 포함한다. 이하 제53조의2 제4호에서도 같다)의 원산지가 우리나라인 것처럼 가장(假裝)하여 그 물품등을 수출하거나 외국에서 판매하여서는 아니 된다. 〈개정 2010. 4. 5.〉

제4장 수입수량 제한조치

제39조(수입수량 제한조치) ① 산업통상자원부장관은 특정 물품의 수입 증가로 인하여 같은 종류의 물품 또는 직접적인 경쟁 관계에 있는 물품을 생산하는 국내산업(이하 이 조에서 "국내산업"이라 한다)이 심각한 피해를 입고 있거나 입을 우려(이하 이 조에서 "심각한 피해등"이라 한다)가 있음이 「불공정무역행위 조사 및 산업피해구제에 관한 법률」 제27조에 따른 무역위원회(이하 "무역위원회"라 한다)의 조사를 통하여 확인되고 심각한 피해등을 구제하기 위한 조치가 건의된 경우로서 그 국내산업을 보호할 필요가 있다고 인정되면 그 물품의 국내산업에 대한 심각한 피해등을 방지하거나 치유하고 조정을 촉진하기 위하여 필요한 범위에서 물품의 수입수량을 제한하는 조치(이하 "수입수량제한조치"라 한다)를 시행할 수 있다. 〈개정 2008. 2. 29., 2013. 3. 23.〉

② 산업통상자원부장관은 무역위원회의 건의, 해당 국내산업 보호의 필요성, 국제통상 관계, 수입수량제한조치의 시행에 따른 보상수준 및 국민경제에 미치는 영향 등을 검토하여 수입수량제한조치의 시행 여부와 내용을 결정한다. 〈개정 2008. 2. 29., 2013. 3. 23.〉

③ 정부는 수입수량제한조치를 시행하려면 이해당사국과 수입수량제한조치의 부정적 효과에 대한 적절한 무역보상에 관하여 협의할 수 있다.

④ 수입수량제한조치는 조치 시행일 이후 수입되는 물품에만 적용한다.

⑤ 수입수량제한조치의 적용 기간은 4년을 넘어서는 아니 된다.

⑥ 산업통상자원부장관은 수입수량제한조치의 대상 물품, 수량, 적용기간 등을 공고하여야 한다. 〈개정 2008. 2. 29., 2013. 3. 23.〉

⑦ 산업통상자원부장관은 수입수량제한조치의 시행 여부를 결정하기 위하여 필요하다고 인정하면 관계 행정기관의 장 및 이해관계인 등에게 관련 자료의 제출 등 필요한 협조를 요청할 수 있다. 〈개정 2008. 2. 29., 2013. 3. 23.〉

⑧ 산업통상자원부장관은 수입수량제한조치의 대상이었거나 「관세법」 제65조에 따른 긴급관세(이하 "긴급관세"라 한다) 또는 같은 법 제66조에 따른 잠정 긴급관세(이하 "잠정긴급관세"라 한다)의 대상이었던 물품에 대하여는 그 수입수량제한조치의 적용기간, 긴급관세의 부과기간 또는 잠정긴급관세의 부과기간이 끝난 날부터 그 적용 기간 또는 부과기간에 해당하는 기간(적용기간 또는 부과기간이 2년 미만인 경우에는 2년)이 지나기 전까지는 다시 수입수량제한조치를 시행할 수 없다. 다만, 다음 각 호의 요건을 모두 충족하는 경우에는 180일 이내의 수입수량제한조치를 시행할 수 있다. 〈개정 2008. 2. 29., 2013. 3. 23.〉

1. 해당 물품에 대한 수입수량제한조치가 시행되거나 긴급관세 또는 잠정긴급관세가 부과된 후 1년이 지날 것
2. 수입수량제한조치를 다시 시행하는 날부터 소급하여 5년 안에 그 물품에 대한 수입수량제한조치의 시행 또는 긴급관세의 부과가 2회 이내일 것

제40조(수입수량제한조치에 대한 연장 등) ① 산업통상자원부장관은 무역위원회의 건의가 있고 필요하다고 인정하면 수입수량제한조치의 내용을 변경하거나 적용기간을 연장할 수 있다. 이 경우 변경되는 조치 내용 및 연장되는 적용기간 이내에 변경

되는 조치 내용은 최초의 조치 내용보다 완화되어야 한다. 〈개정 2008. 2. 29., 2013. 3. 23.〉

② 제1항에 따라 수입수량제한조치의 적용기간을 연장하는 때에는 수입수량제한조치의 적용기간과 긴급관세 또는 잠정긴급관세의 부과기간 및 그 연장기간을 전부 합산한 기간이 8년을 넘어서는 아니 된다.

제41조 삭제 〈2016. 1. 27.〉

제5장 수출입의 질서 유지

제42조 삭제 〈2008. 12. 19.〉

제43조(수출입 물품등의 가격 조작 금지) 무역거래자는 외화도피의 목적으로 물품등의 수출 또는 수입 가격을 조작(造作)하여서는 아니 된다.

제44조(무역거래자간 무역분쟁의 신속한 해결) ① 무역거래자는 그 상호 간이나 교역상대국의 무역거래자와 물품등의 수출·수입과 관련하여 분쟁이 발생한 경우에는 정당한 사유 없이 그 분쟁의 해결을 지연시켜서는 아니 된다.

② 산업통상자원부장관은 제1항에 따른 분쟁이 발생한 경우 무역거래자에게 분쟁의 해결에 관한 의견을 진술하게 하거나 그 분쟁과 관련되는 서류의 제출을 요구할 수 있다. 〈개정 2008. 2. 29., 2013. 3. 23.〉

③ 산업통상자원부장관은 제2항에 따라 서류를 제출받거나 의견을 들은 후에 필요하다고 인정하면 그 분쟁에 관하여 사실 조사를 할 수 있다. 〈개정 2008. 2. 29., 2013. 3. 23.〉

④ 산업통상자원부장관은 제1항에 따른 분쟁을 신속하고 공정하게 처리하는 것이 필요하다고 인정하거나 무역분쟁 당사자의 신청을 받으면 대통령령으로 정하는 바에 따라 분쟁을 조정하거나 분쟁의 해결을 위한 중재(仲裁) 계약의 체결을 권고할 수 있다. 〈개정 2008. 2. 29., 2013. 3. 23.〉

제45조(선적 전 검사와 관련한 분쟁 조정 등) ① 수입국 정부와의 계약 체결 또는 수입국 정부의 위임을 받아 기업이 수출하는 물품등에 대하여 국내에서 선적 전에 검사를 실시하는 기관(이하 "선적전검사기관"이라 한다)은 「세계무역기구 선적 전 검사에 관한 협정」을 지켜야 한다. 이 경우 선적전검사기관은 선적 전 검사가 기업의 수출에 대한 무역장벽으로 작용하도록 하여서는 아니 된다.

② 산업통상자원부장관은 선적 전 검사와 관련하여 수출자와 선적전검사기관 간에 분쟁이 발생하였을 경우에는 그 해결을 위하여 필요한 조정(調整)을 할 수 있다. 〈개정 2008. 2. 29., 2013. 3. 23.〉

③ 제2항의 분쟁에 관한 중재(仲裁)를 담당할 수 있도록 대통령령으로 정하는 바에 따라 독립적인 중재기관을 설치할 수 있다.

제46조(조정명령) ① 산업통상자원부장관은 다음 각 호의 어느 하나에 해당하는 경우에는 무역거래자에게 수출하는 물품등의 가격, 수량, 품질, 그 밖에 거래조건 또는 그 대상지역 등에 관하여 필요한 조정(調整)을 명할 수 있다. 〈개정 2008. 2. 29., 2013. 3. 23.〉

1. 헌법에 따라 체결·공포된 조약과 일반적으로 승인된 국제법규에 따른 의무 이행을 위하여 필요한 경우
2. 우리나라 또는 교역상대국의 관련 법령에 위반되는 경우
3. 그 밖에 물품등의 수출의 공정한 경쟁을 교란할 우려가 있거나 대외 신용을 손상하는 행위를 방지하기 위한 것으로서 다음 각 목의 어느 하나에 해당하는 경우
   가. 물품등의 수출과 관련하여 부당하게 다른 무역거래자를 제외하는 경우
   나. 물품등의 수출과 관련하여 부당하게 다른 무역거래자의 상대방에 대하여 다른 무역거래자와 거래하지 아니하도록 유인하거나 강제하는 경우
   다. 물품등의 수출과 관련하여 부당하게 다른 무역거래자의 해외에서의 사업활동을 방해하는 경우

② 산업통상자원부장관은 제1항에 따라 조정을 명하는 경우에는 다음 각 호의 사항을 고려하여야 한다. 〈개정 2008. 2. 29., 2013. 3. 23.〉

1. 수출기반의 안정, 새로운 상품의 개발 또는 새로운 해외시장의 개척에 기여할 것
2. 다른 무역거래자의 권익을 부당하게 침해하거나 차별하지 아니할 것
3. 물품등의 수출·수입의 질서 유지를 위한 목적에 필요한 정도를 넘지 아니할 것

③ 제1항에 따라 조정을 명하는 절차 등에 필요한 사항은 대통령령으로 정한다.

④ 산업통상자원부장관은 제1항에 따라 조정을 명하는 경우에 필요하다고 인정하면 제11조제2항에 따른 승인을 하지 아니하거나 관계 기관의 장

에게 승인에 관련된 절차를 중지하게 할 수 있다. 〈개정 2008. 2. 29., 2013. 3. 23.〉

제6장 보 칙

제47조(청문) 산업통상자원부장관 또는 관계 행정기관의 장은 다음 각 호의 어느 하나에 해당하는 처분을 하려면 청문을 하여야 한다. 〈개정 2008. 2. 29., 2009. 4. 22., 2013. 3. 23., 2013. 7. 30., 2022. 11. 15.〉

1. 제8조의2제3항에 따른 전문무역상사의 지정 취소
2. 제24조의3에 따른 수출허가, 상황허가, 경유 또는 환적 허가, 중개허가의 취소
3. 제46조제1항에 따른 조정명령

제48조(보고와 검사 등) ① 산업통상자원부장관 또는 관계 행정기관의 장은 제5조제4호 및 제4호의2에 따라 수출이 제한되거나 금지된 물품등, 전략물자 또는 제19조제3항에 따른 물품등에 대한 수출허가나 상황허가를 받은 자 또는 수출허가나 상황허가를 받지 아니하고 수출하거나 수출하려고 한 자에게 다음 각 호의 사항에 관한 보고 또는 자료의 제출을 명할 수 있다. 〈개정 2008. 2. 29., 2009. 4. 22., 2013. 3. 23., 2013. 7. 30.〉

1. 수입국
2. 수입자·최종사용자 또는 그의 위임을 받은 자 및 그 소재지, 사업 분야, 주요 거래자 및 사용 목적
3. 수입자와 최종사용자 또는 그의 위임을 받은 자를 확인하기 위한 수입국의 권한 있는 기관이 발급한 납세증명서 등 관련 자료 또는 대외 공표자료
4. 그 밖에 운송 수단, 환적국(換積國), 대금 결제 방법 등 산업통상자원부장관이 정하여 고시하는 사항

② 산업통상자원부장관 또는 관계 행정기관의 장은 이 법의 시행을 위하여 필요하다고 인정하면 그 소속 공무원에게 제1항에 규정된 자의 사무소, 영업소, 공장 또는 창고 등에서 장부·서류나 그 밖의 물건을 검사하게 할 수 있다. 〈개정 2008. 2. 29., 2009. 4. 22., 2013. 3. 23.〉

③ 제2항에 따라 검사를 하는 공무원은 그 권한을 표시하는 증표를 지니고, 이를 관계인에게 내보여야 한다.

제49조(교육명령) 산업통상자원부장관 또는 관계 행정기관의 장은 다음 각 호의 어느 하나에 해당하는 자에게 대통령령으로 정하는 바에 따라 교육명령을 부과할 수 있다. 〈개정 2013. 3. 23., 2013. 7. 30., 2020. 3. 18.〉

1. 수출허가 또는 상황허가를 받지 아니하고 수출하거나 수출신고한 자
2. 거짓이나 그 밖의 부정한 방법으로 수출허가 또는 상황허가를 받은 자
3. 제23조제3항에 따른 경유 또는 환적 허가 및 제24조에 따른 중개허가를 받지 아니하고 경유·환적·중개한 자
4. 거짓이나 그 밖의 부정한 방법으로 제23조제3항에 따른 경유 또는 환적 허가 및 제24조에 따른 중개허가를 받은 자

[전문개정 2009. 4. 22.]

제50조(「독점규제 및 공정거래에 관한 법률」과의 관계) ① 제46조에 따른 산업통상자원부장관의 조정명령의 이행에 대하여는 「독점규제 및 공정거래에 관한 법률」을 적용하지 아니한다. 〈개정 2008. 2. 29., 2013. 3. 23.〉

② 산업통상자원부장관은 제46조에 따른 조정명령이 「독점규제 및 공정거래에 관한 법률」 제2조제1호에 따른 사업자 간의 국내 시장에서의 경쟁을 제한하는 것이면 공정거래위원회와 미리 협의하여야 한다. 〈개정 2008. 2. 29., 2013. 3. 23.〉

제51조(「국가보안법」과의 관계) 이 법에 따른 물품등의 수출·수입행위에 대하여는 그 행위가 업무 수행상 정당하다고 인정되는 범위에서 「국가보안법」을 적용하지 아니한다.

제52조(권한의 위임·위탁) ① 이 법에 따른 산업통상자원부장관의 권한은 대통령령으로 정하는 바에 따라 그 일부를 소속기관의 장, 시·도지사에게 위임하거나 관계 행정기관의 장, 세관장, 한국은행 총재, 한국수출입은행장, 외국환은행의 장, 그 밖에 대통령령으로 정하는 법인 또는 단체에 위탁할 수 있다. 〈개정 2008. 2. 29., 2013. 3. 23.〉

② 산업통상자원부장관은 제1항에 따라 위임하거나 위탁한 사무에 관하여 그 위임 또는 위탁을 받은 자를 지휘·감독한다. 〈개정 2008. 2. 29., 2013. 3. 23.〉

③ 산업통상자원부장관은 제1항에 따라 위임하거나 위탁한 사무에 관하여 그 위임 또는 위탁을 받은 자에게 필요한 자료의 제출을 요청할 수 있다. 〈개정 2008. 2. 29., 2013. 3. 23.〉

제7장 벌 칙

제53조(벌칙) ① 전략물자등의 국제적 확산을 꾀할 목적으로 다음 각 호의 어느 하나에 해당하는 위반행위를 한 자는 7년 이하의 징역 또는 수출·경유·환적·중개하는 물품등의 가격의 5배에 해당하는 금액 이하의 벌금에 처한다. 〈개정 2013. 7. 30.〉
1. 제19조제2항에 따른 수출허가를 받지 아니하고 전략물자를 수출한 자
2. 제19조제3항에 따른 상황허가를 받지 아니하고 상황허가 대상인 물품등을 수출한 자
3. 제23조제3항에 따른 경유 또는 환적 허가를 받지 아니하고 전략물자등을 경유 또는 환적한 자
4. 제24조에 따른 중개허가를 받지 아니하고 전략물자등을 중개한 자

② 다음 각 호의 어느 하나에 해당하는 자는 5년 이하의 징역 또는 수출·수입·경유·환적·중개하는 물품등의 가격의 3배에 해당하는 금액 이하의 벌금에 처한다. 〈개정 2013. 7. 30.〉
1. 제5조 각 호의 어느 하나에 따른 수출 또는 수입의 제한이나 금지조치를 위반한 자
2. 제19조제2항에 따른 수출허가를 받지 아니하고 전략물자를 수출한 자
3. 거짓이나 그 밖의 부정한 방법으로 제19조제2항에 따른 수출허가를 받은 자
4. 제19조제3항에 따른 상황허가를 받지 아니하고 상황허가 대상인 물품등을 수출한 자
5. 거짓이나 그 밖의 부정한 방법으로 제19조제3항에 따른 상황허가를 받은 자

5의2. 제23조제3항에 따른 경유 또는 환적 허가를 받지 아니하고 전략물자등을 경유 또는 환적한 자

5의3. 거짓이나 그 밖의 부정한 방법으로 제23조제3항에 따른 경유 또는 환적 허가를 받은 자

6. 제24조에 따른 중개허가를 받지 아니하고 전략물자등을 중개한 자
7. 거짓이나 그 밖의 부정한 방법으로 제24조에 따른 중개허가를 받은 자
8. 삭제 〈2010. 4. 5.〉
9. 제43조를 위반하여 물품등의 수출과 수입의 가격을 조작한 자
10. 제46조제1항에 따른 조정명령을 위반한 자

제53조의2(벌칙) 다음 각 호의 어느 하나에 해당하는 자는 5년 이하의 징역 또는 1억원 이하의 벌금에 처한다. 이 경우 징역과 벌금은 병과(倂科)할 수 있다. 〈개정 2013. 7. 30.〉
1. 제23조제1항에 따른 이동중지명령을 위반한 자

1의2. 제33조제4항제1호 또는 제2호를 위반한 무역거래자 또는 물품등의 판매업자

2. 제33조제4항제3호를 위반하여 원산지표시대상물품에 대하여 원산지 표시를 하지 아니한 무역거래자
3. 제33조의2제1항에 따른 시정조치 명령을 위반한 자
4. 제38조에 따른 외국산 물품등의 국산 물품등으로의 가장 금지 의무를 위반한 자

[본조신설 2010. 4. 5.]

제53조의2(벌칙) 다음 각 호의 어느 하나에 해당하는 자는 5년 이하의 징역 또는 1억원 이하의 벌금에 처한다. 이 경우 징역과 벌금은 병과(倂科)할 수 있다. 〈개정 2013. 7. 30., 2022. 6. 10.〉
1. 제23조제1항에 따른 이동중지명령을 위반한 자

1의2. 삭제 〈2022. 6. 10.〉

2. 제33조제4항 각 호(제35조제3항에서 준용하는 경우를 포함한다)를 위반한 무역거래자 또는 물품등의 판매업자
3. 제33조의2제1항에 따른 시정조치 명령을 위반한 자
4. 제38조에 따른 외국산 물품등의 국산 물품등으로의 가장 금지 의무를 위반한 자

[본조신설 2010. 4. 5.]

[시행일: 2022. 12. 11.] 제53조의2

제54조(벌칙) 다음 각 호의 어느 하나에 해당하는 자는 3년 이하의 징역 또는 3천만원 이하의 벌금에 처한다. 〈개정 2009. 4. 22., 2013. 7. 30.〉
1. 제9조제2항을 위반하여 직무상 습득한 기업정보를 타인에게 제공 또는 누설하거나 사용 목적 외의 용도로 사용한 자
2. 제11조제2항 또는 제5항에 따른 승인 또는 변경승인을 받지 아니하고 수출 또는 수입 승인 대상 물품등을 수출하거나 수입한 자
3. 거짓이나 그 밖의 부정한 방법으로 제11조제2항 또는 제5항에 따른 승인 또는 변경승인을 받거나 그 승인 또는 변경승인을 면제받고 물품등을 수출하거나 수입한 자
4. 제16조제3항 본문(제17조제3항에서 준용하는 경우를 포함한다)에 따른 수입에 대응하는 외화획득을 하지 아니한 자

5. 제17조제1항 본문에 따른 승인을 받지 아니하고 목적 외의 용도로 원료·기재 또는 그 원료·기재로 제조된 물품등을 사용한 자
6. 제17조제2항에 따른 승인을 받지 아니하고 원료·기재 또는 그 원료·기재로 제조된 물품등을 양도한 자
7. 제27조에 따른 비밀 준수 의무를 위반한 자
8. 거짓이나 그 밖의 부정한 방법으로 제32조에 따른 승인 또는 변경 승인을 받은 자
9. 삭제 〈2010. 4. 5.〉
10. 삭제 〈2010. 4. 5.〉
11. 삭제 〈2010. 4. 5.〉

제55조(미수범) 제53조제1항, 같은 조 제2항제2호·제4호·제6호 및 제53조의2제1호의2·제2호·제4호의 미수범은 각각 해당하는 본죄에 준하여 처벌한다. 〈개정 2008. 12. 19., 2010. 4. 5., 2013. 7. 30.〉

제55조(미수범) 제53조제1항, 같은 조 제2항제2호·제4호·제6호 및 제53조의2제2호·제4호의 미수범은 처벌한다. 〈개정 2008. 12. 19., 2010. 4. 5., 2013. 7. 30., 2022. 6. 10.〉
[시행일: 2022. 12. 11.] 제55조

제56조(과실범) 중대한 과실로 제53조의2제1호의2 또는 제2호에 해당하는 행위를 한 자는 2천만원 이하의 벌금에 처한다. 〈개정 2008. 12. 19., 2009. 4. 22., 2010. 4. 5., 2013. 7. 30.〉

제56조(과실범) 중대한 과실로 제53조의2제2호에 해당하는 행위를 한 자는 2천만원 이하의 벌금에 처한다. 〈개정 2008. 12. 19., 2009. 4. 22., 2010. 4. 5., 2013. 7. 30., 2022. 6. 10.〉
[시행일: 2022. 12. 11.] 제56조

제57조(양벌규정) 법인의 대표자나 법인 또는 개인의 대리인, 사용인, 그 밖의 종업원이 그 법인 또는 개인의 업무에 관하여 제53조, 제53조의2 또는 제54조부터 제56조까지의 어느 하나에 해당하는 위반행위를 하면 그 행위자를 벌하는 외에 그 법인 또는 개인에게도 해당 조문의 벌금형을 과(科)한다. 다만, 법인 또는 개인이 그 위반행위를 방지하기 위하여 해당 업무에 관하여 상당한 주의와 감독을 게을리하지 아니한 경우에는 그러하지 아니하다. 〈개정 2010. 4. 5.〉
[전문개정 2008. 12. 26.]

제58조(벌칙 적용 시의 공무원 의제) 제29조제5항의 업무를 수행하는 전략물자관리원의 임직원과 산업통상자원부장관이 제52조에 따라 위탁한 사무에 종사하는 한국은행, 한국수출입은행, 외국환은행, 그 밖에 대통령령으로 정하는 법인 또는 단체의 임직원은 「형법」 제129조부터 제132조까지의 벌칙을 적용할 때에는 공무원으로 본다. 〈개정 2008. 2. 29., 2009. 4. 22., 2013. 3. 23.〉

제59조(과태료) ① 다음 각 호의 어느 하나에 해당하는 자에게는 2천만원 이하의 과태료를 부과한다.
1. 제44조제2항을 위반하여 관련되는 서류를 제출하지 아니한 자
2. 제44조제3항에 따른 사실 조사를 거부, 방해 또는 기피한 자
3. 제48조제1항에 따른 보고 또는 자료의 제출을 하지 아니하거나 거짓으로 보고 또는 자료를 제출한 자
4. 제48조제2항에 따른 검사를 거부, 방해 또는 기피한 자

② 다음 각 호의 어느 하나에 해당하는 자에게는 1천만원 이하의 과태료를 부과한다. 〈개정 2009. 4. 22., 2010. 4. 5., 2013. 7. 30.〉
1. 제24조의2에 따른 서류 보관의무를 위반한 자
2. 삭제 〈2013. 7. 30.〉
3. 제33조제5항에 따른 검사를 거부, 방해 또는 기피한 자
4. 제49조에 따른 교육명령을 이행하지 아니한 자

③ 제20조제3항 전단을 위반하여 교육을 이수하지 아니하고 자가판정을 한 자 또는 같은 항 후단을 위반하여 전략물자 수출입관리 정보시스템에 정보를 등록하지 아니한 자에게는 500만원 이하의 과태료를 부과한다. 〈신설 2020. 3. 18.〉

④ 제1항부터 제3항까지에 따른 과태료는 대통령령으로 정하는 바에 따라 산업통상자원부장관이나 시·도지사 또는 관계 행정기관의 장이 부과·징수한다. 〈개정 2008. 2. 29., 2009. 4. 22., 2013. 3. 23., 2013. 7. 30., 2020. 3. 18.〉

⑤ 삭제 〈2009. 4. 22.〉

⑥ 삭제 〈2009. 4. 22.〉

부 칙 〈제19035호, 2022. 11. 15.〉

이 법은 공포한 날부터 시행한다.

외국환거래법

[시행 2021. 9. 16.] [법률 제18244호, 2021. 6. 15., 일부개정]

제1장 총 칙

제1조(목적) 이 법은 외국환거래와 그 밖의 대외거래의 자유를 보장하고 시장기능을 활성화하여 대외거래의 원활화 및 국제수지의 균형과 통화가치의 안정을 도모함으로써 국민경제의 건전한 발전에 이바지함을 목적으로 한다.

제2조(적용 대상) ① 이 법은 다음 각 호의 어느 하나에 해당하는 경우에 적용한다.

1. 대한민국에서의 외국환과 대한민국에서 하는 외국환거래 및 그 밖에 이와 관련되는 행위
2. 대한민국과 외국 간의 거래 또는 지급・수령, 그 밖에 이와 관련되는 행위(외국에서 하는 행위로서 대한민국에서 그 효과가 발생하는 것을 포함한다)
3. 외국에 주소 또는 거소를 둔 개인과 외국에 주된 사무소를 둔 법인이 하는 거래로서 대한민국 통화(通貨)로 표시되거나 지급받을 수 있는 거래와 그 밖에 이와 관련되는 행위
4. 대한민국에 주소 또는 거소를 둔 개인 또는 그 대리인, 사용인, 그 밖의 종업원이 외국에서 그 개인의 재산 또는 업무에 관하여 한 행위
5. 대한민국에 주된 사무소를 둔 법인의 대표자, 대리인, 사용인, 그 밖의 종업원이 외국에서 그 법인의 재산 또는 업무에 관하여 한 행위

② 제1항제1호부터 제3호까지의 규정에 따른 "그 밖에 이와 관련되는 행위"의 범위는 대통령령으로 정한다.

제3조(정의) ① 이 법에서 사용하는 용어의 뜻은 다음과 같다.

1. "내국통화"란 대한민국의 법정통화인 원화(貨)를 말한다.
2. "외국통화"란 내국통화 외의 통화를 말한다.
3. "지급수단"이란 다음 각 목의 어느 하나에 해당하는 것을 말한다.
   가. 정부지폐・은행권・주화・수표・우편환・신용장
   나. 대통령령으로 정하는 환어음, 약속어음, 그 밖의 지급지시
   다. 증표, 플라스틱카드 또는 그 밖의 물건에 전자 또는 자기적 방법으로 재산적 가치가 입력되어 불특정 다수인 간에 지급을 위하여 통화를 갈음하여 사용할 수 있는 것으로서 대통령령으로 정하는 것
4. "대외지급수단"이란 외국통화, 외국통화로 표시된 지급수단, 그 밖에 표시통화에 관계없이 외국에서 사용할 수 있는 지급수단을 말한다.
5. "내국지급수단"이란 대외지급수단 외의 지급수단을 말한다.
6. "귀금속"이란 금, 금합금의 지금(地金), 유통되지 아니하는 금화, 그 밖에 금을 주재료로 하는 제품 및 가공품을 말한다.
7. "증권"이란 제3호에 해당하지 아니하는 것으로서 「자본시장과 금융투자업에 관한 법률」 제4조에 따른 증권과 그 밖에 대통령령으로 정하는 것을 말한다.
8. "외화증권"이란 외국통화로 표시된 증권 또는 외국에서 지급받을 수 있는 증권을 말한다.
9. "파생상품"이란 「자본시장과 금융투자업에 관한 법률」 제5조에 따른 파생상품과 그 밖에 대통령령으로 정하는 것을 말한다.
10. "외화파생상품"이란 외국통화로 표시된 파생상품 또는 외국에서 지급받을 수 있는 파생상품을 말한다.
11. "채권"이란 모든 종류의 예금・신탁・보증・대차(貸借) 등으로 생기는 금전 등의 지급을 청구할 수 있는 권리로서 제1호부터 제10호까지의 규정에 해당되지 아니하는 것을 말한다.
12. "외화채권"이란 외국통화로 표시된 채권 또는 외국에서 지급받을 수 있는 채권을 말한다.
13. "외국환"이란 대외지급수단, 외화증권, 외화파생상품 및 외화채권을 말한다.
14. "거주자"란 대한민국에 주소 또는 거소를 둔 개인과 대한민국에 주된 사무소를 둔 법인을 말한다.
15. "비거주자"란 거주자 외의 개인 및 법인을 말한

다. 다만, 비거주자의 대한민국에 있는 지점, 출장소, 그 밖의 사무소는 법률상 대리권의 유무에 상관없이 거주자로 본다.

16. "외국환업무"란 다음 각 목의 어느 하나에 해당하는 것을 말한다.
 가. 외국환의 발행 또는 매매
 나. 대한민국과 외국 간의 지급·추심(推尋) 및 수령
 다. 외국통화로 표시되거나 지급되는 거주자와의 예금, 금전의 대차 또는 보증
 라. 비거주자와의 예금, 금전의 대차 또는 보증
 마. 그 밖에 가목부터 라목까지의 규정과 유사한 업무로서 대통령령으로 정하는 업무
17. "금융회사등"이란 「금융위원회의 설치 등에 관한 법률」 제38조(제9호 및 제10호는 제외한다)에 따른 기관과 그 밖에 금융업 및 금융 관련 업무를 하는 자로서 대통령령으로 정하는 자를 말한다.
18. "해외직접투자"란 거주자가 하는 다음 각 목의 어느 하나에 해당하는 거래·행위 또는 지급을 말한다.
 가. 외국법령에 따라 설립된 법인(설립 중인 법인을 포함한다)이 발행한 증권을 취득하거나 그 법인에 대한 금전의 대여 등을 통하여 그 법인과 지속적인 경제관계를 맺기 위하여 하는 거래 또는 행위로서 대통령령으로 정하는 것
 나. 외국에서 영업소를 설치·확장·운영하거나 해외사업 활동을 하기 위하여 자금을 지급하는 행위로서 대통령령으로 정하는 것
19. "자본거래"란 다음 각 목의 어느 하나에 해당하는 거래 또는 행위를 말한다.
 가. 예금계약, 신탁계약, 금전대차계약, 채무보증계약, 대외지급수단·채권 등의 매매계약(다목에 해당하는 경우는 제외한다)에 따른 채권의 발생·변경 또는 소멸에 관한 거래(거주자 간 거래는 외국환과 관련된 경우로 한정한다)
 나. 증권의 발행·모집, 증권 또는 이에 관한 권리의 취득(다목에 해당하는 경우는 제외하며, 거주자 간 거래는 외국환과 관련된 경우로 한정한다)
 다. 파생상품거래(거주자 간의 파생상품거래는 외국환과 관련된 경우로 한정한다)
 라. 거주자에 의한 외국에 있는 부동산이나 이에 관한 권리의 취득 또는 비거주자에 의한 국내에 있는 부동산이나 이에 관한 권리의 취득
 마. 가목의 경우를 제외하고 법인의 국내에 있는 본점, 지점, 출장소, 그 밖의 사무소(이하 이 목에서 "사무소"라 한다)와 외국에 있는 사무소 사이에 이루어지는 사무소의 설치·확장 또는 운영 등과 관련된 행위와 그에 따른 자금의 수수(授受)(사무소를 유지하는 데에 필요한 경비나 경상적 거래와 관련된 자금의 수수로서 대통령령으로 정하는 것은 제외한다)
 바. 그 밖에 가목부터 마목까지의 규정과 유사한 형태로서 대통령령으로 정하는 거래 또는 행위
20. "비예금성외화부채등"이란 금융회사등의 외국통화표시 부채(외화예수금은 제외한다) 및 이와 유사한 것으로서 대통령령으로 정하는 것을 말한다.

② 제1항제14호 및 제15호에 따른 거주자와 비거주자의 구분이 명백하지 아니한 경우에는 대통령령으로 정하는 바에 따른다.

제4조(대외거래의 원활화 촉진 등) ① 기획재정부장관은 이 법에 따른 제한을 필요한 최소한의 범위에서 함으로써 외국환거래나 그 밖의 대외거래가 원활하게 이루어질 수 있도록 노력하여야 한다.

② 기획재정부장관은 안정적인 외국환수급(需給)의 기반 조성과 외환시장의 안정을 위하여 노력하여야 하며, 이를 위한 시책을 마련하여야 한다.

제5조(환율) ① 기획재정부장관은 원활하고 질서 있는 외국환거래를 위하여 필요하면 외국환거래에 관한 기준환율, 외국환의 매도율·매입률 및 재정환율(이하 "기준환율등"이라 한다)을 정할 수 있다.

② 거주자와 비거주자는 제1항에 따라 기획재정부장관이 기준환율등을 정한 경우에는 그 기준환율등에 따라 거래하여야 한다.

제6조(외국환거래의 정지 등) ① 기획재정부장관은 천재지변, 전시·사변, 국내외 경제사정의 중대하고도 급격한 변동, 그 밖에 이에 준하는 사태가 발생하여 부득이 하다고 인정되는 경우에는 대통령령으로 정하는 바에 따라 다음 각 호의 어느 하나에 해당하는 조치를 할 수 있다.

1. 이 법을 적용받는 지급 또는 수령, 거래의 전부 또는 일부에 대한 일시 정지
2. 지급수단 또는 귀금속을 한국은행·정부기관·외국환평형기금·금융회사등에 보관·예치 또는 매각하도록 하는 의무의 부과
3. 비거주자에 대한 채권을 보유하고 있는 거주자로

하여금 그 채권을 추심하여 국내로 회수하도록 하는 의무의 부과

② 기획재정부장관은 다음 각 호의 어느 하나에 해당된다고 인정되는 경우에는 대통령령으로 정하는 바에 따라 자본거래를 하려는 자에게 허가를 받도록 하는 의무를 부과하거나, 자본거래를 하는 자에게 그 거래와 관련하여 취득하는 지급수단의 일부를 한국은행·외국환평형기금 또는 금융회사등에 예치하도록 하는 의무를 부과하는 조치를 할 수 있다.

1. 국제수지 및 국제금융상 심각한 어려움에 처하거나 처할 우려가 있는 경우
2. 대한민국과 외국 간의 자본 이동으로 통화정책, 환율정책, 그 밖의 거시경제정책을 수행하는 데에 심각한 지장을 주거나 줄 우려가 있는 경우

③ 제1항과 제2항에 따른 조치는 특별한 사유가 없으면 6개월의 범위에서 할 수 있으며, 그 조치 사유가 소멸된 경우에는 그 조치를 즉시 해제하여야 한다.

④ 제1항부터 제3항까지의 규정에 따른 조치는 「외국인투자 촉진법」 제2조제1항제4호에 따른 외국인투자에 대하여 적용하지 아니한다.

⑤ 기획재정부장관은 제1항제3호의 조치를 하기 위하여 필요한 경우 해당 거주자의 관할 세무관서의 장에게 「국제조세조정에 관한 법률」 제52조제3호에 따른 해외금융계좌정보의 제공을 요청할 수 있다. 이 경우 해외금융계좌정보의 제공을 요청받은 관할 세무관서의 장은 특별한 사정이 없으면 그 요청에 따라야 한다.

제7조 삭제 〈2017. 1. 17.〉

제2장 외국환업무취급기관 등

제8조(외국환업무의 등록 등) ① 외국환업무를 업으로 하려는 자는 대통령령으로 정하는 바에 따라 외국환업무를 하는 데에 충분한 자본·시설 및 전문인력을 갖추어 미리 기획재정부장관에게 등록하여야 한다. 다만, 기획재정부장관이 업무의 내용을 고려하여 등록이 필요하지 아니하다고 인정하여 대통령령으로 정하는 금융회사등은 그러하지 아니하다.

② 외국환업무는 금융회사등만 할 수 있으며, 외국환업무를 하는 금융회사등은 대통령령으로 정하는 바에 따라 그 금융회사등의 업무와 직접 관련되는 범위에서 외국환업무를 할 수 있다.

③ 제1항 및 제2항에도 불구하고 금융회사등이 아닌 자가 다음 각 호의 어느 하나에 해당하는 외국환업무를 업으로 하려는 경우에는 대통령령으로 정하는 바에 따라 해당 업무에 필요한 자본·시설 및 전문인력 등 대통령령으로 정하는 요건을 갖추어 미리 기획재정부장관에게 등록하여야 한다. 이 경우 제1호 및 제2호의 외국환업무의 규모, 방식 등 구체적인 범위 및 안전성 확보를 위한 기준은 대통령령으로 정한다.

1. 외국통화의 매입 또는 매도, 외국에서 발행한 여행자수표의 매입
2. 대한민국과 외국 간의 지급 및 수령과 이에 수반되는 외국통화의 매입 또는 매도
3. 그 밖에 외국환거래의 편의 증진을 위하여 필요하다고 인정하여 대통령령으로 정하는 외국환업무

④ 제1항 본문에 따라 외국환업무의 등록을 한 금융회사등과 제3항에 따라 외국환업무의 등록을 한 자(이하 "전문외국환업무취급업자"라 한다)가 그 등록사항 중 대통령령으로 정하는 사항을 변경하려 하거나 외국환업무를 폐지하려는 경우에는 대통령령으로 정하는 바에 따라 기획재정부장관에게 미리 그 사실을 신고하여야 한다.

⑤ 제1항에 따라 외국환업무의 등록을 한 금융회사등(제1항 단서에 따른 금융회사등을 포함한다. 이하 "외국환업무취급기관"이라 한다)은 국민경제의 건전한 발전, 국제 평화와 안전의 유지 등을 위하여 필요하다고 인정하여 대통령령으로 정하는 경우에는 이 법을 적용받는 업무에 관하여 외국금융기관과 계약을 체결할 때 기획재정부장관의 인가를 받아야 한다.

⑥ 외국환업무취급기관 및 전문외국환업무취급업자의 업무 수행에 필요한 사항은 대통령령으로 정한다.

⑦ 기획재정부장관은 외국환업무의 성실한 이행을 위하여 제3항에 따라 등록한 자에게 기획재정부장관이 지정하는 기관에 보증금을 예탁하게 하거나 보험 또는 공제에 가입하게 하는 등 대통령령으로 정하는 바에 따라 필요한 조치를 할 수 있다.

제9조(외국환중개업무 등) ① 다음 각 호의 업무(이하 "외국환중개업무"라 한다)를 업으로 하려는 자는 대통령령으로 정하는 바에 따라 자본·시설 및 전문인력을 갖추어 기획재정부장관의 인가를 받아야 한다. 이 경우 인가사항 중 대통령령으로 정하는 중요 사항을 변경하려면 기획재정부장관에게 신고하여야 한다.

1. 외국통화의 매매·교환·대여의 중개

2. 외국통화를 기초자산으로 하는 파생상품거래의 중개
3. 그 밖에 제1호 및 제2호와 관련된 업무
② 제1항에 따라 외국환중개업무를 인가받은 자(이하 "외국환중개회사"라 한다)가 외국환중개업무를 할 수 있는 거래의 상대방은 외국환거래 관련 전문성을 갖춘 금융회사등 및 관련 기관으로서 대통령령으로 정하는 자로 한다.
③ 외국환중개회사가 다음 각 호의 어느 하나에 해당하는 행위를 하려는 경우에는 대통령령으로 정하는 구분에 따라 기획재정부장관의 인가를 받거나 기획재정부장관에게 신고하여야 한다.
1. 합병 또는 해산
2. 영업의 전부 또는 일부의 폐지 · 양도 · 양수
④ 기획재정부장관은 외국환중개업무의 성실한 이행을 위하여 외국환중개회사에 대하여 대통령령으로 정하는 바에 따라 기획재정부장관이 지정하는 기관에 보증금을 예탁하게 할 수 있다.
⑤ 외국환중개회사가 외국에서 외국환중개업무를 하려는 경우에는 대통령령으로 정하는 바에 따라 기획재정부장관의 인가를 받아야 한다.
⑥ 이 법에 따른 외국환중개업무에 관하여는 「자본시장과 금융투자업에 관한 법률」 및 「금융소비자 보호에 관한 법률」을 적용하지 아니한다. 다만, 「자본시장과 금융투자업에 관한 법률」 제37조, 제39조, 제44조, 제54조 및 그 밖에 투자자 보호를 위하여 대통령령으로 정하는 바에 따라 같은 법을 준용할 수 있다. 이 경우 "금융투자업자"는 "외국환중개회사"로, "금융투자업"은 "외국환중개업무"로 본다.
⑦ 제1항부터 제6항까지에서 규정한 사항 외에 외국환중개회사의 업무 수행에 필요한 사항은 대통령령으로 정한다.

제10조(업무상의 의무) ① 외국환업무취급기관, 전문외국환업무취급업자 및 외국환중개회사(이하 "외국환업무취급기관등"이라 한다)는 그 고객과 이 법을 적용받는 거래를 할 때에는 고객의 거래나 지급 또는 수령이 이 법에 따른 허가를 받았거나 신고를 한 것인지를 확인하여야 한다. 다만, 외국환수급 안정과 대외거래 원활화를 위하여 기획재정부장관이 정하여 고시하는 경우에는 그러하지 아니하다.
② 외국환업무취급기관등은 외국환업무와 관련하여 부당한 이익을 얻거나 제3자에게 부당한 이익을 얻게 할 목적으로 다음 각 호의 어느 하나에 해당하는 행위를 하여서는 아니 된다.
1. 외국환의 시세를 변동 또는 고정시키는 행위
2. 제1호의 행위와 유사한 행위로서 대통령령으로 정하는 건전한 거래질서를 해치는 행위

제10조의2(외국환업무에 필요한 일부 사무의 위탁) ① 외국환업무취급기관등(이하 이 조에서 "위탁기관"이라 한다)은 외국환 매매 또는 지급 · 수령 등의 업무 수행에 필요한 일부 사무로서 대통령령으로 정하는 사무를 다른 외국환업무취급기관등 또는 그 밖에 대통령령으로 정하는 자(이하 이 조에서 "수탁기관"이라 한다)에게 위탁할 수 있다. 이 경우 수탁기관은 제10조에 따른 업무상의 의무를 준수하여야 하며, 위탁기관은 이를 감독하여야 한다.
② 수탁기관이 위탁받은 사무를 처리하는 과정에서 그 사무와 관련한 법률의 규정을 위반하여 발생한 손해배상책임에 대하여는 수탁기관을 위탁기관의 소속 직원으로 본다.
③ 그 밖에 위탁 방법 · 절차 및 수탁기관의 자격 등 사무 위탁에 필요한 사항은 대통령령으로 정한다.

제11조(업무의 감독과 건전성 규제 등) ① 기획재정부장관은 외국환업무취급기관등(외국환업무취급기관등의 외국에 있는 영업소를 포함한다. 이하 이 조에서 같다)의 업무를 감독하고 감독상 필요한 명령을 할 수 있다.
② 기획재정부장관은 외환시장의 안정과 외국환업무취급기관등의 건전성을 유지하기 위하여 필요하다고 인정되는 경우에는 외국환업무취급기관등의 외국통화 자산 · 부채비율을 정하는 등 외국통화의 조달 · 운용에 필요한 제한을 할 수 있다. 이 경우 제한의 구체적인 기준은 대통령령으로 정한다.

제11조의2(외환건전성부담금) ① 기획재정부장관은 외화자금의 급격한 유입 · 유출에 따른 금융시장의 불안을 최소화하고 국민경제의 건전한 발전을 위하여 금융시장에서의 역할, 취급 외국환업무 및 외국통화 표시 부채의 규모 등을 종합적으로 고려하여 대통령령으로 정하는 금융회사등에 외환건전성부담금(이하 이 조 및 제11조의3에서 "부담금"이라 한다)을 부과 · 징수할 수 있다.
② 제1항에 따라 부과 · 징수하는 부담금은 비예금성외화부채등의 잔액에 1천분의 5 이내의 범위에서 금융회사등의 영업구역, 비예금성외화부채등의 만기 등을 고려하여 대통령령으로 정하는 부과요율을 곱하여 계산한 금액으로 한다.

③ 기획재정부장관은 제2항에도 불구하고 국제금융시장의 불안정, 외화자금의 급격한 유출·유입 등으로 금융시장과 국민경제의 안정을 현저히 해칠 우려가 있다고 인정되는 경우에는 6개월 이내의 기간을 정하여 다음 각 호의 어느 하나에 해당하는 금액을 부담금으로 부과·징수할 수 있다.

1. 해당 기간의 비예금성외화부채등 잔액에 대하여 제2항에 따른 부과요율 대신에 기획재정부장관이 하향하여 고시하는 부과요율을 곱하여 계산한 금액
2. 해당 기간의 비예금성외화부채등 잔액 증가분에 대하여 기획재정부장관이 제2항에 따른 부과요율보다 상향하여 고시하는 부과요율(이하 이 호에서 "추가부과요율"이라 한다)을 적용하여 계산한 금액을 제2항에 따라 산정한 부담금 금액에 더한 금액. 이 경우 추가부과요율은 제2항에 따른 부과요율을 더하여 1천분의 10을 넘지 아니하도록 하여야 한다.

④ 제1항에 따라 징수한 부담금은 제13조제1항에 따른 외국환평형기금에 귀속된다.

⑤ 제2항의 비예금성외화부채등의 잔액과 제3항의 비예금성외화부채등 잔액의 증가분의 산정방법 및 그 밖에 부담금의 부과에 필요한 사항은 대통령령으로 정한다.

제11조의3(부담금의 징수 및 이의신청) ① 기획재정부장관은 금융회사등이 내야 하는 부담금을 대통령령으로 정하는 바에 따라 나누어 내게 할 수 있다.

② 기획재정부장관은 금융회사등이 부담금을 납부기한까지 내지 아니하면 납부기한이 지난 후 10일 이내에 10일 이상의 기간을 정하여 독촉장을 발급하여야 한다.

③ 기획재정부장관은 체납된 부담금에 대하여는 100분의 10 이내의 범위에서 대통령령으로 정하는 가산금을 징수할 수 있다.

④ 기획재정부장관은 제2항에 따라 독촉장을 받은 금융회사등이 정하여진 기한까지 납부하지 아니할 때에는 국세 체납처분의 예에 따라 부담금과 가산금을 징수한다.

⑤ 기획재정부장관은 제11조의2에 따른 부담금의 부과·징수를 위하여 필요하다고 인정되는 경우에는 해당 금융회사등에 관련 자료의 제출을 요구할 수 있다. 이 경우 자료의 제출을 요구받은 금융회사등은 특별한 사유가 없으면 요구에 따라야 한다.

⑥ 제11조의2에 따라 부담금을 부과받은 금융회사등이 부과받은 사항에 대하여 이의가 있는 경우에는 기획재정부장관에게 이의를 신청할 수 있다.

⑦ 그 밖에 부담금의 징수 및 이의신청 등에 필요한 사항은 대통령령으로 정한다.

제12조(인가의 취소 등) ① 기획재정부장관은 외국환업무취급기관등이 다음 각 호의 어느 하나에 해당하는 경우에는 제8조 및 제9조에 따른 등록 또는 인가를 취소하거나 6개월 이내의 기간을 정하여 외국환업무취급기관등(영업소를 포함한다)의 업무를 제한하거나 업무의 전부 또는 일부를 정지할 수 있다.

1. 거짓이나 그 밖의 부정한 방법으로 등록을 하거나 인가를 받은 경우
2. 업무의 제한 또는 정지 기간에 그 업무를 한 경우
3. 등록 또는 인가의 내용이나 조건을 위반한 경우
4. 제8조제2항을 위반하여 외국환업무를 한 경우
5. 제8조제4항 또는 제9조제3항에 따른 인가를 받지 아니한 경우 또는 신고를 하지 아니하거나 거짓으로 신고를 한 경우

5의2. 제8조제6항에 따른 외국환업무취급기관 및 전문외국환업무취급업자의 업무 수행에 필요한 사항을 따르지 아니한 경우

5의3. 제8조제7항에 따른 보증금 예탁 등 필요한 조치를 따르지 아니한 경우

5의4. 제8조제7항에 따른 조치에도 불구하고 전문외국환업무취급업자의 파산 또는 지급불능 우려 사유가 발생한 경우

6. 제9조제2항을 위반하여 거래한 경우 또는 같은 조 제4항에 따른 보증금 예탁 명령을 따르지 아니한 경우
7. 제10조에 따른 의무를 위반한 경우
8. 제11조제1항에 따른 감독상의 명령 또는 같은 조 제2항에 따른 업무상 제한을 위반한 경우
9. 제20조제1항 또는 제2항에 따른 보고 또는 자료·정보 제출을 하지 아니하거나 거짓 보고 또는 거짓 자료·정보를 제출한 경우
10. 제20조제3항 또는 제6항에 따른 검사에 응하지 아니하거나 이 검사를 거부·방해 또는 기피한 경우
11. 제20조제4항 또는 제6항에 따른 자료의 제출을 거부하거나 거짓 자료를 제출한 경우
12. 제20조제5항 또는 제6항에 따른 시정명령에 따르지 아니한 경우

13. 제21조에 따른 기획재정부장관의 명령을 위반하여 통보 또는 제공을 하지 아니하거나 거짓으로 통보 또는 제공한 경우
14. 제24조제2항에 따른 기획재정부장관의 명령을 위반하여 신고, 신청, 보고, 자료의 통보 및 제출을 전자문서의 방법으로 하지 아니한 경우

② 삭제 〈2017. 1. 17.〉

③ 기획재정부장관은 제1항에 따라 등록 또는 인가를 취소하려는 경우에는 청문을 하여야 한다.

④ 제1항에 따라 등록 또는 인가가 취소된 자(제1항에 따라 등록 또는 인가가 취소된 자의 임직원이었던 자로서 그 취소 사유의 발생에 직접 또는 이에 상응하는 책임이 있는 자를 포함한다)는 등록 또는 인가가 취소된 날부터 3년이 경과하지 아니한 경우에는 해당 외국환업무를 다시 제8조제1항 또는 제3항에 따라 등록하거나 제9조제1항에 따라 인가받을 수 없다.

⑤ 제1항에 따른 처분의 구체적인 기준은 대통령령으로 정한다.

제12조의2(과징금) ① 기획재정부장관은 제12조제1항 각 호의 어느 하나에 해당하는 위반행위를 한 자에 대하여 업무를 제한하거나 업무의 전부 또는 일부를 정지할 수 있는 경우에는 이를 갈음하여 그 위반행위로 취득한 이익의 범위에서 과징금을 부과할 수 있다.

② 제1항에 따라 과징금을 부과하는 경우에는 대통령령으로 정하는 기준에 따라 다음 각 호의 사항을 고려하여야 한다.

1. 위반행위의 내용 및 정도
2. 위반행위의 기간 및 횟수
3. 위반행위로 취득한 이익의 규모

③ 과징금의 부과, 과징금 납부기한의 연장, 분할납부, 담보, 그 밖에 과징금의 징수에 필요한 사항은 대통령령으로 정한다.

④ 기획재정부장관은 과징금 납부 의무자가 납부기한까지 과징금을 납부하지 아니한 경우에는 국세 체납처분의 예에 따라 징수할 수 있다.

제3장 외국환평형기금

제13조(외국환평형기금) ① 외국환거래를 원활하게 하기 위하여 「국가재정법」 제5조에 따른 기금으로서 외국환평형기금을 설치한다.

② 외국환평형기금은 다음 각 호의 재원(財源)으로 조성한다.

1. 정부로부터의 출연금 및 예수금
2. 외국환평형기금 채권의 발행으로 조성된 자금
3. 외국정부, 외국중앙은행, 그 밖의 거주자 또는 비거주자로부터의 예수금 또는 일시차입금
4. 제6조제1항제2호 및 같은 조 제2항에 따른 예수금
5. 제11조의2에 따른 외환건전성부담금 및 제11조의3제3항에 따른 가산금
6. 그 밖에 외국환거래의 원활화를 위하여 필요한 자금 등 대통령령으로 정하는 자금

③ 외국환평형기금은 다음 각 호의 방법으로 운용한다. 다만, 제2항제5호에 따른 외환건전성부담금 및 가산금으로 조성된 외국환평형기금의 경우에는 제2호의 방법 또는 제4호 중 금융회사등에 대한 외화유동성 공급을 위한 거래에 한하여 운용한다.

1. 외국환의 매매
2. 한국은행 · 외국정부 · 외국중앙은행 또는 국내외 금융회사등에의 예치 · 예탁 또는 대여
3. 외국환업무취급기관의 외화채무로서 국가가 보증한 채무를 상환하기 위하여 국가가 예비비 또는 추가경정예산으로 지급하기 전까지 국가를 대신하여 일시적으로 하는 지급
4. 그 밖에 외국환거래의 원활화를 위하여 필요하다고 인정되어 대통령령으로 정하는 방법

④ 제3항제3호에 따라 외국환평형기금에서 채무를 대신 지급한 경우 정부는 이를 보전(補塡)하는 조치를 하여야 한다.

⑤ 제2항과 제3항에 따른 외국환평형기금의 조성 및 운용은 내국지급수단 또는 대외지급수단으로 할 수 있다.

⑥ 외국환평형기금은 기획재정부장관이 운용 · 관리한다.

⑦ 기획재정부장관은 외국환평형기금 채권을 발행할 수 있다.

⑧ 외국환평형기금의 운용 · 관리, 예수금의 지급이자 및 외국환평형기금 채권의 발행 등에 필요한 사항은 대통령령으로 정한다.

⑨ 기획재정부장관은 제2항에 따라 외국환평형기금에 예치된 자금에 대하여 대통령령으로 정하는 바에 따라 예치증서를 발행할 수 있다. 이 경우 기획재정부장관은 그 예치증서의 사용 용도를 정할 수 있다.

⑩ 제2항제2호에 따른 외국환평형기금 채권을 발행

하는 경우에는 「국채법」 제4조를 적용하지 아니한다.
⑪ 기획재정부장관은 외국통화로 표시하는 외국환평형기금 채권 발행액의 변경 범위가 해당 회계연도의 외국환평형기금 기금운용계획에 따른 외국통화 표시 외국환평형기금 채권 발행액의 10분의 2를 초과한 경우에는 변경명세서를 국회 소관 상임위원회 및 예산결산특별위원회에 제출하여야 한다. 이 경우 변경명세서에는 외국환평형기금 채권의 발행 및 상환 내역과 변경 사유 등이 포함되어야 한다.
⑫ 기획재정부장관은 외국환평형기금의 재원 중 제2항제5호에 따른 외환건전성부담금 및 가산금을 대통령령으로 정하는 바에 따라 다른 재원과 구분하여 별도로 관리하여야 한다.

제14조(외국환평형기금 채권의 원리금 상환) ① 외국환평형기금 채권의 발행으로 인한 원리금은 「국가재정법」 제90조제6항에 따른 절차에 따라 일반회계 세계잉여금으로 상환할 수 있다.
② 제1항에 따라 일반회계 세계잉여금으로 상환할 수 있는 금액은 외국환평형기금 채권의 이자에 그 이자 외의 외국환평형기금 운용손익을 더하거나 뺀 금액으로 한다.

제4장 지급과 거래

제15조(지급절차 등) ① 기획재정부장관은 이 법을 적용받는 지급 또는 수령과 관련하여 환전절차, 송금절차, 재산반출절차 등 필요한 사항을 정할 수 있다.
② 기획재정부장관은 다음 각 호의 어느 하나에 해당한다고 인정되는 경우에는 국내로부터 외국에 지급하려는 거주자·비거주자, 비거주자에게 지급하거나 비거주자로부터 수령하려는 거주자에게 그 지급 또는 수령을 할 때 대통령령으로 정하는 바에 따라 허가를 받도록 할 수 있다.

1. 우리나라가 체결한 조약 및 일반적으로 승인된 국제법규를 성실하게 이행하기 위하여 불가피한 경우
2. 국제 평화 및 안전을 유지하기 위한 국제적 노력에 특히 기여할 필요가 있는 경우

제16조(지급 또는 수령의 방법의 신고) 거주자 간, 거주자와 비거주자 간 또는 비거주자 상호 간의 거래나 행위에 따른 채권·채무를 결제할 때 거주자가 다음 각 호의 어느 하나에 해당하면(제18조에 따라 신고를 한 자가 그 신고된 방법으로 지급 또는 수령을 하는 경우는 제외한다) 대통령령으로 정하는 바에 따라 그 지급 또는 수령의 방법을 기획재정부장관에게 미리 신고하여야 한다. 다만, 외국환수급 안정과 대외거래 원활화를 위하여 대통령령으로 정하는 거래의 경우에는 사후에 보고하거나 신고하지 아니할 수 있다.

1. 상계 등의 방법으로 채권·채무를 소멸시키거나 상쇄시키는 방법으로 결제하는 경우
2. 기획재정부장관이 정하는 기간을 넘겨 결제하는 경우
3. 거주자가 해당 거래의 당사자가 아닌 자와 지급 또는 수령을 하거나 해당 거래의 당사자가 아닌 거주자가 그 거래의 당사자인 비거주자와 지급 또는 수령을 하는 경우
4. 외국환업무취급기관등을 통하지 아니하고 지급 또는 수령을 하는 경우

제17조(지급수단 등의 수출입 신고) 기획재정부장관은 이 법의 실효성을 확보하기 위하여 필요하다고 인정되어 대통령령으로 정하는 경우에는 지급수단 또는 증권을 수출 또는 수입하려는 거주자나 비거주자로 하여금 그 지급수단 또는 증권을 수출 또는 수입할 때 대통령령으로 정하는 바에 따라 신고하게 할 수 있다.

제18조(자본거래의 신고 등) ① 자본거래를 하려는 자는 대통령령으로 정하는 바에 따라 기획재정부장관에게 신고하여야 한다. 다만, 외국환수급 안정과 대외거래 원활화를 위하여 대통령령으로 정하는 자본거래는 사후에 보고하거나 신고하지 아니할 수 있다.
② 제1항의 신고와 제3항의 신고수리(申告受理)는 제15조제1항에 따른 절차 이전에 완료하여야 한다.
③ 기획재정부장관은 제1항에 따라 신고하도록 정한 사항 중 거주자의 해외직접투자와 해외부동산 또는 이에 관한 권리의 취득의 경우에는 투자자 적격성 여부, 투자가격 적정성 여부 등의 타당성을 검토하여 신고수리 여부를 결정할 수 있다.
④ 기획재정부장관은 제3항에 따른 신고에 대하여 대통령령으로 정하는 처리기간에 다음 각 호의 어느 하나에 해당하는 결정을 하여 신고인에게 통지하여야 한다.

1. 신고의 수리
2. 신고의 수리 거부
3. 거래 내용의 변경 권고

⑤ 기획재정부장관이 제4항제2호의 결정을 한 경우

그 신고를 한 거주자는 해당 거래를 하여서는 아니 된다.

⑥ 제4항제3호에 해당하는 통지를 받은 자가 해당 권고를 수락한 경우에는 그 수락한 바에 따라 그 거래를 할 수 있으며, 수락하지 아니한 경우에는 그 거래를 하여서는 아니 된다.

⑦ 제4항에 따른 처리기간에 기획재정부장관의 통지가 없으면 그 기간이 지난 날에 해당 신고가 수리된 것으로 본다.

제5장 보 칙

제19조(경고 및 거래정지 등) ① 기획재정부장관은 이 법을 적용받는 자가 다음 각 호의 어느 하나에 해당하는 경우에는 경고를 할 수 있다.

1. 제15조부터 제18조까지의 규정에 따라 허가를 받거나 신고를 한 경우 허가사항 또는 신고사항에 정하여진 기한이 지난 후에 거래 또는 행위를 한 경우
2. 대통령령으로 정하는 금액(거래 또는 행위 유형에 따라 금액을 달리 정할 수 있다) 이하의 거래 또는 행위로서 제15조부터 제18조까지의 규정에 따른 절차 준수, 허가 또는 신고(이하 "신고등"이라 한다)의 의무를 위반하여 거래 또는 행위를 한 경우

② 기획재정부장관은 이 법을 적용받는 자의 거래 또는 행위가 제15조부터 제18조까지의 규정에 따른 신고등의 의무를 5년 이내에 2회 이상 위반한 경우에는 각각의 위반행위에 대하여 1년 이내의 범위에서 관련 외국환거래 또는 행위를 정지·제한하거나 허가를 취소할 수 있다.

③ 기획재정부장관은 제2항에 따른 처분을 하려는 경우에는 청문을 하여야 한다.

④ 제1항 또는 제2항에 따른 처분에 필요한 사항은 대통령령으로 정한다.

제20조(보고·검사) ① 기획재정부장관은 이 법의 실효성을 확보하기 위하여 거래 당사자 또는 관계인으로 하여금 필요한 보고를 하게 할 수 있으며, 비거주자에 대한 채권을 보유하고 있는 거주자로 하여금 대통령령으로 정하는 바에 따라 그 보유 채권의 현황을 기획재정부장관에게 보고하게 할 수 있다.

② 기획재정부장관은 이 법을 시행하기 위하여 필요하다고 인정되는 경우에는 국세청, 한국은행, 금융감독원, 외국환업무취급기관등 이 법을 적용받는 관계 기관의 장에게 관련 자료 또는 정보의 제출을 요구할 수 있다. 이 경우 관계 기관의 장은 특별한 사유가 없으면 그 요구에 따라야 한다.

③ 기획재정부장관은 이 법을 시행하기 위하여 필요하다고 인정되는 경우에는 소속 공무원으로 하여금 외국환업무취급기관등이나 그 밖에 이 법을 적용받는 거래 당사자 또는 관계인의 업무에 관하여 검사하게 할 수 있다.

④ 기획재정부장관은 효율적인 검사를 위하여 필요하다고 인정되는 경우에는 외국환업무취급기관등이나 그 밖에 이 법을 적용받는 거래 당사자 또는 관계인의 업무와 재산에 관한 자료의 제출을 요구할 수 있다.

⑤ 기획재정부장관은 제3항에 따른 검사 결과 위법한 사실을 발견하였을 때에는 그 시정을 명하거나 그 밖에 대통령령으로 정하는 필요한 조치를 할 수 있다.

⑥ 기획재정부장관은 필요하다고 인정되는 경우에는 대통령령으로 정하는 바에 따라 한국은행총재, 금융감독원장, 그 밖에 대통령령으로 정하는 자에게 위탁하여 그 소속 직원으로 하여금 제3항부터 제5항까지의 규정에 따른 업무를 수행하게 할 수 있다.

⑦ 제3항이나 제6항에 따라 검사를 하는 사람은 그 권한을 표시하는 증표를 지니고 이를 관계인에게 내보여야 한다.

제21조(국세청장 등에게의 통보 등) ① 다른 법률에도 불구하고 기획재정부장관은 이 법을 적용받는 거래, 지급, 수령, 자금의 이동 등에 관한 자료를 국세청장, 관세청장, 금융감독원장 또는 한국수출입은행장에게 직접 통보하거나 한국은행총재, 외국환업무취급기관등의 장, 세관의 장, 그 밖에 대통령령으로 정하는 자로 하여금 국세청장, 관세청장, 금융감독원장 또는 한국수출입은행장에게 통보하도록 할 수 있다.

② 기획재정부장관은 대통령령으로 정하는 자에게 이 법을 적용받는 거래, 지급, 수령, 자금의 이동 등에 관한 자료를 「신용정보의 이용 및 보호에 관한 법률」 제25조에 따른 신용정보집중기관에 제공하도록 할 수 있다.

제22조(외국환거래의 비밀보장) 이 법에 따른 허가·인가·등록·신고·보고·통보·중개(仲介)·중계(中繼)·집중(集中)·교환 등의 업무에 종사하는 사람은 그 업무와 관련하여 알게 된 정보를 「금융실명

거래 및 비밀보장에 관한 법률」 제4조에서 정하는 경우를 제외하고는 이 법에서 정하는 용도가 아닌 용도로 사용하거나 다른 사람에게 누설하여서는 아니 된다.

제23조(권한의 위임 · 위탁 등) ① 기획재정부장관은 이 법에 따른 권한의 일부를 대통령령으로 정하는 바에 따라 금융위원회, 증권선물위원회, 관계 행정기관의 장, 한국은행총재, 금융감독원장, 외국환업무취급기관등의 장, 그 밖에 대통령령으로 정하는 자에게 위임하거나 위탁할 수 있다.

② 제1항 및 제20조제6항에 따른 업무를 담당하는 사람과 그 소속 임원 및 직원(공무원 및 다른 법률에서 공무원으로 보도록 하는 사람은 제외한다)은 「형법」이나 그 밖의 법률에 따른 벌칙을 적용할 때에는 공무원으로 본다.

제24조(전자문서에 의한 허가 등) ① 기획재정부장관은 이 법에 따른 허가 · 인가 · 통지 · 통보를 대통령령으로 정하는 바에 따라 전자문서(전산망 또는 전산처리설비를 이용한 자료의 제출을 포함한다. 이하 이 조에서 같다)의 방법으로 할 수 있다.

② 기획재정부장관은 이 법의 실효성을 확보하기 위하여 필요하다고 인정되는 경우에는 외국환업무취급기관등이나 그 밖에 이 법을 적용받는 거래 당사자 또는 관계인으로 하여금 신고, 신청, 보고, 자료의 통보 및 제출을 전자문서의 방법으로 하도록 명할 수 있다.

제25조(사무처리 등) ① 기획재정부장관은 이 법의 효율적인 운영과 실효성 확보를 위하여 필요하다고 인정되는 경우에는 사무처리나 지급 또는 수령의 절차와 그 밖에 필요한 사항을 정할 수 있다.

② 기획재정부장관은 대통령령으로 정하는 바에 따라 외국환업무와 관련이 있거나 전문성을 갖춘 법인 또는 단체 중에서 하나 이상의 법인 또는 단체를 지정하여 외국환거래, 지급 또는 수령에 관한 자료를 중계 · 집중 · 교환 또는 분석하는 기관으로 운영할 수 있다.

제26조(다른 법률과의 관계) 제11조의3제5항, 제20조, 제23조, 제24조 및 제25조제2항은 「금융실명거래 및 비밀보장에 관한 법률」 제4조에 우선하여 적용된다.

제6장 벌 칙

제27조(벌칙) ① 다음 각 호의 어느 하나에 해당하는 자는 5년 이하의 징역 또는 5억원 이하의 벌금에 처한다. 다만, 위반행위의 목적물 가액(價額)의 3배가 5억원을 초과하는 경우에는 그 벌금을 목적물 가액의 3배 이하로 한다.

1. 제5조제2항을 위반하여 기준환율등에 따르지 아니하고 거래한 자
2. 제6조제1항제1호의 조치를 위반하여 지급 또는 수령이나 거래를 한 자
3. 제6조제1항제2호의 조치에 따른 보관 · 예치 또는 매각 의무를 위반한 자
4. 제6조제1항제3호의 조치에 따른 회수의무를 위반한 자
5. 제6조제2항의 조치에 따른 허가를 받지 아니하거나, 거짓이나 그 밖의 부정한 방법으로 허가를 받고 자본거래를 한 자 또는 예치의무를 위반한 자
6. 제10조제2항을 위반하여 외국환업무를 한 자

② 제1항의 징역과 벌금은 병과(倂科)할 수 있다.

제27조의2(벌칙) ① 다음 각 호의 어느 하나에 해당하는 자는 3년 이하의 징역 또는 3억원 이하의 벌금에 처한다. 다만, 위반행위의 목적물 가액의 3배가 3억원을 초과하는 경우에는 그 벌금을 목적물 가액의 3배 이하로 한다.

1. 제8조제1항 본문 또는 같은 조 제3항에 따른 등록을 하지 아니하거나, 거짓이나 그 밖의 부정한 방법으로 등록을 하고 외국환업무를 한 자(제8조제4항에 따른 폐지신고를 거짓으로 하고 외국환업무를 한 자 및 제12조제1항에 따른 처분을 위반하여 외국환업무를 한 자를 포함한다)
2. 제9조제1항 전단, 같은 조 제3항 또는 제5항에 따른 인가를 받지 아니하거나, 거짓이나 그 밖의 부정한 방법으로 인가를 받고 외국환중개업무를 한 자(제9조제3항에 따른 신고를 거짓으로 하고 외국환중개업무를 한 자 및 제12조제1항에 따른 처분을 위반하여 외국환중개업무를 한 자를 포함한다)
3. 제15조제2항에 따른 허가를 받지 아니하거나, 거짓이나 그 밖의 부정한 방법으로 허가를 받고 지급 또는 수령을 한 자

② 제1항의 징역과 벌금은 병과할 수 있다.

제28조(벌칙) ① 제22조를 위반하여 정보를 이 법에서 정하는 용도가 아닌 용도로 사용하거나 다른 사람에게 누설한 사람은 2년 이하의 징역 또는 2억원 이하의 벌금에 처한다.

② 제1항의 징역과 벌금은 병과할 수 있다.

제29조(벌칙) ① 다음 각 호의 어느 하나에 해당하는 자는 1년 이하의 징역 또는 1억원 이하의 벌금에 처한다. 다만, 위반행위의 목적물 가액의 3배가 1억원을 초과하는 경우에는 그 벌금을 목적물 가액의 3배 이하로 한다.

1. 제8조제5항에 따른 인가를 받지 아니하거나, 거짓이나 그 밖의 부정한 방법으로 인가를 받고 계약을 체결한 자
2. 제10조제1항을 위반하여 확인하지 아니한 자
3. 제16조 또는 제18조에 따른 신고의무를 위반한 금액이 5억원 이상의 범위에서 대통령령으로 정하는 금액을 초과하는 자
4. 제17조에 따른 신고를 하지 아니하거나 거짓으로 신고를 하고 지급수단 또는 증권을 수출하거나 수입한 자(제17조에 따른 신고의무를 위반한 금액이 미화 2만달러 이상의 범위에서 대통령령으로 정하는 금액을 초과하는 경우로 한정한다)
5. 제19조제2항에 따른 거래 또는 행위의 정지 · 제한을 위반하여 거래 또는 행위를 한 자
6. 제32조제1항에 따른 과태료 처분을 받은 자가 해당 처분을 받은 날부터 2년 이내에 다시 같은 항에 따른 위반행위를 한 경우

② 제1항제4호의 미수범은 처벌한다.

③ 제1항의 징역과 벌금은 병과할 수 있다.

제30조(몰수 · 추징) 제27조제1항 각 호, 제27조의2제1항 각 호 또는 제29조제1항 각 호의 어느 하나에 해당하는 자가 해당 행위를 하여 취득한 외국환이나 그 밖에 증권, 귀금속, 부동산 및 내국지급수단은 몰수하며, 몰수할 수 없는 경우에는 그 가액을 추징한다.

제31조(양벌규정) 법인의 대표자나 법인 또는 개인의 대리인, 사용인, 그 밖의 종업원이 그 법인 또는 개인의 재산 또는 업무에 관하여 제27조, 제27조의2, 제28조 및 제29조의 어느 하나에 해당하는 위반행위를 하면 그 행위자를 벌하는 외에 그 법인 또는 개인에게도 해당 조문의 벌금형을 과(科)한다. 다만, 법인 또는 개인이 그 위반행위를 방지하기 위하여 해당 재산 또는 업무에 관하여 상당한 주의와 감독을 게을리하지 아니한 경우에는 그러하지 아니하다.

제32조(과태료) ① 다음 각 호의 어느 하나에 해당하는 자에게는 1억원 이하의 과태료를 부과한다. 다만, 제29조에 해당하는 경우는 제외한다.

1. 제8조제4항에 따른 변경신고를 하지 아니하거나 거짓으로 변경신고를 하고 외국환업무를 한 자
2. 제9조제1항 후단에 따른 변경신고를 하지 아니하거나 거짓으로 변경신고를 하고 외국환중개업무를 한 자 또는 같은 조 제2항을 위반하여 거래한 자
3. 제16조에 따른 신고를 하지 아니하거나 거짓으로 신고를 하고 지급 또는 수령을 한 자

3의2. 삭제 〈2017. 1. 17.〉

4. 제18조제1항에 따른 신고를 하지 아니하거나 거짓으로 신고를 하고 자본거래를 한 자
5. 제18조제5항을 위반하여 신고수리가 거부되었음에도 그 신고에 해당하는 자본거래를 한 자
6. 제18조제6항을 위반하여 같은 조 제4항제3호의 권고내용과 달리 자본거래를 한 자

② 다음 각 호의 어느 하나에 해당하는 자에게는 5천만원 이하의 과태료를 부과한다. 다만, 제29조에 해당하는 경우는 제외한다.

1. 제11조의3제5항에 따른 자료를 제출하지 아니하거나 거짓으로 제출한 자
2. 제15조제1항에 따른 지급절차 등을 위반하여 지급 · 수령을 하거나 자금을 이동시킨 자
3. 제17조에 따른 신고를 하지 아니하거나 거짓으로 신고를 하고 지급수단 또는 증권을 수출입하거나 수출입하려 한 자

③ 다음 각 호의 어느 하나에 해당하는 자에게는 3천만원 이하의 과태료를 부과한다.

1. 제16조 또는 제18조를 위반하여 신고를 갈음하는 사후 보고를 하지 아니하거나 거짓으로 사후 보고를 한 자
2. 제20조제3항 또는 제6항에 따른 검사에 응하지 아니하거나 검사를 거부 · 방해 또는 기피한 자
3. 제20조제5항 또는 제6항에 따른 시정명령에 따르지 아니한 자
4. 제21조에 따른 기획재정부장관의 명령을 위반하여 통보 또는 제공을 하지 아니하거나 거짓으로 통보 또는 제공한 자

④ 다음 각 호의 어느 하나에 해당하는 자에게는 1천만원 이하의 과태료를 부과한다.

1. 제8조제4항에 따른 폐지신고를 하지 아니한 자
2. 제9조제3항에 따른 신고를 하지 아니한 자
3. 제19조제1항에 따른 경고를 받고 2년 이내에 경고 사유에 해당하는 위반행위를 한 자
4. 제20조제1항 또는 제2항에 따른 보고 또는 자료

제출을 하지 아니하거나 거짓으로 보고 또는 자료 제출을 한 자
5. 제20조제4항 또는 제6항에 따른 자료를 제출하지 아니하거나 거짓으로 자료 제출을 한 자
6. 제24조제2항에 따른 기획재정부장관의 명령을 위반하여 신고, 신청, 보고, 자료의 통보 및 제출을 전자문서의 방법으로 하지 아니한 자

⑤ 제1항부터 제4항까지의 규정에 따른 과태료는 대통령령으로 정하는 바에 따라 기획재정부장관이 부과 · 징수한다.

부칙 〈제18244호, 2021. 6. 15.〉

제1조(시행일) 이 법은 공포 후 3개월이 경과한 날부터 시행한다.

제2조(위탁기관의 손해배상책임에 관한 적용례) 제10조의2제2항의 개정규정은 수탁기관이 위탁받은 업무와 관련한 법률의 규정을 이 법 시행 이후 위반한 경우부터 적용한다.

관 세 법

[시행 2022. 9. 18.] [법률 제18976호, 2022. 9. 15., 일부개정]

제1장 총 칙

제1절 통 칙

제1조(목적) 이 법은 관세의 부과·징수 및 수출입물품의 통관을 적정하게 하고 관세수입을 확보함으로써 국민경제의 발전에 이바지함을 목적으로 한다. [전문개정 2010. 12. 30.]

제2조(정의) 이 법에서 사용하는 용어의 뜻은 다음과 같다. 〈개정 2020. 12. 22.〉

1. "수입"이란 외국물품을 우리나라에 반입(보세구역을 경유하는 것은 보세구역으로부터 반입하는 것을 말한다)하거나 우리나라에서 소비 또는 사용하는 것(우리나라의 운송수단 안에서의 소비 또는 사용을 포함하며, 제239조 각 호의 어느 하나에 해당하는 소비 또는 사용은 제외한다)을 말한다.
2. "수출"이란 내국물품을 외국으로 반출하는 것을 말한다.
3. "반송"이란 국내에 도착한 외국물품이 수입통관절차를 거치지 아니하고 다시 외국으로 반출되는 것을 말한다.
4. "외국물품"이란 다음 각 목의 어느 하나에 해당하는 물품을 말한다.
   가. 외국으로부터 우리나라에 도착한 물품[외국의 선박 등이 공해(公海, 외국의 영해가 아닌 경제수역을 포함한다. 이하 같다)에서 채집하거나 포획한 수산물 등을 포함한다]으로서 제241조제1항에 따른 수입의 신고(이하 "수입신고"라 한다)가 수리(受理)되기 전의 것
   나. 제241조제1항에 따른 수출의 신고(이하 "수출신고"라 한다)가 수리된 물품
5. "내국물품"이란 다음 각 목의 어느 하나에 해당하는 물품을 말한다.
   가. 우리나라에 있는 물품으로서 외국물품이 아닌 것
   나. 우리나라의 선박 등이 공해에서 채집하거나 포획한 수산물 등
   다. 제244조제1항에 따른 입항전수입신고(이하 "입항전수입신고"라 한다)가 수리된 물품
   라. 제252조에 따른 수입신고수리전 반출승인을 받아 반출된 물품
   마. 제253조제1항에 따른 수입신고전 즉시반출신고를 하고 반출된 물품
6. "국제무역선"이란 무역을 위하여 우리나라와 외국 간을 운항하는 선박을 말한다.
7. "국제무역기"란 무역을 위하여 우리나라와 외국 간을 운항하는 항공기를 말한다.
8. "국내운항선"이란 국내에서만 운항하는 선박을 말한다.
9. "국내운항기"란 국내에서만 운항하는 항공기를 말한다.
10. "선박용품"이란 음료, 식품, 연료, 소모품, 밧줄, 수리용 예비부분품 및 부속품, 집기, 그 밖에 이와 유사한 물품으로서 해당 선박에서만 사용되는 것을 말한다.
11. "항공기용품"이란 선박용품에 준하는 물품으로서 해당 항공기에서만 사용되는 것을 말한다.
12. "차량용품"이란 선박용품에 준하는 물품으로서 해당 차량에서만 사용되는 것을 말한다.
13. "통관"(通關)이란 이 법에 따른 절차를 이행하여 물품을 수출·수입 또는 반송하는 것을 말한다.
14. "환적"(換積)이란 동일한 세관의 관할구역에서 입국 또는 입항하는 운송수단에서 출국 또는 출항하는 운송수단으로 물품을 옮겨 싣는 것을 말한다.
15. "복합환적"(複合換積)이란 입국 또는 입항하는 운송수단의 물품을 다른 세관의 관할구역으로 운송하여 출국 또는 출항하는 운송수단으로 옮겨 싣는 것을 말한다.
16. "운영인"이란 다음 각 목의 어느 하나에 해당하는 자를 말한다.

가. 제174조제1항에 따라 특허보세구역의 설치·운영에 관한 특허를 받은 자
나. 제198조제1항에 따라 종합보세사업장의 설치·운영에 관한 신고를 한 자
17. "세관공무원"이란 다음 각 목의 사람을 말한다.
가. 관세청장, 세관장 및 그 소속 공무원
나. 그 밖에 관세청 소속기관의 장 및 그 소속 공무원
18. "탁송품"(託送品)이란 상업서류, 견본품, 자가사용물품, 그 밖에 이와 유사한 물품으로서 국제무역선·국제무역기 또는 국경출입차량을 이용한 물품의 송달을 업으로 하는 자(물품을 휴대하여 반출입하는 것을 업으로 하는 자는 제외한다)에게 위탁하여 우리나라에 반입하거나 외국으로 반출하는 물품을 말한다.
[전문개정 2010. 12. 30.]

제3조(관세징수의 우선) ① 관세를 납부하여야 하는 물품에 대하여는 다른 조세, 그 밖의 공과금 및 채권에 우선하여 그 관세를 징수한다.
② 국세징수의 예에 따라 관세를 징수하는 경우 강제징수의 대상이 해당 관세를 납부하여야 하는 물품이 아닌 재산인 경우에는 관세의 우선순위는 「국세기본법」에 따른 국세와 동일하게 한다. 〈개정 2020. 12. 29.〉
[전문개정 2010. 12. 30.]

제4조(내국세등의 부과·징수) ① 수입물품에 대하여 세관장이 부과·징수하는 부가가치세, 지방소비세, 담배소비세, 지방교육세, 개별소비세, 주세, 교육세, 교통·에너지·환경세 및 농어촌특별세(이하 "내국세등"이라 하되, 내국세등의 가산세 및 강제징수비를 포함한다)의 부과·징수·환급 등에 관하여 「국세기본법」, 「국세징수법」, 「부가가치세법」, 「지방세법」, 「개별소비세법」, 「주세법」, 「교육세법」, 「교통·에너지·환경세법」 및 「농어촌특별세법」의 규정과 이 법의 규정이 상충되는 경우에는 이 법의 규정을 우선하여 적용한다. 〈개정 2013. 1. 1., 2015. 12. 29., 2019. 12. 31., 2020. 12. 29.〉
② 수입물품에 대하여 세관장이 부과·징수하는 내국세등의 체납이 발생하였을 때에는 징수의 효율성 등을 고려하여 필요하다고 인정되는 경우 대통령령으로 정하는 바에 따라 납세의무자의 주소지(법인의 경우 그 법인의 등기부에 따른 본점이나 주사무소의 소재지)를 관할하는 세무서장이 체납세액을 징수할 수 있다. 〈신설 2013. 1. 1.〉
③ 이 법에 따른 가산세 및 강제징수비의 부과·징수·환급 등에 관하여는 이 법 중 관세의 부과·징수·환급 등에 관한 규정을 적용한다. 〈개정 2013. 1. 1., 2019. 12. 31., 2020. 12. 29.〉
④ 수입물품에 대하여 세관장이 부과·징수하는 내국세등에 대한 담보제공 요구, 국세충당, 담보해제, 담보금액 등에 관하여는 이 법 중 관세에 대한 담보 관련 규정을 적용한다. 〈신설 2013. 1. 1.〉
[전문개정 2010. 12. 30.]

제2절 법 적용의 원칙 등

제5조(법 해석의 기준과 소급과세의 금지) ① 이 법을 해석하고 적용할 때에는 과세의 형평과 해당 조항의 합목적성에 비추어 납세자의 재산권을 부당하게 침해하지 아니하도록 하여야 한다.
② 이 법의 해석이나 관세행정의 관행이 일반적으로 납세자에게 받아들여진 후에는 그 해석이나 관행에 따른 행위 또는 계산은 정당한 것으로 보며, 새로운 해석이나 관행에 따라 소급하여 과세되지 아니한다.
③ 제1항 및 제2항의 기준에 맞는 이 법의 해석에 관한 사항은 「국세기본법」 제18조의2에 따른 국세예규심사위원회에서 심의할 수 있다. 〈신설 2011. 12. 31.〉
④ 이 법의 해석에 관한 질의회신의 처리 절차 및 방법 등에 관하여 필요한 사항은 대통령령으로 정한다. 〈신설 2011. 12. 31.〉
[전문개정 2010. 12. 30.]

제6조(신의성실) 납세자가 그 의무를 이행할 때에는 신의에 따라 성실하게 하여야 한다. 세관공무원이 그 직무를 수행할 때에도 또한 같다.
[전문개정 2010. 12. 30.]

제7조(세관공무원 재량의 한계) 세관공무원은 그 재량으로 직무를 수행할 때에는 과세의 형평과 이 법의 목적에 비추어 일반적으로 타당하다고 인정되는 한계를 엄수하여야 한다.
[전문개정 2010. 12. 30.]

제3절 기간과 기한

제8조(기간 및 기한의 계산) ① 이 법에 따른 기간을 계산할 때 제252조에 따른 수입신고수리전 반출

승인을 받은 경우에는 그 승인일을 수입신고의 수리일로 본다.

② 이 법에 따른 기간의 계산은 이 법에 특별한 규정이 있는 것을 제외하고는 「민법」에 따른다.

③ 이 법에 따른 기한이 공휴일(「근로자의 날 제정에 관한 법률」에 따른 근로자의 날과 토요일을 포함한다) 또는 대통령령으로 정하는 날에 해당하는 경우에는 그 다음 날을 기한으로 한다.

④ 제327조에 따른 국가관세종합정보망, 연계정보통신망 또는 전산처리설비가 대통령령으로 정하는 장애로 가동이 정지되어 이 법에 따른 기한까지 이 법에 따른 신고, 신청, 승인, 허가, 수리, 교부, 통지, 통고, 납부 등을 할 수 없게 되는 경우에는 그 장애가 복구된 날의 다음 날을 기한으로 한다. 〈개정 2020. 12. 22.〉

[전문개정 2010. 12. 30.]

제9조(관세의 납부기한 등) ① 관세의 납부기한은 이 법에서 달리 규정하는 경우를 제외하고는 다음 각 호의 구분에 따른다. 〈개정 2020. 12. 22.〉

1. 제38조제1항에 따른 납세신고를 한 경우: 납세신고 수리일부터 15일 이내
2. 제39조제3항에 따른 납부고지를 한 경우: 납부고지를 받은 날부터 15일 이내
3. 제253조제1항에 따른 수입신고전 즉시반출신고를 한 경우: 수입신고일부터 15일 이내

② 납세의무자는 제1항에도 불구하고 수입신고가 수리되기 전에 해당 세액을 납부할 수 있다.

③ 세관장은 납세실적 등을 고려하여 관세청장이 정하는 요건을 갖춘 성실납세자가 대통령령으로 정하는 바에 따라 신청을 할 때에는 제1항제1호 및 제3호에도 불구하고 납부기한이 동일한 달에 속하는 세액에 대하여는 그 기한이 속하는 달의 말일까지 한꺼번에 납부하게 할 수 있다. 이 경우 세관장은 필요하다고 인정하는 경우에는 납부할 관세에 상당하는 담보를 제공하게 할 수 있다. 〈개정 2016. 12. 20.〉

[전문개정 2010. 12. 30.]

제10조(천재지변 등으로 인한 기한의 연장) 세관장은 천재지변이나 그 밖에 대통령령으로 정하는 사유로 이 법에 따른 신고, 신청, 청구, 그 밖의 서류의 제출, 통지, 납부 또는 징수를 정하여진 기한까지 할 수 없다고 인정되는 경우에는 1년을 넘지 아니하는 기간을 정하여 대통령령으로 정하는 바에 따라 그 기한을 연장할 수 있다. 이 경우 세관장은 필요하다고 인정하는 경우에는 납부할 관세에 상당하는 담보를 제공하게 할 수 있다. 〈개정 2016. 12. 20.〉

[전문개정 2010. 12. 30.]

제4절 서류의 송달 등

제11조(납부고지서의 송달) ① 관세 납부고지서의 송달은 납세의무자에게 직접 발급하는 경우를 제외하고는 인편(人便), 우편 또는 제327조에 따른 전자송달의 방법으로 한다. 〈개정 2015. 12. 15., 2020. 12. 22.〉

② 세관장은 관세의 납세의무자의 주소, 거소(居所), 영업소 또는 사무소가 모두 분명하지 아니하여 관세의 납부고지서를 송달할 수 없을 때에는 해당 세관의 게시판이나 그 밖의 적당한 장소에 납부고지사항을 공시(公示)할 수 있다. 〈개정 2020. 12. 22.〉

③ 제2항에 따라 납부고지사항을 공시하였을 때에는 공시일부터 14일이 지나면 관세의 납세의무자에게 납부고지서가 송달된 것으로 본다. 〈개정 2020. 12. 22.〉

[전문개정 2010. 12. 30.]

[제목개정 2020. 12. 22.]

제12조(신고 서류의 보관기간) 이 법에 따라 가격신고, 납세신고, 수출입신고, 반송신고, 보세화물반출입신고, 보세운송신고를 하거나 적재화물목록을 제출한 자는 신고 또는 제출한 자료(신고필증을 포함한다)를 신고 또는 제출한 날부터 5년의 범위에서 대통령령으로 정하는 기간 동안 보관하여야 한다. 〈개정 2011. 12. 31., 2020. 12. 22.〉

[전문개정 2010. 12. 30.]

제5절 삭 제〈2008. 12. 26.〉

제13조 삭제 〈2008. 12. 26.〉

제2장 과세가격과 관세의 부과 · 징수 등

제1절 통 칙

제14조(과세물건) 수입물품에는 관세를 부과한다.

[전문개정 2010. 12. 30.]

제15조(과세표준) 관세의 과세표준은 수입물품의 가격 또는 수량으로 한다.
[전문개정 2010. 12. 30.]

제16조(과세물건 확정의 시기) 관세는 수입신고(입항전수입신고를 포함한다. 이하 이 조에서 같다)를 하는 때의 물품의 성질과 그 수량에 따라 부과한다. 다만, 다음 각 호의 어느 하나에 해당하는 물품에 대하여는 각 해당 호에 규정된 때의 물품의 성질과 그 수량에 따라 부과한다. 〈개정 2018. 12. 31.〉

1. 제143조제6항(제151조제2항에 따라 준용되는 경우를 포함한다)에 따라 관세를 징수하는 물품: 하역을 허가받은 때
2. 제158조제7항에 따라 관세를 징수하는 물품: 보세구역 밖에서 하는 보수작업을 승인받은 때
3. 제160조제2항에 따라 관세를 징수하는 물품: 해당 물품이 멸실되거나 폐기된 때
4. 제187조제7항(제195조제2항과 제202조제3항에 따라 준용되는 경우를 포함한다)에 따라 관세를 징수하는 물품: 보세공장 외 작업, 보세건설장 외 작업 또는 종합보세구역 외 작업을 허가받거나 신고한 때
5. 제217조에 따라 관세를 징수하는 물품: 보세운송을 신고하거나 승인받은 때
6. 수입신고가 수리되기 전에 소비하거나 사용하는 물품(제239조에 따라 소비 또는 사용을 수입으로 보지 아니하는 물품은 제외한다): 해당 물품을 소비하거나 사용한 때
7. 제253조제1항에 따른 수입신고전 즉시반출신고를 하고 반출한 물품: 수입신고전 즉시반출신고를 한 때
8. 우편으로 수입되는 물품(제258조제2항에 해당하는 우편물은 제외한다): 제256조에 따른 통관우체국(이하 "통관우체국"이라 한다)에 도착한 때
9. 도난물품 또는 분실물품: 해당 물품이 도난되거나 분실된 때
10. 이 법에 따라 매각되는 물품: 해당 물품이 매각된 때
11. 수입신고를 하지 아니하고 수입된 물품(제1호부터 제10호까지에 규정된 것은 제외한다): 수입된 때

[전문개정 2010. 12. 30.]

제17조(적용 법령) 관세는 수입신고 당시의 법령에 따라 부과한다. 다만, 다음 각 호의 어느 하나에 해당하는 물품에 대하여는 각 해당 호에 규정된 날에 시행되는 법령에 따라 부과한다.

1. 제16조 각 호의 어느 하나에 해당되는 물품: 그 사실이 발생한 날
2. 제192조에 따라 보세건설장에 반입된 외국물품: 사용 전 수입신고가 수리된 날

[전문개정 2010. 12. 30.]

제18조(과세환율) 과세가격을 결정하는 경우 외국통화로 표시된 가격을 내국통화로 환산할 때에는 제17조에 따른 날(보세건설장에 반입된 물품의 경우에는 수입신고를 한 날을 말한다)이 속하는 주의 전주(前週)의 기준환율 또는 재정환율을 평균하여 관세청장이 그 율을 정한다. 〈개정 2022. 9. 15.〉
[전문개정 2010. 12. 30.]

제19조(납세의무자) ① 다음 각 호의 어느 하나에 해당하는 자는 관세의 납세의무자가 된다. 〈개정 2013. 1. 1., 2017. 12. 19., 2018. 12. 31., 2020. 12. 22.〉

1. 수입신고를 한 물품인 경우에는 그 물품을 수입신고하는 때의 화주(화주가 불분명할 때에는 다음 각 목의 어느 하나에 해당하는 자를 말한다. 이하 이 조에서 같다). 다만, 수입신고가 수리된 물품 또는 제252조에 따른 수입신고수리전 반출승인을 받아 반출된 물품에 대하여 납부하였거나 납부하여야 할 관세액이 부족한 경우 해당 물품을 수입신고하는 때의 화주의 주소 및 거소가 분명하지 아니하거나 수입신고인이 화주를 명백히 하지 못하는 경우에는 그 신고인이 해당 물품을 수입신고하는 때의 화주와 연대하여 해당 관세를 납부하여야 한다.
   가. 수입을 위탁받아 수입업체가 대행수입한 물품인 경우: 그 물품의 수입을 위탁한 자
   나. 수입을 위탁받아 수입업체가 대행수입한 물품이 아닌 경우: 대통령령으로 정하는 상업서류에 적힌 물품수신인
   다. 수입물품을 수입신고 전에 양도한 경우: 그 양수인
2. 제143조제6항(제151조제2항에 따라 준용되는 경우를 포함한다)에 따라 관세를 징수하는 물품인 경우에는 하역허가를 받은 자
3. 제158조제7항에 따라 관세를 징수하는 물품인

경우에는 보세구역 밖에서 하는 보수작업을 승인받은 자
4. 제160조제2항에 따라 관세를 징수하는 물품인 경우에는 운영인 또는 보관인
5. 제187조제7항(제195조제2항 또는 제202조제3항에 따라 준용되는 경우를 포함한다)에 따라 관세를 징수하는 물품인 경우에는 보세공장 외 작업, 보세건설장 외 작업 또는 종합보세구역 외 작업을 허가받거나 신고한 자
6. 제217조에 따라 관세를 징수하는 물품인 경우에는 보세운송을 신고하였거나 승인을 받은 자
7. 수입신고가 수리되기 전에 소비하거나 사용하는 물품(제239조에 따라 소비 또는 사용을 수입으로 보지 아니하는 물품은 제외한다)인 경우에는 그 소비자 또는 사용자
8. 제253조제4항에 따라 관세를 징수하는 물품인 경우에는 해당 물품을 즉시 반출한 자
9. 우편으로 수입되는 물품인 경우에는 그 수취인
10. 도난물품이나 분실물품인 경우에는 다음 각 목에 규정된 자
  가. 보세구역의 장치물품(藏置物品): 그 운영인 또는 제172조제2항에 따른 화물관리인(이하 "화물관리인"이라 한다)
  나. 보세운송물품: 보세운송을 신고하거나 승인을 받은 자
  다. 그 밖의 물품: 그 보관인 또는 취급인
11. 이 법 또는 다른 법률에 따라 따로 납세의무자로 규정된 자
12. 제1호부터 제11호까지 외의 물품인 경우에는 그 소유자 또는 점유자

② 제1항제1호에 따른 화주 또는 신고인과 제1항제2호부터 제11호까지에 규정된 자가 경합되는 경우에는 제1항제2호부터 제11호까지에 규정된 자를 납세의무자로 한다.

③ 이 법 또는 다른 법령, 조약, 협약 등에 따라 관세의 납부를 보증한 자는 보증액의 범위에서 납세의무를 진다.

④ 법인이 합병하거나 상속이 개시된 경우에는 「국세기본법」 제23조 및 제24조를 준용하여 관세·가산세 및 강제징수비의 납세의무를 승계한다. 이 경우 같은 법 제24조제2항 및 제4항의 "세무서장"은 "세관장"으로 본다. 〈신설 2014. 1. 1., 2019. 12. 31., 2020. 12. 22.〉

⑤ 제1항 각 호에 따른 물품에 관계되는 관세·가산세 및 강제징수비에 대해서는 다음 각 호에 규정된 자가 연대하여 납부할 의무를 진다. 〈신설 2014. 1. 1., 2017. 12. 19., 2019. 12. 31., 2020. 6. 9., 2020. 12. 22., 2021. 12. 21.〉
1. 제1항제1호에 따른 수입신고물품의 경우 다음 각 목에 규정된 자
  가. 수입신고물품이 공유물이거나 공동사업에 속하는 물품인 경우: 그 공유자 또는 공동사업자인 납세의무자
  나. 수입신고인이 수입신고를 하면서 수입신고하는 때의 화주가 아닌 자를 납세의무자로 신고한 경우: 수입신고인 또는 납세의무자로 신고된 자가 제270조제1항 또는 제4항에 따른 관세포탈 또는 부정감면의 범죄를 저지르거나 제271조제1항(제270조제1항 또는 제4항에 따른 행위를 교사하거나 방조한 경우에 한정한다)에 따른 범죄를 저질러 유죄의 확정판결을 받은 경우 그 수입신고인 및 납세의무자로 신고된 자와 해당 물품을 수입신고하는 때의 화주. 다만, 관세포탈 또는 부정감면으로 얻은 이득이 없는 수입신고인 또는 납세의무자로 신고된 자는 제외한다.
  다. 다음 중 어느 하나를 업으로 하는 자(이하 "구매대행업자"라 한다)가 화주로부터 수입물품에 대하여 납부할 관세 등에 상당하는 금액을 수령하고, 수입신고인 등에게 과세가격 등의 정보를 거짓으로 제공한 경우: 구매대행업자와 수입신고하는 때의 화주
    1) 자가사용물품을 수입하려는 화주의 위임에 따라 해외 판매자로부터 해당 수입물품의 구매를 대행하는 것
    2) 사이버몰(컴퓨터 등과 정보통신설비를 이용하여 재화 등을 거래할 수 있도록 설정된 가상의 영업장을 말한다. 이하 같다) 등을 통하여 해외로부터 구매 가능한 물품의 정보를 제공하고 해당 물품을 자가사용물품으로 수입하려는 화주의 요청에 따라 그 물품을 구매해서 판매하는 것
2. 제1항제2호부터 제12호까지의 규정에 따른 물품에 대한 납세의무자가 2인 이상인 경우 그 2인 이상의 납세의무자

⑥ 다음 각 호의 어느 하나에 해당되는 경우 「국

세기본법」 제25조제2항부터 제4항까지의 규정을 준용하여 분할되는 법인이나 분할 또는 분할합병으로 설립되는 법인, 존속하는 분할합병의 상대방 법인 및 신회사가 관세·가산세 및 강제징수비를 연대하여 납부할 의무를 진다. 〈신설 2014. 1. 1., 2019. 12. 31., 2020. 12. 22.〉

1. 법인이 분할되거나 분할합병되는 경우
2. 법인이 분할 또는 분할합병으로 해산하는 경우
3. 법인이 「채무자 회생 및 파산에 관한 법률」 제215조에 따라 신회사를 설립하는 경우

⑦ 이 법에 따라 관세·가산세 및 강제징수비를 연대하여 납부할 의무에 관하여는 「민법」 제413조부터 제416조까지, 제419조, 제421조, 제423조 및 제425조부터 제427조까지의 규정을 준용한다. 〈신설 2014. 1. 1., 2019. 12. 31., 2020. 12. 22.〉

⑧ 관세의 징수에 관하여는 「국세기본법」 제38조부터 제41조까지의 규정을 준용한다. 〈개정 2014. 1. 1.〉

⑨ 제8항에 따라 준용되는 「국세기본법」 제38조부터 제41조까지의 규정에 따른 제2차 납세의무자는 관세의 담보로 제공된 것이 없고 납세의무자와 관세의 납부를 보증한 자가 납세의무를 이행하지 아니하는 경우에 납세의무를 진다. 〈개정 2014. 1. 1.〉

⑩ 납세의무자(관세의 납부를 보증한 자와 제2차 납세의무자를 포함한다. 이하 이 조에서 같다)가 관세·가산세 및 강제징수비를 체납한 경우 그 납세의무자에게 「국세기본법」 제42조제3항에 따른 양도담보재산이 있을 때에는 그 납세의무자의 다른 재산에 대하여 강제징수를 하여도 징수하여야 하는 금액에 미치지 못한 경우에만 「국세징수법」 제7조를 준용하여 그 양도담보재산으로써 납세의무자의 관세·가산세 및 강제징수비를 징수할 수 있다. 다만, 그 관세의 납세신고일(제39조에 따라 부과고지하는 경우에는 그 납부고지서의 발송일을 말한다) 전에 담보의 목적이 된 양도담보재산에 대해서는 그러하지 아니하다. 〈개정 2014. 1. 1., 2019. 12. 31., 2020. 12. 22.〉

[전문개정 2010. 12. 30.]

제2절 납세의무의 소멸 등

제20조(납부의무의 소멸) 관세 또는 강제징수비를 납부하여야 하는 의무는 다음 각 호의 어느 하나에 해당되는 때에는 소멸한다. 〈개정 2019. 12. 31., 2020. 12. 29.〉

1. 관세를 납부하거나 관세에 충당한 때
2. 관세부과가 취소된 때
3. 제21조에 따라 관세를 부과할 수 있는 기간에 관세가 부과되지 아니하고 그 기간이 만료된 때
4. 제22조에 따라 관세징수권의 소멸시효가 완성된 때

[전문개정 2010. 12. 30.]

제21조(관세부과의 제척기간) ① 관세는 해당 관세를 부과할 수 있는 날부터 5년이 지나면 부과할 수 없다. 다만, 부정한 방법으로 관세를 포탈하였거나 환급 또는 감면받은 경우에는 관세를 부과할 수 있는 날부터 10년이 지나면 부과할 수 없다. 〈개정 2011. 12. 31., 2013. 8. 13.〉

1. 삭제 〈2013. 8. 13.〉
2. 삭제 〈2013. 8. 13.〉

② 다음 각 호의 어느 하나에 해당하는 경우에는 제1항에도 불구하고 해당 호에 규정된 기간까지는 해당 결정·판결·회신결과 또는 경정청구에 따라 경정이나 그 밖에 필요한 처분을 할 수 있다. 〈개정 2020. 12. 22.〉

1. 다음 각 목의 어느 하나에 해당하는 경우: 그 결정·판결이 확정된 날부터 1년
   가. 제5장제2절(제119조부터 제132조까지)에 따른 이의신청, 심사청구 또는 심판청구에 대한 결정이 있은 경우
   나. 「감사원법」에 따른 심사청구에 대한 결정이 있은 경우
   다. 「행정소송법」에 따른 소송에 대한 판결이 있은 경우
   라. 제313조에 따른 압수물품의 반환결정이 있은 경우
2. 이 법과 「자유무역협정의 이행을 위한 관세법의 특례에 관한 법률」 및 조약·협정 등에서 정하는 바에 따라 양허세율의 적용여부 및 세액 등을 확정하기 위하여 원산지증명서를 발급한 국가의 세관이나 그 밖에 발급권한이 있는 기관에게 원산지증명서 및 원산지증명서확인자료의 진위 여부, 정확성 등의 확인을 요청한 경우: 다음 각 목의 날 중 먼저 도래하는 날부터 1년
   가. 해당 요청에 따라 회신을 받은 날
   나. 이 법과 「자유무역협정의 이행을 위한 관세법의 특례에 관한 법률」 및 조약·협정 등에

서 정한 회신기간이 종료된 날

3. 다음 각 목의 어느 하나에 해당하는 경우: 경정청구일 또는 결정통지일부터 2개월
   가. 제38조의3제2항·제3항 또는 제38조의4제1항에 따른 경정청구가 있는 경우
   나. 제38조의4제4항에 따른 조정 신청에 대한 결정통지가 있는 경우

③ 제1항에 따른 관세를 부과할 수 있는 날은 대통령령으로 정한다.

[전문개정 2010. 12. 30.]

제22조(관세징수권 등의 소멸시효) ① 관세의 징수권은 이를 행사할 수 있는 날부터 다음 각 호의 구분에 따른 기간 동안 행사하지 아니하면 소멸시효가 완성된다. 〈개정 2014. 12. 23.〉

1. 5억원 이상의 관세(내국세를 포함한다. 이하 이 항에서 같다): 10년
2. 제1호 외의 관세: 5년

② 납세자의 과오납금 또는 그 밖의 관세의 환급청구권은 그 권리를 행사할 수 있는 날부터 5년간 행사하지 아니하면 소멸시효가 완성된다.

③ 제1항에 따른 관세의 징수권과 제2항에 따른 과오납금 또는 그 밖의 관세의 환급청구권을 행사할 수 있는 날은 대통령령으로 정한다.

[전문개정 2010. 12. 30.]

제23조(시효의 중단 및 정지) ① 관세징수권의 소멸시효는 다음 각 호의 어느 하나에 해당하는 사유로 중단된다. 〈개정 2020. 12. 22.〉

1. 납부고지
2. 경정처분
3. 납부독촉
4. 통고처분
5. 고발
6. 「특정범죄 가중처벌 등에 관한 법률」 제16조에 따른 공소제기
7. 교부청구
8. 압류

② 환급청구권의 소멸시효는 환급청구권의 행사로 중단된다.

③ 관세징수권의 소멸시효는 관세의 분할납부기간, 징수유예기간, 압류·매각의 유예기간 또는 사해행위(詐害行爲) 취소소송기간 중에는 진행하지 아니한다. 〈개정 2020. 12. 22.〉

④ 제3항에 따른 사해행위 취소소송으로 인한 시효정지의 효력은 소송이 각하, 기각 또는 취하된 경우에는 효력이 없다.

⑤ 관세징수권과 환급청구권의 소멸시효에 관하여 이 법에서 규정한 것을 제외하고는 「민법」을 준용한다.

[전문개정 2010. 12. 30.]

제3절 납세담보

제24조(담보의 종류 등) ① 이 법에 따라 제공하는 담보의 종류는 다음 각 호와 같다.

1. 금전
2. 국채 또는 지방채
3. 세관장이 인정하는 유가증권
4. 납세보증보험증권
5. 토지
6. 보험에 가입된 등기 또는 등록된 건물·공장재단·광업재단·선박·항공기 또는 건설기계
7. 세관장이 인정하는 보증인의 납세보증서

② 제1항제4호에 따른 납세보증보험증권 및 제7호에 따른 납세보증서는 세관장이 요청하면 특정인이 납부하여야 하는 금액을 일정 기일 이후에는 언제든지 세관장에게 지급한다는 내용의 것이어야 한다.

③ 제1항에 따른 담보의 제공에 필요한 사항은 대통령령으로 정한다.

④ 납세의무자(관세의 납부를 보증한 자를 포함한다)는 이 법에 따라 계속하여 담보를 제공하여야 하는 사유가 있는 경우에는 관세청장이 정하는 바에 따라 일정 기간에 제공하여야 하는 담보를 포괄하여 미리 세관장에게 제공할 수 있다.

[전문개정 2010. 12. 30.]

제25조(담보의 관세충당) ① 세관장은 담보를 제공한 납세의무자가 그 납부기한까지 해당 관세를 납부하지 아니하면 기획재정부령으로 정하는 바에 따라 그 담보를 해당 관세에 충당할 수 있다. 이 경우 담보로 제공된 금전을 해당 관세에 충당할 때에는 납부기한이 지난 후에 충당하더라도 제42조를 적용하지 아니한다. 〈개정 2019. 12. 31.〉

② 세관장은 제1항에 따라 담보를 관세에 충당하고 남은 금액이 있을 때에는 담보를 제공한 자에게 이를 돌려주어야 하며, 돌려줄 수 없는 경우에는 이를 공탁할 수 있다.

③ 세관장은 관세의 납세의무자가 아닌 자가 관세의 납부를 보증한 경우 그 담보로 관세에 충당하고 남은 금액이 있을 때에는 그 보증인에게 이를 직접 돌려주어야 한다.
[전문개정 2010. 12. 30.]

제26조(담보 등이 없는 경우의 관세징수) ① 담보 제공이 없거나 징수한 금액이 부족한 관세의 징수에 관하여는 이 법에 규정된 것을 제외하고는 「국세기본법」과 「국세징수법」의 예에 따른다.
② 세관장은 관세의 강제징수를 할 때에는 재산의 압류, 보관, 운반 및 공매에 드는 비용에 상당하는 강제징수비를 징수할 수 있다. 〈개정 2020. 12. 29.〉
[전문개정 2010. 12. 30.]

제26조의2(담보의 해제) 세관장은 납세담보의 제공을 받은 관세 및 강제징수비가 납부되었을 때에는 지체 없이 담보해제의 절차를 밟아야 한다. 〈개정 2019. 12. 31., 2020. 12. 29.〉
[전문개정 2010. 12. 30.]

제4절 과세가격의 신고 및 결정

제1관 가격신고 등

제27조(가격신고) ① 관세의 납세의무자는 수입신고를 할 때 대통령령으로 정하는 바에 따라 세관장에게 해당 물품의 가격에 대한 신고(이하 "가격신고"라 한다)를 하여야 한다. 다만, 통관의 능률을 높이기 위하여 필요하다고 인정되는 경우에는 대통령령으로 정하는 바에 따라 물품의 수입신고를 하기 전에 가격신고를 할 수 있다.
② 가격신고를 할 때에는 대통령령으로 정하는 바에 따라 과세가격의 결정과 관계되는 자료(이하 "과세가격결정자료"라 한다)를 제출하여야 한다. 〈개정 2013. 8. 13., 2020. 6. 9.〉
③ 과세가격을 결정하기가 곤란하지 아니하다고 인정하여 기획재정부령으로 정하는 물품에 대하여는 가격신고를 생략할 수 있다.
[전문개정 2010. 12. 30.]

제28조(잠정가격의 신고 등) ① 납세의무자는 가격신고를 할 때 신고하여야 할 가격이 확정되지 아니한 경우로서 대통령령으로 정하는 경우에는 잠정가격으로 가격신고를 할 수 있다. 이 경우 신고의 방법과 그 밖에 필요한 사항은 대통령령으로 정한다.
② 납세의무자는 제1항에 따른 잠정가격으로 가격신고를 하였을 때에는 대통령령으로 정하는 기간 내에 해당 물품의 확정된 가격을 세관장에게 신고하여야 한다.
③ 세관장은 납세의무자가 제2항에 따른 기간 내에 확정된 가격을 신고하지 아니하는 경우에는 해당 물품에 적용될 가격을 확정할 수 있다. 다만, 납세의무자가 폐업, 파산신고, 법인해산 등의 사유로 확정된 가격을 신고하지 못할 것으로 인정되는 경우에는 제2항에 따른 기간 중에도 해당 물품에 적용될 가격을 확정할 수 있다. 〈개정 2015. 12. 15.〉
④ 세관장은 제2항에 따라 확정된 가격을 신고받거나 제3항에 따라 가격을 확정하였을 때에는 대통령령으로 정하는 바에 따라 잠정가격을 기초로 신고납부한 세액과 확정된 가격에 따른 세액의 차액을 징수하거나 환급하여야 한다.
[전문개정 2010. 12. 30.]

제29조(가격조사 보고 등) ① 기획재정부장관 또는 관세청장은 과세가격을 결정하기 위하여 필요하다고 인정되는 경우에는 수출입업자, 경제단체 또는 그 밖의 관계인에게 과세가격 결정에 필요한 자료를 제출할 것을 요청할 수 있다. 이 경우 그 요청을 받은 자는 정당한 사유가 없으면 이에 따라야 한다.
② 관세청장은 다음 각 호의 어느 하나에 해당하는 경우 국민 생활에 긴요한 물품으로서 국내물품과 비교 가능한 수입물품의 평균 신고가격이나 반입 수량에 관한 자료를 대통령령으로 정하는 바에 따라 집계하여 공표할 수 있다.
1. 원활한 물자수급을 위하여 특정물품의 수입을 촉진시킬 필요가 있는 경우
2. 수입물품의 국내가격을 안정시킬 필요가 있는 경우
[전문개정 2010. 12. 30.]

제2관 과세가격의 결정

제30조(과세가격 결정의 원칙) ① 수입물품의 과세가격은 우리나라에 수출하기 위하여 판매되는 물품에 대하여 구매자가 실제로 지급하였거나 지급하여야 할 가격에 다음 각 호의 금액을 더하여 조정한 거래가격으로 한다. 다만, 다음 각 호의 금액을 더할 때에는 객관적이고 수량화할 수 있는 자

료에 근거하여야 하며, 이러한 자료가 없는 경우에는 이 조에 규정된 방법으로 과세가격을 결정하지 아니하고 제31조부터 제35조까지에 규정된 방법으로 과세가격을 결정한다. 〈개정 2013. 1. 1.〉

1. 구매자가 부담하는 수수료와 중개료. 다만, 구매수수료는 제외한다.
2. 해당 수입물품과 동일체로 취급되는 용기의 비용과 해당 수입물품의 포장에 드는 노무비와 자재비로서 구매자가 부담하는 비용
3. 구매자가 해당 수입물품의 생산 및 수출거래를 위하여 대통령령으로 정하는 물품 및 용역을 무료 또는 인하된 가격으로 직접 또는 간접으로 공급한 경우에는 그 물품 및 용역의 가격 또는 인하차액을 해당 수입물품의 총생산량 등 대통령령으로 정하는 요소를 고려하여 적절히 배분한 금액
4. 특허권, 실용신안권, 디자인권, 상표권 및 이와 유사한 권리를 사용하는 대가로 지급하는 것으로서 대통령령으로 정하는 바에 따라 산출된 금액
5. 해당 수입물품을 수입한 후 전매·처분 또는 사용하여 생긴 수익금액 중 판매자에게 직접 또는 간접으로 귀속되는 금액
6. 수입항(輸入港)까지의 운임·보험료와 그 밖에 운송과 관련되는 비용으로서 대통령령으로 정하는 바에 따라 결정된 금액. 다만, 기획재정부령으로 정하는 수입물품의 경우에는 이의 전부 또는 일부를 제외할 수 있다.

② 제1항 각 호 외의 부분 본문에서 "구매자가 실제로 지급하였거나 지급하여야 할 가격"이란 해당 수입물품의 대가로서 구매자가 지급하였거나 지급하여야 할 총금액을 말하며, 구매자가 해당 수입물품의 대가와 판매자의 채무를 상계(相計)하는 금액, 구매자가 판매자의 채무를 변제하는 금액, 그 밖의 간접적인 지급액을 포함한다. 다만, 구매자가 지급하였거나 지급하여야 할 총금액에서 다음 각 호의 어느 하나에 해당하는 금액을 명백히 구분할 수 있을 때에는 그 금액을 뺀 금액을 말한다.

1. 수입 후에 하는 해당 수입물품의 건설, 설치, 조립, 정비, 유지 또는 해당 수입물품에 관한 기술지원에 필요한 비용
2. 수입항에 도착한 후 해당 수입물품을 운송하는 데에 필요한 운임·보험료와 그 밖에 운송과 관련되는 비용
3. 우리나라에서 해당 수입물품에 부과된 관세 등의 세금과 그 밖의 공과금
4. 연불조건(延拂條件)의 수입인 경우에는 해당 수입물품에 대한 연불이자

③ 다음 각 호의 어느 하나에 해당하는 경우에는 제1항에 따른 거래가격을 해당 물품의 과세가격으로 하지 아니하고 제31조부터 제35조까지에 규정된 방법으로 과세가격을 결정한다. 이 경우 세관장은 다음 각 호의 어느 하나에 해당하는 것으로 판단하는 근거를 납세의무자에게 미리 서면으로 통보하여 의견을 제시할 기회를 주어야 한다. 〈개정 2011. 12. 31., 2014. 12. 23.〉

1. 해당 물품의 처분 또는 사용에 제한이 있는 경우. 다만, 세관장이 제1항에 따른 거래가격에 실질적으로 영향을 미치지 아니한다고 인정하는 제한이 있는 경우 등 대통령령으로 정하는 경우는 제외한다.
2. 해당 물품에 대한 거래의 성립 또는 가격의 결정이 금액으로 계산할 수 없는 조건 또는 사정에 따라 영향을 받은 경우
3. 해당 물품을 수입한 후에 전매·처분 또는 사용하여 생긴 수익의 일부가 판매자에게 직접 또는 간접으로 귀속되는 경우. 다만, 제1항에 따라 적절히 조정할 수 있는 경우는 제외한다.
4. 구매자와 판매자 간에 대통령령으로 정하는 특수관계(이하 "특수관계"라 한다)가 있어 그 특수관계가 해당 물품의 가격에 영향을 미친 경우. 다만, 해당 산업부문의 정상적인 가격결정 관행에 부합하는 방법으로 결정된 경우 등 대통령령으로 정하는 경우는 제외한다.

④ 세관장은 납세의무자가 제1항에 따른 거래가격으로 가격신고를 한 경우 해당 신고가격이 동종·동질물품 또는 유사물품의 거래가격과 현저한 차이가 있는 등 이를 과세가격으로 인정하기 곤란한 경우로서 대통령령으로 정하는 경우에는 대통령령으로 정하는 바에 따라 납세의무자에게 신고가격이 사실과 같음을 증명할 수 있는 자료를 제출할 것을 요구할 수 있다.

⑤ 세관장은 납세의무자가 다음 각 호의 어느 하나에 해당하면 제1항과 제2항에 규정된 방법으로 과세가격을 결정하지 아니하고 제31조부터 제35

조까지에 규정된 방법으로 과세가격을 결정한다. 이 경우 세관장은 빠른 시일 내에 과세가격 결정을 하기 위하여 납세의무자와 정보교환 등 적절한 협조가 이루어지도록 노력하여야 하고, 신고가격을 과세가격으로 인정하기 곤란한 사유와 과세가격 결정 내용을 해당 납세의무자에게 통보하여야 한다. 〈개정 2013. 1. 1.〉

1. 제4항에 따라 요구받은 자료를 제출하지 아니한 경우
2. 제4항의 요구에 따라 제출한 자료가 일반적으로 인정된 회계원칙에 부합하지 아니하게 작성된 경우
3. 그 밖에 대통령령으로 정하는 사유에 해당하여 신고가격을 과세가격으로 인정하기 곤란한 경우

[전문개정 2010. 12. 30.]

제31조(동종·동질물품의 거래가격을 기초로 한 과세가격의 결정) ① 제30조에 따른 방법으로 과세가격을 결정할 수 없는 경우에는 과세가격으로 인정된 사실이 있는 동종·동질물품의 거래가격으로서 다음 각 호의 요건을 갖춘 가격을 기초로 하여 과세가격을 결정한다.

1. 과세가격을 결정하려는 해당 물품의 생산국에서 생산된 것으로서 해당 물품의 선적일(船積日)에 선적되거나 해당 물품의 선적일을 전후하여 가격에 영향을 미치는 시장조건이나 상관행(商慣行)에 변동이 없는 기간 중에 선적되어 우리나라에 수입된 것일 것
2. 거래 단계, 거래 수량, 운송 거리, 운송 형태 등이 해당 물품과 같아야 하며, 두 물품 간에 차이가 있는 경우에는 그에 따른 가격차이를 조정한 가격일 것

② 제1항에 따라 과세가격으로 인정된 사실이 있는 동종·동질물품의 거래가격이라 하더라도 그 가격의 정확성과 진실성을 의심할만한 합리적인 사유가 있는 경우 그 가격은 과세가격 결정의 기초자료에서 제외한다. 〈신설 2013. 1. 1.〉

③ 제1항을 적용할 때 동종·동질물품의 거래가격이 둘 이상 있는 경우에는 생산자, 거래 시기, 거래 단계, 거래 수량 등(이하 "거래내용등"이라 한다)이 해당 물품과 가장 유사한 것에 해당하는 물품의 가격을 기초로 하고, 거래내용등이 같은 물품이 둘 이상이 있고 그 가격도 둘 이상이 있는 경우에는 가장 낮은 가격을 기초로 하여 과세가격을 결정한다. 〈개정 2013. 1. 1.〉

[전문개정 2010. 12. 30.]

제32조(유사물품의 거래가격을 기초로 한 과세가격의 결정) ① 제30조와 제31조에 따른 방법으로 과세가격을 결정할 수 없을 때에는 과세가격으로 인정된 사실이 있는 유사물품의 거래가격으로서 제31조제1항 각 호의 요건을 갖춘 가격을 기초로 하여 과세가격을 결정한다.

② 제1항에 따라 과세가격으로 인정된 사실이 있는 유사물품의 거래가격이라 하더라도 그 가격의 정확성과 진실성을 의심할만한 합리적인 사유가 있는 경우 그 가격은 과세가격 결정의 기초자료에서 제외한다. 〈신설 2013. 1. 1.〉

③ 제1항을 적용할 때 유사물품의 거래가격이 둘 이상이 있는 경우에는 거래내용등이 해당 물품과 가장 유사한 것에 해당하는 물품의 가격을 기초로 하고, 거래내용등이 같은 물품이 둘 이상이 있고 그 가격도 둘 이상이 있는 경우에는 가장 낮은 가격을 기초로 하여 과세가격을 결정한다. 〈개정 2013. 1. 1.〉

[전문개정 2010. 12. 30.]

제33조(국내판매가격을 기초로 한 과세가격의 결정) ① 제30조부터 제32조까지에 규정된 방법으로 과세가격을 결정할 수 없을 때에는 제1호의 금액에서 제2호부터 제4호까지의 금액을 뺀 가격을 과세가격으로 한다. 다만, 납세의무자가 요청하면 제34조에 따라 과세가격을 결정하되 제34조에 따라 결정할 수 없는 경우에는 이 조, 제35조의 순서에 따라 과세가격을 결정한다. 〈개정 2011. 12. 31.〉

1. 해당 물품, 동종·동질물품 또는 유사물품이 수입된 것과 동일한 상태로 해당 물품의 수입신고일 또는 수입신고일과 거의 동시에 특수관계가 없는 자에게 가장 많은 수량으로 국내에서 판매되는 단위가격을 기초로 하여 산출한 금액
2. 국내판매와 관련하여 통상적으로 지급하였거나 지급하여야 할 것으로 합의된 수수료 또는 동종·동류의 수입물품이 국내에서 판매되는 때에 통상적으로 부가되는 이윤 및 일반경비에 해당하는 금액
3. 수입항에 도착한 후 국내에서 발생한 통상의 운임·보험료와 그 밖의 관련 비용

4. 해당 물품의 수입 및 국내판매와 관련하여 납부하였거나 납부하여야 하는 조세와 그 밖의 공과금

② 제1항제1호에 따른 국내에서 판매되는 단위가격이라 하더라도 그 가격의 정확성과 진실성을 의심할만한 합리적인 사유가 있는 경우에는 제1항을 적용하지 아니할 수 있다. 〈신설 2014. 12. 23.〉

③ 해당 물품, 동종·동질물품 또는 유사물품이 수입된 것과 동일한 상태로 국내에서 판매되는 사례가 없는 경우 납세의무자가 요청할 때에는 해당 물품이 국내에서 가공된 후 특수관계가 없는 자에게 가장 많은 수량으로 판매되는 단위가격을 기초로 하여 산출된 금액에서 다음 각 호의 금액을 뺀 가격을 과세가격으로 한다. 〈개정 2014. 12. 23.〉

1. 제1항제2호부터 제4호까지의 금액
2. 국내 가공에 따른 부가가치

[전문개정 2010. 12. 30.]

제34조(산정가격을 기초로 한 과세가격의 결정) ① 제30조부터 제33조까지에 규정된 방법으로 과세가격을 결정할 수 없을 때에는 다음 각 호의 금액을 합한 가격을 기초로 하여 과세가격을 결정한다. 〈개정 2013. 1. 1.〉

1. 해당 물품의 생산에 사용된 원자재 비용 및 조립이나 그 밖의 가공에 드는 비용 또는 그 가격
2. 수출국 내에서 해당 물품과 동종·동류의 물품의 생산자가 우리나라에 수출하기 위하여 판매할 때 통상적으로 반영하는 이윤 및 일반 경비에 해당하는 금액
3. 해당 물품의 수입항까지의 운임·보험료와 그 밖에 운송과 관련된 비용으로서 제30조제1항제6호에 따라 결정된 금액

② 납세의무자가 제1항 각 호의 금액을 확인하는데 필요한 자료를 제출하지 않은 경우에는 제1항을 적용하지 않을 수 있다. 〈신설 2013. 1. 1.〉

[전문개정 2010. 12. 30.]

제35조(합리적 기준에 따른 과세가격의 결정) ① 제30조부터 제34조까지에 규정된 방법으로 과세가격을 결정할 수 없을 때에는 대통령령으로 정하는 바에 따라 제30조부터 제34조까지에 규정된 원칙과 부합되는 합리적인 기준에 따라 과세가격을 결정한다.

② 제1항에 따른 방법으로 과세가격을 결정할 수 없을 때에는 국제거래시세·산지조사가격을 조정한 가격을 적용하는 방법 등 거래의 실질 및 관행에 비추어 합리적으로 인정되는 방법에 따라 과세가격을 결정한다.

[전문개정 2013. 8. 13.]

제36조(과세가격 결정방법 등의 통보) 세관장은 납세의무자가 서면으로 요청하면 과세가격을 결정하는 데에 사용한 방법과 과세가격 및 그 산출근거를 그 납세의무자에게 서면으로 통보하여야 한다.

[전문개정 2010. 12. 30.]

제37조(과세가격 결정방법의 사전심사) ① 제38조제1항에 따라 납세신고를 하여야 하는 자는 과세가격 결정과 관련하여 다음 각 호의 사항에 관하여 의문이 있을 때에는 가격신고를 하기 전에 대통령령으로 정하는 바에 따라 관세청장에게 미리 심사하여 줄 것을 신청할 수 있다. 〈개정 2018. 12. 31.〉

1. 제30조제1항부터 제3항까지에 규정된 사항
2. 제30조에 따른 방법으로 과세가격을 결정할 수 없는 경우에 적용되는 과세가격 결정방법
3. 특수관계가 있는 자들 간에 거래되는 물품의 과세가격 결정방법

② 제1항에 따른 신청을 받은 관세청장은 대통령령으로 정하는 기간 이내에 과세가격의 결정방법을 심사한 후 그 결과를 신청인에게 통보하여야 한다.

③ 제2항에 따라 결과를 통보받은 자가 그 결과에 이의가 있는 경우에는 그 결과를 통보받은 날부터 30일 이내에 대통령령으로 정하는 바에 따라 관세청장에게 재심사를 신청할 수 있다. 이 경우 재심사의 기간 및 결과의 통보에 관하여는 제2항을 준용한다. 〈신설 2014. 12. 23., 2018. 12. 31.〉

④ 세관장은 관세의 납세의무자가 제2항 또는 제3항에 따라 통보된 과세가격의 결정방법에 따라 납세신고를 한 경우 대통령령으로 정하는 요건을 갖추었을 때에는 그 결정방법에 따라 과세가격을 결정하여야 한다. 〈개정 2014. 12. 23.〉

⑤ 제1항제3호에 따라 사전심사를 신청하여 제2항에 따라 결과를 통보받은 자는 심사결과 결정된 과세가격 결정방법을 적용하여 산출한 과세가격 및 그 산출과정 등이 포함된 보고서를 대통령령으로 정하는 바에 따라 관세청장에게 제출하여야 한다. 〈신설 2018. 12. 31.〉

⑥ 관세청장은 제5항에 따른 보고서를 제출하지 아니하는 등 대통령령으로 정하는 사유에 해당하

는 경우에는 제2항에 따른 사전심사 결과를 변경, 철회 또는 취소할 수 있다. 이 경우 관세청장은 사전심사를 신청한 자에게 그 사실을 즉시 통보하여야 한다. 〈신설 2018. 12. 31.〉

[전문개정 2010. 12. 30.]

제37조의2(관세의 과세가격 결정방법과 국세의 정상가격 산출방법의 사전조정) ① 제37조제1항제3호에 관하여 의문이 있어 같은 항에 따른 사전심사를 신청하는 자는 관세의 과세가격과 국세의 정상가격을 사전에 조정(이하 이 조에서 "사전조정"이라 한다)받기 위하여 「국제조세조정에 관한 법률」 제14조제1항에 따른 정상가격 산출방법의 사전승인(같은 조 제2항 단서에 따른 일방적 사전승인의 대상인 경우에 한정한다)을 관세청장에게 동시에 신청할 수 있다. 〈개정 2017. 12. 19., 2020. 12. 22.〉

② 관세청장은 제1항에 따른 신청을 받은 경우에는 국세청장에게 정상가격 산출방법의 사전승인 신청서류를 첨부하여 신청을 받은 사실을 통보하고, 국세청장과 과세가격 결정방법, 정상가격 산출방법 및 사전조정 가격의 범위에 대하여 대통령령으로 정하는 바에 따라 협의하여야 한다. 〈개정 2017. 12. 19.〉

③ 관세청장은 제2항에 따른 협의가 이루어진 경우에는 사전조정을 하여야 한다. 〈개정 2017. 12. 19.〉

④ 관세청장은 제1항에 따른 신청의 처리결과를 사전조정을 신청한 자와 기획재정부장관에게 통보하여야 한다. 〈개정 2017. 12. 19.〉

⑤ 제1항부터 제4항까지의 규정에 따른 사전조정 신청 방법 및 절차 등에 관하여 필요한 사항은 대통령령으로 정한다.

[본조신설 2014. 12. 23.]

[종전 제37조의2는 제37조의3으로 이동 〈2014. 12. 23.〉]

제37조의3(관세의 부과 등을 위한 정보제공) 관세청장 또는 세관장은 과세가격의 결정·조정 및 관세의 부과·징수를 위하여 필요한 경우에는 국세청장, 지방국세청장 또는 관할 세무서장에게 대통령령으로 정하는 정보 또는 자료를 요청할 수 있다. 이 경우 요청을 받은 기관은 정당한 사유가 없으면 요청에 따라야 한다.

[본조신설 2011. 12. 31.]

[제37조의2에서 이동, 종전 제37조의3은 제37조의4로 이동 〈2014. 12. 23.〉]

제37조의4(특수관계자 수입물품 과세가격결정자료 제출) ① 세관장은 제38조제2항에 따른 세액심사시 특수관계에 있는 자가 수입하는 물품의 과세가격의 적정성을 심사하기 위하여 해당 특수관계자에게 과세가격결정자료를 제출할 것을 요구할 수 있다. 이 경우 자료의 제출범위, 제출방법 등은 대통령령으로 정한다. 〈개정 2013. 8. 13.〉

② 세관장은 제1항에 따라 제출받은 과세가격결정자료에서 제30조제1항 각 호의 어느 하나에 해당하는 금액이 이에 해당하지 아니하는 금액과 합산되어 있는지 불분명한 경우에는 이를 구분하여 계산할 수 있는 객관적인 증명자료의 제출을 요구할 수 있다. 〈신설 2016. 12. 20.〉

③ 제1항 또는 제2항에 따라 자료제출을 요구받은 자는 자료제출을 요구받은 날부터 60일 이내에 해당 자료를 제출하여야 한다. 다만, 대통령령으로 정하는 부득이한 사유로 제출기한의 연장을 신청하는 경우에는 세관장은 한 차례만 60일까지 연장할 수 있다. 〈개정 2016. 12. 20.〉

④ 세관장은 특수관계에 있는 자가 제1항 또는 제2항에 따라 요구받은 자료를 제3항에 따른 기한까지 제출하지 아니하는 경우에는 해당 과세가격결정자료에 따른 금액을 제31조부터 제35조까지의 규정에 따른 방법으로 과세가격을 결정할 수 있다. 이 경우 세관장은 과세가격을 결정하기 전에 특수관계에 있는 자와 대통령령으로 정하는 바에 따라 협의를 하여야 하며 의견을 제시할 기회를 주어야 한다. 〈신설 2016. 12. 20., 2018. 12. 31.〉

⑤ 제4항에도 불구하고 세관장은 특수관계에 있는 자가 제30조제3항제4호 단서에 해당하는 경우임을 증명하는 경우에는 같은 조 제1항 및 제2항에 따라 과세가격을 결정하여야 한다. 〈신설 2018. 12. 31.〉

⑥ 세관장은 제1항에 따라 자료제출을 요구받은 자가 제277조제1항에 따라 과태료를 부과받고도 자료를 제출하지 아니하거나 거짓의 자료를 시정하여 제출하지 아니하는 경우에는 미제출된 자료를 제출하도록 요구하거나 거짓의 자료를 시정하여 제출하도록 요구할 수 있다. 〈신설 2021. 12. 21.〉

⑦ 제6항에 따라 자료제출을 요구받은 자는 그 요구를 받은 날부터 30일 이내에 그 요구에 따른

자료를 제출하여야 한다. 〈신설 2021. 12. 21.〉
[본조신설 2013. 1. 1.]
[제37조의3에서 이동 〈2014. 12. 23.〉]

제5절 부과와 징수

제1관 세액의 확정

제38조(신고납부) ① 물품(제39조에 따라 세관장이 부과고지하는 물품은 제외한다)을 수입하려는 자는 수입신고를 할 때에 세관장에게 관세의 납부에 관한 신고(이하 "납세신고"라 한다)를 하여야 한다.
② 세관장은 납세신고를 받으면 수입신고서에 기재된 사항과 이 법에 따른 확인사항 등을 심사하되, 신고한 세액에 대하여는 수입신고를 수리한 후에 심사한다. 다만, 신고한 세액에 대하여 관세채권을 확보하기가 곤란하거나, 수입신고를 수리한 후 세액심사를 하는 것이 적당하지 아니하다고 인정하여 기획재정부령으로 정하는 물품의 경우에는 수입신고를 수리하기 전에 이를 심사한다.
③ 세관장은 제2항 본문에도 불구하고 납세실적과 수입규모 등을 고려하여 관세청장이 정하는 요건을 갖춘 자가 신청할 때에는 납세신고한 세액을 자체적으로 심사(이하 "자율심사"라 한다)하게 할 수 있다. 이 경우 해당 납세의무자는 자율심사한 결과를 세관장에게 제출하여야 한다.
④ 납세의무자는 납세신고한 세액을 납부하기 전에 그 세액이 과부족(過不足)하다는 것을 알게 되었을 때에는 납세신고한 세액을 정정할 수 있다. 이 경우 납부기한은 당초의 납부기한(제9조에 따른 납부기한을 말한다)으로 한다.
⑤ 납세신고, 자율심사 및 제4항에 따른 세액의 정정과 관련하여 그 방법 및 절차 등 필요한 사항은 대통령령으로 정한다.
⑥ 관세의 납부에 관하여는 「국세징수법」 제12조 제1항제3호, 같은 조 제2항 및 제3항을 준용한다. 〈개정 2020. 12. 22.〉
[전문개정 2010. 12. 30.]

제38조의2(보정) ① 납세의무자는 신고납부한 세액이 부족하다는 것을 알게 되거나 세액산출의 기초가 되는 과세가격 또는 품목분류 등에 오류가 있는 것을 알게 되었을 때에는 신고납부한 날부터 6개월 이내(이하 "보정기간"이라 한다)에 대통령령으로 정하는 바에 따라 해당 세액을 보정(補正)하여 줄 것을 세관장에게 신청할 수 있다. 〈개정 2011. 12. 31.〉
② 세관장은 신고납부한 세액이 부족하다는 것을 알게 되거나 세액산출의 기초가 되는 과세가격 또는 품목분류 등에 오류가 있다는 것을 알게 되었을 때에는 대통령령으로 정하는 바에 따라 납세의무자에게 해당 보정기간에 보정신청을 하도록 통지할 수 있다. 이 경우 세액보정을 신청하려는 납세의무자는 대통령령으로 정하는 바에 따라 세관장에게 신청하여야 한다. 〈개정 2011. 12. 31.〉
③ 삭제 〈2011. 12. 31.〉
④ 납세의무자가 제1항과 제2항 후단에 따라 부족한 세액에 대한 세액의 보정을 신청한 경우에는 해당 보정신청을 한 날의 다음 날까지 해당 관세를 납부하여야 한다.
⑤ 세관장은 제1항과 제2항 후단에 따른 신청에 따라 세액을 보정한 결과 부족한 세액이 있을 때에는 제42조에도 불구하고 납부기한(제9조에 따른 납부기한을 말한다) 다음 날부터 보정신청을 한 날까지의 기간과 금융회사의 정기예금에 대하여 적용하는 이자율을 고려하여 대통령령으로 정하는 이율에 따라 계산한 금액을 더하여 해당 부족세액을 징수하여야 한다. 다만, 다음 각 호의 어느 하나에 해당하는 경우에는 그러하지 아니하다. 〈개정 2011. 12. 31., 2019. 12. 31., 2021. 12. 21.〉
1. 국가 또는 지방자치단체가 직접 수입하는 물품 등 대통령령으로 정하는 물품의 경우
2. 신고납부한 세액의 부족 등에 대하여 납세의무자에게 대통령령으로 정하는 정당한 사유가 있는 경우

⑥ 제5항에도 불구하고 납세의무자가 제42조제2항에 따른 부당한 방법으로 과소신고한 후 제1항과 제2항 후단에 따른 신청을 한 경우에는 세관장은 제42조제2항에 따른 가산세를 징수하여야 한다. 〈신설 2021. 12. 21.〉
[전문개정 2010. 12. 30.]

제38조의3(수정 및 경정) ① 납세의무자는 신고납부한 세액이 부족한 경우에는 대통령령으로 정하는 바에 따라 수정신고(보정기간이 지난 날부터 제21조제1항에 따른 기간이 끝나기 전까지로 한정한다)를 할 수 있다. 이 경우 납세의무자는 수정신고한 날의 다음 날까지 해당 관세를 납부하여야 한다. 〈개정 2013. 1. 1.〉

② 납세의무자는 신고납부한 세액이 과다한 것을 알게 되었을 때에는 최초로 납세신고를 한 날부터 5년 이내에 대통령령으로 정하는 바에 따라 신고한 세액의 경정을 세관장에게 청구할 수 있다. 〈개정 2011. 12. 31., 2013. 8. 13., 2014. 12. 23., 2016. 12. 20.〉

③ 납세의무자는 최초의 신고 또는 경정에서 과세표준 및 세액의 계산근거가 된 거래 또는 행위 등이 그에 관한 소송에 대한 판결(판결과 같은 효력을 가지는 화해나 그 밖의 행위를 포함한다)에 의하여 다른 것으로 확정되는 등 대통령령으로 정하는 사유가 발생하여 납부한 세액이 과다한 것을 알게 되었을 때에는 제2항에 따른 기간에도 불구하고 그 사유가 발생한 것을 안 날부터 2개월 이내에 대통령령으로 정하는 바에 따라 납부한 세액의 경정을 세관장에게 청구할 수 있다. 〈신설 2011. 12. 31., 2016. 12. 20.〉

④ 세관장은 제2항 또는 제3항에 따른 경정의 청구를 받은 날부터 2개월 이내에 세액을 경정하거나 경정하여야 할 이유가 없다는 뜻을 그 청구를 한 자에게 통지하여야 한다. 〈신설 2016. 12. 20.〉

⑤ 제2항 또는 제3항에 따라 경정을 청구한 자가 제4항에 따라 2개월 이내에 통지를 받지 못한 경우에는 그 2개월이 되는 날의 다음 날부터 제5장에 따른 이의신청, 심사청구, 심판청구 또는 「감사원법」에 따른 심사청구를 할 수 있다. 〈신설 2016. 12. 20.〉

⑥ 세관장은 납세의무자가 신고납부한 세액, 납세신고한 세액 또는 제2항 및 제3항에 따라 경정청구한 세액을 심사한 결과 과부족하다는 것을 알게 되었을 때에는 대통령령으로 정하는 바에 따라 그 세액을 경정하여야 한다. 〈개정 2011. 12. 31., 2016. 12. 20.〉

[전문개정 2010. 12. 30.]

제38조의4(수입물품의 과세가격 조정에 따른 경정) ① 납세의무자는 「국제조세조정에 관한 법률」 제7조제1항에 따라 관할 지방국세청장 또는 세무서장이 해당 수입물품의 거래가격을 조정하여 과세표준 및 세액을 결정·경정 처분하거나 같은 법 제14조제3항(일방적 사전승인의 대상인 경우에 한정한다)에 따라 국세청장이 해당 수입물품의 거래가격과 관련하여 소급하여 적용하도록 사전승인을 함에 따라 그 거래가격과 이 법에 따라 신고납부·경정한 세액의 산정기준이 된 과세가격 간 차이가 발생한 경우에는 그 결정·경정 처분 또는 사전승인이 있음을 안 날(처분 또는 사전승인의 통지를 받은 경우에는 그 받은 날)부터 3개월 또는 최초로 납세신고를 한 날부터 5년 내에 대통령령으로 정하는 바에 따라 세관장에게 세액의 경정을 청구할 수 있다. 〈개정 2014. 1. 1., 2014. 12. 23., 2017. 12. 19., 2020. 12. 22.〉

② 제1항에 따른 경정청구를 받은 세관장은 대통령령으로 정하는 바에 따라 해당 수입물품의 거래가격 조정방법과 계산근거 등이 제30조부터 제35조까지의 규정에 적합하다고 인정하는 경우에는 세액을 경정할 수 있다.

③ 세관장은 제1항에 따른 경정청구를 받은 날부터 2개월 내에 세액을 경정하거나 경정하여야 할 이유가 없다는 뜻을 청구인에게 통지하여야 한다.

④ 제3항에 따른 세관장의 통지에 이의가 있는 청구인은 그 통지를 받은 날(2개월 내에 통지를 받지 못한 경우에는 2개월이 지난 날)부터 30일 내에 기획재정부장관에게 국세의 정상가격과 관세의 과세가격 간의 조정을 신청할 수 있다. 이 경우 「국제조세조정에 관한 법률」 제20조를 준용한다. 〈개정 2020. 6. 9., 2020. 12. 22.〉

⑤ 청구인은 제3항에 따라 2개월 이내에 통지를 받지 못한 경우에는 그 2개월이 되는 날의 다음 날부터 제5장에 따른 이의신청, 심사청구, 심판청구 또는 「감사원법」에 따른 심사청구를 할 수 있다. 〈신설 2016. 12. 20.〉

⑥ 세관장은 제2항에 따라 세액을 경정하기 위하여 필요한 경우에는 관할 지방국세청장 또는 세무서장과 협의할 수 있다. 〈개정 2016. 12. 20.〉

[본조신설 2011. 12. 31.]

제38조의5(경정청구서 등 우편제출에 따른 특례) 제38조의2제1항, 제38조의3제1항부터 제3항까지, 제38조의4제1항 및 제4항에 따른 각각의 기한까지 우편으로 발송(「국세기본법」 제5조의2에서 정한 날을 기준으로 한다)한 청구서 등이 세관장 또는 기획재정부장관에게 기간을 지나서 도달한 경우 그 기간의 만료일에 신청·신고 또는 청구된 것으로 본다.

[본조신설 2014. 1. 1.]

제39조(부과고지) ① 다음 각 호의 어느 하나에 해당하는 경우에는 제38조에도 불구하고 세관장이 관

세를 부과·징수한다. 〈개정 2011. 12. 31.〉

1. 제16조제1호부터 제6호까지 및 제8호부터 제11호까지에 해당되어 관세를 징수하는 경우
2. 보세건설장에서 건설된 시설로서 제248조에 따라 수입신고가 수리되기 전에 가동된 경우
3. 보세구역(제156조제1항에 따라 보세구역 외 장치를 허가받은 장소를 포함한다)에 반입된 물품이 제248조제3항을 위반하여 수입신고가 수리되기 전에 반출된 경우
4. 납세의무자가 관세청장이 정하는 사유로 과세가격이나 관세율 등을 결정하기 곤란하여 부과고지를 요청하는 경우
5. 제253조에 따라 즉시 반출한 물품을 같은 조 제3항의 기간 내에 수입신고를 하지 아니하여 관세를 징수하는 경우
6. 그 밖에 제38조에 따른 납세신고가 부적당한 것으로서 기획재정부령으로 정하는 경우

② 세관장은 과세표준, 세율, 관세의 감면 등에 관한 규정의 적용 착오 또는 그 밖의 사유로 이미 징수한 금액이 부족한 것을 알게 되었을 때에는 그 부족액을 징수한다.

③ 제1항과 제2항에 따라 세관장이 관세를 징수하려는 경우에는 대통령령으로 정하는 바에 따라 납세의무자에게 납부고지를 하여야 한다. 〈개정 2020. 12. 22.〉

[전문개정 2010. 12. 30.]

제40조(징수금액의 최저한) 세관장은 납세의무자가 납부하여야 하는 세액이 대통령령으로 정하는 금액 미만인 경우에는 이를 징수하지 아니한다.

[전문개정 2010. 12. 30.]

제41조 삭제 〈2019. 12. 31.〉

제42조(가산세) ① 세관장은 납세의무자가 제9조에 따른 납부기한(이하 이 조에서 "법정납부기한"이라 한다)까지 납부하지 아니한 관세액(이하 이 조에서 "미납부세액"이라 한다)을 징수하거나 제38조의3제1항 또는 제6항에 따라 부족한 관세액(이하 이 조에서 "부족세액"이라 한다)을 징수할 때에는 다음 각 호의 금액을 합한 금액을 가산세로 징수한다. 〈개정 2011. 12. 31., 2014. 12. 23., 2016. 12. 20., 2019. 12. 31., 2020. 12. 22.〉

1. 부족세액의 100분의 10
2. 다음 각 목의 금액을 합한 금액
   가. 미납부세액 또는 부족세액 × 법정납부기한의 다음 날부터 납부일까지의 기간(납부고지일부터 납부고지서에 따른 납부기한까지의 기간은 제외한다) × 금융회사 등이 연체대출금에 대하여 적용하는 이자율 등을 고려하여 대통령령으로 정하는 이자율
   나. 법정납부기한까지 납부하여야 할 세액 중 납부고지서에 따른 납부기한까지 납부하지 아니한 세액 × 100분의 3(관세를 납부고지서에 따른 납부기한까지 완납하지 아니한 경우에 한정한다)

② 제1항에도 불구하고 납세자가 부당한 방법(납세자가 관세의 과세표준 또는 세액계산의 기초가 되는 사실의 전부 또는 일부를 은폐하거나 가장하는 것에 기초하여 관세의 과세표준 또는 세액의 신고의무를 위반하는 것으로서 대통령령으로 정하는 방법을 말한다)으로 과소신고한 경우에는 세관장은 부족세액의 100분의 40에 상당하는 금액과 제1항제2호의 금액을 합한 금액을 가산세로 징수한다. 〈개정 2019. 12. 31.〉

③ 세관장은 제16조제11호에 따른 물품에 대하여 관세를 부과·징수할 때에는 다음 각 호의 금액을 합한 금액을 가산세로 징수한다. 다만, 제241조제5항에 따라 가산세를 징수하는 경우와 천재지변 등 수입신고를 하지 아니하고 수입한 데에 정당한 사유가 있는 것으로 세관장이 인정하는 경우는 제외한다. 〈신설 2015. 12. 15., 2019. 12. 31., 2020. 12. 22.〉

1. 해당 관세액의 100분의 20(제269조의 죄에 해당하여 처벌받거나 통고처분을 받은 경우에는 100분의 40)
2. 다음 각 목의 금액을 합한 금액
   가. 해당 관세액 × 수입된 날부터 납부일까지의 기간(납부고지일부터 납부고지서에 따른 납부기한까지의 기간은 제외한다) × 금융회사 등이 연체대출금에 대하여 적용하는 이자율 등을 고려하여 대통령령으로 정하는 이자율
   나. 해당 관세액 중 납부고지서에 따른 납부기한까지 납부하지 아니한 세액 × 100분의 3(관세를 납부고지서에 따른 납부기한까지 완납하지 아니한 경우에 한정한다)

④ 제1항부터 제3항까지의 규정을 적용할 때 납부고지서에 따른 납부기한의 다음 날부터 납부일

까지의 기간이 5년을 초과하는 경우에는 그 기간은 5년으로 한다. 〈신설 2019. 12. 31., 2020. 12. 22.〉

⑤ 체납된 관세(세관장이 징수하는 내국세가 있을 때에는 그 금액을 포함한다)가 150만원 미만인 경우에는 제1항제2호가목 및 제3항제2호가목의 가산세를 적용하지 아니한다. 〈신설 2019. 12. 31., 2021. 12. 21.〉

⑥ 제1항제2호 및 제3항제2호에 따른 가산세(이하 "납부지연가산세"라 한다) 중 납부고지서에 따른 납부기한 후의 납부지연가산세를 징수하는 경우에는 납부고지서를 발급하지 아니할 수 있다. 〈신설 2019. 12. 31., 2020. 12. 22.〉

⑦ 납부지연가산세(납부고지서에 따른 납부기한 후의 납부지연가산세에 한정한다)의 납세의무의 성립 및 확정에 관하여는 「국세기본법」 제21조제2항제11호나목·다목 및 제22조제4항제5호를 준용한다. 이 경우 「국세기본법」 제21조제2항제11호나목의 "제47조의4제1항제1호·제2호에 따른 납부지연가산세" 및 "법정납부기한"은 각각 "제1항제2호가목 및 제3항제2호가목에 따른 가산세" 및 "납부고지서에 따른 납부기한"으로, 같은 호 다목의 "제47조의4제1항제3호에 따른 납부지연가산세"는 "제1항제2호나목 및 제3항제2호나목에 따른 가산세"로 본다. 〈신설 2019. 12. 31., 2020. 12. 22.〉

[전문개정 2010. 12. 30.]

제42조의2(가산세의 감면) ① 세관장은 다음 각 호의 어느 하나에 해당하는 경우에는 제42조제1항에 따른 가산세액에서 다음 각 호에서 정하는 금액을 감면한다. 〈개정 2021. 12. 21.〉

1. 제9조제2항에 따라 수입신고가 수리되기 전에 관세를 납부한 결과 부족세액이 발생한 경우로서 수입신고가 수리되기 전에 납세의무자가 해당 세액에 대하여 수정신고를 하거나 세관장이 경정하는 경우: 제42조제1항제1호 및 제2호의 금액을 합한 금액
2. 제28조제1항에 따른 잠정가격신고를 기초로 납세신고를 하고 이에 해당하는 세액을 납부한 경우(납세의무자가 제출한 자료가 사실과 다름이 판명되어 추징의 사유가 발생한 경우는 제외한다): 제42조제1항제1호 및 제2호의 금액을 합한 금액
3. 제37조제1항제3호에 관한 사전심사의 결과를 통보받은 경우 그 통보일부터 2개월 이내에 통보된 과세가격의 결정방법에 따라 해당 사전심사의 결과를 통보받은 날 전에 신고납부한 세액을 수정신고하는 경우: 제42조제1항제1호의 금액
4. 제38조제2항 단서에 따라 기획재정부령으로 정하는 물품 중 감면대상 및 감면율을 잘못 적용하여 부족세액이 발생한 경우: 제42조제1항제1호의 금액
5. 제38조의3제1항에 따라 수정신고(제38조의2제1항에 따른 보정기간이 지난 날부터 1년 6개월이 지나기 전에 한 수정신고로 한정한다)를 한 경우에는 다음 각 목의 구분에 따른 금액. 다만, 해당 관세에 대하여 과세표준과 세액을 경정할 것을 미리 알고 수정신고를 한 경우로서 기획재정부령으로 정하는 경우는 제외한다.
   가. 제38조의2제1항에 따른 보정기간이 지난 날부터 6개월 이내에 수정신고한 경우: 제42조제1항제1호의 금액의 100분의 20
   나. 제38조의2제1항에 따른 보정기간이 지난 날부터 6개월 초과 1년 6개월 이내에 수정신고한 경우: 제42조제1항제1호의 금액의 100분의 10
6. 국가 또는 지방자치단체가 직접 수입하는 물품 등 대통령령으로 정하는 물품의 경우: 제42조제1항제1호 및 제2호의 금액을 합한 금액
7. 제124조에 따른 관세심사위원회가 제118조제3항 본문에 따른 기간 내에 과세전적부심사의 결정·통지(이하 이 호에서 "결정·통지"라 한다)를 하지 아니한 경우: 결정·통지가 지연된 기간에 대하여 부과되는 가산세(제42조제1항제2호가목에 따른 계산식에 결정·통지가 지연된 기간을 적용하여 계산한 금액에 해당하는 가산세를 말한다) 금액의 100분의 50
8. 신고납부한 세액의 부족 등에 대하여 납세의무자에게 대통령령으로 정하는 정당한 사유가 있는 경우: 제42조제1항제1호 및 제2호의 금액을 합한 금액

② 제1항에 따른 가산세 감면을 받으려는 자는 대통령령으로 정하는 바에 따라 감면을 신청할 수 있다.

[본조신설 2019. 12. 31.]

제43조(관세의 현장 수납) ① 다음 각 호의 어느 하

나에 해당하는 물품에 대한 관세는 그 물품을 검사한 공무원이 검사 장소에서 수납할 수 있다.
1. 여행자의 휴대품
2. 조난 선박에 적재된 물품으로서 보세구역이 아닌 장소에 장치된 물품
② 제1항에 따라 물품을 검사한 공무원이 관세를 수납할 때에는 부득이한 사유가 있는 경우를 제외하고는 다른 공무원을 참여시켜야 한다.
③ 출납공무원이 아닌 공무원이 제1항에 따라 관세를 수납하였을 때에는 지체 없이 출납공무원에게 인계하여야 한다.
④ 출납공무원이 아닌 공무원이 선량한 관리자로서의 주의를 게을리하여 제1항에 따라 수납한 현금을 잃어버린 경우에는 변상하여야 한다.
[전문개정 2010. 12. 30.]

제2관 강제징수 등

〈개정 2018. 12. 31., 2020. 12. 22.〉

제43조의2(압류ㆍ매각의 유예) ① 세관장은 재산의 압류나 압류재산의 매각을 유예함으로써 사업을 정상적으로 운영할 수 있게 되어 체납액의 징수가 가능하다고 인정되는 경우에는 그 체납액에 대하여 강제징수에 의한 재산의 압류나 압류재산의 매각을 대통령령으로 정하는 바에 따라 유예할 수 있다. 〈개정 2020. 12. 22.〉
② 세관장은 제1항에 따라 유예하는 경우에 필요하다고 인정하면 이미 압류한 재산의 압류를 해제할 수 있다.
③ 세관장은 제1항 및 제2항에 따라 재산의 압류를 유예하거나 압류한 재산의 압류를 해제하는 경우에는 그에 상당하는 납세담보의 제공을 요구할 수 있다.
④ 제3항에도 불구하고 세관장은 압류 또는 매각의 유예 결정일 기준으로 최근 3년 이내에 이 법, 「자유무역협정의 이행을 위한 관세법의 특례에 관한 법률」, 「수출용 원재료에 대한 관세 등 환급에 관한 특례법」 또는 「조세범 처벌법」 위반으로 처벌받은 사실이 없는 체납자로부터 체납액 납부계획서를 제출받고 그 납부계획의 타당성을 인정하는 경우에는 납세담보의 제공을 요구하지 아니할 수 있다. 〈개정 2020. 12. 22.〉
⑤ 세관장은 압류 또는 매각의 유예를 받은 체납자가 다음 각 호의 어느 하나에 해당하는 경우에는 그 압류 또는 매각의 유예를 취소하고, 유예에 관계되는 체납액을 한꺼번에 징수할 수 있다. 다만, 제1호에 정당한 사유가 있는 것으로 세관장이 인정하는 경우에는 압류 또는 매각의 유예를 취소하지 아니할 수 있다. 〈개정 2020. 12. 22.〉
1. 체납액을 분납계획에 따라 납부하지 아니한 경우
2. 담보의 변경이나 그 밖에 담보 보전에 필요한 세관장의 명령에 따르지 아니한 경우
3. 재산상황이나 그 밖의 사정의 변화로 유예할 필요가 없다고 인정될 경우
4. 다음 각 목 중 어느 하나의 경우에 해당되어 그 유예한 기한까지 유예에 관계되는 체납액의 전액을 징수할 수 없다고 인정될 경우
  가. 국세ㆍ지방세 또는 공과금의 체납으로 강제징수 또는 체납처분이 시작된 경우
  나. 「민사집행법」에 따른 강제집행ㆍ담보권 실행 등을 위한 경매가 시작된 경우
  다. 「어음법」 및 「수표법」에 따른 어음교환소에서 거래정지처분을 받은 경우
  라. 「채무자 회생 및 파산에 관한 법률」에 따른 파산선고를 받은 경우
  마. 법인이 해산된 경우
  바. 관세의 체납이 발생되거나 관세를 포탈하려는 행위가 있다고 인정되는 경우
⑥ 세관장은 제1항에 따라 압류 또는 매각을 유예하였거나 제5항에 따라 압류 또는 매각의 유예를 취소하였을 때에는 체납자에게 그 사실을 통지하여야 한다. 〈개정 2020. 12. 22.〉
⑦ 세관장은 다음 각 호의 어느 하나에 해당하는 경우에는 제1항에 따라 압류 또는 매각의 유예를 받은 체납액에 대하여 유예기간이 지난 후 다시 압류 또는 매각의 유예를 할 수 있다. 〈개정 2020. 12. 22.〉
1. 제5항 각 호 외의 부분 단서에 따라 압류 또는 매각의 유예를 취소하지 아니한 경우
2. 제5항제3호에 따라 압류 또는 매각의 유예를 취소한 경우
⑧ 관세청장은 제4항에 따른 법 위반 사실을 확인하기 위하여 관계 기관의 장에게 범죄경력자료(이 법, 「자유무역협정의 이행을 위한 관세법의 특례에 관한 법률」, 「수출용 원재료에 대한 관세

등 환급에 관한 특례법」 또는 「조세범 처벌법」 위반에 한정한다)의 조회를 요청할 수 있으며, 그 요청을 받은 관계 기관의 장은 정당한 사유가 없으면 이에 따라야 한다. 〈신설 2020. 12. 22.〉

⑨ 제1항부터 제8항까지에서 규정한 사항 외에 압류 또는 매각의 유예 신청, 통지 및 유예기간 등 압류 또는 매각의 유예에 필요한 세부사항은 대통령령으로 정한다. 〈개정 2020. 12. 22.〉

[본조신설 2018. 12. 31.]

[제목개정 2020. 12. 22.]

제44조(체납자료의 제공) ① 세관장은 관세징수 또는 공익목적을 위하여 필요한 경우로서 「신용정보의 이용 및 보호에 관한 법률」 제2조제6호에 따른 신용정보집중기관, 그 밖에 대통령령으로 정하는 자가 다음 각 호의 어느 하나에 해당하는 체납자의 인적사항 및 체납액에 관한 자료(이하 "체납자료"라 한다)를 요구한 경우에는 이를 제공할 수 있다. 다만, 체납된 관세 및 내국세등과 관련하여 이 법에 따른 이의신청·심사청구 또는 심판청구 및 행정소송이 계류 중인 경우나 그 밖에 대통령령으로 정하는 경우에는 체납자료를 제공하지 아니한다. 〈개정 2020. 2. 4.〉

1. 체납 발생일부터 1년이 지나고 체납액이 대통령령으로 정하는 금액 이상인 자
2. 1년에 3회 이상 체납하고 체납액이 대통령령으로 정하는 금액 이상인 자

② 제1항에 따른 체납자료의 제공 절차 등에 필요한 사항은 대통령령으로 정한다.

③ 제1항에 따라 체납자료를 제공받은 자는 이를 업무 목적 외의 목적으로 누설하거나 이용하여서는 아니 된다.

[전문개정 2013. 1. 1.]

제45조(관세체납정리위원회) ① 관세(세관장이 징수하는 내국세등을 포함한다)의 체납정리에 관한 사항을 심의하기 위하여 세관에 관세체납정리위원회를 둘 수 있다

② 제1항에 따른 관세체납정리위원회의 조직과 운영에 필요한 사항은 대통령령으로 정한다.

[전문개정 2010. 12. 30.]

제3관 관세환급금의 환급 등 〈개정 2013. 1. 1.〉

제46조(관세환급금의 환급) ① 세관장은 납세의무자가 관세·가산세 또는 강제징수비의 과오납금 또는 이 법에 따라 환급하여야 할 환급세액의 환급을 청구할 때에는 대통령령으로 정하는 바에 따라 지체 없이 이를 관세환급금으로 결정하고 30일 이내에 환급하여야 하며, 세관장이 확인한 관세환급금은 납세의무자가 환급을 청구하지 아니하더라도 환급하여야 한다. 〈개정 2013. 1. 1., 2019. 12. 31., 2020. 12. 29.〉

② 세관장은 제1항에 따라 관세환급금을 환급하는 경우에 환급받을 자가 세관에 납부하여야 하는 관세와 그 밖의 세금, 가산세 또는 강제징수비가 있을 때에는 환급하여야 하는 금액에서 이를 충당할 수 있다 〈개정 2013. 1. 1., 2019. 12. 31., 2020. 12. 29.〉

③ 납세의무자의 관세환급금에 관한 권리는 대통령령으로 정하는 바에 따라 제3자에게 양도할 수 있다. 〈개정 2013. 1. 1.〉

④ 제1항에 따른 관세환급금의 환급은 「국가재정법」 제17조에도 불구하고 대통령령으로 정하는 바에 따라 「한국은행법」에 따른 한국은행의 해당 세관장의 소관 세입금에서 지급한다. 〈개정 2013. 1. 1.〉

[전문개정 2010. 12. 30.]

[제목개정 2013. 1. 1.]

제47조(과다환급관세의 징수) ① 세관장은 제46조에 따른 관세환급금의 환급에 있어서 그 환급액이 과다한 것을 알게 되었을 때에는 해당 관세환급금을 지급받은 자로부터 과다지급된 금액을 징수하여야 한다. 〈개정 2013. 1. 1.〉

② 세관장은 제1항에 따라 관세환급금의 과다환급액을 징수할 때에는 과다환급을 한 날의 다음 날부터 징수결정을 하는 날까지의 기간에 대하여 대통령령으로 정하는 이율에 따라 계산한 금액을 과다환급액에 더하여야 한다. 〈개정 2013. 1. 1.〉

[전문개정 2010. 12. 30.]

제48조(관세환급가산금) 세관장은 제46조에 따라 관세환급금을 환급하거나 충당할 때에는 대통령령으로 정하는 관세환급가산금 기산일부터 환급결정 또는 충당결정을 하는 날까지의 기간과 대통령령으로 정하는 이율에 따라 계산한 금액을 관세환급금에 더하여야 한다. 다만, 국가 또는 지방자치단체가 직접 수입하는 물품 등 대통령령으로 정하는 물품에 대하여는 그러하지 아니하다. 〈개정

2013. 1. 1., 2019. 12. 31.〉
[전문개정 2010. 12. 30.]
[제목개정 2013. 1. 1.]

제3장 세율 및 품목 분류 〈개정 2010. 12. 30.〉

제1절 통 칙 〈개정 2010. 12. 30.〉

제49조(세율의 종류) 제14조에 따라 수입물품에 부과되는 관세의 세율은 다음 각 호와 같다.
1. 기본세율
2. 잠정세율
3. 제51조부터 제67조까지, 제67조의2 및 제68조부터 제77조까지의 규정에 따라 대통령령 또는 기획재정부령으로 정하는 세율

[전문개정 2010. 12. 30.]

제50조(세율 적용의 우선순위) ① 기본세율과 잠정세율은 별표 관세율표에 따르되, 잠정세율을 기본세율에 우선하여 적용한다.
② 제49조제3호의 세율은 다음 각 호의 순서에 따라 별표 관세율표의 세율에 우선하여 적용한다. 〈개정 2018. 12. 31.〉
1. 제51조, 제57조, 제63조, 제65조, 제67조의2, 제68조 및 제69조제2호에 따른 세율
2. 제73조 및 제74조에 따른 세율
3. 제69조제1호 · 제3호 · 제4호, 제71조 및 제72조에 따른 세율
4. 제76조에 따른 세율

③ 제2항에도 불구하고 제2항제2호의 세율은 기본세율, 잠정세율, 제2항제3호 및 제4호의 세율보다 낮은 경우에만 우선하여 적용하고, 제2항제3호의 세율 중 제71조에 따른 세율은 제2항제4호의 세율보다 낮은 경우에만 우선하여 적용한다. 다만, 제73조에 따라 국제기구와의 관세에 관한 협상에서 국내외의 가격차에 상당하는 율로 양허(讓許)하거나 국내시장 개방과 함께 기본세율보다 높은 세율로 양허한 농림축산물 중 대통령령으로 정하는 물품에 대하여 양허한 세율(시장접근물량에 대한 양허세율을 포함한다)은 기본세율 및 잠정세율에 우선하여 적용한다.
④ 별표 관세율표 중 잠정세율을 적용받는 물품에 대하여는 대통령령으로 정하는 바에 따라 그 물품의 전부 또는 일부에 대하여 잠정세율의 적용을 정지하거나 기본세율과의 세율차를 좁히도록 잠정세율을 올리거나 내릴 수 있다.
⑤ 제49조제3호에 따른 세율을 적용할 때 별표 관세율표 중 종량세인 경우에는 해당 세율에 상당하는 금액을 적용한다.

[전문개정 2010. 12. 30.]

제2절 세율의 조정

제1관 덤핑방지관세

제51조(덤핑방지관세의 부과대상) 국내산업과 이해관계가 있는 자로서 대통령령으로 정하는 자 또는 주무부장관이 부과요청을 한 경우로서 외국의 물품이 대통령령으로 정하는 정상가격 이하로 수입(이하 "덤핑"이라 한다)되어 다음 각 호의 어느 하나에 해당하는 것(이하 이 관에서 "실질적 피해등"이라 한다)으로 조사를 통하여 확인되고 해당 국내산업을 보호할 필요가 있다고 인정되는 경우에는 기획재정부령으로 그 물품과 공급자 또는 공급국을 지정하여 해당 물품에 대하여 정상가격과 덤핑가격 간의 차액(이하 "덤핑차액"이라 한다)에 상당하는 금액 이하의 관세(이하 "덤핑방지관세"라 한다)를 추가하여 부과할 수 있다. 〈개정 2020. 6. 9.〉
1. 국내산업이 실질적인 피해를 받거나 받을 우려가 있는 경우
2. 국내산업의 발전이 실질적으로 지연된 경우

[전문개정 2010. 12. 30.]

제52조(덤핑 및 실질적 피해등의 조사) ① 제51조에 따른 덤핑 사실과 실질적 피해등의 사실에 관한 조사는 대통령령으로 정하는 바에 따른다.
② 기획재정부장관은 덤핑방지관세를 부과할 때 관련 산업의 경쟁력 향상, 국내 시장구조, 물가안정, 통상협력 등을 고려할 필요가 있는 경우에는 이를 조사하여 반영할 수 있다. 〈개정 2016. 12. 20.〉

[전문개정 2010. 12. 30.]

제53조(덤핑방지관세를 부과하기 전의 잠정조치) ① 기획재정부장관은 덤핑방지관세의 부과 여부를 결정하기 위하여 조사가 시작된 경우로서 다음 각 호의 어느 하나에 해당하는 경우에는 조사기간 중에 발생하는 피해를 방지하기 위하여 해당 조사가 종결되기 전이라도 대통령령으로 정하는 바에 따라 그 물품과 공급자 또는 공급국 및 기간을 정하여 잠정적으로 추계(推計)된 덤핑차액에 상당하는

금액 이하의 잠정덤핑방지관세를 추가하여 부과하도록 명하거나 담보를 제공하도록 명하는 조치(이하 이 관에서 "잠정조치"라 한다)를 할 수 있다. 〈개정 2020. 6. 9.〉

1. 해당 물품에 대한 덤핑 사실 및 그로 인한 실질적 피해등의 사실이 있다고 추정되는 충분한 증거가 있는 경우
2. 제54조에 따른 약속을 위반하거나 약속의 이행에 관한 자료제출 요구 및 제출자료의 검증 허용 요구를 따르지 아니한 경우로서 이용할 수 있는 최선의 정보가 있는 경우

② 다음 각 호의 어느 하나에 해당하는 경우에는 대통령령으로 정하는 바에 따라 납부된 잠정덤핑방지관세를 환급하거나 제공된 담보를 해제하여야 한다.

1. 잠정조치를 한 물품에 대한 덤핑방지관세의 부과요청이 철회되어 조사가 종결된 경우
2. 잠정조치를 한 물품에 대한 덤핑방지관세의 부과 여부가 결정된 경우
3. 제54조에 따른 약속이 수락된 경우

③ 제2항에도 불구하고 다음 각 호의 어느 하나에 해당하는 경우 덤핑방지관세액이 잠정덤핑방지관세액을 초과할 때에는 그 차액을 징수하지 아니하며, 덤핑방지관세액이 잠정덤핑방지관세액에 미달될 때에는 그 차액을 환급하여야 한다.

1. 덤핑과 그로 인한 산업피해를 조사한 결과 해당 물품에 대한 덤핑 사실 및 그로 인한 실질적 피해등의 사실이 있는 것으로 판정된 이후에 제54조에 따른 약속이 수락된 경우
2. 제55조 단서에 따라 덤핑방지관세를 소급하여 부과하는 경우

[전문개정 2010. 12. 30.]

제54조(덤핑방지관세와 관련된 약속의 제의) ① 덤핑방지관세의 부과 여부를 결정하기 위하여 예비조사를 한 결과 해당 물품에 대한 덤핑 사실 및 그로 인한 실질적 피해등의 사실이 있는 것으로 판정된 경우 해당 물품의 수출자 또는 기획재정부장관은 대통령령으로 정하는 바에 따라 덤핑으로 인한 피해가 제거될 정도의 가격수정이나 덤핑수출의 중지에 관한 약속을 제의할 수 있다.

② 제1항에 따른 약속이 수락된 경우 기획재정부장관은 잠정조치 또는 덤핑방지관세의 부과 없이 조사가 중지 또는 종결되도록 하여야 한다. 다만, 기획재정부장관이 필요하다고 인정하거나 수출자가 조사를 계속하여 줄 것을 요청한 경우에는 그 조사를 계속할 수 있다.

[전문개정 2010. 12. 30.]

제55조(덤핑방지관세의 부과 시기) 덤핑방지관세의 부과와 잠정조치는 각각의 조치일 이후 수입되는 물품에 대하여 적용된다. 다만, 잠정조치가 적용된 물품에 대하여 국제협약에서 달리 정하는 경우와 그 밖에 대통령령으로 정하는 경우에는 그 물품에 대하여도 덤핑방지관세를 부과할 수 있다.

[전문개정 2010. 12. 30.]

제56조(덤핑방지관세에 대한 재심사 등) ① 기획재정부장관은 필요하다고 인정될 때에는 대통령령으로 정하는 바에 따라 덤핑방지관세의 부과와 제54조에 따른 약속에 대하여 재심사를 할 수 있으며, 재심사의 결과에 따라 덤핑방지관세의 부과, 약속 내용의 변경, 환급 등 필요한 조치를 할 수 있다.

② 기획재정부장관은 제1항에 따른 재심사에 필요한 사항으로서 덤핑방지조치 물품의 수입 및 징수실적 등 대통령령으로 정하는 사항을 조사할 수 있다. 〈신설 2021. 12. 21.〉

③ 덤핑방지관세의 부과나 제54조에 따라 수락된 약속은 기획재정부령으로 그 적용시한을 따로 정하는 경우를 제외하고는 해당 덤핑방지관세 또는 약속의 시행일부터 5년이 지나면 그 효력을 잃으며, 제1항에 따라 덤핑과 산업피해를 재심사하고 그 결과에 따라 내용을 변경할 때에는 기획재정부령으로 그 적용시한을 따로 정하는 경우를 제외하고는 변경된 내용의 시행일부터 5년이 지나면 그 효력을 잃는다. 〈개정 2021. 12. 21.〉

④ 제1항부터 제3항까지의 규정과 제51조부터 제55조까지의 규정에 따른 덤핑방지관세의 부과 및 시행 등에 필요한 사항은 대통령령으로 정한다. 〈개정 2021. 12. 21.〉

[전문개정 2010. 12. 30.]

제2관 상계관세

제57조(상계관세의 부과대상) 국내산업과 이해관계가 있는 자로서 대통령령으로 정하는 자 또는 주무부장관이 부과요청을 한 경우로서, 외국에서 제조·생산 또는 수출에 관하여 직접 또는 간접으로 보조금이나 장려금(이하 "보조금등"이라 한다)을 받

은 물품의 수입으로 인하여 다음 각 호의 어느 하나에 해당하는 것(이하 이 관에서 "실질적 피해등"이라 한다)으로 조사를 통하여 확인되고 해당 국내산업을 보호할 필요가 있다고 인정되는 경우에는 기획재정부령으로 그 물품과 수출자 또는 수출국을 지정하여 그 물품에 대하여 해당 보조금등의 금액 이하의 관세(이하 "상계관세"라 한다)를 추가하여 부과할 수 있다. 〈개정 2020. 6. 9.〉

1. 국내산업이 실질적인 피해를 받거나 받을 우려가 있는 경우
2. 국내산업의 발전이 실질적으로 지연된 경우

[전문개정 2010. 12. 30.]

제58조(보조금등의 지급과 실질적 피해등의 조사) ① 보조금등의 지급과 실질적 피해등의 사실에 관한 조사는 대통령령으로 정하는 바에 따른다.

② 기획재정부장관은 상계관세를 부과할 때 관련 산업의 경쟁력 향상, 국내 시장구조, 물가안정, 통상협력 등을 고려할 필요가 있는 경우에는 이를 조사하여 반영할 수 있다. 〈개정 2016. 12. 20.〉

[전문개정 2010. 12. 30.]

제59조(상계관세를 부과하기 전의 잠정조치) ① 기획재정부장관은 상계관세의 부과 여부를 결정하기 위하여 조사가 시작된 물품이 보조금등을 받아 수입되어 다음 각 호의 어느 하나에 해당한다고 인정되는 경우에는 대통령령으로 정하는 바에 따라 국내산업의 보호를 위하여 조사가 종결되기 전이라도 그 물품의 수출자 또는 수출국 및 기간을 정하여 보조금등의 추정액에 상당하는 금액 이하의 잠정상계관세를 부과하도록 명하거나 담보를 제공하도록 명하는 조치(이하 이 관에서 "잠정조치"라 한다)를 할 수 있다.

1. 국내산업에 실질적 피해등이 발생한 사실이 있다고 추정되는 충분한 증거가 있음이 확인되는 경우
2. 제60조에 따른 약속을 철회하거나 위반한 경우와 그 약속의 이행에 관한 자료를 제출하지 아니한 경우로서 이용할 수 있는 최선의 정보가 있는 경우

② 잠정조치가 취하여진 물품에 대하여 상계관세의 부과요청이 철회되어 조사가 종결되거나 상계관세의 부과 여부가 결정된 경우 또는 제60조에 따른 약속이 수락된 경우에는 대통령령으로 정하는 바에 따라 납부된 잠정상계관세를 환급하거나 제공된 담보를 해제하여야 한다. 다만, 다음 각 호의 어느 하나에 해당하는 경우 상계관세액이 잠정상계관세액을 초과할 때에는 그 차액을 징수하지 아니하며, 상계관세액이 잠정상계관세액에 미달될 때에는 그 차액을 환급하여야 한다.

1. 보조금등의 지급과 그로 인한 산업피해를 조사한 결과 해당 물품에 대한 보조금등의 지급과 그로 인한 실질적 피해등의 사실이 있다고 판정된 이후에 제60조에 따른 약속이 수락된 경우
2. 제61조 단서에 따라 상계관세를 소급하여 부과하는 경우

[전문개정 2010. 12. 30.]

제60조(상계관세와 관련된 약속의 제의) ① 제57조에 따른 상계관세의 부과 여부를 결정하기 위하여 예비조사를 한 결과 보조금등의 지급과 그로 인한 실질적 피해등의 사실이 있는 것으로 판정된 경우 해당 물품의 수출국 정부 또는 기획재정부장관은 대통령령으로 정하는 바에 따라 해당 물품에 대한 보조금등을 철폐 또는 삭감하거나 보조금등의 국내산업에 대한 피해효과를 제거하기 위한 적절한 조치에 관한 약속을 제의할 수 있으며, 해당 물품의 수출자는 수출국 정부의 동의를 받아 보조금등의 국내산업에 대한 피해효과가 제거될 수 있을 정도로 가격을 수정하겠다는 약속을 제의할 수 있다.

② 제1항에 따른 약속이 수락된 경우 기획재정부장관은 잠정조치 또는 상계관세의 부과 없이 조사가 중지 또는 종결되도록 하여야 한다. 다만, 기획재정부장관이 필요하다고 인정하거나 수출국 정부가 피해 조사를 계속하여 줄 것을 요청한 경우에는 그 조사를 계속할 수 있다.

[전문개정 2010. 12. 30.]

제61조(상계관세의 부과 시기) 상계관세의 부과와 잠정조치는 각각의 조치일 이후 수입되는 물품에 대하여 적용된다. 다만, 잠정조치가 적용된 물품에 대하여 국제협약에서 달리 정하고 있는 경우와 그 밖에 대통령령으로 정하는 경우에는 그 물품에 대하여도 상계관세를 부과할 수 있다.

[전문개정 2010. 12. 30.]

제62조(상계관세에 대한 재심사 등) ① 기획재정부장관은 필요하다고 인정될 때에는 대통령령으로 정하는 바에 따라 상계관세의 부과와 제60조에 따른 약속에 대하여 재심사를 할 수 있으며, 재심사

의 결과에 따라 상계관세의 부과, 약속 내용의 변경, 환급 등 필요한 조치를 할 수 있다.

② 기획재정부장관은 제1항에 따른 재심사에 필요한 사항으로서 상계조치 물품의 수입 및 징수실적 등 대통령령으로 정하는 사항을 조사할 수 있다. 〈신설 2021. 12. 21.〉

③ 상계관세의 부과나 제60조에 따라 수락된 약속은 기획재정부령으로 그 적용시한을 따로 정하는 경우를 제외하고는 해당 상계관세 또는 약속의 시행일부터 5년이 지나면 그 효력을 잃으며, 제1항에 따라 보조금등의 지급과 산업피해를 재심사하고 그 결과에 따라 내용을 변경할 때에는 기획재정부령으로 그 적용시한을 따로 정하는 경우를 제외하고는 변경된 내용의 시행일부터 5년이 지나면 그 효력을 잃는다. 〈개정 2021. 12. 21.〉

④ 제1항부터 제3항까지의 규정과 제57조부터 제61조까지의 규정에 따른 상계관세의 부과 및 시행 등에 필요한 사항은 대통령령으로 정한다. 〈개정 2021. 12. 21.〉

[전문개정 2010. 12. 30.]

제3관 보복관세

제63조(보복관세의 부과대상) ① 교역상대국이 우리나라의 수출물품 등에 대하여 다음 각 호의 어느 하나에 해당하는 행위를 하여 우리나라의 무역이익이 침해되는 경우에는 그 나라로부터 수입되는 물품에 대하여 피해상당액의 범위에서 관세(이하 "보복관세"라 한다)를 부과할 수 있다.

1. 관세 또는 무역에 관한 국제협정이나 양자 간의 협정 등에 규정된 우리나라의 권익을 부인하거나 제한하는 경우
2. 그 밖에 우리나라에 대하여 부당하거나 차별적인 조치를 하는 경우

② 보복관세를 부과하여야 하는 대상 국가, 물품, 수량, 세율, 적용시한, 그 밖에 필요한 사항은 대통령령으로 정한다.

[전문개정 2010. 12. 30.]

제64조(보복관세의 부과에 관한 협의) 기획재정부장관은 보복관세를 부과할 때 필요하다고 인정되는 경우에는 관련 국제기구 또는 당사국과 미리 협의할 수 있다.

[전문개정 2010. 12. 30.]

제4관 긴급관세

제65조(긴급관세의 부과대상 등) ① 특정물품의 수입증가로 인하여 동종물품 또는 직접적인 경쟁관계에 있는 물품을 생산하는 국내산업(이하 이 조에서 "국내산업"이라 한다)이 심각한 피해를 받거나 받을 우려(이하 이 조에서 "심각한 피해등"이라 한다)가 있음이 조사를 통하여 확인되고 해당 국내산업을 보호할 필요가 있다고 인정되는 경우에는 해당 물품에 대하여 심각한 피해등을 방지하거나 치유하고 조정을 촉진(이하 "피해의 구제등"이라 한다)하기 위하여 필요한 범위에서 관세(이하 "긴급관세"라 한다)를 추가하여 부과할 수 있다.

② 긴급관세는 해당 국내산업의 보호 필요성, 국제통상관계, 긴급관세 부과에 따른 보상 수준 및 국민경제 전반에 미치는 영향 등을 검토하여 부과 여부와 그 내용을 결정한다.

③ 기획재정부장관은 긴급관세를 부과하는 경우에는 이해당사국과 긴급관세부과의 부정적 효과에 대한 적절한 무역보상방법에 관하여 협의를 할 수 있다.

④ 긴급관세의 부과와 제66조제1항에 따른 잠정긴급관세의 부과는 각각의 부과조치 결정 시행일 이후 수입되는 물품에 한정하여 적용한다.

⑤ 긴급관세의 부과기간은 4년을 초과할 수 없으며, 제66조제1항에 따른 잠정긴급관세는 200일을 초과하여 부과할 수 없다. 다만, 제67조에 따른 재심사의 결과에 따라 부과기간을 연장하는 경우에는 잠정긴급관세의 부과기간, 긴급관세의 부과기간, 「대외무역법」 제39조제1항에 따른 수입수량제한 등(이하 이 조와 제66조에서 "수입수량제한등"이라 한다)의 적용기간 및 그 연장기간을 포함한 총 적용기간은 8년을 초과할 수 없다.

⑥ 긴급관세 또는 제66조제1항에 따른 잠정긴급관세를 부과하여야 하는 대상 물품, 세율, 적용기간, 수량, 수입관리방안, 그 밖에 필요한 사항은 기획재정부령으로 정한다.

⑦ 기획재정부장관은 긴급관세 또는 제66조제1항에 따른 잠정긴급관세의 부과 여부를 결정하기 위하여 필요하다고 인정되는 경우에는 관계 행정기관의 장 및 이해관계인 등에게 관련 자료의 제출 등 필요한 협조를 요청할 수 있다.

[전문개정 2010. 12. 30.]

제66조(잠정긴급관세의 부과 등) ① 긴급관세의 부과 여부를 결정하기 위하여 조사가 시작된 물품 또는 「불공정무역행위 조사 및 산업피해구제에 관한 법률」 제7조제1항에 따라 잠정조치가 건의된 물품에 대하여 조사기간 중에 발생하는 심각한 피해등을 방지하지 아니하는 경우 회복하기 어려운 피해가 초래되거나 초래될 우려가 있다고 판단될 때에는 조사가 종결되기 전에 피해의 구제등을 위하여 필요한 범위에서 잠정긴급관세를 추가하여 부과할 수 있다.

② 긴급관세의 부과 또는 수입수량제한등의 조치 여부를 결정한 때에는 제1항에 따른 잠정긴급관세의 부과를 중단한다.

③ 긴급관세의 부과 또는 수입수량제한등의 조치 여부를 결정하기 위하여 조사한 결과 수입증가가 국내산업에 심각한 피해를 초래하거나 초래할 우려가 있다고 판단되지 아니하는 경우에는 제1항에 따라 납부된 잠정긴급관세를 환급하여야 한다.

[전문개정 2010. 12. 30.]

제67조(긴급관세에 대한 재심사 등) 기획재정부장관은 필요하다고 인정되는 때에는 긴급관세의 부과결정에 대하여 재심사를 할 수 있으며, 재심사결과에 따라 부과내용을 변경할 수 있다. 이 경우 변경된 내용은 최초의 조치내용보다 더 강화되어서는 아니된다. 〈개정 2008. 2. 29.〉

제67조의2(특정국물품 긴급관세의 부과) ① 국제조약 또는 일반적인 국제법규에 따라 허용되는 한도에서 대통령령으로 정하는 국가를 원산지로 하는 물품(이하 이 조에서 "특정국물품"이라 한다)이 다음 각 호의 어느 하나에 해당하는 것으로 조사를 통하여 확인된 경우에는 피해를 구제하거나 방지하기 위하여 필요한 범위에서 관세(이하 "특정국물품 긴급관세"라 한다)를 추가하여 부과할 수 있다.

1. 해당 물품의 수입증가가 국내시장의 교란 또는 교란우려의 중대한 원인이 되는 경우
2. 세계무역기구 회원국이 해당 물품의 수입증가에 대하여 자국의 피해를 구제하거나 방지하기 위하여 한 조치로 인하여 중대한 무역전환이 발생하여 해당 물품이 우리나라로 수입되거나 수입될 우려가 있는 경우

② 제1항제1호에서 "국내시장의 교란 또는 교란우려"란 특정국물품의 수입증가로 인하여 동종물품 또는 직접적인 경쟁관계에 있는 물품을 생산하는 국내산업이 실질적 피해를 받거나 받을 우려가 있는 경우를 말한다.

③ 특정국물품 긴급관세 또는 제5항에 따른 특정국물품 잠정긴급관세를 부과하여야 하는 대상 물품, 세율, 적용기간, 수량, 수입관리방안 등에 관하여 필요한 사항은 기획재정부령으로 정한다.

④ 기획재정부장관은 특정국물품 긴급관세를 부과할 때에는 이해당사국과 해결책을 모색하기 위하여 사전 협의를 할 수 있다.

⑤ 제1항제1호에 따라 특정국물품 긴급관세의 부과 여부를 결정하기 위한 조사가 시작된 물품에 대하여 조사기간 중에 발생하는 국내시장의 교란을 방지하지 아니하는 경우 회복하기 어려운 피해가 초래되거나 초래될 우려가 있다고 판단될 때에는 조사가 종결되기 전에 피해를 구제하거나 방지하기 위하여 필요한 범위에서 특정국물품에 대한 잠정긴급관세(이하 "특정국물품 잠정긴급관세"라 한다)를 200일의 범위에서 부과할 수 있다.

⑥ 특정국물품 긴급관세의 부과 여부를 결정하기 위하여 조사한 결과 국내시장의 교란 또는 교란우려가 있다고 판단되지 아니하는 경우에는 제5항에 따라 납부된 특정국물품 잠정긴급관세를 환급하여야 한다.

⑦ 제1항제2호에 따른 특정국물품 긴급관세 부과의 원인이 된 세계무역기구 회원국의 조치가 종료된 때에는 그 종료일부터 30일 이내에 특정국물품 긴급관세 부과를 중지하여야 한다.

⑧ 특정국물품 긴급관세 또는 특정국물품 잠정긴급관세의 부과에 관하여는 제65조제2항·제4항·제7항, 제66조제2항 및 제67조를 준용한다.

[전문개정 2010. 12. 30.]

제5관 농림축산물에 대한 특별긴급관세

제68조(농림축산물에 대한 특별긴급관세) ① 제73조에 따라 국내외 가격차에 상당한 율로 양허한 농림축산물의 수입물량이 급증하거나 수입가격이 하락하는 경우에는 대통령령으로 정하는 바에 따라 양허한 세율을 초과하여 관세(이하 "특별긴급관세"라 한다)를 부과할 수 있다.

② 특별긴급관세를 부과하여야 하는 대상 물품, 세율, 적용시한, 수량 등은 기획재정부령으로 정한다.

[전문개정 2010. 12. 30.]

제6관 조정관세

제69조(조정관세의 부과대상) 다음 각 호의 어느 하나에 해당하는 경우에는 100분의 100에서 해당 물품의 기본세율을 뺀 율을 기본세율에 더한 율의 범위에서 관세를 부과할 수 있다. 다만, 농림축수산물 또는 이를 원재료로 하여 제조된 물품의 국내외 가격차가 해당 물품의 과세가격을 초과하는 경우에는 국내외 가격차에 상당하는 율의 범위에서 관세를 부과할 수 있다. 〈개정 2018. 12. 31., 2020. 12. 22.〉

1. 산업구조의 변동 등으로 물품 간의 세율 불균형이 심하여 이를 시정할 필요가 있는 경우
2. 공중도덕 보호, 인간·동물·식물의 생명 및 건강 보호, 환경보전, 한정된 천연자원 보존 및 국제평화와 안전보장 등을 위하여 필요한 경우
3. 국내에서 개발된 물품을 일정 기간 보호할 필요가 있는 경우
4. 농림축수산물 등 국제경쟁력이 취약한 물품의 수입증가로 인하여 국내시장이 교란되거나 산업기반이 붕괴될 우려가 있어 이를 시정하거나 방지할 필요가 있는 경우

[전문개정 2010. 12. 30.]

제70조(조정관세의 적용 세율 등) ① 제69조에 따른 관세(이하 "조정관세"라 한다)는 해당 국내산업의 보호 필요성, 국제통상관계, 국제평화·국가안보·사회질서·국민경제 전반에 미치는 영향 등을 검토하여 부과 여부와 그 내용을 정한다. 〈개정 2018. 12. 31.〉

② 조정관세를 부과하여야 하는 대상 물품, 세율 및 적용시한 등은 대통령령으로 정한다.

[전문개정 2010. 12. 30.]

제7관 할당관세

제71조(할당관세) ① 다음 각 호의 어느 하나에 해당하는 경우에는 100분의 40의 범위의 율을 기본세율에서 빼고 관세를 부과할 수 있다. 이 경우 필요하다고 인정될 때에는 그 수량을 제한할 수 있다.

1. 원활한 물자수급 또는 산업의 경쟁력 강화를 위하여 특정물품의 수입을 촉진할 필요가 있는 경우
2. 수입가격이 급등한 물품 또는 이를 원재료로 한 제품의 국내가격을 안정시키기 위하여 필요한 경우
3. 유사물품 간의 세율이 현저히 불균형하여 이를 시정할 필요가 있는 경우

② 특정물품의 수입을 억제할 필요가 있는 경우에는 일정한 수량을 초과하여 수입되는 분에 대하여 100분의 40의 범위의 율을 기본세율에 더하여 관세를 부과할 수 있다. 다만, 농림축수산물인 경우에는 기본세율에 동종물품·유사물품 또는 대체물품의 국내외 가격차에 상당하는 율을 더한 율의 범위에서 관세를 부과할 수 있다.

③ 제1항과 제2항에 따른 관세를 부과하여야 하는 대상 물품, 수량, 세율, 적용기간 등은 대통령령으로 정한다.

④ 기획재정부장관은 매 회계연도 종료 후 5개월 이내에 제1항부터 제3항까지의 규정에 따른 관세의 전년도 부과 실적 및 그 결과(관세 부과의 효과 등을 조사·분석한 보고서를 포함한다)를 국회 소관 상임위원회에 보고하여야 한다. 〈신설 2011. 12. 31., 2014. 1. 1.〉

[전문개정 2010. 12. 30.]

제8관 계절관세

제72조(계절관세) ① 계절에 따라 가격의 차이가 심한 물품으로서 동종물품·유사물품 또는 대체물품의 수입으로 인하여 국내시장이 교란되거나 생산기반이 붕괴될 우려가 있을 때에는 계절에 따라 해당 물품의 국내외 가격차에 상당하는 율의 범위에서 기본세율보다 높게 관세를 부과하거나 100분의 40의 범위의 율을 기본세율에서 빼고 관세를 부과할 수 있다.

② 제1항에 따른 관세를 부과하여야 하는 대상 물품, 세율 및 적용시한 등은 기획재정부령으로 정한다.

[전문개정 2010. 12. 30.]

제9관 국제협력관세

제73조(국제협력관세) ① 정부는 우리나라의 대외무역 증진을 위하여 필요하다고 인정될 때에는 특정 국가 또는 국제기구와 관세에 관한 협상을 할 수 있다

② 제1항에 따른 협상을 수행할 때 필요하다고 인정되면 관세를 양허할 수 있다. 다만, 특정 국가와 협상할 때에는 기본 관세율의 100분의 50의 범위를 초과하여 관세를 양허할 수 없다.
③ 제2항에 따른 관세를 부과하여야 하는 대상 물품, 세율 및 적용기간 등은 대통령령으로 정한다.
[전문개정 2010. 12. 30.]

제10관 편익관세

제74조(편익관세의 적용기준 등) ① 관세에 관한 조약에 따른 편익을 받지 아니하는 나라의 생산물로서 우리나라에 수입되는 물품에 대하여 이미 체결된 외국과의 조약에 따른 편익의 한도에서 관세에 관한 편익(이하 "편익관세"라 한다)을 부여할 수 있다.
② 편익관세를 부여할 수 있는 대상 국가, 대상 물품, 적용 세율, 적용방법, 그 밖에 필요한 사항은 대통령령으로 정한다.
[전문개정 2010. 12. 30.]

제75조(편익관세의 적용 정지 등) 기획재정부장관은 다음 각 호의 어느 하나에 해당하는 경우에는 국가, 물품 및 기간을 지정하여 편익관세의 적용을 정지시킬 수 있다.

1. 편익관세의 적용으로 국민경제에 중대한 영향이 초래되거나 초래될 우려가 있는 경우
2. 그 밖에 편익관세의 적용을 정지시켜야 할 긴급한 사태가 있는 경우

[전문개정 2010. 12. 30.]

제11관 일반특혜관세

제76조(일반특혜관세의 적용기준) ① 대통령령으로 정하는 개발도상국가(이하 이 조에서 "특혜대상국"이라 한다)를 원산지로 하는 물품 중 대통령령으로 정하는 물품(이하 이 조에서 "특혜대상물품"이라 한다)에 대하여는 기본세율보다 낮은 세율의 관세(이하 이 관에서 "일반특혜관세"라 한다)를 부과할 수 있다.
② 일반특혜관세를 부과할 때 해당 특혜대상물품의 수입이 국내산업에 미치는 영향 등을 고려하여 그 물품에 적용되는 세율에 차등을 두거나 특혜대상물품의 수입수량 등을 한정할 수 있다.
③ 국제연합총회의 결의에 따른 최빈(最貧) 개발도상국 중 대통령령으로 정하는 국가를 원산지로 하는 물품에 대하여는 다른 특혜대상국보다 우대하여 일반특혜관세를 부과할 수 있다.
④ 특혜대상물품에 적용되는 세율 및 적용기간과 그 밖에 필요한 사항은 대통령령으로 정한다.
[전문개정 2010. 12. 30.]

제77조(일반특혜관세의 적용 정지 등) ① 기획재정부장관은 특정한 특혜대상 물품의 수입이 증가하여 이와 동종의 물품 또는 직접적인 경쟁관계에 있는 물품을 생산하는 국내산업에 중대한 피해를 주거나 줄 우려가 있는 등 일반특혜관세를 부과하는 것이 적당하지 아니하다고 판단될 때에는 대통령령으로 정하는 바에 따라 해당 물품과 그 물품의 원산지인 국가를 지정하여 일반특혜관세의 적용을 정지할 수 있다.
② 기획재정부장관은 특정한 특혜대상국의 소득수준, 우리나라의 총수입액 중 특정한 특혜대상국으로부터의 수입액이 차지하는 비중, 특정한 특혜대상국의 특정한 특혜대상물품이 지니는 국제경쟁력의 정도, 그 밖의 사정을 고려하여 일반특혜관세를 부과하는 것이 적당하지 아니하다고 판단될 때에는 대통령령으로 정하는 바에 따라 해당 국가를 지정하거나 해당 국가 및 물품을 지정하여 일반특혜관세의 적용을 배제할 수 있다.
[전문개정 2010. 12. 30.]

제12관 관세양허에 대한 조치 등

제78조(양허의 철회 및 수정) ① 정부는 외국에서의 가격 하락이나 그 밖에 예상하지 못하였던 사정의 변화 또는 조약상 의무의 이행으로 인하여 특정물품의 수입이 증가됨으로써 이와 동종의 물품 또는 직접 경쟁관계에 있는 물품을 생산하는 국내 생산자에게 중대한 피해를 가져오거나 가져올 우려가 있다고 인정되는 경우에는 다음 각 호의 구분에 따른 조치를 할 수 있다.

1. 조약에 따라 관세를 양허하고 있는 경우: 해당 조약에 따라 이루어진 특정물품에 대한 양허를 철회하거나 수정하여 이 법에 따른 세율이나 수정 후의 세율에 따라 관세를 부과하는 조치
2. 특정물품에 대하여 제1호의 조치를 하려고 하거나 그 조치를 한 경우: 해당 조약에 따른 협의에 따라 그 물품 외에 이미 양허한 물품의 관세율을 수정하거나 양허품목을 추가하여 새

로 관세의 양허를 하고 수정 또는 양허한 후의 세율을 적용하는 조치

② 제1항제2호의 조치는 같은 항 제1호의 조치에 대한 보상으로서 필요한 범위에서만 할 수 있다.

③ 제1항에 따른 조치의 시기 및 내용과 그 밖에 필요한 사항은 대통령령으로 정한다.

[전문개정 2010. 12. 30.]

제79조(대항조치) ① 정부는 외국이 특정물품에 관한 양허의 철회·수정 또는 그 밖의 조치를 하려고 하거나 그 조치를 한 경우 해당 조약에 따라 대항조치를 할 수 있다고 인정될 때에는 다음 각 호의 조치를 할 수 있다.

1. 특정물품에 대하여 이 법에 따른 관세 외에 그 물품의 과세가격 상당액의 범위에서 관세를 부과하는 조치
2. 특정물품에 대하여 관세의 양허를 하고 있는 경우에는 그 양허의 적용을 정지하고 이 법에 따른 세율의 범위에서 관세를 부과하는 조치

② 제1항 각 호의 조치는 외국의 조치에 대한 대항조치로서 필요한 범위에서만 할 수 있다.

③ 제1항에 따른 조치의 대상 국가, 시기, 내용, 그 밖에 필요한 사항은 대통령령으로 정한다.

[전문개정 2010. 12. 30.]

제80조(양허 및 철회의 효력) ① 조약에 따라 우리나라가 양허한 품목에 대하여 그 양허를 철회한 경우에는 해당 조약에 따라 철회의 효력이 발생한 날부터 이 법에 따른 세율을 적용한다.

② 제1항에 따른 양허의 철회에 대한 보상으로 우리나라가 새로 양허한 품목에 대하여는 그 양허의 효력이 발생한 날부터 이 법에 따른 세율을 적용하지 아니한다.

[전문개정 2010. 12. 30.]

제3절 세율의 적용 등

제81조(간이세율의 적용) ① 다음 각 호의 어느 하나에 해당하는 물품 중 대통령령으로 정하는 물품에 대하여는 다른 법령에도 불구하고 간이세율을 적용할 수 있다. 〈개정 2021. 12. 21.〉

1. 여행자 또는 외국을 오가는 운송수단의 승무원이 휴대하여 수입하는 물품
2. 우편물. 다만, 제258조제2항에 따라 제241조제1항에 따른 수입신고를 하여야 하는 우편물은 제외한다.
3. 삭제 〈2018. 12. 31.〉
4. 탁송품 또는 별송품

② 삭제 〈2018. 12. 31.〉

③ 간이세율은 수입물품에 대한 관세, 임시수입부가세 및 내국세의 세율을 기초로 하여 대통령령으로 정한다. 〈개정 2018. 12. 31.〉

④ 제1항제1호에 해당하는 물품으로서 그 총액이 대통령령으로 정하는 금액 이하인 물품에 대하여는 일반적으로 휴대하여 수입하는 물품의 관세, 임시수입부가세 및 내국세의 세율을 고려하여 제3항에 따른 세율을 단일한 세율로 할 수 있다.

[전문개정 2010. 12. 30.]

제82조(합의에 따른 세율 적용) ① 일괄하여 수입신고가 된 물품으로서 물품별 세율이 다른 물품에 대하여는 신고인의 신청에 따라 그 세율 중 가장 높은 세율을 적용할 수 있다.

② 제1항을 적용할 때에는 제5장제2절(제119조부터 제132조까지)은 적용하지 아니한다.

[전문개정 2010. 12. 30.]

제83조(용도세율의 적용) ① 별표 관세율표나 제50조제4항, 제65조, 제67조의2, 제68조, 제70조부터 제73조까지 및 제76조에 따른 대통령령 또는 기획재정부령으로 용도에 따라 세율을 다르게 정하는 물품을 세율이 낮은 용도에 사용하여 해당 물품에 그 낮은 세율(이하 "용도세율"이라 한다)의 적용을 받으려는 자는 대통령령으로 정하는 바에 따라 세관장에게 신청하여야 한다. 다만, 물품의 성질과 형태가 그 용도 외의 다른 용도에 사용할 수 없는 경우에는 그러하지 아니하다. 〈개정 2021. 12. 21.〉

② 용도세율이 적용된 물품은 그 수입신고의 수리일부터 3년의 범위에서 대통령령으로 정하는 기준에 따라 관세청장이 정하는 기간에는 해당 용도 외의 다른 용도에 사용하거나 양도할 수 없다. 다만, 다음 각 호의 어느 하나에 해당하는 경우에는 그러하지 아니하다. 〈개정 2021. 12. 21.〉

1. 대통령령으로 정하는 바에 따라 미리 세관장의 승인을 받은 경우
2. 제1항 단서에 해당하는 경우

③ 제1항의 물품을 제2항에 따른 기간에 해당 용도 외의 다른 용도에 사용하거나 그 용도 외의 다른 용도에 사용하려는 자에게 양도한 경우에는 해

당 물품을 특정용도 외에 사용한 자 또는 그 양도인으로부터 해당 물품을 특정용도에 사용할 것을 요건으로 하지 아니하는 세율에 따라 계산한 관세액과 해당 용도세율에 따라 계산한 관세액의 차액에 상당하는 관세를 즉시 징수하며, 양도인으로부터 해당 관세를 징수할 수 없을 때에는 그 양수인으로부터 즉시 징수한다. 다만, 재해나 그 밖의 부득이한 사유로 멸실되었거나 미리 세관장의 승인을 받아 폐기한 경우에는 그러하지 아니하다.
[전문개정 2010. 12. 30.]

제4절 품목분류

제84조(품목분류체계의 수정) 기획재정부장관은 「통일상품명 및 부호체계에 관한 국제협약」에 따른 관세협력이사회의 권고 또는 결정이나 새로운 상품의 개발 등으로 별표 관세율표 또는 제73조 및 제76조에 따라 대통령령으로 정한 품목분류를 변경할 필요가 있는 경우 그 세율이 변경되지 아니하는 경우에는 대통령령으로 정하는 바에 따라 새로 품목분류를 하거나 다시 품목분류를 할 수 있다.
[전문개정 2010. 12. 30.]

제85조(품목분류의 적용기준 등) ① 기획재정부장관은 대통령령으로 정하는 바에 따라 품목분류를 적용하는 데에 필요한 기준을 정할 수 있다. 〈개정 2010. 12. 30., 2014. 12. 23.〉

② 다음 각 호의 사항을 심의하기 위하여 관세청에 관세품목분류위원회(이하 이 조에서 "분류위원회"라 한다)를 둔다. 〈개정 2010. 12. 30., 2014. 12. 23.〉

1. 제1항에 따른 품목분류 적용기준의 신설 또는 변경과 관련하여 관세청장이 기획재정부장관에게 요청할 사항
2. 제86조에 따른 특정물품에 적용될 품목분류의 사전심사 및 재심사
3. 제87조에 따른 특정물품에 적용될 품목분류의 변경 및 재심사
4. 그 밖에 품목분류에 관하여 관세청장이 분류위원회에 부치는 사항

③ 삭제 〈2003. 12. 30.〉

④ 분류위원회의 구성, 기능, 운영 등에 필요한 사항은 대통령령으로 정한다. 〈개정 2010. 12. 30.〉

제86조(특정물품에 적용될 품목분류의 사전심사) ① 물품을 수출입하려는 자, 수출할 물품의 제조자 및 「관세사법」에 따른 관세사·관세법인 또는 통관취급법인(이하 "관세사등"이라 한다)은 제241조제1항에 따른 수출입신고를 하기 전에 대통령령으로 정하는 서류를 갖추어 관세청장에게 해당 물품에 적용될 별표 관세율표상의 품목분류를 미리 심사하여 줄 것을 신청할 수 있다. 〈개정 2013. 1. 1.〉

② 제1항에 따른 심사(이하 "사전심사"라 한다)의 신청을 받은 관세청장은 해당 물품에 적용될 품목분류를 심사하여 대통령령으로 정하는 기간 이내에 이를 신청인에게 통지하여야 한다. 다만, 제출자료의 미비 등으로 품목분류를 심사하기 곤란한 경우에는 그 뜻을 통지하여야 한다. 〈개정 2014. 12. 23., 2015. 12. 15.〉

③ 제2항에 따라 통지를 받은 자는 통지받은 날부터 30일 이내에 대통령령으로 정하는 서류를 갖추어 관세청장에게 재심사를 신청할 수 있다. 이 경우 관세청장은 해당 물품에 적용될 품목분류를 재심사하여 대통령령으로 정하는 기간 이내에 이를 신청인에게 통지하여야 하며, 제출자료의 미비 등으로 품목분류를 심사하기 곤란한 경우에는 그 뜻을 통지하여야 한다. 〈신설 2014. 12. 23., 2018. 12. 31.〉

④ 관세청장은 제2항 본문에 따라 품목분류를 심사한 물품 및 제3항에 따른 재심사 결과 적용할 품목분류가 변경된 물품에 대하여는 해당 물품에 적용될 품목분류와 품명, 용도, 규격, 그 밖에 필요한 사항을 고시 또는 공표하여야 한다. 다만, 신청인의 영업 비밀을 포함하는 등 해당 물품에 적용될 품목분류를 고시 또는 공표하는 것이 적당하지 아니하다고 인정되는 물품에 대하여는 고시 또는 공표하지 아니할 수 있다. 〈개정 2013. 1. 1., 2014. 12. 23., 2015. 12. 15.〉

⑤ 세관장은 제241조제1항에 따른 수출입신고가 된 물품이 제2항 본문 및 제3항에 따라 통지한 물품과 같을 때에는 그 통지 내용에 따라 품목분류를 적용하여야 한다. 이 경우 제3항에 따른 재심사 결과 적용할 품목분류가 변경되었을 때에는 신청인이 변경 내용을 통지받은 날과 제4항에 따른 고시 또는 공표일 중 빠른 날(이하 "변경일"이라 한다)부터 변경된 품목분류를 적용하되, 다음 각 호의 기준에 따라 달리 적용할 수 있다. 〈개정 2014. 12. 23., 2015. 12. 15.〉

1. 변경일부터 30일이 지나기 전에 우리나라에 수출하기 위하여 선적된 물품에 대하여 변경 전의 품목분류를 적용하는 것이 수입신고인에게 유리한 경우: 변경 전의 품목분류 적용
2. 다음 각 목의 어느 하나에 해당하는 경우: 변경일 전에 수출입신고가 수리된 물품에 대해서도 소급하여 변경된 품목분류 적용
   가. 거짓자료 제출 등 신청인에게 책임 있는 사유로 품목분류가 변경된 경우
   나. 다음의 어느 하나에 해당하는 경우로서 수출입신고인에게 유리한 경우
      1) 제1항 및 제3항에 따른 신청인에게 자료제출 미비 등의 책임 있는 사유가 없는 경우
      2) 제1항 및 제3항에 따른 신청인이 아닌 자가 관세청장이 결정하여 고시하거나 공표한 품목분류에 따라 수출입신고를 한 경우

⑥ 관세청장은 제2항 본문 및 제3항에 따라 품목분류를 심사 또는 재심사하기 위하여 해당 물품에 대한 구성재료의 물리적·화학적 분석이 필요한 경우에는 해당 품목분류를 심사 또는 재심사하여 줄 것을 신청한 자에게 기획재정부령으로 정하는 수수료를 납부하게 할 수 있다. 〈개정 2014. 12. 23.〉

⑦ 제2항 본문에 따라 통지받은 사전심사 결과 또는 제3항에 따라 통지받은 재심사 결과는 제87조제1항 또는 제3항에 따라 품목분류가 변경되기 전까지 유효하다. 〈개정 2020. 12. 22.〉

⑧ 품목분류 사전심사 및 재심사의 절차, 방법과 그 밖에 필요한 사항은 대통령령으로 정한다. 〈신설 2014. 12. 23.〉

[전문개정 2010. 12. 30.]

제87조(특정물품에 적용되는 품목분류의 변경 및 적용) ① 관세청장은 제86조에 따라 사전심사 또는 재심사한 품목분류를 변경하여야 할 필요가 있거나 그 밖에 관세청장이 직권으로 한 품목분류를 변경하여야 할 부득이한 사유가 생겼을 경우 등 대통령령으로 정하는 경우에는 해당 물품에 적용할 품목분류를 변경할 수 있다. 〈개정 2014. 12. 23., 2015. 12. 15., 2019. 12. 31.〉

② 관세청장은 제1항에 따라 품목분류를 변경하였을 때에는 그 내용을 고시하고, 제86조제2항 및 제3항에 따라 통지한 신청인에게는 그 내용을 통지하여야 한다. 다만, 신청인의 영업 비밀을 포함하는 등 해당 물품에 적용될 품목분류를 고시하는 것이 적당하지 아니하다고 인정되는 물품에 대해서는 고시하지 아니할 수 있다. 〈개정 2014. 12. 23., 2015. 12. 15.〉

③ 제2항에 따라 통지를 받은 자는 통지받은 날부터 30일 이내에 대통령령으로 정하는 서류를 갖추어 관세청장에게 재심사를 신청할 수 있다. 이 경우 재심사의 기간, 재심사 결과의 통지 및 고시·공표, 수수료 및 재심사의 절차·방법 등에 관하여는 제86조제3항, 제4항, 제6항 및 제8항을 준용한다. 〈신설 2014. 12. 23., 2015. 12. 15.〉

④ 제1항 및 제3항에 따라 품목분류가 변경된 경우 품목분류의 적용에 관하여는 제86조제5항을 준용한다. 다만, 관계법령의 개정이나 제84조에 따라 품목분류를 변경한 경우에는 제86조제5항제2호나목을 준용하지 아니한다. 〈개정 2015. 12. 15.〉

⑤ 제86조에 따라 사전심사 또는 재심사한 품목분류가 제1항 또는 제3항에 따라 변경된 경우 그 변경된 품목분류는 제1항 또는 제3항에 따라 다시 변경되기 전까지 유효하다. 〈개정 2020. 12. 22.〉

[전문개정 2010. 12. 30.]

제4장 감면·환급 및 분할납부 등

제1절 감 면 〈개정 2010. 12. 30.〉

제88조(외교관용 물품 등의 면세) ① 다음 각 호의 어느 하나에 해당하는 물품이 수입될 때에는 그 관세를 면제한다.

1. 우리나라에 있는 외국의 대사관·공사관 및 그 밖에 이에 준하는 기관의 업무용품
2. 우리나라에 주재하는 외국의 대사·공사 및 그 밖에 이에 준하는 사절과 그 가족이 사용하는 물품
3. 우리나라에 있는 외국의 영사관 및 그 밖에 이에 준하는 기관의 업무용품
4. 우리나라에 있는 외국의 대사관·공사관·영사관 및 그 밖에 이에 준하는 기관의 직원 중 대통령령으로 정하는 직원과 그 가족이 사용하는 물품
5. 정부와 체결한 사업계약을 수행하기 위하여 외국계약자가 계약조건에 따라 수입하는 업무용품

6. 국제기구 또는 외국 정부로부터 우리나라 정부에 파견된 고문관·기술단원 및 그 밖에 기획재정부령으로 정하는 자가 사용하는 물품

② 제1항에 따라 관세를 면제받은 물품 중 기획재정부령으로 정하는 물품은 수입신고 수리일부터 3년의 범위에서 대통령령으로 정하는 기준에 따라 관세청장이 정하는 기간에 제1항의 용도 외의 다른 용도로 사용하기 위하여 양수할 수 없다. 다만, 대통령령으로 정하는 바에 따라 미리 세관장의 승인을 받았을 때에는 그러하지 아니하다.

③ 제2항에 따라 기획재정부령으로 정하는 물품을 제2항에 따른 기간에 제1항에 따른 용도 외의 다른 용도로 사용하기 위하여 양수한 경우에는 그 양수자로부터 면제된 관세를 즉시 징수한다.

[전문개정 2010. 12. 30.]

제89조(세율불균형물품의 면세) ① 세율불균형을 시정하기 위하여 「조세특례제한법」 제6조제1항에 따른 중소기업(이하 이 조에서 "중소기업"이라 한다)이 대통령령으로 정하는 바에 따라 세관장이 지정하는 공장에서 다음 각 호의 어느 하나에 해당하는 물품을 제조 또는 수리하기 위하여 사용하는 부분품과 원재료(수출한 후 외국에서 수리·가공되어 수입되는 부분품과 원재료의 가공수리분을 포함한다. 이하 이 조에서 같다) 중 기획재정부령으로 정하는 물품에 대해서는 그 관세를 면제할 수 있다. 〈개정 2013. 1. 1., 2018. 12. 31., 2020. 12. 22.〉

1. 항공기(부분품을 포함한다)
2. 반도체 제조용 장비(부속기기를 포함한다)

② 다음 각 호의 어느 하나에 해당하는 자는 제1항에 따른 지정을 받을 수 없다. 〈신설 2015. 12. 15.〉

1. 제175조제1호부터 제5호까지 및 제7호의 어느 하나에 해당하는 자
2. 제4항에 따라 지정이 취소(제175조제1호부터 제3호까지의 어느 하나에 해당하여 취소된 경우는 제외한다)된 날부터 2년이 지나지 아니한 자
3. 제1호 또는 제2호에 해당하는 사람이 임원(해당 공장의 운영업무를 직접 담당하거나 이를 감독하는 자로 한정한다)으로 재직하는 법인

③ 제1항에 따른 지정기간은 3년 이내로 하되, 지정받은 자의 신청에 의하여 연장할 수 있다.

④ 세관장은 제1항에 따라 지정을 받은 자가 다음 각 호의 어느 하나에 해당하는 경우에는 그 지정을 취소할 수 있다. 다만, 제1호 또는 제2호에 해당하는 경우에는 지정을 취소하여야 한다. 〈신설 2015. 12. 15., 2018. 12. 31.〉

1. 제2항 각 호의 어느 하나에 해당하는 경우. 다만, 제2항제3호에 해당하는 경우로서 제175조제2호 또는 제3호에 해당하는 사람을 임원으로 하는 법인이 3개월 이내에 해당 임원을 변경하는 경우에는 그러하지 아니하다.
2. 거짓이나 그 밖의 부정한 방법으로 지정을 받은 경우
3. 1년 이상 휴업하여 세관장이 지정된 공장의 설치목적을 달성하기 곤란하다고 인정하는 경우

⑤ 제1항에 따라 지정된 공장에 대하여는 제179조, 제180조제2항, 제182조 및 제187조를 준용한다. 〈개정 2013. 1. 1., 2015. 12. 15.〉

⑥ 중소기업이 아닌 자가 제1항의 대통령령으로 정하는 바에 따라 세관장이 지정하는 공장에서 제1항제1호의 물품을 제조 또는 수리하기 위하여 사용하는 부분품과 원재료에 대해서는 다음 각 호에 따라 그 관세를 감면한다. 〈신설 2018. 12. 31., 2020. 12. 22., 2021. 12. 21.〉

1. 「세계무역기구 설립을 위한 마라케쉬 협정 부속서 4의 민간항공기 무역에 관한 협정」 대상 물품 중 기획재정부령으로 정하는 물품의 관세 감면에 관하여는 다음 표의 기간 동안 수입신고하는 분에 대하여는 각각의 적용기간에 해당하는 감면율을 적용한다.

2022년 1월 1일부터 2024년 12월 31일까지	2025년 1월 1일부터 12월 31일까지	2026년 1월 1일부터 12월 31일까지	2027년 1월 1일부터 12월 31일까지	2028년 1월 1일부터 12월 31일까지
100분의 100	100분의 80	100분의 60	100분의 40	100분의 20

2. 제1호 이외의 물품의 관세감면에 관하여는 다음 표의 기간 동안 수입신고하는 분에 대하여는 각각의 적용기간에 해당하는 감면율을 적용한다.

2019년 5월 1일부터 12월 31일까지	2020년 1월 1일부터 12월 31일까지	2021년 1월 1일부터 12월 31일까지	2022년 1월 1일부터 12월 31일까지	2023년 1월 1일부터 12월 31일까지	2024년 1월 1일부터 12월 31일까지	2025년 1월 1일부터 12월 31일까지
100분의 90	100분의 80	100분의 70	100분의 60	100분의 50	100분의 40	100분의 20

⑦ 국가 및 지방자치단체가 제1항제1호의 물품을 제조 또는 수리하기 위하여 사용하는 부분품과 원재료에 관하여는 제6항에도 불구하고 제1항을 준

용한다. 〈신설 2020. 12. 22.〉

⑧ 제1항에 따라 지정을 받은 자가 지정사항을 변경하려는 경우에는 관세청장이 정하는 바에 따라 세관장에게 변경신고하여야 한다. 〈신설 2020. 12. 22.〉

[전문개정 2010. 12. 30.]

[제목개정 2013. 1. 1.]

제90조(학술연구용품의 감면) ① 다음 각 호의 어느 하나에 해당하는 물품이 수입될 때에는 그 관세를 감면할 수 있다.

1. 국가기관, 지방자치단체 및 기획재정부령으로 정하는 기관에서 사용할 학술연구용품·교육용품 및 실험실습용품으로서 기획재정부령으로 정하는 물품
2. 학교, 공공의료기관, 공공직업훈련원, 박물관, 그 밖에 이에 준하는 기획재정부령으로 정하는 기관에서 학술연구용·교육용·훈련용·실험실습용 및 과학기술연구용으로 사용할 물품 중 기획재정부령으로 정하는 물품
3. 제2호의 기관에서 사용할 학술연구용품·교육용품·훈련용품·실험실습용품 및 과학기술연구용품으로서 외국으로부터 기증되는 물품. 다만, 기획재정부령으로 정하는 물품은 제외한다.
4. 기획재정부령으로 정하는 자가 산업기술의 연구개발에 사용하기 위하여 수입하는 물품으로서 기획재정부령으로 정하는 물품

② 제1항에 따라 관세를 감면하는 경우 그 감면율은 기획재정부령으로 정한다.

[전문개정 2010. 12. 30.]

[제목개정 2020. 12. 22.]

제91조(종교용품, 자선용품, 장애인용품 등의 면세) 다음 각 호의 어느 하나에 해당하는 물품이 수입될 때에는 그 관세를 면제한다. 〈개정 2020. 12. 22.〉

1. 교회, 사원 등 종교단체의 의식(儀式)에 사용되는 물품으로서 외국으로부터 기증되는 물품. 다만, 기획재정부령으로 정하는 물품은 제외한다.
2. 자선 또는 구호의 목적으로 기증되는 물품 및 기획재정부령으로 정하는 자선시설·구호시설 또는 사회복지시설에 기증되는 물품으로서 해당 용도로 직접 사용하는 물품. 다만, 기획재정부령으로 정하는 물품은 제외한다.
3. 국제적십자사·외국적십자사 및 기획재정부령으로 정하는 국제기구가 국제평화봉사활동 또는 국제친선활동을 위하여 기증하는 물품
4. 시각장애인, 청각장애인, 언어장애인, 지체장애인, 만성신부전증환자, 희귀난치성질환자 등을 위한 용도로 특수하게 제작되거나 제조된 물품 중 기획재정부령으로 정하는 물품
5. 「장애인복지법」 제58조에 따른 장애인복지시설 및 장애인의 재활의료를 목적으로 국가·지방자치단체 또는 사회복지법인이 운영하는 재활 병원·의원에서 장애인을 진단하고 치료하기 위하여 사용하는 의료용구

[전문개정 2010. 12. 30.]

제92조(정부용품 등의 면세) 다음 각 호의 어느 하나에 해당하는 물품이 수입될 때에는 그 관세를 면제할 수 있다. 〈개정 2013. 3. 23., 2017. 7. 26., 2021. 12. 21.〉

1. 국가기관이나 지방자치단체에 기증된 물품으로서 공용으로 사용하는 물품. 다만, 기획재정부령으로 정하는 물품은 제외한다.
2. 정부가 외국으로부터 수입하는 군수품(정부의 위탁을 받아 정부 외의 자가 수입하는 경우를 포함한다). 다만, 기획재정부령으로 정하는 물품은 제외한다.

2의2. 국가원수의 경호용으로 사용하기 위하여 수입하는 물품

3. 외국에 주둔하는 국군이나 재외공관으로부터 반환된 공용품
4. 과학기술정보통신부장관이 국가의 안전보장을 위하여 긴요하다고 인정하여 수입하는 비상통신용 물품 및 전파관리용 물품
5. 정부가 직접 수입하는 간행물, 음반, 녹음된 테이프, 녹화된 슬라이드, 촬영된 필름, 그 밖에 이와 유사한 물품 및 자료
6. 국가나 지방자치단체(이들이 설립하였거나 출연 또는 출자한 법인을 포함한다)가 환경오염(소음 및 진동을 포함한다)을 측정하거나 분석하기 위하여 수입하는 기계·기구 중 기획재정부령으로 정하는 물품
7. 상수도 수질을 측정하거나 이를 보전·향상하기 위하여 국가나 지방자치단체(이들이 설립하였거나 출연 또는 출자한 법인을 포함한다)가 수입하는 물품으로서 기획재정부령으로 정하는 물품
8. 국가정보원장 또는 그 위임을 받은 자가 국가

의 안전보장 목적의 수행상 긴요하다고 인정하여 수입하는 물품

[전문개정 2010. 12. 30.]

제93조(특정물품의 면세 등) 다음 각 호의 어느 하나에 해당하는 물품이 수입될 때에는 그 관세를 면제할 수 있다. 〈개정 2013. 3. 23., 2019. 12. 31., 2020. 6. 9.〉

1. 동식물의 번식·양식 및 종자개량을 위한 물품 중 기획재정부령으로 정하는 물품
2. 박람회, 국제경기대회, 그 밖에 이에 준하는 행사 중 기획재정부령으로 정하는 행사에 사용하기 위하여 그 행사에 참가하는 자가 수입하는 물품 중 기획재정부령으로 정하는 물품
3. 핵사고 또는 방사능 긴급사태 시 그 복구지원과 구호를 목적으로 외국으로부터 기증되는 물품으로서 기획재정부령으로 정하는 물품
4. 우리나라 선박이 외국 정부의 허가를 받아 외국의 영해에서 채집하거나 포획한 수산물(이를 원료로 하여 우리나라 선박에서 제조하거나 가공한 것을 포함한다. 이하 이 조에서 같다)
5. 우리나라 선박이 외국의 선박과 협력하여 기획재정부령으로 정하는 방법으로 채집하거나 포획한 수산물로서 해양수산부장관이 추천하는 것
6. 해양수산부장관의 허가를 받은 자가 기획재정부령으로 정하는 요건에 적합하게 외국인과 합작하여 채집하거나 포획한 수산물 중 해양수산부장관이 기획재정부장관과 협의하여 추천하는 것
7. 우리나라 선박 등이 채집하거나 포획한 수산물과 제5호 및 제6호에 따른 수산물의 포장에 사용된 물품으로서 재사용이 불가능한 것 중 기획재정부령으로 정하는 물품
8. 「중소기업기본법」 제2조에 따른 중소기업이 해외구매자의 주문에 따라 제작한 기계·기구가 해당 구매자가 요구한 규격 및 성능에 일치하는지를 확인하기 위하여 하는 시험생산에 필요한 원재료로서 기획재정부령으로 정하는 요건에 적합한 물품
9. 우리나라를 방문하는 외국의 원수와 그 가족 및 수행원의 물품
10. 우리나라의 선박이나 그 밖의 운송수단이 조난으로 인하여 해체된 경우 그 해체재(解體材) 및 장비
11. 우리나라와 외국 간에 건설될 교량, 통신시설, 해저통로, 그 밖에 이에 준하는 시설의 건설 또는 수리에 필요한 물품
12. 우리나라 수출물품의 품질, 규격, 안전도 등이 수입국의 권한 있는 기관이 정하는 조건에 적합한 것임을 표시하는 수출물품에 붙이는 증표로서 기획재정부령으로 정하는 물품
13. 우리나라의 선박이나 항공기가 해외에서 사고로 발생한 피해를 복구하기 위하여 외국의 보험회사 또는 외국의 가해자의 부담으로 하는 수리 부분에 해당하는 물품
14. 우리나라의 선박이나 항공기가 매매계약상의 하자보수 보증기간 중에 외국에서 발생한 고장에 대하여 외국의 매도인의 부담으로 하는 수리 부분에 해당하는 물품
15. 국제올림픽·장애인올림픽·농아인올림픽 및 아시아운동경기·장애인아시아운동경기 종목에 해당하는 운동용구(부분품을 포함한다)로서 기획재정부령으로 정하는 물품
16. 국립묘지의 건설·유지 또는 장식을 위한 자재와 국립묘지에 안장되는 자의 관·유골함 및 장례용 물품
17. 피상속인이 사망하여 국내에 주소를 둔 자에게 상속되는 피상속인의 신변용품
18. 보석의 원석(原石) 및 나석(裸石)으로서 기획재정부령으로 정하는 것

[전문개정 2010. 12. 30.]

제94조(소액물품 등의 면세) 다음 각 호의 어느 하나에 해당하는 물품이 수입될 때에는 그 관세를 면제할 수 있다. 〈개정 2020. 12. 22.〉

1. 우리나라의 거주자에게 수여된 훈장·기장(紀章) 또는 이에 준하는 표창장 및 상패
2. 기록문서 또는 그 밖의 서류
3. 상업용견본품 또는 광고용품으로서 기획재정부령으로 정하는 물품
4. 우리나라 거주자가 받는 소액물품으로서 기획재정부령으로 정하는 물품

[전문개정 2010. 12. 30.]

제95조(환경오염방지물품 등에 대한 감면) ① 다음 각 호의 어느 하나에 해당하는 물품으로서 국내에서 제작하기 곤란한 물품이 수입될 때에는 그 관세를 감면할 수 있다.

1. 오염물질(소음 및 진동을 포함한다)의 배출 방지 또는 처리를 위하여 사용하는 기계·기구·

시설·장비로서 기획재정부령으로 정하는 것
2. 폐기물 처리(재활용을 포함한다)를 위하여 사용하는 기계·기구로서 기획재정부령으로 정하는 것
3. 기계·전자기술 또는 정보처리기술을 응용한 공장 자동화 기계·기구·설비(그 구성기기를 포함한다) 및 그 핵심부분품으로서 기획재정부령으로 정하는 것

② 제1항에 따라 관세를 감면하는 경우 그 감면기간과 감면율은 기획재정부령으로 정한다.
[전문개정 2010. 12. 30.]
[제목개정 2020. 12. 22.]

제96조(여행자 휴대품 및 이사물품 등의 감면) ① 다음 각 호의 어느 하나에 해당하는 물품이 수입될 때에는 그 관세를 면제할 수 있다. 〈개정 2014. 12. 23., 2020. 12. 22.〉
1. 여행자의 휴대품 또는 별송품으로서 여행자의 입국 사유, 체재기간, 직업, 그 밖의 사정을 고려하여 기획재정부령으로 정하는 기준에 따라 세관장이 타당하다고 인정하는 물품
2. 우리나라로 거주를 이전하기 위하여 입국하는 자가 입국할 때 수입하는 이사물품으로서 거주 이전의 사유, 거주기간, 직업, 가족 수, 그 밖의 사정을 고려하여 기획재정부령으로 정하는 기준에 따라 세관장이 타당하다고 인정하는 물품
3. 국제무역선 또는 국제무역기의 승무원이 휴대하여 수입하는 물품으로서 항행일수, 체재기간, 그 밖의 사정을 고려하여 기획재정부령으로 정하는 기준에 따라 세관장이 타당하다고 인정하는 물품

② 여행자가 휴대품 또는 별송품(제1항제1호에 해당하는 물품은 제외한다)을 기획재정부령으로 정하는 방법으로 자진신고하는 경우에는 15만원을 넘지 아니하는 범위에서 해당 물품에 부과될 관세(제81조에 따라 간이세율을 적용하는 물품의 경우에는 간이세율을 적용하여 산출된 세액을 말한다)의 100분의 30에 상당하는 금액을 경감할 수 있다. 〈신설 2014. 12. 23., 2019. 12. 31.〉
[전문개정 2010. 12. 30.]
[제목개정 2020. 12. 22.]

제97조(재수출면세) ① 수입신고 수리일부터 다음 각 호의 어느 하나의 기간에 다시 수출하는 물품에 대하여는 그 관세를 면제할 수 있다.
1. 기획재정부령으로 정하는 물품: 1년의 범위에서 대통령령으로 정하는 기준에 따라 세관장이 정하는 기간. 다만, 세관장은 부득이한 사유가 있다고 인정될 때에는 1년의 범위에서 그 기간을 연장할 수 있다.
2. 1년을 초과하여 수출하여야 할 부득이한 사유가 있는 물품으로서 기획재정부령으로 정하는 물품: 세관장이 정하는 기간

② 제1항에 따라 관세를 면제받은 물품은 같은 항의 기간에 같은 항에서 정한 용도 외의 다른 용도로 사용되거나 양도될 수 없다. 다만, 대통령령으로 정하는 바에 따라 미리 세관장의 승인을 받았을 때에는 그러하지 아니하다.

③ 다음 각 호의 어느 하나에 해당하는 경우에는 수출하지 아니한 자, 용도 외로 사용한 자 또는 양도를 한 자로부터 면제된 관세를 즉시 징수하며, 양도인으로부터 해당 관세를 징수할 수 없을 때에는 양수인으로부터 면제된 관세를 즉시 징수한다. 다만, 재해나 그 밖의 부득이한 사유로 멸실되었거나 미리 세관장의 승인을 받아 폐기하였을 때에는 그러하지 아니하다.
1. 제1항에 따라 관세를 면제받은 물품을 같은 항에 규정된 기간 내에 수출하지 아니한 경우
2. 제1항에서 정한 용도 외의 다른 용도로 사용하거나 해당 용도 외의 다른 용도로 사용하려는 자에게 양도한 경우

④ 세관장은 제1항에 따라 관세를 면제받은 물품 중 기획재정부령으로 정하는 물품이 같은 항에 규정된 기간 내에 수출되지 아니한 경우에는 500만원을 넘지 아니하는 범위에서 해당 물품에 부과될 관세의 100분의 20에 상당하는 금액을 가산세로 징수한다. 〈개정 2013. 1. 1.〉
[전문개정 2010. 12. 30.]

제98조(재수출 감면) ① 장기간에 걸쳐 사용할 수 있는 물품으로서 그 수입이 임대차계약에 의하거나 도급계약 또는 수출계약의 이행과 관련하여 국내에서 일시적으로 사용하기 위하여 수입하는 물품 중 기획재정부령으로 정하는 물품이 그 수입신고 수리일부터 2년(장기간의 사용이 부득이한 물품으로서 기획재정부령으로 정하는 것 중 수입하기 전에 세관장의 승인을 받은 것은 4년의 범위에서 대통령령으로 정하는 기준에 따라 세관장이 정하는 기간을 말한다) 이내에 재수출되는 것에 대해

서는 다음 각 호의 구분에 따라 그 관세를 경감할 수 있다. 다만, 외국과 체결한 조약·협정 등에 따라 수입되는 것에 대해서는 상호 조건에 따라 그 관세를 면제한다. 〈개정 2020. 12. 22.〉

1. 재수출기간이 6개월 이내인 경우: 해당 물품에 대한 관세액의 100분의 85
2. 재수출기간이 6개월 초과 1년 이내인 경우: 해당 물품에 대한 관세액의 100분의 70
3. 재수출기간이 1년 초과 2년 이내인 경우: 해당 물품에 대한 관세액의 100분의 55
4. 재수출기간이 2년 초과 3년 이내인 경우: 해당 물품에 대한 관세액의 100분의 40
5. 재수출기간이 3년 초과 4년 이내인 경우: 해당 물품에 대한 관세액의 100분의 30

② 제1항에 따라 관세를 감면한 물품에 대하여는 제97조제2항부터 제4항까지의 규정을 준용한다.

[전문개정 2010. 12. 30.]

[제목개정 2020. 12. 22.]

제99조(재수입면세) 다음 각 호의 어느 하나에 해당하는 물품이 수입될 때에는 그 관세를 면제할 수 있다. 〈개정 2014. 1. 1., 2019. 12. 31.〉

1. 우리나라에서 수출(보세가공수출을 포함한다)된 물품으로서 해외에서 제조·가공·수리 또는 사용(장기간에 걸쳐 사용할 수 있는 물품으로서 임대차계약 또는 도급계약 등에 따라 해외에서 일시적으로 사용하기 위하여 수출된 물품이나 박람회, 전시회, 품평회, 국제경기대회, 그 밖에 이에 준하는 행사에 출품 또는 사용된 물품 등 기획재정부령으로 정하는 물품의 경우는 제외한다)되지 아니하고 수출신고 수리일부터 2년 내에 다시 수입(이하 이 조에서 "재수입"이라 한다)되는 물품. 다만, 다음 각 목의 어느 하나에 해당하는 경우에는 관세를 면제하지 아니한다.
   가. 해당 물품 또는 원자재에 대하여 관세를 감면받은 경우
   나. 이 법 또는 「수출용원재료에 대한 관세 등 환급에 관한 특례법」에 따른 환급을 받은 경우
   다. 이 법 또는 「수출용 원재료에 대한 관세 등 환급에 관한 특례법」에 따른 환급을 받을 수 있는 자 외의 자가 해당 물품을 재수입하는 경우. 다만, 재수입하는 물품에 대하여 환급을 받을 수 있는 자가 환급받을 권리를 포기하였음을 증명하는 서류를 재수입하는 자가 세관장에게 제출하는 경우는 제외한다.
   라. 보세가공 또는 장치기간경과물품을 재수출조건으로 매각함에 따라 관세가 부과되지 아니한 경우
2. 수출물품의 용기로서 다시 수입하는 물품
3. 해외시험 및 연구를 목적으로 수출된 후 재수입되는 물품

[전문개정 2010. 12. 30.]

제100조(손상물품에 대한 감면) ① 수입신고한 물품이 수입신고가 수리되기 전에 변질되거나 손상되었을 때에는 대통령령으로 정하는 바에 따라 그 관세를 경감할 수 있다.

② 이 법이나 그 밖의 법률 또는 조약·협정 등에 따라 관세를 감면받은 물품에 대하여 관세를 추징하는 경우 그 물품이 변질 또는 손상되거나 사용되어 그 가치가 떨어졌을 때에는 대통령령으로 정하는 바에 따라 그 관세를 경감할 수 있다. 〈개정 2011. 12. 31.〉

[전문개정 2010. 12. 30.]

[제목개정 2020. 12. 22.]

제101조(해외임가공물품 등의 감면) ① 다음 각 호의 어느 하나에 해당하는 물품이 수입될 때에는 대통령령으로 정하는 바에 따라 그 관세를 경감할 수 있다.

1. 원재료 또는 부분품을 수출하여 기획재정부령으로 정하는 물품으로 제조하거나 가공한 물품
2. 가공 또는 수리할 목적으로 수출한 물품으로서 기획재정부령으로 정하는 기준에 적합한 물품

② 제1항의 물품이 다음 각 호의 어느 하나에 해당하는 경우에는 그 관세를 경감하지 아니한다.

1. 해당 물품 또는 원자재에 대하여 관세를 감면받은 경우. 다만, 제1항제2호의 경우는 제외한다.
2. 이 법 또는 「수출용원재료에 대한 관세 등 환급에 관한 특례법」에 따른 환급을 받은 경우
3. 보세가공 또는 장치기간경과물품을 재수출조건으로 매각함에 따라 관세가 부과되지 아니한 경우

[전문개정 2010. 12. 30.]

[제목개정 2020. 12. 22.]

제102조(관세감면물품의 사후관리) ① 제89조부터 제91조까지와 제93조 및 제95조에 따라 관세를 감면받은 물품은 수입신고 수리일부터 3년의 범위

에서 대통령령으로 정하는 기준에 따라 관세청장이 정하는 기간에는 그 감면받은 용도 외의 다른 용도로 사용하거나 양도(임대를 포함한다. 이하 같다)할 수 없다. 다만, 기획재정부령으로 정하는 물품과 대통령령으로 정하는 바에 따라 미리 세관장의 승인을 받은 물품의 경우에는 그러하지 아니하다.

② 다음 각 호의 어느 하나에 해당하면 그 용도 외의 다른 용도로 사용한 자나 그 양도인(임대인을 포함한다. 이하 같다)으로부터 감면된 관세를 즉시 징수하며, 양도인으로부터 해당 관세를 징수할 수 없을 때에는 양수인(임차인을 포함한다. 이하 같다)으로부터 감면된 관세를 징수한다. 다만, 재해나 그 밖의 부득이한 사유로 멸실되었거나 미리 세관장의 승인을 받아 폐기하였을 때에는 그러하지 아니하다.

1. 제1항에 따라 관세를 감면받은 물품을 제1항에 따른 기간에 감면받은 용도 외의 다른 용도로 사용한 경우
2. 제1항에 따라 관세를 감면받은 물품을 제1항에 따른 기간에 감면받은 용도 외의 다른 용도로 사용하려는 자에게 양도한 경우

[전문개정 2010. 12. 30.]

제103조(관세감면물품의 용도 외 사용) ① 법령, 조약, 협정 등에 따라 관세를 감면받은 물품을 감면받은 용도 외의 다른 용도로 사용하거나 감면받은 용도 외의 다른 용도로 사용하려는 자에게 양도하는 경우(해당 물품을 다른 용도로 사용하는 자나 해당 물품을 다른 용도로 사용하기 위하여 양수하는 자가 그 물품을 다른 용도로 사용하기 위하여 수입하는 경우에는 그 물품에 대하여 법령 또는 조약, 협정 등에 따라 관세를 감면받을 수 있는 경우로 한정한다)에는 대통령령으로 정하는 바에 따라 제83조제3항, 제88조제3항, 제97조제3항, 제98조제2항, 제102조제2항 또는 제109조제2항에 따라 징수하여야 하는 관세를 감면할 수 있다. 다만, 이 법 외의 법령, 조약, 협정 등에 따라 그 감면된 관세를 징수할 때에는 그러하지 아니하다. 〈개정 2011. 12. 31.〉

② 제98조제2항과 제102조제1항에도 불구하고 제90조, 제93조, 제95조 또는 제98조에 따라 관세를 감면받은 물품은 「대·중소기업 상생협력 촉진에 관한 법률」 제2조제4호에 따른 수탁·위탁거래의 관계에 있는 기업에 양도할 수 있으며, 이 경우 제98조제2항과 제102조제2항에 따라 징수할 관세를 감면할 수 있다. 다만, 이 법 외의 법령, 조약, 협정 등에 따라 그 감면된 관세를 징수할 때에는 그러하지 아니하다.

③ 제1항과 제2항에 따라 관세를 감면받은 경우 그 사후관리기간은 당초의 수입신고 수리일부터 계산한다.

[전문개정 2010. 12. 30.]

제104조 삭제 〈2011. 12. 31.〉

제105조(시설대여업자에 대한 감면 등) ① 「여신전문금융업법」에 따른 시설대여업자(이하 이 조에서 "시설대여업자"라 한다)가 이 법에 따라 관세가 감면되거나 분할납부되는 물품을 수입할 때에는 제19조에도 불구하고 대여시설 이용자를 납세의무자로 하여 수입신고를 할 수 있다. 이 경우 납세의무자는 대여시설 이용자가 된다. 〈개정 2016. 3. 29.〉

② 제1항에 따라 관세를 감면받거나 분할납부를 승인받은 물품에 대하여 관세를 징수하는 경우 납세의무자인 대여시설 이용자로부터 관세를 징수할 수 없을 때에는 시설대여업자로부터 징수한다.

[전문개정 2010. 12. 30.]

제2절 환급 및 분할납부 등

제106조(계약 내용과 다른 물품 등에 대한 관세 환급) ① 수입신고가 수리된 물품이 계약 내용과 다르고 수입신고 당시의 성질이나 형태가 변경되지 아니한 경우 해당 물품이 수입신고 수리일부터 1년 이내에 다음 각 호의 어느 하나에 해당하면 그 관세를 환급한다. 〈개정 2011. 12. 31.〉

1. 외국으로부터 수입된 물품: 보세구역(제156조제1항에 따라 세관장의 허가를 받았을 때에는 그 허가받은 장소를 포함한다. 이하 이 조에서 같다)에 이를 반입하였다가 다시 수출하였을 것. 이 경우 수출은 수입신고 수리일부터 1년이 지난 후에도 할 수 있다.
2. 보세공장에서 생산된 물품: 보세공장에 이를 다시 반입하였을 것

② 제1항에 따른 수입물품으로서 세관장이 환급세액을 산출하는 데에 지장이 없다고 인정하여 승인한 경우에는 그 수입물품의 일부를 수출하였을

때에도 제1항에 따라 그 관세를 환급할 수 있다.

③ 제1항과 제2항에 따른 수입물품의 수출을 갈음하여 이를 폐기하는 것이 부득이하다고 인정하여 그 물품을 수입신고 수리일부터 1년 내에 보세구역에 반입하여 미리 세관장의 승인을 받아 폐기하였을 때에는 그 관세를 환급한다.

④ 수입신고가 수리된 물품이 수입신고 수리 후에도 지정보세구역에 계속 장치되어 있는 중에 재해로 멸실되거나 변질 또는 손상되어 그 가치가 떨어졌을 때에는 대통령령으로 정하는 바에 따라 그 관세의 전부 또는 일부를 환급할 수 있다.

⑤ 제1항부터 제4항까지의 규정을 적용할 때 해당 수입물품에 대한 관세의 납부기한이 종료되기 전이거나 징수유예 중 또는 분할납부기간이 끝나지 아니하여 해당 물품에 대한 관세가 징수되지 아니한 경우에는 세관장은 해당 관세의 부과를 취소할 수 있다. 〈개정 2013. 1. 1.〉

⑥ 제1항부터 제4항까지에서 규정한 관세의 환급에 관하여는 제46조와 제47조를 준용한다.

[전문개정 2010. 12. 30.]

제106조의2(수입한 상태 그대로 수출되는 자가사용물품 등에 대한 관세 환급) ① 수입신고가 수리된 개인의 자가사용물품이 수입한 상태 그대로 수출되는 경우로서 다음 각 호의 어느 하나에 해당하는 경우에는 수입할 때 납부한 관세를 환급한다. 이 경우 수입한 상태 그대로 수출되는 경우의 기준은 대통령령으로 정한다. 〈개정 2021. 12. 21.〉

1. 수입신고 수리일부터 6개월 이내에 보세구역에 반입하였다가 다시 수출하는 경우
2. 수입신고 수리일부터 6개월 이내에 관세청장이 정하는 바에 따라 세관장의 확인을 받고 다시 수출하는 경우
3. 제241조제2항에 따라 수출신고가 생략되는 탁송품 또는 우편물로서 기획재정부령으로 정하는 금액 이하인 물품을 수입신고 수리일부터 6개월 이내에 수출한 후 관세청장이 정하는 바에 따라 세관장의 확인을 받은 경우

② 여행자가 제96조제2항에 따라 자진신고한 물품이 다음 각 호의 어느 하나에 해당하게 된 경우에는 자진신고할 때 납부한 관세를 환급한다. 〈개정 2021. 12. 21.〉

1. 제143조제1항제2호에 따른 국제무역선 또는 국제무역기 안에서 구입한 물품이 환불된 경우
2. 제196조에 따른 보세판매장에서 구입한 물품이 환불된 경우

③ 제1항 및 제2항에 따른 관세 환급에 관하여는 제46조, 제47조 및 제106조제2항·제5항을 준용한다. 〈개정 2019. 12. 31.〉

[본조신설 2015. 12. 15.]

[제목개정 2019. 12. 31.]

제107조(관세의 분할납부) ① 세관장은 천재지변이나 그 밖에 대통령령으로 정하는 사유로 이 법에 따른 신고, 신청, 청구, 그 밖의 서류의 제출, 통지, 납부 또는 징수를 정하여진 기한까지 할 수 없다고 인정될 때에는 1년을 넘지 아니하는 기간을 정하여 대통령령으로 정하는 바에 따라 관세를 분할하여 납부하게 할 수 있다.

② 다음 각 호의 어느 하나에 해당하는 물품이 수입될 때에는 세관장은 기획재정부령으로 정하는 바에 따라 5년을 넘지 아니하는 기간을 정하여 관세의 분할납부를 승인할 수 있다.

1. 시설기계류, 기초설비품, 건설용 재료 및 그 구조물과 공사용 장비로서 기획재정부장관이 고시하는 물품. 다만, 기획재정부령으로 정하는 업종에 소요되는 물품은 제외한다.
2. 정부나 지방자치단체가 수입하는 물품으로서 기획재정부령으로 정하는 물품
3. 학교나 직업훈련원에서 수입하는 물품과 비영리법인이 공익사업을 위하여 수입하는 물품으로서 기획재정부령으로 정하는 물품
4. 의료기관 등 기획재정부령으로 정하는 사회복지기관 및 사회복지시설에서 수입하는 물품으로서 기획재정부장관이 고시하는 물품
5. 기획재정부령으로 정하는 기업부설연구소, 산업기술연구조합 및 비영리법인인 연구기관, 그 밖에 이와 유사한 연구기관에서 수입하는 기술개발연구용품 및 실험실습용품으로서 기획재정부장관이 고시하는 물품
6. 기획재정부령으로 정하는 중소제조업체가 직접 사용하려고 수입하는 물품. 다만, 기획재정부령으로 정하는 기준에 적합한 물품이어야 한다.
7. 기획재정부령으로 정하는 기업부설 직업훈련원에서 직업훈련에 직접 사용하려고 수입하는 교육용품 및 실험실습용품 중 국내에서 제작하기가 곤란한 물품으로서 기획재정부장관이 고시하는 물품

③ 제2항에 따라 관세의 분할납부를 승인받은 자가 해당 물품의 용도를 변경하거나 그 물품을 양도하려는 경우에는 미리 세관장의 승인을 받아야 한다.

④ 관세의 분할납부를 승인받은 법인이 합병·분할·분할합병 또는 해산을 하거나 파산선고를 받은 경우 또는 관세의 분할납부를 승인받은 자가 파산선고를 받은 경우에는 제6항부터 제8항까지의 규정에 따라 그 관세를 납부하여야 하는 자는 지체 없이 그 사유를 세관장에게 신고하여야 한다.

⑤ 관세의 분할납부를 승인받은 물품을 동일한 용도로 사용하려는 자에게 양도한 경우에는 그 양수인이 관세를 납부하여야 하며, 해당 용도 외의 다른 용도로 사용하려는 자에게 양도한 경우에는 그 양도인이 관세를 납부하여야 한다. 이 경우 양도인으로부터 해당 관세를 징수할 수 없을 때에는 그 양수인으로부터 징수한다.

⑥ 관세의 분할납부를 승인받은 법인이 합병·분할 또는 분할합병된 경우에는 합병·분할 또는 분할합병 후에 존속하거나 합병·분할 또는 분할합병으로 설립된 법인이 연대하여 관세를 납부하여야 한다.

⑦ 관세의 분할납부를 승인받은 자가 파산선고를 받은 경우에는 그 파산관재인이 관세를 납부하여야 한다.

⑧ 관세의 분할납부를 승인받은 법인이 해산한 경우에는 그 청산인이 관세를 납부하여야 한다.

⑨ 다음 각 호의 어느 하나에 해당하는 경우에는 납부하지 아니한 관세의 전액을 즉시 징수한다.

1. 관세의 분할납부를 승인받은 물품을 제2항에서 정한 기간에 해당 용도 외의 다른 용도로 사용하거나 해당 용도 외의 다른 용도로 사용하려는 자에게 양도한 경우
2. 관세를 지정된 기한까지 납부하지 아니한 경우. 다만, 관세청장이 부득이한 사유가 있다고 인정하는 경우는 제외한다.
3. 파산선고를 받은 경우
4. 법인이 해산한 경우

[전문개정 2010. 12. 30.]

제108조(담보 제공 및 사후관리) ① 세관장은 필요하다고 인정될 때에는 대통령령으로 정하는 범위에서 관세청장이 정하는 바에 따라 이 법이나 그 밖의 법령·조약·협정 등에 따라 관세를 감면받거나 분할납부를 승인받은 물품에 대하여 그 물품을 수입할 때에 감면받거나 분할납부하는 관세액(제97조제4항 및 제98조제2항에 따른 가산세는 제외한다)에 상당하는 담보를 제공하게 할 수 있다.

② 이 법이나 그 밖의 법률·조약·협정 등에 따라 용도세율을 적용받거나 관세의 감면 또는 분할납부를 승인받은 자는 대통령령으로 정하는 바에 따라 해당 조건의 이행 여부를 확인하는 데에 필요한 서류를 세관장에게 제출하여야 한다.

③ 관세청장은 제2항에 따른 조건의 이행 여부를 확인하기 위하여 필요한 경우에는 대통령령으로 정하는 바에 따라 해당 물품의 사후관리에 관한 업무를 주무부장관에게 위탁할 수 있으며, 주무부장관은 물품의 사후관리를 위하여 필요한 경우에는 미리 관세청장과 협의한 후 위탁받은 사후관리에 관한 업무를 관계 기관이나 법인·단체 등에 재위임하거나 재위탁할 수 있다. 〈개정 2019. 12. 31.〉

④ 용도세율을 적용받거나 관세를 감면받은 물품을 세관장의 승인을 받아 수출한 경우에는 이 법을 적용할 때 용도 외의 사용으로 보지 아니하고 사후관리를 종결한다. 다만, 용도세율을 적용받거나 관세를 감면받은 물품을 가공하거나 수리할 목적으로 수출한 후 다시 수입하거나 해외시험 및 연구를 목적으로 수출한 후 다시 수입하여 제99조제3호 또는 제101조제1항제2호에 따른 감면을 받은 경우에는 사후관리를 계속한다.

[전문개정 2010. 12. 30.]

제109조(다른 법령 등에 따른 감면물품의 관세징수) ① 이 법 외의 법령이나 조약·협정 등에 따라 관세가 감면된 물품을 그 수입신고 수리일부터 3년 내에 해당 법령이나 조약·협정 등에 규정된 용도 외의 다른 용도로 사용하거나 양도하려는 경우에는 세관장의 확인을 받아야 한다. 다만, 해당 법령이나 조약·협정 등에 다른 용도로 사용하거나 양도한 경우에 해당 관세의 징수를 면제하는 규정이 있을 때에는 그러하지 아니하다. 〈개정 2011. 12. 31.〉

② 제1항에 따라 세관장의 확인을 받아야 하는 물품에 대하여는 해당 용도 외의 다른 용도로 사용한 자 또는 그 양도를 한 자로부터 감면된 관세를 즉시 징수하여야 하며, 양도인으로부터 해당 관세를 징수할 수 없을 때에는 그 양수인으로부터 감면된 관세를 즉시 징수한다. 다만, 그 물품이

재해나 그 밖의 부득이한 사유로 멸실되었거나 미리 세관장의 승인을 받아 그 물품을 폐기하였을 때에는 예외로 한다.
[전문개정 2010. 12. 30.]

제5장 납세자의 권리 및 불복절차

제1절 납세자의 권리

제110조(납세자권리헌장의 제정 및 교부) ① 관세청장은 제111조부터 제116조까지, 제116조의2 및 제117조에서 규정한 사항과 그 밖에 납세자의 권리보호에 관한 사항을 포함하는 납세자권리헌장(이하 이 조에서 "납세자권리헌장"이라 한다)을 제정하여 고시하여야 한다.
② 세관공무원은 다음 각 호의 어느 하나에 해당하는 경우에는 납세자권리헌장의 내용이 수록된 문서를 납세자에게 내주어야 하며, 조사사유, 조사기간, 제118조의4제1항에 따른 납세자보호위원회에 대한 심의 요청사항·절차 및 권리구제 절차 등을 설명하여야 한다. 〈개정 2011. 12. 31., 2017. 12. 19., 2019. 12. 31.〉
1. 제283조에 따른 관세범(「수출용 원재료에 대한 관세 등 환급에 관한 특례법」 제23조제1항부터 제4항까지의 규정에 따른 죄를 포함한다)에 관한 조사를 하는 경우
2. 관세의 과세표준과 세액의 결정 또는 경정을 위하여 납세자를 방문 또는 서면으로 조사(제110조의2에 따른 통합조사를 포함한다. 이하 이 절에서 "관세조사"라 한다)하는 경우
3. 그 밖에 대통령령으로 정하는 경우
③ 세관공무원은 납세자를 긴급히 체포·압수·수색하는 경우 또는 현행범인 납세자가 도주할 우려가 있는 등 조사목적을 달성할 수 없다고 인정되는 경우에는 납세자권리헌장을 내주지 아니할 수 있다.
[전문개정 2010. 12. 30.]

제110조의2(통합조사의 원칙) 세관공무원은 특정한 분야만을 조사할 필요가 있는 등 대통령령으로 정하는 경우를 제외하고는 신고납부세액과 이 법 및 다른 법령에서 정하는 수출입 관련 의무 이행과 관련하여 그 권한에 속하는 사항을 통합하여 조사하는 것을 원칙으로 한다.
[본조신설 2011. 12. 31.]

제110조의3(관세조사 대상자 선정) ① 세관장은 다음 각 호의 어느 하나에 해당하는 경우에 정기적으로 신고의 적정성을 검증하기 위하여 대상을 선정(이하 "정기선정"이라 한다)하여 조사를 할 수 있다. 이 경우 세관장은 객관적 기준에 따라 공정하게 그 대상을 선정하여야 한다.
1. 관세청장이 수출입업자의 신고 내용에 대하여 정기적으로 성실도를 분석한 결과 불성실 혐의가 있다고 인정하는 경우
2. 최근 4년 이상 조사를 받지 아니한 납세자에 대하여 업종, 규모 등을 고려하여 대통령령으로 정하는 바에 따라 신고 내용이 적정한지를 검증할 필요가 있는 경우
3. 무작위추출방식으로 표본조사를 하려는 경우
② 세관장은 정기선정에 의한 조사 외에 다음 각 호의 어느 하나에 해당하는 경우에는 조사를 할 수 있다. 〈개정 2013. 8. 13., 2017. 12. 19.〉
1. 납세자가 이 법에서 정하는 신고·신청, 과세가격결정자료의 제출 등의 납세협력의무를 이행하지 아니한 경우
2. 수출입업자에 대한 구체적인 탈세제보 등이 있는 경우
3. 신고내용에 탈세나 오류의 혐의를 인정할 만한 자료가 있는 경우
4. 납세자가 세관공무원에게 직무와 관련하여 금품을 제공하거나 금품제공을 알선한 경우
③ 세관장은 제39조제1항에 따라 부과고지를 하는 경우 과세표준과 세액을 결정하기 위한 조사를 할 수 있다.
④ 세관장은 최근 2년간 수출입신고 실적이 일정금액 이하인 경우 등 대통령령으로 정하는 요건을 충족하는 자에 대해서는 제1항에 따른 조사를 하지 아니할 수 있다. 다만, 객관적인 증거자료에 의하여 과소 신고한 것이 명백한 경우에는 그러하지 아니하다.
[본조신설 2011. 12. 31.]

제111조(관세조사권 남용 금지) ① 세관공무원은 적정하고 공평한 과세를 실현하고 통관의 적법성을 보장하기 위하여 필요한 최소한의 범위에서 관세조사를 하여야 하며 다른 목적 등을 위하여 조사권을 남용하여서는 아니 된다.
② 세관공무원은 다음 각 호의 어느 하나에 해당하는 경우를 제외하고는 해당 사안에 대하여 이미

조사받은 자를 다시 조사할 수 없다. 〈개정 2017. 12. 19.〉

1. 관세포탈 등의 혐의를 인정할 만한 명백한 자료가 있는 경우
2. 이미 조사받은 자의 거래상대방을 조사할 필요가 있는 경우
3. 제118조제4항제2호 후단 또는 제128조제1항제3호 후단(제132조제4항 본문에서 준용하는 경우를 포함한다)에 따른 재조사 결정에 따라 재조사를 하는 경우(결정서 주문에 기재된 범위의 재조사에 한정한다)
4. 납세자가 세관공무원에게 직무와 관련하여 금품을 제공하거나 금품제공을 알선한 경우
5. 그 밖에 탈세혐의가 있는 자에 대한 일제조사 등 대통령령으로 정하는 경우

[전문개정 2011. 12. 31.]

제112조(관세조사의 경우 조력을 받을 권리) 납세자는 제110조제2항 각 호의 어느 하나에 해당하여 세관공무원에게 조사를 받는 경우에 변호사, 관세사로 하여금 조사에 참여하게 하거나 의견을 진술하게 할 수 있다. 〈개정 2014. 1. 1.〉

[전문개정 2010. 12. 30.]

제113조(납세자의 성실성 추정 등) ① 세관공무원은 납세자가 이 법에 따른 신고 등의 의무를 이행하지 아니한 경우 또는 납세자에게 구체적인 관세포탈 등의 혐의가 있는 경우 등 대통령령으로 정하는 경우를 제외하고는 납세자가 성실하며 납세자가 제출한 신고서 등이 진실한 것으로 추정하여야 한다.

② 제1항은 세관공무원이 납세자가 제출한 신고서 등의 내용에 관하여 질문을 하거나 신고한 물품에 대하여 확인을 하는 행위 등 대통령령으로 정하는 행위를 하는 것을 제한하지 아니한다.

[전문개정 2010. 12. 30.]

제114조(관세조사의 사전통지와 연기신청) ① 세관공무원은 제110조제2항 각 호의 어느 하나에 해당하는 조사를 하기 위하여 해당 장부, 서류, 전산처리장치 또는 그 밖의 물품 등을 조사하는 경우에는 조사를 받게 될 납세자(그 위임을 받은 자를 포함한다. 이하 이 조에서 같다)에게 조사 시작 15일 전에 조사 대상, 조사 사유, 그 밖에 대통령령으로 정하는 사항을 통지하여야 한다. 다만, 다음 각 호의 어느 하나에 해당하는 경우에는 그러하지 아니하다. 〈개정 2016. 12. 20., 2017. 12. 19.〉

1. 범칙사건에 대하여 조사하는 경우
2. 사전에 통지하면 증거인멸 등으로 조사 목적을 달성할 수 없는 경우

② 제1항에 따른 통지를 받은 납세자가 천재지변이나 그 밖에 대통령령으로 정하는 사유로 조사를 받기가 곤란한 경우에는 대통령령으로 정하는 바에 따라 해당 세관장에게 조사를 연기하여 줄 것을 신청할 수 있다.

[전문개정 2010. 12. 30.]

제114조의2(장부·서류 등의 보관 금지) ① 세관공무원은 관세조사의 목적으로 납세자의 장부·서류 또는 그 밖의 물건(이하 이 조에서 "장부등"이라 한다)을 세관관서에 임의로 보관할 수 없다.

② 제1항에도 불구하고 세관공무원은 제110조의3제2항 각 호의 어느 하나의 사유에 해당하는 경우에는 조사목적에 필요한 최소한의 범위에서 납세자, 소지자 또는 보관자 등 정당한 권한이 있는 자가 임의로 제출한 장부등을 납세자의 동의를 받아 세관관서에 일시 보관할 수 있다.

③ 세관공무원은 제2항에 따라 납세자의 장부등을 세관관서에 일시 보관하려는 경우 납세자로부터 일시 보관 동의서를 받아야 하며, 일시 보관증을 교부하여야 한다.

④ 세관공무원은 제2항에 따라 일시 보관하고 있는 장부등에 대하여 납세자가 반환을 요청한 경우에는 납세자가 그 반환을 요청한 날부터 14일을 초과하여 장부등을 보관할 수 없다. 다만, 조사목적을 달성하기 위하여 필요한 경우에는 제118조의4제1항에 따른 납세자보호위원회의 심의를 거쳐 한 차례만 14일 이내의 범위에서 보관 기간을 연장할 수 있다. 〈개정 2019. 12. 31.〉

⑤ 제4항에도 불구하고 세관공무원은 납세자가 제2항에 따라 일시 보관하고 있는 장부등의 반환을 요청한 경우로서 관세조사에 지장이 없다고 판단될 때에는 요청한 장부등을 즉시 반환하여야 한다.

⑥ 제4항 및 제5항에 따라 납세자에게 장부등을 반환하는 경우 세관공무원은 장부등의 사본을 보관할 수 있고, 그 사본이 원본과 다름없다는 사실을 확인하는 납세자의 서명 또는 날인을 요구할 수 있다.

⑦ 제1항부터 제6항까지에서 규정한 사항 외에 장부등의 일시 보관 방법 및 절차 등에 관하여 필

요한 사항은 대통령령으로 정한다.
[본조신설 2017. 12. 19.]

제115조(관세조사의 결과 통지) 세관공무원은 제110조제2항 각 호의 어느 하나에 해당하는 조사를 종료하였을 때에는 종료 후 20일 이내에 그 조사결과를 서면으로 납세자에게 통지하여야 한다. 다만, 납세자가 폐업한 경우 등 대통령령으로 정하는 경우에는 그러하지 아니하다. 〈개정 2017. 12. 19.〉
[전문개정 2010. 12. 30.]

제116조(비밀유지) ① 세관공무원은 납세자가 이 법에서 정한 납세의무를 이행하기 위하여 제출한 자료나 관세의 부과·징수 또는 통관을 목적으로 업무상 취득한 자료 등(이하 "과세정보"라 한다)을 타인에게 제공하거나 누설하여서는 아니 되며, 사용 목적 외의 용도로 사용하여서도 아니 된다. 다만, 다음 각 호의 어느 하나에 해당하는 경우에는 그 사용 목적에 맞는 범위에서 납세자의 과세정보를 제공할 수 있다. 〈개정 2017. 12. 19.〉

1. 국가기관이 관세에 관한 쟁송이나 관세범에 대한 소추(訴追)를 목적으로 과세정보를 요구하는 경우
2. 법원의 제출명령이나 법관이 발부한 영장에 따라 과세정보를 요구하는 경우
3. 세관공무원 상호간에 관세를 부과·징수, 통관 또는 질문·검사하는 데에 필요하여 과세정보를 요구하는 경우
4. 통계청장이 국가통계작성 목적으로 과세정보를 요구하는 경우
5. 다른 법률에 따라 과세정보를 요구하는 경우

② 제1항제1호, 제4호 및 제5호에 따라 과세정보의 제공을 요구하는 자는 문서로 해당 세관장에게 요구하여야 한다. 〈개정 2017. 12. 19.〉
③ 세관공무원은 제1항 및 제2항에 위반되게 과세정보의 제공을 요구받으면 이를 거부하여야 한다.
④ 제1항에 따라 과세정보를 알게 된 자는 타인에게 제공하거나 누설하여서는 아니 되며, 그 목적 외의 용도로 사용하여서도 아니 된다.
⑤ 이 조에 따라 과세정보를 제공받아 알게 된 자 중 공무원이 아닌 자는 「형법」이나 그 밖의 법률에 따른 벌칙을 적용할 때 공무원으로 본다.
[전문개정 2010. 12. 30.]

제116조의2(고액·상습체납자의 명단 공개) ① 제116조에도 불구하고 관세청장은 체납발생일부터 1년이 지난 관세 및 내국세등(이하 이 항에서 "체납관세등"이라 한다)이 2억원 이상인 체납자에 대하여는 그 인적사항과 체납액 등을 공개할 수 있다. 다만, 체납관세등에 대하여 이의신청·심사청구 등 불복청구가 진행 중이거나 체납액의 일정금액 이상을 납부한 경우 등 대통령령으로 정하는 사유에 해당하는 경우에는 그러하지 아니하다. 〈개정 2011. 12. 31., 2013. 1. 1., 2015. 12. 15., 2017. 12. 19.〉
② 제1항과 제4항에 따른 체납자의 인적사항과 체납액 등에 대한 공개 여부를 심의 또는 재심의하고 제116조의4제1항제3호에 따른 체납자에 대한 감치 필요성 여부를 의결하기 위하여 관세청에 관세정보위원회(이하 이 조에서 "심의위원회"라 한다)를 둔다. 〈개정 2019. 12. 31.〉
③ 관세청장은 심의위원회의 심의를 거친 공개대상예정자에게 체납자 명단 공개대상예정자임을 통지하여 소명할 기회를 주어야 한다.
④ 관세청장은 제3항에 따라 통지한 날부터 6개월이 지나면 심의위원회로 하여금 체납액의 납부이행 등을 고려하여 체납자의 명단 공개 여부를 재심의하게 한다.
⑤ 제1항에 따른 공개는 관보에 게재하거나 관세청장이 지정하는 정보통신망 또는 관할 세관의 게시판에 게시하는 방법으로 한다.
⑥ 제1항부터 제5항까지의 규정에 따른 체납자 명단 공개 및 심의위원회의 구성·운영 등에 필요한 사항은 대통령령으로 정한다.
[전문개정 2010. 12. 30.]

제116조의3(납세증명서의 제출 및 발급) ① 납세자(미과세된 자를 포함한다. 이하 이 조에서 같다)는 다음 각 호의 어느 하나에 해당하는 경우에는 대통령령으로 정하는 바에 따라 납세증명서를 제출하여야 한다. 〈개정 2018. 12. 31.〉

1. 국가, 지방자치단체 또는 대통령령으로 정하는 정부관리기관으로부터 대금을 지급받을 경우
2. 「출입국관리법」 제31조에 따른 외국인등록 또는 「재외동포의 출입국과 법적 지위에 관한 법률」 제6조에 따른 국내거소신고를 한 외국인이 체류기간 연장허가 등 대통령령으로 정하는 체류허가를 법무부장관에게 신청하는 경우
3. 내국인이 해외이주 목적으로 「해외이주법」 제6조에 따라 외교부장관에게 해외이주신고를 하

는 경우

② 세관장은 납세자로부터 납세증명서의 발급신청을 받았을 때에는 그 사실을 확인하고 즉시 납세증명서를 발급하여야 한다.

[본조신설 2014. 12. 23.]

제116조의4(고액·상습체납자의 감치) ① 법원은 검사의 청구에 따라 체납자가 다음 각 호의 사유에 모두 해당하는 경우 결정으로 30일의 범위에서 체납된 관세(세관장이 부과·징수하는 내국세등을 포함한다. 이하 이 조에서 같다)가 납부될 때까지 그 체납자를 감치(監置)에 처할 수 있다.

1. 관세를 3회 이상 체납하고 있고, 체납발생일부터 각 1년이 경과하였으며, 체납금액의 합계가 2억원 이상인 경우
2. 체납된 관세의 납부능력이 있음에도 불구하고 정당한 사유 없이 체납한 경우
3. 제116조의2제2항에 따른 관세정보위원회의 의결에 따라 해당 체납자에 대한 감치 필요성이 인정되는 경우

② 관세청장은 체납자가 제1항 각 호의 사유에 모두 해당하는 경우에는 체납자의 주소 또는 거소를 관할하는 지방검찰청 또는 지청의 검사에게 체납자의 감치를 신청할 수 있다.

③ 관세청장은 제2항에 따라 체납자의 감치를 신청하기 전에 체납자에게 대통령령으로 정하는 바에 따라 소명자료를 제출하거나 의견을 진술할 수 있는 기회를 주어야 한다.

④ 제1항의 결정에 대하여는 즉시항고를 할 수 있다.

⑤ 제1항에 따라 감치에 처하여진 체납자는 동일한 체납사실로 인하여 재차 감치되지 아니한다.

⑥ 제1항에 따라 감치에 처하는 재판을 받은 체납자가 그 감치의 집행 중에 체납된 관세를 납부한 경우에는 감치집행을 종료하여야 한다.

⑦ 제1항에 따른 감치집행시 세관공무원은 감치대상자에게 감치사유, 감치기간, 제6항에 따른 감치집행의 종료 등 감치결정에 대한 사항을 설명하고 그 밖의 감치집행에 필요한 절차에 협력하여야 한다.

⑧ 제1항에 따른 감치에 처하는 재판 절차 및 그 집행, 그 밖에 필요한 사항은 대법원규칙으로 정한다.

[본조신설 2019. 12. 31.]

제116조의5(출국금지 요청 등) ① 관세청장은 정당한 사유 없이 5천만원 이상의 관세(세관장이 부과·징수하는 내국세등을 포함한다. 이하 이 조에서 같다)를 체납한 자 중 대통령령으로 정하는 자에 대하여 법무부장관에게 「출입국관리법」 제4조제3항 및 같은 법 제29조제2항에 따라 출국금지 또는 출국정지를 즉시 요청하여야 한다.

② 법무부장관은 제1항에 따른 출국금지 또는 출국정지 요청에 따라 출국금지 또는 출국정지를 한 경우에는 관세청장에게 그 결과를 「정보통신망 이용촉진 및 정보보호 등에 관한 법률」 제2조제1항제1호에 따른 정보통신망 등을 통하여 통보하여야 한다.

③ 관세청장은 다음 각 호의 어느 하나에 해당하는 경우에는 즉시 법무부장관에게 출국금지 또는 출국정지의 해제를 요청하여야 한다.

1. 체납자가 체납액을 전부 또는 일부 납부하여 체납된 관세가 5천만원 미만으로 된 경우
2. 체납자 재산의 압류, 담보 제공 등으로 출국금지 사유가 해소된 경우
3. 관세징수권의 소멸시효가 완성된 경우
4. 그 밖에 대통령령으로 정하는 사유가 있는 경우

④ 제1항부터 제3항까지에서 규정한 사항 외에 출국금지 및 출국정지 요청 등의 절차에 관하여 필요한 사항은 대통령령으로 정한다.

[본조신설 2019. 12. 31.]

제117조(정보의 제공) 세관공무원은 납세자가 납세자의 권리행사에 필요한 정보를 요구하면 신속하게 제공하여야 한다. 이 경우 세관공무원은 납세자가 요구한 정보와 관련되어 있어 관세청장이 정하는 바에 따라 납세자가 반드시 알아야 한다고 판단되는 그 밖의 정보도 함께 제공하여야 한다.

[전문개정 2010. 12. 30.]

제118조(과세전적부심사) ① 세관장은 제38조의3제6항 또는 제39조제2항에 따라 납부세액이나 납부하여야 하는 세액에 미치지 못한 금액을 징수하려는 경우에는 미리 납세의무자에게 그 내용을 서면으로 통지하여야 한다. 다만, 다음 각 호의 어느 하나에 해당하는 경우에는 통지를 생략할 수 있다. 〈개정 2011. 12. 31., 2016. 12. 20., 2021. 12. 21.〉

1. 통지하려는 날부터 3개월 이내에 제21조에 따른 관세부과의 제척기간이 만료되는 경우

2. 제28조제2항에 따라 납세의무자가 확정가격을 신고한 경우
3. 제38조제2항 단서에 따라 수입신고 수리 전에 세액을 심사하는 경우로서 그 결과에 따라 부족세액을 징수하는 경우
4. 제97조제3항(제98조제2항에 따라 준용되는 경우를 포함한다)에 따라 면제된 관세를 징수하거나 제102조제2항에 따라 감면된 관세를 징수하는 경우
5. 제270조에 따른 관세포탈죄로 고발되어 포탈세액을 징수하는 경우
6. 그 밖에 관세의 징수가 곤란하게 되는 등 사전통지가 적당하지 아니한 경우로서 대통령령으로 정하는 경우

② 납세의무자는 제1항에 따른 통지를 받았을 때에는 그 통지를 받은 날부터 30일 이내에 기획재정부령으로 정하는 세관장에게 통지 내용이 적법한지에 대한 심사(이하 이 조에서 "과세전적부심사"라 한다)를 청구할 수 있다. 다만, 법령에 대한 관세청장의 유권해석을 변경하여야 하거나 새로운 해석이 필요한 경우 등 대통령령으로 정하는 경우에는 관세청장에게 이를 청구할 수 있다.

③ 과세전적부심사를 청구받은 세관장이나 관세청장은 그 청구를 받은 날부터 30일 이내에 제124조에 따른 관세심사위원회의 심사를 거쳐 결정을 하고, 그 결과를 청구인에게 통지하여야 한다. 다만, 과세전적부심사 청구기간이 지난 후 과세전적부심사청구가 제기된 경우 등 대통령령으로 정하는 사유에 해당하는 경우에는 관세심사위원회의 심사를 거치지 아니하고 결정할 수 있다. 〈개정 2011. 12. 31., 2015. 12. 15.〉

④ 과세전적부심사 청구에 대한 결정은 다음 각 호의 구분에 따른다. 〈개정 2017. 12. 19.〉

1. 청구가 이유 없다고 인정되는 경우: 채택하지 아니한다는 결정
2. 청구가 이유 있다고 인정되는 경우: 청구의 전부 또는 일부를 채택하는 결정. 이 경우 구체적인 채택의 범위를 정하기 위하여 사실관계 확인 등 추가적으로 조사가 필요한 경우에는 제1항 본문에 따른 통지를 한 세관장으로 하여금 이를 재조사하여 그 결과에 따라 당초 통지 내용을 수정하여 통지하도록 하는 재조사 결정을 할 수 있다.
3. 청구기간이 지났거나 보정기간 내에 보정하지 아니하는 경우 또는 적법하지 아니한 청구를 하는 경우: 심사하지 아니한다는 결정

⑤ 제1항 각 호 외의 부분 본문에 따른 통지를 받은 자는 과세전적부심사를 청구하지 아니하고 통지를 한 세관장에게 통지받은 내용의 전부 또는 일부에 대하여 조기에 경정해 줄 것을 신청할 수 있다. 이 경우 해당 세관장은 즉시 신청받은 대로 세액을 경정하여야 한다. 〈신설 2011. 12. 31.〉

⑥ 과세전적부심사에 관하여는 제121조제3항, 제122조제2항, 제123조, 제126조, 제127조제3항, 제128조제4항부터 제6항까지, 제129조의2 및 제130조를 준용한다. 〈개정 2011. 12. 31., 2017. 12. 19., 2019. 12. 31., 2020. 12. 22.〉

⑦ 과세전적부심사에 관하여는 「행정심판법」 제15조, 제16조, 제20조부터 제22조까지, 제29조, 제39조 및 제40조를 준용한다. 이 경우 "위원회"는 "관세심사위원회"로 본다. 〈신설 2011. 12. 31.〉

⑧ 과세전적부심사의 방법과 그 밖에 필요한 사항은 대통령령으로 정한다. 〈개정 2011. 12. 31.〉

[전문개정 2010. 12. 30.]

제118조의2(관세청장의 납세자 권리보호) ① 관세청장은 직무를 수행할 때 납세자의 권리가 보호되고 실현될 수 있도록 성실하게 노력하여야 한다.

② 납세자의 권리보호를 위하여 관세청에 납세자 권리보호업무를 총괄하는 납세자보호관을 두고, 대통령령으로 정하는 세관에 납세자 권리보호업무를 수행하는 담당관을 각각 1명을 둔다.

③ 관세청장은 제2항에 따른 납세자보호관을 개방형직위로 운영하고 납세자보호관 및 담당관이 업무를 수행할 때 독립성이 보장될 수 있도록 하여야 한다. 이 경우 납세자보호관은 관세·법률·재정 분야의 전문지식과 경험을 갖춘 사람으로서 다음 각 호의 어느 하나에 해당하지 아니하는 사람을 대상으로 공개모집한다.

1. 세관공무원
2. 세관공무원으로 퇴직한 지 3년이 지나지 아니한 사람

④ 관세청장은 납세자 권리보호업무의 추진실적 등의 자료를 일반 국민에게 정기적으로 공개하여야 한다.

⑤ 납세자보호관 및 담당관은 세금 관련 고충민원의 처리 등 대통령령으로 정하는 직무 및 권한

을 가지며, 납세자보호관 및 담당관의 자격 등 납세자보호관 제도의 운영에 필요한 사항은 대통령령으로 정한다.
[본조신설 2019. 12. 31.]

제118조의3(납세자의 협력의무) 납세자는 세관공무원의 적법한 질문·조사, 제출명령에 대하여 성실하게 협력하여야 한다.
[본조신설 2019. 12. 31.]

제118조의4(납세자보호위원회) ① 납세자 권리보호에 관한 사항을 심의하기 위하여 제118조의2제2항의 세관 및 관세청에 납세자보호위원회(이하 "납세자보호위원회"라 한다)를 둔다.

② 제1항에 따라 제118조의2제2항의 세관에 두는 납세자보호위원회(이하 "세관 납세자보호위원회"라 한다)는 다음 각 호의 사항을 심의한다.

1. 관세조사 범위의 확대
2. 관세조사 기간 연장에 대한 납세자의 관세조사 일시중지 또는 중지 요청
3. 위법·부당한 관세조사 및 관세조사 중 세관공무원의 위법·부당한 행위에 대한 납세자의 관세조사 일시중지 또는 중지 요청
4. 제114조의2제4항 단서에 따른 장부등의 일시 보관 기간 연장
5. 그 밖에 고충민원의 처리 등 납세자의 권리보호를 위하여 납세자보호담당관이 심의가 필요하다고 인정하는 안건

③ 제1항에 따라 관세청에 두는 납세자보호위원회(이하 "관세청 납세자보호위원회"라 한다)는 다음 각 호의 사항을 심의한다.

1. 제2항제1호부터 제3호까지의 사항에 대하여 세관 납세자보호위원회의 심의를 거친 해당 세관장의 결정에 대한 납세자의 취소 또는 변경 요청
2. 그 밖에 고충민원의 처리 또는 납세자 권리보호를 위한 관세행정의 제도 및 절차 개선 등으로서 납세자보호위원회의 위원장 또는 납세자보호관이 심의가 필요하다고 인정하는 사항

④ 납세자보호위원회는 위원장 1명을 포함한 18명 이내의 위원으로 구성한다.

⑤ 납세자보호위원회의 위원장은 다음 각 호의 구분에 따른 사람이 된다.

1. 세관 납세자보호위원회: 공무원이 아닌 사람 중에서 해당 세관장의 추천을 받아 관세청장이 위촉하는 사람
2. 관세청 납세자보호위원회: 공무원이 아닌 사람 중에서 기획재정부장관의 추천을 받아 관세청장이 위촉하는 사람

⑥ 납세자보호위원회의 위원은 관세·법률·재정 분야에 전문적인 학식과 경험이 풍부한 사람과 관계 공무원 중에서 관세청장(세관 납세자보호위원회의 위원은 해당 세관장)이 임명 또는 위촉한다.

⑦ 납세자보호위원회의 위원은 업무 중 알게 된 과세정보를 타인에게 제공 또는 누설하거나 목적 외의 용도로 사용해서는 아니 된다.

⑧ 납세자보호위원회의 위원은 공정한 심의를 기대하기 어려운 사정이 있다고 인정될 때에는 대통령령으로 정하는 바에 따라 위원회 회의에서 제척되거나 회피하여야 한다.

⑨ 납세자보호위원회의 구성 및 운영 등에 필요한 사항은 대통령령으로 정한다.

⑩ 납세자보호관은 납세자보호위원회의 의결사항에 대한 이행여부 등을 감독한다.
[본조신설 2019. 12. 31.]

제118조의5(납세자보호위원회에 대한 납세자의 심의 요청 및 결과 통지 등) ① 납세자는 관세조사 기간이 끝나는 날까지 제118조의2제2항의 세관의 세관장(이하 이 조에서 "세관장"이라 한다)에게 제118조의4제2항제2호 또는 제3호에 해당하는 사항에 대한 심의를 요청할 수 있다.

② 세관장은 제118조의4제2항제1호부터 제4호까지의 사항에 대하여 세관 납세자보호위원회의 심의를 거쳐 결정을 하고, 납세자에게 그 결과를 통지하여야 한다. 이 경우 제118조의4제2항제2호 또는 제3호에 대한 결과는 제1항에 따른 요청을 받은 날부터 20일 이내에 통지하여야 한다.

③ 납세자는 제2항에 따라 통지를 받은 날부터 7일 이내에 제118조의4제2항제1호부터 제3호까지의 사항으로서 세관 납세자보호위원회의 심의를 거친 세관장의 결정에 대하여 관세청장에게 취소 또는 변경을 요청할 수 있다.

④ 제3항에 따른 납세자의 요청을 받은 관세청장은 관세청 납세자보호위원회의 심의를 거쳐 세관장의 결정을 취소하거나 변경할 수 있다. 이 경우 관세청장은 요청받은 날부터 20일 이내에 그 결과를 납세자에게 통지하여야 한다.

⑤ 제118조의2제2항에 따른 납세자보호관 또는

담당관은 납세자가 제1항 또는 제3항에 따른 요청을 하는 경우에는 납세자보호위원회의 심의 전까지 세관공무원에게 관세조사의 일시중지 등을 요구할 수 있다. 다만, 납세자가 관세조사를 기피하려는 것이 명백한 경우 등 대통령령으로 정하는 경우에는 그러하지 아니하다.
⑥ 납세자보호위원회는 제118조의4제2항제2호 또는 제3호에 따른 요청이 있는 경우 그 의결로 관세조사의 일시중지 또는 중지를 세관공무원에게 요구할 수 있다. 이 경우 납세자보호위원회는 정당한 사유 없이 위원회의 요구에 따르지 아니하는 세관공무원에 대하여 관세청장에게 징계를 건의할 수 있다.
⑦ 제1항 및 제3항에 따른 요청을 한 납세자는 대통령령으로 정하는 바에 따라 세관장 또는 관세청장에게 의견을 진술할 수 있다.
⑧ 제1항부터 제7항까지에서 규정한 사항 외에 납세자보호위원회에 대한 납세자의 심의 요청 및 결과 통지 등에 관하여 필요한 사항은 대통령령으로 정한다.
[본조신설 2019. 12. 31.]

제2절 심사와 심판

제119조(불복의 신청) ① 이 법이나 그 밖의 관세에 관한 법률 또는 조약에 따른 처분으로서 위법한 처분 또는 부당한 처분을 받거나 필요한 처분을 받지 못하여 권리나 이익을 침해당한 자는 이 절의 규정에 따라 그 처분의 취소 또는 변경을 청구하거나 필요한 처분을 청구할 수 있다. 다만, 다음 각 호의 처분에 대해서는 그러하지 아니하다. 〈개정 2018. 12. 31., 2020. 12. 22.〉
1. 이 법에 따른 통고처분
2. 「감사원법」에 따라 심사청구를 한 처분이나 그 심사청구에 대한 처분
3. 이 법이나 그 밖의 관세에 관한 법률에 따른 과태료 부과처분

② 제1항 각 호 외의 부분 본문에 따른 처분이 관세청장이 조사·결정 또는 처리하거나 하였어야 할 것인 경우를 제외하고는 그 처분에 대하여 심사청구 또는 심판청구에 앞서 이 절의 규정에 따른 이의신청을 할 수 있다. 〈개정 2018. 12. 31.〉
③ 이 절의 규정에 따른 심사청구 또는 심판청구에 대한 처분에 대해서는 이의신청, 심사청구 또는 심판청구를 제기할 수 없다. 다만, 제128조제1항제3호 후단(제131조에서 「국세기본법」을 준용하는 경우를 포함한다)의 재조사 결정에 따른 처분청의 처분에 대해서는 해당 재조사 결정을 한 재결청에 심사청구 또는 심판청구를 제기할 수 있다. 〈신설 2018. 12. 31.〉
④ 이 절의 규정에 따른 이의신청에 대한 처분과 제128조제1항제3호 후단(제132조제4항에서 준용하는 경우를 포함한다)의 재조사 결정에 따른 처분청의 처분에 대해서는 이의신청을 할 수 없다. 〈신설 2018. 12. 31.〉
⑤ 제1항제2호의 심사청구는 그 처분을 한 것을 안 날(처분의 통지를 받았을 때에는 그 통지를 받은 날을 말한다)부터 90일 이내에 하여야 한다. 〈개정 2018. 12. 31.〉
⑥ 제1항제2호의 심사청구를 거친 처분에 대한 행정소송은 「행정소송법」 제18조제2항·제3항 및 같은 법 제20조에도 불구하고 그 심사청구에 대한 결정을 통지받은 날부터 90일 내에 처분청을 당사자로 하여 제기하여야 한다. 〈개정 2018. 12. 31.〉
⑦ 제5항과 제6항의 기간은 불변기간으로 한다. 〈개정 2018. 12. 31.〉
⑧ 수입물품에 부과하는 내국세등의 부과, 징수, 감면, 환급 등에 관한 세관장의 처분에 불복하는 자는 이 절에 따른 이의신청·심사청구 및 심판청구를 할 수 있다. 〈개정 2018. 12. 31.〉
⑨ 이 법이나 그 밖의 관세에 관한 법률 또는 조약에 따른 처분으로 권리나 이익을 침해받게 되는 제2차 납세의무자 등 대통령령으로 정하는 이해관계인은 그 처분에 대하여 이 절에 따른 심사청구 또는 심판청구를 하여 그 처분의 취소 또는 변경이나 그 밖에 필요한 처분을 청구할 수 있다. 이 경우 제2항부터 제4항까지 및 제8항을 준용한다. 〈개정 2018. 12. 31.〉
⑩ 동일한 처분에 대하여는 심사청구와 심판청구를 중복하여 제기할 수 없다. 〈개정 2018. 12. 31.〉
[전문개정 2010. 12. 30.]

제120조(「행정소송법」 등과의 관계) ① 제119조에 따른 처분에 대하여는 「행정심판법」을 적용하지 아니한다. 다만, 심사청구 또는 심판청구에 관하여는 「행정심판법」 제15조, 제16조, 제20조부터 제22조까지, 제29조, 제39조, 제40조, 제42조 및

제51조를 준용하며, 이 경우 "위원회"는 "관세심사위원회", "조세심판관회의" 또는 "조세심판관합동회의"로 본다. 〈개정 2011. 12. 31.〉

② 제119조에 따른 위법한 처분에 대한 행정소송은 「행정소송법」 제18조제1항 본문, 제2항 및 제3항에도 불구하고 이 법에 따른 심사청구 또는 심판청구와 그에 대한 결정을 거치지 아니하면 제기할 수 없다. 다만, 심사청구 또는 심판청구에 대한 제128조제1항제3호 후단(제131조에서 「국세기본법」을 준용하는 경우를 포함한다)의 재조사 결정에 따른 처분청의 처분에 대한 행정소송은 그러하지 아니하다. 〈개정 2018. 12. 31.〉

③ 제2항 본문에 따른 행정소송은 「행정소송법」 제20조에도 불구하고 심사청구나 심판청구에 따른 결정을 통지받은 날부터 90일 이내에 제기하여야 한다. 다만, 제128조제2항 본문 또는 제131조에 따른 결정기간 내에 결정을 통지받지 못한 경우에는 제2항에도 불구하고 결정을 통지받기 전이라도 그 결정기간이 지난 날부터 행정소송을 제기할 수 있다. 〈개정 2018. 12. 31.〉

④ 제2항 단서에 따른 행정소송은 「행정소송법」 제20조에도 불구하고 다음 각 호의 구분에 따른 기간 내에 제기하여야 한다. 〈신설 2018. 12. 31.〉

1. 이 법에 따른 심사청구 또는 심판청구를 거치지 아니하고 제기하는 경우: 재조사 후 행한 처분청의 처분의 결과 통지를 받은 날부터 90일 이내. 다만, 제128조제5항 전단(제131조에 따라 「국세기본법」을 준용하는 경우를 포함한다)에 따른 처분기간(제128조제5항 후단에 따라 조사를 연기 또는 중지하거나 조사기간을 연장한 경우에는 해당 기간을 포함한다. 이하 이 호에서 같다)에 처분청의 처분 결과 통지를 받지 못하는 경우에는 그 처분기간이 지난 날부터 행정소송을 제기할 수 있다.
2. 이 법에 따른 심사청구 또는 심판청구를 거쳐 제기하는 경우: 재조사 후 행한 처분청의 처분에 대하여 제기한 심사청구 또는 심판청구에 대한 결정의 통지를 받은 날부터 90일 이내. 다만, 제128조제2항(제131조에서 「국세기본법」을 준용하는 경우를 포함한다)에 따른 결정기간에 결정의 통지를 받지 못하는 경우에는 그 결정기간이 지난 날부터 행정소송을 제기할 수 있다.

⑤ 제119조제1항제2호에 따른 심사청구를 거친 경우에는 이 법에 따른 심사청구나 심판청구를 거친 것으로 보고 제2항을 준용한다. 〈개정 2018. 12. 31.〉

⑥ 제3항 및 제4항의 기간은 불변기간으로 한다. 〈개정 2018. 12. 31.〉

[전문개정 2010. 12. 30.]

제121조(심사청구기간) ① 심사청구는 해당 처분을 한 것을 안 날(처분하였다는 통지를 받았을 때에는 통지를 받은 날을 말한다)부터 90일 이내에 제기하여야 한다.

② 이의신청을 거친 후 심사청구를 하려는 경우에는 이의신청에 대한 결정을 통지받은 날부터 90일 이내에 하여야 한다. 다만, 제132조제4항 단서에 따른 결정기간 내에 결정을 통지받지 못한 경우에는 결정을 통지받기 전이라도 그 결정기간이 지난 날부터 심사청구를 할 수 있다.

③ 제1항과 제2항 본문의 기한 내에 우편으로 제출(「국세기본법」 제5조의2에서 정한 날을 기준으로 한다)한 심사청구서가 청구기간이 지나 세관장 또는 관세청장에게 도달한 경우에는 그 기간의 만료일에 청구된 것으로 본다. 〈개정 2014. 1. 1.〉

④ 심사청구인이 제10조에서 규정하는 사유(신고, 신청, 청구, 그 밖의 서류의 제출 및 통지에 관한 기한 연장 사유로 한정한다)로 제1항에서 정한 기간 내에 심사청구를 할 수 없을 때에는 그 사유가 소멸한 날부터 14일 이내에 심사청구를 할 수 있다. 이 경우 심사청구인은 그 기간 내에 심사청구를 할 수 없었던 사유, 그 사유가 발생한 날과 소멸한 날, 그 밖에 필요한 사항을 적은 문서를 함께 제출하여야 한다.

[전문개정 2010. 12. 30.]

제122조(심사청구절차) ① 심사청구는 대통령령으로 정하는 바에 따라 불복하는 사유를 심사청구서에 적어 해당 처분을 하였거나 하였어야 하는 세관장을 거쳐 관세청장에게 하여야 한다.

② 제121조에 따른 심사청구기간을 계산할 때에는 제1항에 따라 해당 심사청구서가 세관장에게 제출된 때에 심사청구가 된 것으로 본다. 해당 심사청구서가 제1항에 따른 세관장 외의 세관장이나 관세청장에게 제출된 경우에도 또한 같다.

③ 제1항에 따라 해당 심사청구서를 제출받은 세관장은 이를 받은 날부터 7일 내에 그 심사청구

서에 의견서를 첨부하여 관세청장에게 보내야 한다.

④ 관세청장은 제3항에 따라 세관장의 의견서를 받은 때에는 지체 없이 해당 의견서의 부본을 심사청구인에게 송부하여야 한다. 〈신설 2017. 12. 19.〉

⑤ 심사청구인은 제4항에 따라 송부받은 의견서에 대하여 반대되는 증거서류 또는 증거물을 관세청장에게 제출할 수 있다. 〈신설 2017. 12. 19.〉

[전문개정 2010. 12. 30.]

제123조(심사청구서의 보정) ① 관세청장은 심사청구의 내용이나 절차가 이 절에 적합하지 아니하지만 보정할 수 있다고 인정되는 경우에는 20일 이내의 기간을 정하여 해당 사항을 보정할 것을 요구할 수 있다. 다만, 보정할 사항이 경미한 경우에는 직권으로 보정할 수 있다.

② 제1항 본문의 요구를 받은 심사청구인은 보정할 사항을 서면으로 작성하여 관세청장에게 제출하거나, 관세청에 출석하여 보정할 사항을 말하고 그 말한 내용을 세관공무원이 기록한 서면에 서명 또는 날인함으로써 보정할 수 있다. 〈신설 2019. 12. 31.〉

③ 제1항의 보정기간은 제121조에 따른 심사청구기간에 산입(算入)하지 아니한다. 〈개정 2019. 12. 31.〉

[전문개정 2010. 12. 30.]

제124조(관세심사위원회) ① 제118조에 따른 과세전적부심사, 제122조에 따른 심사청구 및 제132조에 따른 이의신청을 심의 및 의결(제122조에 따른 심사청구에 한정한다)하기 위하여 세관 및 관세청에 각각 관세심사위원회를 둔다. 〈개정 2020. 12. 22.〉

② 관세심사위원회의 조직과 운영, 심의사항 및 그 밖에 필요한 사항은 대통령령으로 정한다.

[전문개정 2011. 12. 31.]

제125조(심사청구 등이 집행에 미치는 효력) ① 이의신청·심사청구 또는 심판청구는 법령에 특별한 규정이 있는 경우를 제외하고는 해당 처분의 집행에 효력을 미치지 아니한다. 다만, 해당 재결청이 처분의 집행 또는 절차의 속행 때문에 이의신청인, 심사청구인 또는 심판청구인에게 중대한 손해가 생기는 것을 예방할 긴급한 필요성이 있다고 인정할 때에는 처분의 집행 또는 절차 속행의 전부 또는 일부의 정지(이하 "집행정지"라 한다)를 결정할 수 있다. 〈개정 2019. 12. 31.〉

② 재결청은 집행정지 또는 집행정지의 취소에 관하여 심리·결정하면 지체 없이 당사자에게 통지하여야 한다. 〈신설 2019. 12. 31.〉

[전문개정 2010. 12. 30.]

제126조(대리인) ① 이의신청인, 심사청구인 또는 심판청구인은 변호사나 관세사를 대리인으로 선임할 수 있다. 〈개정 2016. 12. 20.〉

② 이의신청인, 심사청구인 또는 심판청구인은 신청 또는 청구의 대상이 대통령령으로 정하는 금액 미만인 경우에는 배우자, 4촌 이내의 혈족 또는 배우자의 4촌 이내의 혈족을 대리인으로 선임할 수 있다. 〈신설 2016. 12. 20.〉

③ 대리인의 권한은 서면으로 증명하여야 한다. 〈개정 2016. 12. 20.〉

④ 대리인은 본인을 위하여 청구에 관한 모든 행위를 할 수 있다. 다만, 청구의 취하는 특별한 위임을 받은 경우에만 할 수 있다. 〈개정 2016. 12. 20.〉

⑤ 대리인을 해임하였을 때에는 그 뜻을 서면으로 해당 재결청에 신고하여야 한다. 〈개정 2016. 12. 20.〉

[전문개정 2010. 12. 30.]

제127조(결정절차) ① 제122조에 따른 심사청구가 있으면 관세청장은 관세심사위원회의 의결에 따라 결정하여야 한다. 다만, 심사청구기간이 지난 후 심사청구가 제기된 경우 등 대통령령으로 정하는 사유에 해당하는 경우에는 그러하지 아니하다. 〈개정 2020. 12. 22.〉

② 관세청장은 제1항에 따른 관세심사위원회의 의결이 법령에 명백히 위반된다고 판단하는 경우 구체적인 사유를 적어 서면으로 관세심사위원회에 한 차례에 한정하여 다시 심의할 것을 요청할 수 있다. 〈신설 2020. 12. 22.〉

③ 관세심사위원회의 회의는 공개하지 아니한다. 다만, 관세심사위원회의 위원장이 필요하다고 인정할 때에는 공개할 수 있다. 〈개정 2020. 12. 22.〉

[전문개정 2010. 12. 30.]

제128조(결정) ① 심사청구에 대한 결정은 다음 각 호의 구분에 따른다. 〈개정 2016. 12. 20., 2017. 12. 19.〉

1. 심사청구가 다음 각 목의 어느 하나에 해당하는 경우: 그 청구를 각하하는 결정
   가. 심판청구를 제기한 후 심사청구를 제기(같은 날 제기한 경우도 포함한다)한 경우

나. 제121조에 따른 심사청구 기간이 지난 후에 심사청구를 제기한 경우

다. 제123조에 따른 보정기간 내에 필요한 보정을 하지 아니한 경우

라. 적법하지 아니한 심사청구를 제기한 경우

마. 가목부터 라목까지의 규정에 따른 경우와 유사한 경우로서 대통령령으로 정하는 경우

2. 심사청구가 이유 없다고 인정되는 경우: 그 청구를 기각하는 결정

3. 심사청구가 이유 있다고 인정되는 경우: 그 청구의 대상이 된 처분의 취소·경정 또는 필요한 처분의 결정. 이 경우 취소·경정 또는 필요한 처분을 하기 위하여 사실관계 확인 등 추가적으로 조사가 필요한 경우에는 처분청으로 하여금 이를 재조사하여 그 결과에 따라 취소·경정하거나 필요한 처분을 하도록 하는 재조사 결정을 할 수 있다.

② 제1항에 따른 결정은 심사청구를 받은 날부터 90일 이내에 하여야 한다. 다만, 부득이한 사유가 있을 때에는 그러하지 아니하다.

③ 제1항에 따른 결정을 하였을 때에는 제2항의 결정기간 내에 그 이유를 적은 결정서를 심사청구인에게 통지하여야 한다.

④ 제123조에 따른 보정기간은 제2항에 따른 결정기간에 산입하지 아니한다.

⑤ 제1항제3호 후단에 따른 재조사 결정이 있는 경우 처분청은 재조사 결정일부터 60일 이내에 결정서 주문에 기재된 범위에 한정하여 조사하고, 그 결과에 따라 취소·경정하거나 필요한 처분을 하여야 한다. 이 경우 처분청은 대통령령으로 정하는 바에 따라 조사를 연기 또는 중지하거나 조사기간을 연장할 수 있다. 〈신설 2017. 12. 19.〉

⑥ 제1항제3호 후단 및 제5항에서 규정한 사항 외에 재조사 결정에 필요한 사항은 대통령령으로 정한다. 〈신설 2017. 12. 19.〉

[전문개정 2010. 12. 30.]

제128조의2(불고불리·불이익변경 금지) ① 관세청장은 제128조에 따른 결정을 할 때 심사청구를 한 처분 외의 처분에 대해서는 그 처분의 전부 또는 일부를 취소 또는 변경하거나 새로운 처분의 결정을 하지 못한다.

② 관세청장은 제128조에 따른 결정을 할 때 심사청구를 한 처분보다 청구인에게 불리한 결정을 하지 못한다.

[본조신설 2019. 12. 31.]

제129조(불복방법의 통지) ① 이의신청·심사청구 또는 심판청구의 재결청은 결정서에 다음 각 호의 구분에 따른 사항을 함께 적어야 한다.

1. 이의신청인 경우: 결정서를 받은 날부터 90일 이내에 심사청구 또는 심판청구를 제기할 수 있다는 뜻

2. 심사청구 또는 심판청구인 경우: 결정서를 받은 날부터 90일 이내에 행정소송을 제기할 수 있다는 뜻

② 이의신청·심사청구 또는 심판청구의 재결청은 해당 신청 또는 청구에 대한 결정기간이 지날 때까지 결정을 하지 못한 경우에는 지체 없이 신청인이나 청구인에게 다음 각 호의 사항을 서면으로 통지하여야 한다.

1. 이의신청인 경우: 결정을 통지받기 전이라도 그 결정기간이 지난 날부터 심사청구 또는 심판청구를 제기할 수 있다는 뜻

2. 심사청구 또는 심판청구인 경우: 결정을 통지받기 전이라도 그 결정기간이 지난 날부터 행정소송을 제기할 수 있다는 뜻

[전문개정 2010. 12. 30.]

제129조의2(정보통신망을 이용한 불복청구) ① 이의신청인, 심사청구인 또는 심판청구인은 관세청장 또는 조세심판원장이 운영하는 정보통신망을 이용하여 이의신청서, 심사청구서 또는 심판청구서를 제출할 수 있다.

② 제1항에 따라 이의신청서, 심사청구서 또는 심판청구서를 제출하는 경우에는 관세청장 또는 조세심판원장에게 이의신청서, 심사청구서 또는 심판청구서가 전송된 때에 이 법에 따라 제출된 것으로 본다.

[본조신설 2019. 12. 31.]

제130조(서류의 열람 및 의견 진술) 이의신청인·심사청구인·심판청구인 또는 처분청(처분청의 경우 심판청구에 한정한다)은 그 청구와 관계되는 서류를 열람할 수 있으며 대통령령으로 정하는 바에 따라 해당 재결청에 의견을 진술할 수 있다. 〈개정 2015. 12. 15.〉

[전문개정 2010. 12. 30.]

제131조(심판청구) 제119조제1항에 따른 심판청구에 관하여는 「국세기본법」 제7장제3절을 준용한

다. 이 경우 「국세기본법」 중 "세무서장"은 "세관장"으로, "국세청장"은 "관세청장"으로 본다.
[전문개정 2010. 12. 30.]

제132조(이의신청) ① 이의신청은 대통령령으로 정하는 바에 따라 불복의 사유를 갖추어 해당 처분을 하였거나 하였어야 할 세관장에게 하여야 한다. 이 경우 제258조에 따른 결정사항 또는 제259조제1항에 따른 세액에 관한 이의신청은 해당 결정사항 또는 세액에 관한 통지를 직접 우송한 우체국의 장에게 이의신청서를 제출함으로써 할 수 있고, 우체국의 장이 이의신청서를 접수한 때에 세관장이 접수한 것으로 본다.
② 제1항에 따라 이의신청을 받은 세관장은 관세심사위원회의 심의를 거쳐 결정하여야 한다. 〈개정 2011. 12. 31.〉
③ 삭제 〈2011. 12. 31.〉
④ 이의신청에 관하여는 제121조, 제122조제2항, 제123조, 제127조제1항 단서·같은 조 제3항, 제128조 및 제128조의2를 준용한다. 다만, 제128조제2항 중 "90일"은 "30일"(제6항에 따라 증거서류 또는 증거물을 제출한 경우에는 "60일")로 본다. 〈개정 2017. 12. 19., 2019. 12. 31., 2020. 12. 22.〉
⑤ 제1항에 따라 이의신청을 받은 세관장은 이의신청을 받은 날부터 7일 이내에 이의신청의 대상이 된 처분에 대한 의견서를 이의신청인에게 송부하여야 한다. 이 경우 의견서에는 처분의 근거·이유 및 처분의 이유가 된 사실 등이 구체적으로 기재되어야 한다. 〈신설 2017. 12. 19.〉
⑥ 이의신청인은 제5항 전단에 따라 송부받은 의견서에 대하여 반대되는 증거서류 또는 증거물을 세관장에게 제출할 수 있다. 〈신설 2017. 12. 19.〉
[전문개정 2010. 12. 30.]

제6장 운송수단

제1절 국제항 〈개정 2020. 12. 22.〉

제133조(국제항의 지정 등) ① 국제항은 대통령령으로 지정한다. 〈개정 2020. 12. 22.〉
② 제1항에 따른 국제항의 시설기준 등에 관하여 필요한 사항은 대통령령으로 정한다. 〈개정 2020. 12. 22.〉
③ 국제항의 운영자는 국제항이 제2항에 따른 시설기준 등에 미치지 못하게 된 경우 그 시설 등을 신속하게 개선하여야 하며, 기획재정부장관은 대통령령으로 정하는 바에 따라 그 시설 등의 개선을 명할 수 있다. 〈신설 2018. 12. 31., 2020. 12. 22.〉
[전문개정 2010. 12. 30.]
[제목개정 2020. 12. 22.]

제134조(국제항 등에의 출입) ① 국제무역선이나 국제무역기는 국제항에 한정하여 운항할 수 있다. 다만, 대통령령으로 정하는 바에 따라 국제항이 아닌 지역에 대한 출입의 허가를 받은 경우에는 그러하지 아니하다. 〈개정 2020. 12. 22.〉
② 국제무역선의 선장이나 국제무역기의 기장은 제1항 단서에 따른 허가를 받으려면 기획재정부령으로 정하는 바에 따라 허가수수료를 납부하여야 한다. 〈개정 2020. 12. 22.〉
③ 세관장은 제1항 단서에 따른 허가의 신청을 받은 날부터 10일 이내에 허가 여부를 신청인에게 통지하여야 한다. 〈신설 2018. 12. 31.〉
④ 세관장이 제3항에서 정한 기간 내에 허가 여부 또는 민원 처리 관련 법령에 따른 처리기간의 연장을 신청인에게 통지하지 아니하면 그 기간(민원 처리 관련 법령에 따라 처리기간이 연장 또는 재연장된 경우에는 해당 처리기간을 말한다)이 끝난 날의 다음 날에 허가를 한 것으로 본다. 〈신설 2018. 12. 31.〉
[전문개정 2010. 12. 30.]
[제목개정 2020. 12. 22.]

제2절 선박과 항공기

제1관 입출항절차

제135조(입항절차) ① 국제무역선이나 국제무역기가 국제항(제134조제1항 단서에 따라 출입허가를 받은 지역을 포함한다. 이하 같다)에 입항하였을 때에는 선장이나 기장은 대통령령으로 정하는 사항이 적힌 선박용품 또는 항공기용품의 목록, 여객명부, 승무원명부, 승무원 휴대품목록과 적재화물목록을 첨부하여 지체 없이 세관장에게 입항보고를 하여야 하며, 국제무역선은 선박국적증서와 최종 출발항의 출항허가증이나 이를 갈음할 서류를 제시하여야 한다. 다만, 세관장은 감시·단속에

지장이 없다고 인정될 때에는 선박용품 또는 항공기용품의 목록이나 승무원 휴대품목록의 첨부를 생략하게 할 수 있다. 〈개정 2020. 12. 22.〉

② 세관장은 신속한 입항 및 통관절차의 이행과 효율적인 감시·단속을 위하여 필요할 때에는 관세청장이 정하는 바에 따라 입항하는 해당 선박 또는 항공기가 소속된 선박회사 또는 항공사(그 업무를 대행하는 자를 포함한다. 이하 같다)로 하여금 제1항에 따른 여객명부·적재화물목록 등을 입항하기 전에 제출하게 할 수 있다. 다만, 제222조제1항제2호에 따른 화물운송주선업자(제254조의2제1항에 따른 탁송품 운송업자로 한정한다. 이하 이 항에서 같다)로서 대통령령으로 정하는 요건을 갖춘 자가 작성한 적재화물목록은 관세청장이 정하는 바에 따라 해당 화물운송주선업자로 하여금 제출하게 할 수 있다. 〈개정 2015. 12. 15., 2020. 12. 22.〉

[전문개정 2010. 12. 30.]

제136조(출항절차) ① 국제무역선이나 국제무역기가 국제항을 출항하려면 선장이나 기장은 출항하기 전에 세관장에게 출항허가를 받아야 한다. 〈개정 2020. 12. 22.〉

② 선장이나 기장은 제1항에 따른 출항허가를 받으려면 그 국제항에서 적재화물목록을 제출하여야 한다. 다만, 세관장이 출항절차를 신속하게 진행하기 위하여 필요하다고 인정하여 출항허가 후 7일의 범위에서 따로 기간을 정하는 경우에는 그 기간 내에 그 목록을 제출할 수 있다. 〈개정 2020. 12. 22.〉

③ 세관장은 신속한 출항 및 통관절차의 이행과 효율적인 감시·단속을 위하여 필요한 경우에는 관세청장이 정하는 바에 따라 출항하는 해당 국제무역선 또는 국제무역기가 소속된 선박회사 또는 항공사로 하여금 제2항에 따른 적재화물목록을 출항허가 신청 전에 제출하게 할 수 있다. 다만, 제222조제1항제2호에 따른 화물운송주선업자(제254조의2제1항에 따른 탁송품 운송업자로 한정한다. 이하 이 항에서 같다)로서 대통령령으로 정하는 요건을 갖춘 자가 작성한 적재화물목록은 관세청장이 정하는 바에 따라 해당 화물운송주선업자로 하여금 제출하게 할 수 있다. 〈신설 2019. 12. 31., 2020. 12. 22.〉

④ 세관장은 제1항에 따른 허가의 신청을 받은 날부터 10일 이내에 허가 여부를 신청인에게 통지하여야 한다. 〈신설 2018. 12. 31., 2019. 12. 31.〉

⑤ 세관장이 제4항에서 정한 기간 내에 허가 여부 또는 민원 처리 관련 법령에 따른 처리기간의 연장을 신청인에게 통지하지 아니하면 그 기간(민원 처리 관련 법령에 따라 처리기간이 연장 또는 재연장된 경우에는 해당 처리기간을 말한다)이 끝난 날의 다음 날에 허가를 한 것으로 본다. 〈신설 2018. 12. 31., 2019. 12. 31.〉

[전문개정 2010. 12. 30.]

제137조(간이 입출항절차) ① 국제무역선이나 국제무역기가 국제항에 입항하여 물품(선박용품 또는 항공기용품과 승무원의 휴대품은 제외한다)을 하역하지 아니하고 입항한 때부터 24시간 이내에 출항하는 경우 세관장은 제135조에 따른 적재화물목록, 선박용품 또는 항공기용품의 목록, 여객명부, 승무원명부, 승무원 휴대품목록 또는 제136조에 따른 적재화물목록의 제출을 생략하게 할 수 있다. 〈개정 2020. 12. 22.〉

② 세관장은 국제무역선이나 국제무역기가 국제항에 입항하여 제135조에 따른 절차를 마친 후 다시 우리나라의 다른 국제항에 입항할 때에는 제1항을 준용하여 서류제출의 생략 등 간소한 절차로 입출항하게 할 수 있다. 〈개정 2020. 12. 22.〉

[전문개정 2010. 12. 30.]

제137조의2(승객예약자료의 요청) ① 세관장은 다음 각 호의 어느 하나에 해당하는 업무를 수행하기 위하여 필요한 경우 제135조에 따라 입항하거나 제136조에 따라 출항하는 선박 또는 항공기가 소속된 선박회사 또는 항공사가 운영하는 예약정보시스템의 승객예약자료(이하 이 조에서 "승객예약자료"라 한다)를 정보통신망을 통하여 열람하거나 기획재정부령으로 정하는 시한 내에 제출하여 줄 것을 선박회사 또는 항공사에 요청할 수 있다. 이 경우 해당 선박회사 또는 항공사는 이에 따라야 한다.

1. 제234조에 따른 수출입금지물품을 수출입한 자 또는 수출입하려는 자에 대한 검사업무
2. 제241조제1항·제2항을 위반한 자 또는 제241조제1항·제2항을 위반하여 다음 각 목의 어느 하나의 물품을 수출입하거나 반송하려는 자에 대한 검사업무
   가. 「마약류관리에 관한 법률」에 따른 마약류

나. 「총포·도검·화약류 등 단속법」에 따른 총포·도검·화약류·분사기·전자충격기 및 석궁

② 세관장이 제1항에 따라 열람이나 제출을 요청할 수 있는 승객예약자료는 다음 각 호의 자료로 한정한다.

1. 국적, 성명, 생년월일, 여권번호 및 예약번호
2. 주소 및 전화번호
3. 예약 및 탑승수속 시점
4. 항공권 또는 승선표의 번호·발권일·발권도시 및 대금결제방법
5. 여행경로 및 여행사
6. 동반탑승자 및 좌석번호
7. 수하물 자료
8. 항공사 또는 선박회사의 회원으로 가입한 경우 그 회원번호 및 등급과 승객주문정보

③ 제1항에 따라 제공받은 승객예약자료를 열람할 수 있는 사람은 관세청장이 지정하는 세관공무원으로 한정한다.

④ 제3항에 따른 세관공무원은 직무상 알게 된 승객예약자료를 누설 또는 권한 없이 처리하거나 타인이 이용하도록 제공하는 등 부당한 목적을 위하여 사용하여서는 아니 된다.

⑤ 제1항에 따라 제공받은 승객예약자료의 열람 방법, 보존기한 등에 관하여 필요한 사항은 대통령령으로 정한다.

[전문개정 2010. 12. 30.]

제2관 재해나 그 밖의 부득이한 사유로 인한 면책 등 〈개정 2010. 12. 30.〉

제138조(재해나 그 밖의 부득이한 사유로 인한 면책) ① 제134조부터 제137조까지 및 제140조부터 제143조까지의 규정은 재해나 그 밖의 부득이한 사유에 의한 경우에는 적용하지 아니한다.

② 제1항의 경우 선장이나 기장은 지체 없이 그 이유를 세관공무원이나 경찰공무원(세관공무원이 없는 경우로 한정한다)에게 신고하여야 한다. 〈개정 2020. 12. 22.〉

③ 제2항에 따른 신고를 받은 경찰공무원은 지체 없이 그 내용을 세관공무원에게 통보하여야 한다. 〈개정 2020. 12. 22.〉

④ 선장이나 기장은 재해나 그 밖의 부득이한 사유가 종료되었을 때에는 지체 없이 세관장에게 그 경과를 보고하여야 한다.

[전문개정 2010. 12. 30.]

제139조(임시 외국 정박 또는 착륙의 보고) 재해나 그 밖의 부득이한 사유로 국내운항선이나 국내운항기가 외국에 임시 정박 또는 착륙하고 우리나라로 되돌아왔을 때에는 선장이나 기장은 지체 없이 그 사실을 세관장에게 보고하여야 하며, 외국에서 적재한 물품이 있을 때에는 그 목록을 제출하여야 한다. 〈개정 2020. 12. 22.〉

[전문개정 2010. 12. 30.]

[제목개정 2020. 12. 22.]

제3관 물품의 하역

제140조(물품의 하역) ① 국제무역선이나 국제무역기는 제135조에 따른 입항절차를 마친 후가 아니면 물품을 하역하거나 환적할 수 없다. 다만, 세관장의 허가를 받은 경우에는 그러하지 아니하다. 〈개정 2020. 12. 22.〉

② 세관장은 제1항 단서에 따른 허가의 신청을 받은 날부터 10일 이내에 허가 여부를 신청인에게 통지하여야 한다. 〈신설 2018. 12. 31.〉

③ 세관장이 제2항에서 정한 기간 내에 허가 여부 또는 민원 처리 관련 법령에 따른 처리기간의 연장을 신청인에게 통지하지 아니하면 그 기간(민원 처리 관련 법령에 따라 처리기간이 연장 또는 재연장된 경우에는 해당 처리기간을 말한다)이 끝난 날의 다음 날에 허가를 한 것으로 본다. 〈신설 2018. 12. 31.〉

④ 국제무역선이나 국제무역기에 물품을 하역하려면 세관장에게 신고하고 현장에서 세관공무원의 확인을 받아야 한다. 다만, 세관공무원이 확인할 필요가 없다고 인정하는 경우에는 그러하지 아니하다. 〈개정 2018. 12. 31., 2020. 12. 22., 2021. 12. 21.〉

⑤ 세관장은 감시·단속을 위하여 필요할 때에는 제4항에 따라 물품을 하역하는 장소 및 통로(이하 "하역통로"라 한다)와 기간을 제한할 수 있다. 〈개정 2018. 12. 31.〉

⑥ 국제무역선이나 국제무역기에는 내국물품을 적재할 수 없으며, 국내운항선이나 국내운항기에는 외국물품을 적재할 수 없다. 다만, 세관장의

허가를 받았을 때에는 그러하지 아니하다. 〈개정 2018. 12. 31., 2020. 12. 22.〉

⑦ 세관장은 제4항에 따라 신고된 물품이 폐기물·화학물질 등 관세청장이 관계 중앙행정기관의 장과 협의하여 고시하는 물품으로서 하역 장소 및 통로, 기간을 제한하는 방법으로는 사회안전 또는 국민보건 피해를 방지하기 어렵다고 인정되는 경우에는 하역을 제한하고, 적절한 조치 또는 반송을 명할 수 있다. 〈신설 2020. 12. 22.〉

[전문개정 2010. 12. 30.]

제141조(외국물품의 일시양륙 등) 다음 각 호의 어느 하나에 해당하는 행위를 하려면 세관장에게 신고를 하고, 현장에서 세관공무원의 확인을 받아야 한다. 다만, 관세청장이 감시·단속에 지장이 없다고 인정하여 따로 정하는 경우에는 간소한 방법으로 신고 또는 확인하거나 이를 생략하게 할 수 있다.

1. 외국물품을 운송수단으로부터 일시적으로 육지에 내려 놓으려는 경우
2. 해당 운송수단의 여객·승무원 또는 운전자가 아닌 자가 타려는 경우
3. 외국물품을 적재한 운송수단에서 다른 운송수단으로 물품을 환적 또는 복합환적하거나 사람을 이동시키는 경우

[전문개정 2010. 12. 30.]

제142조(항외 하역) ① 국제무역선이 국제항의 바깥에서 물품을 하역하거나 환적하려는 경우에는 선장은 세관장의 허가를 받아야 한다. 〈개정 2020. 12. 22.〉

② 선장은 제1항에 따른 허가를 받으려면 기획재정부령으로 정하는 바에 따라 허가수수료를 납부하여야 한다.

③ 세관장은 제1항에 따른 허가의 신청을 받은 날부터 10일 이내에 허가 여부를 신청인에게 통지하여야 한다. 〈신설 2018. 12. 31.〉

④ 세관장이 제3항에서 정한 기간 내에 허가 여부 또는 민원 처리 관련 법령에 따른 처리기간의 연장을 신청인에게 통지하지 아니하면 그 기간(민원 처리 관련 법령에 따라 처리기간이 연장 또는 재연장된 경우에는 해당 처리기간을 말한다)이 끝난 날의 다음 날에 허가를 한 것으로 본다. 〈신설 2018. 12. 31.〉

[전문개정 2010. 12. 30.]

제143조(선박용품 및 항공기용품 등의 하역 등) ① 다음 각 호의 어느 하나에 해당하는 물품을 국제무역선·국제무역기 또는 「원양산업발전법」 제2조제6호에 따른 조업에 사용되는 선박(이하 이 조에서 "원양어선"이라 한다)에 하역하거나 환적하려면 세관장의 허가를 받아야 하며, 하역 또는 환적 허가의 내용대로 하역하거나 환적하여야 한다. 〈개정 2014. 1. 1., 2020. 12. 22., 2021. 12. 21.〉

1. 선박용품 또는 항공기용품
2. 국제무역선 또는 국제무역기 안에서 판매하는 물품
3. 「원양산업발전법」 제6조제1항, 제17조제1항 및 제3항에 따라 해양수산부장관의 허가·승인 또는 지정을 받은 자가 조업하는 원양어선에 무상으로 송부하기 위하여 반출하는 물품으로서 해양수산부장관이 확인한 물품

② 제1항 각 호의 어느 하나에 해당하는 물품이 외국으로부터 우리나라에 도착한 외국물품일 때에는 보세구역으로부터 국제무역선·국제무역기 또는 원양어선에 적재하는 경우에만 그 외국물품을 그대로 적재할 수 있다. 〈개정 2020. 12. 22., 2021. 12. 21.〉

③ 제1항 각 호에 따른 물품의 종류와 수량은 선박이나 항공기의 종류, 톤수 또는 무게, 항행일수·운행일수 또는 조업일수, 여객과 승무원·선원의 수 등을 고려하여 세관장이 타당하다고 인정하는 범위이어야 한다. 〈개정 2021. 12. 21.〉

④ 세관장은 제1항에 따른 허가의 신청을 받은 날부터 10일 이내에 허가 여부를 신청인에게 통지하여야 한다. 〈신설 2018. 12. 31.〉

⑤ 세관장이 제4항에서 정한 기간 내에 허가 여부 또는 민원 처리 관련 법령에 따른 처리기간의 연장을 신청인에게 통지하지 아니하면 그 기간(민원 처리 관련 법령에 따라 처리기간이 연장 또는 재연장된 경우에는 해당 처리기간을 말한다)이 끝난 날의 다음 날에 허가를 한 것으로 본다. 〈신설 2018. 12. 31.〉

⑥ 제2항에 따른 외국물품이 제1항에 따른 하역 또는 환적허가의 내용대로 운송수단에 적재되지 아니한 경우에는 해당 허가를 받은 자로부터 즉시 그 관세를 징수한다. 다만, 다음 각 호의 어느 하나에 해당하는 경우에는 그러하지 아니하다. 〈개정 2014. 12. 23., 2018. 12. 31., 2020. 12.

22., 2021. 12. 21.〉
1. 세관장이 지정한 기간 내에 그 물품이 다시 보세구역에 반입된 경우
2. 재해나 그 밖의 부득이한 사유로 멸실된 경우
3. 미리 세관장의 승인을 받고 폐기한 경우

⑦ 제1항에 따라 허가를 받아야 하는 물품의 종류와 수량, 사용 또는 판매내역관리, 하역 또는 환적절차 등에 관하여 필요한 사항은 관세청장이 정하여 고시한다. 〈개정 2014. 12. 23., 2018. 12. 31.〉
[전문개정 2010. 12. 30.]
[제목개정 2021. 12. 21.]

제4관 국제무역선의 국내운항선으로의 전환 등 〈개정 2020. 12. 22.〉

제144조(국제무역선의 국내운항선으로의 전환 등) 국제무역선 또는 국제무역기를 국내운항선 또는 국내운항기로 전환하거나, 국내운항선 또는 국내운항기를 국제무역선 또는 국제무역기로 전환하려면 선장이나 기장은 세관장의 승인을 받아야 한다. 〈개정 2020. 12. 22.〉
[전문개정 2010. 12. 30.]
[제목개정 2020. 12. 22.]

제145조(선장 등의 직무대행자) 선장이나 기장이 하여야 할 직무를 대행하는 자에게도 제134조제2항, 제135조제1항, 제136조, 제138조제2항·제4항, 제139조, 제142조 및 제144조를 적용한다.
[전문개정 2010. 12. 30.]

제146조(그 밖의 선박 또는 항공기) ① 다음 각 호의 어느 하나에 해당하는 선박이나 항공기는 국제무역선이나 국제무역기에 관한 규정을 준용한다. 다만, 대통령령으로 정하는 선박 및 항공기에 대해서는 그러하지 아니하다. 〈개정 2020. 12. 22.〉
1. 국제무역선 또는 국제무역기 외의 선박이나 항공기로서 외국에 운항하는 선박 또는 항공기
2. 외국을 왕래하는 여행자와 제241조제2항제1호의 물품을 전용으로 운송하기 위하여 국내에서만 운항하는 항공기(이하 "환승전용국내운항기"라 한다)

② 제1항에도 불구하고 환승전용국내운항기에 대해서는 제143조제2항은 적용하지 아니하며 효율적인 통관 및 감시·단속을 위하여 필요한 사항은 대통령령으로 따로 정할 수 있다. 〈개정 2020. 12. 22.〉
[전문개정 2011. 12. 31.]

제147조(국경하천을 운항하는 선박) 국경하천만을 운항하는 내국선박에 대해서는 국제무역선에 관한 규정을 적용하지 아니한다. 〈개정 2020. 12. 22.〉
[전문개정 2010. 12. 30.]

제3절 차 량 〈개정 2010. 12. 30.〉

제148조(관세통로) ① 국경을 출입하는 차량(이하 "국경출입차량"이라 한다)은 관세통로를 경유하여야 하며, 통관역이나 통관장에 정차하여야 한다.
② 제1항에 따른 관세통로는 육상국경(陸上國境)으로부터 통관역에 이르는 철도와 육상국경으로부터 통관장에 이르는 육로 또는 수로 중에서 세관장이 지정한다.
③ 통관역은 국외와 연결되고 국경에 근접한 철도역 중에서 관세청장이 지정한다.
④ 통관장은 관세통로에 접속한 장소 중에서 세관장이 지정한다.
[전문개정 2010. 12. 30.]

제149조(국경출입차량의 도착절차) ① 국경출입차량이 통관역이나 통관장에 도착하면 통관역장이나 도로차량(선박·철도차량 또는 항공기가 아닌 운송수단을 말한다. 이하 같다)의 운전자는 차량용품목록·여객명부·승무원명부 및 승무원 휴대품목록과 관세청장이 정하는 적재화물목록을 첨부하여 지체 없이 세관장에게 도착보고를 하여야 하며, 최종 출발지의 출발허가서 또는 이를 갈음하는 서류를 제시하여야 한다. 다만, 세관장은 감시·단속에 지장이 없다고 인정될 때에는 차량용품목록이나 승무원 휴대품목록의 첨부를 생략하게 할 수 있다. 〈개정 2020. 12. 22.〉
② 세관장은 신속한 입국 및 통관절차의 이행과 효율적인 감시·단속을 위하여 필요한 경우에는 관세청장이 정하는 바에 따라 도착하는 해당 차량이 소속된 회사(그 업무를 대행하는 자를 포함한다. 이하 같다)로 하여금 제1항에 따른 여객명부·적재화물목록 등을 도착하기 전에 제출하게 할 수 있다. 〈개정 2020. 12. 22.〉
③ 제1항에도 불구하고 대통령령으로 정하는 물품을 일정 기간에 일정량으로 나누어 반복적으로

운송하는 데에 사용되는 도로차량의 운전자는 제152조제2항에 따라 사증(査證)을 받는 것으로 도착보고를 대신할 수 있다. 다만, 최종 도착보고의 경우는 제외한다.

④ 제3항에 따라 사증을 받는 것으로 도착보고를 대신하는 도로차량의 운전자는 최종 도착보고를 할 때에 제1항에 따른 서류를 한꺼번에 제출하여야 한다.

[전문개정 2010. 12. 30.]

제150조(국경출입차량의 출발절차) ① 국경출입차량이 통관역이나 통관장을 출발하려면 통관역장이나 도로차량의 운전자는 출발하기 전에 세관장에게 출발보고를 하고 출발허가를 받아야 한다.

② 통관역장이나 도로차량의 운전자는 제1항에 따른 허가를 받으려면 그 통관역 또는 통관장에서 적재한 물품의 목록을 제출하여야 한다.

③ 제1항에도 불구하고 대통령령으로 정하는 물품을 일정 기간에 일정량으로 나누어 반복적으로 운송하는 데에 사용되는 도로차량의 운전자는 제152조제2항에 따라 사증을 받는 것으로 출발보고 및 출발허가를 대신할 수 있다. 다만, 최초 출발보고와 최초 출발허가의 경우는 제외한다.

④ 제3항에 따른 도로차량을 운행하려는 자는 기획재정부령으로 정하는 바에 따라 미리 세관장에게 신고하여야 한다.

[전문개정 2010. 12. 30.]

제151조(물품의 하역 등) ① 통관역이나 통관장에서 외국물품을 차량에 하역하려는 자는 세관장에게 신고를 하고, 현장에서 세관공무원의 확인을 받아야 한다. 다만, 세관공무원이 확인할 필요가 없다고 인정할 때에는 그러하지 아니하다.

② 차량용품과 국경출입차량 안에서 판매할 물품을 해당 차량에 하역하거나 환적하는 경우에는 제143조를 준용한다.

[전문개정 2010. 12. 30.]

제151조의2(국경출입차량의 국내운행차량으로의 전환 등) 국경출입차량을 국내에서만 운행하는 차량(이하 "국내운행차량"이라 한다)으로 전환하거나 국내운행차량을 국경출입차량으로 전환하려는 경우에는 통관역장 또는 도로차량의 운전자는 세관장의 승인을 받아야 한다. 다만, 기획재정부령으로 정하는 차량의 경우에는 그러하지 아니하다.

[전문개정 2010. 12. 30.]

제151조의3(통관역장 등의 직무대행자) 통관역장이나 도로차량의 운전자가 하여야 할 직무를 대행하는 자에게도 제149조제1항, 제150조, 제151조의2 및 제152조를 적용한다.

[전문개정 2010. 12. 30.]

제152조(도로차량의 국경출입) ① 국경을 출입하려는 도로차량의 운전자는 해당 도로차량이 국경을 출입할 수 있음을 증명하는 서류를 세관장으로부터 발급받아야 한다.

② 국경을 출입하는 도로차량의 운전자는 출입할 때마다 제1항에 따른 서류를 세관공무원에게 제시하고 사증을 받아야 한다. 이 경우 전자적인 방법으로 서류의 제시 및 사증 발급을 대신할 수 있다.

③ 제2항에 따른 사증을 받으려는 자는 기획재정부령으로 정하는 바에 따라 수수료를 납부하여야 한다. 다만, 기획재정부령으로 정하는 차량은 수수료를 면제한다.

[전문개정 2010. 12. 30.]

제153조 삭제 〈2006. 12. 30.〉

제7장 보세구역

제1절 통 칙 〈개정 2010. 12. 30.〉

제154조(보세구역의 종류) 보세구역은 지정보세구역·특허보세구역 및 종합보세구역으로 구분하고, 지정보세구역은 지정장치장 및 세관검사장으로 구분하며, 특허보세구역은 보세창고·보세공장·보세전시장·보세건설장 및 보세판매장으로 구분한다.

[전문개정 2010. 12. 30.]

제155조(물품의 장치) ① 외국물품과 제221조제1항에 따른 내국운송의 신고를 하려는 내국물품은 보세구역이 아닌 장소에 장치할 수 없다. 다만, 다음 각 호의 어느 하나에 해당하는 물품은 그러하지 아니하다.

1. 제241조제1항에 따른 수출신고가 수리된 물품
2. 크기 또는 무게의 과다나 그 밖의 사유로 보세구역에 장치하기 곤란하거나 부적당한 물품
3. 재해나 그 밖의 부득이한 사유로 임시로 장치한 물품
4. 검역물품
5. 압수물품
6. 우편물품

② 제1항제1호부터 제4호까지에 해당되는 물품에 대하여는 제157조, 제158조부터 제161조까지, 제163조, 제172조, 제177조, 제208조부터 제212조까지 및 제321조를 준용한다.
[전문개정 2010. 12. 30.]

제156조(보세구역 외 장치의 허가) ① 제155조제1항제2호에 해당하는 물품을 보세구역이 아닌 장소에 장치하려는 자는 세관장의 허가를 받아야 한다.
② 세관장은 외국물품에 대하여 제1항의 허가를 하려는 때에는 그 물품의 관세에 상당하는 담보의 제공, 필요한 시설의 설치 등을 명할 수 있다.
③ 제1항에 따른 허가를 받으려는 자는 기획재정부령으로 정하는 금액과 방법 등에 따라 수수료를 납부하여야 한다.
[전문개정 2010. 12. 30.]

제157조(물품의 반입·반출) ① 보세구역에 물품을 반입하거나 반출하려는 자는 대통령령으로 정하는 바에 따라 세관장에게 신고하여야 한다.
② 제1항에 따라 보세구역에 물품을 반입하거나 반출하려는 경우에는 세관장은 세관공무원을 참여시킬 수 있으며, 세관공무원은 해당 물품을 검사할 수 있다.
③ 세관장은 보세구역에 반입할 수 있는 물품의 종류를 제한할 수 있다.
[전문개정 2010. 12. 30.]

제157조의2(수입신고수리물품의 반출) 관세청장이 정하는 보세구역에 반입되어 수입신고가 수리된 물품의 화주 또는 반입자는 제177조에도 불구하고 그 수입신고 수리일부터 15일 이내에 해당 물품을 보세구역으로부터 반출하여야 한다. 다만, 외국물품을 장치하는 데에 방해가 되지 아니하는 것으로 인정되어 세관장으로부터 해당 반출기간의 연장승인을 받았을 때에는 그러하지 아니하다.
[전문개정 2010. 12. 30.]

제158조(보수작업) ① 보세구역에 장치된 물품은 그 현상을 유지하기 위하여 필요한 보수작업과 그 성질을 변하지 아니하게 하는 범위에서 포장을 바꾸거나 구분·분할·합병을 하거나 그 밖의 비슷한 보수작업을 할 수 있다. 이 경우 보세구역에서의 보수작업이 곤란하다고 세관장이 인정할 때에는 기간과 장소를 지정받아 보세구역 밖에서 보수작업을 할 수 있다.
② 제1항에 따른 보수작업을 하려는 자는 세관장의 승인을 받아야 한다.
③ 세관장은 제2항에 따른 승인의 신청을 받은 날부터 10일 이내에 승인 여부를 신청인에게 통지하여야 한다. 〈신설 2018. 12. 31.〉
④ 세관장이 제3항에서 정한 기간 내에 승인 여부 또는 민원 처리 관련 법령에 따른 처리기간의 연장을 신청인에게 통지하지 아니하면 그 기간(민원 처리 관련 법령에 따라 처리기간이 연장 또는 재연장된 경우에는 해당 처리기간을 말한다)이 끝난 날의 다음 날에 승인을 한 것으로 본다. 〈신설 2018. 12. 31.〉
⑤ 제1항에 따른 보수작업으로 외국물품에 부가된 내국물품은 외국물품으로 본다. 〈개정 2018. 12. 31.〉
⑥ 외국물품은 수입될 물품의 보수작업의 재료로 사용할 수 없다. 〈개정 2018. 12. 31.〉
⑦ 제1항 후단에 따라 보수작업을 하는 경우 해당 물품에 관한 반출검사 등에 관하여는 제187조제4항·제5항 및 제7항을 준용한다. 〈개정 2018. 12. 31.〉
[전문개정 2010. 12. 30.]

제159조(해체·절단 등의 작업) ① 보세구역에 장치된 물품에 대하여는 그 원형을 변경하거나 해체·절단 등의 작업을 할 수 있다.
② 제1항에 따른 작업을 하려는 자는 세관장의 허가를 받아야 한다.
③ 세관장은 제2항에 따른 허가의 신청을 받은 날부터 10일 이내에 허가 여부를 신청인에게 통지하여야 한다. 〈신설 2018. 12. 31.〉
④ 세관장이 제3항에서 정한 기간 내에 허가 여부 또는 민원 처리 관련 법령에 따른 처리기간의 연장을 신청인에게 통지하지 아니하면 그 기간(민원 처리 관련 법령에 따라 처리기간이 연장 또는 재연장된 경우에는 해당 처리기간을 말한다)이 끝난 날의 다음 날에 허가를 한 것으로 본다. 〈신설 2018. 12. 31.〉
⑤ 제1항에 따라 작업을 할 수 있는 물품의 종류는 관세청장이 정한다. 〈개정 2018. 12. 31.〉
⑥ 세관장은 수입신고한 물품에 대하여 필요하다고 인정될 때에는 화주 또는 그 위임을 받은 자에게 제1항에 따른 작업을 명할 수 있다. 〈개정 2018. 12. 31.〉
[전문개정 2010. 12. 30.]

제160조(장치물품의 폐기) ① 부패·손상되거나 그 밖의 사유로 보세구역에 장치된 물품을 폐기하려는 자는 세관장의 승인을 받아야 한다.
② 보세구역에 장치된 외국물품이 멸실되거나 폐기되었을 때에는 그 운영인이나 보관인으로부터 즉시 그 관세를 징수한다. 다만, 재해나 그 밖의 부득이한 사유로 멸실된 때와 미리 세관장의 승인을 받아 폐기한 때에는 예외로 한다.
③ 제1항에 따른 승인을 받은 외국물품 중 폐기 후에 남아 있는 부분에 대하여는 폐기 후의 성질과 수량에 따라 관세를 부과한다.
④ 세관장은 제1항에도 불구하고 보세구역에 장치된 물품 중 다음 각 호의 어느 하나에 해당하는 것은 화주, 반입자, 화주 또는 반입자의 위임을 받은 자나 「국세기본법」 제38조부터 제41조까지의 규정에 따른 제2차 납세의무자(이하 "화주등"이라 한다)에게 이를 반송 또는 폐기할 것을 명하거나 화주등에게 통고한 후 폐기할 수 있다. 다만, 급박하여 통고할 여유가 없는 경우에는 폐기한 후 즉시 통고하여야 한다.
1. 사람의 생명이나 재산에 해를 끼칠 우려가 있는 물품
2. 부패하거나 변질된 물품
3. 유효기간이 지난 물품
4. 상품가치가 없어진 물품
5. 제1호부터 제4호까지에 준하는 물품으로서 관세청장이 정하는 물품

⑤ 제4항에 따른 통고를 할 때 화주등의 주소나 거소를 알 수 없거나 그 밖의 사유로 통고할 수 없는 경우에는 공고로써 이를 갈음할 수 있다.
⑥ 제1항과 제4항에 따라 세관장이 물품을 폐기하거나 화주등이 물품을 폐기 또는 반송한 경우 그 비용은 화주등이 부담한다.
[전문개정 2010. 12. 30.]

제161조(견본품 반출) ① 보세구역에 장치된 외국물품의 전부 또는 일부를 견본품으로 반출하려는 자는 세관장의 허가를 받아야 한다.
② 세관장은 제1항에 따른 허가의 신청을 받은 날부터 10일 이내에 허가 여부를 신청인에게 통지하여야 한다. 〈신설 2018. 12. 31.〉
③ 세관장이 제2항에서 정한 기간 내에 허가 여부 또는 민원 처리 관련 법령에 따른 처리기간의 연장을 신청인에게 통지하지 아니하면 그 기간(민원 처리 관련 법령에 따라 처리기간이 연장 또는 재연장된 경우에는 해당 처리기간을 말한다)이 끝난 날의 다음 날에 허가를 한 것으로 본다. 〈신설 2018. 12. 31.〉
④ 세관공무원은 보세구역에 반입된 물품에 대하여 검사상 필요하면 그 물품의 일부를 견본품으로 채취할 수 있다. 〈개정 2018. 12. 31.〉
⑤ 다음 각 호의 어느 하나에 해당하는 물품이 사용·소비된 경우에는 수입신고를 하여 관세를 납부하고 수리된 것으로 본다. 〈개정 2016. 12. 20., 2018. 12. 31., 2019. 12. 31.〉
1. 제4항에 따라 채취된 물품
2. 다른 법률에 따라 실시하는 검사·검역 등을 위하여 견본품으로 채취된 물품으로서 세관장의 확인을 받은 물품

[전문개정 2010. 12. 30.]

제162조(물품취급자에 대한 단속) 다음 각 호의 어느 하나에 해당하는 자는 물품 및 보세구역감시에 관한 세관장의 명령을 준수하고 세관공무원의 지휘를 받아야 한다.
1. 제155조제1항 각 호의 물품을 취급하는 자
2. 보세구역에 출입하는 자

[전문개정 2010. 12. 30.]

제163조(세관공무원의 파견) 세관장은 보세구역에 세관공무원을 파견하여 세관사무의 일부를 처리하게 할 수 있다.
[전문개정 2010. 12. 30.]

제164조(보세구역의 자율관리) ① 보세구역 중 물품의 관리 및 세관감시에 지장이 없다고 인정하여 관세청장이 정하는 바에 따라 세관장이 지정하는 보세구역(이하 "자율관리보세구역"이라 한다)에 장치한 물품은 제157조에 따른 세관공무원의 참여와 이 법에 따른 절차 중 관세청장이 정하는 절차를 생략한다.
② 보세구역의 화물관리인이나 운영인은 자율관리보세구역의 지정을 받으려면 세관장에게 지정을 신청하여야 한다.
③ 제2항에 따라 자율관리보세구역의 지정을 신청하려는 자는 해당 보세구역에 장치된 물품을 관리하는 사람(이하 "보세사"라 한다)을 채용하여야 한다.
④ 세관장은 제2항에 따른 지정신청을 받은 경우 해당 보세구역의 위치와 시설상태 등을 확인하여

제1항에 따른 자율관리보세구역으로 적합하다고 인정될 때에는 해당 보세구역을 자율관리보세구역으로 지정할 수 있다.

⑤ 제4항에 따라 자율관리보세구역의 지정을 받은 자는 물품의 반출입 상황을 장부에 기록하여야 한다.

⑥ 세관장은 자율관리보세구역의 지정을 받은 자가 이 법에 따른 의무를 위반하거나 세관감시에 지장이 있다고 인정되는 경우 등 대통령령으로 정하는 사유가 발생한 경우에는 제4항에 따른 지정을 취소할 수 있다. 〈개정 2017. 12. 19.〉

[전문개정 2010. 12. 30.]

제165조(보세사의 자격 등) ① 제175조제1호부터 제7호까지의 어느 하나에 해당하지 아니하는 사람으로서 보세화물의 관리업무에 관한 시험(이하 이 조에서 "보세사 시험"이라 한다)에 합격한 사람은 보세사의 자격이 있다. 〈개정 2013. 1. 1., 2014. 1. 1., 2019. 12. 31.〉

1. 삭제 〈2019. 12. 31.〉
2. 삭제 〈2019. 12. 31.〉

② 제1항에도 불구하고 일반직공무원으로 5년 이상 관세행정에 종사한 경력이 있는 사람이 제1항의 보세사 시험에 응시하는 경우에는 시험 과목 수의 2분의 1을 넘지 아니하는 범위에서 대통령령으로 정하는 과목을 면제한다. 다만, 다음 각 호의 어느 하나에 해당하는 사람은 면제하지 아니한다. 〈신설 2019. 12. 31.〉

1. 탄핵이나 징계처분에 따라 그 직에서 파면되거나 해임된 자
2. 강등 또는 정직처분을 받은 후 2년이 지나지 아니한 자

③ 제1항의 자격을 갖춘 사람이 보세사로 근무하려면 해당 보세구역을 관할하는 세관장에게 등록하여야 한다. 〈개정 2019. 12. 31.〉

④ 제5항에 따라 등록이 취소(제175조제1호부터 제3호까지의 어느 하나에 해당하여 등록이 취소된 경우는 제외한다)된 후 2년이 지나지 아니한 사람은 제3항에 따른 등록을 할 수 없다. 〈신설 2017. 12. 19., 2019. 12. 31.〉

⑤ 세관장은 제3항에 따른 등록을 한 사람이 다음 각 호의 어느 하나에 해당하는 경우에는 등록의 취소, 6개월 이내의 업무정지, 견책 또는 그 밖에 필요한 조치를 할 수 있다. 다만, 제1호 및 제2호에 해당하면 등록을 취소하여야 한다. 〈개정 2017. 12. 19., 2018. 12. 31., 2019. 12. 31.〉

1. 제175조제1호부터 제7호까지의 어느 하나에 해당하게 된 경우
2. 사망한 경우
3. 이 법이나 이 법에 따른 명령을 위반한 경우

⑥ 관세청장은 다음 각 호의 어느 하나에 해당하는 사람에 대하여는 해당 시험을 정지시키거나 무효로 하고, 그 처분이 있는 날부터 5년간 시험 응시자격을 정지한다. 〈신설 2015. 12. 15., 2017. 12. 19., 2019. 12. 31.〉

1. 부정한 방법으로 시험에 응시한 사람
2. 시험에서 부정한 행위를 한 사람

⑦ 보세사의 직무, 보세사 시험 및 등록절차와 그 밖에 필요한 사항은 대통령령으로 정한다. 〈개정 2014. 1. 1., 2015. 12. 15., 2017. 12. 19., 2019. 12. 31.〉

[전문개정 2010. 12. 30.]

제165조의2(보세사의 명의대여 등의 금지) ① 보세사는 다른 사람에게 자신의 성명·상호를 사용하여 보세사 업무를 하게 하거나 그 자격증 또는 등록증을 빌려주어서는 아니 된다. 〈개정 2020. 12. 22.〉

② 누구든지 다른 사람의 성명·상호를 사용하여 보세사의 업무를 수행하거나 자격증 또는 등록증을 빌려서는 아니 된다. 〈신설 2020. 12. 22.〉

③ 누구든지 제1항 또는 제2항의 행위를 알선해서는 아니 된다. 〈신설 2020. 12. 22.〉

[본조신설 2014. 1. 1.]

제165조의3(보세사의 의무) ① 보세사는 이 법과 이 법에 따른 명령을 준수하여야 하며, 그 직무를 성실하고 공정하게 수행하여야 한다.

② 보세사는 품위를 손상하는 행위를 하여서는 아니 된다.

③ 보세사는 직무를 수행할 때 고의로 진실을 감추거나 거짓 진술을 하여서는 아니 된다.

[본조신설 2020. 12. 22.]

[종전 제165조의3은 제165조의5로 이동 〈2020. 12. 22.〉]

제165조의4(금품 제공 등의 금지) 보세사는 다음 각 호의 행위를 하여서는 아니 된다.

1. 공무원에게 금품이나 향응을 제공하는 행위 또는 그 제공을 약속하는 행위

2. 제1호의 행위를 알선하는 행위
[본조신설 2020. 12. 22.]

제165조의5(보세사징계위원회) ① 세관장은 보세사가 제165조제5항제3호에 해당하여 등록의 취소 등 필요한 조치를 하는 경우 보세사징계위원회의 의결에 따라 징계처분을 한다. 〈개정 2019. 12. 31.〉
② 제1항에 따른 보세사징계위원회의 구성 및 운영 등에 필요한 사항은 대통령령으로 정한다.
[본조신설 2018. 12. 31.]
[제165조의3에서 이동 〈2020. 12. 22.〉]

제2절 지정보세구역

제1관 통 칙 〈개정 2010. 12. 30.〉

제166조(지정보세구역의 지정) ① 세관장은 다음 각 호의 어느 하나에 해당하는 자가 소유하거나 관리하는 토지·건물 또는 그 밖의 시설(이하 이 관에서 "토지등"이라 한다)을 지정보세구역으로 지정할 수 있다.
1. 국가
2. 지방자치단체
3. 공항시설 또는 항만시설을 관리하는 법인
② 세관장은 해당 세관장이 관리하지 아니하는 토지등을 지정보세구역으로 지정하려면 해당 토지등의 소유자나 관리자의 동의를 받아야 한다. 이 경우 세관장은 임차료 등을 지급할 수 있다.
[전문개정 2010. 12. 30.]

제167조(지정보세구역 지정의 취소) 세관장은 수출입물량이 감소하거나 그 밖의 사유로 지정보세구역의 전부 또는 일부를 보세구역으로 존속시킬 필요가 없어졌다고 인정될 때에는 그 지정을 취소하여야 한다.
[전문개정 2010. 12. 30.]

제168조(지정보세구역의 처분) ① 지정보세구역의 지정을 받은 토지등의 소유자나 관리자는 다음 각 호의 어느 하나에 해당하는 행위를 하려면 미리 세관장과 협의하여야 한다. 다만, 해당 행위가 지정보세구역으로서의 사용에 지장을 주지 아니하거나 지정보세구역으로 지정된 토지등의 소유자가 국가 또는 지방자치단체인 경우에는 그러하지 아니하다.
1. 해당 토지등의 양도, 교환, 임대 또는 그 밖의 처분이나 그 용도의 변경
2. 해당 토지에 대한 공사나 해당 토지 안에 건물 또는 그 밖의 시설의 신축
3. 해당 건물 또는 그 밖의 시설의 개축·이전·철거나 그 밖의 공사
② 세관장은 제1항에 따른 협의에 대하여 정당한 이유 없이 이를 거부하여서는 아니 된다.
[전문개정 2010. 12. 30.]

제2관 지정장치장

제169조(지정장치장) 지정장치장은 통관을 하려는 물품을 일시 장치하기 위한 장소로서 세관장이 지정하는 구역으로 한다.
[전문개정 2010. 12. 30.]

제170조(장치기간) 지정장치장에 물품을 장치하는 기간은 6개월의 범위에서 관세청장이 정한다. 다만, 관세청장이 정하는 기준에 따라 세관장은 3개월의 범위에서 그 기간을 연장할 수 있다.
[전문개정 2010. 12. 30.]

제171조 삭제 〈2003. 12. 30.〉

제172조(물품에 대한 보관책임) ① 지정장치장에 반입한 물품은 화주 또는 반입자가 그 보관의 책임을 진다.
② 세관장은 지정장치장의 질서유지와 화물의 안전관리를 위하여 필요하다고 인정할 때에는 화주를 갈음하여 보관의 책임을 지는 화물관리인을 지정할 수 있다. 다만, 세관장이 관리하는 시설이 아닌 경우에는 세관장은 해당 시설의 소유자나 관리자와 협의하여 화물관리인을 지정하여야 한다. 〈개정 2011. 12. 31.〉
③ 지정장치장의 화물관리인은 화물관리에 필요한 비용(제323조에 따른 세관설비 사용료를 포함한다)을 화주로부터 징수할 수 있다. 다만, 그 요율에 대하여는 세관장의 승인을 받아야 한다.
④ 지정장치장의 화물관리인은 제3항에 따라 징수한 비용 중 세관설비 사용료에 해당하는 금액을 세관장에게 납부하여야 한다.
⑤ 세관장은 불가피한 사유로 화물관리인을 지정할 수 없을 때에는 화주를 대신하여 직접 화물관리를 할 수 있다. 이 경우 제3항에 따른 화물관리에 필요한 비용을 화주로부터 징수할 수 있다.
⑥ 제2항에 따른 화물관리인의 지정기준, 지정절

차, 지정의 유효기간, 재지정 및 지정 취소 등에 필요한 사항은 대통령령으로 정한다. 〈신설 2011. 12. 31.〉
[전문개정 2010. 12. 30.]

제3관 세관검사장

제173조(세관검사장) ① 세관검사장은 통관하려는 물품을 검사하기 위한 장소로서 세관장이 지정하는 지역으로 한다.
② 세관장은 관세청장이 정하는 바에 따라 검사를 받을 물품의 전부 또는 일부를 세관검사장에 반입하여 검사할 수 있다
③ 제2항에 따라 세관검사장에 반입되는 물품의 채취·운반 등에 필요한 비용(이하 이 항에서 "검사비용"이라 한다)은 화주가 부담한다. 다만, 국가는 「중소기업기본법」 제2조에 따른 중소기업 또는 「중견기업 성장촉진 및 경쟁력 강화에 관한 특별법」 제2조제1호에 따른 중견기업의 컨테이너 화물로서 해당 화물에 대한 검사 결과 이 법 또는 「대외무역법」 등 물품의 수출입과 관련된 법령을 위반하지 아니하는 경우의 물품 등 대통령령으로 정하는 물품에 대해서는 예산의 범위에서 관세청장이 정하는 바에 따라 해당 검사비용을 지원할 수 있다. 〈개정 2019. 12. 31.〉
[전문개정 2010. 12. 30.]

제3절 특허보세구역

제1관 통 칙 〈개정 2010. 12. 30.〉

제174조(특허보세구역의 설치·운영에 관한 특허) ① 특허보세구역을 설치·운영하려는 자는 세관장의 특허를 받아야 한다. 기존의 특허를 갱신하려는 경우에도 또한 같다.
② 특허보세구역의 설치·운영에 관한 특허를 받으려는 자, 특허보세구역을 설치·운영하는 자, 이미 받은 특허를 갱신하려는 자는 기획재정부령으로 정하는 바에 따라 수수료를 납부하여야 한다.
③ 제1항에 따른 특허를 받을 수 있는 요건은 보세구역의 종류별로 대통령령으로 정하는 기준에 따라 관세청장이 정한다.
[전문개정 2010. 12. 30.]

제175조(운영인의 결격사유) 다음 각 호의 어느 하나에 해당하는 자는 특허보세구역을 설치·운영할 수 없다. 다만, 제6호에 해당하는 자의 경우에는 같은 호 각 목의 사유가 발생한 해당 특허보세구역을 제외한 기존의 다른 특허를 받은 특허보세구역에 한정하여 설치·운영할 수 있다. 〈개정 2014. 12. 23., 2018. 12. 31., 2020. 12. 22.〉
1. 미성년자
2. 피성년후견인과 피한정후견인
3. 파산선고를 받고 복권되지 아니한 자
4. 이 법을 위반하여 징역형의 실형을 선고받고 그 집행이 끝나거나(집행이 끝난 것으로 보는 경우를 포함한다) 면제된 후 2년이 지나지 아니한 자
5. 이 법을 위반하여 징역형의 집행유예를 선고받고 그 유예기간 중에 있는 자
6. 다음 각 목의 어느 하나에 해당하는 경우에는 해당 목에서 정한 날부터 2년이 지나지 아니한 자. 이 경우 동일한 사유로 다음 각 목 모두에 해당하는 경우에는 그 중 빠른 날을 기준으로 한다.
   가. 제178조제2항에 따라 특허보세구역의 설치·운영에 관한 특허가 취소(이 조 제1호부터 제3호까지의 규정 중 어느 하나에 해당하여 특허가 취소된 경우는 제외한다)된 경우: 해당 특허가 취소된 날
   나. 제276조제3항제3호의2 또는 같은 항 제6호(제178조제2항제1호·제5호에 해당하는 자만 해당한다)에 해당하여 벌금형 또는 통고처분을 받은 경우: 벌금형을 선고받은 날 또는 통고처분을 이행한 날
7. 제268조의2, 제269조, 제270조, 제270조의2, 제271조, 제274조, 제275조의2 또는 제275조의3에 따라 벌금형 또는 통고처분을 받은 자로서 그 벌금형을 선고받거나 통고처분을 이행한 후 2년이 지나지 아니한 자. 다만, 제279조에 따라 처벌된 개인 또는 법인은 제외한다.
8. 제2호부터 제7호까지에 해당하는 자를 임원(해당 보세구역의 운영업무를 직접 담당하거나 이를 감독하는 자로 한정한다)으로 하는 법인

[전문개정 2010. 12. 30.]

제176조(특허기간) ① 특허보세구역의 특허기간은 10년 이내로 한다.

② 제1항에도 불구하고 보세전시장과 보세건설장의 특허기간은 다음 각 호의 구분에 따른다. 다만, 세관장은 전시목적을 달성하거나 공사를 진척하기 위하여 부득이하다고 인정할 만한 사유가 있을 때에는 그 기간을 연장할 수 있다.

1. 보세전시장: 해당 박람회 등의 기간을 고려하여 세관장이 정하는 기간
2. 보세건설장: 해당 건설공사의 기간을 고려하여 세관장이 정하는 기간

[전문개정 2010. 12. 30.]

제176조의2(특허보세구역의 특례) ① 세관장은 제196조제1항에 따라 물품을 판매하는 보세판매장 특허를 부여하는 경우에 「중소기업기본법」제2조에 따른 중소기업 및 「중견기업 성장촉진 및 경쟁력 강화에 관한 특별법」 제2조제1호에 따른 중견기업으로서 매출액, 자산총액 및 지분 소유나 출자 관계 등이 대통령령으로 정하는 기준에 맞는 기업 중 제174조제3항에 따른 특허를 받을 수 있는 요건을 갖춘 자(이하 이 조에서 "중소기업등"이라 한다)에게 대통령령으로 정하는 일정 비율 이상의 특허를 부여하여야 하고,「독점규제 및 공정거래에 관한 법률」제31조제1항에 따른 상호출자제한기업집단에 속한 기업에 대해 대통령령으로 정하는 일정 비율 이상의 특허를 부여할 수 없다. 다만, 세관장은 제196조제2항에 따라 물품을 판매하는 보세판매장의 경우에는 중소기업등에게만 특허를 부여할 수 있다. 〈개정 2014. 1. 1., 2014. 1. 21., 2018. 12. 31., 2020. 12. 29.〉

② 제1항에도 불구하고 기존 특허가 만료되었으나 제3항에 따른 신규 특허의 신청이 없는 등 대통령령으로 정하는 경우에는 제1항을 적용하지 아니한다.

③ 보세판매장의 특허는 대통령령으로 정하는 일정한 자격을 갖춘 자의 신청을 받아 대통령령으로 정하는 평가기준에 따라 심사하여 부여한다. 기존 특허가 만료되는 경우(제6항에 따라 갱신되는 경우는 제외한다)에도 또한 같다. 〈개정 2014. 12. 23.〉

④ 보세판매장의 특허수수료는 제174조제2항에도 불구하고 운영인의 보세판매장별 매출액(기업회계기준에 따라 계산한 매출액을 말한다)을 기준으로 기획재정부령으로 정하는 바에 따라 다른 종류의 보세구역 특허수수료와 달리 정할 수 있다. 다만, 「재난 및 안전관리 기본법」 제3조제1호의 재난으로 인하여 보세판매장의 영업에 현저한 피해를 입은 경우 보세판매장의 특허수수료를 감경할 수 있다. 〈개정 2019. 12. 31., 2020. 12. 22.〉

⑤ 보세판매장의 특허기간은 제176조제1항에도 불구하고 5년 이내로 한다.

⑥ 제1항에 따라 특허를 받은 자는 한 차례(다만, 중소기업등은 두 차례)에 한정하여 대통령령으로 정하는 바에 따라 특허를 갱신할 수 있다. 〈신설 2014. 12. 23., 2018. 12. 31., 2020. 6. 9.〉

⑦ 기획재정부장관은 매 회계연도 종료 후 4개월 이내에 보세판매장별 매출액을 대통령령으로 정하는 바에 따라 국회 소관 상임위원회에 보고하여야 한다. 〈개정 2014. 12. 23., 2021. 12. 21.〉

⑧ 그 밖에 보세판매장 특허절차에 관한 사항은 대통령령으로 정한다. 〈개정 2014. 12. 23., 2020. 6. 9.〉

[본조신설 2013. 1. 1.]

제176조의3(보세판매장 특허심사위원회) ① 제176조의2에 따른 보세판매장의 특허에 관한 다음 각 호의 사항을 심의하기 위하여 관세청에 보세판매장 특허심사위원회를 둔다. 〈개정 2017. 12. 19., 2018. 12. 31.〉

1. 제176조의2제3항에 따른 보세판매장 특허 신청자의 평가 및 선정

1의2. 제176조의2제6항에 따른 특허 갱신의 심사

2. 그 밖에 보세판매장 운영에 관한 중요 사항

② 제1항에 따른 보세판매장 특허심사위원회의 설치·구성 및 운영방법 등에 관하여 필요한 사항은 대통령령으로 정한다. 〈개정 2017. 12. 19.〉

[본조신설 2015. 12. 15.]

제176조의4(보세판매장 제도운영위원회) ① 제176조의2에 따른 보세판매장의 특허 수 등 보세판매장 제도의 중요 사항을 심의하기 위하여 기획재정부에 보세판매장 제도운영위원회를 둔다.

② 제1항에 따른 보세판매장 제도운영위원회의 설치·구성 및 운영 등에 필요한 사항은 대통령령으로 정한다.

[본조신설 2018. 12. 31.]

제177조(장치기간) ① 특허보세구역에 물품을 장치하는 기간은 다음 각 호의 구분에 따른다.

1. 보세창고: 다음 각 목의 어느 하나에서 정하는 기간

   가. 외국물품(다목에 해당하는 물품은 제외한

다): 1년의 범위에서 관세청장이 정하는 기간. 다만, 세관장이 필요하다고 인정하는 경우에는 1년의 범위에서 그 기간을 연장할 수 있다.

나. 내국물품(다목에 해당하는 물품은 제외한다): 1년의 범위에서 관세청장이 정하는 기간

다. 정부비축용물품, 정부와의 계약이행을 위하여 비축하는 방위산업용물품, 장기간 비축이 필요한 수출용원재료와 수출품보수용 물품으로서 세관장이 인정하는 물품, 국제물류의 촉진을 위하여 관세청장이 정하는 물품: 비축에 필요한 기간

2. 그 밖의 특허보세구역: 해당 특허보세구역의 특허기간

② 세관장은 물품관리에 필요하다고 인정될 때에는 제1항제1호의 기간에도 운영인에게 그 물품의 반출을 명할 수 있다.

[전문개정 2010. 12. 30.]

제177조의2(특허보세구역 운영인의 명의대여 금지) 특허보세구역의 운영인은 다른 사람에게 자신의 성명·상호를 사용하여 특허보세구역을 운영하게 해서는 아니 된다.

[본조신설 2014. 12. 23.]

제178조(반입정지 등과 특허의 취소) ① 세관장은 특허보세구역의 운영인이 다음 각 호의 어느 하나에 해당하는 경우에는 관세청장이 정하는 바에 따라 6개월의 범위에서 해당 특허보세구역에의 물품반입 또는 보세건설·보세판매·보세전시 등(이하 이 조에서 "물품반입등"이라 한다)을 정지시킬 수 있다. 〈개정 2019. 12. 31.〉

1. 장치물품에 대한 관세를 납부할 자금능력이 없다고 인정되는 경우
2. 본인이나 그 사용인이 이 법 또는 이 법에 따른 명령을 위반한 경우
3. 해당 시설의 미비 등으로 특허보세구역의 설치 목적을 달성하기 곤란하다고 인정되는 경우
4. 그 밖에 제1호부터 제3호까지의 규정에 준하는 것으로서 대통령령으로 정하는 사유에 해당하는 경우

② 세관장은 특허보세구역의 운영인이 다음 각 호의 어느 하나에 해당하는 경우에는 그 특허를 취소할 수 있다. 다만, 제1호, 제2호 및 제5호에 해당하는 경우에는 특허를 취소하여야 한다. 〈개정 2011. 12. 31., 2014. 12. 23., 2016. 12. 20., 2018. 12. 31.〉

1. 거짓이나 그 밖의 부정한 방법으로 특허를 받은 경우
2. 제175조 각 호의 어느 하나에 해당하게 된 경우. 다만, 제175조제8호에 해당하는 경우로서 같은 조 제2호 또는 제3호에 해당하는 사람을 임원으로 하는 법인이 3개월 이내에 해당 임원을 변경한 경우에는 그러하지 아니하다.
3. 1년 이내에 3회 이상 물품반입등의 정지처분(제3항에 따른 과징금 부과처분을 포함한다)을 받은 경우
4. 2년 이상 물품의 반입실적이 없어서 세관장이 특허보세구역의 설치 목적을 달성하기 곤란하다고 인정하는 경우
5. 제177조의2를 위반하여 명의를 대여한 경우

③ 세관장은 제1항에 따른 물품반입등의 정지처분이 그 이용자에게 심한 불편을 주거나 공익을 해칠 우려가 있는 경우에는 특허보세구역의 운영인에게 물품반입등의 정지처분을 갈음하여 해당 특허보세구역 운영에 따른 매출액의 100분의 3 이하의 과징금을 부과할 수 있다. 이 경우 매출액 산정, 과징금의 금액, 과징금의 납부기한 등에 관하여 필요한 사항은 대통령령으로 정한다.

④ 제3항에 따른 과징금을 납부하여야 할 자가 납부기한까지 납부하지 아니한 경우 과징금의 징수에 관하여는 제26조를 준용한다.

[전문개정 2010. 12. 30.]

제179조(특허의 효력상실 및 승계) ① 특허보세구역의 설치·운영에 관한 특허는 다음 각 호의 어느 하나에 해당하면 그 효력을 상실한다.

1. 운영인이 특허보세구역을 운영하지 아니하게 된 경우
2. 운영인이 해산하거나 사망한 경우
3. 특허기간이 만료한 경우
4. 특허가 취소된 경우

② 제1항제1호 및 제2호의 경우에는 운영인, 그 상속인, 청산법인 또는 합병·분할·분할합병 후 존속하거나 합병·분할·분할합병으로 설립된 법인(이하 "승계법인"이라 한다)은 지체 없이 세관장에게 그 사실을 보고하여야 한다.

③ 특허보세구역의 설치·운영에 관한 특허를 받은 자가 사망하거나 해산한 경우 상속인 또는 승

계법인이 계속하여 그 특허보세구역을 운영하려면 피상속인 또는 피승계법인이 사망하거나 해산한 날부터 30일 이내에 제174조제3항에 따른 요건을 갖추어 대통령령으로 정하는 바에 따라 세관장에게 신고하여야 한다.

④ 상속인 또는 승계법인이 제3항에 따른 신고를 하였을 때에는 피상속인 또는 피승계법인이 사망하거나 해산한 날부터 신고를 한 날까지의 기간 동안 피상속인 또는 피승계법인의 특허보세구역의 설치·운영에 관한 특허는 상속인 또는 승계법인에 대한 특허로 본다. 〈개정 2020. 6. 9.〉

⑤ 제175조 각 호의 어느 하나에 해당하는 자는 제3항에 따른 신고를 할 수 없다.

[전문개정 2010. 12. 30.]

제180조(특허보세구역의 설치·운영에 관한 감독 등) ① 세관장은 특허보세구역의 운영인을 감독한다.

② 세관장은 특허보세구역의 운영인에게 그 설치·운영에 관한 보고를 명하거나 세관공무원에게 특허보세구역의 운영상황을 검사하게 할 수 있다.

③ 세관장은 특허보세구역의 운영에 필요한 시설·기계 및 기구의 설치를 명할 수 있다.

④ 제157조에 따라 특허보세구역에 반입된 물품이 해당 특허보세구역의 설치 목적에 합당하지 아니한 경우에는 세관장은 해당 물품을 다른 보세구역으로 반출할 것을 명할 수 있다.

[전문개정 2010. 12. 30.]

제181조 삭제 〈2010. 1. 1.〉

제182조(특허의 효력상실 시 조치 등) ① 특허보세구역의 설치·운영에 관한 특허의 효력이 상실되었을 때에는 운영인이나 그 상속인 또는 승계법인은 해당 특허보세구역에 있는 외국물품을 지체 없이 다른 보세구역으로 반출하여야 한다. 〈개정 2020. 12. 22.〉

② 특허보세구역의 설치·운영에 관한 특허의 효력이 상실되었을 때에는 해당 특허보세구역에 있는 외국물품의 종류와 수량 등을 고려하여 6개월의 범위에서 세관장이 지정하는 기간 동안 그 구역은 특허보세구역으로 보며, 운영인이나 그 상속인 또는 승계법인에 대해서는 해당 구역과 장치물품에 관하여 특허보세구역의 설치·운영에 관한 특허가 있는 것으로 본다. 〈개정 2020. 12. 22.〉

[전문개정 2010. 12. 30.]

제2관 보세창고

제183조(보세창고) ① 보세창고에는 외국물품이나 통관을 하려는 물품을 장치한다.

② 운영인은 미리 세관장에게 신고를 하고 제1항에 따른 물품의 장치에 방해되지 아니하는 범위에서 보세창고에 내국물품을 장치할 수 있다. 다만, 동일한 보세창고에 장치되어 있는 동안 수입신고가 수리된 물품은 신고 없이 계속하여 장치할 수 있다.

③ 운영인은 보세창고에 1년(제2항 단서에 따른 물품은 6개월) 이상 계속하여 제2항에서 규정한 내국물품만을 장치하려면 세관장의 승인을 받아야 한다.

④ 제3항에 따른 승인을 받은 보세창고에 내국물품만을 장치하는 기간에는 제161조와 제177조를 적용하지 아니한다.

[전문개정 2010. 12. 30.]

제184조(장치기간이 지난 내국물품) ① 제183조제2항에 따른 내국물품으로서 장치기간이 지난 물품은 그 기간이 지난 후 10일 내에 그 운영인의 책임으로 반출하여야 한다.

② 제183조제3항에 따라 승인받은 내국물품도 그 승인기간이 지난 경우에는 제1항과 같다.

[전문개정 2010. 12. 30.]

제3관 보세공장

제185조(보세공장) ① 보세공장에서는 외국물품을 원료 또는 재료로 하거나 외국물품과 내국물품을 원료 또는 재료로 하여 제조·가공하거나 그 밖에 이와 비슷한 작업을 할 수 있다.

② 보세공장에서는 세관장의 허가를 받지 아니하고는 내국물품만을 원료로 하거나 재료로 하여 제조·가공하거나 그 밖에 이와 비슷한 작업을 할 수 없다.

③ 세관장은 제2항에 따른 허가의 신청을 받은 날부터 10일 이내에 허가 여부를 신청인에게 통지하여야 한다. 〈신설 2018. 12. 31.〉

④ 세관장이 제3항에서 정한 기간 내에 허가 여부 또는 민원 처리 관련 법령에 따른 처리기간의 연장을 신청인에게 통지하지 아니하면 그 기간(민원 처리 관련 법령에 따라 처리기간이 연장 또는 재연장된 경우에는 해당 처리기간을 말한다)이 끝

난 날의 다음 날에 허가를 한 것으로 본다. 〈신설 2018. 12. 31.〉

⑤ 보세공장 중 수입하는 물품을 제조·가공하는 것을 목적으로 하는 보세공장의 업종은 기획재정부령으로 정하는 바에 따라 제한할 수 있다. 〈개정 2018. 12. 31.〉

⑥ 세관장은 수입통관 후 보세공장에서 사용하게 될 물품에 대하여는 보세공장에 직접 반입하여 수입신고를 하게 할 수 있다. 이 경우 제241조제3항을 준용한다. 〈개정 2018. 12. 31.〉

[전문개정 2010. 12. 30.]

제186조(사용신고 등) ① 운영인은 보세공장에 반입된 물품을 그 사용 전에 세관장에게 사용신고를 하여야 한다. 이 경우 세관공무원은 그 물품을 검사할 수 있다.

② 제1항에 따라 사용신고를 한 외국물품이 마약, 총기 등 다른 법령에 따라 허가·승인·표시 또는 그 밖의 요건을 갖출 필요가 있는 물품으로서 관세청장이 정하여 고시하는 물품인 경우에는 세관장에게 그 요건을 갖춘 것임을 증명하여야 한다. 〈개정 2016. 12. 20.〉

[전문개정 2010. 12. 30.]

제187조(보세공장 외 작업 허가) ① 세관장은 가공무역이나 국내산업의 진흥을 위하여 필요한 경우에는 대통령령으로 정하는 바에 따라 기간, 장소, 물품 등을 정하여 해당 보세공장 외에서 제185조제1항에 따른 작업을 허가할 수 있다. 〈개정 2010. 12. 30.〉

② 세관장은 제1항에 따른 허가의 신청을 받은 날부터 10일 이내에 허가 여부를 신청인에게 통지하여야 한다. 〈신설 2018. 12. 31.〉

③ 세관장이 제2항에서 정한 기간 내에 허가 여부 또는 민원 처리 관련 법령에 따른 처리기간의 연장을 신청인에게 통지하지 아니하면 그 기간(민원 처리 관련 법령에 따라 처리기간이 연장 또는 재연장된 경우에는 해당 처리기간을 말한다)이 끝난 날의 다음 날에 허가를 한 것으로 본다. 〈신설 2018. 12. 31.〉

④ 제1항에 따른 허가를 한 경우 세관공무원은 해당 물품이 보세공장에서 반출될 때에 이를 검사할 수 있다. 〈개정 2010. 12. 30., 2018. 12. 31.〉

⑤ 제1항에 따라 허가를 받아 지정된 장소(이하 "공장외작업장"이라 한다)에 반입된 외국물품은 지정된 기간이 만료될 때까지는 보세공장에 있는 것으로 본다. 〈개정 2010. 12. 30., 2018. 12. 31.〉

⑥ 세관장은 제1항에 따라 허가를 받은 보세작업에 사용될 물품을 관세청장이 정하는 바에 따라 공장외작업장에 직접 반입하게 할 수 있다. 〈개정 2010. 12. 30., 2018. 12. 31.〉

⑦ 제1항에 따라 지정된 기간이 지난 경우 해당 공장외작업장에 허가된 외국물품이나 그 제품이 있을 때에는 해당 물품의 허가를 받은 보세공장의 운영인으로부터 그 관세를 즉시 징수한다. 〈개정 2010. 12. 30., 2018. 12. 31.〉

[제목개정 2010. 12. 30.]

제188조(제품과세) 외국물품이나 외국물품과 내국물품을 원료로 하거나 재료로 하여 작업을 하는 경우 그로써 생긴 물품은 외국으로부터 우리나라에 도착한 물품으로 본다. 다만, 대통령령으로 정하는 바에 따라 세관장의 승인을 받고 외국물품과 내국물품을 혼용하는 경우에는 그로써 생긴 제품 중 해당 외국물품의 수량 또는 가격에 상응하는 것은 외국으로부터 우리나라에 도착한 물품으로 본다.

[전문개정 2010. 12. 30.]

제189조(원료과세) ① 보세공장에서 제조된 물품을 수입하는 경우 제186조에 따른 사용신고 전에 미리 세관장에게 해당 물품의 원료인 외국물품에 대한 과세의 적용을 신청한 경우에는 제16조에도 불구하고 제186조에 따른 사용신고를 할 때의 그 원료의 성질 및 수량에 따라 관세를 부과한다.

② 세관장은 대통령령으로 정하는 기준에 해당하는 보세공장에 대하여는 1년의 범위에서 원료별, 제품별 또는 보세공장 전체에 대하여 제1항에 따른 신청을 하게 할 수 있다.

[전문개정 2010. 12. 30.]

제4관 보세전시장

제190조(보세전시장) 보세전시장에서는 박람회, 전람회, 견본품 전시회 등의 운영을 위하여 외국물품을 장치·전시하거나 사용할 수 있다.

[전문개정 2010. 12. 30.]

제5관 보세건설장

제191조(보세건설장) 보세건설장에서는 산업시설의

건설에 사용되는 외국물품인 기계류 설비품이나 공사용 장비를 장치·사용하여 해당 건설공사를 할 수 있다.
[전문개정 2010. 12. 30.]

제192조(사용 전 수입신고) 운영인은 보세건설장에 외국물품을 반입하였을 때에는 사용 전에 해당 물품에 대하여 수입신고를 하고 세관공무원의 검사를 받아야 한다. 다만, 세관공무원이 검사가 필요 없다고 인정하는 경우에는 검사를 하지 아니할 수 있다.
[전문개정 2010. 12. 30.]

제193조(반입물품의 장치 제한) 세관장은 보세건설장에 반입된 외국물품에 대하여 필요하다고 인정될 때에는 보세건설장 안에서 그 물품을 장치할 장소를 제한하거나 그 사용상황에 관하여 운영인으로 하여금 보고하게 할 수 있다.
[전문개정 2010. 12. 30.]

제194조(보세건설물품의 가동 제한) 운영인은 보세건설장에서 건설된 시설을 제248조에 따른 수입신고가 수리되기 전에 가동하여서는 아니 된다.
[전문개정 2010. 12. 30.]

제195조(보세건설장 외 작업 허가) ① 세관장은 보세작업을 위하여 필요하다고 인정될 때에는 대통령령으로 정하는 바에 따라 기간, 장소, 물품 등을 정하여 해당 보세건설장 외에서의 보세작업을 허가할 수 있다. 〈개정 2020. 6. 9.〉
② 제1항에 따른 보세건설장 외에서의 보세작업 허가에 관하여는 제187조제2항부터 제7항까지의 규정을 준용한다. 〈개정 2018. 12. 31.〉
[전문개정 2010. 12. 30.]

제6관 보세판매장

제196조(보세판매장) ① 보세판매장에서는 다음 각 호의 어느 하나에 해당하는 조건으로 물품을 판매할 수 있다. 〈개정 2019. 12. 31.〉
1. 해당 물품을 외국으로 반출할 것. 다만, 외국으로 반출하지 아니하더라도 대통령령으로 정하는 바에 따라 외국에서 국내로 입국하는 자에게 물품을 인도하는 경우에는 해당 물품을 판매할 수 있다.
2. 제88조제1항제1호부터 제4호까지의 규정에 따라 관세의 면제를 받을 수 있는 자가 해당 물품을 사용할 것

② 제1항에도 불구하고 공항 및 항만 등의 입국경로에 설치된 보세판매장에서는 외국에서 국내로 입국하는 자에게 물품을 판매할 수 있다. 〈개정 2018. 12. 31.〉
③ 보세판매장에서 판매하는 물품의 반입, 반출, 인도, 관리에 필요한 사항은 대통령령으로 정한다.
④ 세관장은 보세판매장에서 판매할 수 있는 물품의 수량, 장치장소 등을 제한할 수 있다. 다만, 보세판매장에서 판매할 수 있는 물품의 종류, 판매한도는 기획재정부령으로 정한다. 〈신설 2018. 12. 31.〉
[전문개정 2010. 12. 30.]

제196조의2(시내보세판매장의 현장 인도 특례) ① 보세판매장 중 공항 및 항만 등의 출입국경로의 보세구역 외의 장소에 설치되는 보세판매장(이하 이 조에서 "시내보세판매장"이라 한다)에서 제196조제1항제1호 본문의 조건으로 외국인에게 내국물품을 판매하고 이를 판매 현장에서 인도하는 경우에는 대통령령으로 정하는 바에 따라 해당 물품을 인도할 수 있다.
② 세관장은 제1항에 따라 판매 현장에서 인도된 물품의 외국 반출 여부를 확인하기 위하여 물품 구매자의 출입국관리기록 등 대통령령으로 정하는 정보 또는 자료를 관계 중앙행정기관의 장에게 요청할 수 있다. 이 경우 요청을 받은 관계 중앙행정기관의 장은 정당한 사유가 없으면 이에 따라야 한다.
③ 세관장은 제2항에 따른 물품 구매자의 출입국관리기록 등을 확인하여 대통령령으로 정하는 사람에 대해서는 제1항에 따른 인도를 제한할 수 있다.
④ 세관장은 제3항에 따라 인도가 제한되는 사람의 명단을 시내보세판매장의 운영인에게 통보하여야 한다.
⑤ 시내보세판매장의 운영인은 제4항에 따라 통보 받은 명단의 사람에게 물품을 판매할 때에는 해당 물품을 판매 현장에서 인도하여서는 아니되고, 관세청장이 정하는 바에 따라 인도하여야 한다.
[본조신설 2019. 12. 31.]

제4절 종합보세구역

제197조(종합보세구역의 지정 등) ① 관세청장은 직

권으로 또는 관계 중앙행정기관의 장이나 지방자치단체의 장, 그 밖에 종합보세구역을 운영하려는 자(이하 "지정요청자"라 한다)의 요청에 따라 무역진흥에의 기여 정도, 외국물품의 반입·반출 물량 등을 고려하여 일정한 지역을 종합보세구역으로 지정할 수 있다.

② 종합보세구역에서는 보세창고·보세공장·보세전시장·보세건설장 또는 보세판매장의 기능 중 둘 이상의 기능(이하 "종합보세기능"이라 한다)을 수행할 수 있다.

③ 종합보세구역의 지정요건, 지정절차 등에 관하여 필요한 사항은 대통령령으로 정한다.

[전문개정 2010. 12. 30.]

제198조(종합보세사업장의 설치·운영에 관한 신고 등) ① 종합보세구역에서 종합보세기능을 수행하려는 자는 그 기능을 정하여 세관장에게 종합보세사업장의 설치·운영에 관한 신고를 하여야 한다.

② 제175조 각 호의 어느 하나에 해당하는 자는 제1항에 따른 종합보세사업장의 설치·운영에 관한 신고를 할 수 없다.

③ 종합보세사업장의 운영인은 그가 수행하는 종합보세기능을 변경하려면 세관장에게 이를 신고하여야 한다.

④ 제1항 및 제3항에 따른 신고의 절차 등에 관하여 필요한 사항은 대통령령으로 정한다.

[전문개정 2010. 12. 30.]

제199조(종합보세구역에의 물품의 반입·반출 등) ① 종합보세구역에 물품을 반입하거나 반출하려는 자는 대통령령으로 정하는 바에 따라 세관장에게 신고하여야 한다.

② 종합보세구역에 반입·반출되는 물품이 내국물품인 경우에는 기획재정부령으로 정하는 바에 따라 제1항에 따른 신고를 생략하거나 간소한 방법으로 반입·반출하게 할 수 있다.

[전문개정 2010. 12. 30.]

제199조의2(종합보세구역의 판매물품에 대한 관세 등의 환급) ① 외국인 관광객 등 대통령령으로 정하는 자가 종합보세구역에서 구입한 물품을 국외로 반출하는 경우에는 해당 물품을 구입할 때 납부한 관세 및 내국세등을 환급받을 수 있다.

② 제1항에 따른 관세 및 내국세등의 환급 절차 및 방법 등에 관하여 필요한 사항은 대통령령으로 정한다.

[전문개정 2010. 12. 30.]

제200조(반출입물품의 범위 등) ① 종합보세구역에서 소비하거나 사용되는 물품으로서 기획재정부령으로 정하는 물품은 수입통관 후 이를 소비하거나 사용하여야 한다.

② 종합보세구역에 반입한 물품의 장치기간은 제한하지 아니한다. 다만, 제197조제2항에 따른 보세창고의 기능을 수행하는 장소 중에서 관세청장이 수출입물품의 원활한 유통을 촉진하기 위하여 필요하다고 인정하여 지정한 장소에 반입되는 물품의 장치기간은 1년의 범위에서 관세청장이 정하는 기간으로 한다.

③ 세관장은 종합보세구역에 반입·반출되는 물품으로 인하여 국가안전, 공공질서, 국민보건 또는 환경보전 등에 지장이 초래되거나 종합보세구역의 지정 목적에 부합되지 아니하는 물품이 반입·반출되고 있다고 인정될 때에는 해당 물품의 반입·반출을 제한할 수 있다.

[전문개정 2010. 12. 30.]

제201조(운영인의 물품관리) ① 운영인은 종합보세구역에 반입된 물품을 종합보세기능별로 구분하여 관리하여야 한다.

② 세관장은 종합보세구역에 장치된 물품 중 제208조제1항 단서에 해당되는 물품은 같은 조에 따라 매각할 수 있다.

③ 운영인은 종합보세구역에 반입된 물품을 종합보세구역 안에서 이동·사용 또는 처분을 할 때에는 장부 또는 전산처리장치를 이용하여 그 기록을 유지하여야 한다. 이 경우 기획재정부령으로 정하는 물품은 미리 세관장에게 신고하여야 한다.

④ 제3항에 따른 기록의 방법과 절차 등에 관하여 필요한 사항은 관세청장이 정한다.

⑤ 운영인은 종합보세구역에 장치된 물품 중 반입한 날부터 6개월 이상의 범위에서 관세청장이 정하는 기간이 지난 외국물품이 다음 각 호의 어느 하나에 해당하는 경우에는 관세청장이 정하여 고시하는 바에 따라 세관장에게 그 외국물품의 매각을 요청할 수 있다. 〈신설 2018. 12. 31.〉

1. 화주가 분명하지 아니한 경우
2. 화주가 부도 또는 파산한 경우
3. 화주의 주소·거소 등 그 소재를 알 수 없는 경우
4. 화주가 수취를 거절하는 경우

5. 화주가 거절의 의사표시 없이 수취하지 아니한 경우

⑥ 제5항에 따른 세관장의 외국물품의 매각에 관하여는 제208조부터 제212조까지의 규정을 준용한다. 이 경우 제208조제1항 각 호 외의 부분 본문 중 "장치기간이 지나면"은 "매각요청을 접수하면"으로, 같은 조 제2항 중 "장치기간이 지난 물품" 및 제209조제1항 중 "장치기간경과물품"은 각각 "매각요청물품"으로 본다. 〈신설 2018. 12. 31.〉

[전문개정 2010. 12. 30.]

제202조(설비의 유지의무 등) ① 운영인은 대통령령으로 정하는 바에 따라 종합보세기능의 수행에 필요한 시설 및 장비 등을 유지하여야 한다.

② 종합보세구역에 장치된 물품에 대하여 보수작업을 하거나 종합보세구역 밖에서 보세작업을 하려는 자는 대통령령으로 정하는 바에 따라 세관장에게 신고하여야 한다.

③ 제2항에 따라 작업을 하는 경우의 반출검사 등에 관하여는 제187조를 준용한다.

[전문개정 2010. 12. 30.]

제203조(종합보세구역에 대한 세관의 관리 등) ① 세관장은 관세채권의 확보, 감시·단속 등 종합보세구역을 효율적으로 운영하기 위하여 종합보세구역에 출입하는 인원과 차량 등의 출입을 통제하거나 휴대 또는 운송하는 물품을 검사할 수 있다.

② 세관장은 종합보세구역에 반입·반출되는 물품의 반입·반출 상황, 그 사용 또는 처분 내용 등을 확인하기 위하여 제201조제3항에 따른 장부나 전산처리장치를 이용한 기록을 검사 또는 조사할 수 있으며, 운영인으로 하여금 업무실적 등 필요한 사항을 보고하게 할 수 있다.

③ 관세청장은 종합보세구역 안에 있는 외국물품의 감시·단속에 필요하다고 인정될 때에는 종합보세구역의 지정요청자에게 보세화물의 불법유출, 분실, 도난방지 등을 위한 시설을 설치할 것을 요구할 수 있다. 이 경우 지정요청자는 특별한 사유가 없으면 이에 따라야 한다.

[전문개정 2010. 12. 30.]

제204조(종합보세구역 지정의 취소 등) ① 관세청장은 종합보세구역에 반입·반출되는 물량이 감소하거나 그 밖에 대통령령으로 정하는 사유로 종합보세구역을 존속시킬 필요가 없다고 인정될 때에는 종합보세구역의 지정을 취소할 수 있다.

② 세관장은 종합보세사업장의 운영인이 다음 각 호의 어느 하나에 해당하는 경우에는 6개월의 범위에서 운영인의 종합보세기능의 수행을 중지시킬 수 있다. 〈개정 2018. 12. 31.〉

1. 운영인이 제202조제1항에 따른 설비의 유지의무를 위반한 경우
2. 운영인이 수행하는 종합보세기능과 관련하여 반입·반출되는 물량이 감소하는 경우
3. 1년 동안 계속하여 외국물품의 반입·반출 실적이 없는 경우

③ 세관장은 종합보세사업장의 운영인이 다음 각 호의 어느 하나에 해당하는 경우에는 그 종합보세사업장의 폐쇄를 명하여야 한다. 〈신설 2018. 12. 31.〉

1. 거짓이나 그 밖의 부정한 방법으로 종합보세사업장의 설치·운영에 관한 신고를 한 경우
2. 제175조 각 호의 어느 하나에 해당하게 된 경우. 다만, 제175조제8호에 해당하는 경우로서 같은 조 제2호 또는 제3호에 해당하는 사람을 임원으로 하는 법인이 3개월 이내에 해당 임원을 변경한 경우에는 그러하지 아니하다.
3. 다른 사람에게 자신의 성명·상호를 사용하여 종합보세사업장을 운영하게 한 경우

[전문개정 2010. 12. 30.]

제205조(준용규정) 종합보세구역에 대하여는 제175조, 제177조제2항, 제177조의2, 제178조제1항·제3항, 제180조제1항·제3항·제4항, 제182조, 제184조, 제185조제2항부터 제6항까지, 제186조, 제188조, 제189조, 제192조부터 제194조까지 및 제241조제2항을 준용한다. 〈개정 2018. 12. 31.〉

[전문개정 2010. 12. 30.]

제5절 유치 및 처분

제1관 유치 및 예치

제206조(유치 및 예치) ① 세관장은 제1호에 해당하는 물품이 제2호의 사유에 해당하는 경우에는 해당 물품을 유치할 수 있다. 〈개정 2020. 12. 22.〉

1. 유치대상: 다음 각 목의 어느 하나에 해당하는 물품
   가. 여행자의 휴대품

나. 우리나라와 외국 간을 왕래하는 운송수단에 종사하는 승무원의 휴대품
2. 유치사유: 다음 각 목의 어느 하나에 해당하는 경우
가. 제226조에 따라 필요한 허가·승인·표시 또는 그 밖의 조건이 갖추어지지 아니한 경우
나. 제96조제1항제1호와 같은 항 제3호에 따른 관세의 면제 기준을 초과하여 반입하는 물품에 대한 관세를 납부하지 아니한 경우
다. 제235조에 따른 지식재산권을 침해하는 물품을 수출하거나 수입하는 등 이 법에 따른 의무사항을 위반한 경우
라. 불법·불량·유해물품 등 사회안전 또는 국민보건을 해칠 우려가 있는 물품으로서 대통령령으로 정하는 경우

② 제1항에 따라 유치한 물품은 해당 사유가 없어졌거나 반송하는 경우에만 유치를 해제한다. 〈개정 2020. 6. 9.〉

③ 제1항제1호 각 목의 어느 하나에 해당하는 물품으로서 수입할 의사가 없는 물품은 세관장에게 신고하여 일시 예치시킬 수 있다. 다만, 부패·변질 또는 손상의 우려가 있는 물품 등 관세청장이 정하는 물품은 그러하지 아니하다. 〈개정 2020. 12. 22.〉
[전문개정 2010. 12. 30.]

제207조(유치 및 예치 물품의 보관) ① 제206조에 따라 유치하거나 예치한 물품은 세관장이 관리하는 장소에 보관한다. 다만, 세관장이 필요하다고 인정할 때에는 그러하지 아니하다.

② 제206조에 따라 유치하거나 예치한 물품에 관하여는 제160조제4항부터 제6항까지, 제170조 및 제208조부터 제212조까지의 규정을 준용한다.

③ 세관장은 유치되거나 예치된 물품의 원활한 통관을 위하여 필요하다고 인정될 때에는 제2항에 따라 준용되는 제209조에도 불구하고 관세청장이 정하는 바에 따라 해당 물품을 유치하거나 예치할 때에 유치기간 또는 예치기간 내에 수출·수입 또는 반송하지 아니하면 매각한다는 뜻을 통고할 수 있다.
[전문개정 2010. 12. 30.]

제2관 장치기간경과물품의 매각
〈개정 2010. 12. 30.〉

제208조(매각대상 및 매각절차) ① 세관장은 보세구역에 반입한 외국물품의 장치기간이 지나면 그 사실을 공고한 후 해당 물품을 매각할 수 있다. 다만, 다음 각 호의 어느 하나에 해당하는 물품은 기간이 지나기 전이라도 공고한 후 매각할 수 있다.
1. 살아 있는 동식물
2. 부패하거나 부패할 우려가 있는 것
3. 창고나 다른 외국물품에 해를 끼칠 우려가 있는 것
4. 기간이 지나면 사용할 수 없게 되거나 상품가치가 현저히 떨어질 우려가 있는 것
5. 관세청장이 정하는 물품 중 화주가 요청하는 것

② 장치기간이 지난 물품이 제1항 각 호의 어느 하나에 해당하는 물품으로서 급박하여 공고할 여유가 없을 때에는 매각한 후 공고할 수 있다.

③ 매각된 물품의 질권자나 유치권자는 다른 법령에도 불구하고 그 물품을 매수인에게 인도하여야 한다.

④ 세관장은 제1항에 따른 매각을 할 때 다음 각 호의 어느 하나에 해당하는 경우에는 대통령령으로 정하는 기관(이하 이 절에서 "매각대행기관"이라 한다)에 이를 대행하게 할 수 있다. 〈개정 2021. 12. 21.〉
1. 신속한 매각을 위하여 사이버몰 등에서 전자문서를 통하여 매각하려는 경우
2. 매각에 전문지식이 필요한 경우
3. 그 밖에 특수한 사정이 있어 직접 매각하기에 적당하지 아니하다고 인정되는 경우

⑤ 제4항에 따라 매각대행기관이 매각을 대행하는 경우(제211조제6항에 따라 매각대금의 잔금처리를 대행하는 경우를 포함한다)에는 매각대행기관의 장을 세관장으로 본다.

⑥ 세관장은 제4항에 따라 매각대행기관이 매각을 대행하는 경우에는 매각대행에 따른 실비 등을 고려하여 기획재정부령으로 정하는 바에 따라 수수료를 지급할 수 있다.

⑦ 삭제 〈2016. 12. 20.〉

⑧ 제4항에 따라 매각대행기관이 대행하는 매각에 필요한 사항은 대통령령으로 정한다.
[전문개정 2010. 12. 30.]

제209조(통고) ① 세관장은 제208조제1항에 따라 장치기간경과물품을 매각하려면 그 화주등에게 통고일부터 1개월 내에 해당 물품을 수출·수입 또는 반송할 것을 통고하여야 한다.

② 화주등이 분명하지 아니하거나 그 소재가 분명하지 아니하여 제1항에 따른 통고를 할 수 없을 때에는 공고로 이를 갈음할 수 있다.
[전문개정 2010. 12. 30.]

제210조(매각방법) ① 제208조에 따른 매각은 일반경쟁입찰·지명경쟁입찰·수의계약·경매 및 위탁판매의 방법으로 하여야 한다.
② 경쟁입찰의 방법으로 매각하려는 경우 매각되지 아니하였을 때에는 5일 이상의 간격을 두어 다시 입찰에 부칠 수 있으며 그 예정가격은 최초 예정가격의 100분의 10 이내의 금액을 입찰에 부칠 때마다 줄일 수 있다. 이 경우에 줄어들 예정가격 이상의 금액을 제시하는 응찰자가 있을 때에는 대통령령으로 정하는 바에 따라 그 응찰자가 제시하는 금액으로 수의계약을 할 수 있다. 〈개정 2016. 12. 20.〉
③ 다음 각 호의 어느 하나에 해당하는 경우에는 경매나 수의계약으로 매각할 수 있다. 〈개정 2016. 12. 20.〉
1. 제2항에 따라 2회 이상 경쟁입찰에 부쳐도 매각되지 아니한 경우
2. 매각물품의 성질·형태·용도 등을 고려할 때 경쟁입찰의 방법으로 매각할 수 없는 경우

④ 제3항에 따른 방법으로도 매각되지 아니한 물품과 대통령령으로 정하는 물품은 위탁판매의 방법으로 매각할 수 있다.
⑤ 제1항부터 제4항까지에 따라 매각된 물품에 대한 과세가격은 제30조부터 제35조까지의 규정에도 불구하고 제2항에 따른 최초 예정가격을 기초로 하여 과세가격을 산출한다.
⑥ 매각할 물품의 예정가격의 산출방법과 위탁판매에 관한 사항은 대통령령으로 정하고, 경매절차에 관하여는 「국세징수법」을 준용한다.
⑦ 세관장은 제1항에 따라 매각할 때에는 매각물건, 매각 수량, 매각 예정가격 등을 매각 시작 10일 전에 공고하여야 한다.
[전문개정 2010. 12. 30.]

제211조(잔금처리) ① 세관장은 제210조에 따른 매각대금을 그 매각비용, 관세, 각종 세금의 순으로 충당하고, 잔금이 있을 때에는 이를 화주에게 교부한다.
② 제208조에 따라 매각하는 물품의 질권자나 유치권자는 해당 물품을 매각한 날부터 1개월 이내에 그 권리를 증명하는 서류를 세관장에게 제출하여야 한다.
③ 세관장은 제208조에 따라 매각된 물품의 질권자나 유치권자가 있을 때에는 그 잔금을 화주에게 교부하기 전에 그 질권이나 유치권에 의하여 담보된 채권의 금액을 질권자나 유치권자에게 교부한다.
④ 제3항에 따라 질권자나 유치권자에게 공매대금의 잔금을 교부하는 경우 그 잔금액이 질권이나 유치권에 의하여 담보된 채권액보다 적고 교부받을 권리자가 2인 이상인 경우에는 세관장은 「민법」이나 그 밖의 법령에 따라 배분할 순위와 금액을 정하여 배분하여야 한다.
⑤ 제1항에 따른 잔금의 교부는 관세청장이 정하는 바에 따라 일시 보류할 수 있다.
⑥ 제208조제4항에 따라 매각대행기관이 매각을 대행하는 경우에는 매각대행기관이 제1항부터 제5항까지의 규정에 따라 매각대금의 잔금처리를 대행할 수 있다.
[전문개정 2010. 12. 30.]

제212조(국고귀속) ① 세관장은 제210조에 따른 방법으로도 매각되지 아니한 물품에 대하여는 그 물품의 화주등에게 장치 장소로부터 지체 없이 반출할 것을 통고하여야 한다.
② 제1항의 통고일부터 1개월 내에 해당 물품이 반출되지 아니하는 경우에는 소유권을 포기한 것으로 보고 이를 국고에 귀속시킬 수 있다.
[전문개정 2010. 12. 30.]

제8장 운 송 〈개정 2010. 12. 30.〉

제1절 보세운송

제213조(보세운송의 신고) ① 외국물품은 다음 각 호의 장소 간에 한정하여 외국물품 그대로 운송할 수 있다. 다만, 제248조에 따라 수출신고가 수리된 물품은 해당 물품이 장치된 장소에서 다음 각 호의 장소로 운송할 수 있다. 〈개정 2020. 12. 22.〉
1. 국제항
2. 보세구역
3. 제156조에 따라 허가된 장소
4. 세관관서
5. 통관역
6. 통관장

7. 통관우체국

② 제1항에 따라 보세운송을 하려는 자는 관세청장이 정하는 바에 따라 세관장에게 보세운송의 신고를 하여야 한다. 다만, 물품의 감시 등을 위하여 필요하다고 인정하여 대통령령으로 정하는 경우에는 세관장의 승인을 받아야 한다.

③ 세관공무원은 감시·단속을 위하여 필요하다고 인정될 때에는 관세청장이 정하는 바에 따라 보세운송을 하려는 물품을 검사할 수 있다.

④ 수출신고가 수리된 물품은 관세청장이 따로 정하는 것을 제외하고는 보세운송절차를 생략한다.

⑤ 제2항과 제3항에 따른 보세운송의 신고·승인 및 검사에 대하여는 제247조와 제250조를 준용한다.

[전문개정 2010. 12. 30.]

제214조(보세운송의 신고인) 제213조제2항에 따른 신고 또는 승인신청은 다음 각 호의 어느 하나에 해당하는 자의 명의로 하여야 한다.

1. 화주
2. 관세사등
3. 보세운송을 업(業)으로 하는 자(이하 "보세운송업자"라 한다)

[전문개정 2010. 12. 30.]

제215조(보세운송 보고) 제213조제2항에 따라 보세운송의 신고를 하거나 승인을 받은 자는 해당 물품이 운송 목적지에 도착하였을 때에는 관세청장이 정하는 바에 따라 도착지의 세관장에게 보고하여야 한다.

[전문개정 2010. 12. 30.]

제216조(보세운송통로) ① 세관장은 보세운송물품의 감시·단속을 위하여 필요하다고 인정될 때에는 관세청장이 정하는 바에 따라 운송통로를 제한할 수 있다.

② 보세운송은 관세청장이 정하는 기간 내에 끝내야 한다. 다만, 세관장은 재해나 그 밖의 부득이한 사유로 필요하다고 인정될 때에는 그 기간을 연장할 수 있다.

[전문개정 2010. 12. 30.]

제217조(보세운송기간 경과 시의 징수) 제213조제2항에 따라 신고를 하거나 승인을 받아 보세운송하는 외국물품이 지정된 기간 내에 목적지에 도착하지 아니한 경우에는 즉시 그 관세를 징수한다. 다만, 해당 물품이 재해나 그 밖의 부득이한 사유로 망실되었거나 미리 세관장의 승인을 받아 그 물품을 폐기하였을 때에는 그러하지 아니하다.

[전문개정 2010. 12. 30.]

제218조(보세운송의 담보) 세관장은 제213조에 따른 보세운송의 신고를 하거나 승인을 받으려는 물품에 대하여 관세의 담보를 제공하게 할 수 있다.

[전문개정 2010. 12. 30.]

제219조(조난물품의 운송) ① 재해나 그 밖의 부득이한 사유로 선박 또는 항공기로부터 내려진 외국물품은 그 물품이 있는 장소로부터 제213조제1항 각 호의 장소로 운송될 수 있다.

② 제1항에 따라 외국물품을 운송하려는 자는 제213조제2항에 따른 승인을 받아야 한다. 다만, 긴급한 경우에는 세관공무원이나 경찰공무원(세관공무원이 없는 경우로 한정한다)에게 신고하여야 한다. 〈개정 2020. 12. 22.〉

③ 제2항 단서에 따라 신고를 받은 경찰공무원은 지체 없이 그 내용을 세관공무원에게 통보하여야 한다. 〈개정 2020. 12. 22.〉

④ 제1항에 따른 운송에 관하여는 제215조부터 제218조까지의 규정을 준용한다.

[전문개정 2010. 12. 30.]

제220조(간이 보세운송) 세관장은 보세운송을 하려는 물품의 성질과 형태, 보세운송업자의 신용도 등을 고려하여 관세청장이 정하는 바에 따라 보세운송업자나 물품을 지정하여 다음 각 호의 조치를 할 수 있다.

1. 제213조제2항에 따른 신고절차의 간소화
2. 제213조제3항에 따른 검사의 생략
3. 제218조에 따른 담보 제공의 면제

[전문개정 2010. 12. 30.]

제2절 내국운송

제221조(내국운송의 신고) ① 내국물품을 국제무역선이나 국제무역기로 운송하려는 자는 대통령령으로 정하는 바에 따라 세관장에게 내국운송의 신고를 하여야 한다. 〈개정 2020. 12. 22.〉

② 제1항에 따른 내국운송에 관하여는 제215조, 제216조, 제246조, 제247조 및 제250조를 준용한다.

[전문개정 2010. 12. 30.]

제3절 보세운송업자 등

제222조(보세운송업자등의 등록 및 보고) ① 다음 각 호의 어느 하나에 해당하는 자(이하 "보세운송업자등"이라 한다)는 대통령령으로 정하는 바에 따라 관세청장이나 세관장에게 등록하여야 한다. 〈개정 2011. 7. 25., 2019. 12. 31., 2020. 12. 22.〉
1. 보세운송업자
2. 보세화물을 취급하려는 자로서 다른 법령에 따라 화물운송의 주선을 업으로 하는 자(이하 "화물운송주선업자"라 한다)
3. 국제무역선·국제무역기 또는 국경출입차량에 물품을 하역하는 것을 업으로 하는 자
4. 국제무역선·국제무역기 또는 국경출입차량에 다음 각 목의 어느 하나에 해당하는 물품 등을 공급하는 것을 업으로 하는 자
  가. 선박용품
  나. 항공기용품
  다. 차량용품
  라. 선박·항공기 또는 철도차량 안에서 판매할 물품
  마. 용역
5. 국제항 안에 있는 보세구역에서 물품이나 용역을 제공하는 것을 업으로 하는 자
6. 국제무역선·국제무역기 또는 국경출입차량을 이용하여 상업서류나 그 밖의 견본품 등을 송달하는 것을 업으로 하는 자
7. 구매대행업자 중 대통령령으로 정하는 자

② 제1항에 따른 등록의 기준·절차 등에 관하여 필요한 사항은 대통령령으로 정한다.

③ 관세청장이나 세관장은 이 법의 준수 여부를 확인하기 위하여 필요하다고 인정할 때에는 보세운송업자등에게 업무실적, 등록사항 변경, 업무에 종사하는 자의 성명이나 그 밖의 인적사항 등 그 영업에 관하여 보고를 하게 하거나 장부 또는 그 밖의 서류를 제출하도록 명할 수 있다. 이 경우 영업에 관한 보고 또는 서류제출에 필요한 사항은 관세청장이 정한다. 〈개정 2018. 12. 31., 2020. 12. 22.〉

④ 관세청장이나 세관장은 화물운송주선업자에게 제225조제2항에 따라 해당 업무에 관하여 보고하게 할 수 있다. 〈신설 2011. 7. 25.〉

⑤ 제1항에 따른 등록의 유효기간은 3년으로 하며, 대통령령으로 정하는 바에 따라 갱신할 수 있다. 다만, 관세청장이나 세관장은 제255조의7제1항에 따른 안전관리 기준의 준수 정도 측정·평가 결과가 우수한 자가 등록을 갱신하는 경우에는 유효기간을 2년의 범위에서 연장하여 정할 수 있다. 〈신설 2014. 1. 1., 2015. 12. 15., 2021. 12. 21.〉

[전문개정 2010. 12. 30.]

[제목개정 2011. 7. 25.]

제223조(보세운송업자등의 등록요건) 보세운송업자등은 다음 각 호의 요건을 갖춘 자이어야 한다. 〈개정 2014. 12. 23.〉
1. 제175조 각 호의 어느 하나에 해당하지 아니할 것
2. 「항만운송사업법」 등 관련 법령에 따른 면허·허가·지정 등을 받거나 등록을 하였을 것
3. 관세 및 국세의 체납이 없을 것
4. 보세운송업자등의 등록이 취소(제175조제1호부터 제3호까지의 어느 하나에 해당하여 등록이 취소된 경우는 제외한다)된 후 2년이 지났을 것

[전문개정 2010. 12. 30.]

제223조의2(보세운송업자등의 명의대여 등의 금지) 보세운송업자등은 다른 사람에게 자신의 성명·상호를 사용하여 보세운송업자등의 업무를 하게 하거나 그 등록증을 빌려주어서는 아니 된다.

[본조신설 2014. 1. 1.]

제224조(보세운송업자등의 행정제재) ① 세관장은 보세운송업자등이 다음 각 호의 어느 하나에 해당하는 경우에는 등록의 취소, 6개월의 범위에서의 업무정지 또는 그 밖에 필요한 조치를 할 수 있다. 다만, 제1호 및 제2호에 해당하는 경우에는 등록을 취소하여야 한다. 〈개정 2011. 12. 31., 2013. 1. 1., 2014. 1. 1., 2014. 12. 23., 2018. 12. 31.〉
1. 거짓이나 그 밖의 부정한 방법으로 등록을 한 경우
2. 제175조 각 호의 어느 하나에 해당하는 경우. 다만, 제175조제8호에 해당하는 경우로서 같은 조 제2호 또는 제3호에 해당하는 사람을 임원으로 하는 법인이 3개월 이내에 해당 임원을 변경한 경우에는 그러하지 아니하다.
3. 「항만운송사업법」 등 관련 법령에 따라 면허·허가·지정·등록 등이 취소되거나 사업정지처분을 받은 경우
4. 보세운송업자등(그 임직원 및 사용인을 포함한

다)이 보세운송업자등의 업무와 관련하여 이 법이나 이 법에 따른 명령을 위반한 경우
4의2. 제223조의2를 위반한 경우
5. 보세운송업자등(그 임직원 및 사용인을 포함한다)이 보세운송업자등의 업무와 관련하여 「개별소비세법」 제29조제1항 또는 「교통·에너지·환경세법」 제25조제1항에 따른 과태료를 부과받은 경우

② 세관장은 제1항에 따른 업무정지가 그 이용자에게 심한 불편을 주거나 공익을 해칠 우려가 있을 경우에는 보세운송업자등에게 업무정지처분을 갈음하여 해당 업무 유지에 따른 매출액의 100분의 3 이하의 과징금을 부과할 수 있다. 이 경우 매출액 산정, 과징금의 금액 및 과징금의 납부기한 등에 관하여 필요한 사항은 대통령령으로 정한다. 〈신설 2014. 12. 23.〉

③ 제2항에 따른 과징금을 납부하여야 할 자가 납부기한까지 납부하지 아니한 경우 과징금의 징수에 관하여는 제26조를 준용한다. 〈신설 2014. 12. 23.〉

[전문개정 2010. 12. 30.]

제224조의2(보세운송업자등의 등록의 효력상실) 다음 각 호의 어느 하나에 해당하면 제222조제1항에 따른 보세운송업자등의 등록은 그 효력을 상실한다.
1. 보세운송업자등이 폐업한 경우
2. 보세운송업자등이 사망한 경우(법인인 경우에는 해산된 경우)
3. 제222조제5항에 따른 등록의 유효기간이 만료된 경우
4. 제224조제1항에 따라 등록이 취소된 경우

[본조신설 2017. 12. 19.]

제225조(보세화물 취급 선박회사 등의 신고 및 보고) ① 보세화물을 취급하는 선박회사 또는 항공사(그 업무를 대행하는 자를 포함한다. 이하 같다)는 대통령령으로 정하는 바에 따라 세관장에게 신고하여야 한다. 신고인의 주소 등 대통령령으로 정하는 중요한 사항을 변경한 때에도 또한 같다. 〈개정 2011. 7. 25.〉

② 세관장은 통관의 신속을 도모하고 보세화물의 관리절차를 간소화하기 위하여 필요하다고 인정할 때에는 대통령령으로 정하는 바에 따라 제1항에 따른 선박회사 또는 항공사로 하여금 해당 업무에 관하여 보고하게 할 수 있다. 〈개정 2011. 7. 25., 2020. 6. 9.〉

③ 삭제 〈2011. 7. 25.〉

[전문개정 2010. 12. 30.]
[제목개정 2011. 7. 25.]

제9장 통 관 〈개정 2010. 12. 30.〉

제1절 통 칙 〈개정 2010. 12. 30.〉

제1관 통관요건

제226조(허가·승인 등의 증명 및 확인) ① 수출입을 할 때 법령에서 정하는 바에 따라 허가·승인·표시 또는 그 밖의 조건을 갖출 필요가 있는 물품은 세관장에게 그 허가·승인·표시 또는 그 밖의 조건을 갖춘 것임을 증명하여야 한다.

② 통관을 할 때 제1항의 구비조건에 대한 세관장의 확인이 필요한 수출입물품에 대하여는 다른 법령에도 불구하고 그 물품과 확인방법, 확인절차, 그 밖에 필요한 사항을 대통령령으로 정하는 바에 따라 미리 공고하여야 한다.

③ 제1항에 따른 증명에 관하여는 제245조제2항을 준용한다.

[전문개정 2010. 12. 30.]

제227조(의무 이행의 요구 및 조사) ① 세관장은 다른 법령에 따라 수입 후 특정한 용도로 사용하여야 하는 등의 의무가 부가되어 있는 물품에 대하여는 문서로써 해당 의무를 이행할 것을 요구할 수 있다.

② 제1항에 따라 의무의 이행을 요구받은 자는 대통령령으로 정하는 특별한 사유가 없으면 해당 물품에 대하여 부가된 의무를 이행하여야 한다.

③ 세관장은 제1항에 따라 의무의 이행을 요구받은 자의 이행 여부를 확인하기 위하여 필요한 경우 세관공무원으로 하여금 조사하게 할 수 있다. 이 경우 제240조의3을 준용한다. 〈신설 2021. 12. 21.〉

[전문개정 2010. 12. 30.]
[제목개정 2021. 12. 21.]

제228조(통관표지) 세관장은 관세 보전을 위하여 필요하다고 인정할 때에는 대통령령으로 정하는 바에 따라 수입하는 물품에 통관표지를 첨부할 것을 명할 수 있다.

[전문개정 2010. 12. 30.]

제2관 원산지의 확인 등

제229조(원산지 확인 기준) ① 이 법, 조약, 협정 등에 따른 관세의 부과·징수, 수출입물품의 통관, 제233조제3항의 확인요청에 따른 조사 등을 위하여 원산지를 확인할 때에는 다음 각 호의 어느 하나에 해당하는 나라를 원산지로 한다. 〈개정 2014. 1. 1.〉
1. 해당 물품의 전부를 생산·가공·제조한 나라
2. 해당 물품이 2개국 이상에 걸쳐 생산·가공 또는 제조된 경우에는 그 물품의 본질적 특성을 부여하기에 충분한 정도의 실질적인 생산·가공·제조 과정이 최종적으로 수행된 나라

② 제1항 각 호를 적용할 물품의 범위, 구체적 확인 기준 등에 관하여 필요한 사항은 기획재정부령으로 정한다.
③ 제1항과 제2항에도 불구하고 조약·협정 등의 시행을 위하여 원산지 확인 기준 등을 따로 정할 필요가 있을 때에는 기획재정부령으로 원산지 확인 기준 등을 따로 정한다.
[전문개정 2010. 12. 30.]

제230조(원산지 허위표시물품 등의 통관 제한) 세관장은 법령에 따라 원산지를 표시하여야 하는 물품이 다음 각 호의 어느 하나에 해당하는 경우에는 해당 물품의 통관을 허용하여서는 아니 된다. 다만, 그 위반사항이 경미한 경우에는 이를 보완·정정하도록 한 후 통관을 허용할 수 있다.
1. 원산지 표시가 법령에서 정하는 기준과 방법에 부합되지 아니하게 표시된 경우
2. 원산지 표시가 부정한 방법으로 사실과 다르게 표시된 경우
3. 원산지 표시가 되어 있지 아니한 경우

[전문개정 2010. 12. 30.]

제230조의2(품질등 허위·오인 표시물품의 통관 제한) 세관장은 물품의 품질, 내용, 제조 방법, 용도, 수량(이하 이 조에서 "품질등"이라 한다)을 사실과 다르게 표시한 물품 또는 품질등을 오인(誤認)할 수 있도록 표시하거나 오인할 수 있는 표지를 붙인 물품으로서 「부정경쟁방지 및 영업비밀보호에 관한 법률」, 「식품 등의 표시·광고에 관한 법률」, 「산업표준화법」 등 품질등의 표시에 관한 법령을 위반한 물품에 대하여는 통관을 허용하여서는 아니 된다. 〈개정 2020. 6. 9., 2021. 12. 21.〉
[본조신설 2010. 12. 30.]

제231조(환적물품 등에 대한 유치 등) ① 세관장은 제141조에 따라 일시적으로 육지에 내려지거나 다른 운송수단으로 환적 또는 복합환적되는 외국물품 중 원산지를 우리나라로 허위 표시한 물품은 유치할 수 있다.
② 제1항에 따라 유치하는 외국물품은 세관장이 관리하는 장소에 보관하여야 한다. 다만, 세관장이 필요하다고 인정할 때에는 그러하지 아니하다.
③ 세관장은 제1항에 따라 외국물품을 유치할 때에는 그 사실을 그 물품의 화주나 그 위임을 받은 자에게 통지하여야 한다.
④ 세관장은 제3항에 따른 통지를 할 때에는 이행기간을 정하여 원산지 표시의 수정 등 필요한 조치를 명할 수 있다. 이 경우 지정한 이행기간 내에 명령을 이행하지 아니하면 매각한다는 뜻을 함께 통지하여야 한다.
⑤ 세관장은 제4항 전단에 따른 명령이 이행된 경우에는 제1항에 따른 물품의 유치를 즉시 해제하여야 한다.
⑥ 세관장은 제4항 전단에 따른 명령이 이행되지 아니한 경우에는 이를 매각할 수 있다. 이 경우 매각 방법 및 절차에 관하여는 제160조제4항부터 제6항까지 및 제210조를 준용한다.
[전문개정 2010. 12. 30.]

제232조(원산지증명서 등) ① 이 법, 조약, 협정 등에 따라 원산지 확인이 필요한 물품을 수입하는 자는 해당 물품의 원산지를 증명하는 서류(이하 "원산지증명서"라 한다)를 제출하여야 한다. 다만, 대통령령으로 정하는 물품의 경우에는 그러하지 아니하다.
② 세관장은 제1항에 따라 원산지 확인이 필요한 물품을 수입하는 자가 원산지증명서를 제출하지 아니하는 경우에는 이 법, 조약, 협정 등에 따른 관세율을 적용할 때 일반특혜관세·국제협력관세 또는 편익관세를 배제하는 등 관세의 편익을 적용하지 아니할 수 있다.
③ 세관장은 원산지 확인이 필요한 물품을 수입한 자로 하여금 제1항에 따라 제출받은 원산지증명서의 내용을 확인하기 위하여 필요한 자료(이하 "원산지증명서확인자료"라 한다)를 제출하게 할 수 있다. 이 경우 원산지 확인이 필요한 물품을 수입한 자가 정당한 사유 없이 원산지증명서확인자료를 제출하지 아니할 때에는 세관장은 수입신

고 시 제출받은 원산지증명서의 내용을 인정하지 아니할 수 있다.

④ 세관장은 제3항에 따라 원산지증명서확인자료를 제출한 자가 정당한 사유를 제시하여 그 자료를 공개하지 아니할 것을 요청한 경우에는 그 제출인의 명시적 동의 없이는 해당 자료를 공개하여서는 아니 된다.

⑤ 제1항부터 제4항까지의 규정에도 불구하고 조약·협정 등의 시행을 위하여 원산지증명서 제출 등에 관한 사항을 따로 정할 필요가 있을 때에는 기획재정부령으로 정한다. 〈신설 2011. 12. 31.〉

[전문개정 2010. 12. 30.]

제232조의2(원산지증명서의 발급 등) ① 이 법, 조약, 협정 등에 따라 관세를 양허받을 수 있는 물품의 수출자가 원산지증명서의 발급을 요청하는 경우에는 세관장이나 그 밖에 원산지증명서를 발급할 권한이 있는 기관은 그 수출자에게 원산지증명서를 발급하여야 한다.

② 세관장은 제1항에 따라 발급된 원산지증명서의 내용을 확인하기 위하여 필요하다고 인정되는 경우에는 다음 각 호의 자로 하여금 원산지증명서확인자료(대통령령으로 정하는 자료로 한정한다)를 제출하게 할 수 있다. 이 경우 자료의 제출기간은 20일 이상으로서 기획재정부령으로 정하는 기간 이내로 한다.

1. 원산지증명서를 발급받은 자
2. 원산지증명서를 발급한 자
3. 그 밖에 대통령령으로 정하는 자

[본조신설 2010. 12. 30.]

제232조의3 삭제 〈2021. 12. 21.〉

제233조(원산지증명서 등의 확인요청 및 조사) ① 세관장은 원산지증명서를 발급한 국가의 세관이나 그 밖에 발급권한이 있는 기관(이하 이 조에서 "외국세관등" 이라 한다)에 제232조제1항 및 제3항에 따라 제출된 원산지증명서 및 원산지증명서확인자료의 진위 여부, 정확성 등의 확인을 요청할 수 있다. 이 경우 세관장의 확인요청은 해당 물품의 수입신고가 수리된 이후에 하여야 하며, 세관장은 확인을 요청한 사실 및 회신 내용과 그에 따른 결정 내용을 수입자에게 통보하여야 한다. 〈개정 2013. 1. 1., 2014. 1. 1.〉

② 제1항에 따라 세관장이 확인을 요청한 사항에 대하여 조약 또는 협정에서 다르게 규정한 경우를 제외하고 다음 각 호의 어느 하나에 해당하는 경우에는 일반특혜관세·국제협력관세 또는 편익관세를 적용하지 아니할 수 있다. 이 경우 세관장은 제38조의3제6항 및 제39조제2항에 따라 납부하여야 할 세액 또는 납부하여야 할 세액과 납부한 세액의 차액을 부과·징수하여야 한다. 〈신설 2014. 1. 1., 2016. 12. 20.〉

1. 외국세관등이 기획재정부령으로 정한 기간 이내에 그 결과를 회신하지 아니한 경우
2. 세관장에게 신고한 원산지가 실제 원산지와 다른 것으로 확인된 경우
3. 외국세관등의 회신내용에 제229조에 따른 원산지증명서 및 원산지증명서확인자료를 확인하는 데 필요한 정보가 포함되지 아니한 경우

③ 세관장은 원산지증명서가 발급된 물품을 수입하는 국가의 권한 있는 기관으로부터 원산지증명서 및 원산지증명서확인자료의 진위 여부, 정확성 등의 확인을 요청받은 경우 등 필요하다고 인정되는 경우에는 다음 각 호의 어느 하나에 해당하는 자를 대상으로 서면조사 또는 현지조사를 할 수 있다. 〈개정 2014. 1. 1., 2018. 12. 31.〉

1. 원산지증명서를 발급받은 자
2. 원산지증명서를 발급한 자
3. 수출물품의 생산자 또는 수출자

④ 제1항에 따른 확인요청 및 제3항에 따른 조사에 필요한 사항은 대통령령으로 정한다. 〈개정 2014. 1. 1.〉

⑤ 제1항부터 제4항까지의 규정에도 불구하고 조약·협정 등의 시행을 위하여 원산지증명서 확인요청 및 조사 등에 관한 사항을 따로 정할 필요가 있을 때에는 기획재정부령으로 정한다. 〈신설 2011. 12. 31., 2014. 1. 1.〉

[전문개정 2010. 12. 30.]

제233조의2(수출입물품의 원산지정보 수집·분석) ① 관세청장은 이 법과 「자유무역협정의 이행을 위한 관세법의 특례에 관한 법률」 및 조약·협정 등에 따라 수출입물품의 원산지 확인·결정 또는 검증 등의 업무에 필요한 정보를 수집·분석할 수 있다.

② 관세청장은 제1항에 따른 정보를 효율적으로 수집·분석하기 위하여 필요한 경우 대통령령으로 정하는 업무의 일부를 대통령령으로 정하는 법인 또는 단체에 위탁할 수 있다. 이 경우 관세청장은

예산의 범위에서 위탁업무의 수행에 필요한 경비를 지원할 수 있다. 〈개정 2013. 1. 1.〉

③ 제1항에 따른 수출입물품의 원산지정보 수집·분석을 위하여 필요한 사항은 대통령령으로 정한다.

[전문개정 2010. 12. 30.]

제233조의3(원산지표시위반단속기관협의회) ① 이 법, 「농수산물의 원산지 표시 등에 관한 법률」 및 「대외무역법」에 따른 원산지표시 위반 단속업무에 필요한 정보교류 등 대통령령으로 정하는 사항을 협의하기 위하여 관세청에 원산지표시위반단속기관협의회를 둔다. 〈개정 2021. 11. 30.〉

② 제1항에 따른 원산지표시위반단속기관협의회의 구성·운영과 그 밖에 필요한 사항은 대통령령으로 정한다.

[본조신설 2014. 1. 1.]

제3관 통관의 제한

제234조(수출입의 금지) 다음 각 호의 어느 하나에 해당하는 물품은 수출하거나 수입할 수 없다.

1. 헌법질서를 문란하게 하거나 공공의 안녕질서 또는 풍속을 해치는 서적·간행물·도화, 영화·음반·비디오물·조각물 또는 그 밖에 이에 준하는 물품
2. 정부의 기밀을 누설하거나 첩보활동에 사용되는 물품
3. 화폐·채권이나 그 밖의 유가증권의 위조품·변조품 또는 모조품

[전문개정 2010. 12. 30.]

제235조(지식재산권 보호) ① 다음 각 호의 어느 하나에 해당하는 지식재산권을 침해하는 물품은 수출하거나 수입할 수 없다. 〈개정 2012. 6. 1., 2020. 12. 22.〉

1. 「상표법」에 따라 설정등록된 상표권
2. 「저작권법」에 따른 저작권과 저작인접권(이하 "저작권등"이라 한다)
3. 「식물신품종 보호법」에 따라 설정등록된 품종보호권
4. 「농수산물 품질관리법」에 따라 등록되거나 조약·협정 등에 따라 보호대상으로 지정된 지리적표시권 또는 지리적표시(이하 "지리적표시권등"이라 한다)
5. 「특허법」에 따라 설정등록된 특허권
6. 「디자인보호법」에 따라 설정등록된 디자인권

② 관세청장은 제1항 각 호에 따른 지식재산권을 침해하는 물품을 효율적으로 단속하기 위하여 필요한 경우에는 해당 지식재산권을 관계 법령에 따라 등록 또는 설정등록한 자 등으로 하여금 해당 지식재산권에 관한 사항을 신고하게 할 수 있다.

③ 세관장은 다음 각 호의 어느 하나에 해당하는 물품이 제2항에 따라 신고된 지식재산권을 침해하였다고 인정될 때에는 그 지식재산권을 신고한 자에게 해당 물품의 수출입, 환적, 복합환적, 보세구역 반입, 보세운송 또는 제141조제1호에 따른 일시양륙의 신고(이하 이 조에서 "수출입신고등"이라 한다) 사실을 통보하여야 한다. 이 경우 통보를 받은 자는 세관장에게 담보를 제공하고 해당 물품의 통관 보류나 유치를 요청할 수 있다.

1. 수출입신고된 물품
2. 환적 또는 복합환적 신고된 물품
3. 보세구역에 반입신고된 물품
4. 보세운송신고된 물품
5. 제141조제1호에 따라 일시양륙이 신고된 물품

④ 제1항 각 호에 따른 지식재산권을 보호받으려는 자는 세관장에게 담보를 제공하고 해당 물품의 통관 보류나 유치를 요청할 수 있다.

⑤ 제3항 또는 제4항에 따른 요청을 받은 세관장은 특별한 사유가 없으면 해당 물품의 통관을 보류하거나 유치하여야 한다. 다만, 수출입신고등을 한 자가 담보를 제공하고 통관 또는 유치 해제를 요청하는 경우에는 다음 각 호의 물품을 제외하고는 해당 물품의 통관을 허용하거나 유치를 해제할 수 있다. 〈개정 2020. 6. 9.〉

1. 위조하거나 유사한 상표를 붙여 제1항제1호에 따른 상표권을 침해하는 물품
2. 불법복제된 물품으로서 저작권등을 침해하는 물품
3. 같거나 유사한 품종명칭을 사용하여 제1항제3호에 따른 품종보호권을 침해하는 물품
4. 위조하거나 유사한 지리적표시를 사용하여 지리적표시권등을 침해하는 물품
5. 특허로 설정등록된 발명을 사용하여 제1항제5호에 따른 특허권을 침해하는 물품
6. 같거나 유사한 디자인을 사용하여 제1항제6호에 따른 디자인권을 침해하는 물품

⑥ 제2항부터 제5항까지의 규정에 따른 지식재산

권에 관한 신고, 담보 제공, 통관의 보류·허용 및 유치·유치해제 등에 필요한 사항은 대통령령으로 정한다.

⑦ 세관장은 제3항 각 호에 따른 물품이 제1항 각 호의 어느 하나에 해당하는 지식재산권을 침해하였음이 명백한 경우에는 대통령령으로 정하는 바에 따라 직권으로 해당 물품의 통관을 보류하거나 해당 물품을 유치할 수 있다. 이 경우 세관장은 해당 물품의 수출입신고등을 한 자에게 그 사실을 즉시 통보하여야 한다.

[전문개정 2010. 12. 30.]

제236조(통관물품 및 통관절차의 제한) 관세청장이나 세관장은 감시에 필요하다고 인정될 때에는 통관역·통관장 또는 특정한 세관에서 통관할 수 있는 물품을 제한할 수 있다.

[전문개정 2010. 12. 30.]

제237조(통관의 보류) ① 세관장은 다음 각 호의 어느 하나에 해당하는 경우에는 해당 물품의 통관을 보류할 수 있다. 〈개정 2015. 12. 15., 2016. 12. 20., 2020. 12. 22., 2021. 12. 21.〉

1. 제241조 또는 제244조에 따른 수출·수입 또는 반송에 관한 신고서의 기재사항에 보완이 필요한 경우
2. 제245조에 따른 제출서류 등이 갖추어지지 아니하여 보완이 필요한 경우
3. 이 법에 따른 의무사항(대한민국이 체결한 조약 및 일반적으로 승인된 국제법규에 따른 의무를 포함한다)을 위반하거나 국민보건 등을 해칠 우려가 있는 경우
4. 제246조의3제1항에 따른 안전성 검사가 필요한 경우

4의2. 제246조의3제1항에 따른 안전성 검사 결과 불법·불량·유해 물품으로 확인된 경우

5. 「국세징수법」 제30조 및 「지방세징수법」 제39조의2에 따라 세관장에게 강제징수 또는 체납처분이 위탁된 해당 체납자가 수입하는 경우
6. 그 밖에 이 법에 따라 필요한 사항을 확인할 필요가 있다고 인정하여 대통령령으로 정하는 경우

② 세관장은 제1항에 따라 통관을 보류할 때에는 즉시 그 사실을 화주(화주의 위임을 받은 자를 포함한다) 또는 수출입 신고인에게 통지하여야 한다. 〈신설 2020. 12. 22.〉

③ 세관장은 제2항에 따라 통지할 때에는 이행기간을 정하여 통관의 보류 해제에 필요한 조치를 요구할 수 있다. 〈신설 2020. 12. 22.〉

④ 제2항에 따라 통관의 보류 사실을 통지받은 자는 세관장에게 제1항 각 호의 통관 보류사유에 해당하지 아니함을 소명하는 자료 또는 제3항에 따른 세관장의 통관 보류 해제에 필요한 조치를 이행한 사실을 증명하는 자료를 제출하고 해당 물품의 통관을 요청할 수 있다. 이 경우 세관장은 해당 물품의 통관 허용 여부(허용하지 아니하는 경우에는 그 사유를 포함한다)를 요청받은 날부터 30일 이내에 통지하여야 한다. 〈신설 2020. 12. 22.〉

[전문개정 2010. 12. 30.]

제238조(보세구역 반입명령) ① 관세청장이나 세관장은 다음 각 호의 어느 하나에 해당하는 물품으로서 이 법에 따른 의무사항을 위반하거나 국민보건 등을 해칠 우려가 있는 물품에 대해서는 대통령령으로 정하는 바에 따라 화주(화주의 위임을 받은 자를 포함한다) 또는 수출입 신고인에게 보세구역으로 반입할 것을 명할 수 있다. 〈개정 2020. 12. 22.〉

1. 수출신고가 수리되어 외국으로 반출되기 전에 있는 물품
2. 수입신고가 수리되어 반출된 물품

② 제1항에 따른 반입명령을 받은 자(이하 이 조에서 "반입의무자"라 한다)는 해당 물품을 지정받은 보세구역으로 반입하여야 한다. 〈개정 2020. 12. 22.〉

③ 관세청장이나 세관장은 반입의무자에게 제2항에 따라 반입된 물품을 국외로 반출 또는 폐기할 것을 명하거나 반입의무자가 위반사항 등을 보완 또는 정정한 이후 국내로 반입하게 할 수 있다. 이 경우 반출 또는 폐기에 드는 비용은 반입의무자가 부담한다. 〈신설 2020. 12. 22.〉

④ 제2항에 따라 반입된 물품이 제3항에 따라 국외로 반출 또는 폐기되었을 때에는 당초의 수출입 신고 수리는 취소된 것으로 본다. 이 경우 해당 물품을 수입할 때 납부한 관세는 제46조 및 제48조에 따라 환급한다. 〈신설 2020. 12. 22.〉

⑤ 제1항에도 불구하고 관세청장이나 세관장은 법 위반사항이 경미하거나 감시·단속에 지장이 없다고 인정되는 경우에는 반입의무자에게 해당 물품을 보세구역으로 반입하지 아니하고 필요한

조치를 하도록 명할 수 있다. 〈신설 2020. 12. 22.〉
[전문개정 2010. 12. 30.]

제4관 통관의 예외 적용 〈개정 2010. 12. 30.〉

제239조(수입으로 보지 아니하는 소비 또는 사용) 외국물품의 소비나 사용이 다음 각 호의 어느 하나에 해당하는 경우에는 이를 수입으로 보지 아니한다. 〈개정 2018. 12. 31., 2020. 12. 22.〉

1. 선박용품·항공기용품 또는 차량용품을 운송수단 안에서 그 용도에 따라 소비하거나 사용하는 경우
2. 선박용품·항공기용품 또는 차량용품을 세관장이 정하는 지정보세구역에서 「출입국관리법」에 따라 출국심사를 마치거나 우리나라에 입국하지 아니하고 우리나라를 경유하여 제3국으로 출발하려는 자에게 제공하여 그 용도에 따라 소비하거나 사용하는 경우
3. 여행자가 휴대품을 운송수단 또는 관세통로에서 소비하거나 사용하는 경우
4. 이 법에서 인정하는 바에 따라 소비하거나 사용하는 경우

[전문개정 2010. 12. 30.]

제240조(수출입의 의제) ① 다음 각 호의 어느 하나에 해당하는 외국물품은 이 법에 따라 적법하게 수입된 것으로 보고 관세 등을 따로 징수하지 아니한다.

1. 체신관서가 수취인에게 내준 우편물
2. 이 법에 따라 매각된 물품
3. 이 법에 따라 몰수된 물품
4. 제269조, 제272조, 제273조 또는 제274조제1항제1호에 해당하여 이 법에 따른 통고처분으로 납부된 물품
5. 법령에 따라 국고에 귀속된 물품
6. 제282조제3항에 따라 몰수를 갈음하여 추징된 물품

② 체신관서가 외국으로 발송한 우편물은 이 법에 따라 적법하게 수출되거나 반송된 것으로 본다.
[전문개정 2010. 12. 30.]

제5관 통관 후 유통이력 관리 〈신설 2009. 5. 27.〉

제240조의2(통관 후 유통이력 신고) ① 외국물품을 수입하는 자와 수입물품을 국내에서 거래하는 자(소비자에 대한 판매를 주된 영업으로 하는 사업자는 제외한다)는 사회안전 또는 국민보건을 해칠 우려가 현저한 물품 등으로서 관세청장이 지정하는 물품(이하 "유통이력 신고물품"이라 한다)에 대한 유통단계별 거래명세(이하 "유통이력"이라 한다)를 관세청장에게 신고하여야 한다.
② 제1항에 따라 유통이력 신고의 의무가 있는 자(이하 "유통이력 신고의무자"라 한다)는 유통이력을 장부에 기록(전자적 기록방식을 포함한다)하고, 그 자료를 거래일부터 1년간 보관하여야 한다.
③ 관세청장은 유통이력 신고물품을 지정할 때 미리 관계 행정기관의 장과 협의하여야 한다.
④ 관세청장은 유통이력 신고물품의 지정, 신고의무 존속기한 및 신고대상 범위 설정 등을 할 때 수입물품을 내국물품에 비하여 부당하게 차별하여서는 아니 되며, 이를 이행하는 유통이력 신고의무자의 부담이 최소화 되도록 하여야 한다.
⑤ 유통이력 신고물품별 신고의무 존속기한, 유통이력의 범위, 신고절차, 그 밖에 유통이력 신고에 필요한 사항은 관세청장이 정한다.
[전문개정 2010. 12. 30.]

제240조의3(유통이력 조사) ① 관세청장은 제240조의2를 시행하기 위하여 필요하다고 인정할 때에는 세관공무원으로 하여금 유통이력 신고의무자의 사업장에 출입하여 영업 관계의 장부나 서류를 열람하여 조사하게 할 수 있다.
② 유통이력 신고의무자는 정당한 사유 없이 제1항에 따른 조사를 거부·방해 또는 기피하여서는 아니 된다.
③ 제1항에 따라 조사를 하는 세관공무원은 신분을 확인할 수 있는 증표를 지니고 이를 관계인에게 보여 주어야 한다.
[전문개정 2010. 12. 30.]

제6관 통관절차 등의 국제협력 〈신설 2014. 12. 23.〉

제240조의4(무역원활화 기본계획의 수립 및 시행) ① 기획재정부장관은 「세계무역기구 설립을 위한 마라케쉬협정」에 따라 이 법 및 관련법에서 정한 통관 등 수출입 절차의 원활화 및 이와 관련된 국제협력의 원활화(이하 "무역원활화"라 한다)를 촉진하기 위하여 다음 각 호의 사항이 포함된 무역원

활화 기본계획(이하 "기본계획"이라 한다)을 수립·시행하여야 한다.

1. 무역원활화 정책의 기본 방향에 관한 사항
2. 무역원활화 기반 시설의 구축과 운영에 관한 사항
3. 무역원활화의 환경조성에 관한 사항
4. 무역원활화와 관련된 국제협력에 관한 사항
5. 무역원활화와 관련된 통계자료의 수집·분석 및 활용방안에 관한 사항
6. 무역원활화 촉진을 위한 재원 확보 및 배분에 관한 사항
7. 그 밖에 무역원활화를 촉진하기 위하여 필요한 사항

② 기획재정부장관은 기본계획을 시행하기 위하여 대통령령으로 정하는 바에 따라 무역원활화에 관한 업무를 수행하는 기관 또는 단체에 필요한 지원을 할 수 있다.

[본조신설 2014. 12. 23.]

제240조의5(상호주의에 따른 통관절차 간소화) 국제무역 및 교류를 증진하고 국가 간의 협력을 촉진하기 위하여 우리나라에 대하여 통관절차의 편익을 제공하는 국가에서 수입되는 물품에 대하여는 상호 조건에 따라 대통령령으로 정하는 바에 따라 간이한 통관절차를 적용할 수 있다.

[본조신설 2014. 12. 23.]

제240조의6(국가 간 세관정보의 상호 교환 등) ① 관세청장은 물품의 신속한 통관과 이 법을 위반한 물품의 반입을 방지하기 위하여 세계관세기구에서 정하는 수출입 신고항목 및 화물식별번호를 발급하거나 사용하게 할 수 있다.

② 관세청장은 세계관세기구에서 정하는 수출입 신고항목 및 화물식별번호 정보를 다른 국가와 상호 조건에 따라 교환할 수 있다.

③ 관세청장은 관세의 부과와 징수, 과세 불복에 대한 심리, 형사소추 및 수출입신고의 검증을 위하여 수출입신고자료 등 대통령령으로 정하는 사항을 대한민국 정부가 다른 국가와 관세행정에 관한 협력 및 상호지원에 관하여 체결한 협정과 국제기구와 체결한 국제협약에 따라 다른 법률에 저촉되지 아니하는 범위에서 다른 국가와 교환할 수 있다. 〈개정 2019. 12. 31.〉

④ 제3항에도 불구하고 관세청장은 상호주의 원칙에 따라 상대국에 수출입신고자료 등을 제공하는 것을 제한할 수 있다.

⑤ 관세청장은 제3항에 따라 다른 국가와 수출입신고자료 등을 교환하는 경우 대통령령으로 정하는 바에 따라 이를 신고인 또는 그 대리인에게 통지하여야 한다.

[본조신설 2014. 12. 23.]

제2절 수출·수입 및 반송

제1관 신 고 〈개정 2010. 12. 30.〉

제241조(수출·수입 또는 반송의 신고) ① 물품을 수출·수입 또는 반송하려면 해당 물품의 품명·규격·수량 및 가격과 그 밖에 대통령령으로 정하는 사항을 세관장에게 신고하여야 한다.

② 다음 각 호의 어느 하나에 해당하는 물품은 대통령령으로 정하는 바에 따라 제1항에 따른 신고를 생략하게 하거나 관세청장이 정하는 간소한 방법으로 신고하게 할 수 있다. 〈개정 2014. 12. 23., 2018. 12. 31.〉

1. 휴대품·탁송품 또는 별송품
2. 우편물
3. 제91조부터 제94조까지, 제96조제1항 및 제97조제1항에 따라 관세가 면제되는 물품

3의2. 제135조, 제136조, 제149조 및 제150조에 따른 보고 또는 허가의 대상이 되는 운송수단. 다만, 다음 각 목의 어느 하나에 해당하는 운송수단은 제외한다.
  가. 우리나라에 수입할 목적으로 최초로 반입되는 운송수단
  나. 해외에서 수리하거나 부품 등을 교체한 우리나라의 운송수단
  다. 해외로 수출 또는 반송하는 운송수단

4. 국제운송을 위한 컨테이너(별표 관세율표 중 기본세율이 무세인 것으로 한정한다)

③ 수입하거나 반송하려는 물품을 지정장치장 또는 보세창고에 반입하거나 보세구역이 아닌 장소에 장치한 자는 그 반입일 또는 장치일부터 30일 이내(제243조제1항에 해당하는 물품은 관세청장이 정하는 바에 따라 반송신고를 할 수 있는 날부터 30일 이내)에 제1항에 따른 신고를 하여야 한다.

④ 세관장은 대통령령으로 정하는 물품을 수입하거나 반송하는 자가 제3항에 따른 기간 내에 수

입 또는 반송의 신고를 하지 아니한 경우에는 해당 물품 과세가격의 100분의 2에 상당하는 금액의 범위에서 대통령령으로 정하는 금액을 가산세로 징수한다.

⑤ 세관장은 다음 각 호의 어느 하나에 해당하는 경우에는 해당 물품에 대하여 납부할 세액(관세 및 내국세를 포함한다)의 100분의 20(제1호의 경우에는 100분의 40으로 하되, 반복적으로 자진신고를 하지 아니하는 경우 등 대통령령으로 정하는 사유에 해당하는 경우에는 100분의 60)에 상당하는 금액을 가산세로 징수한다. 〈개정 2014. 12. 23.〉

1. 여행자나 승무원이 제2항제1호에 해당하는 휴대품(제96조제1항제1호 및 제3호에 해당하는 물품은 제외한다)을 신고하지 아니하여 과세하는 경우
2. 우리나라로 거주를 이전하기 위하여 입국하는 자가 입국할 때에 수입하는 이사물품(제96조제1항제2호에 해당하는 물품은 제외한다)을 신고하지 아니하여 과세하는 경우

⑥ 제3항에도 불구하고 전기·유류 등 대통령령으로 정하는 물품을 그 물품의 특성으로 인하여 전선이나 배관 등 대통령령으로 정하는 시설 또는 장치 등을 이용하여 수출·수입 또는 반송하는 자는 1개월을 단위로 하여 해당 물품에 대한 제1항의 사항을 대통령령으로 정하는 바에 따라 다음 달 10일까지 신고하여야 한다. 이 경우 기간 내에 수출·수입 또는 반송의 신고를 하지 아니하는 경우의 가산세 징수에 관하여는 제4항을 준용한다.

[전문개정 2010. 12. 30.]

제241조의2(해외 수리 운송수단 수입신고의 특례) 제241조제2항제3호의2나목에 따른 운송수단을 수입신고하는 경우 해당 운송수단의 가격은 수리 또는 부품 등이 교체된 부분의 가격으로 한다.

[본조신설 2018. 12. 31.]

제242조(수출·수입·반송 등의 신고인) 제241조, 제244조 또는 제253조에 따른 신고는 화주 또는 관세사등의 명의로 하여야 한다. 다만, 수출신고의 경우에는 화주에게 해당 수출물품을 제조하여 공급한 자의 명의로 할 수 있다.

[전문개정 2010. 12. 30.]

제243조(신고의 요건) ① 제206조제1항제1호가목의 물품 중 관세청장이 정하는 물품은 관세청장이 정하는 바에 따라 반송방법을 제한할 수 있다. 〈개정 2020. 12. 22.〉

② 제241조제1항에 따른 수입의 신고는 해당 물품을 적재한 선박이나 항공기가 입항된 후에만 할 수 있다.

③ 제241조제1항에 따른 반송의 신고는 해당 물품이 이 법에 따른 장치 장소에 있는 경우에만 할 수 있다.

④ 밀수출 등 불법행위가 발생할 우려가 높거나 감시단속을 위하여 필요하다고 인정하여 대통령령으로 정하는 물품은 관세청장이 정하는 장소에 반입한 후 제241조제1항에 따른 수출의 신고를 하게 할 수 있다. 〈신설 2015. 12. 15., 2020. 6. 9.〉

[전문개정 2010. 12. 30.]

제244조(입항전수입신고) ① 수입하려는 물품의 신속한 통관이 필요할 때에는 제243조제2항에도 불구하고 대통령령으로 정하는 바에 따라 해당 물품을 적재한 선박이나 항공기가 입항하기 전에 수입신고를 할 수 있다. 이 경우 입항전수입신고가 된 물품은 우리나라에 도착한 것으로 본다.

② 세관장은 입항전수입신고를 한 물품에 대하여 제246조에 따른 물품검사의 실시를 결정하였을 때에는 수입신고를 한 자에게 이를 통보하여야 한다.

③ 제2항에 따라 검사대상으로 결정된 물품은 수입신고를 한 세관의 관할 보세구역(보세구역이 아닌 장소에 장치하는 경우 그 장소를 포함한다)에 반입되어야 한다. 다만, 세관장이 적재상태에서 검사가 가능하다고 인정하는 물품은 해당 물품을 적재한 선박이나 항공기에서 검사할 수 있다.

④ 제2항에 따라 검사대상으로 결정되지 아니한 물품은 입항 전에 그 수입신고를 수리할 수 있다.

⑤ 입항전수입신고가 수리되고 보세구역 등으로부터 반출되지 아니한 물품에 대하여는 해당 물품이 지정보세구역에 장치되었는지 여부와 관계없이 제106조제4항을 준용한다. 〈개정 2020. 6. 9.〉

⑥ 입항전수입신고된 물품의 통관절차 등에 관하여 필요한 사항은 관세청장이 정한다.

[전문개정 2010. 12. 30.]

제245조(신고 시의 제출서류) ① 제241조 또는 제244조에 따른 수출·수입 또는 반송의 신고를 하는 자는 과세가격결정자료 외에 대통령령으로 정하는 서류를 제출하여야 한다. 〈개정 2013. 8. 13.〉

② 제1항에 따라 서류를 제출하여야 하는 자가 해당 서류를 관세사등에게 제출하고, 관세사등이

해당 서류를 확인한 후 제241조 또는 제244조에 따른 수출·수입 또는 반송에 관한 신고를 할 때에는 해당 서류의 제출을 생략하게 하거나 해당 서류를 수입신고 수리 후에 제출하게 할 수 있다.

③ 제2항에 따라 서류의 제출을 생략하게 하거나 수입신고 수리 후에 서류를 제출하게 하는 경우 세관장이 필요하다고 인정하여 신고인에게 관세청장이 정하는 장부나 그 밖의 관계 자료의 제시 또는 제출을 요청하면 신고인은 이에 따라야 한다.

[전문개정 2010. 12. 30.]

제2관 물품의 검사

제246조(물품의 검사) ① 세관공무원은 수출·수입 또는 반송하려는 물품에 대하여 검사를 할 수 있다.

② 관세청장은 검사의 효율을 거두기 위하여 검사대상, 검사범위, 검사방법 등에 관하여 필요한 기준을 정할 수 있다.

③ 화주는 수입신고를 하려는 물품에 대하여 수입신고 전에 관세청장이 정하는 바에 따라 확인을 할 수 있다.

[전문개정 2010. 12. 30.]

제246조의2(물품의 검사에 따른 손실보상) ① 관세청장 또는 세관장은 이 법에 따른 세관공무원의 적법한 물품검사로 인하여 물품에 손실이 발생한 경우 그 손실을 입은 자에게 보상(이하 "손실보상"이라 한다)하여야 한다. 〈개정 2019. 12. 31.〉

② 제1항에 따른 손실보상의 기준, 보상금액에 관한 사항은 대통령령으로 정한다.

③ 제1항에 따른 손실보상의 지급절차 및 방법, 그 밖에 필요한 사항은 관세청장이 정한다.

[본조신설 2015. 12. 15.]

제246조의3(물품에 대한 안전성 검사) ① 관세청장은 중앙행정기관의 장의 요청을 받아 세관장으로 하여금 제226조에 따른 세관장의 확인이 필요한 수출입물품 등 다른 법령에서 정한 물품의 성분·품질 등에 대한 안전성 검사(이하 "안전성 검사"라 한다)를 하게 할 수 있다. 다만, 관세청장은 제226조에 따른 세관장의 확인이 필요한 수출입물품에 대하여는 필요한 경우 해당 중앙행정기관의 장에게 세관장과 공동으로 안전성 검사를 할 것을 요청할 수 있다. 〈개정 2017. 12. 19., 2019. 12. 31.〉

② 중앙행정기관의 장은 제1항에 따라 안전성 검사를 요청하는 경우 관세청장에게 해당 물품에 대한 안전성 검사 방법 등 관련 정보를 제공하여야 하고, 필요한 인력을 제공할 수 있다. 〈신설 2017. 12. 19., 2019. 12. 31.〉

③ 관세청장은 제1항에 따라 중앙행정기관의 장의 안전성 검사 요청을 받거나 중앙행정기관의 장에게 안전성 검사를 요청한 경우 해당 안전성 검사를 위하여 필요한 인력 및 설비 등을 고려하여 안전성 검사 대상 물품을 지정하여야 하고, 그 결과를 해당 중앙행정기관의 장에게 통보하여야 한다. 〈신설 2017. 12. 19., 2019. 12. 31.〉

④ 관세청장은 안전성 검사를 위하여 협업검사센터를 주요 공항·항만에 설치할 수 있고, 세관장에게 제3항에 따라 지정된 안전성 검사 대상 물품의 안전성 검사에 필요한 자체 검사 설비를 지원하는 등 원활한 안전성 검사를 위한 조치를 취하여야 한다. 〈신설 2017. 12. 19., 2019. 12. 31.〉

⑤ 세관장은 제3항에 따라 안전성 검사 대상 물품으로 지정된 물품에 대하여 중앙행정기관의 장과 협력하여 안전성 검사를 실시하여야 한다. 〈신설 2017. 12. 19.〉

⑥ 관세청장은 안전성 검사 결과 불법·불량·유해 물품으로 확인된 물품의 정보를 관세청 인터넷 홈페이지를 통하여 공개할 수 있다. 〈신설 2017. 12. 19.〉

⑦ 안전성 검사에 필요한 정보교류, 제264조의10에 따른 불법·불량·유해물품에 대한 정보 등의 제공 요청 등 대통령령으로 정하는 사항을 협의하기 위하여 관세청에 수출입물품안전관리기관협의회를 둔다. 〈개정 2017. 12. 19., 2020. 12. 22.〉

⑧ 제7항에 따른 수출입물품안전관리기관협의회의 구성·운영과 그 밖에 필요한 사항은 대통령령으로 정한다. 〈개정 2017. 12. 19.〉

⑨ 제1항부터 제8항까지에서 규정한 사항 외에 안전성 검사의 방법·절차 등에 관하여 필요한 사항은 관세청장이 정한다. 〈개정 2017. 12. 19.〉

[본조신설 2015. 12. 15.]

제247조(검사 장소) ① 제186조제1항 또는 제246조에 따른 검사는 제155조제1항에 따라 장치할 수 있는 장소에서 한다. 다만, 수출하려는 물품은 해당 물품이 장치되어 있는 장소에서 검사한다.

② 제1항에도 불구하고 세관장은 효율적인 검사를 위하여 부득이하다고 인정될 때에는 관세청장

이 정하는 바에 따라 해당 물품을 보세구역에 반입하게 한 후 검사할 수 있다.
③ 제1항에 따른 검사 장소가 지정장치장이나 세관검사장이 아닌 경우 신고인은 기획재정부령으로 정하는 바에 따라 수수료를 납부하여야 한다. 다만, 다음 각 호의 어느 하나에 해당하는 경우에는 수수료를 납부하지 아니한다. 〈개정 2019. 12. 31.〉
1. 검사 장소가 보세창고인 경우로서 신고인이 운영인과 다른 경우
2. 검사 대상이 수출물품인 경우
[전문개정 2010. 12. 30.]

제3관 신고의 처리

제248조(신고의 수리) ① 세관장은 제241조 또는 제244조에 따른 신고가 이 법에 따라 적합하게 이루어졌을 때에는 이를 지체 없이 수리하고 신고인에게 신고필증을 발급하여야 한다. 다만, 제327조 제2항에 따라 국가관세종합정보망의 전산처리설비를 이용하여 신고를 수리하는 경우에는 관세청장이 정하는 바에 따라 신고인이 직접 전산처리설비를 이용하여 신고필증을 발급받을 수 있다.
② 세관장은 관세를 납부하여야 하는 물품에 대하여는 제241조 또는 제244조에 따른 신고를 수리할 때에 다음 각 호의 어느 하나에 해당하는 자에게 관세에 상당하는 담보의 제공을 요구할 수 있다.
1. 이 법 또는 「수출용원재료에 대한 관세 등 환급에 관한 특례법」 제23조를 위반하여 징역형의 실형을 선고받고 그 집행이 끝나거나(집행이 끝난 것으로 보는 경우를 포함한다) 면제된 후 2년이 지나지 아니한 자
2. 이 법 또는 「수출용원재료에 대한 관세 등 환급에 관한 특례법」 제23조를 위반하여 징역형의 집행유예를 선고받고 그 유예기간 중에 있는 자
3. 제269조부터 제271조까지, 제274조, 제275조의2, 제275조의3 또는 「수출용원재료에 대한 관세 등 환급에 관한 특례법」 제23조에 따라 벌금형 또는 통고처분을 받은 자로서 그 벌금형을 선고받거나 통고처분을 이행한 후 2년이 지나지 아니한 자
4. 제241조 또는 제244조에 따른 수입신고일을 기준으로 최근 2년간 관세 등 조세를 체납한 사실이 있는 자
5. 수입실적, 수입물품의 관세율 등을 고려하여 대통령령으로 정하는 관세채권의 확보가 곤란한 경우에 해당하는 자
③ 제1항에 따른 신고수리 전에는 운송수단, 관세통로, 하역통로 또는 이 법에 따른 장치 장소로부터 신고된 물품을 반출하여서는 아니 된다.
[전문개정 2010. 12. 30.]

제249조(신고사항의 보완) 세관장은 다음 각 호의 어느 하나에 해당하는 경우에는 제241조 또는 제244조에 따른 신고가 수리되기 전까지 갖추어지지 아니한 사항을 보완하게 할 수 있다. 다만, 해당 사항이 경미하고 신고수리 후에 보완이 가능하다고 인정되는 경우에는 관세청장이 정하는 바에 따라 신고수리 후 이를 보완하게 할 수 있다.
1. 제241조 또는 제244조에 따른 수출·수입 또는 반송에 관한 신고서의 기재사항이 갖추어지지 아니한 경우
2. 제245조에 따른 제출서류가 갖추어지지 아니한 경우
[전문개정 2010. 12. 30.]

제250조(신고의 취하 및 각하) ① 신고는 정당한 이유가 있는 경우에만 세관장의 승인을 받아 취하할 수 있다. 다만, 수입 및 반송의 신고는 운송수단, 관세통로, 하역통로 또는 이 법에 규정된 장치 장소에서 물품을 반출한 후에는 취하할 수 없다.
② 수출·수입 또는 반송의 신고를 수리한 후 제1항에 따라 신고의 취하를 승인한 때에는 신고수리의 효력이 상실된다.
③ 세관장은 제241조 및 제244조의 신고가 그 요건을 갖추지 못하였거나 부정한 방법으로 신고되었을 때에는 해당 수출·수입 또는 반송의 신고를 각하할 수 있다.
④ 세관장은 제1항에 따른 승인의 신청을 받은 날부터 10일 이내에 승인 여부를 신청인에게 통지하여야 한다. 〈신설 2020. 12. 22.〉
⑤ 세관장이 제4항에서 정한 기간 내에 승인 여부 또는 민원 처리 관련 법령에 따른 처리기간의 연장을 신청인에게 통지하지 아니하면 그 기간(민원 처리 관련 법령에 따라 처리기간이 연장 또는 재연장된 경우에는 해당 처리기간을 말한다)이 끝난 날의 다음 날에 승인을 한 것으로 본다. 〈신설 2020. 12. 22.〉

[전문개정 2010. 12. 30.]

제251조(수출신고수리물품의 적재 등) ① 수출신고가 수리된 물품은 수출신고가 수리된 날부터 30일 이내에 운송수단에 적재하여야 한다. 다만, 기획재정부령으로 정하는 바에 따라 1년의 범위에서 적재기간의 연장승인을 받은 것은 그러하지 아니하다.

② 세관장은 제1항에 따른 기간 내에 적재되지 아니한 물품에 대하여는 대통령령으로 정하는 바에 따라 수출신고의 수리를 취소할 수 있다.

[전문개정 2010. 12. 30.]

제4관 통관절차의 특례

제252조(수입신고수리전 반출) 수입신고를 한 물품을 제248조에 따른 세관장의 수리 전에 해당 물품이 장치된 장소로부터 반출하려는 자는 납부하여야 할 관세에 상당하는 담보를 제공하고 세관장의 승인을 받아야 한다. 다만, 정부 또는 지방자치단체가 수입하거나 담보를 제공하지 아니하여도 관세의 납부에 지장이 없다고 인정하여 대통령령으로 정하는 물품에 대하여는 담보의 제공을 생략할 수 있다.

[전문개정 2010. 12. 30.]

제253조(수입신고전의 물품 반출) ① 수입하려는 물품을 수입신고 전에 운송수단, 관세통로, 하역통로 또는 이 법에 따른 장치 장소로부터 즉시 반출하려는 자는 대통령령으로 정하는 바에 따라 세관장에게 즉시반출신고를 하여야 한다. 이 경우 세관장은 납부하여야 하는 관세에 상당하는 담보를 제공하게 할 수 있다.

② 제1항에 따른 즉시반출을 할 수 있는 자 또는 물품은 대통령령으로 정하는 바에 따라 세관장이 지정한다.

③ 제1항에 따른 즉시반출신고를 하고 반출을 하는 자는 즉시반출신고를 한 날부터 10일 이내에 제241조에 따른 수입신고를 하여야 한다.

④ 세관장은 제1항에 따라 반출을 한 자가 제3항에 따른 기간 내에 수입신고를 하지 아니하는 경우에는 관세를 부과·징수한다. 이 경우 해당 물품에 대한 관세의 100분의 20에 상당하는 금액을 가산세로 징수하고, 제2항에 따른 지정을 취소할 수 있다.

[전문개정 2010. 12. 30.]

제254조(전자상거래물품 등의 특별통관) 관세청장은 전자문서로 거래되는 수출입물품에 대하여 대통령령으로 정하는 바에 따라 수출입신고·물품검사 등 통관에 필요한 사항을 따로 정할 수 있다.

[전문개정 2010. 12. 30.]

제254조의2(탁송품의 특별통관) ① 제241조제2항제1호의 탁송품으로서 기획재정부령으로 정하는 물품은 운송업자(제222조제1항제6호에 따라 관세청장 또는 세관장에게 등록한 자를 말한다. 이하 "탁송품 운송업자"라 한다)가 다음 각 호에 해당하는 사항이 적힌 목록(이하 "통관목록"이라 한다)을 세관장에게 제출함으로써 제241조제1항에 따른 수입신고를 생략할 수 있다. 〈개정 2013. 1. 1., 2017. 12. 19., 2020. 12. 22.〉

1. 물품의 발송인 및 수신인의 성명, 주소, 국가
2. 물품의 품명, 수량, 중량 및 가격
3. 탁송품의 통관목록에 관한 것으로 기획재정부령으로 정하는 사항

② 탁송품 운송업자는 통관목록을 사실과 다르게 제출하여서는 아니 된다.

③ 탁송품 운송업자는 제1항에 따라 제출한 통관목록에 적힌 물품수신인의 주소지(제241조제1항에 따른 수입신고를 한 탁송품의 경우에는 수입신고서에 적힌 납세의무자의 주소지)가 아닌 곳에 탁송품을 배송하거나 배송하게 한 경우(「우편법」 제31조 단서에 해당하는 경우는 제외한다)에는 배송한 날이 속하는 달의 다음달 15일까지 실제 배송한 주소지를 세관장에게 제출하여야 한다. 〈신설 2014. 1. 1., 2017. 12. 19., 2020. 12. 22.〉

④ 세관장은 탁송품 운송업자가 제2항 또는 제3항을 위반하거나 이 법에 따라 통관이 제한되는 물품을 국내에 반입하는 경우에는 제1항에 따른 통관절차의 적용을 배제할 수 있다. 〈개정 2014. 1. 1.〉

⑤ 관세청장 또는 세관장은 탁송품에 대하여 세관공무원으로 하여금 검사하게 하여야 하며, 탁송품의 통관목록의 제출시한, 실제 배송지의 제출, 물품의 검사 등에 필요한 사항은 관세청장이 정하여 고시한다. 〈개정 2011. 12. 31., 2014. 1. 1.〉

⑥ 세관장은 관세청장이 정하는 절차에 따라 별도로 정한 지정장치장에서 탁송품을 통관하여야 한다. 다만, 세관장은 탁송품에 대한 감시·단속

에 지장이 없다고 인정하는 경우 탁송품을 해당 탁송품 운송업자가 운영하는 보세창고 또는 시설(「자유무역지역의 지정 및 운영에 관한 법률」 제11조에 따라 입주계약을 체결하여 입주한 업체가 해당 자유무역지역에서 운영하는 시설에 한정한다)에서 통관할 수 있다. 〈신설 2013. 1. 1., 2014. 1. 1., 2016. 1. 27.〉

⑦ 세관장은 제1항에 따른 통관절차가 적용되지 아니하는 탁송품으로서 제5항에 따른 검사를 마치고 탁송품에 대한 감시·단속에 지장이 없다고 인정하는 경우에는 제6항에도 불구하고 관세청장이 정하는 보세구역 등에서 탁송품을 통관하게 할 수 있다. 〈신설 2020. 12. 22.〉

⑧ 제6항 단서에 따라 탁송품 운송업자가 운영하는 보세창고 또는 시설에서 통관하는 경우 그에 필요한 탁송품 검사설비 기준, 설비이용 절차, 설비이용 유효기간 등에 관하여 필요한 사항은 대통령령으로 정한다. 〈신설 2013. 1. 1., 2014. 1. 1., 2020. 12. 22.〉

⑨ 관세청장은 탁송품의 신속한 통관과 탁송품에 대한 효율적인 감시·단속 등을 위하여 필요한 세관장과 탁송품 운송업자간 협력에 관한 사항 등 대통령령으로 정하는 사항에 대하여 고시할 수 있다. 〈신설 2020. 12. 22.〉

[전문개정 2010. 12. 30.]

제255조 삭제 〈2014. 12. 23.〉

제255조의2(수출입 안전관리 우수업체의 공인) ① 관세청장은 수출입물품의 제조·운송·보관 또는 통관 등 무역과 관련된 자가 시설, 서류 관리, 직원 교육 등에서 이 법 또는 「자유무역협정의 이행을 위한 관세법의 특례에 관한 법률」 등 수출입에 관련된 법령의 준수 여부, 재무 건전성 등 대통령령으로 정하는 안전관리 기준을 충족하는 경우 수출입 안전관리 우수업체로 공인할 수 있다.

② 관세청장은 제1항에 따른 공인을 받기 위하여 심사를 요청한 자에 대하여 대통령령으로 정하는 바에 따라 심사하여야 한다.

③ 제2항에 따른 심사를 요청하려는 자는 제출서류의 적정성, 개별 안전관리 기준의 충족 여부 등 관세청장이 정하여 고시하는 사항에 대하여 미리 관세청장에게 예비심사를 요청할 수 있다.

④ 관세청장은 제3항에 따른 예비심사를 요청한 자에게 예비심사 결과를 통보하여야 하고, 제2항에 따른 심사를 하는 경우 예비심사 결과를 고려하여야 한다.

⑤ 제1항에 따른 공인의 유효기간은 5년으로 하며, 대통령령으로 정하는 바에 따라 공인을 갱신할 수 있다.

⑥ 제1항부터 제5항까지에서 규정한 사항 외에 수출입 안전관리 우수업체의 공인에 필요한 사항은 대통령령으로 정한다.

[전문개정 2021. 12. 21.]

제255조의3(수출입 안전관리 우수업체에 대한 혜택 등) ① 관세청장은 제255조의2에 따라 수출입 안전관리 우수업체로 공인된 업체(이하 "수출입안전관리우수업체"라 한다)에 통관절차 및 관세행정상의 혜택으로서 대통령령으로 정하는 사항을 제공할 수 있다.

② 관세청장은 다른 국가의 수출입 안전관리 우수업체에 상호 조건에 따라 제1항에 따른 혜택을 제공할 수 있다.

③ 관세청장은 수출입안전관리우수업체가 제255조의4제2항에 따른 자율 평가 결과를 보고하지 아니하는 등 대통령령으로 정하는 사유에 해당하는 경우 6개월의 범위에서 제1항에 따른 혜택의 전부 또는 일부를 정지할 수 있다.

④ 관세청장은 제3항에 따른 사유에 해당하는 업체에 그 사유의 시정을 명할 수 있다.

[본조신설 2021. 12. 21.]

제255조의4(수출입안전관리우수업체에 대한 사후관리)

① 관세청장은 수출입안전관리우수업체가 제255조의2제1항에 따른 안전관리 기준을 충족하는지를 주기적으로 확인하여야 한다.

② 관세청장은 수출입안전관리우수업체에 제1항에 따른 기준의 충족 여부를 자율적으로 평가하도록 하여 대통령령으로 정하는 바에 따라 그 결과를 보고하게 할 수 있다.

③ 수출입안전관리우수업체가 양도, 양수, 분할 또는 합병하거나 그 밖에 관세청장이 정하여 고시하는 변동사항이 발생한 경우에는 그 변동사항이 발생한 날부터 30일 이내에 그 사항을 관세청장에게 보고하여야 한다. 다만, 그 변동사항이 수출입안전관리우수업체의 유지에 중대한 영향을 미치는 경우로서 관세청장이 정하여 고시하는 사항에 해당하는 경우에는 지체 없이 그 사항을 보고하여야 한다.

④ 제1항부터 제3항까지에서 규정한 사항 외에 수출입안전관리우수업체의 확인 및 보고에 필요한 세부사항은 관세청장이 정하여 고시한다.
[본조신설 2021. 12. 21.]

제255조의5(수출입안전관리우수업체의 공인 취소) 관세청장은 수출입안전관리우수업체가 다음 각 호의 어느 하나에 해당하는 경우에는 공인을 취소할 수 있다. 다만, 제1호에 해당하는 경우에는 공인을 취소하여야 한다.

1. 거짓이나 그 밖의 부정한 방법으로 공인을 받거나 공인을 갱신받은 경우
2. 수출입안전관리우수업체가 양도, 양수, 분할 또는 합병 등으로 공인 당시의 업체와 동일하지 아니하다고 관세청장이 판단하는 경우
3. 제255조의2제1항에 따른 안전관리 기준을 충족하지 못하는 경우
4. 제255조의3제3항에 따른 정지 처분을 공인의 유효기간 동안 5회 이상 받은 경우
5. 제255조의3제4항에 따른 시정명령을 정당한 사유 없이 이행하지 아니한 경우
6. 그 밖에 수출입 관련 법령을 위반한 경우로서 대통령령으로 정하는 경우

[본조신설 2021. 12. 21.]

제255조의6(수출입안전관리우수업체의 공인 관련 지원사업) 관세청장은 「중소기업기본법」 제2조에 따른 중소기업 중 수출입물품의 제조·운송·보관 또는 통관 등 무역과 관련된 기업을 대상으로 수출입안전관리우수업체로 공인을 받거나 유지하는 데에 필요한 상담·교육 등의 지원사업을 할 수 있다.
[본조신설 2021. 12. 21.]

제255조의7(수출입 안전관리 기준 준수도의 측정·평가) ① 관세청장은 수출입안전관리우수업체로 공인받기 위한 신청 여부와 관계없이 수출입물품의 제조·운송·보관 또는 통관 등 무역과 관련된 자 중 대통령령으로 정하는 자를 대상으로 제255조의2제1항에 따른 안전관리 기준을 준수하는 정도를 대통령령으로 정하는 절차에 따라 측정·평가할 수 있다.
② 관세청장은 제1항에 따른 측정·평가 대상자에 대한 지원·관리를 위하여 같은 항에 따라 측정·평가한 결과를 대통령령으로 정하는 바에 따라 활용할 수 있다.
[본조신설 2021. 12. 21.]

제3절 우편물

제256조(통관우체국) ① 수출·수입 또는 반송하려는 우편물(서신은 제외한다. 이하 같다)은 통관우체국을 경유하여야 한다.
② 통관우체국은 체신관서 중에서 관세청장이 지정한다.
[전문개정 2010. 12. 30.]

제256조의2(우편물의 사전전자정보 제출) ① 통관우체국의 장은 수입하려는 우편물의 발송국으로부터 해당 우편물이 발송되기 전에 세관신고정보를 포함하여 대통령령으로 정하는 전자정보(이하 "사전전자정보"라 한다)를 제공받은 경우에는 그 제공받은 정보를 해당 우편물이 발송국에서 출항하는 운송수단에 적재되기 전까지 세관장에게 제출하여야 한다.
② 세관장은 관세청장이 우정사업본부장과 협의하여 사전전자정보 제출대상으로 정한 국가에서 발송한 우편물 중 사전전자정보가 제출되지 아니한 우편물에 대해서는 통관우체국의 장으로 하여금 반송하도록 할 수 있다.
③ 통관우체국의 장은 사전전자정보가 제출된 우편물에 대해서는 제257조 본문에 따른 우편물목록의 제출을 생략하고 세관장에게 검사를 받을 수 있다. 다만, 통관우체국의 장은 세관장이 통관절차의 이행과 효율적인 감시·단속을 위하여 대통령령으로 정하는 사유에 해당하여 우편물목록의 제출을 요구하는 경우에는 이를 제출하여야 한다.
④ 제1항부터 제3항까지에서 규정한 사항 외에 사전전자정보의 제출 절차 및 반송 등에 필요한 세부사항은 대통령령으로 정한다.
[본조신설 2021. 12. 21.]

제257조(우편물의 검사) 통관우체국의 장이 제256조제1항의 우편물을 접수하였을 때에는 세관장에게 우편물목록을 제출하고 해당 우편물에 대한 검사를 받아야 한다. 다만, 관세청장이 정하는 우편물은 검사를 생략할 수 있다.
[전문개정 2010. 12. 30.]

제258조(우편물통관에 대한 결정) ① 통관우체국의 장은 세관장이 우편물에 대하여 수출·수입 또는 반송을 할 수 없다고 결정하였을 때에는 그 우편물을 발송하거나 수취인에게 내줄 수 없다.
② 우편물이 「대외무역법」 제11조에 따른 수출입

의 승인을 받은 것이거나 그 밖에 대통령령으로 정하는 기준에 해당하는 것일 때에는 해당 우편물의 수취인이나 발송인은 제241조제1항에 따른 신고를 하여야 한다. 〈개정 2021. 12. 21.〉
[전문개정 2010. 12. 30.]

제259조(세관장의 통지) ① 세관장은 제258조에 따른 결정을 한 경우에는 그 결정사항을, 관세를 징수하려는 경우에는 그 세액을 통관우체국의 장에게 통지하여야 한다.
② 제1항의 통지를 받은 통관우체국의 장은 우편물의 수취인이나 발송인에게 그 결정사항을 통지하여야 한다.
[전문개정 2010. 12. 30.]

제260조(우편물의 납세절차) ① 제259조제2항에 따른 통지를 받은 자는 대통령령으로 정하는 바에 따라 해당 관세를 수입인지 또는 금전으로 납부하여야 한다.
② 체신관서는 관세를 징수하여야 하는 우편물은 관세를 징수하기 전에 수취인에게 내줄 수 없다.
[전문개정 2010. 12. 30.]

제261조(우편물의 반송) 우편물에 대한 관세의 납세의무는 해당 우편물이 반송되면 소멸한다.
[전문개정 2010. 12. 30.]

제10장 세관공무원의 자료 제출 요청 등
〈개정 2010. 12. 30.〉

제1절 세관장 등의 과세자료 요청 등
〈개정 2010. 12. 30.〉

제262조(운송수단의 출발 중지 등) 관세청장이나 세관장은 이 법 또는 이 법에 따른 명령(대한민국이 체결한 조약 및 일반적으로 승인된 국제법규에 따른 의무를 포함한다)을 집행하기 위하여 필요하다고 인정될 때에는 운송수단의 출발을 중지시키거나 그 진행을 정지시킬 수 있다. 〈개정 2020. 12. 22.〉
[전문개정 2010. 12. 30.]

제263조(서류의 제출 또는 보고 등의 명령) 관세청장이나 세관장은 이 법(「수출용원재료에 대한 관세 등 환급에 관한 특례법」을 포함한다. 이하 이 조에서 같다) 또는 이 법에 따른 명령을 집행하기 위하여 필요하다고 인정될 때에는 물품·운송수단 또는 장치 장소에 관한 서류의 제출·보고 또는 그 밖에 필요한 사항을 명하거나, 세관공무원으로 하여금 수출입자·판매자 또는 그 밖의 관계자에 대하여 관계 자료를 조사하게 할 수 있다.
[전문개정 2010. 12. 30.]

제264조(과세자료의 요청) 관세청장은 국가기관 및 지방자치단체 등 관계 기관 등에 대하여 관세의 부과·징수 및 통관에 관계되는 자료 또는 통계를 요청할 수 있다.
[전문개정 2013. 8. 13.]

제264조의2(과세자료제출기관의 범위) 제264조에 따른 과세자료를 제출하여야 하는 기관 등(이하 "과세자료제출기관"이라 한다)은 다음 각 호와 같다. 〈개정 2014. 1. 1., 2016. 12. 20.〉
1. 「국가재정법」 제6조에 따른 중앙관서(중앙관서의 업무를 위임받거나 위탁받은 기관을 포함한다. 이하 같다)와 그 하급행정기관 및 보조기관
2. 지방자치단체(지방자치단체의 업무를 위임받거나 위탁받은 기관과 지방자치단체조합을 포함한다. 이하 같다)
3. 공공기관, 정부의 출연·보조를 받는 기관이나 단체, 「지방공기업법」에 따른 지방공사·지방공단 및 지방자치단체의 출연·보조를 받는 기관이나 단체
4. 「민법」 외의 다른 법률에 따라 설립되거나 국가 또는 지방자치단체의 지원을 받는 기관이나 단체로서 그 업무에 관하여 제1호나 제2호에 따른 기관으로부터 감독 또는 감사·검사를 받는 기관이나 단체, 그 밖에 공익 목적으로 설립된 기관이나 단체 중 대통령령으로 정하는 기관이나 단체
5. 「여신전문금융업법」에 따른 신용카드업자와 여신전문금융업협회
6. 「금융실명거래 및 비밀보장에 관한 법률」 제2조제1호에 따른 금융회사등

[본조신설 2013. 8. 13.]

제264조의3(과세자료의 범위) ① 과세자료제출기관이 제출하여야 하는 과세자료는 다음 각 호의 어느 하나에 해당하는 자료로서 관세의 부과·징수와 통관에 직접적으로 필요한 자료로 한다. 〈개정 2014. 1. 1., 2014. 12. 23., 2019. 12. 31., 2020. 6. 9.〉
1. 수입하는 물품에 대하여 관세 또는 내국세등을 감면받거나 낮은 세율을 적용받을 수 있도

록 허가, 승인, 추천 등을 한 경우 그에 관한 자료

2. 과세자료제출기관이 법률에 따라 신고·제출받거나 작성하여 보유하고 있는 자료(각종 보조금·보험급여·보험금 등의 지급 현황에 관한 자료를 포함한다) 중 제27조, 제38조, 제241조에 따른 신고내용의 확인 또는 제96조에 따른 감면 여부의 확인을 위하여 필요한 자료

3. 제226조에 따라 허가·승인·표시 또는 그 밖의 조건을 증명할 필요가 있는 물품에 대하여 과세자료제출기관이 허가 등을 갖추었음을 확인하여 준 경우 그에 관한 자료

4. 이 법에 따라 체납된 관세 등의 징수를 위하여 필요한 자료

5. 제264조의2제1호에 따른 중앙관서 중 중앙행정기관 외의 기관이 보유하고 있는 자료로서 관세청장이 관세의 부과·징수와 통관에 필요한 최소한의 범위에서 해당 기관의 장과 미리 협의하여 정하는 자료

6. 거주자의 「여신전문금융업법」에 따른 신용카드등의 대외지급(물품구매 내역에 한정한다) 및 외국에서의 외국통화 인출 실적

② 제1항에 따른 과세자료의 구체적인 범위는 과세자료제출기관별로 대통령령으로 정한다.

[본조신설 2013. 8. 13.]

제264조의4(과세자료의 제출방법) ① 과세자료제출기관의 장은 분기별로 분기만료일이 속하는 달의 다음 달 말일까지 대통령령으로 정하는 바에 따라 관세청장 또는 세관장에게 과세자료를 제출하여야 한다. 다만, 과세자료의 발생빈도와 활용시기 등을 고려하여 대통령령으로 정하는 바에 따라 그 과세자료의 제출시기를 달리 정할 수 있다.

② 제1항에 따라 과세자료제출기관의 장이 과세자료를 제출하는 경우에는 그 기관이 접수하거나 작성한 자료의 목록을 함께 제출하여야 한다.

③ 제2항에 따라 과세자료의 목록을 제출받은 관세청장 또는 세관장은 이를 확인한 후 제출받은 과세자료에 누락이 있거나 보완이 필요한 경우 그 과세자료를 제출한 기관에 대하여 추가하거나 보완하여 제출할 것을 요청할 수 있다.

④ 과세자료의 제출서식 등 제출방법에 관하여 그 밖에 필요한 사항은 기획재정부령으로 정한다.

[본조신설 2013. 8. 13.]

제264조의5(과세자료의 수집에 관한 협조) ① 관세청장 또는 세관장으로부터 제264조의3에 따른 과세자료의 제출을 요청받은 기관 등의 장은 다른 법령에 특별한 제한이 있는 경우 등 정당한 사유가 없으면 이에 협조하여야 한다.

② 관세청장 또는 세관장은 제264조의3에 따른 자료 외의 자료로서 관세의 부과·징수 및 통관을 위하여 필요한 경우에는 해당 자료를 보유하고 있는 과세자료제출기관의 장에게 그 자료의 수집에 협조하여 줄 것을 요청할 수 있다.

[본조신설 2013. 8. 13.]

제264조의6(과세자료의 관리 및 활용 등) ① 관세청장은 이 법에 따른 과세자료의 효율적인 관리와 활용을 위한 전산관리 체계를 구축하는 등 필요한 조치를 마련하여야 한다.

② 관세청장은 이 법에 따른 과세자료의 제출·관리 및 활용 상황을 수시로 점검하여야 한다.

[본조신설 2013. 8. 13.]

제264조의7(과세자료제출기관의 책임 등) ① 과세자료제출기관의 장은 그 소속 공무원이나 임직원이 이 법에 따른 과세자료의 제출 의무를 성실하게 이행하는지를 수시로 점검하여야 한다.

② 관세청장은 과세자료제출기관 또는 그 소속 공무원이나 임직원이 이 법에 따른 과세자료의 제출 의무를 이행하지 아니하는 경우 그 기관을 감독 또는 감사·검사하는 기관의 장에게 그 사실을 통보하여야 한다.

[본조신설 2013. 8. 13.]

제264조의8(비밀유지의무) ① 관세청 및 세관 소속 공무원은 제264조, 제264조의2부터 제264조의5까지의 규정에 따라 제출받은 과세자료를 타인에게 제공 또는 누설하거나 목적 외의 용도로 사용하여서는 아니 된다. 다만, 제116조제1항 단서 및 같은 조 제2항에 따라 제공하는 경우에는 그러하지 아니하다.

② 관세청 및 세관 소속 공무원은 제1항을 위반하는 과세자료의 제공을 요구받으면 이를 거부하여야 한다.

③ 제1항 단서에 따라 과세자료를 제공받은 자는 이를 타인에게 제공 또는 누설하거나 목적 외의 용도로 사용하여서는 아니 된다.

[본조신설 2013. 8. 13.]

제264조의9(과세자료 비밀유지의무 위반에 대한 처벌)

① 제264조의8제1항 또는 제3항을 위반하여 과세자료를 타인에게 제공 또는 누설하거나 목적 외의 용도로 사용한 자는 3년 이하의 징역 또는 1천만원 이하의 벌금에 처한다.
② 제1항에 따른 징역과 벌금은 병과할 수 있다.
[본조신설 2013. 8. 13.]

제264조의10(불법·불량·유해물품에 대한 정보 등의 제공 요청과 협조) ① 관세청장은 우리나라로 반입되거나 우리나라에서 반출되는 물품의 안전 관리를 위하여 필요한 경우 중앙행정기관의 장에게 해당 기관이 보유한 다음 각 호의 불법·불량·유해물품에 대한 정보 등을 제공하여 줄 것을 요청할 수 있다.

1. 이 법 또는 다른 법령에서 정한 구비조건·성분·표시·품질 등을 위반한 물품에 관한 정보
2. 제1호의 물품을 제조, 거래, 보관 또는 유통하는 자에 관한 정보

② 제1항에 따른 요청을 받은 중앙행정기관의 장은 특별한 사유가 없는 경우에는 이에 협조하여야 한다.
[본조신설 2020. 12. 22.]

제2절 세관공무원의 물품검사 등

제265조(물품 또는 운송수단 등에 대한 검사 등) 세관공무원은 이 법 또는 이 법에 따른 명령(대한민국이 체결한 조약 및 일반적으로 승인된 국제법규에 따른 의무를 포함한다)을 위반한 행위를 방지하기 위하여 필요하다고 인정될 때에는 물품, 운송수단, 장치 장소 및 관계 장부·서류를 검사 또는 봉쇄하거나 그 밖에 필요한 조치를 할 수 있다. 〈개정 2011. 12. 31.〉
[전문개정 2010. 12. 30.]

제265조의2(물품분석) 세관공무원은 다음 각 호의 물품에 대한 품명, 규격, 성분, 용도, 원산지 등을 확인하거나 품목분류를 결정할 필요가 있을 때에는 해당 물품에 대하여 물리적·화학적 분석을 할 수 있다.

1. 제246조제1항에 따른 검사의 대상인 수출·수입 또는 반송하려는 물품
2. 제265조에 따라 검사하는 물품
3. 「사법경찰관리의 직무를 수행할 자와 그 직무범위에 관한 법률」 제6조제14호에 따른 범죄와 관련된 물품

[본조신설 2018. 12. 31.]

제266조(장부 또는 자료의 제출 등) ① 세관공무원은 이 법에 따른 직무를 집행하기 위하여 필요하다고 인정될 때에는 수출입업자·판매업자 또는 그 밖의 관계자에 대하여 질문하거나 문서화·전산화된 장부, 서류 등 관계 자료 또는 물품을 조사하거나, 그 제시 또는 제출을 요구할 수 있다. 〈개정 2011. 12. 31.〉
② 상설영업장을 갖추고 외국에서 생산된 물품을 판매하는 자로서 기획재정부령으로 정하는 기준에 해당하는 자는 해당 물품에 관하여 「부가가치세법」 제32조 및 제35조에 따른 세금계산서나 수입사실 등을 증명하는 자료를 영업장에 갖춰 두어야 한다. 〈개정 2013. 6. 7.〉
③ 관세청장이나 세관장은 이 법 또는 이 법에 따른 명령을 집행하기 위하여 필요하다고 인정될 때에는 제2항에 따른 상설영업장의 판매자나 그 밖의 관계인으로 하여금 대통령령으로 정하는 바에 따라 영업에 관한 보고를 하게 할 수 있다.
④ 관세청장이나 세관장은 소비자 피해를 예방하기 위하여 필요한 경우 「전자상거래 등에서의 소비자보호에 관한 법률」 제2조제4호에 따른 통신판매중개(이하 이 조에서 "통신판매중개"라 한다)를 하는 자를 대상으로 통신판매중개를 하는 사이버몰에서 거래되는 물품 중 이 법 제226조, 제230조 및 제235조를 위반하여 수입된 물품의 유통실태 조사를 서면으로 실시할 수 있다. 〈신설 2019. 12. 31., 2021. 12. 21.〉
⑤ 관세청장은 제4항에 따라 실시한 서면실태조사의 결과를 공정거래위원회에 제공할 수 있고, 공정거래위원회와 소비자 피해 예방을 위하여 필요하다고 합의한 경우에는 대통령령으로 정하는 바에 따라 그 조사 결과를 공개할 수 있다. 〈신설 2019. 12. 31.〉
⑥ 관세청장이나 세관장은 제4항에 따른 서면실태조사를 위하여 필요한 경우에는 해당 통신판매중개를 하는 자에게 필요한 자료의 제출을 요구할 수 있다. 〈신설 2019. 12. 31.〉
⑦ 제4항에 따른 서면실태조사의 시기, 범위, 방법 및 조사결과의 공표범위 등에 관하여 필요한 사항은 대통령령으로 정한다. 〈신설 2019. 12. 31.〉
[전문개정 2010. 12. 30.]

제267조(무기의 휴대 및 사용) ① 관세청장이나 세관장은 직무를 집행하기 위하여 필요하다고 인정될 때에는 그 소속 공무원에게 무기를 휴대하게 할 수 있다. 〈개정 2017. 12. 19.〉

② 제1항 및 제3항에서 "무기"란 「총포·도검·화약류 등의 안전관리에 관한 법률」에 따른 총포(권총 또는 소총에 한정한다), 도검, 분사기 또는 전자충격기를 말한다. 〈신설 2017. 12. 19.〉

③ 세관공무원은 그 직무를 집행할 때 특히 자기나 다른 사람의 생명 또는 신체를 보호하고 공무집행에 대한 방해 또는 저항을 억제하기 위하여 필요한 상당한 이유가 있는 경우 그 사태에 응하여 부득이하다고 판단될 때에는 무기를 사용할 수 있다. 〈개정 2017. 12. 19.〉

[전문개정 2010. 12. 30.]

[제목개정 2017. 12. 19.]

제267조의2(운송수단에 대한 검문·검색 등의 협조 요청) ① 세관장은 직무를 집행하기 위하여 필요하다고 인정될 때에는 다음 각 호의 어느 하나에 해당하는 자에게 협조를 요청할 수 있다. 〈개정 2014. 11. 19., 2017. 7. 26., 2020. 12. 22.〉

1. 육군·해군·공군의 각 부대장
2. 국가경찰관서의 장
3. 해양경찰관서의 장

② 제1항에 따라 협조 요청을 받은 자는 밀수 관련 혐의가 있는 운송수단에 대하여 추적감시 또는 진행정지명령을 하거나 세관공무원과 협조하여 해당 운송수단에 대하여 검문·검색을 할 수 있으며, 이에 따르지 아니하는 경우 강제로 그 운송수단을 정지시키거나 검문·검색을 할 수 있다. 〈개정 2020. 12. 22.〉

[전문개정 2010. 12. 30.]

[제목개정 2020. 12. 22.]

제268조(명예세관원) ① 관세청장은 밀수감시단속 활동의 효율적인 수행을 위하여 필요한 경우에는 수출입 관련 분야의 민간종사자 등을 명예세관원으로 위촉하여 다음 각 호의 활동을 하게 할 수 있다.

1. 공항·항만에서의 밀수 감시
2. 정보 제공과 밀수 방지의 홍보

② 제1항에 따른 명예세관원의 자격요건, 임무, 그 밖에 필요한 사항은 기획재정부령으로 정한다.

[전문개정 2010. 12. 30.]

제11장 벌 칙 〈개정 2010. 12. 30.〉

제268조의2(전자문서 위조·변조죄 등) ① 제327조의4제1항을 위반하여 국가관세종합정보망이나 전자문서중계사업자의 전산처리설비에 기록된 전자문서 등 관련 정보를 위조 또는 변조하거나 위조 또는 변조된 정보를 행사한 자는 1년 이상 10년 이하의 징역 또는 1억원 이하의 벌금에 처한다.

② 다음 각 호의 어느 하나에 해당하는 자는 5년 이하의 징역 또는 5천만원 이하의 벌금에 처한다.

1. 제327조의2제1항에 따른 지정을 받지 아니하고 국가관세종합정보망을 운영하거나 제327조의3제1항을 위반하여 관세청장의 지정을 받지 아니하고 전자문서중계업무를 행한 자
2. 제327조의4제2항을 위반하여 국가관세종합정보망 또는 전자문서중계사업자의 전산처리설비에 기록된 전자문서 등 관련 정보를 훼손하거나 그 비밀을 침해한 자
3. 제327조의4제3항을 위반하여 업무상 알게 된 전자문서 등 관련 정보에 관한 비밀을 누설하거나 도용한 국가관세종합정보망 운영사업자 또는 전자문서중계사업자의 임직원 또는 임직원이었던 사람

[전문개정 2010. 12. 30.]

제269조(밀수출입죄) ① 제234조 각 호의 물품을 수출하거나 수입한 자는 7년 이하의 징역 또는 7천만원 이하의 벌금에 처한다. 〈개정 2014. 12. 23.〉

② 다음 각 호의 어느 하나에 해당하는 자는 5년 이하의 징역 또는 관세액의 10배와 물품원가 중 높은 금액 이하에 상당하는 벌금에 처한다.

1. 제241조제1항·제2항 또는 제244조제1항에 따른 신고를 하지 아니하고 물품을 수입한 자. 다만, 제253조제1항에 따른 반출신고를 한 자는 제외한다.
2. 제241조제1항·제2항 또는 제244조제1항에 따른 신고를 하였으나 해당 수입물품과 다른 물품으로 신고하여 수입한 자

③ 다음 각 호의 어느 하나에 해당하는 자는 3년 이하의 징역 또는 물품원가 이하에 상당하는 벌금에 처한다.

1. 제241조제1항 및 제2항에 따른 신고를 하지 아니하고 물품을 수출하거나 반송한 자
2. 제241조제1항 및 제2항에 따른 신고를 하였

으나 해당 수출물품 또는 반송물품과 다른 물품으로 신고하여 수출하거나 반송한 자
[전문개정 2010. 12. 30.]

제270조(관세포탈죄 등) ① 제241조제1항·제2항 또는 제244조제1항에 따른 수입신고를 한 자(제19조제5항제1호다목에 따른 구매대행업자를 포함한다) 중 다음 각 호의 어느 하나에 해당하는 자는 3년 이하의 징역 또는 포탈한 관세액의 5배와 물품원가 중 높은 금액 이하에 상당하는 벌금에 처한다. 이 경우 제1호의 물품원가는 전체 물품 중 포탈한 세액의 전체 세액에 대한 비율에 해당하는 물품만의 원가로 한다. 〈개정 2015. 12. 15., 2019. 12. 31.〉

1. 세액결정에 영향을 미치기 위하여 과세가격 또는 관세율 등을 거짓으로 신고하거나 신고하지 아니하고 수입한 자(제19조제5항제1호다목에 따른 구매대행업자를 포함한다)
2. 세액결정에 영향을 미치기 위하여 거짓으로 서류를 갖추어 제86조제1항·제3항에 따른 사전심사·재심사 및 제87조제3항에 따른 재심사를 신청한 자
3. 법령에 따라 수입이 제한된 사항을 회피할 목적으로 부분품으로 수입하거나 주요 특성을 갖춘 미완성·불완전한 물품이나 완제품을 부분품으로 분할하여 수입한 자

② 제241조제1항·제2항 또는 제244조제1항에 따른 수입신고를 한 자 중 법령에 따라 수입에 필요한 허가·승인·추천·증명 또는 그 밖의 조건을 갖추지 아니하거나 부정한 방법으로 갖추어 수입한 자는 3년 이하의 징역 또는 3천만원 이하의 벌금에 처한다.

③ 제241조제1항 및 제2항에 따른 수출신고를 한 자 중 법령에 따라 수출에 필요한 허가·승인·추천·증명 또는 그 밖의 조건을 갖추지 아니하거나 부정한 방법으로 갖추어 수출한 자는 1년 이하의 징역 또는 2천만원 이하의 벌금에 처한다.

④ 부정한 방법으로 관세를 감면받거나 관세를 감면받은 물품에 대한 관세의 징수를 면탈한 자는 3년 이하의 징역에 처하거나, 감면받거나 면탈한 관세액의 5배 이하에 상당하는 벌금에 처한다.

⑤ 부정한 방법으로 관세를 환급받은 자는 3년 이하의 징역 또는 환급받은 세액의 5배 이하에 상당하는 벌금에 처한다. 이 경우 세관장은 부정한 방법으로 환급받은 세액을 즉시 징수한다.
[전문개정 2010. 12. 30.]

제270조의2(가격조작죄) 다음 각 호의 신청 또는 신고를 할 때 부당하게 재물이나 재산상 이득을 취득하거나 제3자로 하여금 이를 취득하게 할 목적으로 물품의 가격을 조작하여 신청 또는 신고한 자는 2년 이하의 징역 또는 물품원가와 5천만원 중 높은 금액 이하의 벌금에 처한다.

1. 제38조의2제1항·제2항에 따른 보정신청
2. 제38조의3제1항에 따른 수정신고
3. 제241조제1항·제2항에 따른 신고
4. 제244조제1항에 따른 신고

[전문개정 2014. 1. 1.]

제271조(미수범 등) ① 그 정황을 알면서 제269조 및 제270조에 따른 행위를 교사하거나 방조한 자는 정범(正犯)에 준하여 처벌한다.

② 제268조의2, 제269조 및 제270조의 미수범은 본죄에 준하여 처벌한다.

③ 제268조의2, 제269조 및 제270조의 죄를 저지를 목적으로 그 예비를 한 자는 본죄의 2분의 1을 감경하여 처벌한다. 〈개정 2020. 6. 9.〉
[전문개정 2010. 12. 30.]

제272조(밀수 전용 운반기구의 몰수) 제269조의 죄에 전용(專用)되는 선박·자동차나 그 밖의 운반기구는 그 소유자가 범죄에 사용된다는 정황을 알고 있고, 다음 각 호의 어느 하나에 해당하는 경우에는 몰수한다.

1. 범죄물품을 적재하거나 적재하려고 한 경우
2. 검거를 기피하기 위하여 권한 있는 공무원의 정지명령을 받고도 정지하지 아니하거나 적재된 범죄물품을 해상에서 투기·파괴 또는 훼손한 경우
3. 범죄물품을 해상에서 인수 또는 취득하거나 인수 또는 취득하려고 한 경우
4. 범죄물품을 운반한 경우

[전문개정 2010. 12. 30.]

제273조(범죄에 사용된 물품의 몰수 등) ① 제269조에 사용하기 위하여 특수한 가공을 한 물품은 누구의 소유이든지 몰수하거나 그 효용을 소멸시킨다.

② 제269조에 해당되는 물품이 다른 물품 중에 포함되어 있는 경우 그 물품이 범인의 소유일 때에는 그 다른 물품도 몰수할 수 있다.
[전문개정 2010. 12. 30.]

제274조(밀수품의 취득죄 등) ① 다음 각 호의 어느 하나에 해당되는 물품을 취득·양도·운반·보관 또는 알선하거나 감정한 자는 3년 이하의 징역 또는 물품원가 이하에 상당하는 벌금에 처한다.

1. 제269조에 해당되는 물품
2. 제270조제1항제3호, 같은 조 제2항 및 제3항에 해당되는 물품

② 제1항에 규정된 죄의 미수범은 본죄에 준하여 처벌한다.

③ 제1항에 규정된 죄를 저지를 목적으로 그 예비를 한 자는 본죄의 2분의 1을 감경하여 처벌한다. 〈개정 2020. 6. 9.〉

[전문개정 2010. 12. 30.]

제275조(징역과 벌금의 병과) 제269조부터 제271조까지 및 제274조의 죄를 저지른 자는 정상(情狀)에 따라 징역과 벌금을 병과할 수 있다. 〈개정 2020. 6. 9.〉

[전문개정 2010. 12. 30.]

제275조의2(강제징수면탈죄 등) ① 납세의무자 또는 납세의무자의 재산을 점유하는 자가 강제징수를 면탈할 목적 또는 면탈하게 할 목적으로 그 재산을 은닉·탈루하거나 거짓 계약을 하였을 때에는 3년 이하의 징역 또는 3천만원 이하의 벌금에 처한다. 〈개정 2020. 12. 22.〉

② 제303조제2항에 따른 압수물건의 보관자 또는 「국세징수법」 제48조에 따른 압류물건의 보관자가 그 보관한 물건을 은닉·탈루, 손괴 또는 소비하였을 때에도 3년 이하의 징역 또는 3천만원 이하의 벌금에 처한다. 〈개정 2020. 12. 22.〉

③ 제1항과 제2항의 사정을 알고도 이를 방조하거나 거짓 계약을 승낙한 자는 2년 이하의 징역 또는 2천만원 이하의 벌금에 처한다.

[전문개정 2010. 12. 30.]

[제목개정 2020. 12. 22.]

제275조의3(타인에 대한 명의대여죄) 관세(세관장이 징수하는 내국세등을 포함한다)의 회피 또는 강제집행의 면탈을 목적으로 타인에게 자신의 명의를 사용하여 제38조에 따른 납세신고를 할 것을 허락한 자는 1년 이하의 징역 또는 1천만원 이하의 벌금에 처한다.

[전문개정 2010. 12. 30.]

제275조의4(보세사의 명의대여죄 등) 다음 각 호의 어느 하나에 해당하는 자는 1년 이하의 징역 또는 1천만원 이하의 벌금에 처한다.

1. 제165조의2제1항을 위반하여 다른 사람에게 자신의 성명·상호를 사용하여 보세사 업무를 수행하게 하거나 자격증 또는 등록증을 빌려준 자
2. 제165조의2제2항을 위반하여 다른 사람의 성명·상호를 사용하여 보세사의 업무를 수행하거나 자격증 또는 등록증을 빌린 자
3. 제165조의2제3항을 위반하여 같은 조 제1항 또는 제2항의 행위를 알선한 자

[본조신설 2020. 12. 22.]

제276조(허위신고죄 등) ① 삭제 〈2013. 8. 13.〉

② 다음 각 호의 어느 하나에 해당하는 자는 물품원가 또는 2천만원 중 높은 금액 이하의 벌금에 처한다. 〈개정 2013. 1. 1., 2013. 8. 13., 2014. 1. 1., 2018. 12. 31.〉

1. 제198조제1항에 따른 종합보세사업장의 설치·운영에 관한 신고를 하지 아니하고 종합보세기능을 수행한 자
2. 제204조제2항에 따른 세관장의 중지조치 또는 같은 조 제3항에 따른 세관장의 폐쇄 명령을 위반하여 종합보세기능을 수행한 자
3. 제238조에 따른 보세구역 반입명령에 대하여 반입대상 물품의 전부 또는 일부를 반입하지 아니한 자
4. 제241조제1항·제2항 또는 제244조제1항에 따른 신고를 할 때 제241조제1항에 따른 사항을 신고하지 아니하거나 허위신고를 한 자

4의2. 제38조의2제1항 및 제2항, 제38조의3제1항에 따른 보정신청 또는 수정신고를 할 때 제241조제1항에 따른 사항을 허위로 신청하거나 신고한 자

5. 제248조제3항을 위반한 자

③ 다음 각 호의 어느 하나에 해당되는 자는 2천만원 이하의 벌금에 처한다. 다만, 과실로 제2호, 제3호 또는 제4호에 해당하게 된 경우에는 300만원 이하의 벌금에 처한다. 〈개정 2011. 7. 25., 2011. 12. 31., 2013. 1. 1., 2014. 12. 23., 2017. 12. 19., 2020. 12. 22., 2021. 12. 21.〉

1. 부정한 방법으로 적재화물목록을 작성하였거나 제출한 자
2. 제12조(제277조제6항제2호에 해당하는 경우는 제외한다), 제98조제2항, 제109조제1항(제277조제5항제3호에 해당하는 경우는 제외한

다), 제134조제1항(제146조제1항에서 준용하는 경우를 포함한다), 제136조제2항, 제148조제1항, 제149조, 제222조제1항(제146조제1항에서 준용하는 경우를 포함한다) 또는 제225조제1항 전단을 위반한 자

3. 제83조제2항, 제88조제2항, 제97조제2항 및 제102조제1항을 위반한 자. 다만, 제277조제5항제3호에 해당하는 자는 제외한다.

3의2. 제174조제1항에 따른 특허보세구역의 설치·운영에 관한 특허를 받지 아니하고 특허보세구역을 운영한 자

4. 제227조에 따른 세관장의 의무 이행 요구를 이행하지 아니한 자

5. 제38조제3항 후단에 따른 자율심사 결과를 거짓으로 작성하여 제출한 자

6. 제178조제2항제1호·제5호 및 제224조제1항제1호에 해당하는 자

④ 다음 각 호의 어느 하나에 해당하는 자는 1천만원 이하의 벌금에 처한다. 다만, 과실로 제2호부터 제4호까지의 규정에 해당하게 된 경우에는 200만원 이하의 벌금에 처한다. 〈개정 2011. 12. 31., 2013. 1. 1., 2018. 12. 31., 2021. 12. 21.〉

1. 세관공무원의 질문에 대하여 거짓의 진술을 하거나 그 직무의 집행을 거부 또는 기피한 자
2. 제135조제1항(제146조제1항에서 준용하는 경우를 포함한다)에 따른 입항보고를 거짓으로 하거나 제136조제1항(제146조제1항에서 준용하는 경우를 포함한다)에 따른 출항허가를 거짓으로 받은 자
3. 제135조제1항(제146조제1항에서 준용하는 경우를 포함하며, 제277조제5항제4호에 해당하는 자는 제외한다), 제136조제1항(제146조제1항에서 준용하는 경우를 포함한다), 제137조의2제1항 각 호 외의 부분 후단(제277조제5항제4호에 해당하는 자는 제외한다), 제140조제1항·제4항·제6항(제146조제1항에서 준용하는 경우를 포함한다), 제142조제1항(제146조제1항에서 준용하는 경우를 포함한다), 제144조(제146조제1항에서 준용하는 경우를 포함한다), 제150조, 제151조, 제213조제2항 또는 제223조의2를 위반한 자
4. 제200조제3항, 제203조제1항 또는 제262조에 따른 관세청장 또는 세관장의 조치를 위반하거나 검사를 거부·방해 또는 기피한 자
5. 부정한 방법으로 제248조제1항 단서에 따른 신고필증을 발급받은 자
6. 제263조를 위반하여 서류의 제출· 보고 또는 그 밖에 필요한 사항에 관한 명령을 이행하지 아니하거나 거짓의 보고를 한 자
7. 제265조에 따른 세관장 또는 세관공무원의 조치를 거부 또는 방해한 자
8. 제266조제1항에 따른 세관공무원의 장부 또는 자료의 제시요구 또는 제출요구를 거부한 자

⑤ 제165조제3항을 위반한 자는 500만원 이하의 벌금에 처한다. 〈신설 2013. 1. 1., 2019. 12. 31.〉

[전문개정 2010. 12. 30.]

제277조(과태료) ① 제37조의4제1항에 따라 자료제출을 요구받은 특수관계에 있는 자로서 제10조에서 정하는 정당한 사유 없이 제37조의4제3항에서 정한 기한까지 자료를 제출하지 아니하거나 거짓의 자료를 제출하는 자에게는 1억원 이하의 과태료를 부과한다. 이 경우 제276조는 적용되지 아니한다. 〈신설 2013. 1. 1., 2014. 12. 23., 2016. 12. 20., 2021. 12. 21.〉

② 제37조의4제7항을 위반한 자에게는 2억원 이하의 과태료를 부과한다. 이 경우 제276조는 적용되지 아니한다. 〈신설 2021. 12. 21.〉

③ 다음 각 호의 어느 하나에 해당하는 자에게는 1천만원 이하의 과태료를 부과한다. 〈개정 2011. 12. 31., 2013. 1. 1., 2015. 12. 15., 2021. 12. 21.〉

1. 제139조(제146조제1항에서 준용하는 경우를 포함한다), 제143조제1항(제146조제1항에서 준용하는 경우를 포함한다), 제152조제1항, 제155조제1항, 제156조제1항, 제159조제2항, 제160조제1항, 제161조제1항, 제186조제1항(제205조에서 준용하는 경우를 포함한다), 제192조(제205조에서 준용하는 경우를 포함한다), 제200조제1항, 제201조제1항·제3항, 제219조제2항 또는 제266조제2항을 위반한 자
2. 제187조제1항(제89조제5항에서 준용하는 경우를 포함한다) 또는 제195조제1항에 따른 허가를 받지 아니하거나 제202조제2항에 따른 신고를 하지 아니하고 보세공장·보세건설장·종합보세구역 또는 지정공장 외의 장소에서 작업을 한 자

④ 다음 각 호의 어느 하나에 해당하는 자에게는

500만원 이하의 과태료를 부과한다. 〈개정 2013. 1. 1., 2017. 12. 19., 2021. 12. 21.〉

1. 제240조의2제1항을 위반하여 유통이력을 신고하지 아니하거나 거짓으로 신고한 자
2. 제240조의2제2항을 위반하여 장부기록 자료를 보관하지 아니한 자
3. 제243조제4항을 위반하여 관세청장이 정하는 장소에 반입하지 아니하고 제241조제1항에 따른 수출의 신고를 한 자

⑤ 다음 각 호의 어느 하나에 해당하는 자에게는 200만원 이하의 과태료를 부과한다. 〈개정 2011. 7. 25., 2011. 12. 31., 2013. 1. 1., 2018. 12. 31., 2019. 12. 31., 2020. 12. 22., 2021. 12. 21.〉

1. 특허보세구역의 특허사항을 위반한 운영인
2. 제38조제3항, 제83조제1항, 제107조제3항, 제135조제2항(제146조제1항에서 준용하는 경우를 포함한다), 제136조제3항(제146조제1항에서 준용하는 경우를 포함한다), 제140조제5항, 제141조제1호·제3호(제146조제1항에서 준용하는 경우를 포함한다), 제157조제1항, 제158조제2항·제6항, 제172조제3항, 제194조(제205조에서 준용하는 경우를 포함한다), 제196조의2제5항, 제198조제3항, 제199조제1항, 제202조제1항, 제214조, 제215조(제219조제4항 및 제221조제2항에서 준용하는 경우를 포함한다), 제216조제2항(제219조제4항 및 제221조제2항에서 준용하는 경우를 포함한다), 제221조제1항, 제222조제3항, 제225조제1항 후단 또는 제251조제1항을 위반한 자
3. 제83조제2항, 제88조제2항, 제97조제2항, 제102조제1항 및 제109조제1항을 위반한 자 중 해당 물품을 직접 수입한 경우 관세를 감면받을 수 있고 수입자와 동일한 용도에 사용하려는 자에게 양도한 자
4. 제135조제1항 또는 제137조의2제1항 각 호 외의 부분 후단을 위반한 자 중 과실로 여객명부 또는 승객예약자료를 제출하지 아니한 자
5. 제159조제6항, 제180조제3항(제205조에서 준용하는 경우를 포함한다), 제196조제4항, 제216조제1항(제219조제4항 및 제221조제2항에서 준용하는 경우를 포함한다), 제222조제4항, 제225조제2항, 제228조 또는 제266조제3항에 따른 관세청장 또는 세관장의 조치를 위반한 자
6. 제321조제2항제2호를 위반하여 운송수단에서 물품을 취급한 자
7. 보세구역에 물품을 반입하지 아니하고 거짓으로 제157조제1항에 따른 반입신고를 한 자

⑥ 다음 각 호의 어느 하나에 해당하는 자에게는 100만원 이하의 과태료를 부과한다. 〈개정 2011. 12. 31., 2013. 1. 1., 2014. 1. 1., 2015. 12. 15., 2020. 6. 9., 2020. 12. 22., 2021. 12. 21.〉

1. 적재물품과 일치하지 아니하는 적재화물목록을 작성하였거나 제출한 자. 다만, 다음 각 목의 어느 하나에 해당하는 자가 투입 및 봉인한 것이어서 적재화물목록을 제출한 자가 해당 적재물품의 내용을 확인하는 것이 불가능한 경우에는 해당 적재화물목록을 제출한 자는 제외한다.
   가. 제276조제3항제1호에 해당하는 자
   나. 적재물품을 수출한 자
   다. 다른 선박회사·항공사 및 화물운송주선업자
2. 제12조를 위반하여 신고필증을 보관하지 아니한 자
3. 제28조제2항에 따른 신고를 하지 아니한 자
4. 제107조제4항, 제108조제2항, 제138조제2항·제4항, 제141조제2호, 제157조의2, 제162조, 제179조제2항, 제182조제1항(제205조에서 준용하는 경우를 포함한다), 제183조제2항·제3항, 제184조(제205조에서 준용하는 경우를 포함한다), 제185조제2항(제205조에서 준용하는 경우를 포함한다), 제245조제3항 또는 제254조의2제2항 및 제3항을 위반한 자
5. 제160조제4항(제207조제2항에서 준용하는 경우를 포함한다)에 따른 세관장의 명령을 이행하지 아니한 자
6. 제177조제2항(제205조에서 준용하는 경우를 포함한다), 제180조제4항(제205조에서 준용하는 경우를 포함한다) 또는 제249조에 따른 세관장의 명령이나 보완조치를 이행하지 아니한 자
7. 제180조제1항(제205조에서 준용하는 경우를 포함한다)·제2항(제89조제5항에서 준용하는 경우를 포함한다), 제193조(제205조에서 준용하는 경우를 포함한다) 또는 제203조제2항에 따른 세관장의 감독·검사·보고지시 등을 따르지 아니한 자

⑦ 제1항부터 제6항까지의 규정에 따른 과태료는 대통령령으로 정하는 바에 따라 세관장이 부과·

징수한다. 〈개정 2013. 1. 1., 2014. 1. 1., 2018. 12. 31., 2021. 12. 21.〉
[전문개정 2010. 12. 30.]

제277조의2(금품 수수 및 공여) ① 세관공무원이 그 직무와 관련하여 금품을 수수(收受)하였을 때에는 「국가공무원법」 제82조에 따른 징계절차에서 그 금품 수수액의 5배 내의 징계부가금 부과 의결을 징계위원회에 요구하여야 한다.
② 징계대상 세관공무원이 제1항에 따른 징계부가금 부과 의결 전후에 금품 수수를 이유로 다른 법률에 따라 형사처벌을 받거나 변상책임 등을 이행한 경우(몰수나 추징을 당한 경우를 포함한다)에는 징계위원회에 감경된 징계부가금 부과 의결 또는 징계부가금 감면을 요구하여야 한다.
③ 제1항 및 제2항에 따른 징계부가금 부과 의결 요구에 관하여는 「국가공무원법」 제78조제4항을 준용한다. 이 경우 "징계 의결 요구"를 "징계부가금 부과 의결 요구"로 본다.
④ 제1항에 따라 징계부가금 부과처분을 받은 자가 납부기간 내에 그 부가금을 납부하지 아니한 때에는 징계권자는 국세강제징수의 예에 따라 징수할 수 있다. 〈개정 2020. 12. 29.〉
⑤ 관세청장 또는 세관장은 세관공무원에게 금품을 공여한 자에 대해서는 대통령령으로 정하는 바에 따라 그 금품 상당액의 2배 이상 5배 내의 과태료를 부과·징수한다. 다만, 「형법」 등 다른 법률에 따라 형사처벌을 받은 경우에는 과태료를 부과하지 아니하고, 과태료를 부과한 후 형사처벌을 받은 경우에는 과태료 부과를 취소한다. 〈개정 2019. 12. 31.〉
[본조신설 2017. 12. 19.]

제278조(「형법」 적용의 일부 배제) 이 법에 따른 벌칙에 위반되는 행위를 한 자에게는 「형법」 제38조제1항제2호 중 벌금경합에 관한 제한가중규정을 적용하지 아니한다.
[전문개정 2010. 12. 30.]

제279조(양벌 규정) ① 법인의 대표자나 법인 또는 개인의 대리인, 사용인, 그 밖의 종업원이 그 법인 또는 개인의 업무에 관하여 제11장에서 규정한 벌칙(제277조의 과태료는 제외한다)에 해당하는 위반행위를 하면 그 행위자를 벌하는 외에 그 법인 또는 개인에게도 해당 조문의 벌금형을 과(科)한다. 다만, 법인 또는 개인이 그 위반행위를 방지하기 위하여 해당 업무에 관하여 상당한 주의와 감독을 게을리하지 아니한 경우에는 그러하지 아니하다.
② 제1항에서 개인은 다음 각 호의 어느 하나에 해당하는 사람으로 한정한다. 〈개정 2020. 12. 22.〉
1. 특허보세구역 또는 종합보세사업장의 운영인
2. 수출(「수출용원재료에 대한 관세 등 환급에 관한 특례법」 제4조에 따른 수출등을 포함한다)·수입 또는 운송을 업으로 하는 사람
3. 관세사
4. 국제항 안에서 물품 및 용역의 공급을 업으로 하는 사람
5. 제327조의2제1항에 따른 국가관세종합정보망 운영사업자 및 제327조의3제3항에 따른 전자문서중계사업자

[전문개정 2010. 12. 30.]

제280조 삭제 〈2008. 12. 26.〉

제281조 삭제 〈2008. 12. 26.〉

제282조(몰수·추징) ① 제269조제1항(제271조제3항에 따라 그 죄를 범할 목적으로 예비를 한 자를 포함한다)의 경우에는 그 물품을 몰수한다. 〈개정 2019. 12. 31.〉
② 제269조제2항(제271조제3항에 따라 그 죄를 범할 목적으로 예비를 한 자를 포함한다. 이하 이 조에서 같다), 제269조제3항(제271조제3항에 따라 그 죄를 범할 목적으로 예비를 한 자를 포함한다. 이하 이 조에서 같다) 또는 제274조제1항제1호(같은 조 제3항에 따라 그 죄를 범할 목적으로 예비를 한 자를 포함한다. 이하 이 조에서 같다)의 경우에는 범인이 소유하거나 점유하는 그 물품을 몰수한다. 다만, 제269조제2항 또는 제3항의 경우로서 다음 각 호의 어느 하나에 해당하는 물품은 몰수하지 아니할 수 있다. 〈개정 2013. 1. 1., 2019. 12. 31.〉
1. 제154조의 보세구역에 제157조에 따라 신고를 한 후 반입한 외국물품
2. 제156조에 따라 세관장의 허가를 받아 보세구역이 아닌 장소에 장치한 외국물품
3. 「폐기물관리법」 제2조제1호부터 제5호까지의 규정에 따른 폐기물
4. 그 밖에 몰수의 실익이 없는 물품으로서 대통령령으로 정하는 물품

③ 제1항과 제2항에 따라 몰수할 물품의 전부 또

는 일부를 몰수할 수 없을 때에는 그 몰수할 수 없는 물품의 범칙 당시의 국내도매가격에 상당한 금액을 범인으로부터 추징한다. 다만, 제274조제1항제1호 중 제269조제2항의 물품을 감정한 자는 제외한다.

④ 제279조의 개인 및 법인은 제1항부터 제3항까지의 규정을 적용할 때에는 이를 범인으로 본다.

[전문개정 2010. 12. 30.]

제12장 조사와 처분

제1절 통 칙 〈개정 2010. 12. 30.〉

제283조(관세범) ① 이 법에서 "관세범"이란 이 법 또는 이 법에 따른 명령을 위반하는 행위로서 이 법에 따라 형사처벌되거나 통고처분되는 것을 말한다.

② 관세범에 관한 조사·처분은 세관공무원이 한다.

[전문개정 2010. 12. 30.]

제284조(공소의 요건) ① 관세범에 관한 사건에 대하여는 관세청장이나 세관장의 고발이 없으면 검사는 공소를 제기할 수 없다.

② 다른 기관이 관세범에 관한 사건을 발견하거나 피의자를 체포하였을 때에는 즉시 관세청이나 세관에 인계하여야 한다.

[전문개정 2010. 12. 30.]

제284조의2(관세범칙조사심의위원회) ① 범칙사건에 관한 다음 각 호의 사항을 심의하기 위하여 관세청 또는 대통령령으로 정하는 세관에 관세범칙조사심의위원회를 둘 수 있다.

1. 제290조 및 「사법경찰관리의 직무를 수행할 자와 그 직무범위에 관한 법률」 제6조제14호에 해당하는 사건에 대한 조사의 시작 여부에 관한 사항
2. 제1호에 따라 조사한 사건의 고발, 송치, 통고처분(제311조제8항에 따른 통고처분의 면제를 포함한다) 및 종결 등에 관한 사항
3. 그 밖에 범칙사건과 관련하여 관세청장 또는 세관장이 관세범칙조사심의위원회의 심의가 필요하다고 인정하는 사항

② 관세범칙조사심의위원회는 위원장 1명을 포함하여 20명 이내의 위원으로 성별을 고려하여 구성한다.

③ 제2항에서 규정한 사항 외에 관세범칙조사심의위원회의 관할, 구성 및 운영 등에 필요한 사항은 대통령령으로 정한다.

[본조신설 2019. 12. 31.]

제285조(관세범에 관한 서류) 관세범에 관한 서류에는 연월일을 적고 서명날인하여야 한다.

[전문개정 2010. 12. 30.]

제286조(조사처분에 관한 서류) ① 관세범의 조사와 처분에 관한 서류에는 장마다 간인(間印)하여야 한다.

② 문자를 추가하거나 삭제할 때와 난의 바깥에 기입할 때에는 날인(捺印)하여야 한다.

③ 문자를 삭제할 때에는 그 문자 자체를 그대로 두고 그 글자수를 적어야 한다.

[전문개정 2010. 12. 30.]

제287조(조서의 서명) ① 관세범에 관한 서류에 서명날인하는 경우 본인이 서명할 수 없을 때에는 다른 사람에게 대리서명하게 하고 도장을 찍어야 한다. 이 경우 도장을 지니지 아니하였을 때에는 손도장을 찍어야 한다. 〈개정 2020. 12. 22.〉

② 다른 사람에게 대리서명하게 한 경우에는 대리서명자가 그 사유를 적고 서명날인하여야 한다. 〈개정 2020. 12. 22.〉

[전문개정 2010. 12. 30.]

제288조(서류의 송달) 관세범에 관한 서류는 인편이나 등기우편으로 송달한다.

[전문개정 2010. 12. 30.]

제289조(서류송달 시의 수령증) 관세범에 관한 서류를 송달하였을 때에는 수령증을 받아야 한다.

[전문개정 2010. 12. 30.]

제2절 조 사 〈개정 2010. 12. 30.〉

제290조(관세범의 조사) 세관공무원은 관세범이 있다고 인정할 때에는 범인, 범죄사실 및 증거를 조사하여야 한다.

[전문개정 2010. 12. 30.]

제291조(조사) 세관공무원은 관세범 조사에 필요하다고 인정할 때에는 피의자·증인 또는 참고인을 조사할 수 있다.

[전문개정 2010. 12. 30.]

제292조(조서 작성) ① 세관공무원이 피의자·증인 또는 참고인을 조사하였을 때에는 조서를 작성하

여야 한다.

② 조서는 세관공무원이 진술자에게 읽어 주거나 열람하게 하여 기재 사실에 서로 다른 점이 있는지 물어보아야 한다.

③ 진술자가 조서 내용의 증감 변경을 청구한 경우에는 그 진술을 조서에 적어야 한다.

④ 조서에는 연월일과 장소를 적고 다음 각 호의 사람이 함께 서명날인하여야 한다.

1. 조사를 한 사람
2. 진술자
3. 참여자

[전문개정 2010. 12. 30.]

제293조(조서의 대용) ① 현행범인에 대한 조사로서 긴급히 처리할 필요가 있을 때에는 그 주요 내용을 적은 서면으로 조서를 대신할 수 있다.

② 제1항에 따른 서면에는 연월일시와 장소를 적고 조사를 한 사람과 피의자가 이에 서명날인하여야 한다.

[전문개정 2010. 12. 30.]

제294조(출석 요구) ① 세관공무원이 관세범 조사에 필요하다고 인정할 때에는 피의자·증인 또는 참고인의 출석을 요구할 수 있다.

② 세관공무원이 관세범 조사에 필요하다고 인정할 때에는 지정한 장소에 피의자·증인 또는 참고인의 출석이나 동행을 명할 수 있다.

③ 피의자·증인 또는 참고인에게 출석 요구를 할 때에는 출석요구서를 발급하여야 한다.

[전문개정 2010. 12. 30.]

제295조(사법경찰권) 세관공무원은 관세범에 관하여 「사법경찰관리의 직무를 수행할 자와 그 직무범위에 관한 법률」에서 정하는 바에 따라 사법경찰관리의 직무를 수행한다.

[전문개정 2010. 12. 30.]

제296조(수색·압수영장) ① 이 법에 따라 수색·압수를 할 때에는 관할 지방법원 판사의 영장을 받아야 한다. 다만, 긴급한 경우에는 사후에 영장을 발급받아야 한다.

② 소유자·점유자 또는 보관자가 임의로 제출한 물품이나 남겨 둔 물품은 영장 없이 압수할 수 있다.

[전문개정 2010. 12. 30.]

제297조(현행범의 체포) 세관공무원이 관세범의 현행범인을 발견하였을 때에는 즉시 체포하여야 한다.

[전문개정 2010. 12. 30.]

제298조(현행범의 인도) ① 관세범의 현행범인이 그 장소에 있을 때에는 누구든지 체포할 수 있다.

② 제1항에 따라 범인을 체포한 자는 지체 없이 세관공무원에게 범인을 인도하여야 한다.

[전문개정 2010. 12. 30.]

제299조(압수물품의 국고귀속) ① 세관장은 제269조, 제270조제1항부터 제3항까지 및 제272조부터 제274조까지의 규정에 해당되어 압수된 물품에 대하여 그 압수일부터 6개월 이내에 해당 물품의 소유자 및 범인을 알 수 없는 경우에는 해당 물품을 유실물로 간주하여 유실물 공고를 하여야 한다.

② 제1항에 따른 공고일부터 1년이 지나도 소유자 및 범인을 알 수 없는 경우에는 해당 물품은 국고에 귀속된다.

[전문개정 2010. 12. 30.]

제300조(검증수색) 세관공무원은 관세범 조사에 필요하다고 인정할 때에는 선박·차량·항공기·창고 또는 그 밖의 장소를 검증하거나 수색할 수 있다.

[전문개정 2010. 12. 30.]

제301조(신변 수색 등) ① 세관공무원은 범죄사실을 증명하기에 충분한 물품을 피의자가 신변(身邊)에 은닉하였다고 인정될 때에는 이를 내보이도록 요구하고, 이에 따르지 아니하는 경우에는 신변을 수색할 수 있다.

② 여성의 신변을 수색할 때에는 성년의 여성을 참여시켜야 한다.

[전문개정 2010. 12. 30.]

제302조(참여) ① 세관공무원이 수색을 할 때에는 다음 각 호의 어느 하나에 해당하는 사람을 참여시켜야 한다. 다만, 이들이 모두 부재중일 때에는 공무원을 참여시켜야 한다.

1. 선박·차량·항공기·창고 또는 그 밖의 장소의 소지인·관리인
2. 동거하는 친척이나 고용된 사람
3. 이웃에 거주하는 사람

② 제1항제2호 및 제3호에 따른 사람은 성년자이어야 한다.

[전문개정 2010. 12. 30.]

제303조(압수와 보관) ① 세관공무원은 관세범 조사에 의하여 발견한 물품이 범죄의 사실을 증명하기에 충분하거나 몰수하여야 하는 것으로 인정될 때에는 이를 압수할 수 있다.

② 압수물품은 편의에 따라 소지자나 시·군·읍

·면사무소에 보관시킬 수 있다.

③ 관세청장이나 세관장은 압수물품이 다음 각 호의 어느 하나에 해당하는 경우에는 피의자나 관계인에게 통고한 후 매각하여 그 대금을 보관하거나 공탁할 수 있다. 다만, 통고할 여유가 없을 때에는 매각한 후 통고하여야 한다.

1. 부패 또는 손상되거나 그 밖에 사용할 수 있는 기간이 지날 우려가 있는 경우
2. 보관하기가 극히 불편하다고 인정되는 경우
3. 처분이 지연되면 상품가치가 크게 떨어질 우려가 있는 경우
4. 피의자나 관계인이 매각을 요청하는 경우

④ 제3항에 따른 통고 및 매각에 관하여는 제160조제5항 및 제326조를 준용한다.

[전문개정 2010. 12. 30.]

제304조(압수물품의 폐기) ① 관세청장이나 세관장은 압수물품 중 다음 각 호의 어느 하나에 해당하는 것은 피의자나 관계인에게 통고한 후 폐기할 수 있다. 다만, 통고할 여유가 없을 때에는 폐기한 후 즉시 통고하여야 한다.

1. 사람의 생명이나 재산을 해칠 우려가 있는 것
2. 부패하거나 변질된 것
3. 유효기간이 지난 것
4. 상품가치가 없어진 것

② 제1항에 따른 통고에 관하여는 제160조제5항을 준용한다.

[전문개정 2010. 12. 30.]

제305조(압수조서 등의 작성) ① 검증·수색 또는 압수를 하였을 때에는 조서를 작성하여야 한다.

② 제1항에 따른 검증·수색 또는 압수조서에 관하여는 제292조제2항 및 제3항을 준용한다.

③ 현행범인에 대한 수색이나 압수로서 긴급한 경우의 조서작성에 관하여는 제293조를 준용한다.

[전문개정 2010. 12. 30.]

제306조(야간집행의 제한) ① 해 진 후부터 해 뜨기 전까지는 검증·수색 또는 압수를 할 수 없다. 다만, 현행범인 경우에는 그러하지 아니하다.

② 이미 시작한 검증·수색 또는 압수는 제1항에도 불구하고 계속할 수 있다.

[전문개정 2010. 12. 30.]

제307조(조사 중 출입금지) 세관공무원은 피의자·증인 또는 참고인에 대한 조사·검증·수색 또는 압수 중에는 누구를 막론하고 그 장소에의 출입을 금할 수 있다.

[전문개정 2010. 12. 30.]

제308조(신분 증명) ① 세관공무원은 조사·검증·수색 또는 압수를 할 때에는 제복을 착용하거나 그 신분을 증명할 증표를 지니고 그 처분을 받을 자가 요구하면 이를 보여 주어야 한다.

② 제1항에 따른 세관공무원이 제복을 착용하지 아니한 경우로서 그 신분을 증명하는 증표제시 요구를 따르지 아니하는 경우에는 처분을 받을 자는 그 처분을 거부할 수 있다. 〈개정 2020. 6. 9.〉

[전문개정 2010. 12. 30.]

제309조(경찰관의 원조) 세관공무원은 조사·검증·수색 또는 압수를 할 때 필요하다고 인정하는 경우에는 경찰공무원의 원조를 요구할 수 있다. 〈개정 2020. 12. 22.〉

[전문개정 2010. 12. 30.]

제310조(조사 결과의 보고) ① 세관공무원은 조사를 종료하였을 때에는 관세청장이나 세관장에게 서면으로 그 결과를 보고하여야 한다.

② 세관공무원은 제1항에 따른 보고를 할 때에는 관계 서류를 함께 제출하여야 한다.

[전문개정 2010. 12. 30.]

제3절 처 분 〈개정 2010. 12. 30.〉

제311조(통고처분) ① 관세청장이나 세관장은 관세범을 조사한 결과 범죄의 확증을 얻었을 때에는 대통령령으로 정하는 바에 따라 그 대상이 되는 자에게 그 이유를 구체적으로 밝히고 다음 각 호에 해당하는 금액이나 물품을 납부할 것을 통고할 수 있다. 〈개정 2015. 12. 15., 2018. 12. 31.〉

1. 벌금에 상당하는 금액
2. 몰수에 해당하는 물품
3. 추징금에 해당하는 금액

② 관세청장이나 세관장은 제1항에 따른 통고처분을 받는 자가 벌금이나 추징금에 상당한 금액을 예납(豫納)하려는 경우에는 이를 예납시킬 수 있다.

③ 제1항에 따른 통고가 있는 때에는 공소의 시효는 정지된다.

④ 제1항에 따른 벌금에 상당하는 금액의 부과기준은 대통령령으로 정한다. 〈신설 2015. 12. 15.〉

⑤ 제1항에 따라 통고처분을 받은 자는 납부하여

야 할 금액을 대통령령으로 정하는 통고처분납부대행기관을 통하여 신용카드, 직불카드 등(이하 이 조에서 "신용카드등"이라 한다)으로 납부할 수 있다. 〈신설 2018. 12. 31.〉

⑥ 제5항에 따라 신용카드등으로 납부하는 경우에는 통고처분납부대행기관의 승인일을 납부일로 본다. 〈신설 2018. 12. 31.〉

⑦ 제5항 및 제6항에서 정한 사항 외에 통고처분 납부대행기관의 지정 및 운영, 납부대행 수수료 등 통고처분에 따른 금액을 신용카드등으로 납부하는 경우에 필요한 세부사항은 대통령령으로 정한다. 〈신설 2018. 12. 31.〉

⑧ 관세청장이나 세관장은 통고처분 대상자의 연령과 환경, 법 위반의 동기와 결과, 범칙금 부담능력과 그 밖에 정상을 고려하여 제284조의2에 따른 관세범칙조사심의위원회의 심의·의결을 거쳐 제1항에 따른 통고처분을 면제할 수 있다. 이 경우 관세청장이나 세관장은 관세범칙조사심의위원회의 심의·의결 결과를 따라야 한다. 〈신설 2019. 12. 31.〉

⑨ 제8항에 따른 통고처분 면제는 다음 각 호의 요건을 모두 갖춘 관세범을 대상으로 한다. 〈신설 2019. 12. 31.〉

1. 제1항제1호의 금액이 30만원 이하일 것
2. 제1항제2호의 물품의 가액과 같은 항 제3호의 금액을 합한 금액이 100만원 이하일 것

[전문개정 2010. 12. 30.]

제312조(즉시 고발) 관세청장이나 세관장은 범죄의 정상이 징역형에 처해질 것으로 인정될 때에는 제311조제1항에도 불구하고 즉시 고발하여야 한다.

[전문개정 2010. 12. 30.]

제313조(압수물품의 반환) ① 관세청장이나 세관장은 압수물품을 몰수하지 아니할 때에는 그 압수물품이나 그 물품의 환가대금(換價代金)을 반환하여야 한다.

② 제1항의 물품이나 그 환가대금을 반환받을 자의 주소 및 거소가 분명하지 아니하거나 그 밖의 사유로 반환할 수 없을 때에는 그 요지를 공고하여야 한다.

③ 제2항에 따라 공고를 한 날부터 6개월이 지날 때까지 반환의 청구가 없는 경우에는 그 물품이나 그 환가대금을 국고에 귀속시킬 수 있다.

④ 제1항의 물품에 대하여 관세가 미납된 경우에는 반환받을 자로부터 해당 관세를 징수한 후 그 물품이나 그 환가대금을 반환하여야 한다.

[전문개정 2010. 12. 30.]

제314조(통고서의 작성) ① 통고처분을 할 때에는 통고서를 작성하여야 한다.

② 제1항에 따른 통고서에는 다음 각 호의 사항을 적고 처분을 한 자가 서명날인하여야 한다.

1. 처분을 받을 자의 성명, 나이, 성별, 직업 및 주소
2. 벌금에 상당한 금액, 몰수에 해당하는 물품 또는 추징금에 상당한 금액
3. 범죄사실
4. 적용 법조문
5. 이행 장소
6. 통고처분 연월일

[전문개정 2010. 12. 30.]

제315조(통고서의 송달) 통고처분의 고지는 통고서를 송달하는 방법으로 하여야 한다.

[전문개정 2010. 12. 30.]

제316조(통고의 불이행과 고발) 관세범인이 통고서의 송달을 받았을 때에는 그 날부터 15일 이내에 이를 이행하여야 하며, 이 기간 내에 이행하지 아니하였을 때에는 관세청장이나 세관장은 즉시 고발하여야 한다. 다만, 15일이 지난 후 고발이 되기 전에 관세범인이 통고처분을 이행한 경우에는 그러하지 아니하다. 〈개정 2013. 1. 1.〉

[전문개정 2010. 12. 30.]

제317조(일사부재리) 관세범인이 통고의 요지를 이행하였을 때에는 동일사건에 대하여 다시 처벌을 받지 아니한다.

[전문개정 2010. 12. 30.]

제318조(무자력 고발) 관세청장이나 세관장은 다음 각 호의 어느 하나의 경우에는 제311조제1항에도 불구하고 즉시 고발하여야 한다.

1. 관세범인이 통고를 이행할 수 있는 자금능력이 없다고 인정되는 경우
2. 관세범인의 주소 및 거소가 분명하지 아니하거나 그 밖의 사유로 통고를 하기 곤란하다고 인정되는 경우

[전문개정 2010. 12. 30.]

제319조(준용) 관세범에 관하여는 이 법에 특별한 규정이 있는 것을 제외하고는 「형사소송법」을 준용한다.

[전문개정 2010. 12. 30.]

제13장 보 칙 〈개정 2010. 12. 30.〉

제320조(가산세의 세목) 이 법에 따른 가산세는 관세의 세목으로 한다.

[전문개정 2010. 12. 30.]

제321조(세관의 업무시간·물품취급시간) ① 세관의 업무시간, 보세구역과 운송수단의 물품취급시간은 대통령령으로 정하는 바에 따른다. 〈개정 2020. 6. 9.〉

② 다음 각 호의 어느 하나에 해당하는 자는 대통령령으로 정하는 바에 따라 세관장에게 미리 통보하여야 한다.

1. 세관의 업무시간이 아닌 때에 통관절차·보세운송절차 또는 입출항절차를 밟으려는 자
2. 운송수단의 물품취급시간이 아닌 때에 물품을 취급하려는 자

③ 제2항에 따라 사전통보를 한 자는 기획재정부령으로 정하는 바에 따라 수수료를 납부하여야 한다.

[전문개정 2010. 12. 30.]

제322조(통계 및 증명서의 작성 및 교부) ① 관세청장은 다음 각 호의 사항에 관한 통계를 작성하고 그 열람이나 교부를 신청하는 자가 있으면 이를 열람하게 하거나 교부하여야 한다. 〈개정 2020. 12. 22., 2021. 12. 21.〉

1. 수출하거나 수입한 화물에 관한 사항
2. 입항하거나 출항한 국제무역선 및 국제무역기에 관한 사항

2의2. 수입물품에 대한 관세 및 내국세등에 관한 사항

3. 그 밖에 외국무역과 관련하여 관세청장이 필요하다고 인정하는 사항

② 관세청장은 제1항에 따라 통계를 집계하고 대통령령으로 정하는 바에 따라 정기적으로 그 내용을 공표할 수 있다.

③ 제1항에 따른 통계 외 통관 관련 세부 통계자료를 열람하거나 교부받으려는 자는 사용 용도 및 내용을 구체적으로 밝혀 관세청장에게 신청할 수 있다. 이 경우 관세청장은 대통령령으로 정하는 경우를 제외하고는 이를 열람하게 하거나 교부하여야 한다.

④ 관세청장은 제1항에 따른 통계 및 제3항에 따른 통계자료를 전산처리가 가능한 전달매체에 기록하여 교부하거나 전산처리설비를 이용하여 교부할 수 있다. 이 경우 교부할 수 있는 통계의 범위와 그 절차는 관세청장이 정한다.

⑤ 관세청장은 제1항에 따른 통계, 제3항에 따른 통계자료 및 제4항에 따른 통계의 작성 및 교부 업무를 대행할 자(이하 이 조에서 "대행기관"이라 한다)를 지정하여 그 업무를 대행하게 할 수 있다. 이 경우 관세청장은 통계작성을 위한 기초자료를 대행기관에 제공하여야 한다. 〈개정 2011. 12. 31.〉

⑥ 세관사무에 관한 증명서와 제1항에 따른 통계, 제3항에 따른 통계자료 및 제4항에 따른 통계를 교부받으려는 자는 기획재정부령으로 정하는 바에 따라 관세청장에게 수수료를 납부하여야 한다. 다만, 제5항에 따라 대행기관이 업무를 대행하는 경우에는 대행기관이 정하는 수수료를 해당 대행기관에 납부하여야 한다. 〈개정 2011. 12. 31.〉

⑦ 대행기관은 제6항 단서에 따라 수수료를 정할 때에는 기획재정부령으로 정하는 바에 따라 관세청장의 승인을 받아야 한다. 승인을 받은 사항을 변경하려는 경우에도 또한 같다. 〈신설 2011. 12. 31.〉

⑧ 제6항 단서에 따라 대행기관이 수수료를 징수한 경우 그 수입은 해당 대행기관의 수입으로 한다. 〈신설 2011. 12. 31.〉

⑨ 제6항에 따른 증명서 중 수출·수입 또는 반송에 관한 증명서는 해당 물품의 수출·수입 또는 반송 신고의 수리일부터 5년 내의 것에 관하여 발급한다. 〈개정 2011. 12. 31.〉

[전문개정 2010. 12. 30.]

제322조의2(연구개발사업의 추진) ① 관세청장은 관세행정에 필요한 연구·실험·조사·기술개발(이하 "연구개발사업"이라 한다) 및 전문인력 양성 등 소관 분야의 과학기술진흥을 위한 시책을 마련하여 추진할 수 있다.

② 제1항에 따른 연구개발사업은 단계별·분야별 연구개발과제를 선정하여 다음 각 호의 기관 또는 단체 등과 협약을 맺어 실시하게 할 수 있다.

1. 국가 또는 지방자치단체가 직접 설치하여 운영하는 연구기관
2. 「특정연구기관 육성법」 제2조에 따른 특정연구기관
3. 「과학기술분야 정부출연연구기관 등의 설립·운영 및 육성에 관한 법률」에 따라 설립된 과학기술분야 정부출연연구기관

4. 「고등교육법」에 따른 대학·산업대학·전문대학 및 기술대학
5. 「기초연구진흥 및 기술개발지원에 관한 법률」 제14조의2제1항에 따라 인정받은 기업부설연구소 또는 기업의 연구개발전담부서
6. 「민법」이나 다른 법률에 따라 설립된 법인으로서 관세행정 관련 연구를 하는 기관
7. 그 밖에 대통령령으로 정하는 관세행정 분야의 연구기관 또는 단체

③ 관세청장은 제2항에 따른 기관 또는 단체 등에 연구개발사업을 실시하는 데 필요한 자금의 전부 또는 일부를 출연하거나 보조할 수 있다.

④ 제3항에 따른 출연금 및 보조금의 지급·사용 및 관리 등에 필요한 사항은 대통령령으로 정한다.

[본조신설 2020. 12. 22.]

제323조(세관설비의 사용) 물품장치나 통관을 위한 세관설비를 사용하려는 자는 기획재정부령으로 정하는 사용료를 납부하여야 한다.

[전문개정 2010. 12. 30.]

제324조(포상) ① 관세청장은 다음 각 호의 어느 하나에 해당하는 사람에게는 대통령령으로 정하는 바에 따라 포상할 수 있다.

1. 제269조부터 제271조까지, 제274조, 제275조의2 및 제275조의3에 해당되는 관세범을 세관이나 그 밖의 수사기관에 통보하거나 체포한 자로서 공로가 있는 사람
2. 제269조부터 제274조까지의 규정에 해당되는 범죄물품을 압수한 사람으로서 공로가 있는 사람
3. 이 법이나 다른 법률에 따라 세관장이 관세 및 내국세 등을 추가 징수하는 데에 공로가 있는 사람
4. 관세행정의 개선이나 발전에 특별히 공로가 있는 사람

② 관세청장은 체납자의 은닉재산을 신고한 사람에게 대통령령으로 정하는 바에 따라 10억원의 범위에서 포상금을 지급할 수 있다. 다만, 은닉재산의 신고를 통하여 징수된 금액이 대통령령으로 정하는 금액 미만인 경우 또는 공무원이 그 직무와 관련하여 은닉재산을 신고한 경우에는 포상금을 지급하지 아니한다. 〈개정 2013. 1. 1.〉

③ 제2항에서 "은닉재산"이란 체납자가 은닉한 현금·예금·주식이나 그 밖에 재산적 가치가 있는 유형·무형의 재산을 말한다. 다만, 다음 각 호의 어느 하나에 해당하는 재산은 제외한다. 〈개정 2020. 12. 22.〉

1. 「국세징수법」 제25조에 따른 사해행위 취소소송의 대상이 되어 있는 재산
2. 세관공무원이 은닉 사실을 알고 조사를 시작하거나 강제징수 절차를 진행하기 시작한 재산
3. 그 밖에 체납자의 은닉재산을 신고받을 필요가 없다고 인정되는 재산으로서 대통령령으로 정하는 것

④ 제2항에 따른 은닉재산의 신고는 신고자의 성명과 주소를 적고 서명하거나 날인한 문서로 하여야 한다.

[전문개정 2010. 12. 30.]

제325조(편의 제공) 이 법에 따라 물품의 운송·장치 또는 그 밖의 취급을 하는 자는 세관공무원의 직무집행에 대하여 편의를 제공하여야 한다.

[전문개정 2010. 12. 30.]

제326조(몰수품 등의 처분) ① 세관장은 이 법에 따라 몰수되거나 국고에 귀속된 물품(이하 "몰수품등"이라 한다)을 공매 또는 그 밖의 방법으로 처분할 수 있다.

② 몰수품등의 공매에 관하여는 제210조를 준용한다. 다만, 관세청장이 정하는 물품은 경쟁입찰에 의하지 아니하고 수의계약이나 위탁판매의 방법으로 매각할 수 있다.

③ 세관장은 관세청장이 정하는 기준에 해당하는 몰수품등을 처분하려면 관세청장의 지시를 받아야 한다.

④ 세관장은 몰수품등에 대하여 대통령령으로 정하는 금액의 범위에서 몰수 또는 국고귀속 전에 발생한 보관료 및 관리비를 지급할 수 있다.

⑤ 세관장은 몰수품등의 매각대금에서 매각에 든 비용과 제4항에 따른 보관료 및 관리비를 직접 지급할 수 있다.

⑥ 세관장은 제1항에도 불구하고 몰수품등이 농산물인 경우로서 국내시장의 수급조절과 가격안정을 도모하기 위하여 농림축산식품부장관이 요청할 때에는 대통령령으로 정하는 바에 따라 몰수품등을 농림축산식품부장관에게 이관할 수 있다. 〈개정 2013. 3. 23.〉

⑦ 관세청장 또는 세관장은 제2항에 따른 위탁판매 물품에 대한 적정한 관리를 위하여 필요한 경우에는 수탁판매기관에게 물품의 판매 현황, 재고

현황 등 관리 현황을 관세청장 또는 세관장에게 보고하게 하거나 관련 장부 및 서류의 제출을 명할 수 있다. 이 경우 보고의 방법 및 절차 등 필요한 사항은 관세청장이 정한다. 〈신설 2018. 12. 31.〉
[전문개정 2010. 12. 30.]

제327조(국가관세종합정보망의 구축 및 운영) ① 관세청장은 전자통관의 편의를 증진하고, 외국세관과의 세관정보 교환을 통하여 수출입의 원활화와 교역안전을 도모하기 위하여 전산처리설비와 데이터베이스에 관한 국가관세종합정보망(이하 "국가관세종합정보망"이라 한다)을 구축·운영할 수 있다.
② 세관장은 관세청장이 정하는 바에 따라 국가관세종합정보망의 전산처리설비를 이용하여 이 법에 따른 신고·신청·보고·납부 등과 법령에 따른 허가·승인 또는 그 밖의 조건을 갖출 필요가 있는 물품의 증명 및 확인신청 등(이하 "전자신고등"이라 한다)을 하게 할 수 있다.
③ 세관장은 관세청장이 정하는 바에 따라 국가관세종합정보망 또는 「정보통신망 이용촉진 및 정보보호 등에 관한 법률」 제2조제1항제1호에 따른 정보통신망으로서 이 법에 따른 송달을 위하여 국가관세종합정보망과 연계된 정보통신망(이하 "연계정보통신망"이라 한다)을 이용하여 전자신고등의 승인·허가·수리 등에 대한 교부·통지·통고 등(이하 "전자송달"이라 한다)을 할 수 있다. 〈개정 2020. 12. 22.〉
④ 전자신고등을 할 때에는 관세청장이 정하는 바에 따라 관계 서류를 국가관세종합정보망의 전산처리설비를 이용하여 제출하게 하거나, 그 제출을 생략하게 하거나 간소한 방법으로 하게 할 수 있다.
⑤ 제2항에 따라 이행된 전자신고등은 관세청장이 정하는 국가관세종합정보망의 전산처리설비에 저장된 때에 세관에 접수된 것으로 보고, 전자송달은 송달받을 자가 지정한 전자우편주소나 국가관세종합정보망의 전자사서함 또는 연계정보통신망의 전자고지함(연계정보통신망의 이용자가 접속하여 본인에게 송달된 고지내용을 확인할 수 있는 곳을 말한다)에 고지내용이 저장된 때에 그 송달을 받아야 할 자에게 도달된 것으로 본다. 〈개정 2020. 12. 22.〉
⑥ 전자송달은 대통령령으로 정하는 바에 따라 송달을 받아야 할 자가 신청하는 경우에만 한다.
⑦ 제6항에도 불구하고 국가관세종합정보망 또는 연계정보통신망의 전산처리설비의 장애로 전자송달이 불가능한 경우, 그 밖에 대통령령으로 정하는 사유가 있는 경우에는 교부·인편 또는 우편의 방법으로 송달할 수 있다. 〈개정 2020. 12. 22.〉
⑧ 제6항에 따라 전자송달할 수 있는 대상의 구체적 범위·송달방법 등에 관하여 필요한 사항은 대통령령으로 정한다.
[전문개정 2010. 12. 30.]

제327조의2(국가관세종합정보망 운영사업자의 지정 등) ① 관세청장은 국가관세종합정보망을 효율적으로 운영하기 위하여 대통령령으로 정하는 기준과 절차에 따라 국가관세종합정보망의 전부 또는 일부를 운영하는 자(이하 "국가관세종합정보망 운영사업자"라 한다)를 지정할 수 있다.
② 다음 각 호의 어느 하나에 해당하는 자는 제1항에 따른 지정을 받을 수 없다. 〈개정 2018. 12. 31.〉
1. 제175조제2호부터 제5호까지의 어느 하나에 해당하는 자
2. 제4항에 따라 지정이 취소(제175조제2호 또는 제3호에 해당하여 지정이 취소된 경우는 제외한다)된 날부터 2년이 지나지 아니한 자
3. 제1호 또는 제2호에 해당하는 사람이 임원으로 재직하는 법인
③ 관세청장은 국가관세종합정보망을 효율적으로 운영하기 위하여 필요한 경우 국가관세종합정보망 운영사업자에게 그 운영에 필요한 재원을 지원할 수 있다.
④ 관세청장은 제1항에 따라 지정을 받은 국가관세종합정보망 운영사업자가 다음 각 호의 어느 하나에 해당하는 경우에는 그 지정을 취소하거나 1년 이내의 기간을 정하여 국가관세종합정보망 운영사업의 전부 또는 일부의 정지를 명할 수 있다. 다만, 제1호 및 제2호에 해당하는 경우에는 그 지정을 취소하여야 한다. 〈개정 2014. 1. 1., 2018. 12. 31.〉
1. 제2항 각 호의 어느 하나에 해당한 경우. 다만, 제2항제3호에 해당하는 경우로서 제175조제2호 또는 제3호에 해당하는 사람을 임원으로 하는 법인이 3개월 이내에 해당 임원을 변경한 경우에는 그러하지 아니하다.
2. 거짓이나 그 밖의 부정한 방법으로 제1항에 따른 지정을 받은 경우

3. 제1항에 따른 기준에 미달하게 된 경우
4. 제7항에 따른 관세청장의 지도·감독을 위반한 경우
5. 제327조의4제3항을 위반하여 업무상 알게 된 전자문서상의 비밀과 관련 정보에 관한 비밀을 누설하거나 도용한 경우

⑤ 관세청장은 제4항에 따른 업무정지가 그 이용자에게 심한 불편을 주거나 공익을 해칠 우려가 있는 경우에는 업무정지처분을 갈음하여 1억원 이하의 과징금을 부과할 수 있다. 이 경우 과징금을 부과하는 위반행위의 종류와 위반 정도 등에 따른 과징금의 금액 등에 관하여 필요한 사항은 대통령령으로 정한다.

⑥ 제5항에 따른 과징금을 납부하여야 할 자가 납부기한까지 이를 납부하지 아니한 경우에는 제26조를 준용한다.

⑦ 관세청장은 국가관세종합정보망의 안정적인 운영을 위하여 국가관세종합정보망 운영사업자에게 사업실적 등 운영사업과 관련한 주요 내용을 매년 보고하도록 하거나 관련 장부 및 서류를 제출하도록 명할 수 있다. 이 경우 보고의 방법 및 절차 등 필요한 사항은 관세청장이 정한다. 〈개정 2018. 12. 31.〉

[전문개정 2010. 12. 30.]

제327조의3(전자문서중계사업자의 지정 등) ① 「전기통신사업법」 제2조제8호에 따른 전기통신사업자로서 전자신고등 및 전자송달을 중계하는 업무(이하 "전자문서중계업무"라 한다)를 수행하려는 자는 대통령령으로 정하는 기준과 절차에 따라 관세청장의 지정을 받아야 한다.

② 다음 각 호의 어느 하나에 해당하는 자는 제1항에 따른 지정을 받을 수 없다. 〈개정 2018. 12. 31.〉
1. 제175조제2호부터 제5호까지의 어느 하나에 해당하는 자
2. 제3항에 따라 지정이 취소(제175조제2호 또는 제3호에 해당하여 지정이 취소된 경우는 제외한다)된 날부터 2년이 지나지 아니한 자
3. 제1호 또는 제2호에 해당하는 자를 임원으로 하는 법인

③ 관세청장은 제1항에 따라 지정을 받은 자(이하 "전자문서중계사업자"라 한다)가 다음 각 호의 어느 하나에 해당하는 경우에는 그 지정을 취소하거나 1년 이내의 기간을 정하여 전자문서중계업무의 전부 또는 일부의 정지를 명할 수 있다. 다만, 제1호 및 제2호에 해당하는 경우에는 그 지정을 취소하여야 한다. 〈개정 2014. 1. 1., 2018. 12. 31.〉
1. 제2항 각 호의 어느 하나에 해당한 경우. 다만, 제2항제3호에 해당하는 경우로서 제175조제2호 또는 제3호에 해당하는 사람을 임원으로 하는 법인이 3개월 이내에 해당 임원을 변경한 경우에는 그러하지 아니하다.
2. 거짓이나 그 밖의 부정한 방법으로 제1항에 따른 지정을 받은 경우
3. 제1항에 따른 기준을 충족하지 못하게 된 경우
4. 제7항에 따른 관세청장의 지도·감독을 위반한 경우
5. 제327조의4제3항을 위반하여 업무상 알게 된 전자문서상의 비밀과 관련 정보에 관한 비밀을 누설하거나 도용한 경우

④ 관세청장은 제3항에 따른 업무정지가 그 이용자에게 심한 불편을 주거나 그 밖에 공익을 해칠 우려가 있는 경우에는 업무정지처분을 갈음하여 1억원 이하의 과징금을 부과할 수 있다. 이 경우 과징금을 부과하는 위반행위의 종류와 위반 정도 등에 따른 과징금의 금액 등에 관하여 필요한 사항은 대통령령으로 정한다.

⑤ 제4항에 따른 과징금을 납부하여야 할 자가 납부기한까지 이를 납부하지 아니한 경우에는 제26조를 준용한다.

⑥ 전자문서중계사업자는 전자문서중계업무를 제공받는 자에게 기획재정부령으로 정하는 바에 따라 수수료 등 필요한 요금을 부과할 수 있다.

⑦ 관세청장의 전자문서중계사업자에 대한 지도·감독과 관련한 보고 등 필요한 사항에 관하여는 제327조의2제7항을 준용한다. 이 경우 "국가관세종합정보망"은 "전자문서중계사업"으로, "국가관세종합정보망 운영사업자"는 "전자문서중계사업자"로 본다. 〈개정 2018. 12. 31.〉

[전문개정 2010. 12. 30.]

제327조의4(전자문서 등 관련 정보에 관한 보안) ① 누구든지 국가관세종합정보망 또는 전자문서중계사업자의 전산처리설비에 기록된 전자문서 등 관련 정보를 위조 또는 변조하거나 위조 또는 변조된 정보를 행사하여서는 아니 된다.

② 누구든지 국가관세종합정보망 또는 전자문서중계사업자의 전산처리설비에 기록된 전자문서 등

관련 정보를 훼손하거나 그 비밀을 침해하여서는 아니 된다.

③ 국가관세종합정보망 운영사업자 또는 전자문서중계사업자의 임직원이거나, 임직원이었던 자는 업무상 알게 된 전자문서상의 비밀과 관련 정보에 관한 비밀을 누설하거나 도용하여서는 아니 된다.

④ 삭제 〈2016. 12. 20.〉

[전문개정 2010. 12. 30.]

제327조의5(전자문서의 표준) 관세청장은 제240조의6에 따른 국가 간 세관정보의 원활한 상호 교환을 위하여 세계관세기구 등 국제기구에서 정하는 사항을 고려하여 전자신고등 및 전자송달에 관한 전자문서의 표준을 정할 수 있다. 〈개정 2017. 12. 19.〉

[전문개정 2010. 12. 30.]

제328조(청문) 세관장은 다음 각 호의 어느 하나에 해당하는 처분을 하려면 청문을 하여야 한다. 〈개정 2011. 12. 31., 2014. 12. 23., 2017. 12. 19., 2018. 12. 31., 2019. 12. 31., 2021. 12. 21.〉

1. 제164조제6항에 따른 자율관리보세구역 지정의 취소
2. 제165조제5항에 따른 보세사 등록의 취소 및 업무정지
3. 제167조에 따른 지정보세구역 지정의 취소
4. 제172조제6항에 따른 화물관리인 지정의 취소
5. 제178조제1항 및 제2항에 따른 물품반입등의 정지 및 운영인 특허의 취소
6. 제204조제1항에 따른 종합보세구역 지정의 취소
7. 제204조제2항에 따른 종합보세기능의 수행 중지

7의2. 제204조제3항에 따른 종합보세사업장의 폐쇄

8. 제224조제1항에 따른 보세운송업자등의 등록 취소 및 업무정지
9. 제255조의5에 따른 수출입안전관리우수업체 공인의 취소
10. 제327조의2제4항 및 제327조의3제3항에 따른 국가관세종합정보망 운영사업자 및 전자문서중계사업자 지정의 취소 및 사업·업무의 전부 또는 일부의 정지

[전문개정 2010. 12. 30.]

제329조(권한 또는 업무의 위임·위탁) ① 이 법에 따른 기획재정부장관의 권한 중 다음 각 호의 권한은 대통령령으로 정하는 바에 따라 관세청장에게 위임할 수 있다. 〈신설 2021. 12. 21.〉

1. 제56조제2항에 따른 덤핑방지관세 재심사에 필요한 사항의 조사
2. 제62조제2항에 따른 상계관세 재심사에 필요한 사항의 조사

② 이 법에 따른 관세청장이나 세관장의 권한은 대통령령으로 정하는 바에 그 권한의 일부를 세관장이나 그 밖의 소속 기관의 장에게 위임할 수 있다. 〈개정 2021. 12. 21.〉

③ 세관장은 대통령령으로 정하는 바에 따라 제257조부터 제259조까지의 규정에 따른 권한을 체신관서의 장에게 위탁할 수 있다. 〈개정 2021. 12. 21.〉

④ 세관장은 대통령령으로 정하는 바에 따라 제157조, 제158조제2항, 제159조제2항, 제165조제3항, 제209조, 제213조제2항(보세운송신고의 접수만 해당한다)·제3항, 제215조, 제222조제1항제1호, 및 제246조제1항에 따른 권한을 다음 각 호의 자에게 위탁할 수 있다. 〈개정 2019. 12. 31., 2021. 12. 21.〉

1. 통관질서의 유지와 수출입화물의 효율적인 관리를 위하여 설립된 비영리법인
2. 화물관리인
3. 운영인
4. 제222조에 따라 등록한 보세운송업자

⑤ 이 법에 따른 관세청장 또는 세관장의 업무 중 다음 각 호의 업무는 대통령령으로 정하는 바에 따라 대통령령으로 정하는 단체에 위탁할 수 있다. 〈개정 2021. 12. 21.〉

1. 제173조제3항 단서에 따른 물품 검사비용 지원 업무 중 신청서 접수, 지원 요건 및 금액에 관한 심사
2. 제235조제2항에 따른 지식재산권의 신고 업무 중 신고서 접수 및 보완 요구
3. 제255조의2제2항에 따른 수출입안전관리우수업체 공인 심사 지원 및 같은 조 제3항에 따른 예비심사 지원
4. 제265조에 따른 물품 또는 운송수단 등에 대한 검사 등에 관한 업무 중 국제항을 출입하는 자가 휴대하는 물품 및 국제항을 출입하는 자가 사용하는 운송수단에 대한 검사

⑥ 삭제 〈2021. 12. 21.〉

[전문개정 2010. 12. 30.]

[제목개정 2021. 12. 21.]

제330조(벌칙 적용에서 공무원 의제) 다음 각 호에 해당하는 사람은 「형법」 제127조 및 제129조부터 제132조까지의 규정을 적용할 때에는 공무원으로 본다. 〈개정 2017. 12. 19., 2018. 12. 31., 2019. 12. 31., 2020. 12. 22., 2021. 12. 21.〉

1. 제208조제4항에 따라 대행 업무에 종사하는 사람
2. 제233조의2제2항에 따라 위탁받은 업무에 종사하는 사람
3. 삭제 〈2021. 12. 21.〉
4. 제322조제5항에 따라 대행 업무에 종사하는 사람
5. 제327조의2제1항에 따른 국가관세종합정보망 운영사업자
6. 제327조의3제3항에 따른 전자문서중계사업자
7. 제329조제3항부터 제5항까지의 규정에 따라 위탁받은 업무에 종사하는 사람
8. 다음 각 목의 위원회의 위원 중 공무원이 아닌 사람
   가. 제45조제1항에 따른 관세체납정리위원회
   나. 제85조제2항에 따른 관세품목분류위원회
   다. 제116조의2제2항에 따른 관세정보위원회
   라. 제118조의4제1항에 따른 납세자보호위원회
   마. 제124조제1항에 따른 관세심사위원회
   바. 제165조의5에 따른 보세사징계위원회
   사. 제176조의3제1항에 따른 보세판매장 특허심사위원회
   아. 제176조의4에 따른 보세판매장 제도운영위원회
   자. 삭제 〈2021. 12. 21.〉
   차. 제284조의2에 따른 관세범칙조사심의위원회

[본조신설 2016. 12. 20.]

부 칙 〈제18976호, 2022. 9. 15.〉

제1조(시행일) 이 법은 공포 후 첫 번째 일요일부터 시행한다.

제2조(과세환율에 관한 적용례) 제18조의 개정규정은 이 법 시행 이후 수입신고를 하는 경우부터 적용한다.

Ⅳ. 무역법규 관련 서식

1. 무역업고유번호 신청서
2. 사업자등록증
3. 수출입승인(신청)서
4. 외화획득용원료수입승인(신청)서
5. 외화획득용원료 · 기재 구매확인서
6. 취소불능 내국신용장
7. 수출실적의 확인 및 증명발급(신청)서
8. 특정거래인정신청서
9. 일반 원산지증명서
10. 지급 등의 방법(변경)신고서
11. 상호계산신고서
12. 외국환신고(확인)필증
13. 수출신고서
14. 수입신고서
15. 가격신고서
16. 세관송품장
17. 환급신청서
18. 기초원자재 납세증명서(갑)
19. 소요량 증명서
20. 품목분류사전심사 신청서

No. 1 무역업 고유번호 신청서

무역업고유번호신청서

APPLICATION OF TRADE BUSINESS CODE

처리기간 (Handling Time)
즉 시 (Immediately)

상 호 (Name of Firm)		무역업고유번호 (Trade Business Code)	12345678
주 소 (Address)	(06164) 서울 강남구 영동대로 511 트레이드타워 5001	업 종 (Business Type)	
전 화 번 호 (Phone Number)	02-6000-0001	전자우편주소 (E-mail Address)	
팩 스 번 호 (Fax Number)	02-6000-0002	사업자등록번호 (Business Registry Number)	822-22-05465
대 표 자 성 명 (Name of Rep.)		주민등록번호 (Passport Number)	****** _ *******

대외무역법 시행령 제 30조 제 1항 및 대외무역 관리규정 제3-5-1조의 규정에 의하여 무역업고유번호를 위와 같이 신청합니다.

I hereby apply for the above-mentioned trade business code in accordance with Article 3-5-1 of the foreign Trade Management Regulation.

신청일 : 201 년 월 일
Date of Application Year Month Day

신청인 : (서명)
Applicant Signature

사단법인 **한국무역협회 회장**
Chairman of Korea International Trade Association

유의사항 : 상호, 대표자, 주소, 전화번호 등 변경사항이 발생하는 경우 변동일로부터 20일 이내에 통보하거나 무역업데이타베이스에 수정입력하여야 함

No. 2 사업자등록증

사 업 자 등 록 증

(법인사업자)

등록번호 : 822-22-05465

법인명(단체명) : (주)찰리무역상사 (Charlie's Trading Corporation)

성 명 : 박 찬 경 주민등록번호 : 123456 - 1234567

개 업 년 월 일 : 2016년 9월 24일

사업장소재지 : 서울 강남구 영동대로 511 트레이드타워 5123호

본 점 소 재 지 : 서울 강남구 영동대로 511 트레이드타워 5123호

사 업 의 종 류 : 무역업, 도매업, 제조업 종 목 : 의류, 기계류, 광물 및 원자재

교 부 사 유 : 갱신

2016년 9 월 24 일

강남세무서장 ㉐

No. 3 수출입승인(신청)서

수출입승인(신청)서

Export License(Application)

처리기간 : 1일
Handling Time : 1Day

① 수출자 (Exporter) 무역고유번호 (Notification No.) 12345678 상호, 주소, 성명 (Name of firm, Address, Name of Rep.) (Signature)	④ 구매자 또는 계약당사자 ⑤ 신용장 또는 계약서 번호(L/C or Contract No.)
② 위탁자 (Requester) 사업자등록번호 (Business No.) 822-22-05465 상호, 주소, 성명 (Name of firm, Address, Name of Rep.) (Signature)	⑥ 금액(Total Amount) ⑦ 결제기간(Period of Payment) ⑧ 가격조건(Terms of Price)
③ 원산지(Origin)	⑨ 도착항(Port of Arrival)

⑩ HS부호 (HS Code)	⑪ 품명 및 규격 (Description/Size)	⑫ 단위 및 수량 (Unit/Quantity)	⑬ 단가 (Unit Price)	⑭ 금액 (Amount)

⑮ 승인기관기재란(Remarks to be filled out by an Approval Agency)

⑯ 유효기간(Period of Approval)

⑰ 승인번호(Approval No.)

⑱ 승인기관 관리번호(No. of Approval Agency)

⑲ 위의 신청사항을 대외무역법 제14조제2항 및 동법 시행령 제26조제1항의 규정에 의하여 승인합니다.
(The undersigned hereby approves the above-mentioned goods in accordance with Article 14(2) of the Foreign Trade Act and Article 26(1) of the Enforcement Decree of the said Act.)

년 월 일

승인권자 ㉿

※승인기관이 2이상인 경우 ⑮~⑱의 기재사항은 이면에 기재하도록 합니다.
※이 서식에 의한 승인과는 별도로 대금결제에 관한 사항에 대하여는 외국환거래법령이 정하는 바에 따라야 합니다.

No. 4	외화획득용원료 수입승인(신청)서

외화획득용원료 수입승인(신청)서

Import for Re-Export License(Application)

처리기간 : 1일 Handling Time : 1 Day

<table>
<tr><td colspan="2">수입자 (Importer)　　무역업고유번호 (Notification No.)</td><td colspan="2"></td><td colspan="2" rowspan="2">송화인(Consignor)</td></tr>
<tr><td colspan="4">상호, 주소, 성명
(Name of Firm, Address, Name of Rep.)
(서명 또는 인)
(Signature)</td></tr>
<tr><td colspan="2">위탁자 (Requester)　　사업자등록번호 (Business No.)</td><td colspan="2"></td><td colspan="2">금액
(Total Amount)</td></tr>
<tr><td colspan="4">상호, 주소, 성명
(Name of Firm, Address, Name of Rep.)
(서명 또는 인)
(Signature)</td><td colspan="2">결제기간(Period of Payment)</td></tr>
<tr><td colspan="2">원산지(Origin)</td><td colspan="2">선적항(Port of Loading)</td><td colspan="2">가격조건(Terms of Payment)</td></tr>
<tr><td colspan="2">사후관리 기관명</td><td colspan="4"></td></tr>
<tr><td>HS부호
(HS Code)</td><td>품명 및 규격
(Description/Size)</td><td colspan="2">단위 및 수량
(Unit/Quantity)</td><td>단가
(Unit Price)</td><td>금액
(Amount)</td></tr>
<tr><td colspan="6">승인기관 기재란</td></tr>
<tr><td colspan="6">유효기간</td></tr>
<tr><td colspan="6">승인번호</td></tr>
<tr><td colspan="6">승인기관 관리번호</td></tr>
<tr><td colspan="6">위의 신청사항을 대외무역법 제 14조2항 및 동법 시행령 제32조1항의 규정에 의하여 승인합니다.
(The undersigned hereby approves the above-mentioned goods in accordance with Article 14(2) of the Foreign Trade Act and Article 32(1) of the Enforcement Decree of the said Act.)
년　월　일
승인권자　㊞</td></tr>
<tr><td colspan="6">※ 이 서식에 의한 승인과는 별도로 대금결제에 관한 사항에 대하여는 외국환거래법령이 정하는 바에 따라야 합니다.</td></tr>
</table>

210mm×297mm
일반용지 60g/m^2

No. 5 | 외화획득용원료 · 기재 구매확인서

외화획득용원료 · 기재 구매확인서

※ 구매확인서번호 :

① 구매자	(상호) (주소) (성명) (사업자등록번호)
② 공급자	(상호) (주소) (성명) (사업자등록번호)

1. 구매원료·기재의 내용

③ HS부호	④ 품명 및 규격	⑤ 단위 및 수량	⑥ 구매일	⑦ 단가	⑧ 금액	⑨ 비고

2. 세금계산서(외화획득용 원료·기재를 구매한 자가 신청하는 경우에만 해당)

⑩ 세금계산서 번호	⑪ 작성 일자	⑫ 공급가액	⑬ 세액	⑭ 품목	⑮ 규격	⑯ 수량

⑰ 구매원료·기재의 용도명세 : 원자재구매, 원자재 임가공위탁, 완제품 임가공위탁, 완제품구매, 수출대행 등 해당용도를 표시하되, 위탁가공무역에 소요되는 국산원자재를 구입하는 경우는 "(위탁가공)" 문구를 추가표시

* 한국은행 금융중개지원 대출 관련 무역금융지원 프로그램 지원세칙 상의 용도표시 준용

위의 사항을 대외무역법 제18조에 따라 확인합니다.

확인일자 년 월 일
확인기관
전자서명

이 전자무역문서는 「전자무역 촉진에 관한 법률」에 따라 전자문서교환방식으로 발행된 것으로서 출력하여 세관 또는 무역유관기관 등 제3자에게 제출하려는 경우 업체는 동 법률 시행규정 제12조 제3항에 따라 적색고무인을 날인하여야 합니다.

출처: 대외무역관리규정 별지 제13-1호 서식

No. 6 | 취소불능 내국신용장

취소불능 내국신용장

· 전자문서 번호 : · 통지일자 :

----------------------- < 개 설 내 역 >---------------------

· 개설은행 :
· 개설일자 :
· 신용장번호 :
· 개설의뢰인(상호, 주소, 대표자, 전화번호, 사업자등록번호) :
· 수혜자(상호, 주소, 대표자, 전화번호, 사업자등록번호) :
· 내국신용장 종류 :
· 개설외화금액 :
· 개설원화금액 :
· 매매기준율 :
· 물품매도확약서 번호 :
· 물품인도기일 :
· 유효기일 :
· 제출서류 : 물품수령증명서 통
공급자발행 세금계산서 사본 통
공급자발행 물품매도확약서 사본 통
본 내국신용장 사본 통

· 기타 구비서류 :

당행은 귀하(사)가 위 금액의 범위에서 상기의 서류를 첨부하여 물품대금 전액의 일람출급식 판매대금추심의뢰서를 발행할 수 있는 취소불능내국신용장을 개설합니다. 당행은 이 신용장에 의하여 발행된 판매대금추심의뢰서가 당행에 제시된 때에는 이를 이의없이 지급할 것을 판매대금추심의뢰서의 발행인에게 확약합니다.

대표공급물품명 : **(HS부호 :)**
분할인도 허용여부 :
서류제시기간 : 물품수령증명서 발급일로부터 영업일 이내
개설근거별 용도 :
기타 :

-------------------- < 원수출신용장 등 내역> ----------------------

개설근거서류 종류 :
신용장(계약서) 번호 :

-------------------- < 발신기관 전자서명 > ----------------------

발신기관 전자서명 :

1. 이 전자문서는 「전자무역 촉진에 관한 법률」에 따라 발행된 내국신용장으로서 이 문서를 전송받은 개설의뢰인 또는 수혜자는 같은 법률 시행규정 제12조제3항의 별표4에 따라 신용장 여백에 정당발급문서임을 표시하는 적색 고무인을 날인하여야 합니다.
2. 이 신용장에 관한 사항은 다른 특별한 규정이 없는 한 국제상공회의소 제정 화환신용장 통일규칙 및 관례에 따릅니다.

출처: 한국은행 금융중개지원 대출 관련 무역금융지원 프로그램 운용절차 별지 제4-3호 서식

No. 7	수출실적의 확인 및 증명발급(신청)서

수출실적의 확인 및 증명발급(신청)서

처 리 기 간
즉 시

신청인(상호, 주소, 성명)			발급용도	
수출일자	매입번호	품 명	수출실적	비 고
증명발급번호				
대외무역관리규정 제3-6-5조의 규정에 의거하여 위 사실을 확인합니다.			년 월 일 증명권자 인	

210mm×197mm
일반용지(특급)60g/㎡

No. 8 특정거래인정신청서

처리기간
1일

특정거래인정신청서

① 신고인(상호, 주소, 전화번호) 무역업고유번호 사업자등록번호 (서명 또는 인)	② 신용장 또는 계약서번호 ③ 특정거래인정 유효기간 : 신고수리(인정)일로부터 1년

수출명세

④ 수 출 물 품			⑤ 결 제 내 용		⑥ 물 품 이 동	
품 명	HS No		결제금액		원 산 지	
	규 격		결제기간		선 적 항	
	단 위		가격조건		도 착 항	
	수 량		결제방법		송수하인	

수입명세

⑦ 수 입 물 품			⑧ 결 제 내 용		⑨ 물 품 이 동	
품 명	HS No		결제금액		원 산 지	
	규 격		결제기간		선 적 항	
	단 위		가격조건		도 착 항	
	수 량		결제방법		송수하인	

대외무역관리규정 제22조에 따라 위와 같이 특정거래인정 사항을 신고합니다. 년 월 일 신고인 (서명 또는 인)	위의 사항을 신고수리(인정)합니다. 년 월 일 산업통상자원부장관 (인)

210㎜×297㎜ 일반용지 60g/㎡

No. 9 일반 원산지증명서

일반 원산지증명서

<table>
<tr><td>1. Exporter(Name, address, country)</td><td rowspan="2">ORIGINAL
CERTIFICATE OF ORIGIN
issued by
THE KOREA CHAMBER OF COMMERCE & INDUSTRY
Seoul, Republic of Korea</td></tr>
<tr><td rowspan="2">2. Consignee(Name, address, country)</td></tr>
<tr><td>3. Country of Origin</td></tr>
<tr><td>4. Transport details</td><td>5. Remarks</td></tr>
<tr><td>6. Marks & numbers ; number and kind of packages ; description of goods</td><td>7. Quantity</td></tr>
<tr><td rowspan="2">8. Declaration by the Exporter
The undersigned, as an authorized signatory, hereby declares that the avove-mentioned goods were produced or manufactured in the country shown in box 3.

(Signature)

(Name)</td><td>9. Certification
The undersigned authority hereby certifies that the goods described above originate in the country shown in box 3 to the best of its knowledge and belief.

Authorized Signatory</td></tr>
<tr><td>Certificate No.</td></tr>
</table>

No. 10 지급 등의 방법(변경) 신고서

〔별지 제5-1호 서식〕

<table>
<tr><td colspan="7">지급 등의 방법(변경)신고서</td><td>처리기간

</td></tr>
<tr><td rowspan="4">거래내용</td><td>거 래 종 류</td><td colspan="6">□ 수출거래 □ 수입거래 □ 용역거래 □ 자본거래</td></tr>
<tr><td rowspan="1">계 약 상 대 방</td><td colspan="2">상호 및 대표자 성명
주소, 전화번호</td><td colspan="4"></td></tr>
<tr><td>결 제 방 법</td><td colspan="6">□ 신용장(L/C) □ 추심(D/P, D/A) □ 송금 □ 기타(　　)</td></tr>
<tr><td>금 액</td><td>계약금액</td><td colspan="2"></td><td>신고금액</td><td colspan="2"></td></tr>
<tr><td rowspan="8">지급등의 방법</td><td rowspan="3">(1)일정기간을 초과하는 지급 또는 영수</td><td>결제기간</td><td>당초기간</td><td></td><td>변경</td><td colspan="2"></td></tr>
<tr><td>결제시기</td><td>당초시기</td><td></td><td>변경</td><td colspan="2"></td></tr>
<tr><td>결제방법</td><td colspan="5">□ 외국환은행을 통한 방법 □ 기타(　　)</td></tr>
<tr><td rowspan="3">(2)상계에 의한 계정의대기, 차기</td><td rowspan="2">계정의 구분 및 대차기금액</td><td>貸記</td><td></td><td rowspan="2">잔액</td><td rowspan="2" colspan="2"></td></tr>
<tr><td>借記</td><td></td></tr>
<tr><td>결제방법</td><td colspan="5">□외국환은행을 통한 방법 □ 기타(　　)</td></tr>
<tr><td rowspan="2">(3)기 타</td><td>구 분</td><td colspan="5">□ 제3자 지급
□ 외국환은행을 통하지 아니하는 지급</td></tr>
<tr><td>결제시기</td><td colspan="5"></td></tr>
<tr><td>변경</td><td colspan="7"></td></tr>
<tr><td colspan="8">외국환거래법 제16조의 규정에 의하여 위와 같이 신고합니다.
년 월 일
신고인 ㉿
(전화)

한국은행총재 귀하
<외국환은행의 장></td></tr>
</table>

210mm×297mm

<첨부서류> 1. 사유서
2. 수출입계약서사본 1부
3. 지급등의 방법에 관한 입증서류 1부

No. 11 상호계산신고서

〔별지 제5-2호 서식〕

<table>
<tr><td colspan="4">상 호 계 산 신 고 서</td><td>처 리 기 간</td></tr>
<tr><td rowspan="4">① 신청인</td><td>상호, 대표자 성명</td><td colspan="3"></td></tr>
<tr><td>주소 및 전화번호</td><td colspan="3"></td></tr>
<tr><td>업종</td><td colspan="3"></td></tr>
<tr><td>사업자등록번호</td><td colspan="3"></td></tr>
<tr><td rowspan="5">② 상호계산상대방</td><td>상호 및 대표자 (지정)</td><td colspan="3"></td></tr>
<tr><td>주소</td><td colspan="3"></td></tr>
<tr><td>업종</td><td colspan="3"></td></tr>
<tr><td>자본금(영업기금)</td><td colspan="3"></td></tr>
<tr><td>본지사여부</td><td colspan="3"></td></tr>
<tr><td>③회계기간</td><td></td><td>④지사설치 유효기간</td><td colspan="2"></td></tr>
<tr><td>⑤변경내용</td><td colspan="4"></td></tr>
<tr><td colspan="5">외국환거래규정 제5-5조의 규정에 의하여 위와 같이 신고합니다.

년 월 일
신고인 ㊞

외국환은행의 장 귀하</td></tr>
</table>

210㎜×297㎜

No. 12 **외국환신고(확인)필증**

〔규정 제6-1호 서식〕

			반출입구분(Ex or Import)
외국환신고(확인)필증 (Declaration of Currency or Monetary Instruments)			
성 명 Name Last First Middle Initial		생년월일 Date of Birth	. . .
		국 적 Nationality	
생년월일 : Passport No. :	체 재 기 간 Expected Term of Stay	From To	

신고내역 및 금액 (Description and Amount of Declaration)

신고사유 **Reasons**	**통화종류** **Code of Currency**	**형태** **Form**	통화별금액 Amount in each Currency	합계(미화상당) Sum (US$ equiv)	**반출입 용도** **Use**	**비 고(Note)** **(수표번호 등)**
휴 대 (Carried)						
송 금 (Remitted)						
기 타 (From Other eligible sources)						

신고일자 : 신고인 서명 (Signature)

확인자 성명: (전화번호 :) 확인기관 : 직인

외국환매입장(Record of Foreign Exchange Sold)			Official Use Only
일자 Date	금액 Amount	매 입 기 관 Bank Money Changer or Post Officer	확 인 Responsible Official

재반출 확인(Confirmation of Re-Export)				Official Use Only
일자 Date	통화종류 Code of Currency	금액 Amount	확인기관 Confirmation Office	확인자 Signature

※ 이 서류는 원·외화 반출입 시 소지하여 세관에 제시하여야 합니다.
(This sheet must be submitted to Customs officer when you carry with the Currency or Monetary Instruments.)

(뒷면)

미화 1만달러 상당액 초과의 경우에만 해당됩니다. Only applicable for passengers carrying over US$10,000

외국환신고(확인)필증
Declaration of Foreign Exchange

【 입 국 】Entry

o 외국환거래규정에 따라 입국자가 미화 1만달러 상당액을 초과하는 지급수단을 휴대수입하는 경우에는 세관에 이를 신고하여야 하며, 국내 체재중인 비거주자 및 외국인 거주자가 동 금액 상당의 지급수단을 취득하는 경우에는 외국환은행의 장으로부터 확인을 받아야 합니다.
In accordance with the regulation governing foreign exchange transaction, all entering passengers carrying foreign currency or its equivalent of amount over US$10,000 have to declare to the Customs. However aliens (or non-resident) and foreign national residents living in Korea are required a confirmation from the president of a foreign exchange bank that issued the exchange.

o 신고(확인)된 지급수단은 외국환은행, 환전영업자 또는 체신관서에 매각할 수 있으며, 매입기관으로부터 외국환매입증명서 등 매입을 증명할 수 있는 서류를 교부받아야 합니다.
Declared (confirmed) payment type can be exchanged at either foreign exchange bank, exchange house or post office. Also required is a proof of purchase such as foreign exchange purchase certificate issued by an institution that sold the exchange.

【 출 국 】Departure

o 국민인거주자가 미화 1만달러 상당액을 초과하는 지급수단을 휴대수출하려는 경우에는 세관에 이를 신고하여야 합니다.
Departure passengers traveling abroad and carrying out international payment type such as foreign currency of amount over US$10,000 are requred to report to the Customs

주 의 사 항(Attention)

1. 본 신고(확인)필증에 기재된 사항은 국세청, 금융정보분석원 등 관련기관에 통보되어 과세자료 등으로 활용되며 본 신고(확인)필증은 체재기간중 사용한 후 최초 출국시까지 유효합니다.
Valid until the first departure after the declaration, the information given on this form will be reported to relevant authorities such as the National Tax Administration and Korea Financial Intelligence Unit to be used as appropriate.

2. 허위신고, 신고기피 또는 기타 외국환거래법에서 정한 사항을 위배하는 경우에는 처벌을 받게 됩니다.
False declaration, declaration evasion, or other violations of the Foreign Exchange Transaction law will be subject to punishment.

The Republic of Korea

No. 13	수출신고서

수 출 신 고 서

계약번호:
(통 계 용)

※ 처리기간 :즉시

① 신고자상호 ______ 제출번호 [ ]	⑦ 신고번호	⑧ 신고일자	⑨ 신고구분	⑩ C/S구분
② 수출자상호 ______ 부호 [ ] [ ]				
③ 제조자주소 ______	⑪ 거래구분	⑫ 종 류	⑬ 결제방법	
상 호 ______	⑭ 목적국		⑮ 적재항	
통관고유부호 [ ] 사업자등록번호 [ ]	⑯ 운송형태		⑰ 제조완료일(검사희망일)	
④ 구매자상호 ______ 부호 [ ]	⑱ 물품소재지 [ ]			
⑤ 환급신청인 수출자 [ ] 제조자 [ ]	⑲ L/C번호			
⑥ 환 급 기 관 ______ 부호 [ ]	⑳ CS변경		㉑ 조사란	

㉒ 품 명 · 규 격			
	㉓ 관 세 사 실 적		
	㉔ 세 번 부 호		
	㉕ 제 품 코 드		
	㉖ 신고가격(FOB)		
	㉗ 순 중 량		KG
	㉘ 수 량		U
	㉙ 포장갯수 / 종류		CT
	세 번 부 호		
	제 품 코 드		
	신고가격(FOB)		
	순 중 량		KG
	수 량		U
	포장갯수 / 종류		CT

㉚ 총란수 ( )란	㉛ 총 중 량	단위 KG	㉜ 총포장갯수	㉝ 총신고가격	₩ / $		
관련서류	㊲ 수출승인서			㉞ 결제금액			
관련서류	㊳ 수출추천서			㉟ 운 임(₩)		㊱ 보험료(₩)	
관련서류	㊴ 검 사 증			㊺ 세관기재란			
관련서류	㊵ 검 역 증						
관련서류	㊶ 전약물자수출허가서						
관련서류	㊷						
보세운송	㊸ 운송신고인			㊻ 신고수리일자(/ /)			
보세운송	㊹ 기 간 / / 부터 / / 까지						

471-00122민

(1) 수출신고일로부터 30일이내 선(기)적하지 아니할 때에는 수출신고수리의 취소 및 벌금이 부과되므로 선(기)적 사실을 확인하시기 바랍니다. (관세법 제66조, 제14조의3, 제188조)
(2) 수출신고필증의 진위여부는 수출입통관정보시스템에 조회하여 확인하시기 바랍니다. (http://kcis.ktnet.co.kr)

210×297㎜ NCR지55g/㎡

No. 14 수입신고서

수 입 신 고 서

(보 관 용) ※ 처리기간: 3일

신 고 번 호: 신 고 일: 세관.과:
B/L(AWB)번호: 입 항 일:
화물관리번호: 반 입 일: 징수형태:

신 고 자:
수 입 자:
납 세 의 무 자: 통관고유부호: 사업자등록번호:
무 역 대 리 점:
공 급 자:
통 관 계 획: 거래구분: 원산지증명서 유무:
신 고 구 분: 종류: 가격신고서 유무:
총 중 량: KG 국내도착항: 적출국:
총 포장 갯수: CT 운송형태: 선기명:
MASTER B/L번호: 운수기관부호:
검사(반입)장소:

●품명·규격(란번호/총란수 :)

품 명:
거 래 품 명:
상 표:

모델 · 규격 :	성분	수량	단가(USD)	금액(USD)

세 번 부 호: 순종량: C/S 검사:
과세가격(CIF): 수 량: 검사변경:
환급물량:
사후확인 기관: 원산지표시: 특수세액계산근거:
수입요건확인:
(요건확인물량)

세종	세율(구분)	감면율	세액	감면분납부호(감면액)	* 내국세종부호

●총과세가격 및 세액

결 제 금 액: 환 율:
총 과 세 가 격: 운 임: 가 산 금 액:
보 험 료: 공 제 금 액:

세 종	세액
관 세	
특 소 세	
교 통 세	
주 세	
교 육 세	
농 특 세	
부 가 세	
신고지연 가산세	
총세액합계	

납 부 번 호:
부가가치세과표:
세 관 기 재 란:

담 당 자 : 접 수 일 시 : 수 리 일 자 :

= 이 하 여 백 =

업태: 종목: 세관·과 : 신고번호: Page: /

No. 15 | 가격신고서

가 격 신 고 서

1. 수입신고번호 : - - -	2. 선적일 :

3. 거래가격의 배제요건 해당 여부 (예 : Y, 아니오 : N)
① 수입물품을 처분 또는 사용하는데 제한이 있는가? ( )
② 수입물품의 가격이 금액을 환산할 수 없는 조건 또는 사정에 의하여 영향을 받았는가? ( )
③ 수입물품의 처분·사용 등에 따른 이익의 일부를 판매자에게 주는가? ( )
④ 수출자와 특수관계로 가격에 영향을 받았는가? ( )

4. 수입관련 계약의 내용(예 : Y)
① 독점대리점 계약( ) ② 장기공급계약( ) ③ 일회계약으로 분할수입 ( )
④ 수시계약 ( ) ⑤ 최초거래 ( ) ⑥ 수출자와 특수관계 ( )

5. 대금지급
① 수입신고전 송금
은행거래번호(Ref. No)________
② 수입신고후 송금
송품장번호(Invoice No)________

6. 별도 지불금액
· 금액 US$________
· 무역외지급인증 은행
________은행________지점
· 인증번호________
· 지 급 일________

7. 과세가격 결정방법________방법

8. 과세가격 계산
① 실제 지급금액(A) 소계________
· 송품장금액 ________
· 할인금액 ________
· 수출자의 채무를 상계하는 금액________
· 수출자의 채무를 변제하는 금액________
· 기타 간접지불금액________
② 가산요소(B) 소계________
· 수수료________ · 중계료________
· 용기비용 ________
· 포장관련비용 ________
· 생산지원비용 ________
· 권리사용료 ________
· 사후귀속이익 ________
· 보험료________ · 운임________
③ 공제요소(C) · 소계________
· 수입후 운송비용 ________
· 국내에서 부과된 세금 및 공과금________
· 연불이자 ________
④ 과세가격(A+B-C)________

9. 잠정가격신고의 경우
① 잠정가격신고 번호________
② 잠정가산율 ________%
③ 잠정가산되어야 할 금액________원
④ 가격확정시기(분할확정시기)
년 월 일
⑤ 관련계약 종료기간 년 월 일
⑥ 잠정가격신고사유(예 : Y)
· 수수료 ( ) · 중개료 ( )
· 용기비용 ( ) · 포장비 ( )
· 자재비 ( ) · 생산지원비용( )
· 권리사용료 ( ) · 사후귀속이익( )
· 보험료 ( ) · 운임 ( )
· 운송관련비용( )
· 기 타 ( )
· 기타사유________
____
____

10. 예비란

No. 16 세관 송품장

세관제출번호	**세관송품장(수출용)** (KOREA CUSTOMS INVOICE)	(갑지)
관세상사1971015-I-07-12345678		Page of

1. Shipper(Exporter) / 수출자 상호 및 주소	2. Invoice No and Date / 송품장 번호 및 발행일자
	3. Other references / 구매주문서 등 참조문서명 및 그 번호
4. Consignee / 수하인 상호 및 주소	5. Buyer(if other than consignee) / 구매자 상호 및 주소(수하인과 다르면 기재)
6. L/C No and Date / 신용장 번호 및 발행일자	7. Country of origin / 물품의 원산지 국가명

8. Transport details / 운송내역		9. Terms of delivery and payment/인도 및 지불 조건	
Mode of transport/운송방법		① Incoterms value and Location name /인코텀즈 값(무역거래조건 부호) 및 지역명	
Vessel name(or Flight No) /선박명(또는 항공편명)		Incoterms value	
Voyage No/항차번호		Location name	
Departure date/출항일자		② Payment terms and conditions/대금지불 조건 및 사정	
Place of loading/선적지		Payment terms	
Place of discharge/ 양륙지			
Place of delivery/인도장소		Payment conditions	
Place of transhipment/환적지			
Freight payment Method /운임지불방법			

10. Specification of commodities(in code and/or in full) / 상품명세

Line No /일련번호	Specification of commodities(General description and characters, I.e. grade, quallity) / 상품명세	Packing No /포장번호	Quantity /수량	Unit price /단가	Amount of price /가격

11. Total weight / 전체 중량		12. Total amount of price / 전체 물품가격		13. Cost details / 비용내역	
Gross weight /총중량	Net weight /총순중량	Currency code /지불통화부호	Total amount /금액	Freigh /운임	Insurance /보험료

14. Packing details / 포장내역

Package code /포장형태부호	Package name /포장형태명	Total packages /전체 포장갯수

* 수출통관 사무처리에 관한 고시

No. 17 | 환급신청서

환 급 신 청 서(갑)

환급신청인	신청인부호	※접수번호		처리기간 : 3일
주소		기관부호	년도	일련번호
상호	사업자등록번호			
성명				
신청관세사		※접수일자		
제출번호		환급구분 (1 : 연산품정액, 2 : 간이(₩), 3 : 개별, 4 : 간이($))		
제조자	통관고유번호	결정일자		
주소				
상호	사업자등록번호	추가환급		
성명				

수 출 물 품 규 격			세 종	금 액
			관 세	
			특 소 세	
			교 통 세	
HS	부호	형태	주 세	
			교 육 세	
수출금액(FOB$)	수출물량	단위	농 특 세	

지급은행			계	
은행명	본(지)점		계	
코드번호			조사1	조사2
온라인구좌번호				

총 (　　)행

ⓐ행번호	수 출 신 고 번 호				ⓕ수리일자	ⓖ수출물량	ⓗ수출금액(FOB$)
	ⓑ세 관	ⓒ과	ⓓ신고번호	ⓔ란			

결재	담당	주무	과장	장

No. 18	기초원재료 납세증명서

기초원재료 납세증명서 (갑)

① 양도자 주 소 상 호 성 명	통관고유번호 사업자등록번호	⑤※접수번호			처리기간 : 1일
		기관부호	년도	일련번호	
② 신청관세사		⑥※ 접수일자			
③ 제출번호		⑦ 증명구분 (1 : 연산품정액, 2 : 간이정액, 3 : 개별)			
④ 양수자 주 소 상 호 성 명	통관고유번호 사업자등록번호	⑧※ 증명일자			
		⑨ 근거서류번호			

ⓐ HS 10단위	ⓑ 부 호	ⓒ 양도(매입)일자	ⓓ 물량합계	ⓔ 단 위

ⓕ 일련번호	ⓖ 품명 및 규격(기재여부:)	ⓗ 물량	ⓘ 물량단위	ⓙ 금액( )	ⓚ 세액
	ⓛ 관세	ⓜ 내국세( )	ⓝ 교육세	ⓞ 농특세	

ⓟ 양도세액	관 세		내국세( )	
	교 육 세		농 특 세	
			합 계	
ⓠ 공급가격(FOBW)				

결재	담 당	주 무	과 장	장	ⓡ 증 명 인

1. ※ 표시는 세관기재란임.
2. 제출부수는 1부(신청인용, 세관보관용)임

No. 19	소요량계산서

소 요 량 계 산 서

① 수출 등 증명서류명 및 번호	② 소요량 산정방법

③ 수출물품의 내역				④ 부 산 물 내 역			
H.S	품명 및 규격	수량	단위	부산물명	발생량	단위	공제비율

⑤ 소 요 원 재 료 의 내 역				
H.S	품명 및 규격	단위소요량 × 수출수량 = 소요량	단위	비 고

⑥ 공제비율 산출내역 =

환급특례법 제10조의 규정 및 동법 시행령 제11조 제1항의 규정에 의하여 소요계산서를 작성합니다.

20 . . .

상 호 :

주 소 :

대 표 자 : (인)

No. 20 **품목분류사전심사 신청서**

<table>
<tr><td colspan="4">품목분류사전심사 신청서</td><td colspan="2">처리기한
15일</td></tr>
<tr><td colspan="2">신청인구분</td><td>☐ 수출입자 ☐ 관세사</td><td>수출입구분</td><td colspan="2">☐ 수출 ☐ 수입</td></tr>
<tr><td rowspan="3">신청인</td><td>회사(업체)명</td><td></td><td>대표자성명</td><td colspan="2"></td></tr>
<tr><td>담당자성명</td><td></td><td>전화번호</td><td colspan="2"></td></tr>
<tr><td>주소</td><td colspan="4"></td></tr>
<tr><td rowspan="8">수출입자등</td><td>수출입업체명</td><td></td><td>대표자성명</td><td colspan="2"></td></tr>
<tr><td>담당 부서명</td><td></td><td>담당자성명</td><td colspan="2"></td></tr>
<tr><td>사업자등록번호</td><td></td><td>통관고유번호</td><td colspan="2"></td></tr>
<tr><td>주소</td><td colspan="4"></td></tr>
<tr><td>전화번호</td><td></td><td>전자메일</td><td colspan="2"></td></tr>
<tr><td>홈페이지</td><td colspan="4"></td></tr>
<tr><td rowspan="2">외국거래상대방</td><td>업체명</td><td colspan="3"></td></tr>
<tr><td>홈페이지</td><td colspan="3"></td></tr>
<tr><td rowspan="5">신청물품</td><td>품명</td><td colspan="4"></td></tr>
<tr><td>모델</td><td colspan="4"></td></tr>
<tr><td>규격</td><td colspan="4"></td></tr>
<tr><td>원산지</td><td></td><td>거래가격</td><td colspan="2"></td></tr>
<tr><td>물품설명</td><td colspan="4">물품설명서(별지제1호서식의 을지)에 기재</td></tr>
<tr><td rowspan="4">기타</td><td>신청사유</td><td colspan="4">☐ 세율·세액 확인 ☐ 감면대상여부 확인 ☐ 수출입요건 확인
☐ 원산지 결정 ☐ 기타( )</td></tr>
<tr><td>견본제출여부</td><td>☐ 유 ☐ 무</td><td>견본반환</td><td colspan="2">☐반환필요☐반환불필요</td></tr>
<tr><td>결과공개</td><td colspan="4">☐ 공개희망 ☐ 비공개 희망</td></tr>
<tr><td>수수료</td><td colspan="4">품목당 ₩30,000(분석을 필요로 하는 물품에 한함)</td></tr>
</table>

관세법 제86조 제1항의 규정에 의거 다음과 같이 **품목분류사전심사를 신청**합니다.

년 월 일

신청인 (인)

관세평가분류원장
중앙관세분석소장 귀하

※필수 구비서류
1. 신청대상 물품의 견본 1점(견본 미제출 시 사유서 및 대체사진 3매)
2. 제조회사의 성분표(분석물품에 한함), 제조사양 설명서 1부.
3. 물품설명서-별지 제1호 서식 을지

※유의사항
1. 세관조사, 쟁송절차(과세전적부심, 심사청구, 심판청구, 행정소송) 등이 진행중인 경우에는 신청할 수 없습니다.
2. 신청물품에 대한 품목분류는 제시된 자료에 의거 결정되므로, 적정한 품목분류를 위해 정확·상세한 물품정보를 기재하고, 신청서에 주요한 내용이 미비된 경우에는 접수되지 않을 수 있습니다
3. 품목분류 심사과정에서 상세물품정보 등 내용의 보완을 구하는 자료보정요청과 업무처리상 부득이한 사유로 지연되는 경우 지연통보 등을 할 수 있습니다.
4. 지정된 기일까지 자료가 보완되지 않는 경우에는 반려될 수 있습니다

참 고 문 헌

▷ 국내문헌

▷ 법령집

▷ 사이트

국내문헌

관세청 외환조사과, 「외국환거래 자율점검 Check List」, 2019
국민은행, 「KB외국환거래법령해설실무」, 국민은행인재개발, 2012
금융감독원 · 전국은행연합회, 「외국환거래 위반 사례집」, 2019
김기인 · 신태욱, 「한국관세법」, 한국관세무역개발원, 2015
김용태 · 이명구, 「관세법원론」, 무역경영사, 2016
김용태 · 정재완, 「대외무역법 외국환거래법」, 두남, 2013
무역아카데미, 「통관 · 관세환급」, 한국무역협회, 2013
민주희, 「관세법」, 삼영사 2016
박광서, 「무역결제 제3판」, 삼영사, 2014.
박광서 · 도광호, "대외무역법 개정방향에 대한 총론적 의견" , 무역상무연구 제94권, 2022.5,
박형래 · 김구태, 「쉽게 풀어쓴 HS상품분류」, 청람, 2014
상공부 무역정책연구회, 「대외무역법」, 법문사, 1988
양영환 · 서정두, 「국제무역법규 제4판」, 삼영사, 2004
여주호 · 판창헌, 「논술관세법」, 문형사, 2013
오원석 · 박광서, 「무역상무 제4판」, 삼영사, 2020
오철환, 「오! 관세법」, 세학사, 2012
이지수 · 정재완, 「대외무역법의 이해와 적용」, 삼영사, 2022
____________, 「관세법의 이해와 적용」, 삼영사, 2022
전국은행연합회 · 외국환전문위원회, 「외국환거래업무 취급지침」, 2022
전략물자관리원, 「전략물자 관리제도」, 2017
정재완, 「관세법 2013개정판」, 무역경영사, 2013
정재환, 「외국환거래법」, 하우패스, 2014
제갈현근, 「관세법」, 비전, 2013
지식경제부, 「대외무역법 유권해석 사례집」, 지식경제부, 2012
지식경제부 무역정책관, 「대외무역법 법령해설 및 유권해석 사례집」, 생각쉼표&휴먼컬처아리랑, 2009
최권수, 「대외무역법 외국환거래법 제4판」, 로그인네트웍, 2016
최재순, 「대외무역법 외국환거래법 제2판」, 원, 2013
현암사, 「법률 용어사전」, 현암사, 2009

법령집

기획재정부, 「외국환거래법법령집」, 2022
산업통상자원부, 「대외무역법」, 2022
한국관세무역개발원, 「관세법령집」, 2022

사이트

관세청	www.customs.go.kr
국제상업회의소	www.iccwbo.org
기획재정부	www.mosf.go.kr
법제처	www.moleg.go.kr
산업통상자원부	www.mke.go.kr
유엔국제무역법위원회	www.uncitral.org
전략물자관리시스템	www.yestrade.go.kr
전략물자관리원	www.kosti.or.kr
한국무역협회	www.kita.net

찾아보기

ㄱ

ㅇ

ㅈ

ㅋ

ㅌ

ㅍ

ㅎ

저자약력

• 성균관대학교 대학원 박사과정 졸업 (경영학 박사)
• 美, Arthur D. Little School of Management 졸업 (MBA)
• 성균관대학교 무역대학원 석사과정 졸업 (경영학 석사)
• 충남대학교 법과대학 법학과 졸업
• 한국무역협회 근무(1991~2006)
• 대한상사중재원 중재인
• 건국대학교 조교수(2006), 부교수(2010), 교수(2015)

(현) 건국대학교 국제무역학과 교수
(사)한국무역상무학회 회장
산업통상자원부 규제개혁위원회 위원
한국무역보험공사 이의신청협의회 위원장
KOTRA GtoG 수출계약심의위원회 위원
국제무역사 출제위원
한국무역협회 무역아카데미 객원교수

[저서]

• 무역상무(공저, 삼영사)
• 무역결제(삼영사)
• 표준 무역실무(공저, 한국무역협회)
• 무역보험(공저, 삼영사)
• 글로벌무역학개론(공저, 탑북스)
• 서비스무역(삼영사)

무역법규 - 대외무역법 · 외국환거래법 · 관세법 中心 - [제4판]

2010년 3월 5일 1판 1쇄 발행
2014년 2월 15일 2판 1쇄 발행
2017년 8월 15일 3판 1쇄 발행
2023년 2월 10일 4판 1쇄 인쇄
2024년 2월 29일 4판 2쇄 발행

저 자 **박 광 서**
발행인 김 학 민
조 판 아 람 기 획

07285
발행처 서울특별시 영등포구 선유로3길 10, 617호
도서출판 **탑 북 스**
등 록 2009.12.21 제 2016-000101 호
전 화 02)365-2223 팩스 02)365-2224

정가 30,000 원

ISBN 979-11-90247-69-6-93320